Manfred Drennig

TAUSCHEN UND TÄUSCHEN

Warum
die Gesellschaft ist, wie sie ist.

UEBERREUTER

ISBN 978-3-8000-7272-9

Covergestaltung: C 21

Druck: Druckerei Theiss GmbH, A-9431 St. Stefan i. L.
7 6 5 4 3 2 1

Ueberreuter im Internet: www.ueberreuter.at

Inhalt

Vorwort

Dieses Buch hat sich viel vorgenommen. Es handelt von der Praxis des gesellschaftlichen Zusammenlebens, das heute zunehmend zu einem Auseinanderleben geworden ist, von der Verengung der Politik zu einem stets härter werdenden Kampf um Schlagzeilen und Beifall, vom Übermut (und der Gier) der Mächtigen, von der Macht der Globalisierung und des Neoliberalismus, und nicht zuletzt von den geringer werdenden Chancen der Einzelnen.

Wenn man über so viel Verschiedenes und noch dazu scheinbar allzu Gängiges schreibt, sollte man das wohl begründen. Da darf ich zunächst einmal einiges an eigenen Erfahrungen einbringen. Ich war vierzig Jahre in der Wirtschaft tätig, davon elf Jahre als Vorstand einer der (damaligen) österreichischen Großbanken. Da sieht man so manches. Mit Wirtschaftstheorie war ich als Leiter einer volkswirtschaftlichen Abteilung und als Mitglied des österreichischen Beirates für Wirtschafts- und Sozialfragen befasst und in der Politik war ich nicht nur als Berater hoher Herren tätig, sondern bin meines Wissens der einzige Österreicher, der sowohl im Vorstand der Wiener Arbeiterkammer als auch im Präsidium der Wiener Wirtschaftskammer tätig war. Ich kenne beide Seiten.

Aber es geht mir weniger darum, den dabei aufgestauten Ärger zu Papier zu bringen. Weitergeben möchte ich vor allem die gewonnene Überzeugung, dass die negativen Seiten heutigen Zusammenlebens nicht als moralischer oder wie immer begründeter Verfall einer möglichen besseren Ordnung zu sehen sind, sondern, schlimmer, als logische Konsequenz des Verhaltens von uns allen, gerade weil wir dieses subjektiv für »vernünftig« halten.

Ich möchte jedoch mehr als nur einen erfahrungsgesättigten Praxisbericht vorlegen. Denn ich bin überzeugt, dass sich hinter der scheinbar unüberschaubaren Vielfalt wirtschaftlicher und gesellschaftlicher Erscheinungen überschaubare Strukturen erkennen lassen. Viele zweifeln, ob gesellschaftliches Zusammenleben überhaupt noch nach verstehbaren Regeln abläuft. Nach Ulrich Beck sind Parteien, Behörden und Eliten tief in ein System »organisierter Unverantwortlichkeit« verstrickt und stehen den Modernisierungsrisken hilflos gegenüber, die sie selbst erzeugten. Zygmunt Baumann hat die Modernisierung noch einer unkontrollierbaren Dynamik zugeschrieben, Pierre Bourdieu bereits einem bewussten kapitalistischen Programm der Zerstörung der Kollektive und der humanistischen Zivilisation selbst. Von der Risiko- über die Erlebnis- bis hin zur Spaßgesellschaft mangelt es nicht an durchaus süffigen Bezeichnungen heutiger Gesellschaft. Aber solche Wortschwelgereien verdecken letztlich nur tiefe Rat- und Orientierungslosigkeit gegenüber der scheinbar undurchschaubar gewordenen Komplexität der

Moderne. Will man aber Gesellschaft gestalten, dann muss man verstehen, warum sie so ist, wie sie ist. Und genau dazu möchte ich einen Beitrag leisten.

Das Erklärungsmodell, das ich vorschlage, ist nicht sonderlich kompliziert und die einzelnen Teile sind auch gar nicht neu. Neu ist meines Wissens nur die Kombination. Denn ich versuche, das alte Modell von Gesellschaft als Summe von Tauschverhältnissen mit einem verhaltenstheoretischen Modell zu kombinieren, will aber zugleich den Veränderungen nachgehen, die die Inhalte der praktischen sozialen Gegenseitigkeit im Laufe eines langen Evolutionsprozesses erfahren haben dürften.

Ich versuche zu belegen, dass trotz aller Unterschiede von Zeiten und Kulturen in allen Gesellschaften vergleichbare Prozesse der Mentalitätsveränderung abgelaufen sind. Sogar beim Fragen danach, wie Menschen ihren eigenen Nutzen aufgrund ihres jeweiligen Bildes von der Welt verstehen und danach handeln, findet sich ein gemeinsamer Raster.

Vermutlich kann man heutige Wirklichkeit nur dann angemessen beschreiben, wenn man zwei Annahmen radikal aufgibt: die gemeinsamer Werte ebenso wie die Illusion, dass gesellschaftliche Entscheidungen aufgrund einer im rationalen Diskurs herstellbaren gemeinsamen Vernunft getroffen werden. Vernunft ist zur rein instrumentellen Vernunft der klugen Interessensdurchsetzung verkommen. Zusammenleben ist heute statt durch Vernunft durch (so Gerhard Schulze) »fundamentales gegenseitiges Missverstehen« gekennzeichnet. Nach der Dekonstruktion der Metaphysik ist leider der Dekonstruktion der aufklärerischen Hoffnungen auch für die Praxis (die Theorie ist ja schon so weit) nicht mehr auszuweichen.

Ich beginne daher viel nüchterner: Menschliches Zusammenleben beruht zunächst auf Gegenseitigkeit. Wenn sich solche Tauschstrukturen stabilisieren, dann wird aus bloßem Zusammenleben Gesellschaft. Gesellschaft ist ein Netzwerk von Tauschbeziehungen, nicht ein abstraktes System. Ich möchte nun zeigen, dass dabei nicht einfach nur auf der Basis von Preisen getauscht wird, wie es die Nationalökonomie gerne sieht, sondern ebenso auf der Basis von Werten, die aus Vorstellungen von dieser Welt abgeleitet werden. Denn dabei geht es auch um Sicherheit, um Anerkennung oder um sozialen Rang, keineswegs nur um Waren. Für Ökonomen steht der rationale Tausch im Mittelpunkt, für Soziologen der soziale Zusammenhang. Mit dem Begriff des sozialen Tausches kann man beides erfassen, den rationalen Zweck des Tauschaktes ebenso wie den sozialen Hintergrund. Jede Gesellschaft hat den Tausch als Konstante. Aber worum es jeweils konkret geht, verändert sich, und zwar meiner Meinung nach nicht, weil sich objektive Produktionsverhältnisse oder irgendwelche abstrakten gesellschaftlichen Kräfte ändern, sondern weil sich die Denkmuster ändern.

Menschen handeln im Allgemeinen rational, um ihren Nutzen zu maximieren. Ich meine nur, dass man den Nutzenbegriff radikal erweitern – und zugleich historisieren – kann und muss. Das ökonomische Modell der rationalen Nutzenmaximierung kann nicht einmal mehr in der Wirtschaft menschliches Verhalten befriedigend erklären. Das Konzept mentaler Modelle, bzw. »mental frames«, versucht bereits, das Modell der Ökonomen mit der Überzeugung der Soziologen von der Prägung handelnder Akteure durch ihr soziales Umfeld zu versöhnen.

Der hier verfolgte Ansatz greift diesen Gedanken auf und radikalisiert ihn: Ich versuche zu zeigen, dass die konkreten Formen sozialer Gegenseitigkeit und die Entwicklung des menschlichen Weltbildes – und damit das Verständnis davon, was der eigene Nutzen sei – sich evolutionär entwickelt haben und sich auch wechselseitig bedingen. Ich versuche, den Nutzenbegriff dort einzuordnen, wo er meiner Meinung nach hingehört, nämlich nicht gleich in ökonomische Rechenwerke, sondern zunächst einmal in das Selbstverständnis des Menschen von sich und seinen Zielen. Denn der Mensch hat ein elementares Bedürfnis nach Konsistenz seiner Wahrnehmungen und strukturiert seine Reaktionen danach, wie er die Welt sieht. Wenn man hier ansetzt, werden stabile Zusammenhänge zwischen Weltverständnis, Selbstverständnis und Sozialverhalten deutlich. Praktisch hieße das, man könnte menschliches Handeln auch dort als rational begreifen und akzeptieren, wo der gängige Begriff des ökonomischen Nutzens einem solchen Verständnis bisher im Wege steht. Und zugleich wäre damit für das weite Feld der »behavioural economics« ein Ansatz für eine Neuformulierung des Nutzenbegriffs gewonnen.

Es geht hier nicht um so etwas Abstraktes wie Hegels Selbstverwirklichung des Geistes in der Geschichte. Entwicklung hat meiner Meinung nach nicht stattgefunden, weil sich – wie etwa Jürgen Habermas argumentiert hat – die kognitiven Fähigkeiten des Menschen im Lauf der Geschichte stetig verbessert hätten, sondern weil der Mensch die Kategorien seines Denkens und sein Weltverständnis – und deshalb sein Verhalten – wiederholt radikal geändert hat. Das hat in jeder Phase neuer Herausforderungen dem menschlichen Denken neue Kategorien aber auch eine neue Konsistenz zwischen Weltbild, eigenem Verhalten, sozialer Ordnung und Sinnhaftigkeit der Weltdeutung und Orientierung vermittelt.

Egal ob es sich um moderne Unternehmer, Indianer des Regenwaldes, Politiker einer Demokratie, Parteikader in Nordkorea oder wen auch immer handelt: Sie alle haben Vorstellungen, die gelegentlich von außen unerklärlich wirken mögen, aber in sich rational und konsistent sind, schon deshalb, weil sie sich in ihrer jeweiligen Umwelt gar nicht anders praktisch behaupten können. Aber das alles braucht man nicht auf einen nicht weiter hinterfragbaren Begriff der Subjektivität zu reduzieren. All diese Denkmuster lassen sich – meiner Meinung nach – in einige wenige große rekonstruierbare Muster des Denkens und Handelns, ja sogar in eine nachvollziehbare Evolution menschlichen Denkens einordnen.

Dass Reziprozität, Gegenseitigkeit im persönlichen Verhalten, ein wesentliches Kriterium sozialer Organisation darstellt, ist unbestritten. Wenn daraus noch keine befriedigende generelle Theorie sozialer Beziehungen geworden ist, dann wegen der Schwierigkeiten, die sich dabei mit Herrschaft und Ausbeutung ergeben. Ich glaube, dass ein Lösungsansatz dafür gefunden werden kann, wenn man auf die Besonderheiten – und die Technik der Beeinflussung – subjektiver Vorstellungen von Tauschwerten näher eingeht.

Denn Kommunikation kann der Täuschung ebenso gut dienen wie der Verständigung. Der angebliche »immanente Logos der Sprache« kann manchmal hübsch den Teufel spielen. Der Mensch ist ein informationsverarbeitendes Wesen. Nur wenn man seine Fähigkeiten auf diesem Gebiet, aber zugleich auch seine Grenzen dabei zum Ausgangspunkt nimmt, kann man zu einer realitätsnahen Beschreibung sozialer Prozesse gelangen. Manche Soziologen kritisieren eine solche Perspektive als »methodologischen Individualismus«. Aber ohne sie landet man bei Beschreibungen, die ihre Einfachheit mit völliger Realitätsferne bezahlen.

Der Aufbau einer Gesellschaft auf Gegenseitigkeit bedeutet noch lange nicht die Durchsetzung von Prinzipien der Gerechtigkeit in der Geschichte. Denn soziale Tauschsysteme unterliegen ständigen Bewertungs- und Täuschungsstrategien. Schließlich hilft es dem eigenen Nutzen, andere über die Bewertung von Leistungen zu täuschen. Tausch integriert, aber Täuschen über Tauschwerte schafft Konflikte. Tauschwerte sind nichts Objektives. Ihnen nähert man sich weder über eine Arbeitswerttheorie noch über die Allmacht von Angebot und Nachfrage, sondern nur über subjektive Bewertungsmechanismen. Und erst deren Kenntnis zeigt, wo aus Tauschen durch Täuschen Ausbeutung wird.

Das könnte in ein furchtbar theoretisches Arbeitsprogramm ausarten. Ich glaube aber, dass eine Darstellung der wirkenden Mechanismen auch (fast) ohne Abstraktionen und sogar viel anschaulicher möglich ist, wenn man beim Aufspüren der subjektiven Rationalität in unterschiedlichen Milieus und Kulturen die historische Entwicklung für sich sprechen lässt.

Ich selbst verstehe dieses Buch nicht als »links« oder »rechts«. Ich versuche darzulegen, warum viele neoliberale Modelle die Wirklichkeit nicht angemessen beschreiben und somit unsere wichtigsten Probleme nicht lösen werden. Ich folge auch der marxistischen Analyse der Macht von Ideen und Denkmustern und sehe wenig Chancen für eine Neubelebung aller Werte. Aber ich fürchte, dass die neuen Werte genauso gut zum Lügen und Betrügen (und zum Legitimieren von Herrschaft) geeignet sind wie die alten, und halte sogar Kapitalismus nicht für eine Ursache, sondern für eine Folge moderner Denkmuster.

Das Buch holt weit aus und beginnt in der Vorgeschichte. Nur geht es nicht wie üblich darum, Steinzeitjäger als Vorläufer moderner aggressiver Egoisten darzustellen, sondern um die Prägung des Weltbildes durch die Erfahrung kleiner Gemeinschaften, in denen man lebt und überleben will, und um die Beständigkeit der dabei entwickelten Praktiken. Nicht zufällig findet man die Struktur einer archaischen Horde im Klientenwesen des alten Rom und erneut in manchen modernen Erscheinungen der Politik in auffallend ähnlicher Form wieder.

Ich glaube ferner, eine frühe fundamentale Auseinanderentwicklung zwischen angelsächsischem und kontinentaleuropäischem Denken konstatieren zu können. Aus der hier zu entwickelnden Perspektive zeigt sich der umstrittene deutsche Sonderweg in der Geschichte vor allem als Herausbildung eigener Denkmuster. Das führt zwangsläufig zum Thema des Nationalsozialismus. Angesichts der Dichte der Literatur dazu ist jede eigene Meinung ein ziemliches Risiko. Die vorliegende Arbeit folgt trotzdem weder der These Daniel Goldhagens von einem verinnerlichten eliminatorischen Antisemitismus noch jener Götz Alys, dass der enorme Profit aus der Judenvernichtung für die Akzeptanz des NS-Regimes maßgeblich gewesen sei. Zeigen will ich vielmehr, dass politische, soziale und wirtschaftliche Krisen und dazu Propaganda sowie die subjektive Wirklichkeitsverarbeitung des Geschehens nicht minder als der Weltkrieg zu der furchtbaren Eigendynamik des Nationalsozialismus beigetragen haben. Die von Hannah Arendt diagnostizierte Banalität des Bösen ist vielleicht nichts anderes als die Wirkungsmächtigkeit schrecklicher Vorstellungen in ansonst ganz normalen Köpfen. Das Böse ist nicht banal, sondern, noch viel schlimmer, bei passender Gelegenheit ganz normal.

Wenn man den Glauben der Nationalökonomie an die Allmacht der unsichtbaren Hand nicht mehr teilt, wonach das egoistische Streben der Einzelnen ohnehin zum allgemeinen Besten führt, und die Realitäten dieser Welt nicht durch eine solche Illusion verdrängen möchte, kommt man zu einer Frage, die Peter Sloterdijk drastisch auf den Punkt gebracht hat: Hat mit der Abschaffung des Himmels die Herrschaft der Wölfe begonnen? Es muss nicht so sein, aber es finden sich viele Argumente dafür, dass und warum sich die Herrschaft der Wölfe mit oder ohne Metaphysik immer wieder durchsetzen kann.

Unter dem strengen Blick der Einzeldisziplinen handelt man sich mit der Konstruktion eines solchen umfassenden Modells zwangsläufig herbe Kritik ein – auch wenn man wie ich auf dem Gebiet der praktischen und theoretischen Ökonomie, der Rechtsordnung und ein wenig auch der Politik nähere Kenntnisse einbringen kann. Aber die hier noch vorzustellenden diversen Bruchstücke aus recht unterschiedlichen Theoriebereichen passen auffallend gut zueinander. Nur deshalb wird hier der Versuch gewagt, auch für heutige gesellschaftliche Praxis einen Interpretationsvorschlag zu machen, der Struktur, Zusammenhang und auch Erklärung bieten soll. Es geht mir um ein in sich stimmiges – und hoffentlich auch lesbares und aufschlussreiches – Bild dessen, was Gesellschaft bewegt und verändert, in der Vergangenheit wie in der Gegenwart.

Dr. Manfred Drennig

1

DIE ANFÄNGE SOZIALER ORGANISATION

1.1 Warum leben Menschen überhaupt zusammen?

Unsere frühen Vorfahren waren recht anspruchsvoll: Die Form ihres Zusammenlebens sollte der Ordnung der Welt in ihrer Gesamtheit entsprechen. Die Ausrichtung eines Dorfes folgte den mythischen Weltgegenden und ein Totempfahl in der Mitte symbolisierte oft zugleich die Mitte der Welt. Noch für die Griechen der Antike lag der Nabel der Welt in Delphi. Bei den Assyrern hatte die Überzeugung von der göttlichen Begründung und Verankerung ihrer Welt ganz besondere Konsequenzen. Sie brachten den eigenen König um (bei fremden waren sie ohnedies wenig zimperlich), wenn der Sonnengott – was ja nur im Zorn über eine Verletzung der Ordnung der Welt geschehen konnte – sich verfinsterte. Schließlich war der König für die Aufrechterhaltung dieser Ordnung verantwortlich. Die Anfänge der Astronomie verdanken wir der schon deshalb recht angestrengten Beobachtung des Laufs der Gestirne.

Für die skeptisch gewordene klassische griechische Philosophie entfiel zunächst einmal der Bezug auf Kosmos oder göttliche Weltordnung. Der Mensch selbst sei das Maß aller Dinge. Wenigstens wurde er noch als »Zoon politikon« gesehen: Er brauche den Staat – auch wenn der in Griechenland damals selten mehr als eine Stadt war –, um wirklich Mensch sein zu können. Gesetz für alle, Sitte und richtiges Verhalten sollten sich aus diesem Zusammenleben ergeben und es zugleich bedingen.

Am Beginn der Moderne sehen ein Machiavelli oder Thomas Hobbes das Zusammenleben der Menschen schon viel skeptischer. Nach Hobbes folgt der Einzelne grundsätzlich asozial seinen natürlichen Begierden. Gesellschaftsvertrag und damit Staatsbildung seien daher nur eine Forderung der Vernunft, die die Begierden unterdrücken müsse, um den Kampf aller gegen alle zu verhindern. Hobbes hält deshalb in seinem »Leviathan« das Gewaltmonopol des Staates nur für die notwendige Reaktion auf die tatsächliche Natur des Menschen.

Thomas Morus hat vom Staat überhaupt recht wenig gehalten. »Wenn ich alle … Staaten … prüfend an meinem Geiste vorbeiziehen lasse, so finde ich nichts anderes als eine Art von Verschwörung der Reichen, die im Namen und unter dem Rechtstitel des Staates für ihren eigenen Vorteil sorgen …«[1] Marx hat diese Meinung später theoretisch untermauert. Für ihn ist der Staat nur Instrument einer herrschenden Klasse, die Recht und Moral allein zur Sicherung ihrer eigenen Herrschaft produziere, um ungestört ihrem klassenspezifischen Gewinnstreben nachgehen zu können.

Wer gesellschaftlichen Zwang und Unterdrückung für ein Wesensmerkmal moderner Zivilisationen hält, verfällt leicht darauf, das Leben in ursprünglichen menschlichen Gesellschaften als Beleg dafür zu vereinnahmen, wie harmonisch und glücklich das Leben doch gestaltet werden könne. Bereits Tacitus ist es in seiner Beschreibung des Lebens der Germanen vor allem um eine Kritik des Lotterlebens der eigenen römischen Zeitgenossen gegangen. Die gleiche Absicht hatte Rousseaus Bild von den edlen Wilden, die der zivilisierten Gesellschaft vorleben, wie schön friedfertig man doch miteinander auskommen könne. Und bis in die Gegenwart hinein wurde jede Menge primitiver Stämme entdeckt, die diesen oder jenen Beweis dafür liefern sollten, dass entweder der Verzicht auf kapitalistische Produktionsweisen, auf repressive Normen, auf autoritäre Erziehung oder – was Freudianer der reinen Lehre natürlich ganz besonders begeistern muss – der Verzicht auf frühzeitige Sauberkeitsdressur in der Erziehung ausgeglichenere, friedvollere, also schlicht bessere, Menschen hervorbringe.[2]

Aber die Frage, warum heutige Verhaltensmuster so sind, wie sie nun einmal sind, kann man nicht einfach durch den Hinweis auf frühere bessere Zeiten oder die heutige schlechtere Erziehung abtun.

Unter den heute akzeptierten Erklärungen menschlichen Verhaltens sind zwei recht gängig, doch sind gerade diese beiden einander diametral entgegengesetzt. Eine Interpretation will alles Verhalten aus genetischer Determination erklären, allenfalls auch gleich mit einem »Egoismus der Gene«. Im Gegensatz dazu will der Behaviorismus (und mit ihm übrigens auch die politische Hoffnung auf den »neuen Menschen«) darauf hinaus, dass der Mensch bei Geburt eine Tabula rasa, ein durch Erziehung weitgehend beliebig prägbares und letztlich durch kulturelle Bedingtheiten geprägtes Objekt darstelle.

Die Bedeutung dieser Prägung findet sich noch in Pierre Bourdieus Konzept vom »sozialen Habitus«, der die Summe der erworbenen Gewohnheiten, Fähigkeiten und Einstellungen umfasst. Ich würde es gerne mit Jerome H. Barkow halten: »Most Researchers have now lost interest in the nature-nurture-question.« Leider hat er nicht recht. Das Thema Natur oder Prägung des Menschen wurde später unter Perspektiven wie etwa jener der Herrschaftssicherung oder jener der Geschlechteridentität abgehandelt, was der Intensität der Debatte mehr genutzt hat als ihrer Sachlichkeit.

Aus evolutionärer Perspektive sind Verhaltensmuster so oder so zunächst einmal als situations- und ausstattungs-(bzw. ressourcen-)spezifische Ausdifferenzierungen grundsätzlicher Überlebens- bzw. Reproduktionsstrategien zu verstehen, woher immer sie kommen mögen. Wenn bestimmte Verhaltensmuster dabei erfolgreicher sind als andere, dann werden sich diese weltweit durchsetzen und unter gleichen Umständen auch weltweit einheitlich sein.

So stimmen etwa Verhaltensweisen der Begrüßung (und damit der Erklärung der Absicht friedlicher Begegnung) nicht nur verbal, sondern auch in der Gestik weltweit überein. Sie umfassen beispielsweise das Überreichen von Geschenken, Lächeln, Nicken und Augengruß, wobei das Heben der Augenbrauen universell

Kontakt-Bereitschaft signalisiert, im Gegensatz zum sogenannten Drohstarren, das wiederum schon bei den Pavianen gefunden werden kann. Irenäus Eibl-Eibesfeldt hat in seinem Grundriss der vergleichenden Verhaltensforschung festgestellt: »Unsere Untersuchungen belegen die Existenz eines universalen Regelsystems, das verbale und nichtverbale Interaktionen in gleicher Weise strukturiert. Viele der mannigfaltigen kulturellen Rituale erweisen sich bei genauer Analyse als Ausdifferenzierungen elementarer Interaktionsstrategien.«[3]

Wenn sich die erfolgreichsten Verhaltensmuster regelmäßig durchsetzen, dann bringt es wenig, mit Lucien Levy-Bruhl von einer »prälogischen« Phase menschlicher Entwicklung oder mit Norbert Elias von höherer Affektabhängigkeit und geringerer Selbstkontrolle des frühen Menschen zu sprechen.[4] Strategien können von Instinkten oder von Überlegungen gesteuert werden. Ihr Erfolg hängt so oder so nur von ihrer Bewährung in der Praxis ab. Das menschliche Gehirn bringt deshalb einen kritischen Überlebensvorteil, weil es die Anpassung menschlicher Verhaltensmuster an die Notwendigkeiten der Praxis drastisch beschleunigt: Ein Igel kann nicht überlegen, ob ihn das Zusammenrollen vor Autoreifen genauso schützt wie etwa vor Hunden. Ein Mensch kann überlegen, ob er auch vor einem schnelleren Fressfeind wie etwa Löwen nur davonlaufen soll oder ob er nicht beim Klettern auf Bäume bessere Chancen hat.[5]

1.2 Aggression und Zusammenleben

Bei praktisch allen höheren Tieren und auch beim Menschen finden sich aggressive Verhaltensmuster. Gehören diese deshalb zur biologischen Grundausstattung? Zumindest können sie Bestandteil erfolgreicher individueller Überlebensstrategien sein und aus dieser Perspektive durchaus »Sinn« machen. Konrad Lorenz (nach dessen Meinung die Aggressionsforschung »einiges dem Umstand verdankt, dass auch Graugänse nur Menschen sind«) hat die Funktionen aggressiven Verhaltens zusammengetragen.[6] Da ist erstens die Verteilung der einzelnen Individuen über den verfügbaren Lebensraum, die durch Reviereroberung und Revierverteidigung sichergestellt werden soll, zweitens die Förderung der Selektion durch Rivalenkämpfe und drittens die häufig genug notwendige Verteidigung der eigenen Nachkommenschaft. Aggressive Handlungen können daher ein evolutionär effizientes Verfahren darstellen, um physische Unterschiede der Stärke in Selbstbehauptung und Wahrung der eigenen Lebenschancen zu übersetzen.

Latent ist Aggression daher immer vorhanden oder einfach ein allen Primaten verfügbares Verhaltensmuster. Jane Goodall hat während ihrer mit Schimpansen verbrachten Jahre immer wieder feststellen müssen, dass (auch) deren Zusammenleben immer wieder unbegründete Gewalt und Brutalität, ja Hinterhältigkeit kennt. Sogar das planmäßige Ausrotten einer benachbarten Horde hat sie beobachtet.

Trotzdem sind offene Aggressionsakte selbst bei Tieren nur gegenüber Beutetieren selbstverständlich. Gegenüber Tieren der gleichen Art beschränkt man sich meist darauf, Rivalen aus dem Revier zu vertreiben, oder führt Rangordnungskämpfe. Sind die Verhältnisse geklärt, dann spart auch der Unterlegene seine Kräfte für bessere Gelegenheiten. Häufiger als offene Aggression sind Gewalt und damit energiesparende Formen des Ringens um Rang und Anerkennung, Dominanzverhalten durch Drohgesten oder entsprechendes Imponiergehabe, aber auch scheinbar universelle Muster des Territorialverhaltens (bis hin zur jeweils unterschiedlichen Körperdistanz in unterschiedlichen sozialen Situationen).

In modernen Gesellschaften werden aggressive Verhaltensmuster meist als Bedrohung empfunden. So ist etwa die Grundthese eines Buches von Lionel Tiger und Robert Fox[7], der Mensch sei heutzutage nichts anderes als ein in ungewollt geschaffenen Lebensbedingungen eingekerkerter, ungenügend domestizierter, vermasster und verwirrter Jäger. Aber, so der Gedankengang, Verhaltensweisen, die dem Überlebenskampf der kleinen Horde angepasst waren, dürften heute nicht mehr der Orientierung in einer modernen Zivilisation zugrunde liegen. Daher sei es zentrale Aufgabe, vor allem die Aggression zu zähmen, die diesem Urzeitjäger eigen sei und die heute, mit gefährlicheren Waffen als je zuvor ausgestattet, das Überleben der Menschheit gefährde.

Die Debatte darüber, ob Aggression dem Menschen angeboren oder nur anerzogen sei, ist ideologisch aufgeladen und wird mit Erbitterung geführt – auch hier wegen der politischen Implikationen, die die Richtigkeit der einen oder anderen Meinung vermeintlich haben sollte.

Zwischenzeitlich gibt es sowohl für die angeborene Aggressionsbereitschaft als auch für das soziale »Lernen« aggressiver Verhaltensmuster reichlich Belege.[8] Die Gretchenfrage muss ganz anders lauten: Was hat der Stärkere eigentlich davon, in bestimmten sozialen Situationen auf Muster aggressiven Verhaltens und damit auf Dominanz zu verzichten? Nicht Aggression ist zu erklären, plausibel zu machen ist vielmehr, wieso es trotzdem beim Menschen zur Gründung von Gemeinschaften gekommen ist, in denen auch Schwächere ihren Platz, stabile Partnerbeziehungen und irgendwann auch das gefunden haben, was man später mit Identifikation und simpler sogar mit Wohlbehagen bezeichnet hat. Gerade dem Menschen ist es eigen, dass es in seinem Zusammenleben nicht bei einer von bloßer Stärke bestimmten Rangordnung geblieben ist, sondern dass früh enge soziale Bindungen und komplexere soziale Strukturen entstanden sind, deren Entstehungsbedingungen ebenso von Belang sind wie die Folgewirkungen für die weitere Entwicklung. Schließlich war es keineswegs selbstverständlich, dass eine stabile Beziehung zwischen Mann und Frau über die Phase der unmittelbaren

Brutpflege hinaus ausgedehnt und außerdem das Zusammenleben in größeren Gruppen so organisiert wurde, dass es nicht allein vom Dominanzverhalten der jeweils stärksten Gruppenmitglieder bestimmt wird.

In menschlichen Gemeinschaften kam es für lange Zeit zu einer relativen Gleichrangigkeit der einzelnen Familien. Marshall D. Sahlins skizziert diesen Prozess der Eindämmung von Aggression und wahlloser Gruppensexualität als den eigentlichen Beginn menschlicher Gesellschaft: »In selective adaptation to the perils of the Stone Age, human society overcame or subordinated such primate propensities as selfishness, indiscriminate sexuality, dominance and brute competition. It substituted kinship and cooperation for conflict, placed solidarity over sex, morality over might. In its earliest days it accomplished the greatest reform in history, the overthrow of human primate nature, and thereby secured the evolutionary future of the species.«[9]

Hinter dieser »Überwindung« der Primatennatur müssen gute Gründe stecken – und das soll heißen: Vorteile im Überlebenskampf –, die es sinnvoll werden ließen, auf Aggression und Dominanz zu verzichten. Nicht Altruismus schlechthin stellt einen Überlebensvorteil dar – womit man wie Peter Singer das moralisch Wünschenswerte mit dem evolutionär Nützlichen gleichsetzen könnte –, der Vorteil liegt vielmehr – wie ich gleich zeigen möchte – darin, wechselseitige statt nur eigene Leistungen für das Überleben verfügbar zu machen.

Georg Simmel hat Streit als eine mögliche Vergesellschaftungsform bezeichnet und das Wort von der »Soziologie des Konfliktes« geprägt. Damit betont er die inneren Polaritäten der Gruppenstruktur, weil dies der Realität besser gerecht werde als die Harmonievorstellungen einer naiv-sentimentalen Soziologie. Aber hier kann es nicht um ein Entweder-oder gehen. Gesellschaft ist weder als harmonisches Beisammensein noch als ständiger Streit und Auseinandersetzung angemessen beschrieben. Vielmehr geht es seit der Entstehung ursprünglicher menschlicher Gemeinschaften darum, wie sich solche Gemeinschaften bilden und stabil bleiben können, obwohl Aggression als Verhalten und Dominanz als Ziel ständig zumindest latent vorhanden sind.

Aggression ist nicht einfach verschwunden, sie konnte aber von unseren Vorfahren schon auf einer frühen Entwicklungsstufe für viele soziale Situationen auf Ritualisierung und Imponiergehabe reduziert werden – selbst dort, wo aggressives Verhalten oder zumindest das Zurschaustellen der Fähigkeit dazu wesentlich zur Selbstdarstellung gehört. Eibl-Eibesfeldt bringt dafür ein hübsches Beispiel aus der Praxis der Frühzeit wie aus der Gegenwart. Die Ehrenkompanie bei heutigen Staatsempfängen hat genau die gleiche Funktion der Selbstdarstellung wie die Kriegsbemalung, die ein kulturell in der Steinzeit lebender Amazonas-Indianer anlegt, wenn er ein fremdes Dorf besucht. Aber in der modernen wie in der steinzeitlichen Kultur wird diese äußerliche Aggressivität gleichzeitig durch Symbole relativiert, und zwar auf bemerkenswert gleiche Weise: Es ist jeweils ein Kind, das Blumen anbietet – hier dem Staatsgast, dort als mitgenommener Begleiter des kriegerisch aufgemachten Besuchers – und damit erklärt, dass die scheinbare Aggressionsbereitschaft ohnedies nur Imponiergehabe bleibt.

Übrigens sind uns selbst dort, wo (durchaus in der Begriffswelt Sigmund Freuds) von Sublimation – dem Ausleben eines Triebs für einen gesellschaftlich anerkannten statt für den ursprünglichen Zweck – gesprochen werden kann, archaische Reaktionen oft näher, als wir denken. Konrad Lorenz hat darauf hingewiesen, dass selbst in der großartigsten Sublimation nicht mehr stecke als alter Wein in neuen Schläuchen: Selbst der heilige Schauer der Begeisterung sei biologisch nichts anderes als das Sträuben des bei uns nur eben nicht mehr vorhandenen Fells, womit wir irgendwann einmal einem Feind gegenüber größer erscheinen wollten.

Aber es ist zu einseitig, in vielen menschlichen Verhaltensmustern nichts anderes sehen zu wollen als den Ausdruck mehr oder weniger sublimierter Aggression, so wie es umgekehrt Illusion sein dürfte, nur von angeborener Friedfertigkeit des Menschen auszugehen. Vieles spricht dafür, dass der Mensch sowohl über aggressive als auch über kooperative Verhaltensmuster verfügt und eben dadurch seine Überlebenschancen verbessert hat. Oder, um mit dem Affenforscher Frans de Waal zu sprechen: In uns steckt sowohl der friedfertige Bonobo als auch der gelegentlich recht heimtückische Schimpanse.

1.3 Die Vorteile des Zusammenlebens

1.3.1 Die Horde und das Individuum

Die ursprünglichste Form einer zwischenmenschlichen Beziehung ist die Mutter-Kind-Bindung. Eibl-Eibesfeldt meint, »dass nur die Brutpflege Anstoß für die Entwicklung höher organisierter Sozialverbände gab. Weder Sexualität noch Aggression oder Angst reichten dazu aus«.[10]

Die Verlängerung der Mann-Frau-Beziehung über den bloßen Sexualkontakt hinaus ist zunächst einmal von den Erfordernissen der Brutpflege gesteuert worden. »Heterosexuelle Partnerbindung entwickelt sich immer dort, wo das Bedürfnis der Mutter, Nahrung zu erwerben, mit der Notwendigkeit der Kindesbetreuung interferiert. Die Dauer der Bindung ist von der Dauer der Jungenbetreuung abhängig … der Kern der sozialen Gruppenbildung (ist) durch die Einbeziehung des Mannes in die Kleingruppe von Mutter und Kind geschaffen worden.«[11]

Die Entwicklung auch größerer Gruppen wurde zunächst nur mit Verhaltensweisen möglich, die aus Brutpflege-Mechanismen ausdifferenziert worden sind.

Eibl-Eibesfeldt ist aufgefallen[12], »dass überall dort, wo Brutpflege entwickelt wurde, auch Zärtlichkeit zwischen Erwachsenen beobachtet werden kann, wobei als bindende Verhaltensweisen grundsätzlich solche dienen, die primär in der Mutter-Kind-Beziehung entwickelt wurden. Abgewandelte Verhaltensweisen aus dem Mutter-Kind-Bereich sind es also, die bevorzugt in den Dienst der Erwachsenenbindung gestellt wurden: Kindliche Appelle und betreuende Handlungen. Wirbt ein Sperlingsmännchen um ein Weibchen, dann zittert es mit den Flügeln wie ein bettelndes Jungtier. ... Vögel und Säuger haben die Brutpflege unabhängig voneinander entwickelt. Mit ihr wurden Mutter-Kind-Signale als Voranpassung für eine höhere Geselligkeit verfügbar. Es handelt sich um eine Schlüsselerfindung, ohne die unser kooperatives menschliches Zusammenleben nicht möglich gewesen wäre; denn was wir an Verhaltensweisen der Bindung und des Beistandes besitzen, leitet sich vom Repertoire elterlicher Betreuungshandlungen und der sie auslösenden infantilen Appelle ab. Selbst unser Gruppenethos ist ein erweitertes Familienethos«.[13]

Beim Menschen ergibt sich die Notwendigkeit einer längeren Partnerschaft zunächst einmal aus den Erfordernissen der Kinderbetreuung. Menschenkinder brauchen vergleichsweise lange für ihre Entwicklung. Männer und Frauen gehen längerfristige Bindungen ein, um in Zeiten mit knappen wirtschaftlichen Ressourcen ihrem Nachwuchs und sich selbst bessere Überlebenschancen zu sichern.

Woher die Gewöhnung an den aufrechten Gang kommt, ist strittig. Neuesten Meinungen zufolge hat er sich einfach deshalb entwickelt, weil er eine energiesparendere Form der Fortbewegung in der offenen Savanne gewesen ist. Aber sei dem wie immer. Mit dem aufrechten Gang wurden jedenfalls die Kinder zu einer – im Wortsinn – zu tragenden Belastung. Das schränkte wiederum die Bewegungs- und Fluchtmöglichkeiten ein und erhöhte das Schutzbedürfnis der Weibchen, die zumindest für die Zeit der Kinderbetreuung dafür einen starken Partner brauchten.[14] Selbst das weibliche Selektionsverhalten richtet sich danach, ob das Männchen als guter Versorger eingeschätzt wird (darum spielt übrigens im männlichen Balzverhalten die Selbstdarstellung eine so große Rolle).[15]

Verhaltensmuster der Zärtlichkeit und der betreuenden Handlungen darf man schon wegen ihrer Ursprünglichkeit ebenso zu den Mechanismen der Stabilisierung längerfristiger Beziehungen dazudenken wie Gesten der sozialen Anerkennung. Wir sollten die Qualität der Beziehungsmuster nicht unterschätzen, die schon frühzeitig menschliche Kleingruppen konstituiert haben. Und zugleich manifestiert sich in ihnen eine ganz ursprüngliche Form sozialen Tausches: Beistand und Hilfe gegen bindungsfördernde Signale. Die Forschung redet viel vom Verstecken des Eisprungs: Anders als bei sonstigen Primaten zeigen Hominidenweibchen ihre Fruchtbarkeit nicht mehr durch äußere Auffälligkeiten und hätten dadurch nicht mehr möglichst viele, sondern nur mehr einen Partner angelockt, den dafür ständig. Es darf vermerkt werden, dass es auch anders gewesen sein kann: Eben weil soziale Gesten der Vertrautheit und Zärtlichkeit verfügbar geworden sind, die anders als ungewollte körperliche Signale selektiv eingesetzt werden können, bedarf es nicht mehr solcher Signale. Sie werden sogar lästig, wenn man sich nur mehr für einen interessiert.

Aber für die längerfristige Stabilisierung von Kleingruppen durch Einbeziehung des Männchens in die Mutter-Kind-Beziehung gibt es noch eine zweite Bedingung: Die dominanteren Männchen der Gruppe müssen stabile Beziehungen zwischen schwächeren Männchen der jeweiligen Gruppe und Weibchen überhaupt erst zulassen. Würden jüngere Männchen nämlich, wie es bei vielen Tieren der Fall ist, bei Erreichen der Geschlechtsreife aus der Gruppe verjagt oder aber auf Dauer der Gruppenzugehörigkeit von der Fortpflanzung ausgeschlossen, dann hätten sich die menschlichen Gruppierungen gar nicht bilden können, aus denen wir hervorgegangen sind, und vielleicht nicht einmal das Individuum als solches. Persönliche Autonomie kann sich erst auf der Basis sexueller Autonomie entwickeln.

Daher muss es für die Tolerierung stabiler Beziehungen auch schwächerer Männchen zu Weibchen noch weitere Gründe gegeben haben, die der ganzen Horde zugute gekommen sind. Und solche guten Gründe gab es. Die frühen Hominiden waren im Vergleich zu ihren Konkurrenten ums Futter tatsächlich Mangelwesen. Futterbeschaffung erforderte daher die Zusammenarbeit der ganzen Horde. Sobald es nicht mehr genügt, sich zum Boden zu bücken, um Gras zu fressen, oder sich nach den Blättern an den Bäumen zu strecken (und sich dabei etwa als Giraffe durch einen langen Hals einen Überlebensvorteil zu sichern), bedarf es einer Fähigkeit, die mit bloßer Stärke nicht mehr viel zu tun hat, nämlich der Findigkeit – ein Begriff, der noch recht wörtlich den ursprünglichen Sinn bewahrt, nämlich die Fähigkeit, etwas zu finden.

Früchte sind rarer als Gras, und das Hirn braucht mehr Kapazität, um Obst unter Blättern zu erkennen und zu finden bzw. sich Fundstellen zu merken. Noch schwieriger ist es, Aas zu finden, wenn die Nase nicht mehr so gut ist wie jene von Hunden. Man muss den großen Tierherden und den Geiern folgen und aufpassen, von den Raubtieren, die ebenfalls den Herden folgen, nicht gefressen zu werden.

Eine solche Beobachtungsgabe hat einmal das eine, einmal das andere Hordenmitglied, und keineswegs immer jenes, dessen Gene mehr in Muskelmasse als in Hirn investiert haben. Einmal findet dieser, einmal jene. Zusammenarbeit auf der Basis wechselseitiger Akzeptanz – in modernerer Terminologie auf der Basis gleicher Rechte – ist eine bessere Überlebensstrategie als die Strukturierung der Horde nach der Dominanz des Stärkeren. Es ist die individuelle Leistung, die Anerkennung und Gleichberechtigung herstellt und damit aus der Horde Gesellschaft macht: »Das Band ist die Verzahnung von Menschen verschiedener Erfahrung und Leistungsfähigkeit, die je nach ihren Kräften und Fähigkeiten sich in einer Vergeltungskette unterstützen.«[16]

Die wechselseitige Anerkennung von Leistung bedeutet, den anderen nicht nur als oben oder unten in einer sozialen Hierarchie wahrzunehmen, sondern als eigenständiges Wesen. Vermutlich war diese Unterscheidung sogar maßgeblich für die Weiterentwicklung der kognitiven Fähigkeiten des Menschen. Michael Tomasello ist überzeugt, dass »das kausale Verständnis beim Menschen sich ebenfalls zuerst im sozialen Bereich mit der Auffassung anderer als intentionale Akteure entwickelt hat«[17]. Erst durch wechselseitige Anerkennung der jeweiligen Leistung im sozialen Tausch und die Anerkennung der anderen sowie der von diesen als Familie geschaffenen sozialen Substrukturen wird aus Hordenmitgliedern eine so verstandene Gemeinschaft von Menschen. Und außerdem – wie De Waal richtig bemerkt hat – reduziert die Anerkennung der Familienorganisation den Konkurrenzkampf um Weibchen und spart damit Energie, die nunmehr besser in Kooperation und gemeinsamen Jagderfolg übersetzt werden kann.

Auch Computersimulationen wie etwa jene von Timothy Killingback und Etienne Studer haben gezeigt, dass hinter dem Dominanzverzicht der Stärkeren eine rationale Strategie im Sinne eines Überlebensvorteils auch für diese Stärkeren stehen kann. Wenn Tiere im Computermodell ein bestimmtes Revier besetzen, aber mit den Tieren in ihrer Nachbarschaft gemeinsam jagen und mit ihnen die Beute teilen, so ist das aufgrund des gemeinsam größeren Jagderfolges auch für die Stärkeren von Vorteil. Andere spieltheoretische Untersuchungen zeigen sogar, dass selbst indirekte Reziprozität – ich helfe auch dem, der mir noch nie geholfen hat, von dem ich es aber erwarten kann – evolutionär nützlich sein kann. Manche Ethnologen wundern sich, wieso es Hilfsbereitschaft auch gegenüber Fremden, von denen man keine unmittelbare Gegenleistung erwarten kann, in einer Welt der egoistischen Gene und des Kampfes ums Dasein überhaupt gibt. Traut man Menschen weniger Berücksichtigung einer möglichen Zukunft zu als Computersimulationen? In diesen ist die Strategie der »bedingten Kooperativität« umso erfolgreicher, je mehr Interaktionen je Generation möglich sind, also je sozial aktiver die Gesellschaft ist.[18]

Beobachtungen des Verhaltens von Primaten zeigen, dass zumindest elementare Verhaltensmuster der Gegenseitigkeit auch bei ihnen eine Rolle spielen. Zunächst einmal neigen auch Affen dazu, ihre Artgenossen zu betrügen. Sie ziehen beispielsweise scheinbar arglos mit der Horde an einem versteckten Baum mit Früchten vorbei und schleichen dann heimlich zurück, um die Früchte alleine zu fressen.[19] Wenn jedoch andere Tiere dem Finder auf die Schliche kommen, wird dieser kräftig verprügelt. Und bei den durchaus häufigen Rangeleien um

Futter richtet sich die Aggression vor allem gegen solche Gruppenmitglieder, die bei früheren Gelegenheiten ihre Funde für sich behalten haben.[20] Schon Schimpansen haben soziale Normen und kennen Sanktionen gegen jene, die sich nicht daran halten. Umso eher kann diese Art von reziprokem Altruismus bei unseren frühen Vorfahren angenommen werden.

Aber das Finden von Früchten oder Aas im Gelände oder das Gedächtnis für die Standorte von Obstbäumen waren ja noch lange nicht die einzigen Herausforderungen an das (vor-)menschliche Gehirn. Robin Dunbar hat die Lebensgewohnheiten der rund zweihundert heute lebenden Primatenarten mit der Größe ihres Neocortex, des für Denkoperationen verfügbaren Gehirnteils, in Beziehung gesetzt[21] und gezeigt, dass auch die soziale Umwelt die Hirngröße bestimmt: Der Neocortex wächst mit der Gruppengröße. Artgenossen sind immer zugleich Partner und Konkurrenten. Es bedarf des Geschicks im sozialen Umgang, aber auch einer geradezu machiavellistischen Intelligenz, um sich zu behaupten, und es bedarf umso mehr der Pflege des sozialen Netzwerks, je größer eine Gruppe ist.

1.3.2 Die Entstehung von Wissen – und seine sozialen Konsequenzen

Sobald beim Menschen zum Erfindungsgeist auch noch der Werkzeuggebrauch dazukam, gewannen solche Fähigkeiten gegenüber dem archaischen Vorteil der Körperkraft weiter an Bedeutung. Denn Werkzeuge bedeuten nicht nur eine drastische Verbesserung der Überlebenschancen der gesamten Horde, sondern auch Anerkennung und höheren sozialen Rang für die Träger solchen Wissens innerhalb dieser Horde. Schon die Schimpansen wissen den Wert von Erfindungen zu schätzen. Jane Goodall verweist darauf, dass bei ihnen Entdeckungen prompt zur Rangerhöhung des jeweiligen Tieres führen.[22] Mit Ästen oder Grashalmen stochern sie nach Ameisen, mit Steinen schlagen sie Nüsse auf. Nach neuesten Beobachtungen wissen auch schon Gorillas Werkzeuge zu gebrauchen.

Mithilfe geradezu kriminalistischer Analysen zeigte Charles K. Brain vom Transvaal-Museum in Pretoria, dass die frühen Ausgräber menschlicher Knochen in Afrika aus dem Nebeneinander von Menschenknochen und tierischen Knochen an den Fundorten allzu rasch den Schluss gezogen haben, dort hätten sich eben die Lager unserer Vorfahren befunden, wo sie die erbeuteten Tiere verzehrt hätten.

Der Australopithecus muss jedoch nicht dort gewohnt haben, wo man seine Knochen fand. Wahrscheinlicher ist, dass er dort nur aufgefressen wurde.[23] Für die neue Fundinterpretation gibt es triftige Argumente. Großkatzen beispielsweise töten nach Möglichkeit durch Angriff auf den Kopf ihres Opfers. Dieses

Verhaltensmuster haben sie beim Angriff auf ihre häufigsten Opfer, nämlich auf Huftiere, verfestigt, weil solcherart das Risiko minimiert wird, von einem Hufschlag getroffen zu werden. Zugleich ergeben sich daraus an den Schädelknochen typische Brüche und Bissstellen, eben auch an menschlichen Überresten. So wurde erkennbar, dass die gefundenen Knochendepots häufiger nicht Reste menschlicher, sondern tierischer Jagdbeute waren – unter denen es eben auch frühe Hominiden gab.

Aber je mehr Steinwerkzeuge, desto eher eine Konzentration der Funde auf Gliedmaßenüberreste wie etwa die körperfernen Enden von Schienbeinknochen (tibiae). Die bislang vermutlich ältesten menschlichen Werkzeuge der sogenannten Oldowan-Kultur sind scharfkantige Steinabschläge, die sich zum Zerteilen von Fleisch, Abziehen des Fells und zum Auslösen von Knochen eignen, gefunden oft mit größeren runden Steinen zum Zertrümmern von Knochen und Schädeln. Über Hunderttausende von Jahren finden sich dagegen keine Artefakte aus Stein, die als typische Waffen zu deuten wären.[24]

An derartigen Knochen wie Schienbeinenden befindet sich freilich besonders wenig Fleisch, nur das Mark in ihnen besitzt Nährwert.[25] Dass sich diese Muster der Knochenverteilung von Fundstelle zu Fundstelle auffallend gleichen und überdies mengenmäßig eng mit der Anzahl der jeweils gefundenen Steingeräte korrelieren, lässt nur einen Schluss zu: Der Mensch war ursprünglich nicht raubtierähnlicher Jäger, sondern ein Aasfresser, dem an Nahrung blieb, was nicht einmal mehr die Hyänen gefressen haben, nämlich das Gehirn und das in den Knochengehäusen verborgene Mark. Nur diese Reste von Großtieren haben die kräftigeren Raubtiere oder flinkeren Aasfresser dem Frühmenschen übrig gelassen. »Weit davon entfernt, ein gewaltiger Jäger zu sein, war der Frühmensch allem Anschein nach der letzte, am meisten benachteiligte aller damaligen Aasfresser.«[26] Zusatznahrung gab es freilich schon damals. Peter Weber[27] verdanke ich den Hinweis, dass die rasch jedes Aas besiedelnden Maden vielleicht nicht unbedingt appetitlich, aber dafür recht nahrhaft waren (für Genießer: 100 Gramm Maden enthalten fast dreimal so viel Kalorien wie ein Big Mac).

Vielleicht war aber gerade das Knochenmark für die Entwicklung zum Menschen besonders hilfreich. Josef Reichholf verweist darauf, dass für unsere Gehirnfunktionen Phosphorverbindungen wie etwa ATP (Adenosintriphosphat) von kritischer Bedeutung sind. Phosphor wird aber nun einmal vor allem in den Knochen und im Knochenmark der Säugetiere abgelagert.[28] Am Ende verdanken wir die Entwicklung der menschlichen Gehirnleistungen (auch) der Beschränkung unserer frühesten Vorfahren auf die schlechtesten Aasstücke. Darüber wird freilich unter den Paläoanthropologen noch heftig debattiert. Manche glauben, dass allein schon die Zunahme fleischlicher Nahrung das Gehirnwachstum gefördert habe. Stephen Cunnane hält dagegen, das Gehirnwachstum sei vor allem der

Fischerei zu verdanken. Denn in den Lipiden, die das Gehirn aufbauen, dominieren mehrfach ungesättigte Fettsäuren wie Arachidonsäure oder Docosahexasäure. Die beste Quelle dafür seien aber heute wie damals Fische und Meerestiere. Richard Wrangham betont dagegen die Bedeutung des Feuers und damit des Kochens. Gekochte Nahrung, egal ob Wurzeln oder Fleisch, reduziere die für die Verdauung erforderliche Energie.

Was sich im Verlauf Hunderttausender von Jahren jedenfalls verändert hat, ist der steigende Anteil der Großtierüberreste in den jüngeren Schichten. Daraus ist zu schließen, dass der Mensch sich allmählich nicht mehr mit den letzten Aasresten wie etwa Knochenmark begnügte, sondern zum Konkurrenzkampf um das Fleisch überging.

Ob der Mensch damals schon selbst gejagt hat oder ob er zunächst nur innerhalb der Hierarchie der Aasfresser aufsteigen konnte, ist umstritten. Immerhin sind die bisher ältesten erhalten gebliebenen Speere etwa 400 000 Jahre alt, reine Holzspeere. Man fand sie in der Braunkohlengrube Schöningen bei Helmstedt. Sie sind mit erstaunlichem Geschick gefertigt – das härtere, wurzelnähere Holz regelmäßig an der Spitze und die Gewichtsverteilung mit dem Schwerpunkt im ersten Drittel hinter der Spitze, nicht anders als bei modernen Speeren. Schon in diesen frühen Waffen zeigt sich Erfahrung und handwerkliches Geschick. Findig zu sein, Steinwerkzeuge und Waffen herzustellen, kochen zu können, all das sind spezielle Leistungen, die nichts mit Stärke zu tun haben, die aber Anerkennung in Gegenseitigkeit begründen.

Findigkeit, Erfahrung und zunehmende Beherrschung komplexer Herstellungsverfahren erfordern und fördern zugleich eigenständiges Bewusstsein. Wie schon Hans Jonas plausibel gemacht hat[29], bedingt die Herstellung von Werkzeugen Vorstellungskraft, also die Fähigkeit, sich etwas vorzustellen, was nicht da ist. Vorstellung trennt das Bild von der unmittelbaren Begegnung und ermöglicht so seinem Besitzer Verfügung über Raum und Zeit.

Nach Meinung vieler Schädelforscher soll eine Sprache im heutigen Sinn überhaupt erst vor ca. 150 000 Jahren möglich gewesen sein. Das soll nicht irritieren. Kommunikation, Kooperation und auch schon die Weitergabe von Wissen hat es bereits viel früher gegeben. Die Vorstufen unserer Sprache, so vermutet Michael Corballis, haben weniger aus äffischen Lauten als vielmehr aus immer stärker differenzierenden Gesten bestanden. Jeder von uns kennt ein subtiles Beispiel dafür, wie sehr wir auch in Gesten differenzieren können: Zähne zeigen ist an sich eine Drohgeste, die die eigene Stärke betonen soll. Aber der Mensch hat es frühzeitig verstanden, das Zeigen der Zähne zu ironisieren und damit ins genaue Gegenteil, in Lachen, zu verwandeln.

Auch George H. Mead hat darauf hingewiesen, dass Intersubjektivität gar nicht die Sprache benötigt. »Interaktionserfahrung lässt mir mein Gegenüber als Handelndes erscheinen.« Mead erklärt damit auch, warum anfangs, also im primitivkulturellen Bewusstsein, alle Dinge als belebte Partner nach dem Interaktionsschema wahrgenommen werden und erst später sich das soziale vom gegenständlichen Objekt differenziert.[30] Auch Michael Tomasello vermutet, dass der Mensch unbelebte Gegenstände genauso interpretiert wie Menschen, dass »die einzigartige Fähigkeit des Menschen, äußere Ereignisse anhand von vermittelnden intentionalen oder kausalen Kräften zu verstehen, bei der Evolution des Menschen zunächst auftrat, um Individuen die Vorhersage und Erklärung ihrer Artgenossen zu ermöglichen, und dass diese Fähigkeit von da aus auf das Verhalten unbelebter Gegenstände angewandt wurde«[31]. Der Mensch hat im Verhalten seiner Mitmenschen Kausalitätsregeln entdeckt und sie dann auch auf unbelebte Gegenstände angewandt.

So können wir wohl menschliches Weltverständnis am Anfang der Geschichte verstehen: Jedes Gegenüber wird als handelndes Subjekt verstanden. Zusammenleben wird möglich durch die »Evidenz des Du«, wie es Simmel genannt hat. Aber nicht nur der andere Mensch, sondern die Natur selbst und alles was in ihr ist, wurden als handelnde Personen wahrgenommen, »die entstehenden mythologischen Weltbilder thematisieren den Kausalzusammenhang der Welt nicht mehr als unpersönliche Dynamik von Kräften, sondern als einen Interaktionszusammenhang von handelnden personalen Wesen«.[32] Die Tiere, jede Quelle, jeder Berg ist eigenständiges Subjekt. Was später als beseelte Natur in der Abstraktion verschwand, war damals die Selbstverständlichkeit einer Welt voller belebter Wesen. Tomasello hat wohl recht: Kausales Verständnis entstammt der Erfahrung menschlichen Zusammenlebens.

Damit wird nicht technische Beherrschbarkeit, sondern Kooperation und Interaktion zum bestimmenden Element schlechthin. Weltbild und kooperatives Verhalten gehören zusammen. In den Vorstellungen von Ökonomen, die um eine realitätsnähere Formulierung des ökonomischen Verhaltensmodells bemüht sind, wird heute anerkannt, dass interaktive Beziehungen in die Realitätsinterpretation der Akteure eingehen und diese Interpretation von den jeweiligen Glaubens- und Wissenssystemen nicht zu trennen ist.[33]

Der Unterschied zwischen der damals so verstandenen Welt, die aus lauter lebenden Wesen besteht, denen man entsprechend zu begegnen hat, und der heutigen Welt, die vor allem aus technisch zu beherrschender toter Materie besteht, kann grundsätzlicher nicht gedacht werden. In nicht industrialisierten Gesellschaften von Jägern, Hirten und Sammlern wird tägliche Arbeit heute noch oft als Zusammenarbeit mit einem Subjekt konzeptualisiert.[34] Noch unsere heutige Sprache kennt in jedem vollständigen Satz grammatikalisch zwingend ein Subjekt. Vieles, was man heute noch bei sogenannten primitiven Völkern beobachten kann, Opfergaben an die Naturgeister, ja selbst Dank an das Jagdwild dafür, dass es uns sein Fleisch überlässt, beruht auf dem Verständnis, in einer Welt zu leben, in der Austausch, Geben und Nehmen, die eigentliche Existenzgrundlage ist. Ein Rest dieser uralten Tradition lebt übrigens noch im heutigen Jagdbrauch weiter, dem getöteten Hirsch einen Zweig als letzten Bissen in den Mund zu schieben.

Claude Lévi-Strauss schildert das Verhalten und die Formel der Omaha-Indianer, wenn sie bestimmte besondere Blumen pflücken:[35] In das Loch, das die Wurzel hinterlassen hatte, legte man eine Prise Tabak, zuweilen auch ein Messer oder Geldstücke, und der Sammler sagte ein kurzes Gebet: Ich habe genommen, was du mir gegeben hast, und ich lasse dir dafür dieses.

Kooperation, Kommunikation, sozialer Tausch und wechselseitige Anerkennung waren eine wesentliche Basis menschlichen Zusammenlebens. Eine Erinnerung daran bewahrt Plato in seinem Protagoras-Dialog. Dort heißt es, dass Epimetheus, der Bruder des Prometheus, die Begabungen dieser Welt an die Tiere verteilt habe, Fell, Federkleid, Klauen, Reißzähne. Für den Menschen war nichts übrig geblieben. Prometheus stahl für dieses vergessene Lebewesen das Feuer (und damit technisches Wissen). Aber selbst das reichte nicht zum Überleben. Erst Zeus sandte Hermes, und der brachte dem Menschen die Fähigkeit, natürliche Schwächen durch gemeinsames Handeln auszugleichen. So überlebte, so wurde der Mensch, so wurde aus einer Horde eine Gemeinschaft.

Dem Menschen ist es gelungen, die Rangordnung im Zusammenleben statt nach der physischen Stärke nach der Leistungskapazität im sozialen Austausch zu gestalten. Unter den historisch entscheidenden Überlebensbedingungen wurde nicht mehr bloß physische Stärke positiv selektiert (an die von Raubtieren reichte sie ohnedies nicht heran), sondern Schlauheit, Neugierde, Beobachtungs- und Erfindungsgabe.

Es ist nicht nur die so gern betonte Empathie, die Fähigkeit, sich in andere emotional und gedanklich hineinzuversetzen, es ist das Erreichen eines gemeinsamen höheren Leistungsniveaus durch Arbeitsteilung, wodurch das Überleben gesichert wurde. Zu geben, um zu bekommen, ist eine Strategie, die nicht nur in Computersimulationen den Erfolg optimiert, sondern sich auch in der historischen Praxis bewährt hat. Wenn etwa afrikanische Wildhunde auf verletzte Rudelmitglieder Rücksicht nehmen, dann nicht aus Altruismus, sondern weil das Unterschreiten einer kritischen Größe des Rudels die Jagdchancen drastisch reduziert. In der Höhle von Shanidar im Irak hat man die Skelette zweier Männer gefunden, die offenbar lange Zeit auch als Krüppel überleben konnten, und daraus ein frühes Beispiel von Solidarität ableiten wollen. Aber der Grund für die offenbare Unterstützung durch die Gruppe kann auch nüchterner gewesen sein: Wer andere Fähigkeiten hat, etwa als Werkzeugmacher, der muss ja nicht unbedingt körperlich fit sein und kann trotzdem seinen Beitrag leisten. Vielleicht ist es kein Zufall, dass im Mythos der Schmied Hephaistos hinkte.

1.3.3 Dominanz gegen sozialen Ausgleich

»Die Norm, bedingungslos zu teilen, und das blinde Vertrauen in die Großzügigkeit der Natur waren Voraussetzungen der Lebensweise als Jäger und Sammler. Beim Nomadisieren hätten Vorräte nur behindert. Mit anderen zu teilen, war daher die weitaus bessere Versicherung gegen die Wechselfälle des Glücks als Vorräte. Ging man selber leer aus, dann war ein anderer erfolgreich und teilte ebenso.«[36]

»Für die Naturvölker sind solche Tauschakte Handlungen persönlicher Vergeltung oder einer Vergeltung unter Familien oder Sippen, nicht rationalistische, jeder persönlichen Note entkleidete, nur auf die Sache gerichtete Kaufgeschäfte wie unter uns.«[37] Nicht viel anders hat es Habermas im Oktober 2001 (in seiner Dankesrede für den Friedenspreis des deutschen Buchhandels) formuliert: »Das soziale Band, das aus gegenseitiger Anerkennung geknüpft wird, geht in den Begriffen des Vertrages, der rationalen Wahl und der Nutzenmaximierung nicht auf.«

Geben und Nehmen schafft soziale Bande und damit soziale Strukturen. »Der fundamentale systemintegrative Mechanismus ist der des sozialen Tausches ...«[38] Und das Bewusstsein der Gemeinschaft verpflichtet über den aktuellen Tausch hinaus zum Geben auf spätere Gegenleistung. Dann kommt es zum Teilen mit denen, die weniger haben, etwa wegen eines Unglücksfalles. Peter Rosegger berichtet von der in seiner steirischen Heimat üblichen Brandsteuer: Wem sein eigenes Haus abgebrannt war, der durfte alle nahen und ferneren Nachbarn und Verwandten um einen Zuschuss zum Wiederaufbau bitten und bekam ihn auch. Das war Selbstverständlichkeit, Solidarität und sozialer Ausgleich in einem.

Es gibt einen sozialen Druck zum Verteilen, es gibt aber auch umgekehrt eine Art Anerkennung des individuellen Besitzes vor dem Akt des Verteilens – schon zur Erhaltung des Friedens in der Horde. Selbst ranghöhere Schimpansen warten geduldig darauf, dass ein rangniedrigerer, aber eben im Einzelfall erfolgreicherer Affe ihnen von seiner Beute abgibt.

Die ersten Ansätze eines Eigentumsbegriffs sind daher uralt. Der Einzelne kann entscheiden, ob er seinen Besitz für sich behält oder im Tausch zur Festigung bestehender sozialer Beziehungen oder zur Erhöhung seines sozialen Status einsetzt. Individuelles Eigentum ist bei ursprünglichen Gemeinschaften nicht Diebstahl am gemeinsamen Eigentum, sondern etwas substanziell anderes: Es ist das, was der Einzelne als eigenständige Leistung der Gemeinschaft gegenüber vorweisen und womit er seinen eigenen sozialen Status bekräftigen kann (in der Sprache eines theoretischen Konzeptes, dem die Eigenständigkeit des Subjektes gegenüber seiner Verdinglichung am Herzen liegt, könnte man es so formulieren: Weil er sich durch seine Leistungen überhaupt erst als gesellschaftliches Subjekt konstituiert).

Marcel Mauss ist zuzustimmen: Das Geben von Dingen erfüllt keineswegs nur ökonomische, sondern ebenso soziale Funktionen.[39] »Die Existenz einer Objektbesitznorm hat z. B. weitreichende Konsequenzen. Erst die Existenz dieser Norm macht es möglich, den Objekttransfer in den Dienst der Bindung zu stellen und reziproke Austauschsysteme zu entwickeln.«[40]

Sobald aber eine Gesellschaft Überschüsse produziert, die nicht mehr aus Gründen des täglichen Bedarfs unter alle verteilt werden müssen, dient die Hergabe von brauchbaren Gegenständen nicht mehr nur dem gemeinsamen Überleben und der Festigung sozialer Beziehungen, sondern kann auch als Waffe im Kampf um Rangpositionen eingesetzt werden. Über Geben und Nehmen kann sozialer Rang hergestellt werden. Wer gibt, ohne zu nehmen, erhöht seinen Rang. Wer nimmt, ohne zu geben, verpflichtet sich zur Gegenleistung und anerkennt zugleich den Rang des Gebenden.

Bei Gesellschaften, die sich ein Bewusstsein für den Wert sozialer Gleichheit bewahrt haben, ist es gar nicht einfach, über Geben seinen Rang zu verbessern. Bei manchen Indianerstämmen wie etwa bei den Yanomami ist es üblich, den Wert der eigenen Gabe herunterzuspielen, vergleichbar unserem »Nicht der Rede wert«[41]. Eibl-Eibesfeldt verweist auf eine besondere Form der Aggression bei den Maori, die darauf abzielt, Unterschiede im Besitz der Stammesmitglieder abzubauen. Hat einer deutlich mehr Besitz angehäuft als die anderen, dann wurde eine Plünderung vorgenommen, mit der sich der Betroffene regelmäßig abfand. Eibl-Eibesfeldt meint übrigens, Neid sei eine in allen Kulturen vorfindbare menschliche Eigenschaft, die zumindest den Vorteil habe, Egalisierungstendenzen zu fördern.[42]

Ursprüngliche Stämme wussten, dass ihre soziale Struktur gestört werden kann, wenn einer mehr hatte als der andere, und auch, wenn einer mehr geben konnte als der andere. Darum wird in vielen bekannten derartigen Gesellschaften darauf geachtet, dass niemand durch zu viel Geben in eine Dominanzposition einrückt. Richard Lee[43] berichtet, dass er zur Weihnachtszeit aus Dankbarkeit für ihre Unterstützung während des Jahres den Buschmännern einen prächtigen Ochsen gekauft habe. Er wunderte sich über die ständigen spitzen Bemerkungen über das magere Vieh und die Unkereien, alle würden hungrig bleiben. Erst nach dem Fest trösteten sie ihn und rechtfertigten sich: Wenn ein junger Mann viel Fleisch heimbringe, dann wolle er Anerkennung und höheren Rang. Das könnten sie nicht akzeptieren. »Deshalb sprechen wir von seinem Fleisch, als wäre es wertlos. Auf diese Weise kühlen wir sein Herz.«

Aber nicht überall haben die Mechanismen der Verhinderung von Dominanz funktioniert, mögen sie nun rauer oder subtiler gewesen sein. Das Geben kann zum Kampf entarten mit der Gabe als Waffe. Der Potlatsch der Kwakiutl von der Nordwestküste Amerikas ist das klassische Beispiel dafür. Hier laden die

Häuptlinge andere ein, um sie durch ihre Großzügigkeit zu beschämen. In prahlerischen Liedern preisen sie ihre Macht, während sie Decken und andere Werte verteilen oder anderes, etwa Kupferplatten, einfach zerbrechen, ins Meer werfen und kostbare Öle in die Flammen gießen.[44] Auf den Trobriand-Inseln findet das Wetteifern um Rang statt, indem jede Familie versucht, möglichst viele und möglichst große Yams-Wurzeln zu ernten. Wer die beste Ernte einfährt, gewinnt das größte Ansehen.

Auch der »big man« in den ansonst egalitären Gesellschaften Melanesiens erwirbt Rang und Einfluss durch persönliche Großzügigkeit. Einer der Eingeborenennamen für diesen Typus lautet »Männer, die Knochen nagen und Kalk kauen«. Der große Mann mästet Schweine und baut Betelnüsse an, die zusammen mit Kalk als Stimulans gekaut werden. Das Fleisch und die Betelnüsse gibt er her, ihm bleiben für Ruhm und Ansehen (zumindest metaphorisch) nur die Knochen und der Kalk.

Die spätere hierarchische Strukturierung menschlicher Gemeinschaft anstelle von ursprünglich egalitären Gesellschaften muss keineswegs gewaltsam erfolgt sein, sondern kann sich viel einfacher durch mehr Geben als Nehmen herausgebildet haben. Dominanz kann statt durch Gewalt auch durch Leistung aus akkumulierten Ressourcen geschaffen werden. Verhaltensforscher wie Richard B. Lee, Marshall D. Sahlins oder noch vor ihnen Raymond Firth und Bronislaw Malinowski haben die einzelnen Stufen dieses Prozesses beschrieben, der mit der Erringung einer Dominanzposition beginnt, mit der Stabilisierung der geschaffenen Rangunterschiede fortgesetzt wird und mit institutionalisierter Herrschaft endet.

Für Rousseau haben alle Gräuel der Ungleichheit im Allgemeinen und der modernen Gesellschaft im Besonderen mit der Errichtung des ersten Zauns, soll heißen: mit der Institutionalisierung des Privateigentums, begonnen. Mit einem solchen Bild hat aber höchstens die Zeit der schrecklichen Vereinfachungen begonnen. Rangstreben war den Menschen schon früh wichtiger als Akkumulation, sie opferten häufig die mögliche Akkumulation dem sozialen Rang. Der Kampf um den vordersten Platz ist älter als der Kampf um Besitz. Hinter ihm stehen auch die älteren Antriebe.

1.3.4 Der merkwürdige Vorteil sozialer Ungleichheit

1.3.4.1 Rangordnung und Kontrolle der Ressourcen

Eibl-Eibesfeldt meint, dass es so etwas wie ein androgen induziertes Verlangen nach Anerkennung des Mannes gäbe.[45] Aber nicht nur Männer, auch Frauen sind in der sozialen Rangordnung lieber oben als unten und erleben gerne soziale

Anerkennung. Wenn bei Veranstaltungen welcher Art auch immer die vordersten Plätze die besten sind, dann deshalb, weil wir uns auch in großen Gesellschaften (oder in einer Bar, deren schummriges Licht und höhlenartige Architektur ja recht archaische Ursachen hat) immer noch gruppieren wie unsere Vorfahren: gegliedert nach Rang und Bedeutung. Das Wort vom engsten Kreis, das den Kern sozialer Strukturen oder die Umgebung Mächtiger beschreibt, hat uralte Bezüge.

Das Leben an der Spitze der sozialen Pyramide sichert mehr Ressourcen und damit bessere Lebenschancen. »Princeps« heißt im Lateinischen im ältesten Sinn des Wortes nicht der Erste, sondern genauer derjenige, der als Erster zugreifen kann. Aber auch Anerkennung ist in der menschlichen Gesellschaft ein knappes, daher wertvolles Gut. Akzeptanzorientierung des Verhaltens ist ein moderner Terminus, aber er beschreibt recht gut, wie gewichtig doch Verhaltensmotive sind, die sich an der Bestätigung durch die soziale Umwelt orientieren. Wie eng das Streben nach sozialer Anerkennung mit Leistungen im sozialen Tausch verbunden ist, zeigt sich auch daran, dass soziale Bindung, ja Gefühle der Zuneigung nicht nur durch den Erhalt, sondern nicht minder durch die Gewährung von Hilfe und Unterstützung bewirkt werden. Man mag den, dem man geholfen hat. Dieses nur auf den ersten Blick etwas irrationale Verhalten ist experimentell recht gut dokumentiert.[46]

1.3.4.2 Das Kalkül des Schwächeren

Aus dem Stellenwert von Anerkennung im sozialen Zusammenleben ergibt sich für die Schwächeren die Möglichkeit, im sozialen Tausch Gegenleistungen auch dann zu erbringen, wenn sie statt handfesten Leistungen nur Lob und Anerkennung anbieten können.

Die Bestätigung der eigenen Unterordnung durch Gesten der Bewunderung und des Dankes als Tauschobjekt soll nicht glorifiziert werden. Immerhin aber handelt es sich um einen Mechanismus, der in Situationen krasser Ungleichheit auch dem hoffnungslos Schwächeren die Möglichkeit bietet, etwas in den sozialen Tausch einzubringen, um einseitige Dominanz durch Formen sozialer Reziprozität abzumildern. Der scheinbar so nüchterne Begriff des Preises kommt etymologisch und historisch von »pris«, und das hieß zunächst einmal Preis und Ehre, und nicht einfach so wie heute nur Geldwert.

Indem der Schwächere nicht einfach nur unterdrückt wird, sondern etwas von Wert für den Ranghöheren aufbringen kann, sind auch Strukturierungen von Gesellschaften verfügbar geworden, in denen den Schwächeren auch Schutz geboten wird und damit eine relative Sicherung gegenüber den Wechselfällen des Lebens. Zunächst ist das nichts anderes als Teilhabe an den Überschüssen derer, die ihren Status erhöhen möchten. Mit dem Entstehen früher Siedlungen findet sich die Unterwerfung unter einen Stadthäuptling, König oder Pharao, oft mit Eingliederung in komplexe Arbeitsverhältnisse, vom Pyramidenbau bis zur Arbeit auf künstlich bewässerten Feldern oder in Formen kriegerischer Gefolgschaft. Diese Sonderform des sozialen Tausches, Unterordnung gegen Einbindung in ein mehr oder minder leistungsfähiges System der Existenzsicherung und der kollektiven Sicherheit, hat in der Entwicklung zu frühen Hochkulturen keine geringe Rolle gespielt. Dabei ist die Gewährung einer – sei es auch noch so kümmerlichen – Existenzgrundlage und die relative Sicherheit nicht allein Strukturmerkmal politischer Organisation, sondern Gegenleistung für Unterordnung und Gefolgschaft. Das englische Wort »Lord« kommt von »hlaford«, dem Brotgeber.[47]

Man sollte derartige Tauschbeziehungen nicht bloß durch die Hegel'sche Brille der Herr-Knecht-Antinomie besehen. Ein und dieselbe formale Struktur kann einmal für beide von Vorteil sein, ein andermal auf brutale Ausbeutung hinauslaufen: Quer durch die Geschichte, vom römischen Klientenwesen über germanische Gefolgschaften, das Feudalwesen des europäischen Mittelalters oder der japanischen Daimyos und Samurais bis hin zu den Patronage-Beziehungen in heutigen Entwicklungsländern, ist ein personales System der Strukturierung von Gesellschaft zu beobachten, das bei eindeutiger Trennung von oben und unten trotzdem auf wechselseitigen Verpflichtungen beruht: Schutz und Unterhalt für den Rangniedrigeren, dafür Gehorsam und Gefolgschaft, gelegentlich auch Tribut (und immer Anerkennung) für den Ranghöheren. Moderne Klüngel oder Seilschaften in Politik und Wirtschaft sind nicht viel anders aufgebaut. Eine solche Struktur kann recht stabil sein, wenn und solange sie den Lebenschancen der Beteiligten sinnvoll Rechnung trägt. Denn Basis dafür ist oft nichts anderes als eine nüchterne Analyse der eigenen begrenzten Alternativen, ihrer Chancen und Risken, von den Soziologen gerne auch Pay-off-Matrix genannt.

1.3.4.3 Tauschen, um sicherer zu leben

Die genauere Ausgestaltung der sozialen Reziprozität des Gebens und Nehmens wird bei Sahlins zum Ausgangspunkt der Unterscheidung verschiedener sozialer Strukturen[48]: Innerhalb der eigenen Verwandtschaftsgruppe sieht er positive Reziprozität: Man gibt auch mehr, als man bekommt. Innerhalb des Stammes nimmt er ausbalancierte Reziprozität an. Dabei werde auf Gleichwertigkeit der Tauschobjekte geachtet, und gegenüber dem Rest der Welt bemühe man sich um negative Reziprozität, will also mehr bekommen, als man zu geben bereit ist.

So manche Kritiker heutiger Gesellschaft sehen in der Rationalisierung des Tauschprozesses eine der Hauptursachen der Verdinglichung menschlicher Beziehungen. Sie würden zum bloßen Objekt durch die »Vorgänglichkeit der von den einzelnen Menschen und ihren Verhältnissen abgelösten, abstrakt rationalen Beziehungen, die im Tausch ihr Modell haben«.[49] Wenn die maßgebliche Struktur der Gesellschaft die Tauschform sei, dann werde deren spezifische Rationalität menschliches Verhalten, und damit menschliche Identität, entscheidend prägen. Eben das sei ja das Wesen der Verdinglichung.

Eine solche Schlussfolgerung von der ökonomischen Rationalität auf die Verdinglichung gesellschaftlicher Beziehungen ist nur dann folgerichtig, wenn zuvor der Tauschbegriff selbst auf ökonomische Rationalität eingeengt wird. Das mag zwar für moderne (oder, wenn man die Gleichsetzung will, kapitalistische) Gesellschaften gelten, entspricht aber keineswegs der historischen Realität der menschlichen Gesellschaft. Da vertrete ich vielmehr, um Michael Polanyi zu folgen, den Standpunkt der Subjektivisten, wonach elementare menschliche Kulturen mit Begriffen moderner ökonomischer Theorie allein gar nicht sinnvoll beschrieben werden können.

Die Verallgemeinerung von Begriffen, die aus marktwirtschaftlichen Tauschstrukturen der Industriegesellschaft abgeleitet sind, versperrt den Blick für die historische Breite und Vielfalt sozialer Tauschmechanismen. Wenn man das dichte Netz von Traditionen und wechselseitigen Abhängigkeiten weginterpretiert und die Komplexität des sozialen Tausches unbedingt auf ökonomische Mechanismen reduzieren will, dann kommt man nur zu reichlich holprigen Definitionen wie etwa Bourdicu, der ein so simples Phänomen wie das gelegentlicher Mithilfe während der Ernte bei den Kabylen Nordafrikas wie folgt definiert hat: »Ökonomisches Kapital kann nur in Form symbolischen Kapitals akkumuliert werden, was die Voraussetzung dafür schafft, dass es bei dem Umwandlungsverfahren auch vernichtet werden kann. Das symbolische Kapital, gewöhnlich Prestige oder Autorität, stellt nur die umgewandelte, d. h. unkenntlich gemachte und damit offiziell anerkennbare Form der anderen Kapitalarten dar.«[50]

Hinter dem Tausch in ursprünglichen menschlichen Gesellschaften steht ein viel breiteres Konzept als das, was ökonomische Theorie als Tausch versteht. Es geht um die Sicherung des Überlebens durch soziale Beziehungen. Und daher wird selbst dort getauscht, wo jeder das Gleiche hat, um eben durch den Tausch Beziehungen herzustellen und um bestehende zu festigen. Pauline Wiessner beispielsweise hat dokumentiert, dass das Hxaro-Tauschsystem der Buschmänner eine Art Sozialversicherung darstellt. Die von ihr erfassten Personen hatten im Durchschnitt rund 16 solcher Partnerschaften, davon fast 60 Prozent mit Personen in anderen Dörfern, die dreißig bis zweihundert Kilometer entfernt waren.[51]

Das Hxaro-System sichert den Buschleuten den Zugang zu Ressourcen, wenn sie sie brauchen. Die soziale Bedeutung geht allein schon daraus hervor, dass bis zu drei Monaten im Jahr bei Hxaro-Partnern verbracht werden. Ähnliches findet sich auf der anderen Seite des Globus. Eugene Linden zitiert einen Regierungsbeamten aus Papua-Neuguinea, der sich der »endless gift exchanges« seiner Jugend erinnert und sich bewusst ist, dass solche Gebräuche ihren Sinn hatten:

»They … serve to seal bonds among families and act as a barrier to poverty and loneliness.«[52]

Und da es um nicht weniger ging als ums Überleben, wurde das Tauschprinzip auch religiös verankert. Im ältesten römischen Recht, in dem der Zwölf Tafeln, vermutet M. Mauss ein Weiterleben magischer Absicherung des Tauschprinzips.[53] Er sieht eine merkwürdige Übereinstimmung zwischen dem Nexum, der geradezu religiösen rechtlichen Bindung des Schuldners gegenüber dem Gläubiger (bzw. die damit verbundene persönliche Haftung), und dem »Geist der getauschten Sache« bei den Maori, der erst beruhigt ist, wenn die Gegenleistung erbracht ist. »Vielleicht ist es kein purer Zufall, dass die beiden feierlichen Vertragsformeln – ›do ut des‹ (ich gebe, damit du gibst) im Lateinischen und ›dadani se, dehi me‹ im Sanskrit – uns in religiösen Texten erhalten blieben.«[54]

Die hohe soziale Bedeutung, die der Gastfreundschaft im antiken Griechenland beigemessen wurde, hatte nicht nur mit den nicht gerade bescheidenen Geschenken zu tun, die man etwa der Odyssee entnehmen kann. Gastfreundschaft war Mittel zur Herstellung sozialer Beziehungen über den eigenen engeren Lebensraum hinaus, und wer sie verletzte, der beleidigte auch die Götter. Und die bindende Kraft von Geben und Nehmen zeigt sich auch heute, immer noch nicht ganz verdrängt vom ökonomischen Tauschsystem des freien Marktes. »Einzahlungen auf die Gefälligkeitsbank« nennt beispielsweise Tom Wolfe sarkastisch, aber treffend persönliche Aufmerksamkeiten.

1.3.4.4 Verwandtschaft prägt das Verhalten

Abstammungsgruppen haben dem sozialen Tausch eine neue und folgenreiche Dimension erschlossen. Ihnen gelang die Einbeziehung der Zeit und damit der Ausgleich von Geben und Nehmen zwischen den Generationen. Die sogenannte »Großmutter-Hypothese« sieht sogar die längere Lebensdauer der Frau in ihrer Funktion bei der Erziehung ihrer Enkel begründet.

Vielleicht war das nur deshalb möglich, weil sich Verwandte ihrer Gemeinsamkeiten in einer Intensität bewusst waren, die uns Heutigen fremd ist. Da ist gelegentlich das Gemeinschaftsbewusstsein so dominant, dass der Begriff des individuellen Bewusstseins nur mehr eingeschränkt brauchbar ist.[55] Peter Sloterdijk hat sogar gemeint, der von so ehrwürdiger metaphysischer Tradition getragene Begriff der Subjektivität sei überhaupt nur ein sekundäres Phänomen, das durch Zerstörung archaischer Mikrosphären entstanden sei. Menschliche Gemeinschaftsbildungen seien keine Zusammenschlüsse von Individuen (im heutigen Sinne), sondern ursprünglicher als diese.[56]

Zuerst mit der Brutpflege und sodann mit dem Erkennen der Abstammungszusammenhänge wurde die Verwandtschaft als soziale Bindung besonderer Bedeutung wahrgenommen. Das hat sich nicht nur in emotionalen Bindungen manifestiert, sondern auch im Verständnis der richtigen Ordnung der Gesellschaft. Die ursprünglich individuelle Besitznorm beispielsweise wurde erkennbar auf die Nachkommen ausgeweitet und mit der Einführung der Bewirtschaftung von Grund und Boden auch für die Strukturierung von Produktionsverhältnissen maßgeblich.[57]

Auch frühes Rechtsverständnis haftet an der Verwandtschaft, konkret an der Sippe. Soweit etwa das germanische Recht rekonstruiert werden kann, ist es in seinen ältesten Schichten Sippenrecht, das Recht personaler Gemeinschaften. Die Sippe ist in diesem historischen Rechtsbereich das personale System gesellschaftlicher Gliederung schlechthin, Rechtsträger und Rechtsgemeinschaft in einem. Eheverträge sind Verträge zwischen zwei Sippen. Vormundschaft wird von der Sippe »zur gesamten Hand« ausgeübt und der Sippenlose ist zugleich rechtlos.[58] Persönliche Beschädigungen bis hin zum Mord unterliegen der Sanktion durch die Sippe, Fehde ist Rechtspflicht und Rechtsverfolgung geschieht durch die Gemeinschaft der Sippe.

Soziologen neigen gelegentlich dazu, Verwandtschaftsbegriffe eher dem Bereich der semantischen als dem der tatsächlichen Struktur einer Gesellschaft zuzuordnen[59] oder Verwandtschaft nur als »institutionalisiertes Tauschsystem« zu verstehen und die Komplexität verwandtschaftlicher Systeme lediglich als adaptive Antwort auf unberechenbare materielle Produktionsbedingungen zu interpretieren.[60]

Angesichts der deutlichen Abhängigkeit kritischer Verhaltensmuster von Verwandtschaft ist das schlicht zu artifiziell. Abstammung und in der Folge Verwandtschaft ist vielmehr umgekehrt in elementaren menschlichen Gesellschaften ein so wesentliches konstitutives Merkmal für Verhaltensmuster intensiver Kooperation, dass sie deshalb auch gelegentlich simuliert (etwa durch Adoption oder Blutsbrüderschaft) oder überhaupt konstruiert wird (etwa als Abstammung von einem gemeinsamen mythischen Vorfahren), um dann ursprünglich verwandtschaftsabhängige Verhaltensmuster zu üben.

Allerdings wird selbst in Familienverbänden die Zugehörigkeit gelegentlich nicht durch die Geburt, sondern erst durch einen formellen Akt der Aufnahme in den Familienverband begründet. Das Ritual der Kindesaufnahme durch den Vater findet sich sowohl im antiken Griechenland als auch bei den Germanen. In beiden Fällen handelte es sich keineswegs um einen bloßen Formalakt, sondern um ein eigenständiges Recht des Vaters, dessen Sinn das Ausselektieren voraussichtlich zu schwacher Familienmitglieder war. In Athen hieß die für die Aufnahme in den Familienverband maßgebliche Zeremonie Amphidromia. Im Dialog mit Theiatetos bemerkt Sokrates, sie beide hätten jetzt gerade eine kleine Theorie zur Welt gebracht; nun komme es darauf an, mit dieser Theorie die Amphidromia durchzuführen, um nicht nur eine wertlose Lüge großzuziehen.

Übrigens ist selbst die formale Aufnahme nicht unbedingt eine menschliche Besonderheit. Bereits bei den Schimpansen präsentiert eine Affenmutter ihr Neugeborenes der Gruppe und ersucht durch bittende Gesten – Ausstrecken der Hand – um einen quasi formellen Akt der Aufnahme des Schimpansenbabys in die Gruppengemeinschaft. In einer ersten Art von Ritual geben die Gruppenmitglieder ihr Einverständnis durch Berühren der ausgestreckten Hand der Affenmutter.

2

DIE KONSTRUKTION DER WIRKLICHKEIT

2.1 Bewusstsein und Identität in personalen Strukturen

2.1.1 Die Welterfahrung personaler Strukturen

Die konkreten Ausformungen des sozialen Tausches sind an kognitive Muster gebunden, an die Überzeugung von der Richtigkeit und Notwendigkeit des eigenen Handelns und seiner Konsistenz mit der je eigenen Sicht der Welt. Diese Muster haben sich im historischen Prozess verändert: Gesellschaftliche Entwicklung kann weder durch eine unhistorische Psychologie noch durch unspezifische Selbststeuerungsmechanismen erklärt werden, sondern nur als soziokulturelle Evolution der Konstruktionsregeln der sozialen Welt.[1]

»Menschen konstruieren die soziale Realität und ein und dieselbe objektive Situation kann zu ganz unterschiedlichen subjektiven Situationserfahrungen führen.«[2] Die Erfahrungen der eigenen Lebensgeschichte, ihre Verarbeitung im je eigenen Bewusstsein und damit die Summe der eigenen Konstruktionen der Wirklichkeit bestimmen Selbstverständnis und Verhalten.[3]

Nun war die Vorstellungswelt unserer Vorfahren zunächst einmal von der Erfahrung ständiger Gefährdung und damit existenzieller Unsicherheit geprägt. Aber genau dagegen haben sie ja mit zunehmendem Erfolg angekämpft. Dazu diente ihnen nicht nur eine allmählich immer umfangreichere Technologie, sondern ebenso eine genaue Beobachtung und Analyse ihrer Umwelt. Beispielsweise kennen die Eskimos mehr als 20 Worte für Schnee, um seine unterschiedlichen Erscheinungsformen angemessen differenzieren zu können.

Und außerdem gab es auch in der kleinen Gemeinschaft Träger gesammelter Erfahrung. Der Mensch hat über Hunderttausende von Jahren gar nichts anderes als persönliche Überlieferung gekannt, um Wissen über die Welt und die Praktiken des Überlebens in ihr weiterzugeben. Feuer machen, Werkzeuge oder Bekleidung herstellen, die eigene Herkunft, den Reichtum der Tierwelt, Leben und Sterben, die Hilfe der Ahnen, all dies erfährt man durch Information von Personen, denen man zusieht und zuhört. »Einer, der spricht« ist ein Name für ältere Verwandte.

Und angesichts der Personalisierung der ganzen Welt ist es verständlich, dass sogar eigene Gefühle, Erinnerungen und »innere Stimmen« auf den Einfluss von Personen – die man dann eben als »über«-irdisch verstanden hat – zurückgeführt worden sind. Eric R. Dodds hat deutlich gemacht, dass hinter vermeintlich irrationalen Verhaltensmustern der Griechen in Ilias und Odyssee immer wieder die Überzeugung vom Wirken solcher Personen steht. Julian Jaynes hat sogar gemeint, dass das Ich-Bewusstsein eine relativ junge Errungenschaft sei, nicht früher als etwa im vierten Jahrtausend vor Christus erworben. Bis dahin hätte der

Mensch Entscheidungshilfen bei inneren Stimmen gefunden, die er als fremde Sprechende empfunden und für Stimmen seiner Vorfahren oder überhaupt für göttlich gehalten habe. Jaynes findet dafür hirnphysiologische Argumente und verweist auf die Analogien zu Halluzinationen und schizophrenen Erscheinungen. Die ganze Orakelkultur sei nichts anderes als Reaktion auf den vermeintlichen Verlust göttlicher Eingebung.[4] Unter dieser Perspektive wird Walter Burkerts Definition von Religion stimmig, mit der sein Buch[5] abschließt: Religion gilt ihm als uralte Tradition einer ernsthaften Kommunikation mit unsichtbaren Partnern.

Dean Hamer hat eine Gen-Variante gefunden, die mit Gefühlen der Selbst-Transzendenz verbunden sei und die von ihm daher etwas locker als »Gottes-Gen« bezeichnet wurde. Nach Andrew Newberg und Eugene d'Aquili hängen intensive religiöse Gefühle mit geringerer Durchblutung im oberen hinteren Scheitellappen des Gehirns zusammen. Aber benötigt werden solche biologischen Erklärungsversuche nicht wirklich. Die kognitiven Mechanismen des Menschen, die Naturerscheinungen in dieser frühen Phase dem Charakter von Subjekten zuordnen, reichen völlig aus, um ihn zur Annahme höherer Wesen zu veranlassen. Man kann die Entstehung des Glaubens an höhere Mächte im Rahmen der Entwicklung der kognitiven Kompetenzen des Menschen eigentlich recht präzis verorten: Nach der Entdeckung der Kausalität, aber vor der Entdeckung der umfassenden Anwendbarkeit mechanischer Naturgesetze.

Der Mensch hat weiters früh entdeckt, dass er außer über Erzählungen auch über rituelle Wiederholungen ehemaligen Geschehens Informationen, Wissen und Erfahrung speichern, sie weitergeben, lehren und lernen kann. André Leroi-Gourhan hat entdeckt, dass in den Höhlen von Lascaux die Mehrheit der im Lehm konservierten Fußspuren von Kindern stammt, die dort offenbar in Gegenwart der eindrucksvoll gemalten Tierbilder etwas lernen sollten. Mythos und Ritual hängen zusammen. Das Ritual festigt die Erinnerung an den Mythos. Was uns heute als Zeichen früher Religiosität erscheint, war zumindest auch Speichermedium des kollektiven Gedächtnisses.

»Die Hauptfunktion des Mythos besteht darin, die exemplarischen Modelle für alle Riten und alle wesentlichen Betätigungen des Menschen … zu fixieren … Wenn ein Schiffer aufs Meer hinausfährt, verkörpert er den mythischen Helden Aori … Ein Fischer sagte mir, dass er sich beim Schießen auf Fische mit dem Bogen für Kivavia ausgebe. Er erflehte nicht die Gunst und Hilfe dieses mythischen Heros, er identifizierte sich mit ihm.«[6] Nach dem Weltverständnis der ursprünglichen menschlichen Gesellschaften ist das, was sie tun, und damit ihr Verhalten, abgesichert in dem, was immer schon getan wurde, und damit abgesichert in der Ordnung der Welt.

Dieses Weltbild wird im Ritual nicht nur durch Wiederholung und damit Erinnerung bekräftigt, sondern auch neu erlebt. Denn zwischen echter und dargestellter Wirklichkeit gibt es keinen Unterschied, solange man gewisse Abstraktionsleistungen einfach noch nicht erbringen kann: Ein Bild wird noch nicht losgelöst vom Gegenstand gesehen (Reste dieser Vorstellungswelt finden sich heute noch in der Verehrung von Ikonen), ein Name nicht getrennt vom Benannten (das Urphänomen jeglicher Beschwörung!) und die Welt, wie sie ist, nicht getrennt von einer anderen, die sein sollte.[7]

Kollektives Gedächtnis bekräftigten unsere frühen Vorfahren in Erzählungen und in »Vor-Stellungen«, einem Schau-Spiel, das Schau, Spiel und Ritual in einem war. Ritus als Vorstellung eines als historisch verstandenen, allenfalls zu wiederholenden Geschehens wird von Personen geübt, die zugleich Person und das sind, was sie vorstellen.[8] Information durch Ritus oder Mythos ist nichts anderes als Wiedergabe der selbstverständlichen, evidenten Welt.[9] Ritus ist Bekräftigung der Wahrheit und damit Bekräftigung des Verhaltens. Der Mythos ist »durchaus nicht bloß ein Bild des mythischen Geschehens, sondern dieses Geschehen selbst, im vollen Sinne des Wortes«[10].

Selbst komplexe technologische Prozesse werden oft im Ritual bewahrt. Das Schmieden eines Schwertes wurde in Japan bis ins 19. Jahrhundert weniger als technisches Werk verstanden denn als religiöses Ritual, in dem jedem einzelnen Schritt nicht technologischer, sondern religiöser Sinngehalt zugewiesen wurde. Und im Zerspanen des Schwertes Nothung in Wagners »Siegfried« überlebt die Erinnerung an eine frühe Technologie, in der tatsächlich Stahl zerspant und – wegen der in deren Verdauungssystem stattfindenden Nitrifikationseffekte – an Gänse verfüttert wurde.

Sigmund Freud hat der Religion die Diagnose gestellt, eine gesellschaftlich organisierte Massenneurose zu sein, die an kindliche Fantasievorstellungen anknüpfe. Am ursprünglichen Gehalt, der die Darstellung der Welt als Wiederherstellung der Welt auffasst und Ritus als Information, geht das ziemlich weit vorbei. Vermutlich wurde der Stammvater der Urhorde von den Söhnen allein schon deshalb nicht erschlagen – was nach Freud Komplexe der Söhne ebenso wie Vergöttlichung des Vaters zur Folge hatte –, weil seine Informationen viel zu wertvoll waren.

2.1.2 Weltbild und soziale Ordnung

Das rekonstruierbare Bewusstsein primitiver Stämme verdient die Bezeichnung »primitiv« nur dann, wenn man ihr Wissen unbedingt mit dem Umfang heutigen Wissens vergleichen will. Misst man dieses frühe Bewusstsein dagegen am Umfang der Welterklärung, das es leisten will, und auch an der selbstempfundenen moralischen Verantwortung, dann ist das Bewusstsein der primitiven Stämme nicht enger, sondern umfassender als heute. Der primitive Wilde übernimmt »Verantwortung auf kosmischer Ebene, … (er) versetzt sich immer in einen kosmischen Zusammenhang. Seiner persönlichen Erfahrung fehlt es weder an Authentizität noch an Tiefe«.[11] »Das wilde Denken ist in demselben Sinne und auf dieselbe Weise logisch, wie es unser Denken ist.«[12]

Natürliches und soziales Universum hängen in einer Vorstellungswelt, die überall handelnde Personen am Werk sieht, eng zusammen. Mensch, Gesellschaft und Kosmos unterliegen den gleichen Ordnungsprinzipien. Für das frühe religiöse Denken Indiens war der Körper ein Abbild des Universums: Die Wirbelsäule wird der Weltsäule gleichgesetzt, die Atemzüge den Winden, Nabel oder Herz dem Zentrum der Welt.[13] Was für den Menschen gilt, gilt ebenso für die menschliche Gesellschaft: »Bei den Omaha z. B. ist das Dorf in zwei Hälften geteilt, die Himmel und Erde heißen. Ehen können nur zwischen den beiden exogamen Hälften geschlossen werden und wiederholen jedesmal den primordialen ›hieros gamos‹, die Vereinigung zwischen Erde und Himmel.«[14]

Und das Weltbild dient auch der Herstellung von Verwandtschaft: Jeder Clan hat sein Totem – meist ein Tier, das als Ahnherr des gesamten Clans angesehen wird. Als solches definiert und konstituiert es die Einheit des Clans, es versorgt ihn mit seinem Namen und mit seinem Emblem zugleich und wird in besonderer Weise verehrt. Und dieses Bewusstsein reicht über die bekannte Familie hinaus: »Alle, die das gleiche Totem haben, betrachten sich als Verwandte, selbst wenn sie aus verschiedenen Stämmen oder Dörfern stammten … Wenn zwei Fremde einander begegneten und entdeckten, dass sie das gleiche Totem hatten, machten sie sich augenblicks an ihre Genealogie.«[15]

Was diese sogenannten Primitiven in ihren Mythen, in ihren Ritualen und in ihrer sozialen Ordnung immer wieder herstellen, das ist die Ordnung der Welt. Und jede dieser kleinen Gesellschaften verschafft sich durch diese Strukturierung ihrer Gesellschaft nach der Ordnung des Kosmos zugleich »in ihren eigenen Augen eine moralische Gewissheit … um zu verkünden, dass sich in ihr, und sei sie nur auf eine kleine Nomadenhorde oder einen tief in den Wäldern verlorenen Weiler beschränkt, der ganze Sinn und die Würde konzentrieren, deren das menschliche Leben fähig ist«.[16]

In diesem Weltbild gibt es Gegensätze, wie Himmel und Erde, Mann und Frau, Jahreszeiten, Sonne und Mond, gibt es Abstammungen. Aber das sind alles Bilder, die davon ausgehen, dass die Welt die gleiche personale Struktur und Systematik hat wie die menschliche Gesellschaft. Und der Platz des Individuums ist in der Gruppe, der er durch Abstammung, durch Totem verbunden ist.

Personale Systeme sozialer Organisation sind nicht nur dadurch gekennzeichnet, dass personale Zusammengehörigkeit und wechselseitige Verpflichtungen nach dem eigenen Verständnis ihrer Mitglieder maßgeblich für die Gestaltung sozialer Interaktion überhaupt; für personale Systeme ist das Leben mit Personen der wichtigste Bestandteil ihres Lebens. Deshalb umfasst der soziale Tausch in solchen Strukturen die ganze Vielfalt sozialer Interaktion, derer der Mensch fähig ist. Und diese sind eben nicht nur Leistungen handgreiflichen materiellen Gegenwertes, sondern auch das, was man so unzulänglich unter symbolischem Kapital zusammenfasst: Anerkennung, Statuszuordnung, Vertrauen und Gefühle füreinander. Gerade solche Ausdifferenzierungen ermöglichten das Nebeneinander Starker und Schwacher bei voller Erhaltung, ja Stärkung der Leistungsfähigkeit der Gruppe. Oder, wie es Systemtheoretiker formulieren würden: Die innere Differenzierung schwächt nicht, sondern verstärkt sogar die Systemstabilität gegenüber exogenen Einflüssen. David Riesman hat in seinem berühmten Werk »Die einsame Masse« frühe Gesellschaften als »traditionsgeleitet« verstanden. Das waren sie auch, aber sie waren weit mehr als das.

Personale Systeme sind eine Organisationsform von Menschen, die das Überleben und Behaupten ihrer Gruppe durch intensiven Zusammenhalt sichern wollen. Daher kann und wird es immer wieder spontan zur Bildung personaler Gemeinschaft kommen – auch und gerade dann, wenn andere gesellschaftliche Organisationen bzw. Steuerungsmechanismen versagen.

Vom Teilhaber eines personalen Systems wird erwartet, dass er zum gemeinsamen Überleben, zur gemeinsamen Durchsetzung beiträgt. Diese Leistung, die Bereitschaft zur Anstrengung, entscheidet über die Rangordnung in der Gruppe, nicht mehr die Hackordnung der physischen Stärke. Auch die Bereitschaft, zu teilen, wird erwartet. Aber wer gibt, begründet damit Verpflichtungen der anderen.

Jede Interpretation menschlicher Vergesellschaftung allein unter Gesichtspunkten der Organisation der Produktion geht an wesentlichen Elementen der Vergesellschaftung schlicht vorbei: Weltbild, Weltverständnis und Organisation der Gesellschaft werden vom Versuch des Verstehens der ganzen Welt und der Entwicklung daraus abgeleiteter Strategien der sozialen Interaktion bestimmt. Diese Strategien sind komplexer als eine vermeintliche Organisation der Produktion nur unter materiellen Gesichtspunkten. Ökonomische Erklärungen menschlichen Verhaltens setzen auf eigennutzorientierte und nutzenmaximierende Akteure, soziologische dagegen auf die Orientierung an sozialen Erwartungen.[17] In personalen Systemen findet man beides: stabilisierte Erwartungen, die Maximierung des Nutzens und auch den Eigennutz – nur eben zugunsten eines erweiterten Subjekts, der Gruppe statt des Individuums.

2.1.3 Familie, Haus und Feuerstelle

Man darf sich bei der Verwendung des Begriffs personaler Systeme nicht allein von den engen Familien- und Moralbegriffen des 19. Jahrhunderts leiten lassen. Personale Systeme können sich auch nach anderen Strukturmerkmalen bilden. Allein für das ländliche Frankreich hat Jean-Louis Flandrin drei verschiedene Typen bäuerlicher Familiensysteme unterschieden, das Domus, dem Haus-Typ des Mittelalters verwandt, die Gemeinschaft der »ménage«, die das Land bestellt und auch erbt, und der normannische Haushalt, bei dem Blutsverwandtschaft das entscheidende Kriterium ist.[18] Wer im Japan der Tokugawa-Zeit eine Lehre etwa als Kunsthandwerker auf sich nehmen wollte, der zog in das Haus seines Lehrherrn. Er wurde Mitglied des Hauses, des »ie«, wie es im Japanischen heißt. Das Haus war Schutz- und Lebensgemeinschaft, und es war Rechtsgemeinschaft. Noch im japanischen Recht der Tokugawa-Zeit kommt der Einzelne als Rechtssubjekt kaum vor. Der Haushaltsvorstand war der Träger der Rechte des Hauses.

Die Aufzählung von Beispielen für diese Vielfalt ließe sich um Bündnisse der unterschiedlichsten Art ergänzen, ob Räuberbande, spartanische Tisch- und Kriegsgemeinschaft, Gefolgschaft von Adeligen oder Klostergemeinschaft. Wenigstens bei dieser Form von Gemeinschaft wurden auch Frauenbündnisse toleriert. Im Königreich Preußen wurden Steuern und Dienstbarkeiten lange nicht nach Familien verteilt, sondern nach Feuerstellen. Wer sich um das gemeinsame Feuer schart, gehört zusammen. Noch während der allmählichen Entwicklung feudaler Strukturen zu modernen Territorialstaaten war das Haus Lebensgemeinschaft und auch Rechtsbereich. Heiraten war vor allem eine wirtschaftliche und sippenrechtliche Entscheidung. Denn auch Wirtschaftsgemeinschaft war das Haus, auf dem Lande, aber auch bei den Handwerkern in der Stadt. Und diese personale Organisation war, regelmäßig bescheiden und unvollkommen, auch häufig versagend, trotzdem Schutz und oft einzige Lebensgrundlage.

All diese sozialen Substrukturen verfügen, auf gehobener oder bescheidenster Ebene, über gemeinsame Praktiken der Selbstbeschreibung, der mentalen Repräsentation (etwas einfacher als gemeinsames Weltverständnis beschrieben), über gemeinsame Erinnerungen, aber auch über gemeinsame Verhaltensmuster und Wertvorstellungen. Auch die Gemeinsamkeit der Sprache, und damit die Fähigkeit zum Austausch von Information, hat viel zum Bewusstsein von Zusammengehörigkeit beigetragen. »Nemec«, das slawische Wort für Deutsche, bedeutet wörtlich eigentlich den Stummen, den der slawischen Sprache nicht Mächtigen. Barbar war für die Griechen, wer ihre Sprache nicht sprechen konnte.

Zugehörigkeit wird letztlich von der Gruppe selbst definiert. Zugehörigkeit kann auch durch die Gemeinsamkeit früherer Lebensphasen geschaffen werden, wie etwa bei den Absolventen einer bestimmten Schule oder Universität, die dann über ein »Old-Boys-Network« zusammenhalten. Es kann auch eine Gemeinsamkeit von Interessen sein, die das Überleben in größeren und feindlichen Gesellschaften sichern soll. Die Möglichkeiten sind vielfältig. Die soziale Organisation der Kleingruppe ist die vielleicht flexibelste Form der Organisation, die es überhaupt gibt. Entscheidend sind das eigene Verständnis von der Bedeutung dieser Gemeinsamkeit und die Intensität des sozialen Tausches in ihr.

Dort, wo die primäre Sozialisation, also Heranwachsen und Erziehung, in funktionierenden Kleingruppen erfolgt, sind die Verhaltensweisen, die personale Systeme konstituieren, jedem Menschen verfügbar. Der Mensch beherrscht dann die Grammatik des Verhaltens in personalen Systemen von Kindheit an.

2.1.4 Die Sicherung des Zusammenhaltes

Die Funktionsfähigkeit personaler Systeme wird gefährdet, wenn sich Einzelne nicht an die Spielregeln halten. Daher haben sich Sanktionsmechanismen für nicht kooperative Verhaltensmuster entwickelt – schon bei den Schimpansen und erst recht beim Menschen.

Die Verletzung der gängigen Verhaltensmuster ist in einer von engem Zusammenwirken abhängigen Gruppe ein schweres Vergehen, das rigoros geahndet wird. Die japanische Sprache hat viel an Besonderheiten aus personalen Strukturen bewahrt. Dazu gehört auch der Begriff des »ijime«, des Terrorisierens von Gruppenmitgliedern, die sich nicht gruppenkonform verhalten. Das umfasst auch Ausstoßung und Verfolgung. Wer sich nicht an die Regeln hält, wird zum Außenseiter, ja zum Feind seiner früheren Gruppenmitglieder.

Freilich kennt die kleine menschliche Gesellschaft auch subtilere Formen der Sanktion. Verspotten, üble Nachrede, Katzenmusik (in England »rough music«) sind solche Formen der gesellschaftlichen Sanktion. Das Prangerstehen des Mittelalters ist Bestrafung durch Verächtlichmachen. Sanktionen bestehen auch in der Diskriminierung der Akteure mit abweichendem Verhalten, in Ansehens- und Rangverlust und allenfalls auch Ehrverlust, kurz in dem, was man heute noch in vielen ostasiatischen Kulturen als »Gesichtsverlust« bezeichnet. Das ist eine sehr ursprüngliche Mechanik der Sanktionierung von Regelverstößen. Man hat für solche Gesellschaften den Begriff der »Schamkultur« geprägt. »Eine Schamkultur funktioniert im Rahmen mutueller sozialer Kontrolle. Hierzu bedarf es weder eines Herrschers noch eines Gottes. Daher sind Schamkulturen typischerweise die Sache einfacher Gesellschaften.«[19]

Und meist ist die extremste Sanktion einer solchen Gruppe die Ausstoßung. Selbst bei wenig zimperlichen kriegerischen Indianerstämmen war die Ausstoßung gebräuchlicher als die Todesstrafe. Für eine kleine Gemeinschaft in einer feindlichen Umwelt ist dies ohnedies das Gleiche. Die Gemeinschaft ist die Welt. Jemanden aus der Welt zu stoßen ist das Äußerste, das getan werden kann.

Innerhalb der Gruppe ist also für Geborgenheit, Sicherheit und Dazugehörigkeit ein Preis zu zahlen. Es ist die Verpflichtung nicht nur zur Kooperation, sondern auch zu Anstrengung und zu Anpassung.

2.1.5 Sein als Zusammensein

Es gibt Argumente dafür, dass zumindest auf jener Entwicklungsstufe, die der heutiger primitiver Jäger- und Sammlerpopulationen (so noch vorhanden) entspricht, zwischen Ansprüchen und Bedarfsdeckung ein relatives Gleichgewicht bestand, das sich in so etwas Elementares wie Wohlbehagen übersetzen ließ.

In der integrativen Ethik, die den bemerkenswerten Versuch unternimmt, zwischen antiker Tradition des Glücksverständnisses und kategorischen Imperativen des Sollens zu vermitteln, wird das Gute als der gelingende Zusammenhang von Selbst und Welt verstanden.[20] Genau dieser Zusammenhang wurde im geschilderten Weltverständnis unserer frühen Vorfahren hergestellt. Das Gefühl von Geborgenheit und von Sicherheit basiert auf der Sicherheit in der Erwartung eines bestimmten Verhaltens der anderen. Genau das ist ja in solch ursprünglichen Gesellschaften der Fall. Man ist eingebettet in wechselseitige Solidarität, man kann in seinen eigenen Verhaltenserwartungen auf Gemeinsamkeit und Unterstützung und damit auf eine elementare Form des Umsorgtseins zählen.

Die japanische Sprache verfügt auch über das Wort »amae«. Als Adjektiv »amai« bedeutet es »süß«. Es wird hauptsächlich für das Verhältnis des Kindes zu seinen Eltern gebraucht, besonders zu seiner Mutter, aber auch für die Beziehung zwischen Frau und Mann und, wenn sie als positiv empfunden wird, zwischen Untergebenen und Vorgesetzten. Als Verbum »amaeru« heißt es so etwas wie »Wohlergehen in der Abhängigkeit von der Liebe eines anderen«.[21] »Amae« erlaubt dem Einzelnen sich auf die Gruppe zu verlassen, von ihr emotional abhängig zu sein und sich trotzdem wohlzufühlen. Man soll derartige Empfindungen auch für frühe Gesellschaften nicht einfach als Dauerzustand voraussetzen. Aber hier gab es die Bedingungen dafür, und hier gab es vermutlich immer wieder eine Form von Wohlbehagen, die wir heute teils nur mehr aus solchen Sprachbesonderheiten rekonstruieren können.

In elementaren menschlichen Gesellschaften gibt es eine Geselligkeit, die wir heutzutage nur mehr künstlich über Veranstaltungen wie etwa »social events« herstellen können: »Bei Naturvölkern verbringen Männer und Frauen viele Stunden des Tages ausschließlich im Verband mit ihresgleichen, und sie genießen das offensichtlich. Man versteht sich offenbar problemloser. Mir fiel jedenfalls auf, wie vergnügt es in solchen Gruppen zugeht.«[22] Die soziale Interaktion »funktioniert«. Hans Peter Duerr spricht vom existenziellen Wohlbehagen in solchen Gesellschaften und begründet dies nicht mit Rousseau'scher Philosophie oder Mead'scher Schwärmerei, sondern versucht eine Annäherung an das Lebensgefühl primitiver Wildbeuter anhand der Beobachtung anderer Ethologen sowie aufgrund der Analyse der Funktion der unternommenen Rituale. Er argumentiert, dass diese Rituale, selbst wenn sie mehr sein sollen als Erinnerung, weniger Versuche einer Änderung des Naturgeschehens als eher »Versuche einer sachten Beeinflussung einer Rückkehr zum Normalzustand« darstellen.[23] Denn das Leben im Normalzustand war »das Gute« selbst.

Anthony Giddens sieht es vielleicht nüchterner, aber näher zu meiner Betonung kognitiver Elemente. Seine Theorie der Strukturation betont die wechselseitige Hervorbringung von Handeln und Kontext und damit von Subjekt und Struktur. Subjektivität sei auch gesellschaftlich bedingt. Sehen wir es so: Gemeinsamkeit des Lebens und des Kampfes ums Überleben schafft auch ein Verständnis vom eigenen Ich, das von dieser Gemeinsamkeit nicht zu trennen ist.

In primitiven Gesellschaften endet die Zugehörigkeit zur Gemeinschaft nicht mit dem Tod: Man wird zum Ahnen (darum auch dieses vielfach feststellbare Streben nach zahlreichen Nachkommen) einer neuen Generation, in deren Wertschätzung, in deren Namen man weiterlebt. Man bleibt durch die Opfer, die den Ahnen gebracht werden, symbolisch lebendig und behält seinen Platz im Bewusstsein der Gruppe.

2.2 Normative Systeme

2.2.1 Hunger und Fortschritt

Das freundliche Bild, das wir vom Leben in frühen personalen Strukturen zeichnen, wird durch ökonomische Befunde gestützt. Bereits 1968 hat Marshall D. Sahlins mit seinem Aufsatz »La première société d'abondance« dafür plädiert, die primitiven Jäger- und Sammlerkulturen nicht als Mangel-, sondern als Überflussgesellschaften zu identifizieren. Denn diese Gesellschaften hatten, freilich nur gemessen an ihren Bedürfnissen, so reichlich zum Leben, dass der durchschnittliche Arbeitsaufwand für Jagen, Sammeln oder primitive Landwirtschaft nur wenige Stunden pro Tag beanspruchte.[24]

Das ist nur möglich, wenn die Umwelt genug Nahrung bietet. Jared Diamond[25] hat deutlich gemacht, wie abhängig menschliches Leben und seine Entwicklung von unterschiedlichen geografischen Bedingungen sind, von der Ausstattung verschiedener Regionen mit Tieren und Pflanzen und natürlich auch vom so maßgeblichen Klima. Sein Buch könnte man, so meint er selbst, auf eine kurze Formel bringen: »Dass die Geschichte verschiedener Völker unterschiedlich verlief, beruht auf Verschiedenheiten der Umwelt und nicht auf biologischen Unterschieden zwischen den Völkern.«[26] Und diese Umwelt hat sich immer wieder verändert, zum Guten oder zum Schlechten.

Auch Bertrand Russell erklärt die Entstehung der verschiedenen Kulturen, ihren Erfolg und ihren Untergang zunächst mit Herausforderungen wie Dürre, Veränderungen des Klimas oder des Viehbestandes und zusätzlich mit Überbevölkerung oder mit Feinden, denen sich historische Menschengruppen in bestimmten historischen Epochen stellen hätten müssen. An dieser Herausforderung hätten sich Bewährung oder Versagen entschieden, kultureller Aufstieg oder Untergang.

Doch die Bewältigung dieser Herausforderung gelang nicht mehr im Rahmen bisheriger Traditionen. Denn die Leistungsfähigkeit der Interaktionsmechanismen überschaubarer Gruppen ist begrenzt. Sahlins kam nach seinen Studien über die Verhältnisse in Hawaii zu dem Schluss: »Die Grenzen des Häuptlingswesens sind die Grenzen der primitiven Gesellschaft selbst. Wo ein Verwandter König ist, ist der König letztlich auch nur Verwandter und somit einiges weniger als königlich. Die gleichen Bindungen, die einen Häuptling mit der ihn tragenden Bevölkerung verbinden und ihm seine Autorität verleihen, binden am Ende seine Hände.«[27]

Welcher Art die Krisen waren, mit denen unsere frühen Vorfahren konfrontiert wurden, wissen wir nicht im Einzelnen. Vermutungen gibt es genug (bis hin zu Meteoreinschlägen in historischer Zeit) und Möglichkeiten gibt es leider auch mehr als genug. Einmal werden die Tiere ausgeblieben sein, einmal der Regen. Was wir aber deutlich erfassen können, das sind die tiefen Spuren dieser Krisen im menschlichen Bewusstsein als Wissen um eine existenzielle Bedrohung. Aus einer Ordnung der Welt in unterschiedliche, aber verbundene oder komplementäre Einheiten, wie etwa Yin und Yang oder Himmel und Erde, entsteht eine neue Sicht eines viel dramatischeren Gegensatzes, des Unterschieds zwischen Gut und Böse. Die »Selbstverständlichkeit der sozialen Situation«, von der Riesman bei der Schilderung traditionsgeleiteter Gesellschaften gesprochen hat, und die Selbstverständlichkeit des Lebens selbst waren dahin, sobald Katastrophen wie Klimawandel, Kriege, Seuchen, das Aussterben oder auch das Ausrotten von Tierarten, die bisher Ernährungsgrundlage gewesen waren, die bisherige Welt veränderten. Im Hesiod'schen Text des Mythos von Prometheus findet sich eine Stelle, die vielleicht eine Erinnerung an das Geschehen bewahrt hat: »Tief verbargen die Götter den sterblichen Menschen die Nahrung.«[28]

Die berühmte Bibelerzählung vom Sündenfall Adams und Evas, der anschließenden Vertreibung aus dem Paradies und den Konsequenzen (außerhalb des Paradieses warten Mühe und Anstrengung und Äcker, denen man erst seinen

Lebensunterhalt abringen muss) zeigt im Übrigen nicht nur die Erinnerung an verlorene bessere Verhältnisse, sondern sie hat ihre Fortsetzung. Denn selbst nach der Bibel wird erst anschließend Religion überhaupt begründet. Das ist plausibel. Als Reaktion auf den Verlust einer als Paradies empfundenen Lebensform ist wohl ein neues Verständnis von den Beziehungen zu höheren Wesen, und damit den Aufgaben der Religion, entstanden.

Selbst streng funktionalistische Deutungen der Geschichte sehen heute im neolithischen Übergang zu Ackerbau und Viehzucht ein Ereignis, das eine Kette von Aktivitäten ausgelöst hat.[29] Es gibt Indizien, dass erste primitive Formen von Landwirtschaft die Böden derart ausgelaugt haben, dass sich allein daraus die Notwendigkeit gemeinsamer Organisation ergab. Aber all diese damaligen organisatorischen und technologischen Innovationen sind nicht ohne Änderungen im Bewusstsein der handelnden Menschen zu erklären. Nur geänderte subjektive Deutungsmuster führen auch zu Änderungen der Verhaltensmuster. Die sollen ja den geänderten Verhältnissen entsprechen und unter den neuen Herausforderungen erneut stabile gesellschaftliche Strukturen möglich machen.

Es ist allzu spekulativ, die fundamentalen Änderungen im Detail rekonstruieren zu wollen, die zwischen archaischen Jäger- und Sammlerkulturen und den frühen Hochkulturen stattfanden. Aber inhaltlich lassen sich zwei grundsätzlich verschiedene Formen der Reaktion auf die geänderten Verhältnisse darstellen, die beide als Versuch gewertet werden können, mit den neuen Verhältnissen zurechtzukommen.

Jürgen Habermas sieht den Unterschied zwischen »vorhochkulturellen« Gesellschaften und den »entwickelten Hochkulturen« in der moralischen Institutionalisierung von Verhaltenserwartungen. Ja, aber das war ein weiter Weg. Ich meine, dass die Reaktionen unserer frühen Vorfahren auf existenzielle Krisen, die sie vielleicht tatsächlich als eine Art Vertreibung aus dem Paradies empfunden haben mögen, zunächst einmal zum Bemühen um Intensivierung der Kommunikation und auch des sozialen Tausches mit höheren Wesen geführt haben. Dabei können zwei recht unterschiedliche Strategien rekonstruiert werden. Spätere Stagnation oder aber Entwicklung einzelner Kulturen ist maßgeblich durch das unterschiedliche Entwicklungspotenzial bestimmt worden, das in diesen beiden Alternativen angelegt war.

Eine der Strategien lief darauf hinaus, die alten Strukturen dadurch zu bewahren, indem man sich darum bemühte, von den übernatürlichen Wesen dieser Welt jene Informationen zu bekommen, die zur Erhaltung der bisherigen Lebensform notwendig waren.

2.2.2 Der soziale Tausch wird komplexer

2.2.2.1 Schamanismus als Intensivierung des sozialen Tausches mit höheren Mächten

Unsere frühen Vorfahren fassten die erkennbaren Kräfte dieser Welt als Personen auf. Damit ergab sich auch die Zuordnung von allem Sein und Geschehen zu menschenähnlich, aber als übermächtig vorgestellten höheren Wesen. Aber die Bedrohung ihrer Welt brachte die Menschen dazu, sich nicht mit Überlieferung, mit der Darstellung der Welt und den alten Mythen zu begnügen, sondern von den übernatürlichen Wesen Informationen und Hilfe zu erhoffen, um zu überleben.

In einer Welt, in der Jagdglück und Ernte von richtigen Entscheidungen abhängen, kann die Rolle der Träger und Vermittler von Information nicht hoch genug eingeschätzt werden. Wenn aber Informationen personengebunden sind, dann ist das Nächstliegende eine Zuordnung von allem, was als Zeichen und damit als Information verstanden werden kann, zu übernatürlichen Personen. Träume sind von ihnen gesandt, in guter oder böser Absicht. Auch Geschehnisse wie Glück oder Unglück werden von Personen verursacht. Das gilt für den Unglück bringenden Ödipus wie für das Königsheil der Germanen. Der Vogelflug, der Blitz – sie alle stammen in dieser Weltsicht von Personen, Menschen oder Tieren.

In manchen Überlieferungen aus einem archaischen Weltbild wird fassbar, dass es irgendwann nicht mehr nur um Wiederholung und Rekonstruktion gegangen ist, sondern nunmehr um Beeinflussung des Laufs der Dinge, ja der Welt selber. Etwa der Sonnentanz der Cheyenne ist die Wiederholung eines Ereignisses, das vermeintlich in alter Zeit geschah. Aber zugleich soll es die verschwundene Tierwelt zurückholen, damit den Menschen neue Lebenschancen geben und den alt gewordenen Kosmos verjüngen. »Wiederbeleber« heißen heute noch die Hauptbeteiligten der Zeremonie, ein Schamane, eine heilige Frau und der Große Geist.[30]

Der Mythos über die Schaffung und Ordnung der Welt, über die eigenen Vorfahren gibt nicht mehr die gewünschten Antworten. So beginnt man nach neuen Informationen zu suchen. Man wirft Runenstäbe, man sucht in den Eingeweiden von Opfertieren nach Informationen. Die Sicherheit der religiös verankerten Urerfahrung ist verschwunden. Man braucht die Götter nicht mehr als Vorbild, man braucht sie, um mehr zu wissen: »Das Zeichen, das die religiöse Bedeutung trägt, … setzt der Relativität und der Verwirrung ein Ende. Offenbart sich nirgends ein Zeichen, so führt man ein solches herbei.«[31]

Ein derart motiviertes intensives Bemühen um Informationsbeschaffung lässt sich am besten anhand eines noch heute bei sogenannten primitiven Stämmen weitverbreiteten Phänomens verdeutlichen, des Schamanismus. Mit ihm sind leistungsfähige Mechanismen der Informationsbeschaffung entstanden – denn anders ließe sich sein Überleben bis heute schwerlich erklären. Er hat vielen archaischen Gesellschaften zum Überleben verholfen, erwies sich aber letztlich als evolutionäre Sackgasse.

Im Boden Europas haben sich zahlreiche kleine, nackte weibliche Figuren aus der Frühzeit erhalten, die unter diesem Titel berühmt gewordenen Venus-Statuetten. Die nach wie vor beliebteste Deutung dieser Figuren ist die, es handle sich dabei um die früheste Darstellung einer weiblichen Gottheit, mag es eine Fruchtbarkeitsgöttin oder eine Muttergöttin gewesen sein. Offensichtlich habe es in früheren Zeiten ein gewaltiges Matriarchat gegeben – dafür spricht allein schon das Behagen an ausgleichender Gerechtigkeit, das in dieser historischen Abstrahierung Patriarchen und Feministinnen zu einen vermag.

Wenn man frühzeitlichen Phänomenen mit solchen Vorstellungen begegnet, verwendet man ein aus der Zeit agrarischer Hochkulturen stammendes Bild, dessen Übertragung auf frühe Jägergesellschaften problematisch ist. Dabei wäre sogar der Begriff des Bildes durchaus geeignet, auf die richtige Spur zu kommen. Denn »Bild« ist, besser: war, mehr, als wir heute darunter verstehen. Noch das assyrische »balat-u« beinhaltete anderes und eigentlich mehr, nämlich »ins Leben rufen«. Im Deutschen des 8. Jahrhunderts finden sich noch »biloth-i« oder »bilad-i«, mit gleicher Bedeutung[32], im Englischen zeigt es heute noch unter »build« – bauen – eine Ahnung des alten Sinns.

Figuren wurden offenbar während Zeremonien hergestellt, sie wurden gefüttert, aber auch weggeworfen, wenn sie ihre Aufgabe erfüllt hatten; sie wurden bewusst zerbrochen oder landeten in Abfallgruben, und das nicht einmal so selten.[33] So geht man nicht mit Göttern um, aber mit Boten, mit denen man nicht zufrieden ist. Vermutlich wurden daher Figuren als Personen ins Leben gerufen, die nicht als Objekt der Verehrung, sondern als Informationsträger oder als Medium nützlich sein sollten. Denn alle Charakteristika der Venus-Statuetten lassen sich ebenso im Umkreis jenes Phänomens feststellen, das als Schamanismus bezeichnet wird. Schon in einem älteren Standardwerk über Schamanismus[34] ist bereits ziemlich alles verzeichnet, was an diesen Figuren auffällt. So schamanisieren manche arktischen Völker weitgehend nackt. Gleichzeitig ist aber für schamanische Handlungen eine Mütze oder sonstige Kopfbedeckung wesentlich. Zur Mütze passt auch das Verbinden der Augen, »damit der Schamane durch sein eigenes inneres Licht in die Welt der Geister eindringen kann«. Damit allein hätten wir bereits eine vollständige Beschreibung beispielsweise der Venus von Willendorf in der »Tracht« einer Schamanin.[35] Auch bei ihr geht die Mütze über die Augen. Weibliche Schamanen sind bei Naturvölkern durchaus üblich, es besteht keinerlei Beschränkung auf Männer.

Das Jagdglück wird durch das Baden einer Figur in Tierblut beschworen und die Wahrsagung erfolgt mit dem Schädel oder einer Holzfigur toter Schamanen. Eine der Aufgaben eines Schamanen ist es, bei Hungersnot zum »Meister der Tiere« zu gehen, der den Jägern wieder Tiere schicken könnte.[36] Der »Herr der Tiere« findet sich auch, vermutlich über vorderasiatische Vermittlung, noch in der religiösen Vorstellungswelt der Kelten.[37] Der Schamane oder die Schamanin mögen auch Zauberer, auch Geisterbeschwörer sein, sind aber immer Medium für Informationen, die von den Göttern kommen oder die an die Götter gerichtet werden.

Worauf können nun der »Erfolg« des Schamanismus, seine Entwicklung und sein Überdauern durch die Jahrtausende beruhen, wenn wir darauf verzichten, eine reale Existenz von Geistern und die Möglichkeit der Ahnenbeschwörung als Begründung heranzuziehen?

Heute weiß man, dass Suggestion und Autosuggestion, Hypnose und Ekstase nicht bloß eingebildete, sondern sehr massive Effekte auf die Psyche und auch die Physis von Menschen haben können. Ekstase kann etwas sehr Wesentliches, sehr Reales bewirken: Das Ausschöpfen aller je vorhandenen, gar nicht mehr bewusst gespeicherten Informationen – Eric Kandel hat sie das implizite Bewusstsein genannt – in einem Stadium, das über das normale Bewusstsein hinausgeht. Was immer es an verlorenen Erinnerungen und unbewussten Wahrnehmungen gibt – es bestehen Chancen, dass all das in einem Stadium ekstatisch veränderten Bewusstseins wieder aus der Tiefe geholt und verwendet wird. Sobald Nahrung knapp und der Kampf ums Überleben zum alles bestimmenden Faktor geworden war, mussten unsere Vorfahren alles mobilisieren, was sie nicht nur an Können, sondern auch an Wissen zur Verfügung hatten, und mussten das Äußerste an Bewusstseinsveränderung, an Ekstase anwenden, um dieses Wissen aus ihrem Unterbewusstsein herauszuholen. Heutige Gehirnforscher sehen immer deutlicher, welch enorme Leistungen das Gehirn außerhalb unseres Bewusstseins erbringt. Erklärungsmodelle für das Phänomen des Schamanismus dürfen die elementare Leistung der Informationsbeschaffung aus dem Unterbewusstsein nicht vernachlässigen. Es ist nur logisch, wenn sich diese Fähigkeit mit genauer Beobachtungsgabe, allenfalls auch für die Probleme und Konflikte von Kranken[38], verbindet. Dazu das spezielle Wissen um heilende Substanzen und um die Effekte der Autosuggestion, und der Schamane kann, wie in der Praxis zu beobachten, auch die Funktion des heilenden Medizinmannes übernehmen.

Nur solche konkreten und für das Überleben wichtigen und tatsächlich nutzbringenden Faktoren wie Informationsbeschaffung und Heilung konnten die Institution des Schamanismus über die Jahrtausende am Leben erhalten. Der Schamanismus zeigt, dass rationale Zwecke auch im Rahmen archaischer, nach unserem Verständnis irrationaler Weltbilder erreicht werden können. Es schadet nicht, das eigene Unterbewusstsein der Stimme göttlicher Wesen gleichzusetzen, wenn dabei das Richtige zu hören ist.

Vielleicht findet sich sogar in unserer klassischen Überlieferung eine semantische Spur zu dieser alten Quelle von Wissen und Einfallsreichtum: Odysseus erzählt von seinen Abenteuern in der Höhle des Polyphem unter anderem mit den Worten: »Ich blieb in der Höhle mit tausend Entwürfen … aber von allen Entwürfen gefiel mir dieser am besten.« Homer verwendet für dieses »Finden von Entwürfen« Worte, die genau genommen »aus der Tiefe bauen« meinen. Im übertragenen Sinn wird es von Homer stets in der Bedeutung »sich im Herzensgrund erinnern« verwendet.[39]

Die Intensivierung des sozialen Tausches mit den höheren Mächten hat sich freilich nicht nur in dieser schamanistischen Form des Bemühens um mehr Information niedergeschlagen, sondern ebenso in recht unverblümten Versuchen, die höheren Mächte durch direkte Gaben für sich einzunehmen. In manchen Mythologien ist die Entwicklung einer neuen intensiven Beziehung zwischen Menschen und Göttern durch Entstehung des Opferrituals deutlich nachvollziehbar. In einer griechischen Sage ist es der Kentaur Chiron, »der das Menschengeschlecht zur Gerechtigkeit angeleitet hatte, indem er ihm Eid und Opfer und die Zeichen des Himmels lehrte«[40]. Joseph Campbell bringt das Beispiel einer afrikanischen Felsenmalerei, die den Versuch der Informationsbeschaffung direkt in ein Opferritual verwandelt: Eine Leiter, auf der »spiritual messengers«, wie Campbell sie ausdrücklich nennt, zwischen Himmel und Erde hin und her eilen, wird durch Blitzschlag in eine Riesenschlange verwandelt, die Mittelpunkt eines Opferrituals ist.[41] Die Verbindung zwischen Göttern und Menschen konnte nicht eng genug sein. Noch die Römer »fassten die Stadt als einen Ort auf, wo Götter und Menschen zusammenleben, hier und jetzt«[42].

Von Arnold Gehlen, Niklas Luhmann und anderen war zu hören, dass die Religion es dem Menschen mit seinem elementaren Interesse an Ordnung und Stabilität ermögliche, eine undurchschaubare Umwelt mit Sinn auszustatten und sich damit im Leben und in der Welt zu orientieren. Aber das kann auch verkehrt herum gelten: Der Mensch hat, handelnd auf der Basis seiner Vorstellungen von der Ordnung der Welt, die Wiederherstellung verlorener besserer Verhältnisse dadurch versucht, dass er die Regeln des sozialen Umganges mit seinen Mitmenschen ebenso gegenüber der unheimlichen Welt der Ahnen, Geister und Götter befolgt. Noch in der klassischen Antike Griechenlands und Roms lebten viele Menschen in Angst, irgendeine höhere Macht nicht gebührend zu ehren. Sogar Altäre wurden errichtet, die »dem unbekannten Gotte« gewidmet waren.

Die Bereitschaft, den Göttern Opfer zu bringen und dafür ihr Wohlwollen zu erhoffen, verbreitete sich über die ganze Welt und war über Jahrtausende eine wesentliche Erscheinungsform religiösen Verhaltens. Aber zwischen dem Opferkult und dem Schamanismus gibt es einen wesentlichen Unterschied. Der Schamanismus beinhaltet trotz aller archaischen Weltvorstellungen, an die er gebunden blieb, eine leistungsfähige Technik. Der Opferkult hingegen »funktioniert«, von positiven Ergebnissen im statistischen Zufallsbereich einmal abgesehen, nur dort, wo ihm Überzeugung, geschickt argumentierende Priester, Autosuggestion (etwa bei der Bitte um innere Stärke oder Tapferkeit) oder die Logik der Sache zu Hilfe kommen. Wenn zwei einander bekämpfende Heere beide Opfer für den Sieg bringen, kann eines davon sein Opfer nachher als angenommen und erfolgreich ansehen. Dass sich Opferrituale so weit verbreitet haben, spricht für den festen Willen des Menschen, immer wieder zu hoffen.

2.2.2.2 Herrschaft als neue Form des sozialen Tausches

Aber die soziale Evolution fand auch einen erfolgreicheren Weg als den Schamanismus zum Überleben.

Es gibt viele Hypothesen zur Erklärung des Entstehens von Staaten. Nach der sogenannten »hydraulischen Theorie« war das Entstehen von staatlichen Organisationen mit dem Erfordernis des Anlegens von Bewässerungsbauten verbunden. Nach anderer Meinung stehen die Organisation von Kriegszügen, die dafür erforderliche Bürokratie und die spätere Systematisierung der Ausbeutung unterworfener Gebiete am Anfang jeglicher Staatengründung. Nach einer weiteren Meinung waren die Errichtung von Tempeln und die rund um diese betriebene Organisation von öffentlichen Reserven sowie wirtschaftliche Spezialisierung das treibende Moment hinter der Entstehung von Staaten. Jared Diamond verweist dagegen darauf, dass es Bewässerungsanlagen schon vor der Entstehung von Staaten gegeben habe, und dass es recht profane Umstände gewesen seien, wie etwa das Zusammenleben größerer Menschenmengen, die sich nicht persönlich kennen, oder einfach das Erreichen einer größeren Bevölkerungsdichte in einer Region, die neue organisatorische Leistungen, also Umverteilung oder überhaupt gemeinsame Produktion, notwendig gemacht hätten.[43] Burkhard Gladigow spricht von »einem im Wesentlichen gleichzeitigen evolutiven Schub«[44], der Bevölkerungsverdichtung, Arbeitsteilung, einen neuen »instrumentellen« Zugang zur Natur, politische Theologie und Intersubjektivität zwischen Herrscher und Gott bewirkt habe. Aber das war nichts anderes als eine Adaption an die neuen Verhältnisse, die letztlich auch in Bewusstsein und Weltbild stattgefunden hat.

Denn in all diesen Fällen ging es darum, Menschen zu harter und mühseliger Arbeit zu bringen, die höchstens kargen Ertrag erbrachte, der außerdem keineswegs nur nach dem Maß der Anstrengung verteilt wurde. Das ist nur in einer Gesellschaft möglich, aus der die Gleichheit verschwunden ist und Einzelne die Autorität haben, anderen ihren Willen aufzuzwingen. Tatsächlich zeigen die archäologischen Befunde, dass der Beginn der Landwirtschaft früher oder später mit komplexeren gesellschaftlichen Organisationen verbunden war.[45] In Mittelamerika führte der Obsidianhandel zu neuen gesellschaftlichen Strukturen, aber auch dafür waren komplexe Organisationsprobleme zu bewältigen.

In einer Welt, in der es bisher so massive Widerstände gegen soziale Ungleichheit gegeben hat, konnte eine solche Veränderung sowohl des Verhaltens als auch der sozialen Struktur nur stattfinden, weil eine Weiterentwicklung des »big man« der früheren Gesellschaften zu einem absoluten Herrscher stattgefunden hat. Das ist aber nur dann möglich, wenn auch ein neues Weltbild solch radikale Veränderungen legitimiert.

Zwar konnte schon der »big man« melanesischer Dörfer Mehrarbeit anschaffen[46], aber die daraufhin fleißigeren Haushaltsvorstände konnten mit einer entsprechenden Rangerhöhung rechnen. Wirkliche Machtmittel hatte ein Häuptling erst dann in der Hand, wenn er sich auf den ausdrücklichen Willen der Götter berufen konnte, um beispielsweise durch Verhängen von Tabus über einen Teil der Ernte Vorräte zu schaffen.[47] Der »big man« kann erst dann zu einem wirklichen Herrscher werden, wenn er das Überleben der Gemeinschaft sichert, indem er existenzielle Bedrohungen abwehren kann. Nur große Leistungen rechtfertigen große Macht.

Aber wo immer sich das Weltbild früher Hochkulturen rekonstruieren lässt, ist genau das der Fall. In diesen Kulturen herrscht ständig die Angst, die Ordnung dieser Welt sei bedroht. Manche mesoamerikanischen Kulturen brachten Menschenopfer dar, um den Kosmos überhaupt nur in Gang zu halten. Anderswo sorgt der Herrscher entweder mit einer Fruchtbarkeitsgöttin für die Wiedergeburt der Vegetation oder er bewahrt auf andere Weise die bedrohte Gemeinschaft vor dem Untergang. Deshalb gilt: »Der dominante Gott legitimiert die dominante Stellung des Herrschers.«[48] Und wenn der Wille Gottes nicht geschieht, drohen furchtbare Konsequenzen. Jan Assmann rechnet »zu den größten Rätseln der biblischen Theologie« die Häufigkeit, mit der der Zorn Gottes erwähnt wird. Umschreibungen für den Zorn Gottes kommen in der Bibel nach peniblen Zählungen 375-mal vor, Umschreibungen für menschlichen Zorn dagegen nur 80-mal.[49] Er wird vielleicht weniger rätselhaft, wenn man dahinter nicht ein unerklärbares Verhalten des allmächtigen Gottes der Bibel vermutet, sondern schlicht die Überbleibsel eines viel archaischeren Gottesverständnisses, nach welchem praktisch jede Ungunst der Natur oder des Schicksals als göttlicher Zorn interpretiert worden ist.

Wie die Häuptlinge auf Tikopia kontrollieren die Herrscher die Riten des Erntens und des Pflanzens, um die Götter günstig zu stimmen. Der Herrscher war Bewahrer des Kosmos gegen die Mächte der Finsternis, er war für die Aufrechterhaltung der Weltordnung zuständig und verantwortlich, er koordinierte die Bemühungen um die Erhaltung dieser Ordnung und daher auch die dafür nötige Produktion. Der Zwang der äußeren Bedrohung legitimiert die Macht des Herrschers ebenso wie die Gebundenheit der nunmehrigen Untertanen. Nun erst findet soziale Schichtung in bisher unvorstellbarem Ausmaß statt, aber sie hat ihre triftige Begründung. Die Institutionalisierung von Zwang ist im neuen Weltbild notwendiger Beitrag zum eigenen Überleben, zum Sieg im Kampf gegen die Feinde.

Die zum Überleben notwendigen neuen Leistungen waren nicht möglich, ohne vom Einzelnen Einordnung und Unterordnung zu verlangen. Die neuen komplexeren sozialen Systeme, die die Zusammenarbeit vieler zum Führen von Kriegen, zur Errichtung und Erhaltung künstlicher Bewässerung oder zur Unterhaltung eines Tempels erforderten, setzen ein Weltbild voraus, das dem Einzelnen seine (meist schlechtere) Stellung in dieser Welt als notwendig erklärte, rechtfertigte und verstehen ließ.

Voraussetzung dafür ist allein, dass ein neues Weltbild, ob durch kluge Interpretation durch einen Herrscher oder durch passend zur Stelle seiende Propheten verkündet, sich als einsichtig, als brauchbares und nicht zuletzt als funktionell effizientes Erklärungsmuster der Wirklichkeit erweist. Solche neuen Vorstellungen von der Welt können sich recht diskontinuierlich entwickeln, über Brüche, neue Notwendigkeiten und neue Erfahrungen. Das soll uns nicht verwundern. Ohne auf diese Debatte auch noch einzugehen: Genau so, als Menge aufeinanderfolgender Brüche, hat Thomas Kuhn in seinem berühmten Werk »The Structure of Scientific Revolutions« die Mechanismen wissenschaftlichen Fortschritts beschrieben. Man sollte dem praktischen Menschenverstand nicht mehr an kontinuierlicher Logik der Entwicklung zumuten, als es in der Wissenschaft selbst der Fall war.

Wer die Verantwortung für die Fruchtbarkeit des Landes trägt oder an vorderster Front gegen das Böse kämpft – als Priester gegen Unheil, als König gegen sichtbare Feinde –, der kann von denen, für die er kämpft, Unterwerfung und Gehorsam verlangen. Sein Rang und seine Macht wachsen mit der getragenen Verantwortung: Sie begründet seine Autorität, die er in einer stabilen Gesellschaft, in der alle miteinander verwandt sind, nie erreicht hätte. Sie hat ständiges Bewusstsein dieser Bedrohung und ein entsprechendes Weltbild zur Voraussetzung.

Eine solche Macht des Herrschers steht freilich unter Rechtfertigungszwang. Darum rühmt er auch seine Leistungen gebührend. Um 1900 v. Chr. schildert Pharao Amenemhet I. seine Leistungen: »Ich war derjenige, der Gerste erzeugte und den Getreidegott liebte ... Niemand hungerte während meiner Zeit und niemand dürstete.« Die Ägypter glaubten ihm, seinen Vorgängern und seinen Nachfolgern. Den Göttern Osiris und Horus, verkörpert durch den toten und den lebenden Pharao, verdankten sie die Nilüberschwemmung und damit die Ernte.

2.2.2.3 Der schwierige Lernprozess: Das Notwendige auch wollen

Für die Soziologie sind Normen so etwas wie ein Grundbestandteil ihrer Wissenschaft. Denn Normen seien die Substanz sozialer Beziehungen und damit sozialer Ordnungen. Aber »die Genesis von Ordnungen (ist) … nicht gerade die Stärke der Soziologie … Normen entstehen aus Normen«.[50] Das klingt etwas ratlos: »Die erste Entwicklung einer sozialen Ordnung überhaupt erklären zu wollen wäre … dasselbe, wie die Menschwerdung des Menschen zu erklären. Darüber mag entwicklungsphilosophische Spekulation sich den Kopf zerbrechen.«[51]

So umfassend braucht man das nicht anzugehen, sondern man kann sich auf die Rekonstruktion von Denk- und Verhaltensmustern beschränken, wie ich es versucht habe. Gesellschaften können tatsächlich lernen, indem sie die in den Weltbildern enthaltenen kognitiven Potenziale für die Neuorganisation von Handlungssystemen nutzen. Und für diese Rekonstruktion sprechen nicht nur die Zeugnisse, die man zumindest noch vor Kurzem bei ursprünglichen Gesellschaften sammeln konnte, sondern auch die ab den frühen Hochkulturen schon recht umfangreichen schriftlichen Zeugnisse. Dafür spricht nicht zuletzt die innere Rationalität, die diese Verhaltensmuster, ihr jeweiliges Welt- und Selbstverständnis durchwegs auszeichnet. Man braucht nur den Hochmut abzulegen, unsere Vorfahren seien dümmer oder primitiver gewesen als wir. Primitiver waren sie in ihrer Technik, aber nicht in ihrem Bemühen, die Welt zu verstehen, sich in ihr zu orientieren und entsprechend zu handeln.

Die äußeren Ursachen für die Entstehung von Herrschaft und Zwang liegen in der Größe der zu bewältigenden Herausforderung. Die innere Akzeptanz der neuen Verhältnisse war dagegen daran gebunden, das Notwendige auch als das Richtige, »Selbst-Verständliche« zu sehen.

Erstmals in Altägypten wird ein Verständnis von Religion erkennbar, das genau diesen grundsätzlichen Wandel beinhaltet: Aus rationalem Kalkül wird innere Überzeugung: Die jeweiligen Verhaltensmuster werden »internalisiert«; wie ein Grundbegriff sowohl der Psychologie als auch der Soziologie lautet. Normen werden dann nicht mehr deshalb befolgt, weil ihre Missachtung schaden könnte, sondern weil sie im Rahmen des eigenen Weltbildes für richtig und vernünftig gehalten werden. Damit kann soziale Integration auch in komplexen Gesellschaften mit großer Bevölkerungszahl geleistet werden, in der nicht mehr jeder jeden kennt, soziale Kontrolle daher nur mehr begrenzt möglich ist und sozialer Tausch nicht mehr auf der praktischen Erfahrung von Gegenseitigkeit beruhen kann. Das Individuum identifiziert sich mit dem, was es tun soll. Eine solche Internalisierung von sozialen Normen, die Bereitschaft, eine Norm als eigene, selbst gewollte zu interpretieren, muss aber von irgendwoher kommen.

Dafür ist die Bereitschaft unerlässlich, die Gebote eines Gottes, die von seinen irdischen Repräsentanten verkündet werden, ernst zu nehmen, sei es aus Angst vor dessen Rache oder aus Überzeugung von der Richtigkeit seiner Anweisungen.

Die Identifikation mit den Normen eines Gottes, die dann zu Normen seiner Gesellschaft werden, wird dann stattfinden, wenn die geforderte Ordnung der Welt als vernünftig und damit als richtig und gerecht verstanden werden kann. Die tatsächliche Ordnung der Welt, voll von »Pfeil und Schleudern des wütenden Geschicks, der Mächt'gen Druck, der Übermut der Ämter und des Rechtes Aufschub«, um mit Shakespeare zu sprechen, bietet wenig Anhaltspunkte für begeisterte Identifikation. Wenn aber das Befolgen bestimmter Regeln nach eigener Überzeugung das Leben zu sichern, Ordnung herzustellen, Unrecht in Recht zu verwandeln verspricht, also Hoffnung machen kann, dann können diese Regeln und Normen gefühls- und verstandesmäßig akzeptiert, geglaubt und damit in der Folge internalisiert werden.

Genau eine solche Ordnung des Verhaltens und damit der Welt wurde bereits in Altägypten versucht. »Ma'at« meint nicht nur Wahrheit und Gerechtigkeit, sondern auch Weltordnung, ebenso Gnade und Erbarmen und nicht zuletzt Ausgleich. Denn ihr Gegenteil, Isfet, meint nicht nur Ungleichheit, sondern zugleich auch Unterdrückung der Schwachen durch die Starken.[52]

Im alten Ägypten wurde der Herrscher nicht als Unterdrücker, sondern als Beschützer der Schwachen gesehen. In einer alten ägyptischen Weisheitslehre heißt es: »Wohlversorgt sind die Menschen, die Herde Gottes. Ihnen zuliebe schuf er Himmel und Erde, ... Er schuf ihnen Herrscher ... und Machthaber, um den Rücken des Schwachen zu stärken.«[53] Die Mächtigen waren auch Beschützer und Versorger: »... im alten Ägypten wurde der Mann ohne Meister (Herrn) bedauert, denn er galt als schutzlos. Auf solche Schutzverhältnisse: Klientel, Feudalismus, Hörigkeit, einschließlich Sklaverei, bauten die archaischen, antiken und mittelalterlichen Staatswesen auf.«[54]

Die Einhaltung der mit der Ma'at verbundenen Regeln, die allmählich kanonisiert und immer ausgefeilter werden, wird durch ein Totengericht sichergestellt, dessen Zusammensetzung die staatliche Ordnung genau widerspiegelt – die 42 Richter des Totengerichtes entsprechen den 42 Gauen des alten Ägypten – und dessen Normen die Normen der sozialen Welt sind: nicht töten, nicht stehlen, nicht lügen, aber auch niemanden anschwärzen und die vorgeschriebene Tagesarbeitsleistung nicht erhöhen.[55] Die Verbreitung solcher Vorstellungen scheint eng mit dem Untergang des Alten Reiches verbunden gewesen zu sein. »Der Zusammenbruch des Staates provozierte die Suche nach dauerhafteren, und das heißt hier transzendenten Fundierungen der Gerechtigkeit. Die Idee des Totengerichtes leistet genau das. Sie verlegt die letztinstanzliche Grundlage der Gerechtigkeit in die Götterwelt.«[56] Der soziale Tausch bleibt erhalten, aber er reicht nun über den Tod hinaus. Wer hier Gutes tut, wird dort belohnt, wer hier Böses tut, dort bestraft. Der eigenen Leistung hier entspricht die Gegenleistung dort. Mit dieser neuen Form des sozialen Tausches, die über die Beschränktheit des diesseitigen Lebens hinausgreift, ist die Voraussetzung dafür geschaffen worden, auch Gesellschaften zu stabilisieren, die zu groß geworden sind, um auf der Gegenseitigkeit persönlicher Bindungen aufzubauen. Die Erweiterung des sozialen Austausches über das Leben in dieser Welt hinaus schafft eine völlig neue Vorstellung von Gerechtigkeit.

So entwickeln sich normative Systeme als ein neuer Steuerungsmechanismus menschlichen Verhaltens aufgrund einer neuen Sicht der Welt. Verhaltensleitend wird eine mit der Vorstellung eines oder mehrerer persönlich gedachter Götter verbundene Normenquelle, an der man sich orientiert, obwohl diese verborgen, nicht mittelbar anwesend ist. Das Phänomen des »deus absconditus«, des verborgenen Gottes, wird zwar gerne als eines der Grundprobleme jeglicher Theologie angesehen. Dabei ist es doch Symbol für den eigentlichen Kern des Phänomens – nämlich für den Verlust der unmittelbar erfahrenen sozialen Reflexivität. Trotzdem verhaltenssteuernde Autorität herzustellen und etwaige Sanktionen glaubhaft zu machen, macht den entscheidenden Unterschied zu personalen Systemen aus.

Verhalten orientiert sich nicht mehr nur an Gegenseitigkeit im erfahrbaren Verhalten anderer Personen, mit denen man zusammenlebt, sondern an abstrakt werdenden Bildern und Wertvorstellungen. An die Stelle von Reflexivität des Verhaltens treten transzendent begründete Steuerungsmechanismen, die »richtiges« Verhalten verstärken, »falsches« dagegen mit Sanktionen versehen. Es geht genau um jene »Betonung der individuellen Vergewisserung ohne soziale Bestätigung«, die auch Habermas im Auge hat.[57] Norbert Elias hat das als Prozess der Zivilisation, und zwar als Weg »von der Außensteuerung zur Innensteuerung« beschrieben, David Riesman ähnlich als Entwicklung von der Traditions- zur Innenorientierung, die Steuerung von Verhalten erfolgt statt aus erfahrbarer sozialer Reflexivität aus einem »inneren Kreiselkompass«.

Wer sich an die Gebote hält, wird belohnt, in anderen religiösen Vorstellungen als den ägyptischen – so noch im Alten Testament – in einer nur diesseitig gedachten Welt mit realen Gütern und realer Nachkommenschaft, erst in einer späteren Phase der Entwicklung religiöser Vorstellungen mit einem Leben im Jenseits. Selbst im Buch Hiob, dem so wichtigen Beispiel kritischen Nachdenkens darüber, ob der Wille Gottes wirklich auf so einfache Tauschmechanismen reduziert werden könne, gibt es am Ende eine umso reichere Entschädigung für das geduldige Ausharren im Glauben – aber bereits im Diesseits. Und die Schlichtheit mancher Verheißungen lässt nur umso deutlicher erkennen, wie unendlich bescheiden die Erwartungen der hoffenden Menschen waren: Die Seligen werden im Schatten sitzen und klares Wasser trinken, heißt es in einer der vermutlich ältesten Suren des Korans. Nach einer bedenkenswerten Interpretation des Koran sind auch die versprochenen Huris des Paradieses nicht Freudenmädchen (wörtlich ohnedies genauer: »Geschminkte«), sondern nur – eben falsch übersetzte – Weintrauben.

Marx hat die These vertreten, dass auf einer gewissen Stufe ihrer Entwicklung die materiellen Produktivkräfte der Gesellschaft mit den vorhandenen Verhältnissen bzw., »was nur ein juristischer Ausdruck dafür ist«, mit den Eigentumsverhältnissen, innerhalb derer sie sich bisher bewegt haben, in Widerspruch geraten. Habermas hat dagegen herausgearbeitet, dass ein solches Erklärungsmodell mehr Fragen aufwirft als löst.[58] Insbesondere hätten die Entwicklungsschübe, die zur Entstehung, sei es der frühen Hochkulturen, sei es des europäischen Kapitalismus, geführt haben, eine nennenswerte Entfaltung der Produktivkräfte nicht zur Bedingung, sondern zur Folge gehabt. Daher sei nach anderen gesellschaftlichen Organisationsprinzipien zu suchen, verstanden als Innovationen, die durch entwicklungslogisch nachkonstruierbare Lernschritte möglich werden und ein jeweils neues Lernniveau der Gesellschaft institutionalisieren.

Die Denkkategorien, die korrespondierenden Verhaltensweisen und ihre Auswirkungen auf die Organisation des sozialen Tausches sind genau jene Organisationsprinzipien, die in der marxistischen Gegenüberstellung von Produktivkräften und -verhältnissen fehlen und die Habermas einfordert. Was Sahlins unter ethnologischer und Jean-Marie Benoist unter philosophischer Perspektive beschäftigte, dass nämlich nicht die Ökonomie die Kultur konditioniere, sondern dass die Kultur den wirtschaftlichen Profit ermöglicht habe, lässt sich entlang den von mir geschilderten Veränderungen des Weltbildes entwicklungslogisch präzisieren. Eine Verbindung zu kulturvergleichend erschließbaren und empirisch fassbaren Verhaltensmustern ist ebenso herstellbar wie zur Analyse historischer Entwicklungsprozesse.

2.2.2.4 Religion als persönliche Bindung und Verantwortung

Die neuen Staaten, die auf der Basis von Normen entstehen, bewahren im Verhältnis sowohl zwischen Herrscher und Gefolgsleuten als auch zwischen Gott und seinen Unterworfenen die alte Form einer Strukturierung von Gesellschaft entlang einem sozialen Tausch von Gehorsam und Unterordnung des Schwächeren gegen Schutz und Hilfe, allenfalls auch Versorgung durch den Stärkeren. Assmann leitet aus der ägyptischen Literatur ab, dass bereits ab dem Mittleren Reich das Gott-Mensch-Verhältnis die Züge eines persönlichen, fordernden Wollens angenommen habe, das aber ebenfalls nach der Art eines Patron-Klienten-Verhältnisses organisiert wurde.[59]

Zugleich jedoch konstituiert diese neue Nähe zu Gott ein neues, ja vielleicht überhaupt erst das Individuum, das sich als Person mit göttlichen Anforderungen konfrontiert sieht, direkt und unabhängig von der Gemeinschaft, in der es lebt. »Diese Erstarkung des Über-Ich ist ein höchst wertvoller psychologischer Kulturbesitz. Die Personen, bei denen sie sich vollzogen hat, werden aus Kulturgegnern zu Kulturträgern. Je größer ihre Anzahl in einem Kulturkreis ist, desto gesicherter ist diese Kultur, desto eher kann sie der äußeren Zwangsmittel entbehren.«[60]

Diese persönliche Unmittelbarkeit zu Gott äußert sich zunächst darin, dass nicht mehr Opfer, sondern richtiges Verhalten gefordert wird: »Was soll mir die Menge eurer Schlachtopfer nützen, spricht der Herr. … bringet nicht mehr unnütze Gaben … auch wenn ihr noch so viel betet, ich höre es nicht … Höret auf, Böses zu tun, lernt Gutes tun!« (Jesaia 1, 11 ff.) Dieser Gott will persönliche Loyalität. Diese unbedingte Forderung nach Loyalität war freilich im ganzen Vorderen Orient verbreitet. Das erste Gebot: »Du sollst den Herrn, deinen Gott, lieben aus ganzem Herzen und ganzer Seele« klingt nicht anders als die hethitischen und assyrischen Loyalitätseide, die die folgenden Kernsätze beinhalten: »So, wie ihr eure Frauen, eure Kinder und eure Häuser liebt, so sollt ihr die Sache des Königs lieben …«, oder: »Wenn ihr Assurbanipal nicht liebt wie euer eigenes Leben, …«[61]

Eine solche persönliche Bindung kann mit den Verpflichtungen gegenüber der Gesellschaft harmonieren, solange zwischen Herrscher und Gott keine Konflikte gesehen werden. Aber das muss nicht auf Dauer so bleiben. Die göttlichen Anforderungen können mit denen der Gesellschaft in Widerspruch geraten. Gegen Ende der altägyptischen Geschichte findet sich in der Literatur bereits ein Fall, in welchem das Totengericht anders entscheidet als die Gesellschaft.[62] Und ab da findet sich immer wieder die Befürchtung, dass gerade der Gerechte unter gesellschaftlichen Zwängen leiden muss, und zwar umso mehr, je konsequenter er an seinen Vorstellungen von Gerechtigkeit festhält. Schon Hegel hat am Beispiel der Antigone einen grundlegenden Widerspruch des organisierten Zusammenlebens gesehen, den Konflikt zwischen Familienpietät und Staatsraison oder allgemeiner zwischen moralischer Individualität und Staatlichkeit. David Riesman hat diesem »innengeleiteten« Menschen geschichtsverändernde Bedeutung zugeschrieben. Göttliche und gesellschaftliche Normen haben einen einheitlichen Ursprung. Aber in der Praxis staatlichen Geschehens kann es sehr wohl zu Widersprüchen kommen. Wer seiner Normenquelle göttlichen Ursprung beimisst, der kann irgendwann einmal auch unabhängig von, ja entgegen den Normen der Gesellschaft handeln. Erst eine solche Verselbstständigung schafft Freiheit zu anderem Verhalten und Handeln.

Es ist, von den trotz aller Verfolgung gläubigen Juden und Christen im Römischen Reich bis zu den Ketzern des Mittelalters und den Protestanten der beginnenden Neuzeit, eine trotz ihrer vorderasiatischen Ursprünge europäische Tradition geworden, das eigene Sollen und Wollen notfalls auch im Widerspruch zur Gesellschaft zu finden und danach zu handeln. Erst damit wurde kulturelle Evolution zumindest in kritischen Phasen von der Gesellschaft unabhängig.

2.2.3 Normative Systeme und persönliche Identität

Die Psychologie hat bisher nicht zu einer einheitlichen Persönlichkeitstheorie finden können. Sie sucht die Ursachen für die Einzigartigkeit und Unverwechselbarkeit individuellen Verhaltens biologisch in den Genen, deskriptiv in den Formen der Reaktion auf Lebenserfahrungen im sozialen Kontext (so z. B. differenzierend nach den fünf Kriterien Extraversion, Verlässlichkeit, Gewissenhaftigkeit, Emotionale Stabilität und Offenheit für Erfahrungen)[63] oder rekonstruierend entlang den individuellen Erfahrungen sozialer Lernprozesse, die positive oder negative Verstärkerprozesse mit sich gebracht haben. Freud hat zwar ein Ich zwischen dem Es natürlicher Instinkte und dem durch Sozialisation geschaffenen Über-Ich identifiziert, aber die Formung eben dieses Ichs ist unterschiedlichen Prozessen seiner Bildung offen.

Die Berücksichtigung der eigenen Erfahrungen ist Kern der sogenannten kognitiven bzw sozial-kognitiven Persönlichkeitstheorien. Aber dabei geht es um die Rückbindung individuellen Verhaltens nicht nur an das erworbene Praxiswissen, sondern auch an eigenständige Denkprozesse und Vorstellungen[64]. Man sei, so George Kelly, niemals nur seiner eigenen Geschichte ausgeliefert.

Die Soziologie dagegen hat ihre Persönlichkeitsmodelle aus der Integration des Individuums in die Gesellschaft abgeleitet und dieses Phänomen je nach Perspektive entweder positiv als Herstellung sozialer Harmonie und Funktionsfähigkeit oder aber negativ als Entfremdung, und damit als Entpersönlichung, gesehen.

Die jeweiligen Normen werden dabei annahmegemäß bereits im Zuge der primären Sozialisation vermittelt: »Von den frühesten Wir-Beziehungen an wird das Kind in einen wechselseitigen Motivationszusammenhang einbezogen, dessen Relevanzstrukturen (Einstellungen, Ziele, Mittel) gesellschaftlich beschränkt, als selbstverständlich vorgezeichnet und gebilligt sind ... all diese Erfahrungen, auch solche privater Natur, sind in intersubjektiv relevante und somit gesellschaftlich bestimmte ... Motivations- und Interpretationszusammenhänge eingebettet.«[65]

Und das so entstandene gemeinsame Wertesystem steuert nicht nur das individuelle Verhalten, sondern führt auch zur Übernahme von Aufgaben, die sich als soziale Rollen manifestieren. Diese Rolle bezeichnet »ein Bündel aufeinander bezogener Bedeutungen und Werte, die das Verhalten eines Einzelnen im gegebenen sozialen Rahmen bestimmen und leiten«[66]. Die Individuen fixieren nach dieser Theorie ihre Verhaltensmuster, soweit sie auf ihr Verhältnis zur Gesellschaft bezogen sind, im in sich konsistenten System einer Rolle. Wenn die darin fixierten Normen und Verhaltenserwartungen wechselseitig so aufeinander bezogen seien, dass sie eine stabile Struktur ergäben, dann könne von einem funktionsfähigen sozialen System gesprochen werden.

Für Talcott Parsons ist eine solche normative Verhaltenssteuerung nicht einer von mehreren möglichen Tausch- und damit Steuerungsmechanismen menschlichen Zusammenlebens, sondern der jeder Gesellschaft immanente, zur Funktionsfähigkeit unerlässliche Mechanismus. Habermas betont die »Homologie« zwischen Ich und sozialer Identität und weist darauf hin, dass jegliches Verständnis kollektiver Identität wesentlich auf dieser Übereinstimmung aufbaue.[67] Auch G. H. Mead sieht diese notwendige Entsprechung: »Die Einheit und Struktur der kompletten Identität spiegelt die Einheit und Struktur des gesellschaftlichen Prozesses als Ganzes.«[68] Das darf ich in meinem Sinn auslegen: Persönliche Identität und Struktur des sozialen Tausches sind voneinander nicht auf Dauer zu trennen.

Normative Systeme leisten vieles zugleich. Sie können Handlungswissen bereitstellen, sie können die Wirklichkeit der Welt erklären und deuten, sie können das personale und soziale Handlungssystem begründen, und sie können dazu beitragen, den »richtigen« sozialen Austausch zu definieren. Sie können daher durch Klärung, Ordnung und Rechtfertigung der Welt das Heidegger'sche »Behaust-Sein« vermitteln, Geborgenheit und Zu-Hause-Sein in einem. Und das können sie auch dann, wenn sie von den Einzelnen sogar den Verzicht auf persönliche Interessen einfordern, unabhängig ob dieses Weltbild in göttlicher Ordnung, im Kampf der Rassen oder der Klassen oder sonst wie begründet wird.

Aber eben weil sie Welterklärungen sind, sind normative Systeme immer zugleich auch Vereinfachungen. Normative Systeme vermitteln Sinn, aber »Sinn oktroyiert eine Form für Erleben und Handeln, die Selektivität erzwingt«[69]. Dieser Begriff der Selektivität erschließt zugleich die Doppelbödigkeit jedes normativen Systems. Welterklärung ist immer kontingent, sie kann also zutreffen oder auch nicht. Sie kann aus der Überzeugung von der Richtigkeit des eigenen Weltverständnisses stammen, sie kann aber auch eine Ordnung schaffen, die edlen oder auch bedeutend weniger edlen Zwecken dient.

Auch deshalb war ja das Verhältnis der Philosophie zur Religion als Basis der Welterklärung und der Verhaltensmuster immer ambivalent. Schon Livius und Cicero halten Religion für eine bloße Fiktion, die aber notwendig sei, um menschliches Zusammenleben überhaupt möglich zu machen. William Warburton – der als Bischof von Gloucester freilich nur heidnischen Religionen solchen Funktionalismus unterstellte – und Voltaire haben das Argument aufgegriffen. Voltaire meinte sogar, ohne Religion würden die Menschen übereinander herfallen wie Wölfe.

Wird Sozialisation nur als Prägung des Menschen durch die bestehenden Normen oder gesellschaftlichen Verhältnisse verstanden, dann ergibt sich ein Persönlichkeitsbegriff, der für handlungsmächtige Eigenständigkeit wenig übrig lässt. Wer wie Parsons Sozialisation vor allem als Rollenübernahme versteht, »zerlegt den Faktor Handlungssubjekt und verfugt ihn mehr oder weniger problemlos mit den Ordnungszusammenhängen. … (aber) … Personen lassen sich … nicht ohne Weiteres objektivistisch in Handlungseinheiten dekomponieren und dann differenzlos in Systeme einweben.«[70]

Hält man ein autonomes Subjekt überhaupt für möglich, dann kann gesellschaftliche Prägung auch als Fernhalten des Individuums von seiner Selbstverwirklichung verstanden werden. Von dieser Überlegung ausgehend erklären Rousseau und später Marx, das Individuum sei gesellschaftlichem Zwang unterworfen und Persönlichkeit daher unter solchen Umständen nur Ergebnis gesellschaftlicher Repression. Das Ich wird sich selbst »entfremdet«. Entfremdung macht Verständnis und Bewusstsein statt von objektiven Verhältnissen von falschen, herrschaftsbestimmten Ideologien abhängig. Für Marx übt diese Herrschaft die bürgerliche Klasse mit dem von ihr geschaffenen ideologischen Überbau aus. Auch Religion sei nichts anderes als ein Instrument zur Stabilisierung von Herrschaftsverhältnissen. Opium für das Volk hat sie Marx genannt, und Herbert Marcuse, der gedanklich die marxistische Darstellung gesellschaftlicher Unterdrückung mit der Freud'schen Darstellung von Triebkontrolle und -verdrängung kombiniert, hat in der Bindung des Menschen an ein größeres Gemeinsames ganz generell nur Missbrauch und Verführung erkennen wollen.

Die Grundannahme ist in allen diesen Fällen die gleiche: Es gebe so etwas wie ein unverfälschtes Ich, das durch gesellschaftliche Verhältnisse, vorzugsweise durch Herrschaft, am Selbstbewusstsein, am Selbstverständnis und damit auch am eigenständigen Handeln als Subjekt der Gesellschaft und der Geschichte gehindert wird. Auf dieses Modell bezieht sich Ralf Dahrendorf, wenn er (etwas generalisierend) meint: »Für Gesellschaft und Soziologie ist der Prozess der Sozialisierung stets ein Prozess der Entpersönlichung, in dem die absolute Individualität der Freiheit des Einzelnen in der Kontrolle und Allgemeinheit sozialer Rollen aufgehoben ist.«[71]

Über diese Grundannahme eines autonomen, unverfälschten Ich ist unendlich viel gestritten worden. Dabei ist offenbar, dass im historischen Verlauf immer wieder ein solches Ich, das gegen die Gesellschaft handelnde Subjekt, aufgetreten und wirkungsmächtig geworden ist.[72] Was aber bringt Menschen dazu, sich anders zu verhalten, als es den erlernten und eingeübten Verhaltensmustern und Normen entspricht? Ist es nur ein fundamentaler Egoismus, den auch der konsequenteste Sozialisierungsprozess nicht verdrängen kann, oder geht es um mehr?

Das Bewusstsein ist nie vor der Wahrnehmung von Inkonsistenz gefeit, vor Nachdenklichkeit über sich und die Welt. Das Bewusstsein umfasst mehr und leistet mehr, als immer nur Anpassungsstrategien an die Vorstellungen der anderen zu entwickeln. Menschen bemerken im Allgemeinen rasch, dass es sich mit etwas weniger Solidarität gelegentlich etwas besser oder mit etwas weniger Tapferkeit unter Umständen erheblich länger oder wenigstens unverprügelt leben lässt. Rollendistanz, die Verweigerung gegenüber den Anforderungen anderer oder selbst des eigenen Über-Ichs, ist nur allzu häufig.[73] Die Geschichte ist voll von solchen Beispielen: Aufstehen gegen die Gesellschaft, Helden- und Märtyrertum aus Überzeugung,

Alle Modelle sozialen Wandels greifen zu kurz, solange sie nicht erklären können, unter welchen Bedingungen Menschen sich nicht mehr mit den vorgegebenen Deutungen der Realität zufriedengeben und aus traditionellen Orientierungs- und Verhaltensmustern ausbrechen.

Persönlichkeitsmodelle und Modelle sozialer Veränderungen haben den gleichen kritischen Punkt: Ein brauchbares Identitätsmodell muss erklären können, unter welchen Bedingungen ihre kognitiven Mechanismen oder andere basale Persönlichkeitsmerkmale Menschen dazu bringen, von den sozial vorgegebenen Verhaltensmustern abzuweichen. Die eigentlich kritische Frage ist schon von Emile Durkheim gestellt worden: Aufgrund welcher Bedingungen wird das Individuum autonom, wenn es doch gleichzeitig von der Gesellschaft abhängig und durch moralische Bande der Solidarität an sie gebunden und von ihr geprägt ist?[74]

Autonom handelt der Mensch dann, wenn er die ihm sozial angebotene Triade von Weltbild, Selbstbild und Verhaltensrolle nicht mehr akzeptiert. »Die Identitätsbildung schließlich beginnt dort, wo die Brauchbarkeit der Identifikationen endet.«[75] Vermutlich entwickelt sich Identität überhaupt erst in der kritischen, Distanz gewinnenden Auseinandersetzung des Subjektes mit seiner sozialen Umwelt.[76]

Gregory Bateson, Lehrer unter anderem Paul Watzlawicks, hat besonders betont, man solle nach den Ursachen von Verhalten nicht wie die Psychoanalytiker in der Vergangenheit und im Unterbewusstsein suchen, sondern zunächst einmal den Menschen in seinen aktuellen Beziehungen zu seiner sozialen Umwelt begreifen. Da kann man ansetzen. Wenn das vermittelte Weltbild mit persönlichen Erlebnissen und Erfahrungen nicht mehr zur Deckung gebracht werden kann, wird der Einzelne nicht nur sein Weltbild hinterfragen, sondern auch seine Rolle in dieser Welt neu überlegen. Sogar Michel Foucault hat in einem seiner letzten Gespräche gemeint, dass sich Subjekte nicht nur über Praktiken der Unterwerfung, sondern auch über Praktiken der Befreiung und der Freiheit konstituieren könnten. Freiheit ist auch von Distanzierungs-Fähigkeit her zu begreifen: »Das Maß der Freiheit, zu dem der Einzelne im experimentellen Sich-Selber-Schaffen gelangen kann, bemisst sich … an dem Abstand, zu dem er gegenüber dem kulturellen Werthorizont seiner Zeit zu gelangen vermag.«[77]

Nicht bloß Prägung, auch und gerade Widerstand kann Persönlichkeit schaffen. Antigone ist auch Heldin, aber sie ist vor allem Persönlichkeit. Die Offiziere des 20. Juli 1944 verdienen nicht nur Respekt für ihren Attentatsversuch, sondern ebenso für die Konsequenz, mit der sie ihnen bisher selbstverständliche Verhaltensmuster der Loyalität und des Gehorsams überwanden, als sie erkannten, zu welchen Verbrechen sie instrumentalisiert worden waren.

Immer wieder haben sich neue Ideen vor allem deshalb verbreitet, weil der Mensch über seine eigene soziale Gemeinschaft, über den eigenen Staat hinaus kommuniziert, Erfahrungen, Erlebnisse und Überzeugungen ausdrückt und austauscht. Die wichtigsten Erkenntnisse und Überzeugungen sind vom menschlichen Verstand aufgenommen, akzeptiert und verfochten worden, ohne auf die Grenzen der jeweiligen Gemeinschaften zu achten. So haben sich die großen Religionen durchgesetzt, so haben sich Wissenschaft und Aufklärung und damit das neuzeitliche Bild des Menschen verbreitet. Eine Abschottung gegen neue Ideen gelingt selbst totalitären Staaten meist nur für begrenzte Zeit – mit oder ohne Ketzerverbrennungen. Denken, Wollen und Verhalten erneuert sich immer wieder durch Kommunikation über alle gesellschaftlichen und sozialen Grenzen hinaus. Die Grenzen des Nachdenkens sind selten die Grenzen der jeweils eigenen Gesellschaft.

Man kann sich von Argumenten überzeugen lassen oder von den Widersprüchen zwischen der Realität und den offiziellen Interpretationen dieser Realität. Man kann sich an den Widersprüchen zwischen geheuchelter Anständigkeit und tatsächlicher Habgier der Machthaber empören. Und man kann Eigenständigkeit und Autonomie daraus gewinnen, dass man den persönlichen Anruf eines Gottes als Verpflichtung annimmt, der man unabhängig von etwaigen anderslautenden gesellschaftlichen Regeln zu folgen hat. »Unstimmigkeiten zwischen gesellschaftlich und charakterologisch angemessenem Verhalten sind in der Tat die stärksten Beweggründe für den sozialen Wandel.«[78] Sören Kierkegaard hat Glauben, der Personen zum Handeln treibt, als mögliches Korrektiv zu den konkreten historischen Verhältnissen einer Gesellschaft gesehen, daraus aber außerdem die Möglichkeit der Gewinnung von Identität abgeleitet. Damit besteht seine »theoriegeschichtliche Leistung darin, … entgegen transzendental-systemphilosophischen Ansätzen der konkreten Existenz des Individuums für die Konstitution seiner Existenz wieder ein Mitspracherecht erobert zu haben«[79].

Vermutlich ist das Phänomen der Eigenleistung aus neuem Verstehen, dem Mut und der Konsequenz zum Handeln eine realistischere Beschreibung historisch relevanter Prozesse als der etwas abstrakte Verweis Theodor W. Adornos auf die Notwendigkeit der Herstellung politischer Verhältnisse realer Gerechtigkeit, ohne die die Freiheit des Einzelnen nicht zu gewinnen wäre.[80] Karl Jeismann spricht von einem »Wechselverhältnis von Emanzipation und Disziplinierung, das sich unter verschiedenen regionalen, sozialen und temporären Rahmenbedingungen unterschiedlich entwickelt«[81], und spricht dabei eigentlich nur von der Geschichte der Bildung in Preußen. Aber diese Feststellung hat allgemeine

Gültigkeit, nicht bloß für Bildungsgeschichte, sondern für Geschichte schlechthin.

Die Urangst, in einer fremden Welt verloren zu sein, kann durch Geborgenheit in einer verstandenen und geordneten Welt aufgehoben werden. Aber wenn diese Ordnung korrumpiert wird oder zusammenbricht, wenn der Einzelne mit dieser Ordnung nicht mehr zurande kommt oder die Überzeugung gewinnt, diese Welt müsse geändert werden, dann wird er, allein oder mit Gesinnungsgenossen, gegen diese Ordnung aufstehen. Dabei hat er oft kein fertiges Konzept, ist oft weder vorbereitet noch persönlich in der Lage, mit den Anforderungen fertig zu werden. Aber, wie schon Aristoteles gesehen hat, »die Würde und die Ethik der Subjekte entspringen aus dem Fertig-werden-Sollen mit dieser Unfertigkeit«[82].

2.2.4 Warum normative Systeme so gut funktionieren

Personale Systeme bieten Identität über die Identifikation des Individuums mit der Gruppe und ihren Traditionen. Normative Systeme sichern neue Formen des sozialen Tausches über die Orientierung an gemeinsamen Normen und Werten, die ebenfalls Identität über Identifikation anbieten.

Heutige Soziologie und Marktforschung haben in bemerkenswerter Übereinstimmung individuelle Wertvorstellungen nach akzeptanzorientierten, pflichterfüllungsorientierten und nutzenorientierten Wertsystemen unterschieden. Die hier vorgeschlagene Einteilung der Verhaltensmechanismen findet hier eine direkte Entsprechung. Akzeptanz bei der eigenen Gruppe ist ein wesentliches Kriterium der Steuerung individuellen Verhaltens in personal orientierten Systemen. Akzeptanz in normativen Systemen wird durch das Ausrichten der eigenen Ziele am internalisierten Kompass der normativ vorgegebenen Verpflichtungen hergestellt. Die Erfüllung dieser Pflichten und das daraus resultierende gute Gewissen, allenfalls auch eine wenigstens im Jenseits erwartete Gerechtigkeit, bietet dem Einzelnen positive Rückkoppelung und einen verhaltensverstärkenden Mechanismus. Die Befolgung der jeweiligen Gebote wird zum eigenständigen Erfolg.

Für Alexander Kojève ist die Anerkennung des Menschen durch den Menschen zentrales Thema geschichtlicher Prozesse ebenso wie der Selbstverwirklichung des Menschen überhaupt. Die Französische Revolution war aus seiner Sicht ein Kampf des in der Arbeit gebildet wordenen Knechtes, der mit der erfolgreichen Anerkennung sein Ziel erreicht habe. Erst durch die Anerkennung durch den anderen sei der Mensch zum Bewusstsein seiner selbst gelangt, und erst diese Anerkennung des Einzelnen in seiner Individualität durch die anderen verschaffe existenzielle Befriedigung. Der Mensch wolle die Harmonie mit der Gesellschaft und damit mit der Welt, in der er lebt: »Die Beziehung zu anderen ist kein Mittel (um sich den Bauch vollzuschlagen oder einen Orgasmus zu erleben), sondern das Ziel, das wir verfolgen, um uns unseres Daseins zu versichern.«[83]

In normativen Systemen ist Pflichterfüllung ein Weg, Anerkennung zu gewinnen. Und außerdem steht ihnen ein Mechanismus der vorschussweisen Anerkennung zur Verfügung, der die Identifikation zusätzlich fördert: die Ehre.

Kant hat Ehre als eine von vielen menschlichen Begierden verstanden, Theodor Fontane und August Strindberg als leeren, zerstörerischen Götzendienst. Hegel dagegen hat in der Ehre »das schlechthin Verletzliche« gesehen, und auch eine neuere Autorin[84] sieht in ihr nicht nur differenzierende und machtgenerierende Funktionen, sondern auch eine Bindekraft zur Integration in der Gesellschaft. Tatsächlich lässt sich die Ehre als Ergebnis eines sozialen Tausches zwischen pflichtgemäßem Verhalten und der dafür standesgemäß zustehenden, mit besonderem Respekt verbundenen Anerkennung, eben der »Ehre«, begreifen. Denn wer die jeweiligen Standespflichten erkennbar nicht erfüllt, wird »ehrlos«. Ehre ist jenes Maß an Anerkennung, das sich jeder verdient hat, der seine ihm je nach sozialer Stellung auferlegten Pflichten auch erfüllt.

Ehre ist daher ein nützliches, konstitutives Element normativer Systeme, das auch bei Fehlen direkter persönlicher Bekanntschaft schon bei bloßem Erkennen der Standeszugehörigkeit (etwa über die Uniform) genau jene soziale Anerkennung sichert, die auf der Annahme der Erfüllung der standesgemäßen Verpflichtungen beruht. Pflicht und Ehre sind komplementär. Wie kaum ein anderer ist freilich gerade der Begriff der Ehre im 20. Jahrhundert diskreditiert und auch missbraucht worden. Etwa der SS-Leitspruch »Unsere Ehre heißt Treue« ist nichts anderes als ein Mechanismus des Umfunktionierens, nämlich die schlichte Vereinnahmung eines Merkmals normativer Systeme zur Legitimation eines totalen persönlichen Loyalitätsanspruches.

Auch der Begriff des Heldentums muss nicht allein der Sphäre romantischer Verklärung (oder des lebensgefährlichen Unfugs, je nach Perspektive) überlassen werden. Selbst Heldentum lässt sich als Mechanismus des sozialen Tausches mit einer ganz bestimmten Funktion verorten. Held ist, wer sich in kritischen Situationen erfolgreich einsetzt oder gar opfert für die gemeinsame Sache. Dafür erhält er auch das Äußerste, das eine Gemeinschaft vergeben kann, nämlich Unsterblichkeit im Gedächtnis der Nachwelt. Sehen wir nicht nur den Missbrauch, der mit solchen Archetypen in einer Zeit betrieben wurde, die Helden vor allem auf den Schlachtfeldern haben wollte. Sehen wir darin vielmehr ein wesentliches Konstruktionsmerkmal normativer Systeme, das dem jeweiligen System besondere Leistungen bis hin zur Selbstaufopferung seiner Mitglieder verfügbar gemacht hat.

Die Geschichte zeigt, welch ungeheures Maß an Energie, Opferbereitschaft und Begeisterung durch solche Motivationsmechanismen geweckt werden konnte. Leben im Einklang mit eigenem Glauben und Sterben für die Gemeinschaft in der Hoffnung auf Unsterblichkeit im Gedächtnis dieser Gemeinschaft, die einem die Welt ist, oder persönlich in religiös vermittelter Ewigkeit, das ist eine zu respektierende außerordentliche Form der dem Menschen möglichen Identität.

Das kann freilich die Ambivalenz normativer Systeme nicht aufheben. Ideologie bringt Vereinfachung, Vereinfachung lässt Gut und Böse leichter definieren als wirklich unterscheiden. Begeisterung zeugt Fanatismus, Fanatismus zeugt Unmenschlichkeit. Zur Schaffung des Reichs des Guten gehört die Ausrottung des Bösen – und das sind die anderen, ob es nun Andersgläubige, Andersdenkende, Andersrassige oder nur schlicht die Angehörigen einer anderen Klasse sind.

Niklas Luhmann hat anlässlich der Verleihung des Hegel-Preises 1988 gemeint, die vordringlichste Aufgabe der Ethik sei es, vor der Moral zu warnen. Soweit unter Moral die Moral normativer Systeme zu verstehen ist, gibt es überreichlich historisches Belegmaterial für seine These. Normative Systeme sind ambivalent. Der Größe des Glanzes entspricht die Tiefe des Abgrundes. »Immerhin hat das den Staat zur Hölle gemacht, dass ihn der Mensch zu seinem Himmel machen wollte«, lässt Friedrich Hölderlin, klarsichtig und nüchtern wie kaum je, seinen Hyperion sagen.

2.2.5 Das Recht als Sicherung der Ordnung der Welt

Sind die Grundformen menschlichen Weltverständnisses maßgeblich für Verhalten und ebenso für die Gestaltung der jeweiligen sozialen Ordnung, dann müssen sie sich auch in einer der wichtigsten gesellschaftlichen Konstruktionen, nämlich der Rechtsordnung, finden lassen.

Tatsächlich kann man historisch recht gut verfolgen, wie in urtümliche, sippen- und personenbezogene Rechtssysteme normative Vorstellungen eindringen. Bei den Germanen entwickeln sich die sogenannten »Acht«-Fälle, das sind Verbrechen, die nicht bloß gegen Personen gerichtet sind, sondern gegen die gesamte Stammes- oder später auch Staatsgemeinschaft. Solche Fälle werden öffentlich verfolgt, der Täter verfällt der »Friedlosigkeit«, er wird in »Acht und Bann« getan. Aber weil die Verfolgung einer Person ursprünglich den Schutz der ganzen Sippe herbeizwingt, musste das Rechtsverständnis der Germanen die Konstruktion entwickeln, dass Acht-Fälle anders als bloße Fehde-Fälle auch das Sippenband durchschneiden.[85]

Der Mechanismus der Fehde einerseits, die gemeinsam verfolgten Acht-Fälle andererseits entsprechen verschiedenen Formen des Rechtsverständnisses. Der Gegensatz ist der Wissenschaft nicht verborgen geblieben, und etwa Karl v. Amira hat die Fehde einem »profanen«, die Todesstrafe einem »sakralen« System zugeordnet. Ursachengerechter ist dieser Gegensatz mit unserer Unterscheidung von personalem und normativem System zu erklären. Und es ist bezeichnend, dass das einzige Argument von Heinrich Mitteis gegen diese von Amira vorgeschlagene Unterscheidung lautet, eine solche Trennung »scheint der Einheitlichkeit des archaischen Rechtsbewusstseins nicht zu entsprechen«[86]. Der Bruch in der Kontinuität der Rechtsentwicklung ist aber da und er entspricht genau dem Übergang zwischen zwei unterschiedlichen Weltmodellen.

Eine analoge Veränderung findet sich im altorientalischen Recht. Bei der berühmten Kodifizierung des Rechtes durch Hammurabi ging es »darum, den Familien das Recht, sich selbst Gerechtigkeit zu verschaffen, zu entziehen. ... Mit einem derartigen Vorgehen erreichte Hammurabi schließlich noch ein anderes Ziel. Er zerbrach damit den Zusammenhalt der Großfamilie, deren Solidarität durch die Blutrache immer wieder gestärkt wurde ...«[87] Hammurabi hat statt der Privatrache das Talionsprinzip eingeführt, die Vergeltung von Gleichem mit Gleichem. Das ist mehr als die Vorgabe des Ausmaßes an Strafe oder an Schadenersatz. Es ist die Wiederherstellung der gestörten Weltordnung. Was verloren ging, wird ausgeglichen. Beim Recht der frühen Hochkulturen geht es um die zu wahrende Ordnung der Welt.

Dem modernen Privatrecht geht es nicht um die Ordnung der Welt, sondern um die Anerkennung und den Ausgleich von persönlichen Interessen. Es ist nur konsequent, dass diese Änderung des Rechts-Verständnisses, fassbar zuerst und vor allem im römischen Recht, vom Praetor Peregrinus in die Wege geleitet wurde, der die Rechtsangelegenheiten mit Fremden und der Fremden untereinander zu schlichten hatte. Fremde unterlagen weder den sakralen Geboten noch dem Schutz der römischen Götter, mit ihnen konnte nach Zweckmäßigkeit und Nutzen abgehandelt werden. Erst im Rahmen einer solchen Sicht der Dinge konnte sich jene »Rationalität« durchsetzen, die wir heute am römischen Recht so bewundern. Deshalb ist das römische Recht zumindest seiner Grundstruktur nach so modern, und deshalb wurde es gerade seit Beginn der Neuzeit wieder als beispielhaft angesehen. Und es ist ebenso konsequent, dass sich diese Entwicklung in Rom vollzogen hat, der ersten historischen Gesellschaft, die sich von einer normativen hin zu einer primär nutzenorientierten Gesellschaft verwandelt hat.

Je rigoroser dagegen ein normatives System, desto erbarmungsloser. Die Totalität, mit der man Recht für sich in Anspruch nimmt, bestimmt die Totalität der Ausgrenzung: Inquisition ist nicht eine Entartungserscheinung (denn das würde einen brauchbaren Begriff von Normalität voraussetzen), sondern sie ist nichts anderes als die logische und konsequente Form der Ausprägung normativer Systeme im Strafrecht. Noch brutaler sind höchstens Ideologien, die kein göttliches Recht mehr kennen, sondern allein ihre eigene Sicht der Welt. Dann wird jeder

Gedanke an Toleranz bereits im Keim erstickt: »Der politische Totalitätsgrundsatz des Nationalsozialismus … duldet keine politische Willensbildung in seinem Bereich, die sich nicht der Gesamtwillensbildung einfügt. Jeder Versuch, eine andere politische Auffassung durchzusetzen oder auch nur aufrechtzuerhalten, wird als Krankheitserscheinung … ohne Rücksicht auf das subjektive Wollen seiner Träger ausgemerzt.«[88]

2.3 Nutzenorientierte Systeme

2.3.1 Die Vertreibung der Götter

Das gängige Verständnis von Modernisierung auch des Denkens konzentriert sich auf »die Annahme eines evolutionären Wandels des moralischen Bewusstseins, der von der im 16. Jahrhundert beginnenden Auflösung der religiösen Grundlagen der Moral ausgelöst wurde«[89].

Dieser Prozess ist das Ergebnis eines völlig geänderten Bildes, das sich der Mensch der Neuzeit von der Welt macht. Die Wissenschaft entdeckt, dass man die Wunder der Schöpfung wie etwa die Bewegung der Planeten mit den gleichen Gesetzmäßigkeiten erklären kann, die auch einen Apfel vom Baum fallen ließen, und trägt dazu bei, eine göttliche durch eine mechanistische Weltordnung zu ersetzen.

Der Mensch steht nicht mehr einer göttlich geordneten Welt gegenüber, sondern unbeseelter Materie, die einer erkennbaren Mechanik folgt. Das hat weitreichende Folgen. Schließlich stimmt der Mensch sein Weltbild und sein Verhalten nach den Kriterien der Konsistenz ab und strukturiert daher in der Folge nach diesem Muster sein Verständnis von allem, was ihn umgibt, einschließlich seiner sozialen Umgebung. Luhmann spricht von »Totalkonstruktion«, wenn ein Wahrnehmungsmuster auf sämtliche gesellschaftlichen Bereiche angewandt wird. Wenn wir dieses neue Selbstverständnis und damit die Moderne besser verstehen wollen, können wir nicht einfach von dem Modell der Aufklärung ausgehen, wonach der Mensch der Gleiche geblieben sei, nur eben befreit von Aberglauben und von irrational begründeter Herrschaft, der das Zusammenleben durch die allen gemeinsame (später hat man gemeint: die im Diskurs herstellbare) Vernunft werde gestalten wollen und können.

Die alten normativen Systeme haben auch Identität begründet und Gemeinschaft gerechtfertigt. In ihnen konnte der Mensch Heimat finden: »Die einheitsstiftende Kraft der Weltbilder richtet sich nicht nur gegen kognitive Dissonanzen, sondern auch gegen soziale Desintegration.«[90] Was Jean-François Lyotard das »Ende der Meta-Erzählungen« genannt hat, ist letztlich das Ende der Hoffnung, menschliches Leben auf eine einsichtige Weltordnung zu beziehen, die Bewusstsein und Verhalten Sicherheit gibt. »Letzten Endes scheint uns die Krise nicht einmal … eine religiöse zu sein, sondern in dem Sinn eine totale, dass die Grundkoordinaten der Weltinterpretation zweifelhaft geworden sind.«[91]

Wenn aber die Welt keine vorgegebene Ordnung mehr hat, muss der Mensch sein Zusammenleben selbst ordnen. Die Qualität des Zusammenlebens hängt jetzt allein von ihm selbst ab. Der Mensch ist sich und seinesgleichen grenzenlos ausgeliefert. Das Denken und die Praxis der Neuzeit musste sich daher mit den verschiedenen Möglichkeiten der Gestaltung dieses Zusammenlebens auseinandersetzen. Und dabei geht es schon aus Konsistenzgründen ebenso um das eigene Selbstverständnis wie um das Verhältnis zwischen Individuum und Gesellschaft. »Der Verfall überkommener gesellschaftlicher Herrschaftsordnung entlässt den Menschen nicht aus dem Zwang einer Formierung seiner eigenen Natur, sondern wirft zum ersten Mal die Frage auf, wodurch der Mensch nun gesellschaftsfähig gemacht werden kann.«[92]

2.3.2 Die Totalität der Veränderung: Das Böse wird zum Guten

Die Entwicklung des Selbstbewusstseins und des Selbstverständnisses des Individuums, das sich allmählich selbst in den Mittelpunkt der Welt rückt, wurde von Jacob Burckhardt für die Renaissance in aller Eindringlichkeit geschildert. Autoren wie etwa Michael Nierlich[93] sehen die Anfänge moderner Mentalität dagegen bereits im Hochmittelalter, nicht zuletzt im Verzicht auf den alles erklärenden und entschuldigenden Begriff der Vorsehung und stattdessen im Bekenntnis zu Risikobewusstsein und Entdeckerfreude als Reaktion auf die Beschränktheit menschlicher Möglichkeiten. Dabei spielten rein ökonomische Faktoren keine geringe Rolle, wie die Bevölkerungszunahme, die dramatische Erweiterung des Wissens und auch der technischen Hilfsmittel der Produktion, die Erschließung der Welt durch leistungsfähigere Segelschiffe, die enorme Zunahme des Handels und ebenso der Finanzmärkte.

Zumindest der Ruf nach persönlicher Freiheit ließ sich freilich auch aus der alten Religion begründen. Im Aufstand der Cortes gegen Karl V. im Jahr 1520 proklamierten die spanischen Juristen, Unfreiheit sei durch das Naturrecht verboten, und die katalanischen Bauern beriefen sich auf den Kreuzestod Christi, der der sündigen Menschheit ihre Freiheit zurückgegeben habe. Unfreiheit sei nur durch menschliches Recht in die Welt gekommen und müsse hinter der göttlichen Ordnung zurücktreten. Die Argumente sprachen sich herum. In den Artikeln der schwäbischen Bauern aus dem großen Bauernkrieg 1525 wurde Freiheit dreifach begründet: mit Christi Kreuzestod, mit der christlichen Nächstenliebe und mit der gottgegebenen natürlichen Rechtsordnung. Die gleichen Rechtfertigungen benutzten 1549 die aufständischen Bauern Englands.

Dabei mag eine Rolle gespielt haben, dass den Bauern in den Städten ja eine an Bedeutung zunehmende Lebensform in Freiheit vor Augen gestellt wurde. Seit dem dreizehnten Jahrhundert gibt es nicht nur zahlreiche Privilegien, die den Städten und ihren Bürgern umfängliche Freiheitsrechte zusicherten, sondern auch eine explizite Ideologie (zu finden etwa bei Wilhelm von Auvergne), wonach alle Stadtbürger gleichgestellte Teilhaber an Gerechtigkeit und Freiheit seien.

Aber Freiheit wurde auch zur Freiheit von der alten Religion. Der eigentliche Skandal in Machiavellis Denken war nicht, dass er Verbrechen aus Staatsräson legitimierte, sondern dass er das vernünftige Regime, und damit die Vernunft schlechthin, von den überkommenen Moralvorstellungen löste. Aus Lastern werden bei ihm Tugenden. Marshall D. Sahlins[94] generalisiert das und vertritt sogar die Meinung, im Verlauf der abendländischen Geschichte sei die biblische Lehre von der menschlichen Unvollkommenheit und Sündhaftigkeit zur Voraussetzung der bürgerlichen Gesellschaft umgedeutet worden: Tatsächlich war für Adam Smith zumindest im Bereich der Wirtschaft die Verfolgung der jeweils eigenen Interessen – die vorher zurückzustellen waren – durch jeden Einzelnen Voraussetzung für das Erreichen des allgemeinen Wohls. Aus der göttlichen Vorsehung wurde die »invisible hand« des Marktgeschehens, die sicherstelle, dass aus der Anstrengung zur Verfolgung eigener Ziele Leistung für alle werde.

Man könnte die etwas moralinsaure Interpretation einbringen, als menschliche Natur werde nunmehr vornehmlich das anerkannt, was früher als satanische Versuchung abgetan worden war. Zumindest wird das nunmehr neu gezeichnete Bild des Menschen nicht mehr von seiner Bindung an göttliche Gebote, sondern von der ausdrücklichen Anerkennung dessen geprägt, was man als menschliche Natur versteht: »Die traditionelle, theistisch-teleologische Interpretation wird abgelöst durch eine anthropologisch-psychologische Begründung; Triebe und Affekte, Leidenschaften und Interessen, die sich u. a. im Hang zum Tausch als einer Form der Kommunikation manifestieren, sind in der Natur des Menschen angelegt.«[95]

Seit Max Webers »Die protestantische Ethik und der Geist des Kapitalismus« hat sich die Meinung verbreitet, am Anfang des Kapitalismus stehe das religiös fundierte Puritanertum. Tatsächlich hat das Denken so mancher religiöser Richtungen, die nach dem Zerfall eines einheitlichen Christentums in Europa entstanden sind, vieles begünstigt, was als Frühform kapitalistischen Verhaltens identifiziert werden kann: asketische Sparsamkeit, Konzentration der Lebensführung nicht auf Weltabgewandtheit, sondern auf tätiges Arbeiten in dieser Welt, und nicht zuletzt auch jene Sonderform des Determinismus, wonach Erfolg im weltlichen Leben zugleich als Indiz für Auserwähltheit, göttliche Gnade und Heil im jenseitigen Leben gelten könne.

Aber der Kapitalismus verdankt sich nicht einfach nur dem Protestantismus. Wilhelm Hennis ist Webers Argument anhand der Entwicklung in verschiedenen deutschen Ländern nachgegangen.[96] Seine Schlussfolgerungen bestätigen nicht die These Webers, sondern laufen auf etwas ganz anderes hinaus: Nicht die Religion hat wirtschaftliche Entwicklung gefördert, sondern die repressive Haltung mancher Landesfürsten, denen die Durchsetzung der Gegenreformation wichtiger war als alles andere, hat in nicht protestantischen Ländern die Herausbildung kapitalistischen Denkens und Handelns unterdrückt, das im geistigen Leben der Zeit wie in der städtischen Wirtschaftsweise vielfältig latent vorhanden war. Dazu kam, in den Auswirkungen vielleicht unterschätzt, die Vertreibung von Protestanten aus katholischen Ländern. Das gilt nicht nur für die von Frankreich nach Preußen ausgewanderten Hugenotten. Beispielsweise viele Klingen- und Messerschmiede, deren Nachfahren das »Made in Solingen« zum Qualitätsbegriff haben werden lassen, waren im Zuge der Gegenreformation aus dem niederösterreichischen Waidhofen an der Ybbs vertrieben worden und nach Solingen ausgewandert.

Die Entwicklung des neuen wissenschaftlichen Weltbildes war in Europa eng verbunden mit einem neuen Selbstverständnis und mit einer neuen Sicht der Bedeutung, der Autonomie und Würde des Individuums, damit aber auch mit neuen Erwartungen an die Gestaltung der sozialen Umwelt. »Dieses als autonom gedachte Konstrukt bedarf zu seiner Konstituierung ›natürlicher Rechte‹, vor allem des Rechts auf Freiheit (Bindungslosigkeit) und Eigentum. Dieser unbeschränkte Freiheitsbegriff findet in der Vernunft seine naturrechtliche Verankerung. … Dieses (nunmehrige!) Fehlen einer Bestimmung des Menschen in einem Fakten- und Normensystem führt dazu, dass er sich nur als sich selbst begreift und als Grund und Thema eigener Normen neu interpretiert.«[97] An die Stelle der Götter ist der Glaube an die Mechanik der Naturgesetze getreten. Das Geschehen in dieser Welt wird nunmehr mit ihnen erklärt, nicht mit dem Handeln übernatürlicher Personen. Aber damit gibt es niemanden mehr, dem der Mensch in einer metaphysischen Dimension verantwortlich ist.

Das neue Bild des Menschen, wie es sich in der Neuzeit allmählich herausformt, ist von Anfang an janusköpfig. Die neue Freiheit soll die eigene Würde wahren, aber auch die Verfolgung der eigenen Interessen leichter machen, des eigenen egoistischen Nutzens. Und dieses neue Selbstverständnis macht das Zusammenleben nicht leichter. In der Theorie wird dieses Dilemma durch die Idee einer Gesellschaft gelöst, in der die Einzelnen als freie, gleichberechtigte Bürger zugleich der Gesellschaft nutzen, wenn sie ihren eigenen Nutzen verfolgen, wenn sie miteinander in Tauschbeziehungen treten. Aber diese Tauschbeziehungen sind nicht mehr die von Akteuren, die sich als personale Gemeinschaft verstehen oder deren Zusammenhalt durch gemeinsame Normen gesichert ist, sondern die von Individuen, die allein nach Kriterien des eigenen Nutzens miteinander tauschen, was sie jeweils brauchen.

In früheren menschlichen Gesellschaften wurde Zugehörigkeit durch Geburt, Loyalität oder normenkonformes Verhalten begründet. Was in solchen Gesellschaften das Verhalten gegenüber Fremden war – das des sprichwörtlichen levantinischen Händlers, wie Sahlins gemeint hat –, wird in der modernen Massengesellschaft zum dominanten Verhaltensmuster. Der andere wird vom dazugehörigen Subjekt zum Bestandteil einer zu kalkulierenden Umwelt. Die grundsätzliche Änderung der Kategorien verändert auch die persönliche Einstellung zum Gegen-über: »Die zynische, reservierte Einstellung zum anderen als Objekt, das man manipuliert, benutzt, liquidiert, entspricht der leidenschaftlichen Egozentrik, dem wertfreien Verfolgen des eigenen Nutzens.«[98] Ludwig von Mises hat daraus im frühen 20. Jahrhundert den Schluss gezogen, marktwirtschaftliche Mechanismen folgten zwingend aus einigen wenigen Grundannahmen über menschliche Natur und menschliches Verhalten. Zur Begründung des marktwirtschaftlichen Systems muss man nicht den Kapitalismus als Ursache bemühen, dafür »genügt« die Entwicklung des menschlichen Bewusstseins

2.3.3 Das neue Weltbild und die neue Ordnung des Zusammenlebens

Die Freiheit jedes Einzelnen dient der Wahrung seiner Chancen auf ein selbstbestimmtes Leben. Das passt mit einer politischen Ordnung der Gesellschaft, in der sich Herrschaft durch Berufung auf göttliche Rechtfertigung legitimiert, nicht mehr zusammen: »Die Herren auf Erden sollten gleichzeitig mit dem Herrn im Himmel abdanken.«[99]

Man suchte daher nach neuen Formen politischer Organisation, die dem neuen Selbstverständnis besser Rechnung tragen sollten. Eine mögliche Antwort bot die Idee der Begründung von Gesellschaft durch einen Vertrag freier und gleicher Individuen statt durch Unterwerfung. Sowohl für die amerikanische als auch für die Französische Revolution war eine Deklaration menschlicher Grundrechte erstes Anliegen. Die Förderung von Glück und Wohlfahrt der Bürger sollte vornehmste Aufgabe der Regierung sein. Und in den in Amerika entstehenden Vereinigten Staaten wurde von Anfang an auch das Recht auf freie wirtschaftliche Betätigung als elementares Recht der Bürger verstanden.

Thomas Paine »teilt mit der klassischen Ökonomie eines Adam Smith die Überzeugung, dass sich die Gesellschaft als ein arbeitsteiliges System der Bedürfnisse naturwüchsig harmonisch entfaltet, wenn es nur vor despotischen Eingriffen der Regierung bewahrt wird«[100].

Zumindest in Amerika war seit den ersten Selbstfindungsversuchen der Kolonisten die Verbindung von Demokratie, persönlichen Grundrechten und Freiheit auch und gerade der wirtschaftlichen Betätigung wesentlicher Bestandteil des Verständnisses von einer gerechten Ordnung der Gesellschaft. Die Übersetzung dieses Selbstverständnisses in die sich entwickelnde kapitalistische Wirtschaftsform gelang daher problemloser als im alten Europa.

Will man diese Welt gestalten, ohne sich auf eine höhere zu beziehen, dann stellt sich die schwierige Aufgabe, eine verpflichtende Moral ohne Rekurs auf einen göttlichen Gesetzgeber zu formulieren. In diesem Sinn hat Kant betont, der Bestimmungsgrund für unser Handeln könne nicht außerhalb unser selbst liegen. Selbst wenn man Gesetze der theoretischen Vernunft, die zwingenden Charakter haben (wie etwa Naturgesetze), und Gesetze der praktischen Vernunft unterscheide, die nur einen fordernden Charakter haben und damit ein Sollen postulieren, dann müsse der Mensch das in ihm verankerte Sittengesetz, das ihn von den Tieren unterscheide, als kategorischen Imperativ seines Handelns erkennen und ihm aus moralischer Verpflichtung folgen. Kant hat Moral so von der Religion unabhängig zu machen versucht. Moralische Pflichten seien bereits durch das Sittengesetz vorgegeben. Religion erkläre lediglich, dass diese Pflichten uns von Gott auferlegt worden seien (was Kant den Vorwurf seines Königs Friedrich Wilhelm II. einbrachte, er missbrauche seine Philosophie zur Entstellung und Herabwürdigung der Heiligen Schrift, und die unzarte Drohung, er solle sich desgleichen nicht mehr zuschulden kommen lassen, »widrigenfalls Ihr Euch bei fortgesetzter Renitenz unfehlbar unangenehmer Verfügungen zu gewärtigen habt«).

Hegel gelang dann das Kunststück, die Vernunft, die der Aufklärung zur Begründung der Befreiung von Herrschaft gedient hatte, argumentativ wieder zur Legitimation des Staates einzuspannen. Er sieht in der Geschichte die Entfaltung der Vernunft im politischen Leben verwirklicht. Im einzelnen Menschen werde der subjektive Geist seiner selbst bewusst. In den vom Menschen geschaffenen Institutionen trete der subjektive Geist dagegen in einen Bereich höherer, objektiver Ordnung ein. Der Staat sei Produkt der Selbstentfaltung des objektiven Geistes. Schopenhauers Kommentar dazu war eher unbegeistert: »Die größte Frechheit im Auftischen baren Unsinns, im Zusammenschmieren sinnleerer, rasender Wortgeflechte, wie man sie bis dahin nur in Tollhäusern vernommen hatte, trat endlich in Hegel auf …«

Mit solch herber Kritik blieb Schopenhauer jedoch ziemlich allein. Das von Hegel sogenannte dialektische Prinzip, das Verstehen des Denkens wie auch des geschichtlichen Wandels als Prozess, der in der Entfaltung und Überwindung immer neuer Widersprüche zum Ausdruck kommt, lieferte eine scheinbar attraktive Grundformel für das Verstehen vieler historischer Prozesse.

Karl Marx übernahm das dialektische Prinzip von Hegel, auch dessen These von der Arbeit als das Wesen des Menschen und ebenso die Vorstellung vom jeweils tatsächlich Gewordenen als »vernünftig«. Aber er setzte diese Überlegungen nicht zu einer Verteidigung der im Staate zu sich selbst gekommenen objektiven Vernunft ein, sondern zu einer fundamentalen Kritik an der neu entstehenden kapitalistischen Wirtschaftsordnung. Er akzeptierte den Kapitalismus nur noch im Sinne eines notwendigen, dialektisch zu überwindenden Durchgangsstadiums als »vernünftig«. Entscheidend für die Verbreitung des Gedankens von der notwendigen Überwindung des Kapitalismus waren freilich auch die Massenarmut zu Beginn der Industrialisierung, die Ausbeutung schon der Kinder, die schrecklichen Auswirkungen von Arbeitslosigkeit, Alter oder Krankheit und die Heimatlosigkeit – im direkten wie im übertragenen Sinn – eines zunehmenden Teils der Bevölkerung.

Der Bedarf an Solidarität, an Geborgenheit und Behaust-Sein in menschlicher Gesellschaft – dem frühere Formen des Zusammenlebens eher entsprochen haben – ist im kapitalistischen System nicht abgedeckt. Ein tiefes Unbehagen mit der marktwirtschaftlichen Ordnung und daher die Suche nach einer menschlicheren Alternative zum kapitalistischen System sind nicht mehr aus der Welt zu schaffen.

Dem nutzenorientierten Weltbild und den damit konsistenten Verhaltensmustern fehlt nicht die theoretische, aber in den Augen vieler die moralische Akzeptanz. Mit etwas Skepsis kommt man leicht zu dem Ergebnis, dass Markt und Ethik prinzipiell inkompatibel seien. Der Markt ergänze nicht die Moral (und damit normative Verhaltenssteuerung), sondern ersetze sie.[101] Gelegentlich wird allerdings bereits zugestanden, dass die heutige Realität mit traditionellen moralischen Vorstellungen nicht in den Griff zu bekommen ist. Weil in den traditionellen Ansätzen von Ethik »der Konflikt zwischen individuellen Interessen und dem Gemeinwohl harmonistisch überspielt, die historische Irrealität eines sittlichen Staates nicht gesehen, eine heute nicht mehr haltbare Teleologisierung der Praxis vorgenommen und nicht zuletzt ein auf Gruppenmoralen positivistisch verengtes Ethikkonzept propagiert wird …«[102], figurieren heute »konzeptionelle Bescheidenheit und ein geschärfter Realitätssinn … zunehmend als Gütekriterien praktischer Philosophie und Ethik«[103].

Die Philosophie hat das Dilemma zu erklären versucht. Mit der Unterscheidung von subjektiver und objektiver Vernunft ergab sich eine theoretische Handhabe, das rationale Eigeninteresse der wirtschaftlich Handelnden ihrer subjektiven, praktischen Vernunft zuzuordnen und den aufklärerischen Zusammenhang zwischen Vernunft und vernünftiger Ordnung der Gesellschaft in einer von solchen Eigeninteressen unberührten objektiven Vernunft zu wahren. Max Horkheimer hat in seinen Vorlesungen in New York 1944[104] der subjektiven Vernunft vorgeworfen, sie mache alle Zwecke zu bloßen Mitteln der Bedürfnisbefriedigung, während allein die objektive Vernunft in der Lage wäre, Ziele und Zwecke unabhängig von subjektiven Neigungen als gut oder schlecht zu erkennen. Habermas hat diese Gedanken weiter ausgebaut und in einen umfänglichen Begründungszusammenhang gestellt. Bei ihm wird aus einem erkenntnistheoretischen Ansatz eine universale Verantwortungsethik, Wahrheit zu einem Imperativ des kollektiven sozialen Handelns.

Deswegen fühlt man sich auch nicht wohler in der bestehenden Gesellschaft. Man will die Herrschaft des Marktes und des Leistungsdrucks für das persönliche Leben nicht gelten lassen. Diese Unzufriedenheit kommt nicht nur von professionellen Nörglern, von neomarxistischen Theoretikern oder von denen, die die in der Leistungsgesellschaft geforderten Leistungen weder erbringen können noch wollen. Sie hat ihre Ursache auch im alten Traum der Aufklärung, eine nicht nur freie, sondern auch gerechte Gesellschaft unter Gleichen verwirklichen zu können.

Aber ist eine solche Vorstellung überhaupt mit den neuen Verhaltensmustern verträglich? Die erfolgten Veränderungen der individuellen Ziele und der Verhaltensmuster können, denke ich, nur dann richtig verstanden werden, wenn man sie als Konsequenzen der geänderten Wirklichkeitsinterpretation versteht.

2.3.4 Nutzenorientierung als Konzept und als Welterfahrung

Das neue Verständnis eines sich als autonom verstehenden Individuums von seinem eigenen Nutzen wurde zu einem Schlüsselbegriff der Nationalökonomie, die meinte, das Patentrezept gefunden zu haben, wie egoistische Akteure in Frieden und Eintracht zusammenleben könnten. Dabei wird vom Konzept eines Menschen ausgegangen, der seine Entscheidungen rational auf der Basis einer vollständigen und logischen Ordnung seiner eigenen Bedürfnisse trifft.

Rational heißt in diesem Zusammenhang, aus allen möglichen Handlungsalternativen stets die zu wählen, die den eigenen Präferenzen am besten entspricht und damit den eigenen Nutzen maximiert. Aber das soll ja, so die etwas heroische Annahme der klassischen Nationalökonomie, über das Wirken der Marktkräfte jedermann nutzen. Denn wenn jeder seinen privaten Vorteil verfolgen wolle, müsse er Waren auf den Markt bringen, die die anderen brauchen. Und genau damit trage er ja zum Nutzen aller bei.

Manche Ökonomen wie etwa der Nobelpreisträger Gary S. Becker haben versucht, grundsätzlich alle menschlichen Handlungen als rationale Tauschhandlungen im Sinne der subjektiven Nutzenmaximierung darzustellen und alle menschlichen Institutionen letztlich nur als Märkte zu interpretieren. In der neuen politischen Ökonomie sind derartige Ansätze aufgegriffen worden; es wird etwa die Entstehung von Recht, das Verhalten der Wähler, die Entscheidung für Ausbildung und für oder gegen Kinder oder sogar die Entscheidung für eine kriminelle Karriere als Ergebnis eines ökonomischen Optimierungsmodells angesehen, was solchen theoretischen Erwägungen wohl nicht ganz zu Unrecht den Vorwurf des »ökonomischen Imperialismus« eingetragen hat.[105]

Allerdings hat die Ökonomie selbst bemerkt, dass der Nutzen von Gütern nicht generell durch eine stetige Nutzenfunktion dargestellt werden kann, in der mehr vom Gleichen auch entsprechend mehr an Nutzen bedeutet. Die Grenznutzenlehre der Wiener nationalökonomischen Schule hat den Sättigungseffekt und damit den abnehmenden Nutzen von Gütern beschrieben, die zunächst knapp sind und dann immer reichlicher zur Verfügung stehen. Nutzen ist nicht ein eindimensionaler Aspekt (oder, wenn man will, eine linear abhängige Variable) der Akkumulation, sondern auch bestimmt davon, wie sehr die eigenen Bedürfnisse bereits gedeckt sind.

Selbst wenn man davon ausgeht, dass die Bedürfnisse der meisten Menschen auf der Erde prinzipiell ziemlich gleich sind, werden je nach Situation und Sättigungsgrad jeweils recht unterschiedliche Bedürfnisse in den Vordergrund treten. Der Hungrige hat andere als der Satte. Davon ausgehend hat Abraham Maslow mit dem Modell einer Bedürfnispyramide einen Ansatz zur Beschreibung der menschlichen Wünsche und Ziele vorgeschlagen, der von einer qualitativen Änderung und Entstehung neuer Bedürfnisse jeweils bei Sättigung der bisherigen ausgeht. Sobald elementare Bedürfnisse befriedigt sind, treten höhere Bedürfnisse in Kraft, daher das Bild einer Pyramide.

Die unterste Ebene der Bedürfnisse wird nach dieser Vorstellung von den Primärbedürfnissen Essen, Schutz vor Kälte und Sexualität gebildet. Dann folgen in dieser Reihenfolge die Bedürfnisse nach Sicherheit, nach Liebe und Anerkennung, nach Prestige und Macht und zuletzt nach Selbstverwirklichung. Die Befriedigung der elementareren Bedürfnisse lässt die jeweils nächsthöheren in den Vordergrund treten. Maslow betrachtet all diese Bedürfnisse als Bestandteil der »inneren Natur«[106] des Menschen und vermutet eine weitgehende Unabhängigkeit von den Prägungen aus der sozialen Umwelt. Maslows Ansatz integriert vielfältige Motive menschlichen Handelns und hat daher auch in Theorien der Arbeitsmotivation entsprechende Beachtung gefunden. Allerdings ist seine Sichtweise denn doch reichlich optimistisch. Macht und Dominanzstreben finden bei ihm zu wenig Beachtung, und empirische Analysen haben gezeigt, dass der Drang nach Prestige, Macht und Statussymbolen bei vielen Menschen auch bei reichlicher Bedarfsdeckung nicht durch einen Drang nach besserer Selbstverwirklichung abgelöst wird.[107] Die Welt wird nicht bei wachsendem Wohlstand immer schöner.

Jedenfalls konnte sich auch die ökonomische Theorie nicht auf Dauer der Erkenntnis verschließen, dass der Mensch nicht ausschließlich als rein rational handelndes Wesen angesehen werden könne. Douglass North beispielsweise betonte immer wieder, dass die klassische Ökonomie zu wenig Gewicht auf subjektive Motive von Entscheidungsprozessen lege. Er meint, dass auch wirtschaftliche Entscheidungen eine Funktion der jeweiligen kognitiven Organisation seien: »Economic Choices are a function of how people perceive the world.« Über subjektive Rationalität schleichen sich daher genau jene Faktoren wieder ein, die das klassische Verständnis von Vernunft, Objektivität und Rationalität eigentlich ausgeschaltet glaubte. Und das kann sehr wohl über das jeweils eigene Weltverständnis oder aber über die soziale Prägung geschehen, wenn Individuen »nur … meinen, rational zu handeln, weil sie sich wechselseitig kopieren über den dominanten Einfluss der Semantik ihres gemeinsamen Sprachspiels«[108].

Genau das ist auch mein Punkt: Unser Verständnis der Welt ist von den Kategorien geprägt, mit denen wir die Welt sehen, nicht von einer abstrakten theoretischen Optimierungsrationalität. Schon die Debatte, die North mit Milton Friedman geführt hat, ist repräsentativ für ein noch immer aktuelles theoretisches Dilemma. Friedman meinte, die gängige Theorie zu kritisieren sei eine Sache, Alternativen zu finden aber schon eine andere: »People time and again have professed to be moving outside the limits of neoclassical economics. In fact, they really don't get anywhere.«[109] Die Antwort von North ist unverändert aktuell: »The price you pay for precision is an inability to deal with real world questions.«

Psychologen haben vielfach festgestellt (und die beiden Ökonomen Vernon Smith und Daniel Kahneman erhielten für ihre Leistungen auf diesem Gebiet den Nobelpreis 2002), dass Rationalität in der Praxis enge Grenzen hat. Schon bei Fragen etwa der Art, ob eine größere Packung Waschpulver mit höherem Preis günstiger oder ungünstiger ist als eine kleine mit niedrigerem Preis, greift kaum einer zu so rationalen Methoden wie etwa einer Schlussrechnung. Auch Studien aus dem Bereich der Spieltheorie lassen vermuten, dass vermeintlich rationale Entscheidungen so rational oft nicht sind, sondern höchstens als »begrenzt rationale Strategien« verstanden werden können.[110] Denn die Praxis zeigt durchaus unterschiedliche und trotzdem jeweils als rational verstehbare Strategien menschlicher Akteure. »Our Results can be summarized as follows: Subjects decisions are too heterogenous to be adequately described by any single decision rule, even allowing errors … most subjects sophistication is better described by boundedly rational strategy types.«[111] Nach Kahneman verlässt man sich in unsicheren Situationen eher auf alte Daumenregeln als auf umfassende Analysen. Auch Gerhard

Schulze hat wohl recht: »Was den Menschen rational erscheint, ändert sich mit den Lebensbedingungen.«[112]

Die Soziologie stellt bei der Analyse menschlichen Verhaltens nicht den Tauschakt in den Vordergrund, sondern stets den Rahmen sozialer Regeln zwischen Akteuren, die untereinander durch Normen oder persönliche Beziehungen verbunden sind und die daher über gemeinsame Deutungsmuster von Situationen verfügen. Arthur T. Denzau und Douglass C. North erfassen dieses Phänomen der kulturspezifischen Deutungsmuster unter dem Begriff der »shared mental models«[113]. Der Begriff der »frames« stimmt damit im Wesentlichen überein. Beide Begriffe gehen davon aus, dass gewisse »die Situation definierende Einstellungen, Maximen, Logiken oder Modi das Geschehen bestimmen«[114], dass also jedem Handeln Selektion und Orientierung vorausgeht, die Einordnung in einen Bezugsrahmen, unter dem die Situation überhaupt erst erfasst wird. »Frames« sind demnach »in den Gedächtnissen und Vorstellungen der Akteure verankerte kulturelle Muster, kollektive Repräsentationen typischer Situationen«. Oder, noch näher zu meiner eigenen Interpretation: »The mental models are the internal representations that individual cognitive systems create to interpret their environment.« Wenn ich statt des Begriffs der »frames« oder der »shared mental models« lieber den des Weltverständnisses betone, dann nicht nur deshalb, weil ich die prägende Bedeutung der Weltinterpretation besonders betonen will, sondern auch, um damit die Herkunft aus einer evolutionären Entwicklung des menschlichen Bewusstseins deutlich zu machen.

Das Konzept der »frames« bzw. des Weltverständnisses ermöglicht eine Verbindung zwischen dem Tauschkonzept der Ökonomie und dem Normenkonzept der Soziologie. Daher konnte es auch zu einer allmählichen Annäherung zwischen beiden Wissenschaften kommen. Esser betont, »dass es empirisch durchaus verschiedene Codes und Logiken des Handelns gibt und auch so etwas wie eine normative bzw. symbolisch-kulturell gesteuerte Definition der Situation. Und die traditionelle Soziologie hat andererseits zur Kenntnis nehmen müssen, dass ... offenbar die Nutzentheorie einen weitaus breiteren Anwendungsbereich hat, als das die Soziologie auch heute in weiten Teilen immer noch glaubt«.[115]

Man kann und muss den Tausch als wesentlichen Faktor menschlicher Gesellschaftsbildung über das Konzept der »frames« bzw. des Weltverständnisses mit den jeweiligen historischen kognitiven Bedingungen der Welterkenntnis verketten, wenn man zu einem besseren Verständnis des Geschehens heute und früher kommen möchte. Der von mir – statt des gängigeren Begriffs der Reziprozität – verwendete Begriff des sozialen Tauschs soll ja den sozialen Kontext mit dem ökonomischen Modell des Tauschs verbinden.

Und der hier versuchte Nachvollzug des historischen Prozesses macht es möglich, eine evolutionäre Logik und damit Ordnung statt unüberschaubarer Beliebigkeit einzubringen. Die vorgeschlagenen Typologien sind ja nicht nur langfristig evolutionär ableitbar, sondern sollen auch den auf der jeweiligen Entwicklungsstufe möglichen unterschiedlichen elementaren Strategien des Orientierens und des Überlebens Rechnung tragen. Der anschließende historische Teil soll das verdeutlichen.

In einer überschaubaren kosmischen Ordnung ist man stets Teil dieser Ordnung. Aber wenn diese Ordnung wegfällt, dann ist der Mensch mit sich und seinesgleichen allein. »Auf der einen Seite wurde die Natur allen inneren Wertes oder Sinnes entkleidet. Auf der anderen wurde der Mensch aller Ziele außer dem der Selbsterhaltung beraubt. Er versucht, alles in seiner Reichweite in ein Mittel zu diesem Zweck zu verwandeln.«[116]

Ein neues Verständnis von Würde und Freiheit war eines der Leitmotive bei der Schaffung der Institutionen und Strukturen der modernen Welt. Aber die Vorherrschaft des Rechnens zur Ermittlung des eigenen Nutzen und damit die Herrschaft des zum universalen Maßstab gewordenen Geldes ist ebenfalls eine unmittelbare Konsequenz dieses neuen Verständnisses von sich selbst. Wenn man die berüchtigte »Fratze des Kapitalismus« sehen will, genügt allzu häufig der Blick in den eigenen Spiegel.

Personale Systeme sind von Grund auf anders organisiert. Hier steht die wechselseitige Bindung im Vordergrund und Leistung im sozialen Austausch ergibt sich aus Bedarf und Möglichkeiten. In nutzenorientierten Systemen wird Gegenleistung an Leistung bemessen und der Maßstab für beides wird zum Maßstab für alles. Georg Simmel hat 1900 seine »Philosophie des Geldes« veröffentlicht und darin für die moderne Welt von einem »relativistischen Charakter des Seins« gesprochen. Geld gewinne an Symbolwert, verleihe nunmehr Potenz und Potenzial in Gestalt von Reichtum, Kapital und Bedeutung. »Der Mangel an Definitivem im Zentrum der Seele treibt dazu, in immer neuen Anregungen, Sensationen, äußeren Aktivitäten eine momentane Befriedigung zu suchen«, hat Simmel schon damals gemeint. Die marxistische Analyse spricht von einer totalen Verdinglichung des Daseins, weil alles der bürgerlichen Gesellschaft zur Ware geworden sei. Und bereits 1917 hat Hugo von Hofmannsthal von einer »Grund-Ohnmacht« gesprochen, wonach »nichts eigentliches mehr gegeben werden kann, außer Ware«.

Diese Grund-Ohnmacht ist mehr als nur Auslieferung an die Warenwelt, sie ist auch Erfahrung des Allein-Seins gegenüber dem Nichts. Bei Adorno findet sich (übrigens in Zusammenhang mit einer Interpretation der Musik Gustav Mahlers) die Formulierung von der Beschaffenheit des Menschen, »die keinerlei verpflichtender Erfahrung solchen positiven Sinns ihrer Existenz mehr mächtig ist«. Der Mensch ist, so hat es Jean-Paul Sartre gesehen, nicht befreit, sondern zur Freiheit verurteilt.

Christopher Lasch hat 1978 in Amerika »The culture of narcissism« publiziert, eine bittere Kritik des American Way of Life, der seine historischen Wurzeln und Traditionen aufgegeben habe und sich nur mehr auf Selbstbetrachtung, Selbstbespiegelung und Selbstverwirklichung konzentriere. Die narzisstische, in sich selbst verliebte Persönlichkeitsstruktur sei zum repräsentativen Charakter praktisch aller Bereiche der amerikanischen Gesellschaft geworden. Lasch sieht einen engen Zusammenhang zwischen dem Persönlichkeitskult des Narzissmus einerseits und einer Gesellschaft, in der seiner Darstellung nach weder Klassenzugehörigkeit noch Gemeinschaft noch ethnische Gruppe noch Familie noch Religion noch sonstige Ideologie (»any coherent set of believes«) Sinn oder Unterstützung gewährt. Daniel Bell sprach statt von Narzissmus von Hedonismus und sah ihn in seiner konsumorientierten Form sogar als notwendig für einen Kapitalismus an, der von einem großen Markt für Konsumgüter abhänge.

In personalen und in normativen Systemen hat das, was zählt – Familie, Sippe oder die eigenen Ideale –, den Anspruch auf Ewigkeit. Das Wesentliche bleibt, auch wenn das einzelne Individuum stirbt. Im klassischen Griechenland hat Pindar Oden zur Verherrlichung der Sieger bei Olympischen Spielen und vergleichbaren Wettkämpfen geschrieben. Aber stets handeln sie von Geschichte, von Mythen, von der ganzen Welt. Nie wird nur der Sieger allein gepriesen. Immer ist es seine Sippe, die besungen wird, auf die gemeinsam der Glanz des Sieges fällt und an deren göttliche Abstammung erinnert wird (wenn Zeus den Eindruck eines nimmermüden Weiberhelden vermittelt, dann schlicht deshalb, weil so viele Mythen stolzer Familien überlebt haben, die von Zeus selbst abzustammen meinen). In einer solchen Gesellschaft steht selbst der Sieger Olympischer Spiele in einer langen Familientradition und nicht für sich allein.

Im nutzenorientierten System, in dem das Individuum für sich allein ist, geht mit seinem Tod die ganze Welt unter. Und damit steht zugleich der Sinn dieser Welt in Frage. Jack Kerouac schreibt in »On the road« über »die vollkommene Verrücktheit und phantastische Aufgeblasenheit von New York. Millionen und Millionen von Menschen, die sich um einen Dollar balgen, den wahnsinnigen Albtraum ertragen: raffen, nehmen, lassen, seufzen, sterben; dies alles, um in den armseligen Totenstädten zu enden, die sich hinter Long Island City erstrecken«. Dieses Leitmotiv wurde bald auf eine noch prägnantere Formel gebracht: »Wer am meisten hat, wenn er stirbt, hat gewonnen.« Der Tod ist nicht nur das Ende sinnhaften Handelns, er stellt diesen Sinn selbst in Frage. Der Sinn des Lebens, den der Mensch will, ist in einem nutzenorientierten System nicht nachhaltig begründbar, sondern hört mit dem eigenen Leben auf.

Und darum gibt es außer Verdrängung auch die Suche nach Auswegen. Ruhm ist ein solcher Ausweg, die Hoffnung, dass man aufgrund besonderer Leistung über den Tod hinaus im Gedächtnis der Nachwelt erhalten bleibt. An öffentlichen Gebäuden errichtet man Gedenktafeln, auf denen man angibt, welche Politiker in welcher Funktion auch immer mit der Errichtung dieses Gebäudes zu tun hatten. Und nicht zufällig in Amerika ist das Instrument der Stiftung zu einem wirtschaftlichen Faktor eigenen Gewichtes geworden. Man stiftet Geld für Universitäten, Opern und Wohlfahrtseinrichtungen und man stiftet Gemälde für Museen. Man stiftet damit auch Erinnerung an sich selbst, kauft sie genau genommen ein. Es ist makaber genug, dass mit dem Tod zwar das Individuum, aber nicht die Verdinglichung der Welt aufhört. Selbst die Ewigkeit kann Warencharakter annehmen.

Die Entwicklungslogik von personalen über normative zu nutzenorientierten Systemen ist ein langfristiger Trend, der aber in manchen Kulturen bereits früher einmal zur Gänze durchlaufen wurde. Ich möchte anhand einiger historischer Beispiele darlegen, wie und warum sich dieser Prozess im Einzelnen abgespielt hat und weshalb dann solche Veränderungen die jeweilige Gesellschaft nachhaltiger umgestalten als politische oder militärische Ereignisse. Die Entwicklung des Römischen Reichs, mit der ich beginnen möchte, ist ein exemplarisches Beispiel für die weitreichenden Auswirkungen unterschiedlicher Verhaltensmuster auf geschichtliche Prozesse, so wie dies später auch anhand Spaniens und Englands sowie Deutschlands verdeutlicht werden soll.

3

WELTBILDER, VERHALTENSMUSTER UND HISTORISCHE PROZESSE

3.1 Die Verwandlungen Roms

Der Name Roms ist mit einem der bislang eindrucksvollsten politischen Durchsetzungs- und Eroberungsprozesse der Weltgeschichte verbunden. Zuerst bezeichnete er eine Stadt und dann ein Weltreich. Hinter der so vermittelten äußerlichen Kontinuität stehen wiederholt totale Umwälzungen der politischen Organisation, der Führungsschichten und der Führungsstrukturen, der Wertvorstellungen und damit der Mechanik des sozialen Tausches.

3.1.1 Patrizier und Klienten

Wie in vielen anderen Städten der Antike kontrollierten auch in Rom zunächst die großen Familien, anfangs mehr durch ihren Adel als durch Reichtum von der übrigen Bevölkerung getrennt, über den Senat das politische Geschehen. Dieser war ursprünglich nichts anderes als die Versammlung der Familienoberhäupter der patrizischen Familien. Penible Zählungen haben ergeben, dass in der Zeit zwischen erstem und letztem Punischen Krieg, also über 100 Jahre lang, die Hälfte aller Konsuln von nur elf Großfamilien gestellt wurde.

Für einen jungen Römer der Oberschicht war eine politische Karriere schon mangels akzeptabler Alternativen schlichte Selbstverständlichkeit. Man konnte Ädil, dann Quästor, Prätor und Konsul werden, Mitglied des Senates und auch Feldherr, den eigenen Ruhm und damit den der Familie mehren und genießen. Materiell brachten die Ämter unmittelbar nichts ein: im Gegenteil, man musste sich solche Ämter leisten können. Kriegsbeute war an militärische Funktionen (und Erfolge) gebunden. Reichtum war lange nicht das Maß aller Dinge. In frühen Zeiten der Begegnung zwischen beiden Mächten konnten sich karthagische Gesandte noch darüber mokieren, dass ihnen bei den verschiedenen großen Familien Roms immer mit dem gleichen, offenbar einzigen in Rom vorhandenen Silbergeschirr aufgewartet wurde.

Die Macht der großen Familien stützte sich auf ein ausgeklügeltes Klientensystem. Schutz und Hilfe gegen Unterwerfung und Abhängigkeit ist eine auch in Rom rekonstruierbare Form des sozialen Tausches. Der einfache Mann suchte den Schutz eines großen, den er auch bitter nötig hatte, um in Notzeiten Unterstützung zu haben und um gegen Magistrate, Klagen und Gläubiger Schutz und Hilfe zu finden. Das personale System, das sich in Rom herausbildete, bezog auch nicht verwandte Personen mit ein, wenngleich die Formel »Klientelbindung geht vor Verwandtschaft«[1] eher eine Übertreibung darstellen dürfte. Die großen Familien waren mächtig genug, zahlreiche Klienten zu versorgen – freilich umgekehrt auch, sie für politische Zwecke einzusetzen, notfalls in den Volksversammlungen und gegen die Führer der Plebs. Jochen Bleicken spricht von der »Ergebenheit der Massen gegenüber den aristokratischen Patronen, die als Klientel gleichsam auf die vornehmen Geschlechter verteilt waren«[2]. Und »es handelte sich dabei nicht um ein einseitiges Abhängigkeitsverhältnis, sondern um eine gegenseitige Verpflichtung zur Hilfeleistung, die den Patron ebenso band wie den Klienten«[3]. Die Klienten waren zugleich auch »Ausweis der persönlichen Macht und des sozialen Einflusses (›dignitas‹) eines Adeligen, weshalb deren Stützung gleichzeitig der eigenen politischen Selbsterhaltung diente«[4]. Scipio und Pompeius konnten unter ihren zahlreichen Klienten eigene Legionen ausheben. Theodor Mommsen vermutete sogar, der plebejische Bevölkerungsteil Roms sei aus den Klienten hervorgegangen.[5]

Vom Klientenverhältnis hatten beide Seiten Vorteile. Die künstliche Erweiterung der Großfamilie um die Klienten vergrößerte den Umfang und die Zahl der Teilnehmer des sozialen Tausches derart, dass der soziale Zusammenhalt in Rom jedenfalls intensiver und vielleicht zumindest in der Frühzeit auch besser war als bei so manchen Rivalen. Rom hat daraus einiges an Stärke und Konkurrenzfähigkeit gewonnen. Es brauchte seine Kräfte nicht für innere Auseinandersetzungen auf, denn mit dem nichtadeligen Bevölkerungsteil, den Plebejern, haben sich die Patrizier letztlich arrangiert. Nach jahrhundertelangen Auseinandersetzungen erreichten die Plebejer die faktische politische Gleichstellung. Sie konnten einen der beiden Konsuln stellen und bekamen in der Institution der Volkstribunen ein Instrument in die Hand, um der Macht der Patrizier nicht mehr völlig ausgeliefert zu sein.

Zur Stärke Roms trug aber noch ein anderer Faktor wesentlich bei. Denn Rom ging es zumindest anfangs nicht nur um Eroberung und Beute, sondern auch darum, besiegte Gegner im Rahmen einer »groß angelegten politischen Konzeption« (Hermann Bengtson) zu Verbündeten zu machen. »Mit einer für antik-stadtstaatliche Verhältnisse ungewöhnlichen Bereitschaft, den gerade erst unterworfenen Gegner ins eigene Staatswesen zu integrieren«[6], formten die Römer ein immer mächtiger werdendes Staatswesen mit Rom als Zentrum.

Die einzelnen unterworfenen Städte und Regionen wurden dabei völlig unterschiedlich behandelt. Einige wenige erhielten römisches Bürgerrecht, manche Rechtsangleichung ohne Stimmrecht (»civitas sine suffragio«), andere wurden stärker kontrolliert, auch durch die Ansiedlung von Kolonien römischer Bürger mitten unter ihnen. Das Bündnissystem war somit reichlich differenziert, aber trotzdem effizient. Zäh und Schritt für Schritt unterwarfen die Römer auf dieser Basis immer mehr Länder und Völker.

3.1.2 Das Wachstum der Möglichkeiten

Mit dem zunehmenden machtpolitischen Gewicht Roms, mit der steigenden Zahl seiner mehr oder weniger freiwilligen Bundesgenossen wurde auch das Instrument immer bedeutsamer, das Roms politischer Führung zu Gebote stand – die Armee. Sie wurde zum schlagkräftigsten und furchtbarsten Instrument der Einschüchterung und Unterwerfung aller möglichen Gegner, das es in der damaligen Welt gab. Die interne Disziplin war im Wortsinn mörderisch. Die Abschaffung der Todesstrafe (im »Normal«-Fall durch Totprügeln, denn dafür waren die Rutenbündel der römischen Liktoren ja eigentlich da) für auch nur geringste Vergehen war lange Zeit hindurch das wichtigste Anliegen der Bundesgenossen gegenüber den Römern. Die faktische Unerschöpflichkeit aufgrund der Menge der Bundesgenossen war neben der eisernen Disziplin ein weiterer Grund der Stärke des römischen Heeres. Selbst die gründlichsten Metzeleien unter römischen Truppen durch ein strategisches Genie wie Hannibal änderten nichts daran, dass ihm nach jedem seiner Siege bald wieder ein neues römisches Heer gegenüberstand, wie immer aus der römischen Bevölkerung und aus den Bundesgenossen herausgepresst, es war stets wieder da und schlug letztlich auch einen Hannibal.

Auch die Technik im engeren Sinn, die Bewaffnung, war ausgezeichnet. Das »pilum«, der Wurfspieß, war effizienter als ein gewöhnlicher Speer, weil sein hohes Gewicht einer schmalen Spitze enorme Durchschlagskraft verlieh, die damit Schild und Körperschutz der Gegner zugleich durchbrechen konnte. Aufgrund der dafür verwendeten Weicheisenlegierung verbog sich die schmale Spitze zusätzlich beim Aufprall, die Waffe konnte vom Gegner nicht mehr zurückgeschleudert werden. Das Kurzschwert dagegen war aus Stahl, den üblichen Eisenschwertern der Gegner schon deshalb überlegen, und zugleich die beste Waffe für den Kampf im dichten Haufen der mit den Schildern aneinandergedrängten Soldaten. Bis ein Gegner mit einem Langschwert richtig ausholen konnte, hatte der Römer schon mit dem Kurzschwert zugestochen. Bezeichnenderweise setzte sich der Gebrauch dieser Waffe nur deshalb nicht bis ins Mittelalter fort, weil seine Handhabung eine entsprechend gründliche Ausbildung erforderte.

Außerdem führten die ständigen Kämpfe zur Herausbildung einer Elite von Berufssoldaten der unteren Führungsebene, den Zenturionen. Ihnen wurde die kleinste taktische Einheit, die Centurie bzw. Hundertschaft, anvertraut, die unter guter Führung hohe Beweglichkeit und damit rasches Reagieren auf wechselnde Situationen auszeichnete.

Allerdings hat sich die Struktur der römischen Armee im Laufe der Jahrhunderte von Grund auf gewandelt. Solange man nach der Aussaat ins Feld ziehen und vor der Ernte wieder zu Hause sein konnte, waren die Teilnahme an den

Feldzügen und bäuerliche Erwerbstätigkeit problemlos auf einen Nenner zu bringen. Mit zunehmender Entfernung der Operationsgebiete und immer längerer Dauer der Feldzüge führte die Dienstverpflichtung von Bauern und Handwerkern zu immer größeren Problemen. Gaius Gracchus hat berichtet, dass sein Bruder Tiberius seine Reformvorstellungen konzipierte, nachdem er im Land der Etrusker bemerkt habe, dass auf den Feldern statt der verbündeten italischen Bauern nur noch Sklaven arbeiteten. Denn diese Bauern, deren Treue Rom im Krieg gegen Hannibal gerettet hatte, waren eben von diesen Römern anschließend wirtschaftlich ruiniert worden. Die römischen Großgrundbesitzer hatten zuerst – entgegen den römischen Gesetzen über die Aufteilung des »ager publicus« – alles öffentliche Land an sich gezogen und dann ein ebenso rücksichtsloses wie erfolgreiches Bauernlegen betrieben. In einer berühmt gewordenen Rede hat Tiberius Gracchus geklagt, dass die Tiere Italiens ihr Lager hätten, diejenigen jedoch, die für Italien kämpften, ohne Behausung mit Kindern und Frauen herumziehen müssten, weil man ihnen sonst nichts mehr lasse. Sie stürben für fremden Luxus oder Reichtum, angeblich die Herren der Welt, in Wirklichkeit ohne eine einzige Erdscholle.

Kein Wunder, »dass die Versorgung der Soldaten immer deutlicher in den Vordergrund rückte, nicht nur nach der Entlassung, auch schon während des Dienstes. So wurde der Sold, früher zur Abdeckung der Unkosten und zur Versorgung der Familie gedacht, erhöht und allmählich zu einem angemessenen Lohn«[7]. In die Armee strömten daher zunehmend unversorgte Bauernsöhne, verarmte Bauern und andere Männer ohne ausreichende Existenzgrundlage. Sie alle betrachteten den Feldherrn zunehmend als ihren Patron, der für sie während der Dienstzeit und bei der Entlassung aus dem Dienst zu sorgen hatte.

3.1.3 Grenzenlose Macht, grenzenlose Gier

Diese außerordentliche Kriegsmaschine wurde auch rücksichtslos eingesetzt. Spätestens nach dem Zweiten Punischen Krieg war Rom die stärkste Militärmacht der Welt. Aus der Beute, den Kriegsentschädigungen und den nunmehr durchsetzbaren Steuerbelastungen der Provinzen flossen Unsummen an Gold, Silber, Kunstschätzen und Sklaven nach Rom. Und die Verteilung des neu gewonnenen Reichtums folgte, wie könnte es auch anders sein, der Verteilung der Macht. Gewinner waren die Angehörigen der schmalen Oberschicht, Senatoren und Ritter. Der gewöhnliche römische Bürger ging, von Beuteresten und Triumphgeldern abgesehen, leer aus.

Karriere war nun nicht mehr Lebensinhalt, sondern wurde zum Zweck für weiter reichende Ziele. Denn sie konnte nun viel mehr bringen als Würde und

Ehre – auch Luxus, Macht und Reichtum. Davon brauchte man auch immer mehr. Schon als Ädil, der für die Ausrichtung der Spiele zu sorgen hatte, stand der junge Nachwuchspolitiker unter verschärftem Konkurrenzdruck. Je größer und prunkvoller die Spiele waren, desto größer die Wahlchancen für die nächsthöheren Ämter. Mit der Größe des erforderlichen Aufwands waren umsichtigerweise ärmere Bewerber von vornherein von einer politischen Karriere ausgeschlossen. Aber auch Bewerber mit durchaus herzeigbarem Vermögen mussten sich enorm verschulden. Je größer der Ehrgeiz, desto prächtiger die Spiele und – für einen herkömmlichen Fortgang der Dinge – desto aussichtsloser die Verschuldung. Aber eben für diesen Fall war vorgesorgt. Denn der Tätigkeit eines Ädils sollte nach der »lex vilia annalis« ein zehnjähriger Kriegsdienst vorangehen. In dieser Zeit konnte man das Beutemachen lernen – worauf man ja später zwecks Schuldenabdeckung zurückkommen musste.

»Reale Geldmittel bildeten nun in einem ganz konkreten Sinn die unerlässliche Grundlage jeder politischen Karriere. … nach dem Hannibalkrieg wurde es zunehmend Brauch, dass wohlhabende Amtsträger große Summen in die Abhaltung prächtig ausgestatteter Schauspiele, in Lebensmittelspenden und andere soziale Wohltaten investierten, um sich auf diese Weise die Gunst des Volkes für allfällige weitere Karriereschritte zu sichern.«[8] Theodor Mommsen hat die nunmehrige Praxis recht drastisch dargestellt: »Der einzig leitende Gedanke der regierenden Korporation war die Erhaltung und womöglich Steigerung ihrer usurpierten Privilegien. Nicht der Staat hatte für sein höchstes Amt ein Anrecht auf den rechten und den besten Mann, sondern jedes Glied der Camaraderie ein angeborenes, weder durch unbillige Konkurrenz der Standesgenossen noch durch Übergriffe der Ausgeschlossenen zu verkürzendes Anrecht auf das höchste Staatsamt.«[9]

Das Ausrauben der Nachbarländer wurde zur Notwendigkeit für eine Oberschicht, die die Spitzenpositionen nur mit immer größerem Werbeaufwand erreichen konnte. Und für einen Mann, der die Beamtenlaufbahn zumindest bis zum Prätor geschafft hatte, möglichst noch aus alter senatorischer Familie stammte oder sich über besondere Leistungen Eingang in den Senat verschafft hatte (erst zur Zeit der großen Aufstockungen des Senats durch Caesar ulkte man dann darüber, ob man den zahlreichen neuen Senatoren überhaupt den Weg zum Versammlungsort zeigen solle), gab es letztlich nur noch zwei Möglichkeiten, die angehäuften Schulden wieder abzubauen und darüber hinaus richtig reich zu werden: als Feldherr, der Beute machte, oder als Verwalter einer Provinz. Im Allgemeinen hatte man dazu nach dem turnusmäßigen Wechsel in der Verwaltung ein Jahr, später drei Jahre Zeit. Schließlich wollten die nächsten Amtsinhaber auch noch drankommen. Nun sind drei Jahre – unter damaligen Verhältnissen – vielleicht lang genug, um reich zu werden, aber kurz genug, um sich dafür

– zulasten der betroffenen Provinz – ordentlich anstrengen zu müssen.[10] Das Römische Reich war ein ungeheurer Selbstbedienungsladen der herrschenden Klasse geworden.

In der Frühzeit Roms unterschieden sich die Mächtigen von den anderen durch ihre »dignitas«, ihre Würde und ihren politischen Einfluss, nicht durch ihren Reichtum. Am Ende der Republik ist davon nichts übrig geblieben, Ansehen beruhte nur noch auf Geld und handgreiflicher Macht.

Was die Römer selbst als Verfall ihrer alten und heiligen Tugenden auffassten, war nichts anderes als eine Änderung des Verhaltens der Oberschicht. Man sah, was man sich alles holen konnte. Angesichts der Fülle der nahezu grenzenlosen Möglichkeiten, den eigenen Nutzen zu verfolgen, erwuchs den traditionellen Verhaltensweisen eine übermächtige Alternative. Dem alten Ziel, bedingungslos für Rom einzutreten, war der Zweck abhanden gekommen. Rom brauchte nicht mehr den persönlichen Einsatz jedes Römers. Kein Wunder, dass alle Appelle Catos, dass die Maßnahmen Sullas zur Herstellung der alten Römertugenden vergebens geblieben sind. Nicht die Römer waren andere geworden, die alten Tugenden hatten schlicht keine Funktion mehr. Die alten Ideale passten mit der neuen Wirklichkeit einfach nicht mehr zusammen.

Der erbeutete, der zu erbeutende Reichtum war schier unermesslich und in den fremden Ländern lernten die Römer jede nur erdenkliche Art von Luxus kennen. Das Selbstwertgefühl wurde nunmehr vom Bewusstsein der Zugehörigkeit zur herrschenden Klasse des herrschenden Volkes dieser Erde geprägt. Wo immer die Angehörigen der römischen Oberschicht hinkamen, wurden sie schon aus bloßer Angst geehrt und umschmeichelt. Sie waren die Herren der Welt und so wurden sie auch behandelt. Daran konnte man sich gewöhnen. Die Oberschicht wollte Macht, wollte Reichtum, und beides ohne Maß.

Knappe zwei Jahrhunderte lang bestand die Geschichte der damals bekannten Welt vor allem darin, dass Männer, die keine Grenzen ihrer Wünsche, ihres Ehrgeizes und auch ihrer Rücksichtslosigkeit mehr kannten, mittels des ungeheuren Machtinstrumentes der römischen Armee ein Land, ein Volk nach dem anderen niederwarfen, ausbeuteten und verwüsteten. Selbst der alles andere als römerfeindliche Mommsen schreibt, die römische Sklavenwirtschaft beruhe »auf systematisch betriebener Menschenjagd, da selbst die stets neue Massen auf den Sklavenmarkt liefernden Kriege das Defizit zu decken nicht ausreichten. Kein Land, wo dieses jagdbare Wild sich vorfand, blieb hievon verschont … Auf dem großen Sklavenmarkt in Delos, wo die kleinasiatischen Sklavenhändler ihre Ware an die italienischen Spekulanten absetzten, sollen an einem Tag bis zu 10 000 Sklaven des Morgens ausgeschifft und vor dem Abend alle verkauft gewesen sein – ein Beweis zugleich, welche ungeheure Zahl von Sklaven geliefert ward und wie dennoch die Nachfrage immer noch das Angebot überstieg. Das Meer von Jammer und Elend, das in diesem elendsten aller Proletariate sich vor unseren Augen auftut, mag ergründen, wer den Blick in solche Tiefen wagt«.[11]

Zwischen dem Ersten und dem Zweiten Punischen Krieg brauchte Rom jährlich fünf bis sechs Legionen. Nach dem Zweiten Punischen Krieg, also nicht vor, sondern nach der endgültigen Befestigung der Weltherrschaft, wurden jahrzehntelang jährlich acht bis neun Legionen eingesetzt. Rom war da längst nicht mehr bedroht, es wurde vielmehr selbst zur größten Bedrohung der restlichen Welt. Bereits zwei Jahre nach dem Sieg über Hannibal in Nordafrika im Jahr 202 v. Chr. beginnt der Zweite Makedonische Krieg, 192 der Krieg mit Antiochus III. von Syrien. 189 geht es gegen die Galater, nach Kleinasien verschlagene Gallier, 171 kommt es zum Dritten Makedonischen Krieg, der 168 mit der Zerstörung von 70 Städten allein in Epirus endet. Ab 153 wird Spanien niedergerungen, gegen einen erbitterten, jahrzehntelangen Widerstand. 149 beginnt die Belagerung Karthagos, das 146 zerstört wird. Im gleichen Jahr wird Korinth verwüstet. Sämtliche Einwohner werden als Sklaven verkauft, die Kunstschätze von eigenen Plünderungskommandos eingesammelt und nach Rom geschickt. 135 beginnt dann der erste einer Kette von blutigen Sklavenkriegen. Zwischen 125 und 121 gibt es wieder Auseinandersetzungen mit den Galliern, die mit der Errichtung einer neuen Provinz (Gallia Narbonensis) enden. 113 kommt es zu den ersten Kämpfen gegen Kimbern und Teutonen. 101 werden die Reste dieser Völker von Marius vernichtet, der mit der alten Bauernarmee endgültig Schluss gemacht und die Umwandlung in ein Berufsheer vollendet hat, mit Soldaten, deren Versorgung nach der Dienstzeit nur mehr von dem Feldherrn abhing, dem sie dienten. 111–105 wird in Afrika der Jugurthinische Krieg geführt. 91–88 schlägt man sich mit den Bundesgenossen in Italien selbst herum, 88–84 wird in Kleinasien der Erste Mithridatische Krieg geführt, 83–81 der Zweite. 82 wird – Rücksicht gab es keine mehr – Rom selbst vom Römer Sulla eingenommen. 78 beginnt Pompejus den Krieg gegen die Seeräuber. 74–64 findet der Dritte Mithridatische Krieg statt und ab 58 beginnt Caesar seinen Eroberungskrieg in Gallien jenseits der Alpen. Ägypten fehlt in dieser Aufzählung nur deshalb, weil der Senat, solange er etwas zu sagen hatte, keinem seiner Mitglieder dieses reiche Land vergönnt hätte.

Die zahllosen Toten und Krüppel all dieser Kriege sind nur ein Teil des Schreckens, zu dem Rom geworden war. Dazu gehört nicht minder das Heimsuchen der Städte und Dörfer der Verlierer, wo, bei den kleinen Kindern angefangen, alle weggeschleppt wurden, die irgendwie verkaufsfähig waren, und nur die Alten verschont blieben, deren Verkaufserlös die Transportkosten nicht mehr gedeckt hätte, nicht ohne vorher sie persönlich und ihre Hütten nach den kleinsten Habseligkeiten gefilzt zu haben und ihnen nichts zurückzulassen als ohnmächtigen Hass gegen diese Herren einer Wüste, die vorher ihre Welt gewesen war. Und selbst wenn es Milde gab, kamen binnen Kurzem die römischen Steuerpächter –

weniger blutig, aber genauso unbarmherzig und vor allem nie mehr loszuwerden. Selbst »die Provinzen und die Länder der verbündeten und befreundeten Könige waren für die herrschende Klasse unter den Römern nur ›praedia populi romani‹ (Beute des römischen Volkes), die Untertanen nur Lastenträger im Dienste einer Gesellschaft, die sich skrupellos am Vermögen der Untertanen bereicherte«.[12]

Die Außenpolitik Roms ist in dieser Zeit zu einem permanenten Rauben, Plündern und Morden verkommen. Ob Marius, ob Sulla, ob Pompejus, ob Caesar, sie alle und noch viele andere führten Kriege, um ungeheure Reichtümer anzuhäufen und diese für den weiteren Ausbau ihrer Macht zu verwenden. Crassus soll gesagt haben, dass kein Mann reich genannt werden könne, der nicht aus eigenen Mitteln eine Armee unterhalten könne.[13]

Die hohen Herren kämpften angeblich für Rom, in Wirklichkeit aber nur noch für sich selbst. Der Kampf um die Macht auch außerhalb des früheren politischen und verfassungsmäßigen Gleichgewichtes war zunächst denkmöglich, dann üblich und zuletzt selbstverständlich geworden. Da viele ganz nach oben wollten, richtete sich die Aggression auf Dauer nicht nur gegen den äußeren, tatsächlichen oder dazu erklärten Feind, sondern mit der Zwangsläufigkeit rücksichtslosen Machtwillens immer mehr auch gegen römische Konkurrenten. Der Bürgerkrieg, zunächst zwischen Marius und Sulla, begann faktisch bereits 88 v. Chr. Er sollte erst mit dem Sieg des Augustus 31 v. Chr. in einer neuen Ordnung ein Ende finden.

Verfolgte der Feldherr seine eigenen Interessen, so brauchten auch die Soldaten nicht zurückstehen. Wenn der Feldherr als Patron loyale Soldaten haben wollte, dann musste er sich nicht nur um Einkommen und Beute, sondern auch um die Versorgung seiner Soldaten nach dem Feldzug kümmern. Und so brauchte man für immer mehr Soldaten immer mehr Land. Darunter mussten nicht nur Provinzen, sondern auch Italer leiden. Allein bei der Bildung des Triumvirats zwischen Octavian, Antonius und Lepidus im Jahr 43 v. Chr. wurden 18 italische Städte enteignet, mindestens 100 000 Personen aus ihren Häusern vertrieben und damit dem Elend ausgesetzt.[14] Die Bildung auch dieses Triumvirats war weiters von den nunmehr üblich gewordenen Proskriptionen – einer Art von selektiven Massenmorden – begleitet. Dass dabei von ehemaligen Konsuln nur mehr einer, nämlich Cicero, ermordet wurde, »war nicht etwa ein Zeichen für die Mildherzigkeit der Triumviren, sondern für den Mangel an Konsularen«[15]. Die herrschende Schicht hatte sich selbst wechselseitig weitgehend ausgerottet.

Octavian, der sich nach Eroberung der Alleinherrschaft Augustus, der Erhabene, nennen ließ, schuf eine neue Ordnung, die die faktische Alleinherrschaft und deren sorgfältige Absicherung mit der Wahrung der alten Formen verband. In Rom beließ er den Senat (wobei er sich freilich maßgeblichen Einfluss auf dessen Zusammensetzung sicherte) und behielt auch die klassischen Ämter einschließlich der Konsuln bei, um – bei nicht allzu viel Aufwand an Selbstbetrug – die alte Ordnung oder zumindest das Herkommen gewahrt zu sehen. In den Provinzen sorgte er für eine ordentliche Verwaltung, auch wenn formell die Provinzen zwischen ihm und dem Senat aufgeteilt wurden. Die jeweiligen Statthalter bekamen ein nicht zu knappes Gehalt, die Eintreibung der Steuern aber folgte wieder rechtlichen Maßstäben. Nüchtern gesehen ersetzte Augustus das unregelmäßige und dafür maßlose Plündern durch eine geregelte Besteuerung. Immerhin bot die neue Gesellschaft Sicherheit und Stabilität und zwei Jahrhunderte lang den meisten Provinzen auch Frieden, mehr Lebensraum für Kaufleute und Gewerbetreibende, Handwerker und Kleinhändler und zunächst auch für die Bauern. Das Wirtschaftsleben konnte wieder in geordnete Bahnen zurückkehren, ohne dass man ständig Plünderungen zu befürchten hatte, und der Landmann hatte wieder die Chance, selbst zu ernten, was er gesät hatte. Friede und sichere Transportwege rund um das Mittelmeer schufen eine erste Form von Globalisierung und Arbeitsteilung, die bessere Produkte und relativen Wohlstand auch breiten Schichten der Bevölkerung zukommen ließ.[16]

3.1.4 Die neue Ordnung – und ihre neuerliche Veränderung

Augustus wurde als Wiederhersteller von Recht und Ordnung, als der Schöpfer eines neuen glücklichen Zeitalters gefeiert, und das nicht nur von seinen eigenen Propagandisten. Denn tatsächlich brachte seine Herrschaft ja Frieden im Inneren des Reiches, und der war ein seltenes Gut geworden. Wer Recht und Gerechtigkeit suchte, bekam wieder eine Chance vor Gerichten, deren Urteil nicht mehr so einfach zu kaufen war. Relativer Wohlstand im Inneren und (relativer) äußerer Friede in der Kaiserzeit – zumindest bis zu den germanischen Invasionen in den Achtzigerjahren des zweiten Jahrhunderts – haben manche Historiker dazu bewogen, diese Zeit des Römischen Reiches als ein goldenes Zeitalter der menschlichen Geschichte schlechthin darzustellen.

Anfang des zweiten Jahrhunderts hatte unter Trajan das Römische Reich seine größte Ausdehnung erreicht. Ab da flossen die Einnahmen aus den Eroberungen und der Ausbeutung fremder Länder nicht mehr so wie bisher. In der Verwaltung des Reichs wurde das rasch spürbar. Der Wohlstand hatte auf Beute beruht, nicht auf eigener Leistung. Das Reich selbst »produzierte nie wesentlich mehr als das bloße Existenzminimum«[17]. Mitte des zweiten Jahrhunderts sparten die Kaiser bereits bei Reisen in die Provinzen, um deren Finanzen zu schonen. Gegen Ende dieses Jahrhunderts wurde der Druck fremder Völker gegen die Grenzen stärker, und am Anfang des dritten Jahrhunderts wurde die Waffentechnologie aufwendiger, weil die Parther nun mit schwer bewaffneten Reitern in die Schlacht zogen, den Vorläufern der mittelalterlichen Ritter, mit einer teureren, aber der Infanterie überlegenen Ausstattung. Die Römer mussten aus militärischen Gründen mithalten, aber das kostete.

Im dritten Jahrhundert reichten die bisherigen Staatseinnahmen nicht mehr aus, um den Bedarf des Heeres und der Verwaltung zu decken. Die Völker außerhalb des Römischen Reiches wurden gefährlicher – teils einfach deshalb, weil sie vom Römischen Reich vieles an Kultur, aber auch an militärischem Organisationsniveau übernommen hatten, und teils deshalb, weil die Verbesserung der landwirtschaftlichen Produktionstechniken auch außerhalb der Grenzen des Reiches mehr Menschen je Flächeneinheit ernähren half und die einzelnen Stämme dadurch größer und, sobald sie einmal in Bewegung geraten waren, auch gefährlicher wurden.[18] Der Druck auf die Grenzen nahm weiter zu. Die römischen Kaiser suchten daher nach effizienteren Wegen der Steuereinhebung. Die dabei gefundene Lösung war das Konzept eines zentralistischen Zwangsstaates, der teils durch Münzprägungen das benötigte Geld aufzutreiben versuchte (und damit nur eine riesige Inflation bewirkte), teils durch höhere Steuern und die praktische Zwangshaftung immer größerer Teile der Bevölkerung für die vorgeschriebenen Steuern. Rom wurde im dritten und vierten Jahrhundert »ein totalitärer Staat, der weit über alles hinausging, was die alten Assyrer oder die Ptolemäer zustande gebracht hatten, … (in dem) fast alle Reste persönlicher Freiheit dem Überleben des Staates geopfert wurden«.[19]

Instrument dieses Konzeptes war ein rasch wuchernder Beamtenapparat. Diese Bürokratie schuf ein immer ausgefeilteres Titularium für eine immer komplizierter werdende Hierarchie und wurde auch immer aufwendiger.[20] Man brauchte immer mehr Geld. Selbst an der Armee, als zentraler Machtfaktor regelmäßig bevorzugt, wurden die knapperen Mittel und knapperen Möglichkeiten immer deutlicher. Der kunstvolle Gliederpanzer der Legionäre, der den Schutz des Körpers wesentlich verbessert hatte, wurde ab dem Ende des dritten Jahrhunderts kaum mehr gefertigt. Im vierten Jahrhundert wurde die Panzerung der Infanterie überhaupt weitgehend aufgegeben, nur die Reiter wurden nach parthischem Vorbild schwerer gepanzert. An die Stelle des Kurzschwertes trat ein Langschwert, mit dem man auch bei ungenügender Ausbildung dreinschlagen konnte. Denn auch die Ausbildung wurde schlechter. Bereits 375 bei Adrianopel, also 100 Jahre vor dem endgültigen oder zumindest offiziellen Untergang des Römischen Reiches, war man gar nicht mehr in der Lage, die Truppen in der an einen hohen Ausbildungsstand gebundenen Manipel-Taktik kämpfen zu lassen. Ab da und bis zur Armee Gustav Adolfs im Dreißigjährigen Krieg gab es keine so beweglichen, in wenigen Reihen aufgestellten, die ganze Kampfkraft des Einzelnen optimal zur Geltung bringenden militärischen Einheiten mehr.

In einem Edikt aus dem Jahr 301, mit dem Diokletian energische Maßnahmen zur Inflationsbekämpfung verfügte, sah er die Schuld an den enormen Preissteigerungen weder in der Münzverschlechterung noch in der Ausgabenpolitik der Kaiser, sondern im Verhalten der schon damals üblichen Verdächtigen: »... mitten im Frieden vergrößert sich eine maßlose Habgier ohne Rücksicht auf das Menschengeschlecht, und zwar nicht nur jährlich, monatlich und täglich, sondern beinahe stündlich oder sogar in jedem Moment. Äußerste Armut, Ausbeutung, Raffgier machen sich breit.«

Dazu kamen, wie so häufig, der feste Wille, alles besser zu machen als bisher, und der immer umfangreichere Ausbau der dafür vermeintlich benötigten bürokratischen Regelungen. »Immer mehr hingen Produktion und Verbrauch von der staatlichen Reglementierung ab. Ein öffentlicher Wirtschaftssektor entstand, der von Bürokraten beherrscht wurde und an dem sich viele von ihnen bereicherten.[21] Im Zusammenhang damit begann man auch, die städtischen Oberschichten für die Steuern ihrer Gemeinde kollektiv haftbar zu machen.

Diese Verantwortung der Oberschicht für die Steuern einer Gemeinde wurde immer mehr zur drückenden Last, der man sich nicht verweigern konnte. Maxentius hat einmal einem Christen als Strafe auferlegt, Mitglied eines Gemeinderates zu werden.[22] Um sich den Diensten nicht entziehen zu können, machte man das Amt eines Stadtrates erblich. Aus der späteren Kaiserzeit sind sogar Kopfprämien für entlaufene Stadträte bekannt. Die Regelungen wurden immer umfassender und immer skurriler. So wurde 365 verfügt, dass niemand in den kirchlichen Dienst flüchten dürfe, um sich seiner Verpflichtung als Bäcker zu entziehen.[23] Was da für Bäcker statuiert wurde, galt bald allgemein. Für entlaufene Stadträte wurden fünf Pfund in Gold bezahlt, für entlaufene Zunftangehörige ein Pfund.[24] Mehr und mehr schuf der Staat ein umfassendes Zwangssystem, das dem Einzelnen keine Freiheit und keinen Ausweg bot, sondern nur die immer drückendere Belastung durch die Behörden.

Alexander Demandt fand im März 1991 in der Akademie der Wissenschaften zu Berlin (Ost) Reste eines Manuskripts Theodor Mommsens zu dessen nie erschienenen IV. Band der Römischen Geschichte. Dieser Band hätte der Kaiserzeit gewidmet werden sollen. Es gibt in diesem Manuskript eine Stelle, die anschaulich zusammenfasst, was diese Epoche geprägt hat: »Die Verwaltung der Staatsgeschäfte wurde anstatt einer Ehrenpflicht des Bürgers eben nur ein Mittel der Existenz; die Bureaukratie, dieser Teilbereich des freien bürgerlichen Lebens, ward allgemein herangezogen, bis unter den weit schattenden Ästen dieses Giftbaumes in den niedrigsten wie in den höchsten Kreisen erst die letzten Regungen der Freiheit und zuletzt auch jegliche Behaglichkeit und Anmuth des Lebens erstarb.«[25]

Korruption (»fumum vendere«, wörtlich: Rauch verkaufen) war wieder an der Tagesordnung, in der Verwaltung wie bei den Gerichtshöfen. Vor allem »die

Bauern, da sie weder über genug Geld verfügten, um die Beamten zu bestechen, noch über Einfluss, um sie einzuschüchtern, wurden immer erbarmungsloser ausgepresst«[26]. Auch ihre Rechtsstellung wurde verschlechtert. Noch in der Zeit des Prinzipats war etwa der Colonus ein freier Pächter. Der Colonus der späten Kaiserzeit war ein Leibeigener, der sein Land nicht verlassen konnte. Jeder, bei dem ein Colone gefunden wurde, der anderswo hingehörte, musste ihn nicht nur an seinen Ursprungsort zurückgeben, sondern war auch für seine Kopfsteuer verantwortlich.[27] Schließlich war nur der Bauer, den man an die Scholle binden konnte, ein gesichertes Objekt der Besteuerung.

Und die Lebenswelten entwickelten sich immer weiter auseinander. Die neuere Forschung bestreitet mit guten Gründen die bisher dominierende These einer allgemeinen Verarmung der Einwohner des Reiches. Während die Bauern und die Sklaven erbarmungslos ausgepresst wurden, ging es der Oberschicht bis zum Zusammenbruch des Reiches recht gut.[28] »Der heiligen Melanie gehörten zur Zeit des Theodosius sechzig Güter, jedes zu dreihundert Hektar. Es dauerte nicht lange, bis diese mächtigen Grundbesitzer nach dem Vorbild der Palastbürokraten, die sich kraft ihres Amtes besondere Vergünstigungen verschafften, Vorrechte erlangten, die das Prinzip der Besteuerung des Bodens ohne Rücksicht auf die Eigentumsverhältnisse zunichte machten … Der größeren Last und der größeren Bedrückung waren die kleinen Eigentümer ausgesetzt …«[29]

»Als zu Beginn des fünften Jahrhunderts mächtige Barbaren … über die Grenzen einbrachen, schien es kaum noch lohnend, eine Zivilisation zu verteidigen, die viele nur noch in der Maske einer schikanösen und bedrückenden Bürokratie kannten.«[30] Oder, um es in unserer Terminologie auszudrücken: Der soziale Tausch zwischen mächtiger Zentralregierung und den Untertanen, wie ihn Augustus in der Sicherung von Schutz und Ordnung gegen Steuern begründet hatte, war zerbrochen und für die Unterschichten durch Zwang und Ausbeutung ersetzt worden. Daher gab es keine Identifikation mehr mit einem Staat, der so agierte, dass man auch von den Barbarenherrschern nicht Schlimmeres fürchtete, die an seine Stelle treten wollten. Ein Staat, der den sozialen Tausch zwischen Oberschicht und breiter Masse durch Zwang ersetzt, verfügt über keine Bindungen mehr, die ihn zusammenhalten könnten. Kein Wunder, dass die Integration der Bevölkerung in die neuen Germanenstaaten häufig recht reibungsarm erfolgt ist.

Die Menschen versuchten zuvor, die Entwicklung des Römischen Reiches zumindest für sich selbst als Personen mental zu bewältigen und ihr bei aller Düsternis eine Art von Sinn abzugewinnen. Wann immer eine Gesellschaft, oder genauer: der in ihr bisher konstitutive Mechanismus sozialen Tausches, zerfällt, führt dies zur Suche nach neuen Möglichkeiten der Integration und der Gegenseitigkeit. Das war die Stunde des Christentums. Denn es war nicht nur die Überzeugungskraft der Apostel oder die vor allem die Intellektuellen ansprechende durchaus umfangreiche Rezeption neuplatonischen Gedankenguts, es war, von allen theologischen Begründungen einmal abgesehen, die Anziehungskraft einer Botschaft, die die Gleichheit aller Menschen betonte und letztlich Erlösung, wenn auch in einer anderen Welt, versprechen konnte. Erst eine solche Religion konnte angesichts der Erbärmlichkeit des eigenen Lebens dem Dasein des Einzelnen wieder Sinn vermitteln.

Das Christentum brachte eine neue Form der Gegenseitigkeit, in der eine ausgeprägte normative mit einer starken personalen Komponente verbunden ist. Denn für die Christen wurde der Gewinn eines besseren Lebens im Jenseits als Lohn für ein sittliches Leben in dieser Welt zum wesentlichen Bestandteil ihres Lebenskonzeptes. Zugleich wurde durch das radikale Liebesgebot die Zugehörigkeit zu einer Gemeinschaft begründet, in der man auch als Angehöriger der unteren Schichten ganz anders eingebunden und auch geborgen war als in der zunehmenden Perspektivenlosigkeit des Zwangsstaates, in den sich das Reich verwandelt hatte.

Das ergab eine neue Dimension der sozialen Beziehungen, aber auch ein neues Verständnis von sich selbst. Denn zusätzlich bedeutete die Befolgung der Gebote in Zugehörigkeit zum Christentum einen individuellen Gewinn an Halt und Würde und göttliche Rechtfertigung, Sinnhaftigkeit des Lebens und selbst der Entsagung. Das Martyrium war eine nicht auszuschließende Möglichkeit, bedeutete aber zugleich, nicht nur das ewige Leben zu gewinnen, sondern als Held die besondere Anerkennung der eigenen Gemeinschaft zu erhalten und eine Stelle in ihrem kollektiven Gedächtnis einzunehmen. Den Wohlhabenden gab die christliche Gemeinschaft das Bewusstsein, gebraucht zu werden, und den Armen die Chance, auch auf dieser Erde nicht alleingelassen zu werden.

Damit ermöglichte ein neues normatives System neue Identität, neue Orientierung und letztlich auch eine neue Stabilisierung zumindest der jeweils eigenen Identität. Dem Druck der äußeren Umstände konnte die Hoffnung auf Erlösung entgegengesetzt werden, wenn man selbst gerecht lebte, und Geborgenheit und Liebe in der Gemeinschaft Gleichgesinnter. Das Christentum ließ Opfer und Entsagung als sinnvoll erleben. Es gab den Menschen Stabilität aus einem neuen Verständnis der Welt und der Bereitschaft zur Einfügung in ein als Prüfung verstandenes Dasein. Als die Kaiser verstanden, dass die Berufung auf dieses neue Modell des Denkens und Handelns ihrem eigenen Zentralverwaltungsmodell nicht nur nicht im Weg stünde, sondern vielmehr das Einfügen erleichtern würde (und die Kirche außerdem ein effizienteres System der Armenfürsorge organisieren konnte als der Staat selbst)[31], wurde die Übernahme des Christentums als staatliche Religion zu einer politisch attraktiven Alternative. Es war nicht einfach die Verdrängung einer alten Religion, an die niemand mehr glaubte, durch eine neue, die soziologisch einer dominierenden Schicht näherstand – denn dann hätte der Mithraskult der Soldaten bessere Chancen gehabt –, sondern es war wesentlich die Fähigkeit, den gegebenen tristen Verhältnissen eine persönlich einsichtige, sie besser bewältigende Alternative des Welt- und Selbstverständnisses entgegenzusetzen. [32]

Hier sei nicht der alte Wettbewerb vieler Historiker wieder aufgenommen, die »wirklichen« Ursachen des Unterganges des Römischen Reiches ergründen zu wollen. Alexander Demandt hat 1984 die bisher vorgetragenen Ursachen aufgelistet und kam auf nicht weniger als 210 davon, also keineswegs nur die Bürokratie und die Germanen, sondern auch – unter anderem – Apathie, Badewesen, Entwaldung, Faulheit, Impotenz, Pazifismus, Stress und Wehrdienstverweigerung. Ich habe wenig Ehrgeiz, eine solche Liste weiter zu bereichern. Stattdessen ist es vielleicht interessanter, auf einige jener Veränderungen hinzuweisen, die sich im Zuge der Auflösung des alten Römischen Reichs ergeben haben.

Eine der gravierenden Strukturschwächen des Reichs, die Finanzierung enormer Militärausgaben durch enorme Steuern, hat zumindest die Widerstandsfähigkeit gegen die germanischen Invasoren entscheidend geschwächt. Denn sobald die Germanenstämme größere Gebiete wie zunächst Gallien, dann Spanien und in der Folge auch Nordafrika an sich gerissen hatten, gingen mit den Gebieten auch die Steuereinnahmen verloren und die Soldaten konnten mangels eines funktionsfähigen Kapitalmarktes ab sofort nicht mehr bezahlt werden. Bryan Ward-Perkins weist darauf hin, dass es den Germanen nie gelungen sei, Bosporus und Dardanellen zu überwinden, und daher der größte Teil der Steuerbasis des Oströmischen Reiches, nämlich Kleinasien, erhalten geblieben sei – was der Verteidigung dieser Reichshälfte sehr geholfen habe.[33]

Im entscheidenden Bereich der Heeresverfassung gestalteten die neuen Reiche ohnedies die Verwaltung einfacher und effizienter. Wollte man schwer bewaffnete Reiter haben (was letztlich wesentlich für die Durchsetzung des späteren Karolingerreiches wurde), ließ man zwar weiterhin die Bauern die Last der Armee tragen – und die war drückend genug. Aber man sicherte die militärische Leistungsfähigkeit des Systems dadurch, dass die Grundeigentümer eine der Größe des Grundbesitzes entsprechende Anzahl von Bewaffneten zum Heeresdienst zu stellen hatten. Und das wurde direkt zwischen Grundherrn und ihren Untertanen organisiert. Ein Ritter, der Heeresdienst zu leisten hatte, bekam dafür Grundbesitz mit Bauern. Es war letztlich ein personales System, aus dem später die mittelalterliche Lehenspyramide wurde. »Die Beziehung zwischen Herr und Vasall hat … einen familienhaften Charakter. Die Vasallität kommt aus der Gefolgschaft, die Gefolgschaft wiederum stammt aus der Heeresgemeinschaft.«[34]

Das Oströmische Reich war ebenfalls mit dem Problem der zu hohen Kosten des Heeres und der Bürokratie konfrontiert. Die Themenorganisation von Kaiser Heraklios, die um 622 fixiert wurde, beruhte auf der Umwandlung staatlicher Domänen und verödeter Latifundien des Adels in bäuerliches Eigentum.

Dafür wurde der Bauer wieder wehrpflichtig und musste für seine Ausrüstung selbst aufkommen. Diese Themenverfassung hatte funktionell die gleiche Wirkung wie die Feudalisierung der staatlichen Organisation: eine wesentliche Reduzierung der zwischengeschalteten Bürokratie. Diese Reform sicherte auf Jahrhunderte die militärische Leistungsfähigkeit und damit die Existenz, sie entlastete den Staatshaushalt und brachte letztlich sogar eine Erhöhung der Staatseinnahmen.[35]

Die Reiche, die auf dem Gebiet des ehemaligen Römischen Reiches entstanden, haben die römische Bevölkerung weitgehend integriert. Sie ließen den Römern auch ihr Recht. Die »praeceptio Chlotharii« sah vor, »dass in allen Rechtsfällen die Ordnung des alten Rechts beachtet werde«, und beispielsweise das »breviarium Alaricianum« oder die »lex Burgundionum« übernahmen überhaupt weitgehend das römische Recht.[36] Außerdem aber übernahmen alle Germanenreiche früher oder später die christliche Religion und erlegten damit zwei Fliegen auf einen Schlag. Sie machten die neue Ordnung für den römischen Provinzadel erträglich, der sich längst schon in der Kirchenhierarchie durchgesetzt hatte. Und sie konnten zweitens die Schriftkenntnis der Kirchenangehörigen für ihre bescheidener gewordenen Verwaltungserfordernisse nutzen. Diese Delegation der Verwaltungsaufgaben an kirchliche Würdenträger hat sich bis lange ins Römische Reich Deutscher Nation gehalten.

Ward-Perkins setzt sich ausführlich mit der Frage auseinander, ob das Ende des Römischen Reiches besser als dramatischer Untergang oder etwas harmloser als Transformation der antiken Welt zu beschreiben wäre. Er bereichert die Debatte um den Hinweis, dass so manche Anhänger der Untergangstheorie aus Italien kommen, deren Beschreibung nordischer Barbaren zum Teil den Erlebnissen mit deutschen und britischen Touristen zu verdanken sein dürfte, dass aber umgekehrt die Darstellung der Germanen als friedliche Immigranten vor allem bei Historikern zu finden sei, die selbst nordeuropäischen Ursprungs seien.[37]

Ward-Perkins bringt ausführliche Belege dafür, dass mit dem Ende des Römischen Reiches im Westen ein umfassender Zusammenbruch, ein anhaltender Niedergang der Bevölkerung, des Wohlstandes und auch der Kultur begonnen hat. Die Frage ist nur, ob das eine direkte Folge der neuen Germanenherrschaft war oder ob dahinter nicht ein ganz anderer, viel umfassenderer Prozess gestanden ist. Er selbst legt dar, dass sich der Niedergang in Italien bis mindestens ins Jahr 600 fortgesetzt hat, in Nordafrika sogar bis über 700 hinaus.[38] Er spricht von der Komplexität und von der hohen Spezialisierung der antiken Wirtschaft, die beide ein Ende gefunden hätten.

Ich schlage hier einen anderen, modernen Begriff vor, von dem ich glaube, dass er das Geschehen durchaus angemessen erklärt – und zugleich begründet, warum sich der Prozess noch lange über das politische Ende des Römischen Reiches hinaus fortgesetzt hat. Es handelte sich meiner Meinung nach um nichts weniger als um eine mit der neuen Kleinstaaterei verbundene massive Ent-Globalisierung, die eng mit dem Verfall der alten Verkehrs-, Transport- und Handelsstrukturen verbunden war, der Spezialisierung sowie der überregionalen Arbeitsteilung ein Ende gesetzt und sie durch regionale Fertigung ersetzt hat. Eine solche konnte schon vom kleiner gewordenen Markt her nie jene Leistungen erbringen, die nun einmal mit Spezialisierung wesentlich verbunden sind. Daher nicht nur der Rückfall auf ältere Technologien, sondern ebenso das Ende der Möglichkeit, auch den unteren Schichten der Bevölkerung Güter wie qualitativ bessere Keramik oder Dachziegel zugänglich zu machen. Man mag zu Globalisierung stehen, wie man will, ihr Abbau bedeutet auch das Ende komplexer Technologien und so mancher günstiger Produkte. Das Ende des Römischen Reiches hatte Folgewirkungen weit über das Politische hinaus.

3.2 England

3.2.1 Der Anfang im Süden

Europas Aufstieg, seine zeitweise Eroberung fast der ganzen Welt und deren Durchdringung mit seinen Ideen ist nicht nur Ergebnis wissenschaftlichen Vorsprungs oder überlegener Technologie. Wesentlicher Faktor war der Einsatz außerordentlicher, freilich oft genug aggressiver und rücksichtslos eingesetzter Energien. Und dafür gibt es gerade in Europa uralte Traditionsstränge. Denn zu den ältesten Besonderheiten Europas gehört schlicht die verbreitete Seeräuberei, nicht nur bei den Wikingern, sondern früher noch im Mittelmeerraum. Thukydides schildert (Buch 1, Kap. 5), dass sich »schon die ältesten Hellenen und auch die Barbaren an den Küsten … auf den Seeraub verlegten, wobei gerade die tüchtigsten Männer sie anführten, zu eigenem Gewinn und um Nahrung für die Schwachen«.

»Die Anfänge des städtischen Schiffbaus im westlichen Mittelmeer im Frühmittelalter waren wohl nur wenig vom Fernhandel beeinflusst … Seeraub, nicht Seehandel war hier primäres Ziel.«[39] Schritt für Schritt wagte man sich über das Mittelmeer hinaus, nicht nur in Spanien und Portugal, sondern auch in Italien. »Piratengold wurde die Grundlage für den wirtschaftlichen Aufschwung Pisas und Genuas.«[40]

Kaperbriefe, in denen die Seeräuberei durch die Erlaubnis eines Fürsten oder einer Stadt quasi offiziell genehmigt (und damit wenigstens ein Zufluchtsort gesichert) wurde, waren schon lange gebräuchlich, bevor die englische Königin Elisabeth damit die Jagd auf spanische Schiffe freigab. Zur Piraterie kam der Sklavenhandel. Dieser Sklavenhandel war das ganze Mittelalter hindurch üblich, wurde aber durch eine erste Form von Menschenrecht – Christen sollten andere Christen nicht als Sklaven halten – ebenso erschwert wie durch die türkischen Eroberungen. In Afrika holte man sich Ersatz. Allein die Exporte von Versklavten aus Guinea wurden für die Jahre 1450 bis 1505 auf 140 000 Menschen geschätzt.[41] Dazu kam, dass an den Flüssen Senegal und Niger Gold gewaschen und nach Europa exportiert wurde. In Europa träumte man vom sagenhaften Goldland »El Dorado«, und der Versuch, afrikanische und maurische Zwischenhändler auszuschalten, musste die afrikanische Küste entlangführen. Auf diesen Fahrten wurde auch der afrikanische Pfeffer entdeckt und die Portugiesen konnten sich eine Zeit lang das Handelsmonopol daran sichern.

Eroberer und Kaufleute arbeiteten Hand in Hand. Richard Konetzke weist darauf hin, dass nach der Eroberung Granadas die Möglichkeit zu Raubzügen ins Maurenland weggefallen war. Viele Adelige, die bisher ganz gut von dieser Art quasilegalen Raubrittertums gelebt hatten, setzten nun ihre alten Gewohnheiten einfach als Konquistadoren in den Indianergebieten der Neuen Welt fort.

Die spanischen und portugiesischen Herrscher förderten die Entdeckungsfahrten kräftig. Die Fahrt des Kolumbus war als Commenda organisiert, als Handelsgesellschaft mit Kapitalanteilen und Sacheinlagen. Hauptsächlicher Kapitalgeber war die Krone, nächstwichtige Kreditoren die Brüder Pinzón (die mit Kolumbus sicherheitshalber gleich mitfuhren). Kolumbus selbst brachte die Idee (heute würde man sagen: den »business plan«) und seine Erfahrung ein, wofür ihm, neben bedungenem Titel und Ehrungen, ein Achtel der Handelsgewinne zugestanden wurde.

Im Norden Europas war England zur Zeit der Entdeckung Amerikas gerade dabei, sich von den Verwüstungen des langen Kampfes zwischen Lancaster und York, des sogenannten Rosenkriegs zwischen weißer und roter Rose, zu erholen. Wirtschaftlich lag im Norden zu dieser Zeit das Schwergewicht bei den flandrischen Städten, zu Burgund gehörig und nach der Heirat Marias von Burgund mit dem Habsburger Maximilian Teil der Habsburger Besitzungen. Ihre weitere politische Geschichte, die über den Aufstand gegen die spanischen Habsburger zur Unabhängigkeit und Selbstständigkeit der Niederlande führte, ist vom Selbstbewusstsein und der wirtschaftlichen Stärke dieser Städte und Provinzen nicht zu trennen. Beides verdanken sie nicht zuletzt den uralten Handelsbeziehungen, die die norditalienischen und die flandrischen Städte bereits zu Zeiten des Hochmittelalters verbunden hatten und damals den bedeutendsten Handelsweg innerhalb des Kontinents überhaupt konstituierten. Amsterdams Rang auch als Finanzplatz und die Kaufkraft eines reichen Bürgertums, das immerhin auch die großartige Entfaltung der niederländischen Malerei finanziert hat, haben darin ihre Wurzeln.

Die niederländischen Kaufleute waren bis zur Übernahme des Calvinismus in den nördlichen Provinzen genauso gute Katholiken gewesen wie Spanier und Portugiesen und trotzdem keine schlechteren Kaufleute. Erfolgreiche, selbstbewusste, international denkende und handelnde Kaufleute gab es im katholischen Bereich ebenso wie im protestantischen, wie etwa in Genua und Nürnberg. Die Porträts stolzer Nürnberger Kaufleute durch Dürer und seine Zeitgenossen oder die prunkvollen Porträts Genueser Familien durch Van Dyck kann man durchaus auch als illustrierte Mentalitätsgeschichte interpretieren. Am kaufmännischen Denken hat es hier wie dort nicht gefehlt.

3.2.2 England und Spanien: Wieso wurden die Zweiten die Ersten?

Die Niederlage der vermeintlich so mächtigen spanischen Armada gegen die Engländer 1588 war der Anfang vom Ende der spanischen Macht und der Anfang der englischen Herrschaft zur See. Natürlich hatte die Niederlage auch militärische Gründe. Die spanische Flotte war noch auf die Taktik des Rammens und Enterns mit anschließendem Infanteriekampf eingestellt. Immerhin war diese Taktik noch 17 Jahre zuvor in der Schlacht bei Lepanto gegen die Türken recht erfolgreich gewesen. Die Engländer dagegen führten den Artilleriekampf mit kleineren, aber beweglicheren und härter am Wind segelnden Schiffen auf Distanz und ließen sich erst gar nicht auf den Nahkampf ein.

Aber das Militärische ist auch in Kriegen immer nur ein Teil der Geschichte. Bei den Spaniern wurden schon während der Ausrüstung der Armada Munition und sonstige Vorräte dank ausufernder Korruption in solchem Umfang gestohlen oder fanden den weiten Weg vom Ankauf bis zu den Schiffen nicht, dass das Auslaufen allein durch die wiederholten notwendigen Ergänzungen – während derer zusätzlich die Lebensmittel verdarben – so lange verzögert wurde, bis man in den Sommer und damit nahe an die Herbststürme gekommen war.[42]

Spanien hat es nie verstanden, militärische Stärke in eine ausreichende wirtschaftliche Basis zu übersetzen. Während des 16. Jahrhunderts war Spanien dank der Einkünfte aus dem Überseehandel und der zunehmenden Erschließung der neuen Länder als Kolonien die auch wirtschaftlich wohl stärkste Macht der Welt. Aber die Habsburger haben seine Möglichkeiten auf Dauer überfordert, in ständigen Kriegen gegen so ziemlich den Rest der Welt, gegen die Franzosen, gegen die Engländer, gegen die Fürsten des Deutschen Reiches, gegen die Niederländer und gegen die Türken. Und dafür reichten auch die Einnahmen aus Übersee nicht aus. Allein die Belagerung von Metz im Jahr 1552 kostete 2,5 Millionen Dukaten.[43] Der Krieg gegen die niederländischen Aufständischen verschlang mindestens 218 Millionen Dukaten, denen entsprechende Einnahmen aus Westindien in der Höhe von nur rund 121 Millionen Dukaten gegenüberstanden.[44]

Die Folgen blieben nicht aus. Spanien hatte nie einen Kapitalmarkt aufgebaut und ließ die Ausgaben für seine Feldzüge im Wesentlichen von genuesischen und Augsburger Bankiers vorfinanzieren (die Augsburger Fugger hatten auch den größten Teil der Bestechungsgelder aufgebracht, mit denen Karl V. 1519 seine Wahl zum Kaiser sicherte). Die Banken ließen sich dafür die Einnahmen aus den Kolonien abtreten. Um 1625 entfielen gut drei Viertel der spanischen Staatsschulden auf genuesische Bankiers.[45] Da die Ausgaben aber die Einnahmen auf Dauer enorm übertrafen, musste sich Spanien zwischen 1550 und 1627 sechsmal für zahlungsunfähig erklären. Das hatte schlimme Folgen für die Bankhäuser, die die spanische Krone finanzierten, aber auch für die spanische Kreditwürdigkeit. Der rasche Niedergang der spanischen Macht nach 1600 wurde in erster Linie auf den Kapitalmärkten entschieden, erst in zweiter Linie auf den Schlachtfeldern.

England machte es anders. Heinrich VII. und lange auch Elisabeth schafften es, Überschüsse im Staatshaushalt zu erwirtschaften. Mit Ausnahme der Zeit unter dem prunkliebenden Heinrich VIII. waren die englischen Regierungen stets sorgsam auf die Erhaltung ihrer Kreditwürdigkeit bedacht. In England wurde ein florierender Kapitalmarkt geschaffen, der in der Lage war, nicht nur englische Anleihen in großem Umfang zu übernehmen, sondern auch private Unternehmen mit enormen Kapitalien auszustatten. Banklizenzen waren daher heiß begehrt. Im August 1720 wurde die vierte Tranche der Aktien der South Sea Company zu 1100 Prozent des Nominalwertes begeben. Der Börsenwert der damals notierten Firmen belief sich mit etwa 500 Millionen Pfund auf das Fünffache des gesamten europäischen Bargeldumlaufes, und in der City kam es zu Verkehrsstaus, weil zu viele Leute gleichzeitig ihren Schmuck verkaufen wollten, um damit Aktien zu kaufen. Dieser Kapitalmarkt trug wesentlich zur Finanzierung des entstehenden Weltreiches bei.

Auch in der Handels- und Wirtschaftspolitik verfolgten England und Spanien jeweils völlig unterschiedliche Konzepte. Adam Smith meinte, dass »wenig sonst benötigt wird, um einen Staat von der tiefsten Barbarei zu höchstem Reichtum zu führen, als Friede, geringe Besteuerung und eine erträgliche Rechtsprechung«[46]. Dieser Vorstellung kamen die Engländer, wenngleich mit Unterbrechungen, deutlich näher als die Spanier, und so war England bereits Ende des 16. Jahrhunderts in der Lage, alle gesellschaftlichen und ökonomischen Ressourcen für eine Offensive auszuschöpfen, die (auch unter Berufung auf die reformierte Konfessionsidentität) »darauf abzielte, die englischen Staatsinteressen im ökonomischen und machtpolitischen Konkurrenzkampf der aufsteigenden Mächte Europas zu behaupten«[47]. Dabei überließ man solche Offensiven ganz gerne privaten Gesellschaften, wie etwa der Englischen Ostindien-Kompanie, die 1600 (und damit zwei Jahre vor der Niederländischen Ostindien-Kompanie) gegründet wurde.

Auch ließen die Engländer in ihren Kolonien einen gewissen Grad an Selbstverwaltung zu, während die Spanier mithilfe einer zentralistischen Verwaltung die eigene Feudalordnung auf die Kolonien zu übertragen versuchten.

Allerdings gab es diese Großzügigkeit nur gegenüber Engländern. Bereits im 16. Jahrhundert wurde die deutsche Hanse entprivilegiert, die italienischen Kaufleute wurden überhaupt ausgewiesen. England hat immer wieder versucht, den Seehandel mit England den eigenen Schiffen vorzubehalten, während die Spanier mit ähnlichen Bemühungen gründlich scheiterten und selbst während des langen Krieges mit Holland viele Versorgungsgüter über holländische Schiffe ins Land kamen.

Auch behoben die Spanier ihren chronischen Geldmangel immer wieder in deutlich kontraproduktiver Form: Die Steuern stiegen, bewilligt von Adeligen, die selbst meist steuerfrei waren, und belasteten daher vor allem Handel und Gewerbe. Gelegentlich wurden private Silberimporte aus den Kolonien einfach beschlagnahmt und die Adressaten gezwungen, dafür spanische Staatsschuldverschreibungen zu akzeptieren. »Zentral für den spanischen Verfall war die Tatsache, dass man nicht erkannte, wie wichtig die Erhaltung der wirtschaftlichen Basis einer mächtigen Militärmaschine war. Immer wieder wurden falsche Maßnahmen ergriffen. Die Vertreibung der Juden und später der Mauren, … die Verfügung der Regierung, dass die Werften an der Biskaya sich auf den Bau großer Kriegsschiffe konzentrieren sollten, was den Bau kleinerer, nützlicherer Handelsschiffe enorm erschwerte, der Verkauf von den Handel beschränkenden Monopolen, die hohe Besteuerung von Wollexporten, die dazu führte, dass sie auf dem ausländischen Markt nicht wettbewerbsfähig waren …«[48], all dies und eine Fülle weiterer Maßnahmen, die kurzfristig Geld brachten, aber die spanische Wirtschaft nachhaltig schädigten, höhlte die Basis der spanischen Macht gründlich aus. Was Steuern, Monopole, Staatsbankrott und Verbote übrig ließen, ruinierte die Bürokratie. Philipp II. schuf 13 Kammern, vergleichbar etwa heutigen Ministerien, und über die urteilt selbst ein Philipp II. recht wohlgesonnener Biograph wie folgt: »Da die Zuständigkeiten der 13 Kammern tausendfach aufeinander übergriffen, wurde das Regierungssystem zu einem unvergleichlichen Weg der Dornen und des Gestrüpps, zu einem Irrgarten der Verzögerung und des Aufschubs, … wie eine klebrige, alles erstickende Schlammwelle über den Staat.«[49]

3.2.3 Freiheit und Selbstbewusstsein

In Spanien versuchte eine Universalmonarchie ihre Vorstellungen eines einheitlichen katholischen Weltreichs in die Praxis umzusetzen. In England entwickelte sich ein frühmoderner Staat, in dem die aufkommenden Vorstellungen des an seinen eigenen Interessen und an seinen eigenen Vorstellungen von Welt, Religion und Gewissen orientierten, aber auch politisch mitbestimmenden Individuums früher und konsequenter realisiert wurden als anderswo in Europa.

Thomas Humphrey Marshall hat griffig formuliert, in England könne man die Ausbildung der vollen staatsbürgerlichen Rechte jeweils einem eigenen Jahrhundert zuschreiben, und zwar »bürgerliche Rechte dem achtzehnten, politische dem neunzehnten und soziale dem zwanzigsten«[50].

Die Anerkennung bestimmter individueller Rechte aber begann in England viel früher. In der Magna Charta, die seine Barone dem König Johann ohne Land abgetrotzt hatten, wurden nicht nur für damals bemerkenswerte persönliche Rechte verankert: Jeder Freie sollte nur von seinesgleichen nach Landesrecht gerichtet werden. Steuern anstatt der Lehensdienste und Hilfsgelder wurden an die Zustimmung der Barone gebunden. Zusätzlich brachte die Magna Charta freie Wahl der Bischöfe und Äbte, Erblichkeit der Lehen, freien Verkehr der Kaufleute und Privilegien für die Städte.

Nun waren etwa zur gleichen Zeit die faktischen Rechte deutscher Landesfürsten gegenüber ihrem Kaiser nicht geringer. Sie konnten sich noch dazu auf eine uralte Tradition der deutschen Stammesherzöge berufen. Der König hatte bezeichnenderweise nach dem Rechtsverständnis etwa schon der Stauferzeit nur die treuhändische »Gewere« an Reichsgut, was deutlich weniger ist als Eigentum, und der Sachsenspiegel gab die herrschende Meinung wieder mit der Auffassung: »Das Riche ist des Kaisers nit, er ist sin Schirmherr und sin Vogt.« Rechte gegenüber dem Reich bildeten sich in Ausgrenzung nicht der Personen, sondern der Territorien und der Landessouveränität gegen das Reich. In England dagegen wurden, gleichsam umgekehrt, nicht einzelne große Territorien, sondern die Engländer als Personen Nutznießer eines ähnlich zähen, aber ständigen Prozesses der Verselbstständigung gegenüber dem ursprünglichen mittelalterlichen Modell einer feudalen Pyramide.

Heinrich VIII. löste sich, wenngleich aus recht persönlichen Gründen, von Papst und katholischer Kirche und verbesserte durch die solcherart begründbare Konfiskation von Kirchengut die eigenen Vermögensverhältnisse (und die seiner Parteigänger) kräftig.

Königin Mary versuchte nach ihm eine Rekatholisierung und stieß damit auf massiven Widerstand, der auch theoretisch begründet wurde. »Einer der gewichtigsten Vorwürfe war dabei der der Willkürherrschaft, der Verletzung des geltenden Rechts, weil die rechtsstaatlichen Prinzipien offenbar schon damals als eine wertvolle nationale Errungenschaft angesehen wurden.«[51] Schlechte, den Interessen des Landes zuwiderlaufende Machtausübung begründet danach ausdrücklich die von Gott bei Strafe der Verdammnis gebotene Widerstandspflicht.[52]

Elisabeth konnte die gewachsene Freiheit und Eigenständigkeit der Bürger

Englands nicht mehr rückgängig machen. Sie arbeitete vielmehr demonstrativ mit dem Parlament zusammen, dessen Selbstbewusstsein von dem Verständnis geprägt war, dass im übertragenen Sinn jeder freie Engländer im Parlament anwesend sei, in Person oder durch Stellvertreter und Sachwalter.[53]

Der vorrangige Stellenwert persönlicher Freiheit wurde den Engländern so selbstverständlich, dass Barbara Tuchman über das 18. Jahrhundert schreiben konnte: »Freiheit war das intensivste politische Sentiment der Zeit.« William Pitt hatte 1763 im Parlament (anlässlich eines eher skurrilen Anlasses, der Einhebung einer Verbrauchssteuer auf Apfelwein) ausgerufen, der ärmste Mann in seiner Hütte könne aller Gewalt der Krone trotzen (und dürfe daher dort nicht kontrolliert werden). Und als Lord Shelburne nach einem Aufstand im Jahr 1780 die Schaffung einer organisierten Polizei befürwortete, »sah man in ihm den Befürworter eines Plans, der dem französischen Absolutismus angemessen gewesen wäre«[54]. Zu dieser Zeit gab es in Spanien noch die Inquisition, die formell erst 1834 aufgehoben wurde.

Die englische Entwicklung zeigt deutlich, dass unternehmerisches Verhalten nicht sozialen oder geografischen Gegebenheiten zuzurechnen ist, sondern auf einem ganz bestimmten Bewusstsein und einem sich daraus entwickelnden gesellschaftlichen Grundkonsens aufbaut. Der adelige Großgrundbesitzer, der zum Rentier wird, der Bankier, der (vor allem in den zahlreichen »country-banks«) gleichzeitig Großhändler ist, die Baumwollspinner, die selbst eigene Einkäufer in die amerikanischen Kolonien – die späteren Vereinigten Staaten – schicken, statt sich auf den Großhandel zu verlassen, der Bürgerliche, der in der East India Company gedient und dort unternehmerisches Verhalten gelernt hat, der Bergwerksbesitzer, der vom Aufschwung der Steinkohle profitiert, sie alle waren Unternehmer, ja oft genug Großhändler, Schiffeigner, Versicherer, Industrielle und Bankiers in einem, die es ins Bankgeschäft gedrängt hat, um ihre Interessen zu wahren.[55] Sie alle waren aber ebenso – egal ob adelig oder nicht – gesellschaftlich anerkannt. Ein spanischer Abenteurer träumte davon, Gouverneur zu werden, um sich bereichern zu können, er blieb auch gedanklich meist den alten feudalen Strukturen verhaftet. Ein englischer Abenteurer wollte nicht minder reich werden, hielt es aber für normal, dafür Söldner, Seeräuber, Farmer oder eben auch Unternehmer zu werden.

Die Umwelt, die ja für England dank der es umgebenden See stets die ganze Welt gewesen ist, war dem Erfolg günstig. Und während die Hanse als Vereinigung freier Städte in Deutschland auf verständnislose Feindschaft der ringsum herrschenden Dynastien stieß, förderten die englischen Monarchen die Fernkaufleute nach besten Kräften. Wenn man das englische Selbstverständnis von der stets beobachteten höflichen Zurückhaltung »The flag followed the trade« andersherum liest, so nämlich, dass einmal gegebene Handelsinteressen früher oder später politisch massiv unterstützt wurden, ist man von der Realität der englischen Kolonialpolitik kaum allzu weit entfernt.

Das religiöse Denken setzte dieser Entwicklung nicht nur keinerlei Hindernisse entgegen, sondern begünstigte sie vielmehr. Die »Kernaufgaben dieser spezifischen englischen Interessenssicherung wurden durch die reformierte Konfessionsidentität entscheidend gefördert«[56]. Jede Zeit, jede Gesellschaft stellt früher oder später Konsistenz zwischen ihrem Verhalten und ihrer Weltsicht her. England ist ein gutes Beispiel dafür. Vordergründig war der Wechsel der Religion in England zwar damit begründet, dass ein König wieder einmal heiraten wollte; er hatte aber nicht minder damit zu tun, dass ein hart, aber mit Stolz arbeitendes und auf den Erfolg in diesem Leben bedachtes Bürgertum sich und seine Mühen schon in dieser Welt gerechtfertigt wissen wollte. Puritanertum und ein sich dem Puritanertum nähernder Anglikanismus vermittelten den Bürgern Englands ein Ethos der Arbeit und des Gewinnstrebens, das dem eigenen Wollen Rechtfertigung gewährte. Für den Engländer war Leben, Handeln (im doppelten Wortsinn) und Glauben eine Einheit. Sie bot ihm Identifikation des Sollens mit dem Wollen und damit eine geistige und persönliche Identität.[57]

In der im Religiösen nicht mehr verankerten viktorianischen Zeit wurde Arbeit als Kunstgriff angesehen, das Leben mit Tapferkeit und Würde zu meistern, anstatt am Verlust der früheren religiösen Gebundenheit zu verzweifeln. In England empfand es der gebildete Nichtgläubige »als notwendig, in seinem persönlichen Leben denselben Grad von Ernst und Gesetztheit zu wahren, der dem Gläubigen eigen gewesen war«.[58] Auch ein nutzenorientiertes System ohne religiöse Perspektive kann sich qualitativ weiterentwickeln.

Zum englischen Freiheitsbegriff gehörte immer auch Freiheit für wirtschaftliche Betätigung. Thomas Paine »teilt mit der klassischen Ökonomie eines Adam Smith die Überzeugung, dass sich die Gesellschaft als ein arbeitsteiliges System der Bedürfnisse naturwüchsig harmonisch entfaltet, wenn es nur vor despotischen Eingriffen der Regierung bewahrt wird«[59]. Diese Überzeugung teilte er mit vielen anderen Engländern. Ob damit objektive oder nur subjektive Wahrheit das Bewusstsein prägt, ist belanglos. Benjamin Disraeli hat den Standpunkt eingenommen, dass hinter der so hoch gelobten englischen Verfassung in Wirklichkeit nur die Herrschaft einer Oligarchie stünde, die dem Volk eine Regierungsbeteiligung vorgaukle. Aber das hat er nur behauptet, solange er Romancier und noch nicht Premierminister war.

Natürlich gelten solche Überzeugungen vor allem für das Denken und Verhalten der Oberschicht. Leben, Erfahrungswelt und Bewusstsein der breiten Masse hat man sich deutlich anders vorzustellen. Man darf das soziale Elend der vielen Oliver Twists nicht übersehen, die den Preis der Größe mitzahlen mussten.

Das 18. Jahrhundert wird dementsprechend von Ian Gilmour als ständige Folge von Aufruhr und Krawallen beschrieben. Aber er weist darauf hin, dass die Regierung dieser Zeit zutiefst korrupt war und dass manche Krawalle mehr dazu dienten, Gerichte und Behörden an ihre Pflichten zu erinnern.[60] Statt um Krawall ging es häufig um die Durchsetzung der gerechten Ordnung.

In England waren die Klassengegensätze nicht weniger ausgeprägt und wurden nicht minder heftig ausgetragen als anderswo. Aber trotzdem vermochte England früher als andere Nationen seine Arbeiterklasse in sein politisches System und vor allem in das gemeinsame Bewusstsein zu integrieren, als Engländer etwas Besonderes zu sein. So ganz ohne Substanz ist auch das selbstgefällige Urteil Disraelis (als Premier) nicht, dass in England »People without power und education had been induced to believe themselves the freest and most enlighted nation in the world«. Friedrich Engels hat an Karl Marx geschrieben, dass »… das englische Proletariat faktisch mehr und mehr verbürgert. … Bei einer Nation, die die ganze Welt exploitiert, ist das allerdings gewissermaßen gerechtfertigt«. Und der alte Engels schrieb noch 1894, »dass man in der Tat zur Verzweiflung gebracht wird durch diese englischen Arbeiter mit ihrer eingebildeten nationalen Überlegenheit, ihren bürgerlichen Vorstellungen …«.[61]

Eine solche Gesellschaft handelt in der Politik aufgrund vorhandener Interessen und damit nutzenorientiert. In der Politik kann das durchaus den Einsatz militärischer Zwecke für wirtschaftliche Ziele bedeuten. »Rational« wird dieser Einsatz vor allem dann zu nennen sein, wenn man vorher sorgfältig berechnet hat, ob man auch gewinnen kann. Rational ist es auch, darum bemüht zu sein, dass zwischen den anderen Mächten stets ein Gleichgewicht besteht, wie es England lange genug gegenüber dem Kontinent verfolgt hat. Rational ist es auch, einen Krieg zu beenden, wenn der Erfolg unverhältnismäßigen Einsatz erfordern würde. Der Handel mit den sich konstituierenden Vereinigten Staaten war wichtiger als der Sieg über die ehemaligen Kolonien, der eben zu teuer gekommen wäre.

Wenn die Deutschen in Kriegsliedern den Gott der Schlachten besingen (und ein Stefan George selbst nach dem Ersten Weltkrieg trauert, der alte Gott der Schlachten sei nicht mehr), so denken die Engländer selbst in solchen Zusammenhängen ans Geld. Für eine besonders unverblümte Kombination aus Egoismus und Imperialismus haben sie selbst den Namen »Jingoismus« geprägt, der aus folgendem Refrain stammt: »We don't want to fight, but by Jingo if we do, we have got the ship, we have got the men, we have got the money too.« Und Paul Kennedy zitiert den englischen Botschafter in Preußen im Siebenjährigen Krieg, der dort bekundete: »Wir müssen erst Kaufleute und dann Soldaten sein.«[62]

Auch in England verlief der Übergang von einer normativen zu einer nutzenorientierten Gesellschaft nicht reibungslos. Aber es hat diesen Übergang, begünstigt durch mancherlei äußere Umstände, bewältigt und in seinen Institutionen, den Wertvorstellungen, den Denk- und Verhaltensmustern der großen Mehrheit der Bevölkerung konsequent umgesetzt. Zu Beginn des 20. Jahrhunderts war England das mächtigste und eines der reichsten Länder dieser Welt. Zum gleichen Zeitpunkt war Spanien nur mehr ein rückständiger Agrarstaat. Und nicht die größeren Ressourcen haben diesen Wettbewerb entschieden. Danach hätte Spanien gewinnen können. Es war die Kombination von Freiheit, Eigenverantwortung und Anstrengung gegenüber dem Traum von einer bürokratisch verwalteten katholischen Universalmonarchie, in der solche Werte keinen Platz gefunden haben. Nicht nur Klassenbewusstsein wird in den Köpfen gemacht, wie etwa Edward P. Thompson dargelegt hat[63], sondern häufig auch Geschichte.

3.3 Deutschland

3.3.1 Zur Mentalitätsgeschichte des deutschen Sonderwegs

Unter Historikern wurde und wird intensiv und auch emotional diskutiert, ob deutsche Geschichte – wenigstens vor dem Nationalsozialismus – nur als einer der quasi »normalen« Wege in die Gegenwart beschrieben werden kann, oder ob sich nicht vielmehr schon frühzeitig Besonderheiten im Denken und Handeln abzeichnen, die zur Katastrophe des 20. Jahrhunderts zumindest beigetragen haben. Das ist auch von Belang für die Antwort auf die Frage, ob der Nationalsozialismus wirklich einen unvorhersehbaren Einbruch des Bösen in die deutsche Geschichte dargestellt hat oder aber als Konsequenz eines eigenständigen historischen Prozesses zu verstehen ist.

Mit meinem Interpretationsraster möchte ich eine Entwicklungslogik der deutschen Geschichte sichtbar machen, die zur Herausbildung eines eigenen Welt- und Selbstverständnisses geführt hat, das der Herausforderung durch den Nationalsozialismus weniger Widerstand entgegensetzte, als es bei einem anderen, glücklicheren Verlauf der Geschichte der Fall gewesen wäre.

Es geht mir dabei keineswegs, wie etwa Daniel Goldhagen, um so etwas wie einen spezifisch deutschen Nationalcharakter. Den gibt es, wenn überhaupt, nur als Ergebnis besonderer (und daher im historischen Prozess auch wieder umkehrbarer) Prägungen. Für gewichtiger halte ich den Begriff der Verspätung, auch wenn das eine ziemlich drastische Reduzierung eines recht komplexen Sachverhaltes darstellt. Reinhart Koselleck hat diesen Begriff als historische Kategorie verworfen – mit der Begründung, dass er normativ richte und ex post teleologisiere. Das soll uns aber nicht einschüchtern. Hier geht es um die Darstellung einer bestimmten evolutionären Veränderung des menschlichen Weltverständnisses, und gegen evolutionäre Tempounterschiede helfen nun einmal weder normative noch teleologische Bedenken.

Noch zu Beginn der Neuzeit war das, was damals Deutschland hieß, nach allen damaligen Maßstäben ein reiches Land. Der spätere Papst Aeneas Silvius Piccolomini rühmte seinen »ungeheuren Reichtum an Menschen und Rossen«. Im Norden beherrschte die Hanse bis zum Ausgang des Mittelalters den Seehandel. Von Goslar bis zu den Alpen gab es reiche Gold- und Silberbergwerke, von Lüneburg über Bayern bis Salzburg fand sich das damals so wertvolle Salz. Vom Rhein im Westen bis Magdeburg im Osten gediehen Handel und das Selbstbewusstsein der Kaufleute. Dem entsprach auch ein recht unbeschwertes Lebensgefühl. Aus einer Sammlung der deutschen bürgerlichen Tugenden ist herauszulesen, dass noch im 17. Jahrhundert das Bild der Deutschen dem Bild Tacitus' von den alten Germanen weit ähnlicher war als dem heutigen. »Der zeitgenössische, holzschnittartige Moralvergleich der Nationen notierte noch um Sechzehnhundert exzessive Trunksucht, überbordende Lebensfreude und eine generelle Maßlosigkeit als hervorstechende Merkmale des deutschen Lebensstils.«[64] Und das stand in einer alten Tradition. Kaiser Otto der Große schickte 968 den Bischof Liutprand nach Konstantinopel, um für seinen Sohn um eine byzantinische Prinzessin zu werben. Der oströmische Kaiser hielt davon wenig und begründete seine Ablehnung unter anderem mit einer wenig schmeichelhaften Meinung von den Deutschen: »Der Bauch ist ihr Gott, ihre Kühnheit ist die Schlemmerei, ihre Kraft der Rausch.«[65]

Im 17. Jahrhundert änderte sich das Bild jedoch von Grund auf. Wilhelm Hennis meinte, und auch hier ist ihm zuzustimmen, Deutschland sei seit dem Dreißigjährigen Krieg immer ein armes Land gewesen. Auch ein französischer Historiker hat unterstrichen[66], dass Deutschland bis ins 19. Jahrhundert in besonderem Maße das Opfer europäischer Kriege gewesen sei.

Es waren aber nicht allein die vielen Kriege. Schon im letzten Drittel des 16. Jahrhunderts hatte sich eine Verlagerung der Schwerpunkte des internationalen Handels abgezeichnet und damit ein wirtschaftlicher Niedergang, der Handel, Gewerbe und Bergbau traf. Die italienischen Handelsstädte und damit der Nord-Süd-Handel verloren im gleichen Maße an Bedeutung, wie Holland und später England zu neuen Zentren des Handels wurden. Die Hanse mit ihren moderneren Wirtschafts- und Rechtsstrukturen wurde von den Fürsten mehr und mehr zurückgedrängt. Gold- und Silberbergwerke litten unter Erschöpfung und unter dem massenhaften Import von Edelmetallen aus der Neuen Welt. Nach Meinung mancher Autoren verursachte diese Entwicklung mit ihren Konsequenzen nicht weniger als selbst der Dreißigjährige Krieg den eigentlichen Bruch in der kulturellen, politischen und auch wirtschaftlichen Entwicklung.[67] Viele Städte wie etwa Augsburg, Köln oder Ulm erlitten drastische Bevölkerungsverluste, Nürnberg zählte noch um 1800 ungefähr halb so viele Einwohner wie um 1600.

Der Westfälische Frieden von 1648 beendete nicht nur den Dreißigjährigen Krieg. Er schuf auch eine neue Ordnung, in der Herrschaft und Souveränität nur noch für einige kleine Regionen und Reichsstädte bei Kaiser und Reich verblieben und ansonsten den Fürsten der einzelnen Teilstaaten Deutschlands zugestanden wurden. Die Landesfürsten eroberten die volle und uneingeschränkte Oberhoheit und Unabhängigkeit – aber nur für sich und nicht für ihre Bürger. Die hatten von der neuen Freiheit nichts, im Gegenteil. Ihre Herrscher waren nicht mehr dem Reich verantwortlich, sie waren absolute Herrscher geworden. Und der ihnen unterworfene neue und kleinere Lebensraum wurde für mehr als zwei Jahrhunderte Maßstab der Orientierung und zugleich Grenze des Handlungsspielraumes. Nach dem Dreißigjährigen Krieg waren es »nicht die Unternehmer, die den sozialen und wirtschaftlichen Wiederaufbau in die Hand nahmen, sondern die Fürsten. … Die Städte, die jetzt ihre Blüte erlebten, waren eben jene Residenzstädte, in denen der lokale Herrscher sein Klein-Versailles erbaute, in denen die traditionellen Rechte der Bürger unterdrückt wurden und wo Dienstleistungen bei Hofe die ursprüngliche Handwerker- und Kaufmannswirtschaft ersetzten«.[68]

Der Aufbau einer besseren und moderneren Verwaltung (wobei Preußen in vielen Dingen führend war und Österreich zumindest unter Maria Theresia rasch folgte) sollte nicht zuletzt dem Staat mehr Steuern bringen. Physiokratismus und Merkantilismus sollten beide den Bestand der Haushalte, aber ebenso die wirtschaftliche Stabilität der einzelnen Staaten erringen und sichern helfen.[69]

Das war schwer genug angesichts der Kleinheit des Lebensraumes, die bei aller Idylle noch bei Spitzweg abzulesen ist, auch für eine Obrigkeit, die Politik mit besonderer Ängstlichkeit bis weit ins 19. Jahrhundert hinein als ihr eigenes Monopol hütete. Der größte Teil der Bevölkerung lebte kärglich genug von der Landwirtschaft, und die wirtschaftliche Tätigkeit in den Städten konzentrierte sich auf Zünfte, die sich geschlossen hatten, sodass meist nur Nachkömmlinge aus Meisterfamilien eine Chance hatten, wieder Meister zu werden, und in denen der verbitterte Altgeselle das Ende einer ganz normalen Handwerkerkarriere war. In Weimar beispielsweise gab es zur Zeit der Ankunft Goethes keinen Einzigen, der durch Handel oder Industrie zu der Welt hinter Weimar Kontakt hatte. Auch die Großzügigkeit, mit der etwa Friedrich der Große Ausländer nach Preußen holte, hatte erst in zweiter Linie mit religiöser Toleranz zu tun und in erster Linie damit, dass er gar keine andere Chance sah, für Handel und Gewerbe die benötigten Fertigkeiten zu gewinnen.

Bei Münch findet sich ein Dokument, das unter anderem versucht, einen Maßstab für den Reichtum der einzelnen Staaten zu quantifizieren. Der Autor dividiert die Steuereinnahmen durch die Quadratmeilen des jeweiligen Staatsgebietes und kommt auf diese Weise zu Daten, die bei allen Vorbehalten gegen derartige Statistiken der damaligen Zeit doch zumindest von der Tendenz her recht aufschlussreich sind:

»Trägt jede Quadratmeile dem Staat ein …
England: 24 717 Taler
Vereinigte Niederlande: 28 800 Taler
Preußen: 6111 Taler«[70]

Armut und Begrenztheit der Lebenschancen waren bestimmende Elemente der deutschen Lebenspraxis nach dem Dreißigjährigen Krieg und auch noch zu Beginn der Industrialisierung. Harold James weist darauf hin, dass noch 1870 das Bruttoinlandsprodukt pro Kopf in Deutschland nicht mehr als 55 Prozent der vergleichbaren Ziffer im Vereinigten Königreich ausgemacht habe.[71]

Sich in der neuen Bescheidenheit einrichten, zu der Krieg und wirtschaftliche Not geführt haben, war zwingende Notwendigkeit. Zu eng war der Lebensraum geworden, an dem sich Konsistenz von Weltbild und Selbstverständnis zu erproben und zu messen hatte. »Defensive Strategie« nennt das Hans-Ulrich Wehler im ersten Band seiner »Deutschen Gesellschaftsgeschichte«.

Luther hat den Deutschen ein Bewusstsein ihrer nationalen Existenz gegeben, aber auch das göttliche Recht der Könige oder eher jeder etablierten Autorität (»the divine right of any established authority«[72]). Von der Religion kam kein Widerstand, im Gegenteil. Während etwa für die American Lutherans das Problem des Missbrauchs von Macht und Ämtern eine zentrale Rolle spielt, ist für die deutschen Theologen noch des 19. Jahrhunderts nichts anderes als Aufruhr die zentrale politische Sünde.[73] Und die Aussage des Protestantismus, nicht eigene Werke, sondern allein Glaube und Gnade verbürgten das Seelenheil, fügt sich gut zu dem, was auch die Obrigkeit ihren Schäflein beibringen wollte.

Auch die Aufklärung konnte in Deutschland nie eine derartige Änderung des allgemeinen Bewusstseins bewirken wie etwa in Frankreich. Es gab hier keine ausreichende wirtschaftliche Basis, um eine unabhängige, an den eigenen Interessen orientierte, kurz eine utilitaristische Weltauffassung gegen die herrschende Norm durchzusetzen. Das Bürgertum, das Träger solcher Auffassungen hätte werden können, war schwach und wenig selbstbewusst und im Vergleich zum westlichen »geradezu unbürgerlich« (Jürgen Kocka). Helmuth Plessner hat schon 1935 gemeint, Deutschland habe den Zivilisationsschub des 17. und 18. Jahrhunderts in England und Frankreich versäumt.

Aufklärung und Modernisierung bedeuteten aus der Sicht der deutschen Regierenden vor allem Modernisierung der Verwaltung. Bestimmte traditionelle Aufgaben der Kirche wie etwa Erziehung wurden vom Staat gefördert oder sogar übernommen und damit »die Voraussetzungen für die Entstehung des Erziehungs-, Sozial- und Planungsstaates der Moderne gelegt, der sich in den deutschen Kleinterritorien besonders intensiv entwickelte«[74].

Religion und Obrigkeit wirkten zusammen – und hatten in den ungleich engeren Verhältnissen schon mangels Alternativen wie etwa im kaufmännischen England auch entsprechenden Erfolg –, um dem Bürger ein normatives System aufzuzwingen, das sein Denken und sein Verhalten bestimmen sollte und in dem das, was Recht, Sitte oder Moral sein sollte, vor allem von Bescheidenheit und Verzicht bestimmt wurde. Obrigkeit und Religion sorgten ab der Klärung der konfessionellen Verhältnisse nach dem Dreißigjährigen Krieg für »geordnete« Verhältnisse. Da »setzte die Kontrolle und Disziplinierung der alltäglichen Lebensführung ein – durch die Erziehung zu Ordnung, Sauberkeit, Arbeitsamkeit und Pünktlichkeit; durch die Sanktionierung von Fluchen, Trinken, Müßiggang und … liederlicher Lebensführung«[75].

Die deutsche Realität war nicht die einer dem Gewinnstreben und dem eigenen Nutzen offenen Welt, sondern die einer kleinen Welt, die Anpassung und Selbstbescheidung verlangte. Das Gleichgewicht zwischen dieser Welt und der eigenen Identität wurde im England dieser Zeit durch Wachsen des Selbstbewusstseins in einer grenzenlos gewordenen Welt hergestellt, in der es die eigenen Chancen zu nutzen galt, in Deutschland dagegen durch Anpassung des Bewusstseins und der Ansprüche an bescheidene Verhältnisse.

Die Staatenlenker glaubten, das Bewusstsein ihrer Mitbürger einer eng und arm gewordenen Welt anpassen zu müssen. Und deshalb predigten sie die deutschen Tugenden. Sie taten es, weil sie ihre Bürger sparsam, wirtschaftlich erfolgreich und politisch gehorsam sehen wollen. Das war der subjektiv rationale, nach damaligem Verständnis einzig mögliche Versuch einer Anpassung an die ökonomischen Nischen, die in den einzelnen deutschen großen oder kleinen Staaten übrig geblieben waren. Diese Staaten glaubten schon damals helfen zu müssen, glaubten erziehen zu müssen, glaubten den ordentlichen, fleißigen, sparsamen und natürlich auch gehorsamen Bürger schaffen zu müssen. Zu Recht hat die Theorie für das damalige Verhalten der Herrscher gegenüber ihren Untergebenen den Begriff der Sozialdisziplinierung geprägt. Sie haben sich bemüht, die nachmals sogenannten deutschen Tugenden nachhaltig in der deutschen Mentalität zu verankern. Der deutsche Sonderweg (und so vieles an Tragik der deutschen Geschichte) beginnt mit dem Erfolg, den sie dabei hatten.

3.3.2 Die Flucht aus der Enge: Zum Staat und in die Romantik

Auch »eine Politik, die sich nicht ausschließlich der Repression bedient, sondern gleichzeitig um die Wohlfahrt der Bürger besorgt ist«[76], kann autoritär sein. Gleichzeitig war das (relative) Wohlergehen des Bürgers fester Bestandteil der damaligen Formen des sozialen Tausches: Die viel berufene »gute Policy« sollte jeden an seinem Platz halten, weil das die einzige Möglichkeit zu sein schien, ihn auch in Arbeit und Brot zu halten, ob nun als höriger Bauer, als Hoflieferant, als Beamter oder als Handwerker im Rahmen der zünftischen Ordnung. Aufrechterhaltung der bestehenden Ordnung sollte zugleich auch Sicherung der nicht anders gekannten Formen des Lebensunterhaltes sein.

»Der Freischütz« gilt als die erste deutsche Oper. Das ist sie wohl auch, in ganz besonderer Weise. Es ist nicht nur Zynismus, wenn man den Inhalt darauf reduziert, dass sich ein Anwärter auf das Amt des Försters mit dem Teufel verbündet, um es ja sicher zu bekommen. (Keine nationale Selbstquälerei: Eine typisch englische Oper wie »Peter Grimes« handelt davon, dass ein armer Fischer aus Geldgier zwei junge Gehilfen unabsichtlich, aber doch zu Tode schindet.)

Nicht vom Bewähren im Markt, sondern von den Mächtigen wird die Sicherung des Lebensunterhaltes erwartet. Von daher rührt ein spezifisch deutsches, patriarchalisches Verständnis von der Obrigkeit. Ihre Herrschaft wird auch deshalb nicht in Frage gestellt, weil sie sich kümmert. Dieses Verständnis hat die Revolution des Jahres 1848 überdauert, hat in der Bismarck'schen Sozialgesetzgebung ihren Ausdruck gefunden und wirkt noch heute im Verständnis des modernen Sozialstaates nach.

Dazu kommt ein Tauschmechanismus, der der Logik normativer Systeme folgt. Soziale Zugehörigkeit wird durch die Anpassung an gemeinsame Normen begründet, die im konkreten Fall Unterordnung beinhalten. Aber dafür gibt es Anerkennung der bürgerlichen Ehre und Würde. Die bürgerlichen Tugenden entstehen in einem wechselseitigen Prozess der Prägung, der Akzeptanz und der Anerkennung, als Gegenleistung für die Anpassung an die notwendige Bescheidenheit. Ludwig Börnes hartes Urteil, der Deutsche könnte frei sein, aber er wolle es nicht, unterstreicht zumindest, dass man sich dabei durchaus wohlfühlen kann. Ein Weltverständnis, das Beschränkung auf den eigenen vorgegebenen Wirkungskreis als Gebot der Vernunft und der Moral, Bescheidenheit als Notwendigkeit und Disziplin als Strategie nicht nur zur Wahrung von Gemeinsamkeit, sondern auch als Basis der eigenen Ehre versteht, ist nicht nur konsistent mit dem Rückzug auf die verbliebene ökonomische Nische, sondern begründet auch ein ganz besonderes, eigenes Selbstverständnis. »Seine Freiheit aber wahrte der Deutsche darin, … dass er sich vom Eigenwillen zu befreien suchte im Dienst am Ganzen«, hat Dietrich Bonhoeffer 1943, zwei Jahre vor seiner Hinrichtung durch die Nazis, geschrieben[77], und da hatte er die nie erwarteten und trotzdem furchtbaren Konsequenzen dieser Einstellung bereits vor Augen.

Von den Intellektuellen war wenig zu erhoffen. »Der deutsche Intellektuelle des 18. Jahrhunderts war in einem eindimensionalen System gefangen. Wohin er sich auch wandte, begegnete er dem Staat. Weder die Universität noch die Kirche boten ihm die Möglichkeit der Unabhängigkeit. Die … wichtigste Folge der despotischen Verfassung weiter Teile Deutschlands im 18. Jahrhundert war die Tatsache, dass der Beamtenstand sich praktisch nicht nur mit der politisch bedeutsamen Mittelschicht deckte, sondern auch mit der Schicht der Intellektuellen.«[78]

Ein Markt für Literatur bildete sich erst allmählich. Selbst der Sensationserfolg seines »Werther« konnte Goethe nicht dazu bewegen, als freier Schriftsteller sein Glück zu versuchen. Er zog den – in seinem Fall freilich recht privilegierten – Dienst an einem Fürstenhof einer solch unsicheren Existenz vor. Wer mehr werden wollte als Hauslehrer, musste in den Staats- und damit Fürstendienst oder an eine Universität, was auf nicht viel anderes hinauslief.

Umso eindrucksvoller sind die Leistungen, die unter solch schwierigen Umständen an den deutschen Universitäten erbracht wurden. Kant hat die Möglichkeiten und Grenzen menschlicher Erkenntnis präziser ausgelotet als jeder andere vor ihm. Aber berufen haben sich Befugte und Unbefugte später vor allem auf den von ihm neu gefassten und neu begründeten Begriff der Pflicht und des kategorischen Imperativs – also vor allem auf das, was den Bürger an seine Pflichten erinnern sollte.

Hegel hat die Selbstverwirklichung des Menschen in seiner Arbeit und die Dialektik historischer Prozesse erkannt und beschrieben. Aber er hat auch den Staat als Verkörperung der sittlichen Idee und als das an und für sich Vernünftige bezeichnet und gemeint (in seinen »Grundlinien der Philosophie des Rechts«), dass im Staat »… die Freiheit zu ihrem höchsten Recht kommt, so wie dieser das höchste Recht gegen die Einzelnen hat, deren höchste Pflicht es ist, Mitglieder des Staates zu werden«.

Habermas hat zu Recht darauf hingewiesen, dass es Hegel nicht zuletzt darum gegangen sei, die Verwirklichung der Vernunft in der Geschichte allein dem Weltgeist und seiner dialektischen Entwicklung anzuvertrauen. »Hegel will die Revolutionierung der Wirklichkeit ohne Revolutionäre.«[79] Sibylle Tönnies hat mit nicht weniger Recht unterstrichen, dass Hegel die Leistungen des preußischen Staates vor Augen hatte, die dieser (wenngleich vieles davon nur angesichts der napoleonischen Herausforderung) in kurzer Zeit vollbracht hatte: Bauernbefreiung, Trennung von Justiz und Verwaltung, Zugang der Bürgerlichen zu Offiziersstellen und Besitz von Gütern, bürgerliche Rechte für Juden und Reform der

Bildung. »Die durch Hegel markierte Hochachtung des Staates war deshalb nicht Ausdruck kritiklosen Götzendienstes, sondern begründete Anerkennung.«[80]

All dieses geistesgeschichtliche Einordnen und Zurechtrücken ändert nichts daran, dass Kant wie Hegel missbraucht werden konnten und auch tatsächlich furchtbar missbraucht wurden. Aber die Behauptung einer geraden Linie deutscher Geschichte, die von Friedrich dem Großen über die deutschen Philosophen zu Bismarck und gleich weiter zu Hitler führe, ist nichts anderes als die kritik- und gedankenlose Übernahme genau jener unsauberen Konstruktion von Identität und Tradition, mit der die Nationalsozialisten Deutschland lange genug beeindruckt haben. Mehr Beachtung verdient vielmehr der Hinweis von Habermas auf Hegels »furchtsamen Pessimismus seiner letzten politischen Schrift, weil der Zweifel aufkommt, ob nicht Frankreich und England eher als Preußen die Wirklichkeit repräsentieren, in die sich das herrschende Prinzip der Geschichte am tiefsten eingebildet hat«[81].

Ohnedies gab es auch ohne Hegel und Kant eine ganz besondere Form der mentalen Bewältigung von Armut, Enge und staatlicher Tugendvermittlung – die deutsche Romantik. Und die war viel: Angst vor dem sich herausbildenden Kapitalismus, Verklärung des Mittelalters ebenso wie soziale Utopie. Wenn die Erlösung in der Religion nicht mehr geglaubt wird, will man seine eigenen Träume anderswo verankern, und sei es um den Preis der Verdrängung der Wirklichkeit. Denn die Romantik war zugleich auch Traum von einer besseren Welt. Diese bessere Welt wollte man in der Kunst schaffen und die wirkliche nach ihr dann umgestalten: »Die durch diese Schöpfung (die Kunst) entstehende Welt ist uns nicht mehr bloß Gegenstand – sie ist Teil von unserem Dasein – unser Dasein selbst; wir leben in ihr und bauen die wirkliche Welt uns nach ihrem Maßstabe.«[82] Das war das Programm, mit all der Ambivalenz seines utopischen Potenzials. Als Georg Lukács in seinem Buch »Die Zerstörung der Vernunft« die Romantik gemeinsam mit dem Irrationalismus zur Vorläuferin des Faschismus erklärte, fand er dafür Gründe.

Zudem war für die Romantiker das Mittelalter »das eigentliche Idealzeitalter deutscher Geschichte, wo der christlich-germanische Geist die Welt beherrscht hatte, wo ein Hirt gewesen war und eine Herde, ein Gott, ein Reich und ein Kaiser«[83]. Für die Romantiker »gab es keine anderen Gliederungen des Volkes als die natürlichen des Mittelalters«[84].

Der Mensch will nicht die Enge, sondern auch und gerade dann, wenn er in ihr gefangen ist, einen Sinn dieses Lebens und Weite des Horizonts. Er will aus der Enge der Verhältnisse heraus. Den Engländern gelang dies in einem sehr direkten Sinn. Ihr Weg führte sie auf die Weltmeere, in wirtschaftlich günstigere Verhältnisse und in eine neue andere Gesellschaft. In Russland war es länger als anderswo die Religion, die für viele die Überwindung der eigenen erbärmlichen

Existenz möglich machte. Der russische Bauer nannte sich statt Bauer lieber Krestjanin, Kreuztragender. Hier war das normative System der Religion für lange Zeit der einzige Fluchtweg – nicht viel anders als im späten Römischen Reich. Und in Deutschland endete der Fluchtweg in einem rückwärtsgewandten Idealbild, aus dem man Hoffnung und auch Selbstverständnis, und damit Identität, gewann. Rüdiger Safranski hat seinem Buch über die Romantik den Untertitel »Eine deutsche Affäre« gegeben, und das war sie zutiefst, ungeachtet so mancher Ähnlichkeiten anderer europäischer Kunst- und Stilrichtungen.[85]

Die Eigenheit dieser Strategie zeigt sich geradezu exemplarisch bei Hölderlin. Seine Welt kann man trotz einiger Annäherung an die frühen Jakobiner nicht an Revolution und Aufklärung festmachen. Nicht an grundsätzlich neue Ideen hat er geglaubt, sondern an die alten mit Kraft und Naivität. Er holt das ganze Christentum und die ganze Götterwelt der Griechen in seine Heimat, in sein Leben herein und macht so seine Welt groß. Bei Hölderlin ist »die Zerrissenheit des Lebens durch den Geist der Schönheit geheilt«, und bei ihm sind »Kunst und Schönheit mäßigende Kräfte, die es ermöglichen, … das Schicksal zu überwinden«[86]. Genau das ist die Technik der Identitätsfindung, die die deutsche Romantik auszeichnet. Aber Hölderlin war auch deutsch bis hin zum im Wortsinn Unsagbaren: »Mein Herz wird zum untrüglichen Kristall, darin das Licht sich brechet, wenn Deutschland …« Er hat diese Verszeile nicht vollendet, hier versagte seine Formulierungsgabe vor seiner Begeisterung. Aber das entspricht nur dem Wesen der Romantik. »Das Erhabene wird gerade darin deutlich, dass der Einbildungskraft jedes Maß fehlt, es zur Anschauung zu bringen.«[87]

Die deutsche Romantik hat ihren genauen Stellenwert als eine im Politischen nicht machbare, daher in der Kunst artikulierte Reaktion auf die vorgefundene Gesellschaft. Diese Reaktion war nicht nur Flucht, sondern ebenso Ausgleich und Bemühen, in einer ärmlichen Welt eigene Größe zu gewinnen, der Versuch, Selbstbewusstsein und Identität der äußeren Bescheidung abzutrotzen. Die Romantik war genauso Ausbruch aus einer kleinen Welt in die Utopie wie ein Einrichten in eben dieser Welt. Jean Paul nahm in sein künstlerisches Programm die »Darstellung des Vollglücks in der Beschränkung« hinein.

Die Romantik war ein Versuch, in der Verklärung der bestehenden Welt, in der Vorstellung solidarischer Gemeinschaft einen Ausgleich für die Sorgen und Mühen des Alltags zu finden, der von Pflicht, Ordnung und Gehorsam geprägt war. Die Romantik machte das spezifisch normative System des kleindeutschen Absolutismus erst leidlich stabil. Ihr gelang es, die Konsistenz zwischen Individuum und Welt statt in der Realität in der Interpretation der Realität herzustellen.

3.3.3 Vom staatlich genehmigten Nationalismus zum neuen Kaiserreich

3.3.3.1 Eine unterbliebene und eine halbherzige Revolution

Es gibt viele Gründe, warum die Französische Revolution von 1789 in Deutschland so auffallend wenig Widerhall gefunden hat. Aber einer der wichtigsten war wohl, dass ein Dritter Stand, der wie in Frankreich die Initiative an sich gerissen hätte, »ein Bürgertum der Händler, Freiberufler, Ärzte, Advokaten, Journalisten, Grundbesitzer und zum Teil auch Fabrikanten … in dieser Form in Deutschland praktisch nicht existierte«[88].

Erst angesichts der napoleonischen Herausforderung wurden in Deutschland Vaterland und Nation zu Begriffen, an denen sich Identifikation herausbilden und festmachen konnte. Michael Jeismann[89] hat gezeigt, wie sehr die Nation ihre Identifikation als Gemeinschaft erst in der Abgrenzung gegen das Fremde gefunden hat. Noch im 18. Jahrhundert war Nationalismus in Deutschland um nichts stärker ausgeprägt als sonstwo. Die schweren Niederlagen Preußens gegen Napoleon 1806/07 hingen auch damit zusammen, dass die Mannschaften, meist aus Taglöhnern und nicht erbenden Bauernsöhnen rekrutiert, nur mithilfe drakonischer Strafen überhaupt gefechtsbereit zu halten waren. Fast vierzig Prozent von ihnen waren 1806 gar keine Preußen, viele zwangsweise angeworben und stets zur Desertion geneigt.[90] Deshalb warb August von Gneisenau 1808 für eine freiere Verfassung mit dem Argument, es sei »billig und staatsklug zugleich, dass man den Völkern ein Vaterland gebe, wenn sie ein Vaterland kräftig verteidigen sollen«.

Die napoleonische Bedrohung ließ den Nationalismus auf einmal erwünscht werden, zur Unterstützung einer entschlosseneren Kriegsführung. Einmal erwacht, wurde er von Poeten und anderen Intellektuellen kräftig gefördert und Bestandteil des deutschen Selbstbewusstseins. Fichte forderte in seinen »Reden an die deutsche Nation«, die während der französischen Besatzung gehalten wurden und begeisterte Zuhörer fanden, die »sittliche Wiedergeburt des Volkes als Vorbedingung der politischen Wiedergeburt«.

Die einzelnen Staaten reagierten freilich recht unterschiedlich. Metternich versuchte in Österreich als fast allmächtiger Staatskanzler, die alte Ordnung aufrechtzuerhalten, wenngleich durch Unterdrückung aller Ideen, die auch nur im Geringsten nach Neuerung rochen. Österreich hat dafür einen hohen Preis bezahlt, den Verlust jeglicher Dynamik und Verzicht auf Fortschritt. Während die Habsburger über Jahrhunderte eine entscheidende Rolle bei der Gestaltung Europas gespielt hatten, fiel ihre Monarchie ab da immer weiter zurück, zur Verzweiflung gerade ihrer Besten. Franz Grillparzer hat das recht drastisch ausgedrückt: »… diß Land der Erbärmlichkeit, des Despotismus, und seines Begleiters der dummen Stumpfheit, … wo Vernunft ein Verbrechen ist, und Aufklärung der gefährlichste Feind des Staates, wo ein Schwachkopf auf dem Thron und Esel an seiner Seite und Diener in seinem Sinne höchstens die kahle Mittelmäßigkeit keimen lassen, das Ausgezeichnete aber ausrotten, weil sie fürchten von ihm überwachsen zu werden.«[91]

In Preußen, so Matthew Levinger, hat sich dagegen bei Herrschenden und Beherrschten gleichermaßen die Erkenntnis durchgesetzt, dass es notwendig sei, ein wenigstens in den tragenden Strukturen einheitliches, innerlich homogenes Staatswesen und damit die untrennbare Einheit von König und Volk zu schaffen, um gegenüber künftigen Herausforderungen besser gerüstet zu sein als gegenüber der napoleonischen.[92] Dieses Ziel richtete sich auf die Schaffung einer Einheit, die zunehmend als nationale Einheit verstanden wurde. Der spätere Erfolg Preußens bei der Einigung Deutschlands hing auch mit der Attraktivität dieses Konzeptes zusammen.

Der Revolution von 1848 ging eine mehrjährige europäische Agrar- und Gewerbekrise voraus, verursacht auch durch die wachsende Bevölkerung, für die es nicht genug Arbeit gab. Die Krise wurde verschärft durch wiederholte Missernten und akzentuiert durch die ersten Maschinenstürmereien von Arbeitern, die ihr gutes altes Recht auf Arbeit und Brot gefährdet sahen. Die Bürokratien in den einzelnen Ländern waren wie stets stark im Reglementieren und Einmischen in alles und jedes, aber völlig hilflos gegenüber den Veränderungen der neuen Zeit. Nationale und Liberale forderten Pressefreiheit, eine Verfassung mit einem Parlament, das ihnen Mitsprache möglich machen sollte, und einen deutschen Bundesstaat anstelle eines bloßen Staatenbundes. Der Nationalismus trieb so manche Blüten: Die badischen Revolutionäre meinten, man solle auf den Tabak verzichten, um mit dem eingesparten Geld den Bau einer deutschen Flotte zu beginnen. Aber allen teilweise recht saftigen Sprüchen zum Trotz (etwa: »Schmeißt die Konkubinen aus dem Pfaffenbett, schmiert die Guillotine mit Tyrannenfett«) wollte man zwar stärker mitreden, nicht aber das System der Fürstenherrschaft von Grund auf in Frage stellen. Und als auch das Proletariat Rechte für sich forderte, waren Nationale und selbst viele Liberale recht rasch wieder auf der Seite von Recht und Ordnung und damit auf der Seite der Herrschenden. Nicht zu Unrecht spricht daher Brendan Simms von der Niederlage der Nation und dem Triumph des Staates, um das Resultat von 1848 zu charakterisieren.[93]

3.3.3.2 Die Erfindung der nationalen Traditionen

1871 hat dann der Nationalismus doch gesiegt – zumindest wurde die Gründung des neuen deutschen Kaiserreichs durch Bismarck nach den erfolgreichen Kriegen gegen Österreich und vier Jahre später gegen Frankreich allgemein so interpretiert. Wer wollte schon der allgemeinen Begeisterung widerstehen? Denn die Frage, ob und wer aller dieses Kaiserreich gewollt hatte, ging unter in der

Überzeugung, einen historischen Prozess glorreich abgeschlossen zu haben. Aber dieses neue Reich musste sich seine Leitbilder, seine Werte, seine Verhaltenscodes und seine Ausdrucksformen erst zusammensuchen. So einfach war es gar nicht, die auf viele Kleinstaaten, preußische, bayerische und andere Könige, freie Städte und auf habsburgische Kaiser verteilte Loyalität der letzten Jahrhunderte zu einer gemeinsamen Kontinuität zusammenzufassen.

»Die deutsche Nation erfand sich, als sie staatlich geeinigt war, eine neue Geschichte, um diesen Geschichtsbruch als Ergebnis der Geschichte verstehen und rechtfertigen zu können. Das Neue, die staatliche Einheit der deutschen Nation, musste im Geschichtskostüm daherkommen, um die Geschichte sich gefügig zu machen, … Das geschah so wirkungsmächtig, dass nahezu jeder, der von deutscher Nation spricht, bis heute den deutschen Nationalstaat meint. Dieser junge Geschichtsspross hat es geschafft, die Vergangenheit so umzudeuten, dass er als ihre Erfüllung erscheint und damit auch die Zukunft vorgibt.«[94]

Daher wurde auch alles so gierig aufgesogen, was geeignet schien, die eigene Geschichte rückwärts in die Tiefen der Vergangenheit zu verlängern, die Geschichte der Nibelungen, die von Wagner kräftig ausgeschlachtet und zugleich popularisiert wurde, ebenso wie die alten germanischen Sagen der Edda, die so schön von Heldentum erzählen. Des Tacitus Bericht über die alten Germanen wurde jetzt als Erinnerung an die eigenen Vorfahren gelesen und die salischen und staufischen Kaiser zu direkten Vorfahren des jetzigen Kaisertums erklärt. Und auch das Neue wurde gerne instrumentalisiert. Von den Fraunhofer'schen Glasprismen bis zur Elektrotechnik von AEG oder Siemens fand man überall Beweise für die einzigartige Verbindung deutschen Forscherdranges mit deutscher Handwerkskunst. (Im Übrigen hatte beides schlimme Folgen. Der in Edda und Nibelungensage präsente Untergangsmythos wurde zu einem unheilvollen Leitmotiv, und der Glaube an die Überlegenheit deutscher Technik führte zur Unterschätzung anderer Leistungen, bis man im Ersten Weltkrieg durch die Tanks und im Zweiten Weltkrieg durch britisches Radar und Sonartechnik unsanft aus diesen Überlegenheitsträumen gerissen wurde.)

Staatsmänner, Poeten, Lehrer und Professoren, Journalisten und Geschichtsschreiber wirkten zusammen, um dieses Bild von der Kontinuität eines alten, ehrwürdigen und mächtigen deutschen Reiches zu schaffen. Es gelang sogar, und das war das unheilvoll Zukunftsmächtige, die alten Bindungen und alle damit verbundene Loyalität auf das neue Reich zu übertragen. Die normativen Mechanismen, die sich in den Teilstaaten entwickelt hatten, blieben auf diese Weise dem neuen Kaiserreich erhalten. Unter dieser Perspektive wird die Kernaussage von Heinrich August Winkler verständlich, der Mythos vom Reich sei eine der wichtigsten Brücken zwischen Hitler und großen Teilen des gebildeten Deutschland gewesen.[95]

Für Nicholas Boyle ist Deutschland bis in die Zeit nach dem Zweiten Weltkrieg ein nur teilweise moderner Staat. In Deutschland sei die individuelle Identität an die Nation und nicht an die Wirtschaft gebunden gewesen, im Gegensatz zu England, wo die Handelsschichten den Ton angegeben hätten und die Identität der Individuen ökonomisch geprägt worden sei.[96] Verstehen wir das als das Bewahren normativen Selbstverständnisses und normativer Tauschmechanismen in Deutschland, während sich im Westen die modernere Nutzenorientierung in Individuen und Gesellschaft früher und stärker durchgesetzt hatte. Genau das ist meiner Meinung nach der Kern des sogenannten deutschen Sonderwegs.

3.3.3.3 Bürger im neuen Reich und in der neuen Gesellschaft

Allmählich gab es in diesem Reich auch immer mehr Bürger-Unternehmer und Angehörige freier Berufe, leitende Angestellte, Professoren, Journalisten, alte städtische Oberschichten und die rasch zunehmende höhere und mittlere Beamtenschaft. Aber in Deutschland gewann das Bürgertum kein eigenständiges Bewusstsein. Um mit Hans-Ulrich Wehler zu sprechen: hinter diesem »amorphen Begriff« des Bürgertums steckte eine »Vielzahl von distinkten Lebensformen«.

Die Herausforderungen für dieses Bürgertum hätten größer kaum sein können. Wehler spricht von der in der Weltgeschichte bisher einmaligen Revolution des gesamten Wirtschaftslebens mit allen seinen gesellschaftlichen, politischen und wirtschaftlichen Folgen[97], Volker Ullrich vom rapiden technischen Wandel, der den Menschen ein bisher ungekanntes Maß an Mobilität und Veränderungsbereitschaft abverlangte.[98] Aber in einem Staat, in dem in alten Bildern gedacht wurde, in dem die Nutzenorientierung des wirtschaftlichen Handelns und seine Praxisbezogenheit noch genauso wenig Fuß gefasst hatte wie ein auf Freiheit und Individualität gegründetes Menschenbild, reagierte man auf diese Veränderungen anders.

In Deutschland führte die Veränderung der wirtschaftlichen Verhältnisse nicht gleich zu einer Veränderung der Gesellschaft und ihrer Verhaltensnormen, sondern zunächst zum Versuch der Eingliederung des Neuen in die vorhandenen Strukturen. Der hohe soziale Status des Militärs führte dazu, dass auch Fabriken wie Kasernen organisiert wurden. Man dachte schließlich in den herkömmlichen Kategorien. So manche Unternehmer verstanden sich selbst als eine besondere Form von Offizieren, wie bis lange in die Zeit nach dem Zweiten Weltkrieg zu bemerken war. »Die deutsche Gesellschaft war zugleich industriell und militärisch, industriell und feudal.«[99] Und so gab es im deutschen Kaiserreich zwar eine außerordentliche wirtschaftliche, aber keine gesellschaftliche und soziale Modernisierung. Deutschland hat die neue Wirklichkeit mit alten Bewusstseins- und Verhaltensmustern zu bewältigen versucht, während in England wirtschaftliche und gesellschaftliche Veränderungen im Gleichschritt mit der Entwicklung eines neuen Bewusstseins verliefen.

Und so unternahm angesichts dieser vielfältigen Herausforderungen so mancher dieser Bürger den Versuch, drei völlig unterschiedliche Steuerungsmechanismen in einer persönlichen Existenz zu verbinden: Nutzenorientiert handelt er im beruflichen bzw. geschäftlichen Erwerbsstreben. Innerhalb der Familie verhält er sich, wie es den Verhaltensweisen in personalen Strukturen entspricht, und pflegt den bürgerlichen Familiensinn. Und gegenüber dem Staat ist er Patriot und hält auf Recht und Ordnung: »… man rettet seine Haut durch räumliche und zeitliche Segmentierung, … um wenigstens innerhalb dieser Parzellen den üblichen Konsistenzforderungen gehorchen zu können.«[100]

Es ist nur konsequent, dass dieses Bürgertum zum dankbaren Objekt der Psychoanalyse wurde. Psychoanalyse ist ja nicht zuletzt Analyse des Zusammentreffens verschiedener Steuerungsmechanismen im menschlichen Bewusstsein bzw. Unterbewusstsein, das eben wegen dieser vielfachen Konkurrenz mit seiner Identität nicht mehr ins Reine kommt. Ich, Es und Über-Ich geben recht gut nicht nur verschiedene Ebenen des Ichs wieder, sondern zugleich die Prägung des Individuums durch unterschiedliche, miteinander konkurrierende Steuerungsmechanismen sozialer bzw. individual-psychologischer Natur. Nietzsche hat das schon vor Freud recht klar gesehen: »Die deutsche Seele ist vor allem vielfach, verschiedenen Ursprungs. … Ein Deutscher, der sich erdreisten wollte, zu behaupten, zwei Seelen wohnen ach in meiner Brust, würde sich an der Wahrheit arg vergreifen, richtiger, hinter der Wahrheit um viele Seelen zurückbleiben. … Der Deutsche selbst ist nicht, er wird.«[101]

Ist es da verwunderlich, dass auch die Arbeiterschaft ein gespaltenes Bewusstsein hatte? Sie erwartete die Durchsetzung ihrer Rechte nicht bloß im Kampf gegen diesen Staat, sondern ebenso von diesem Staat. Sozialistengesetze, die besser Antisozialistengesetze heißen sollten, und Sozialgesetzgebung passen in Deutschland bruchlos zusammen. Mitreden lassen will der autoritäre Staat nicht, helfen und unterstützen versteht er dagegen nach den alten Mustern sehr wohl als seine Aufgabe. Diese Arbeiterschaft hatte wenig Einkommen und wenig Chancen. Und trotzdem war auch sie keine einheitliche, homogene Klasse, weder in ihren Lebensbedingungen noch in der Definition ihrer Ziele.[102] Und radikal war man nur in der Theorie … »Die sozialistische Gegenwelt war nicht so sehr bestimmt durch ihren Widerspruch … als durch Anpassungsbereitschaft und Aufstiegswillen. Ihre Wurzeln lagen im alten Handwerk, in der jahrhundertealten Halblegalität der Gesellenbruderschaft und in deren Streben nach Ehrlichkeit, Wohlanständigkeit und Reputation bei gesicherter Nahrung … Ein gerechter Preis und ein im Wortsinn anständiges Leben, das waren die über Generationen geltenden Eckwerte.«[103] Die alte Ordnung hielt und wurde respektiert, auch weil in ihr die alten patriarchalischen Vorstellungen eines sozialen Tausches von Gehorsam und Respekt einerseits gegen Versorgung andererseits aufrecht geblieben und verinnerlicht worden sind.

Manchen Zeitgenossen war das Übertriebene an dieser Ordnung, die Ferne von eigener Individualität, durchaus bewusst. Theodor Fontane hat (in seinen »Causerien über Theater«) vorgeschlagen, die Deutschen sollten doch ihre »Weltstellung als Generalpächter der Sittlichkeit« aufgeben. Mommsen hat in seinem Testament geschrieben: »Ich wünschte, ein Bürger zu sein. Das ist nicht möglich in unserer Nation, bei der der Einzelne, auch der Beste, über den Dienst im Gliede und den politischen Fetischismus nicht hinauskommt.«[104] Wie tröstlich, in einer Arbeit über lebensweltliche Sozialmilieus in Westdeutschland 1991–1995 zu lesen: »Der nach oben blickende, enge und quasi servile Habitus der traditionellen Kleinbürger umfasst nur noch (!) 22 Prozent.«[105] Man kann darüber spekulieren, welche Werte man im Kaiserreich erhalten hätte.

3.3.3.4 Wie aggressiv war dieses Reich?

Bismarck, Kanzler dieses neuen Reiches, hat bewusst die nationale Karte gespielt, als es darum ging, die Siege gegen Österreich und dann gegen Frankreich innenpolitisch zu instrumentalisieren. Andererseits hat er in der Folge Konfrontationen mit anderen Staaten im Allgemeinen vermieden und war um stabile Verhältnisse in Europa bemüht. Zu diesem Zweck hat er auch quer durch Europa Bündnisse und Verträge gesucht und abgeschlossen. »In Friedenszeiten halte ich es für mutwillige Selbstschwächung, sich Verstimmungen zuzuziehen oder solche zu unterhalten, ohne dass man einen praktischen politischen Zweck damit verbindet«, schrieb Bismarck 1857 und ließ es in seinen Erinnerungen, wohl für seine Nachfolger gedacht, wieder abdrucken.[106]

Aber schon in seiner Zeit wuchsen die Kräfte, denen das Erreichte nicht mehr genug war. Entsprechend der alten Binsenweisheit, wonach erfüllte Wünsche nicht Zufriedenheit, sondern immer neue Wünsche auslösen, reagierte man auf die neuen Verlockungen. So groß und bedeutend wie alle anderen wollte man sein. Großmächte wie England und Frankreich hatten Kolonien, also wollte man selbst welche. Sie hatten eine mächtige Flotte, also wollte man selbst auch eine. Bismarck betrieb Kolonialpolitik betont lustlos und die Bemühungen um eine gewaltige Flotte begannen erst nach ihm. Bismarck wusste um die expansiven Tendenzen, die sich breitmachten. »Sie wollen mich in den Krieg drängen und ich will den Frieden. Einen Krieg vom Zaun brechen wäre frivol, wir sind kein Raubstaat, der Krieg führt, nur weil es eben einigen konveniert«, hat Bismarck dem österreichischen Kronprinzen Rudolf gesagt.[107]

Kaum war Bismarck 1890 entlassen worden, wurde Russland die von diesem dringend gewünschte Verlängerung des seit 1887 bestehenden deutsch-russischen Rückversicherungsvertrages verweigert. Auch sonst leistete man sich eine Reihe von Fehlern, die letztlich Deutschland in den Gegensatz zu den anderen bedeutenden Mächten trieben.[108] Aber diese Fehler waren oft nichts anderes als die

Ergebnisse der Kombination von Großmannssucht, eigenen Interessen, die als nationales Interesse verkleidet wurden, übertriebenen Träumen und zwanghaften Vorstellungen, die der Katastrophe vorangingen. Es war vor allem die Stahlindustrie, die das von Alfred von Tirpitz initiierte Flottenbauprogramm massiv unterstützte. Schließlich brachte es bessere Auslastung für die deutschen Stahlwerke, und es war das Bürgertum, das die notwendige politische Begeisterung dafür aufbrachte. Die Konservativen dagegen waren, anders als es der klassischen Schuldzuweisung entspricht, eher misstrauisch bis ablehnend und wollten stattdessen steuerliche Erleichterungen für die Landwirtschaft.

Rein wirtschaftliche Interessen spielten überhaupt eine große Rolle bei der Verschlechterung internationaler Beziehungen. Nach Erschließung der großen nordamerikanischen Ebenen durch die Eisenbahn wurde amerikanisches Getreide in Europa massiv billiger angeboten. Ab 1874 deckten die USA mehr als die Hälfte des gesamten Weizenbedarfs von Großbritannien, das früher weit stärker in Europa eingekauft hatte. Die Folge war eine Krise der Landwirtschaft in ganz Europa. 1885 und 1887 erhöhte Deutschland drastisch die Zölle für Weizen und Roggen, was die russischen Getreideexporte erheblich beeinträchtigte und die diplomatischen Beziehungen zwischen Russland und Deutschland schwer und folgenreich belastete. Auch die nachhaltige Verschlechterung der österreichisch-serbischen Beziehungen ergab sich erst, nachdem die Ungarn den Export der serbischen Schweine in die Donaumonarchie unterbunden hatten, um den Absatz der ungarischen Produzenten zu sichern.

Früher einmal, nach den Verheerungen der napoleonischen Kriege, hatte man in Europa eine gewaltfreie Form des Miteinanders versucht. Der Wiener Kongress hatte sich bemüht, die ständige gegenseitige Bedrohung durch einen Multilateralismus zu überwinden, der auf wechselseitige Zusicherung der vereinbarten Grenzen, auf friedlichen Interessensausgleich und gütliche Abstimmung zielte. Dieses Metternich'sche System hat – bei aller innenpolitischen Problematik – einige Jahrzehnte Frieden gebracht. Es ist am Erstarken der nationalistischen Bewegungen und auch daran gescheitert, dass nationale Politik immer weniger als notwendiger Beitrag zum gemeinsamen Frieden und immer mehr als Instrument der Interessen des aufstrebenden Bürgertums der einzelnen Nationen verstanden wurde.

Ab Ende der Achtzigerjahre des 19. Jahrhunderts betrieben fast alle europäischen Mächte eine Politik, die nachträglich zu Recht als Imperialismus qualifiziert worden ist. Immer hemmungsloser ging es um neue Kolonien, um die Eroberung und wirtschaftliche Ausbeutung neuer Länder – und auch darum, das eigene Proletariat ruhig zu stellen. Cecil Rhodes, einer der Übleren, hat es trotzdem auf den Punkt gebracht: »Wer den Bürgerkrieg vermeiden will, muss Imperialist werden.« Die Expansion nach Übersee verwandelte sich in einen wilden Wettlauf der Mächte gegeneinander. Der Fieberwahn erfasste alle, nicht nur Deutschland. Und Angst hatten sie alle vor einer Invasion der jeweils anderen: die Russen vor den Deutschen, die Deutschen vor den Russen, Franzosen und Deutsche ohnedies wechselseitig, und sogar England vor den Deutschen. In Deutschland fürchtete man außerdem, die großen Reiche England, USA und Russland könnten mit ihrer expansiven Kraft und dem Gewicht ihres Handels und ihrer Industrie die kleineren Staaten einschnüren und wirtschaftlich ruinieren. So dachten Ökonomen wie Gustav Schmoller oder Adolph Wagner und Soziologen wie Max Weber, und mit ihnen viele andere. Flotten- und Außenpolitik wurden davon maßgeblich beeinflusst.[109] Deutschland fühlte sich zunehmend eingekreist, nicht zuletzt durch das 1913 vorgestellte russische Militärprogramm, wonach die russische Armee binnen vier Jahren dreimal so groß sein sollte wie die deutsche. Aber auch unter den deutschen Politikern des beginnenden 20. Jahrhunderts gab es genug, die für Mäßigung eintraten. »Die Flotte, das ist die größte Gefahr … Die Flotte vermehrt die Zahl unserer Feinde, wird aber niemals stark genug sein, um sie zu besiegen«, schrieb Friedrich von Holstein[110]. Und der deutsche Kanzler Theobald von Bethmann Hollweg lehnte noch bis zum Juni 1914 die Idee eines Präventivkriegs entschlossen ab und wies dabei auf die unbedingte Notwendigkeit einer Verbesserung der Beziehungen zu England hin.

Holger Afflerbach hat viel Mühe für den Nachweis aufgewendet, dass von den führenden Politikern der damaligen Großmächte eigentlich keiner wirklich den Krieg wollte, geschweige denn bewusst herbeiführen wollte.[111] Die These vom deutschen »Griff nach der Weltmacht« hat weniger Berechtigung als der Ausspruch von David Lloyd George vom »Hineinschlittern« in den Krieg.

Wieso konnte es dann trotzdem dazu kommen? Zu den imperialistischen Zielen und zu den wirtschaftlichen Reibungsflächen kam ein weiterer, letztlich unheilvoller Automatismus. Mit dem Ausbau des Eisenbahnnetzes, mit dem Armeen rascher als je zuvor bewegt werden konnten, wurde es allgemeine Überzeugung der Militärs, dass der Schnellere auch der Erfolgreichere sein werde. Entscheidend sei es daher, im Ernstfall schneller zu mobilisieren als der andere und vor allem als Erster zuzuschlagen. Der deutsche Generalstab baute seine Planungen darauf auf, dass Russland nicht vor dem 40. Tag der Mobilisierung voll einsatzbereit sein werde. Daher, so die logische Schlussfolgerung, musste Frankreich noch vor dem 40. Kriegstag entscheidend geschlagen sein. »Im Vorkriegsjahrzehnt hatten die Generalstäbe aller Länder ihre Kriegspläne auf einen Sofortangriff abgestellt.«[112]

In dieser Situation genügte eine Fehlkalkulation als Auslöser. Nach der Ermordung des österreichischen Thronfolgers unterstützte die deutsche Politik zunächst das Vorgehen der Österreicher gegenüber Serbien, in der Hoffnung, ein russischer Beistand für Serbien würde von Frankreich kaum Rückendeckung bekommen. Angesichts der europäischen Reaktionen versuchten aber sowohl Bethmann Hollweg als auch Wilhelm II. den Krieg noch zu vermeiden. Sie hätten vielleicht sogar noch in letzter Stunde damit Erfolg gehabt, hätte nicht die russische Teilmobilisierung und die ihr sofort folgende österreichische Gesamtmobilisierung die eigenen Militärs auf den Plan gerufen. Wilhelm II. intervenierte noch einmal persönlich beim Zaren gegen eine Generalmobilmachung (der französische Botschafter für eine solche), aber nach der russischen Gesamtmobilisierung am 31. Juli 1914 begann der allgemeine Mechanismus der Generalmobilmachungen in Europa zu laufen, und am 1. August wurde Russland der Krieg erklärt, der mit dem von den Militärs für nötig gehaltenen Tempo zum Weltkrieg wurde.

Damit waren die Militärs am Zuge. Zu deren Fähigkeiten nur einige Hinweise: Noch das österreichische Infanteriereglement 1911 vernachlässigte die Defensive, hatte für Maschinengewehre gerade eine halbe Seite übrig und ging von der Annahme aus, ein energisch vorgetragener Bajonettangriff könne jede Verteidigung erfolgreich niederkämpfen[113]. So wurde gegen die russischen Massenheere gekämpft, die das Eingraben bereits gelernt hatten. Selbst für diesen Kampf musste zuvor noch viel an selbst geschaffenem Chaos überwunden werden. Dem österreichischen Generalstabschef Conrad von Hötzendorf war der Schlieffen-Plan der deutschen Verbündeten nur in Umrissen bekannt, er wusste nicht einmal, dass der deutsche Angriff durch Belgien führen sollte.[114] In völliger Verkennung aller Fakten (und der deutschen Schwergewichtsbildung im Westen) hat man sich bis Ende Juli 1914 nur auf einen Feldzug gegen Serbien vorbereitet. Als man von den deutschen Verbündeten endlich informiert wurde, dass Österreich-Ungarn zumindest vorerst die Hauptlast des Krieges gegen Russland werde tragen müssen, saß das Gros der Armee bereits in Zügen Richtung Serbien. Da man sich in den eigenen Eisenbahnfahrplänen aber nicht wirklich auskannte und die für die Eisenbahnpläne verantwortlichen wenigen Experten – vielleicht zu Recht – befürchteten, Umdispositionen würden im totalen Chaos enden, ließ man große Teile der Armee bis an die serbische Grenze fahren, dort aussteigen und erst dann wieder Richtung Russland zurückfahren. Zwei volle Armee-Korps langten daher dort erst einen Monat später zwischen 31. August und 8. September ein, und drei Korps hatte der Befehlshaber der Serbienfront, nach Interventionen beim Kaiser überhaupt gleich für sich behalten.[115]

Die Pläne für den Aufmarsch gegen Russland änderte man mitten in der Mobilisierung. Das hatte zur Folge, dass die meisten Truppen nach ihrem Eintreffen mit schwerem Marschgepäck noch durchschnittlich 150 km entlang den Schienen marschieren mussten, auf denen sie nach den ursprünglichen Plänen hätten fahren sollen.[116] Die erschöpften Truppen hetzte man dann in ständige Angriffe. Die Truppen kämpften, wie ein Beobachter schrieb, »so bravourös, dass man es tadeln muss«, treu dem Kaiser und treu dem völlig überholten Infanteriereglement. Entsprechend waren die Verluste.[117] Bis April 1915 war mehr als die Hälfte der ursprünglichen k. u. k. Armee gefallen, verwundet, erfroren oder gefangen. So wurden nicht nur Menschen, Tapferkeit, Begeisterung und Loyalität in unfassbarem Ausmaß verheizt, so wurde die Selbstverstümmelung einer großen Armee betrieben. Auch die Tschechen haben tapfer für die Monarchie gekämpft und zählten (nach den Juden, aber das erzählt ja auch niemand mehr) zu den höchstdekorierten Soldaten der k. u. k. Armee. Schwejks gab es wenige dabei. Erst ab April 1915 gab es Disziplinlosigkeiten tschechischer Truppen, was nach den Ereignissen nicht verwundern darf. Der übliche Hinweis auf die historische Zwangsläufigkeit des Unterganges der Monarchie verdeckt, dass auch die Tschechen vor diesem Untergang wiederholt ernsthaft versucht haben, einen Ausgleich nach der Art des österreichisch-ungarischen Ausgleichs innerhalb der Monarchie zu finden, und er verdeckt vor allem die erschreckenden eigenen Fehler. Der Historiker Gordon Brook-Shepherd hat es ausgesprochen[118] und man sollte diese Meinung ernst nehmen: Die Monarchie ist nicht zwangsläufig an ihren inneren Widersprüchen gescheitert, sie ist auf den Schlachtfeldern zerbrochen.

Allgemein ist der Glaube verbreitet, die Deutschen hätten das Kriegführen besser gekonnt. Daher aus dem gleichen Krieg nur ein Beispiel: Der Schlieffen-Plan, die Umfassung der französischen durch die deutsche Armee nach einem groß angelegten Angriff über Belgien und Holland, »war eher ein Gedankenspiel als ein Operationsplan«[119]. Und schon rein rechnerisch war er eine Fehlkalkulation. Für den großen Schwenk braucht man mehr Straßen für die Aufnahme der notwendigen Truppen, als überhaupt vorhanden waren. Vor Paris würde die vorgesehene Stärke der deutschen Truppen »nur dann für eine siegreiche Entscheidungsschlacht ausreichen, wenn sie von acht Korps (200 000 Mann) begleitet würde, für die jedoch kein Platz vorhanden war. Schlieffens Plan für einen Blitzkrieg war im Kern verfehlt. … Moltke und der Große Generalstab begegneten diesem Problem, indem sie es ignorierten. Der Schlieffen-Plan blieb in der Schublade liegen, um im August 1914 hervorgeholt und – mit katastrophalen Folgen – umgesetzt zu werden«.[120] Und die Flotte, für die man so viele Ressourcen aufgewendet und sich die Gegnerschaft Englands eingehandelt hatte, verfügte zu Kriegsbeginn nicht einmal über irgendein Konzept und blieb zur Verblüffung der Gegner weitgehend untätig.[121]

Da durften die Engländer und Franzosen nicht zurückstehen. Die Engländer waren von ihrer artilleristischen Überlegenheit so überzeugt, dass sie an der Somme den eigenen Truppen beim Sturm auf die deutschen Linien 27 kg Marschgepäck auf den Rücken luden, weil sie ja für den so weiten Vormarsch versorgt sein müssten, und sie aufrecht vorrücken ließen. Die deutschen Maschinengewehre werde man so gründlich ausschalten, dass auf den Wechsel von Laufen und Deckungsuchen verzichtet werden könne. Die Folgen dieser Illusion waren die schlimmsten Verluste, die Engländer je an einem Tag erlitten. Den Franzosen war zu Anfang des Krieges besonders daran gelegen, die roten Uniformhosen zu behalten, nachdem sie diese zu einem französischen Symbol hochstilisierten. Für die deutschen Schützen war das recht hilfreich.[122] Der französische General Nivelle hat es dann geschafft, sogar die einschneidenden Erfahrungen der Engländer an der Somme einfach zu negieren und somit beim nächsten von ihm kommandierten Großangriff so massive Verluste der Franzosen zu verursachen, dass die Truppen revoltierten und Monate hindurch auf derartige Angriffe verzichtet werden musste.

Der Erste Weltkrieg wurde im Lauf der Zeit zu einer Art organisierten Massenmords auf Gegenseitigkeit.[123] Die bisher so hoch geschätzte Feldherrnkunst war ans Ende ihrer Weisheit gekommen.[124]

3.3.4 Vom großen zum noch größeren Krieg

3.3.4.1 Die Katastrophe nach der Katastrophe

Der Erste Weltkrieg übertraf mit seinen zehn Millionen toten Soldaten, den unzähligen Krüppeln und zumindest drei weiteren Millionen Opfern unter der Zivilbevölkerung an Grauen alles, was bis dahin überhaupt vorstellbar gewesen. Deutschland hatte diesen Krieg verloren und musste die Bedingungen des Friedensvertrages von Versailles akzeptieren. Die heutige Forschung streitet darüber, ob dieser Vertrag von Versailles wirklich so viel radikaler gewesen sei als frühere Friedensverträge. Viel anderes sei angesichts des nicht zuletzt durch die aufgeheizte Stimmung in den Siegerstaaten eingeschränkten Handlungsspielraums der Akteure schwerlich möglich gewesen.[125] Immerhin haben auch auf Seiten der Sieger so manche diesen Vertrag bereits damals für einen schweren Fehler gehalten. John Maynard Keynes schrieb als enttäuschter Beobachter der Friedensverhandlungen von einer »Politik der Versklavung Deutschlands für ein Menschenalter, der Erniedrigung von Millionen lebendiger Menschen und der Beraubung eines ganzen Volkes«. Und der amerikanische Diplomat George F. Kennan hat in seinen Memoiren festgehalten, die Behandlung des besiegten Feindes durch Frankreich und England habe den späteren Extremismus selbst hervorgerufen. Man habe Deutschland in eine Lage getrieben, in der die Demokratie keine Chance mehr hatte.

Zumindest das französische Verhalten war subjektiv durchaus rational. Frankreich hatte schwerste Opfer gebracht, hatte in Nordfrankreich die Härten deutscher Besatzung erlebt und wollte nach dem Krieg von 1870/71 und nach diesem Weltkrieg ein Deutschland, das nie wieder in der Lage sein sollte, einen neuerlichen Krieg nach Frankreich zu tragen. Nach Artikel 232 dieses Vertrages blieb die endgültige Höhe der Reparationszahlungen aber der einseitigen Entscheidung einer alliierten Kommission vorbehalten und zur Durchsetzung dieser Forderungen konnten Sanktionen verhängt werden – in der Praxis dann vor allem in der Form der Besetzung deutschen Gebietes, neben dem Saarland noch der Rheinlande und des Ruhrgebiets. Der französische Ministerpräsident Georges Clemençeau hatte dies vorausgesehen und auch so gewollt. Die Kriegsentschädigung werde so hoch sein, dass Deutschland bankrott gehen werde und die französischen Truppen dann in den besetzten Gebieten bleiben könnten, sagte er bereits am 21. April 1919 im französischen Kabinett.

Reflexionen über den Inhalt des Versailler Vertrages sind auch deshalb sinnlos, weil dieser ohnedies bald in den Hintergrund trat. Die französische Besatzung wurde unmittelbar noch viel drückender empfunden als spätere ungewisse Reparationen. Und diese Besatzung wurde aus französischer wie – mit umgekehrten Vorzeichen – aus deutscher Sicht als Fortsetzung des Krieges mit anderen Mitteln empfunden. »Der Versailler Vertrag übte auf die Verlierer eine Wirkung aus, als hätten die Sieger den eigentlichen Waffenstillstand gebrochen.«[126] Als 1924 der Dawes-Plan die wirtschaftlichen Fragen entpolitisierte und ein vernünftiges Verhandeln begann, »waren die Gemüter in Deutschland schon zu sehr erhitzt, die nationalistische Wirkung ließ sich nicht mehr mildern«[127].

Nochmals: Für die Herstellung von Identität bedarf es der Konsistenz zwischen eigener Weltsicht, eigenem Selbstverständnis und auch der Struktur des sozialen Tausches. Aber ein Weg zu einer neuen Identität war für einen zunehmenden Teil des deutschen Volkes gar nicht gangbar. Der soziale Tausch eines nutzenorientierten Systems setzt die Teilnahme an einem entsprechend strukturierten Wirtschaftsleben voraus. Und genau dieses brach zusammen.

Eine Gruppe der Bevölkerung nach der anderen verlor ihren bisherigen Lebensunterhalt. Viele Offiziere, Unteroffiziere und Soldaten fanden in der klein gewordenen Reichswehr keinen Platz und verloren neben ihrem bisherigen Rang und Ansehen auch ihren Broterwerb. Dann gingen durch die Hyperinflation anfangs der Zwanzigerjahre alle Ersparnisse in Sparbüchern oder Anleihen zur Gänze verloren. Der Umfang der damaligen Not ist heute schwer vorstellbar. Im März 1924 bewilligte der amerikanische Kongress 10 Millionen Dollar für Lebensmittel zugunsten hungernder deutscher Frauen und Kinder, und die wurden bitter gebraucht. Ab 1929 kam noch die schwere Weltwirtschaftskrise dazu. Anfang 1932 standen 12 Millionen Beschäftigten in Deutschland 6 Millionen Arbeitslose gegenüber. Wie könnte sich da Identität an die Wirtschaft binden?

Rafael Seligmann hat in der Einleitung zu seinem Buch geschrieben: »Die Deutschen fühlten sich und waren tatsächlich durch die Moderne bedroht – da sie sich weitgehend den Prinzipien der nachvollziehbaren Vernunft verschlossen.«[128] Der ersten Hälfte des Satzes schließt man sich gerne an. Aber die zweite

Hälfte negiert schlicht und einfach, wie es damals zuging und was machbar war und was nicht.

Was in Deutschland herrschte, war zunächst einmal Perspektivenlosigkeit: Weder Demokratie noch Marktwirtschaft schienen brauchbare Alternativen zu sein: »... dass dieser Reichstag eine Missgeburt ist und dass man froh sein kann, wenn man von ihm nichts hört und nichts sieht«, stand am 13. 12. 1930 anlässlich der Vertagung des Reichstags im Leitartikel des sozialdemokratischen Parteiorgans.

Nach dem New Yorker Börsenkrach des Jahres 1929 versiegten die amerikanischen Kapitalexporte nach Europa. Deutschland wurde davon besonders hart getroffen, nachdem Reparationszahlungen, Zerstörung des inländischen Kapitalmarkts durch die Inflation und Massenelend zu enormen Kapitalmangel und damit besonderer Abhängigkeit von Kapitalimporten geführt hatten. Bei den Wahlen im September 1930 feierten die Nationalsozialisten mit 107 Mandaten im Reichstag ihren ersten großen Wahlerfolg. Aber das war nicht allein Folge der schweren Wirtschaftskrise – die damals ihren Höhepunkt noch gar nicht erreicht hatte –, sondern zunächst einmal Anlass ihrer weiteren Verschärfung. Denn von September bis November wurden als Reaktion auf diesen Wahlerfolg der Nationalsozialisten rund 900 Millionen Reichsmark an Einlagen von den Banken abgezogen, und viel davon von jüdischen Kunden.[129]

Die Regierung erschwerte die Situation durch das unbedingte Festhalten an einer konsequenten Deflationspolitik. Das bedeutete das Bemühen um ausgeglichene Budgets, aber auch eine die Unternehmen schwer treffende Kreditrestriktion. Da niemand ein besseres Konzept wusste, wurde die Regierung in dieser Politik von allen Banken massiv unterstützt. Zusätzlich übten die Banken Druck auf ihre Kunden aus, um Lohnkürzungen, Personalabbau und Rationalisierungen zu erzwingen.[130]

1932 sprach ein Vorstandsmitglied der Deutschen Bank davon, dass »... maßgebende Vertreter der deutschen Industrie ... faulen, auf Schuldenwirtschaft, Selbstbereicherung und unverantwortlichem Durcheinanderwerfen industrieller Betriebe fußenden Geschäftsmaximen folgten«.[131] Diese Meinung, in verschärfter und generalisierter Form, teilten bald Millionen. Sie erschwerte und verzögerte nicht nur die Akzeptanz moderner Wirtschafts- und Lebensformen in Deutschland, sie machte auch die angestrengte Suche nach Alternativen verständlich. Hitler und den Nationalsozialisten hat das nur geholfen.

3.3.4.2 Hitler

3.3.4.2.1 Weltbild und Realität

Lassen sich Hitler und das von ihm bewirkte Ausmaß an Unheil und Zerstörung als einmaliges Ereignis, eben als Einbruch des Bösen in die Geschichte, interpretieren und damit aus deren normalen Gang aussortieren? Oder lauern die mit seinem Namen verbundenen Schrecken unter der dünnen Oberfläche einer grundsätzlich instabilen Zivilisation, wie spezifisch die historische Konstellation Deutschlands in der Zwischenkriegszeit auch immer gewesen sein mag? Alle zivilisierten Völker seien von der Barbarei nur so weit entfernt wie das Eisen vom Rost, hat einst Antoine de Rivarol gemeint, und die damaligen Ereignisse scheinen das nur allzu sehr zu bestätigen.

Sieht man Hitler unter einer strukturell-funktionalistischen Perspektive, dann beschränkt sich seine Rolle letztlich auf die eines Vollstreckers der in dieser historischen Konstellation auftretenden Kräfte. Er wäre dann eher Endpunkt als Motor einer lange vor ihm begonnenen Entwicklung, die man dann je nach eigenem Blickwinkel dem Kapitalismus, dem Nationalismus, dem Preußentum oder der modernen Massengesellschaft zuordnen mag. Solche Zuordnungen sind zwar eine großartige Methode, um andere Schuldige aufzuspüren. Aber helfen sie wirklich weiter?

Was ist nicht umgekehrt alles an psychologischen Deutungsansätzen Hitlers vorgebracht worden, Minderwertigkeitskomplexe und Kompensation, Traum und Wahn. Andere Ansätze sehen die Ursache für Hitlers Judenhass in der vermuteten Ansteckung mit Syphilis bei einer jüdischen Prostituierten, einer vermuteten Homosexualität oder gar in körperlichen Anomalien. H. U. Wehler stellt zu solchen Spekulationen wohl zu Recht die Frage: »Hängt unser Verständnis nationalsozialistischer Politik wirklich davon ab, ob Hitler nur einen Hoden besaß? … Und selbst wenn Hitler … als Sadomasochist gelten könnte, welches Erkenntnisinteresse würde dadurch gefördert? Wird dadurch die Endlösung der Judenfrage verständlicher als bisher?«[132]

Solchem Zweifel muss man sich wohl anschließen. Ein Psychopath gängigen Strickmusters bewirkt nicht, was Hitler bewirkt hat. Hitler war nicht einfach verrückt, er war ver-rückt in einem sehr wörtlichen Sinn des Wortes. Es waren seine Vorstellungen, aus denen er seine Energie bezog und nach denen er die Wirklichkeit umgestalten wollte.

Hitler hat die Welt, in der er lebte, mithilfe von Kategorien konstruiert und interpretiert, die er nicht aus seiner Lebenspraxis ableitete, sondern die er sich angelesen hatte. Nun ist es keine ungewöhnliche Reaktion, sich eine eigene Welt zurechtzuzimmern, wenn man mit der vorhandenen nicht zurande kommt. Im Falle Hitlers dürfte dieser Prozess noch dadurch begünstigt worden sein, dass er Eidetiker war, demnach über ein ausgezeichnetes Erinnerungs- und Vorstellungsvermögen verfügte.[133] Hitlers Ideologie war Ursache und Richtschnur seines Handelns. Er hatte, wie auch Hugh Trevor-Roper besonders betont hat, eine »völlig durchkonstruierte politische Philosophie«. Vielleicht war er damit nur etwas konsequenter als andere auch: Walter Rathenau hat bereits 1912 in seiner Schrift »Zur Kritik der Zeit« beschrieben, wie die Menschen auf Mechanisierung, auf Begierde und Warenhunger, wie er die neuen Phänomene nennt, auf Verlust der normativen Ordnung reagieren: Man »trachtet … das Verlorene mit List wiederzugewinnen. … Aus dem Inventar der Zeiten wird hier ein Naturkult hervorgesucht, dort ein Aberglauben, ein Gemeinschaftsleben, ein Kraftideal, eine Zukunftskunst, ein gereinigtes Christentum, eine Altertümelei, eine Stilisierung«.[134]

Es ist häufig genug beschrieben worden – auch von ihm selbst, aber dabei hat er ebenso stilisiert wie zensuriert –, wo Hitler die Mosaiksteine überall hergenommen hat, die er zu seinem Weltbild zusammenfügte. Alan Bullock meinte, seine Interpretation der Lage im Vielvölkerstaat der österreichisch-ungarischen Monarchie habe dabei eine gewichtige Rolle gespielt, nämlich die Überzeugung, »ein bedrohtes und belagertes arisches Deutschtum gegen eine anschwellende Flut der Barbarei und der rassischen Verunreinigung verteidigen zu müssen«[135]. Jedenfalls hat sich Hitler bei den unterschiedlichsten Autoren des 19. und des beginnenden 20. Jahrhunderts bedient, bei Arthur de Gobineau, bei Houston Stewart Chamberlain und nicht zu knapp bei Darwin, dessen Lehre er so verstand, dass das menschliche Sein ein ständiger und erbitterter Kampf ums Dasein bestimme, in seiner Interpretation nicht ein Kampf zwischen Arten, sondern zwischen Rassen. Selbst katholische Vorstellungen hat er integriert, nicht zuletzt solche von Kreuzzug, von Erlösung und von unbedingter Glaubensgewissheit.[136]

Allzu viel hat er freilich auch von weit skurrileren Autoren übernommen, wie etwa von Guido von List, Visionär einer ario-germanischen Gesellschaft, die nach Rasseregeln vom Lohnsklaven bis zum Herrenmenschen geschichtet sein sollte und damit nicht nur Aldous Huxleys »Brave New World« in der Theorie, sondern auch die Praxis der Millionen Arbeitssklaven der letzten Kriegsjahre vorweggenommen hat, oder von Lanz von Liebenfels, der den Kampf der »Asinge« gegen »Sodoms Äfflinge« fantasiert und nach gewonnenem Krieg für die Minderwertigen Sklavenarbeit und Auslöschung vorsieht. Und nicht zuletzt scheint er, wie Sebastian Haffner in seiner Studie »Germany, Jekyll & Hyde – 1939« vermutet[137], davon geträumt zu haben, sein Leben im dramatischen Stil einer Wagneroper in Szene zu setzen, mit ihm selbst in der Heldenrolle. In gewissem Sinne ist ihm das ja gelungen.

Barbara Zehnpfennig interpretiert – und dem schließe ich mich an – Hitlers Weltanschauung anhand seines Buches »Mein Kampf« als Paradigma eines ideologischen Bewusstseins, das die Wirklichkeit nicht zur Kenntnis nehmen will, sondern sie von vornherein als Projektionsfläche eigener Vorstellungen missbraucht.[138] Sie sieht darin eine Grundmöglichkeit der Haltung zur Welt und im Übrigen in der von Hitler angewandten Welterklärungsstrategie strukturelle Deckungsgleichheit mit entsprechenden Argumentationsmodellen des Marxismus.

Erklärt das alles auch Hitlers wütenden Antisemitismus? Es fällt schwer, das Ausmaß seines Judenhasses nur aus seinen Vorstellungen heraus erklären zu sollen. Und daher wurde eifrig nach persönlichen Erlebnissen gesucht, die als Auslöser dieses Hasses in Betracht kommen könnten. Dabei hat Hitler selbst in »Mein Kampf« in nur wenig verdeckter Form Schlüsselerlebnisse wiedergegeben. Er spricht von seinen Versuchen, einfache Arbeiter und Gefährten seines Milieus von seinen eigenen Vorstellungen zu überzeugen und gegen den seiner Meinung nach von Juden gesteuerten Marxismus zu agitieren: »Schon ein Jahr meines Wiener Aufenthaltes hatte genügt, um mir die Überzeugung beizubringen, dass kein Arbeiter so verbohrt sein konnte. … Ich war damals noch kindlich genug, ihnen den Wahnsinn ihrer Lehre klarmachen zu wollen, redete mir in meinem kleinen Kreise die Zunge wund und die Kehle heiser … Je mehr ich dann so mit ihnen stritt, umso mehr lernte ich ihre Dialektik kennen. Ich stand manches Mal starr da. Man wusste nicht, was man mehr bestaunen sollte: ihre Zungenfertigkeit oder ihre Kunst der Lüge. Ich begann sie allmählich zu hassen. Wie schwer war es doch mir selbst, der dialektischen Verlogenheit dieser Rasse Herr zu werden!«[139]

Hitler hatte bei seinen ersten Bekehrungsversuchen keinen Erfolg, sondern war öfter der Blamierte. Seiner Interpretation nach waren es letztlich Juden, die die Anerkennung seiner Überzeugungen und damit seiner Person verhinderten. So erlebte er persönliche Kränkung und verletzte Eitelkeit. Er war in seinem Innersten getroffen und reagierte mit Hass und Rachedurst, den er gleichzeitig personalisierte und in seiner Weltanschauung pseudo-rationalisierte. Bei Hitler bedurfte es keiner weiteren sexuell oder sonstwie verursachten Traumata, um seinen erbarmungslosen Hass und seine Wut zu begreifen.

Bei der Verwirklichung seiner Vorstellungen half ihm seine Energie, die so viele Zeitgenossen beeindruckt hat. Es könnte sein, dass ihm dieser »eiserne Wille« erst anerzogen worden ist. Manfred Koch-Hillebrecht weist darauf hin, dass Hitlers vorübergehende Erblindung nach einem Gasangriff von dem Marinepsychiater Dr. Edmund Forster behandelt wurde.[140] Dessen Aufgabe war es, aus Patienten wieder einsatzfähige Soldaten zu machen. Er versuchte die posttraumatische Belastungsstörung, die neben vielen anderen auch Hitler getroffen hatte, unter anderem mit suggestiver Beeinflussung zu heilen. Dazu gehörte die Vermittlung der Überzeugung, man könne durch die Kraft des eigenen Willens alles erreichen, auch die eigene Gesundung (und die Wiederherstellung der Kampffähigkeit). Bei Hitler scheint er damit Erfolg gehabt zu haben. Selbst wenn man noch weiter reichenden Hypothesen wie etwa jener Bernhard Horstmanns vom ab da gegebenen posthypnotischen Einfluss nicht folgen möchte: Hitler selbst hat in »Mein Kampf« den damaligen Lazarettaufenthalt als Wendepunkt seines Lebens bezeichnet. Und seit damals hat er nie mehr die Überzeugung verloren, eiserner Wille könne alles erreichen, gegen alle Wahrscheinlichkeit und gegen die Wirklichkeit.

3.3.4.2.2 Bestätigung und Abschottung

Damit ein Weltbild auch dann stabil bleibt, wenn es quer zur Realität steht, bedarf es ebenso der Bestätigung wie auch der Abschottung gegen allzu intensive Kommunikation mit anderen Menschen, die der wirklichen Lebenswelt zu ihrem Recht verhelfen könnte.

Die Bestätigung seiner Weltanschauung erfuhr Hitler im Ersten Weltkrieg intensiv genug: »Der Krieg ließ die Fantasiewelt seiner Jugend Wirklichkeit werden, und es erfüllte ihn mit Stolz und Freude, in die Rolle eines Helden schlüpfen zu können. … Der Krieg bot ihm noch etwas anderes: die praktische Bestätigung für seinen schon früher lauthals verkündeten Glauben an Kampf, Gewalt und das Naturrecht des Stärkeren als Naturgesetze des menschlichen Lebens …«[141] Joachim Fest betont die Unverhohlenheit, mit der Hitler alle Gesittungsnormen eines Kulturzusammenhanges verworfen habe, dem er selbst entstammte. Für ihn gab es immer nur Krieg und Gewalt. Auch die täglichen Auseinandersetzungen im politischen Leben der Weimarer Republik bezeichnete Hitler selbst später rückblickend als »Kampfzeit« und legte damit zwar seine subjektiv eigene, für die Konsistenz seines Weltbildes aber so bedeutsame Beurteilung offen. Und zu kämpfen hörte er ja nie auf. Vielmehr bestätigten ihm seine Erfolge die Richtigkeit seiner Auffassungen: »Als ihm halb Europa zu Füßen lag, überließ er sich dem Größenwahn, verfing er sich in der Illusion seiner Unfehlbarkeit … Kein Mensch ist jemals offenkundiger an seinem selbst geschaffenen Bild zugrunde gegangen als Adolf Hitler.«[142]

In seinem Weltbild war er Verkünder und Führer und alle anderen nur Befehlsempfänger und ohnehin Begünstigte seiner erwarteten historischen Großtaten. Menschliche Interaktion, die im persönlichen Geben und Nehmen besteht, bei der man soziale Kompetenz erwirbt und sich Achtung und vielleicht auch Zuneigung durch Entgegenkommen und persönliche Leistung verdient, war ihm fremd, vielleicht auch unheimlich. Er stilisierte seinen fehlenden Willen und seine Unfähigkeit dazu als Opfer, das er zwecks Erfüllung seiner historischen Aufgabe bringen müsse.

Aus dem Dritten Reich sind genug Filme erhalten geblieben, die Hitler studieren helfen. Einer zeigt Hitler beim jährlichen Gedenken an die Opfer seines ersten Putschversuches beim Marsch zur Münchner Feldherrnhalle. Da wurden sie in Reih und Glied aufgestellt, die Witwen der Opfer von damals mit ihren Kindern. Bei Hitler sehen wir in diesen Hinterbliebenen seiner damaligen engsten Gefährten gegenüber nichts anderes als immer die genau gleiche einstudierte Gestik: (knappe) Verbeugung, Händedruck, linke Hand folgt gelegentlich der rechten als Ausdruck besonderer Zuneigung, Tätscheln der Kinder, nächste Witwe, Gleiches von vorne. Und genau die gleiche Gestik findet sich bei seinem letzten gefilmten Auftritt, der Auszeichnung von Hitlerjungen, besser Kindern, die man in die Schlacht geschickt hatte und gleich nachher wieder schicken wird, um den Todeskampf des Regimes vielleicht noch um ein paar Stunden zu verlängern. Nur in seinen Reden hat Hitler gelebt, und wenn es lediglich seine endlosen Monologe bei Tisch waren. Wo er sich als Mensch hätte zeigen können und sollen, fand er nur zu Masken. »Hitler hat nie in menschlichen Dimensionen gedacht«, so seine Sekretärin Traudl Junge in einem ihrer späteren Fernsehinterviews.

3.3.4.2.3 Hitler, der fähige Staatsmann?

Wie passt dieses Bild eines Mannes, der sich eine Traumwelt konstruiert und für den normale menschliche Interaktion kaum einen Stellenwert hat, zu einem Politiker mit so außerordentlichen Erfolgen, wie sie Hitler nun einmal jahrelang hatte?

Zunächst ist der Begriff des Erfolges zu relativieren, nicht nur im Hinblick auf das Endergebnis. Die Verwaltung des Dritten Reichs war ein administratives Chaos mit einem permanenten Machtkampf seiner Satrapen. Auch ist es Hitler nie gelungen, die wirtschaftliche Lage Deutschlands zu stabilisieren. Die Vollbeschäftigung wurde durch Aufrüstung erreicht, nicht durch Erfolge auf den Weltmärkten. Seine außenpolitischen Erfolge verdankte er nicht zuletzt der Friedenssehnsucht der ehemaligen Kriegsgegner. Und die militärischen Erfolge waren die eines fähigen Generalstabs und hervorragender Offiziere und Soldaten, die so lange erzielt wurden, solange man ihnen lösbare und keine irrealen Aufgaben stellte.

Worin Hitler effizient und erfolgreich war, das war Agitation und Propaganda, Taktik, Gespür für vorhandene Stimmungen und Reden an die Massen. Bereits in »Mein Kampf« hat er offen über die notwendige Manipulation der Massen und die Instrumentalisierung ihrer Gefühle geschrieben.[143] Hier setzte er seine unstreitig vorhandenen Begabungen voll ein. Menschen handeln nach Denkmustern, Hitler hat aus den verschiedensten Versatzstücken ein Denkmuster zusammengefügt, das für viele eine mögliche Antwort auf die Probleme der Zeit zu sein schien, über Manipulation und Instrumentalisierung viele angesprochen und ihm selbst damit zur Macht verholfen hat.

Es hat lange gedauert, bis Historiker bereit waren, Hitler besondere Fähigkeiten zuzuerkennen, ganz so, »als sträube sich das Denken, dem moralisch Verwerflichen Fähigkeiten und Kraft einzuräumen«.[144] Aber Kraft und Fähigkeit gibt es auch im Negativen. Fest spricht von Hitlers Wirkung auf Europa, wenn er formuliert: »Es bedurfte seiner einzigartigen Radikalität, seiner Visionen, seines

Sendungsfiebers und, in deren Gefolge, einer beispiellosen Explosion von Energie, um (Europa) zugrunde zu richten.«[145]

Hitler und die Nationalsozialisten haben mit erschreckender Geschicklichkeit (die freilich auch mit dem Namen Goebbels verbunden ist) eine vorhandene Weltsicht, Träume und Hoffnungen für sich genutzt. So wie das Aids-Virus seine Gefährlichkeit daraus bezieht, genau zu den Rezeptoren der befallenen Körperzellen zu passen, hat es Hitler verstanden, vorhandene Gefühle und Vorstellungen umzulenken und zu eigenen radikalen Zwecken auszubeuten.

Er hatte »anders als die Politiker der etablierten Parteien den Mut, an die Hingabebereitschaft und den Opferwillen zu appellieren«[146]. Und auch das traf wohl zu: »Hitler mag kein Staatsmann sein, aber er ist ein ungewöhnlich geschickter und kühner Demagoge mit einem enorm feinen Gespür für das Volksempfinden.«[147] Darüber hinaus scheint es, dass er – zumindest bevor er endgültig nur mehr in seiner Wahnwelt zu Hause war – »ein besonderes Talent dafür besaß, die sich ihm in der Außenpolitik bietenden Gelegenheiten auszunutzen«.[148]

Und nicht zuletzt hat Hitler eines genau geplant: Er wollte, vom frühen Fehler des Münchener Putschversuches einmal abgesehen, legal an die Macht kommen, und er wollte, als er verfassungskonform Reichskanzler geworden war, ebenso für sein Ermächtigungsgesetz die verfassungsmäßige Zweidrittelmehrheit. Er wusste, dass die Deutschen weder zur Gänze noch allzu schnell zum Nationalsozialismus zu bekehren sein würden, und hat selbst in diesem Zusammenhang von einer Generationenaufgabe gesprochen. Aber er hat sich ausgerechnet, dass er sehr wohl mit dem Gehorsam (fast) aller Deutschen rechnen konnte, wenn er auf eine zumindest formell legale Weise an die Macht kam. Loyalität und Gehorsam waren Kernstücke der deutschen politischen Sozialisation der letzten Jahrhunderte gewesen und die hat er sich auf diese Weise gesichert.

Hitlers Fähigkeiten hatten aber auch ihre Grenzen. Sie zeigten sich überall, wo es um Sachfragen ging, die mit politischem Taktieren allein nicht zu lösen waren. Hier nur ein einziges Beispiel über seine Qualitäten als militärischer Führer.[149] Ein um Differenzierung bemühtes Urteil stammt von Erich von Manstein, wohl einem der fähigsten Heerführer des Zweiten Weltkriegs. Manstein meint, man könne Hitlers Rolle als militärischer Führer nicht einfach mit dem Schlagwort vom Gefreiten des Ersten Weltkriegs abtun. Er habe einen gewissen Blick für operative Möglichkeiten gehabt, erstaunliches Wissen und Gedächtnis, Fantasie und einen »lebhaften Geist«. Aber er habe die Macht des Willens überschätzt, das Verhältnis von weiträumigen Operationen zu ihrem Zeit- und Kräftebedarf nie begreifen wollen. Mit fortschreitendem Krieg sei er immer starrer auf die Verteidigung jeden Fußbreit Bodens fixiert gewesen. Hitlers Starrheit habe die Nutzung der geringen Chance verhindert, die die deutschen Armeen gegen die russischen gehabt hätten.

3.3.4.3 Hitlers Vasallen

Hinter Hitler drängte sich eine Führungsclique, die nach der Machtergreifung praktisch alle neu geschaffenen Schlüsselfunktionen übernahm. Ihr Verhalten hat das Geschehen im Deutschland dieser Jahre daher entscheidend mitgeprägt.

Die Angehörigen dieser Führungsclique waren – im Deutschland dieser Jahre freilich keine Seltenheit – häufig aus der Bahn geworfen worden, beim Heer ausgemustert oder ehemalige Jagdflieger wie Göring, promoviert und arbeitslos wie Goebbels, oft aus kleinbürgerlichen Verhältnissen. Sie waren Mitläufer, Gauner oder Idealisten, aber sie alle haben gelernt, dass nur Hitler mit seiner Fähigkeit, die Massen zu begeistern, ihnen selbst die Chance zu Aufstieg und Erfolg gab. Er war in der Partei spätestens in den Dreißigerjahren Angelpunkt des Systems und Ursprung aller Legitimation.[150] Die Angehörigen der Führungsclique waren daher »Hitler in einem personalen Treueverhältnis verbunden«[151]. Für die Masse hatte er ein normatives System parat und für seine engsten Gefolgsleute war er der Führer ihrer Horde.

Dieses personale Treueverhältnis ist der Ansatzpunkt der Erklärung. Wir kennen das Modell ja schon. Hitler forderte und erhielt totale Unterwerfung und Loyalität und die anderen bekamen dafür die Chance auf Aufstieg und Macht. In dieser Gruppe hatten sie grenzenlose Möglichkeiten, außerhalb waren sie nichts. Das ist die gleiche personale Organisation, die eine archaische Jagdgesellschaft kennzeichnet, die ums Überleben kämpft, oder auch eine Räuberbande. Was zusammenhält, ist die gemeinsame Erfolgsabhängigkeit, nicht irgendeine Ideologie. »Nationalsozialismus, das ist der Wille des Führers«, hat einmal Martin Bormann seinem Sohn auf eine entsprechende Frage geantwortet, und das war es in diesem Kreis wohl tatsächlich. Joachim Fest sagte, die Nazis seien »im Wesen nichts als eine an die Macht gekommene Bande von Eroberern« gewesen.

Ian Kershaw meinte, Hitler habe die Deutschen »in bisher nicht gekannte Tiefen der Unmenschlichkeit geführt«. Mit einer auf totaler Loyalität aufgebauten Struktur der obersten Führungsschicht ist das zumindest weniger schwierig. Hitler hat einmal in einem seiner endlosen Tischmonologe erwähnt, man müsse unbedingt verhindern, dass sich die Unterwelt organisiere. Er hat genau gewusst, wovon er redet.

Ian Kershaw legte in seiner Hitler-Biografie ziemliches Gewicht auf die in einem eher nebensächlichen Dokument gefundene Bemerkung, man müsse Hitler »entgegenarbeiten«, und übertrug diese Tendenz auf einen großen Teil der deutschen Gesellschaft. Man muss Kershaw entgegenhalten, dass dieses »Entgegenarbeiten« nichts anderes ist als typisches Gruppenverhalten in einer derartigen personalen Organisation, in welcher der eigene Rang vor allem durch die Anerkennung definiert wird, die der Führer gewährt. Anerkennung ist hier das kostbarste Gut und darum haben sie ja alle gekämpft. Deshalb ließen sie sich ja so gerne mit bedeutenden Titeln versehen, Verantwortlicher für den Vierjahresplan der eine, Reichsbevollmächtigter für den totalen Kriegseinsatz der andere, von vielen anderen möglichst prunkvollen Titeln ganz zu schweigen. Aber dabei blieb es ja nicht. Die erschreckende laufende Verschärfung der Brutalität und Rücksichtslosigkeit des Regimes ist auch auf diese Satrapen zurückzuführen, die durch immer neue Initiativen Hitler »entgegenarbeiten« und sich vor ihm beweisen wollten. Und zuletzt versprachen sie Hitler alles, womit sie bei ihm Anerkennung erhofften, von der Versorgung der 6. Armee in Stalingrad aus der Luft bis hin zur »erfolgreichen« Durchführung der Endlösung.

Das »Entgegenarbeiten« ist ein Phänomen jeder Diktatur. Sogar in den stalinistischen Massenverfolgungen der Dreißigerjahre haben sich die unteren Chargen wechselseitig beim Abschlachten überboten, um damit bei ihren Vorgesetzten positiv aufzufallen.

»Unter Historikern herrscht im Wesentlichen Übereinstimmung darüber, dass die nationalsozialistische Regierung chaotisch strukturiert war.«[152] Dem ist zuzustimmen, entspricht aber nur dem Mechanismus dieser personalen Struktur, die sich nie institutionell stabilisiert hat. Denn mehr noch als Hitlers dafür als Begründung herangezogener »charismatischer« Führungsstil ist es schlicht die Mechanik persönlicher Gefolgschaft. Das mit unterschiedlichen Erfolgen recht schwankende Ansehen einmal des einen, dann des anderen räumt einmal diesem, einmal jenem mehr Einfluss, damit aber auch mehr faktische Rechte ein. Immer hemmungsloseres Kompetenzgerangel ist die zwangsläufige Folge, wenn der Führer immer mehr in seine Traumwelten flüchtet und vor klaren Abgrenzungen zurückschreckt. Es ist durchaus sachgerecht, wenn Robert Koehl in »Feudal Aspects of National Socialism« im Dritten Reich nicht nur einen totalitären Staat, sondern vor allem ein neofeudales Imperium sieht.[153] Für die Beschreibung der Verhaltensmuster in Hitlers Führungsclique passt allein die Logik einer personalen Struktur, die sich bis zum Ende hin nicht weiterentwickelt, in der Loyalität alles und das Einzige ist, was zählt, bis hin zum Untergang, ohne Alternative, ohne Perspektive.

Der Prozess gegen Adolf Eichmann, diesen Prototyp eines Schreibtischtäters, löste Verwunderung über die geradezu groteske Diskrepanz zwischen einer offenbar subalternen Beamtennatur und der Ungeheuerlichkeit der mit seinem Namen verbundenen Verbrechen aus. Diese Verwunderung ist dann verständlich, wenn man von solchen Tätern Persönlichkeit und Eigenständigkeit erwartet. Aber davon war ja nicht viel zu finden. Hannah Arendt hat, nicht unwidersprochen, die »Banalität des Bösen« und die pathologische Entartung des Gehorsams registriert. Eichmann hat, wie so viele andere, den Begriff der persönlichen Verantwortung nicht einmal verstanden, wie der Prozess überdeutlich gezeigt hat. Eichmann verehrte, wie Harry Mulisch in seiner Reportage über die »Strafsache 40/61«, den

Eichmann-Prozess, zeigte, den Befehl als Fatum, als das schlechthin Absolute. Das sollte man ernst nehmen. Hier spricht nicht ein einzelner kranker Kopf, hier manifestierten sich das Ergebnis und die letzte Konsequenz dessen, was ihre Obrigkeit den Deutschen lange genug beigebracht hat. Eichmanns eigener Aussage nach war für ihn Hitlers Wille der kategorische Imperativ seines Handelns. Kant haben sie überhaupt gerne zitiert, der konnte sich gegen seinen Missbrauch nicht mehr wehren. Mit solcher Loyalität – und durch die Größe seiner Verbrechen – ist es Eichmann, ursprünglich in der Hierarchie gar nicht so hoch angesiedelt, gelungen, sich selbst in den Kreis von Hitlers Gefolgschaft hineinzudrängen. Sein Lebensziel hat er erreicht. Er hat dazugehört.

3.3.4.4 Hitlers Wähler

In der deutschen Nationalversammlung vom Jänner 1919 hatten die später so benannten »Verfassungsparteien« (SPD, DDP/Staatspartei, Zentrum mit BVP) gut drei Viertel des Reichstags hinter sich, die nationalen Parteien zusammen weniger als 20 Prozent. Parallel zu den Auseinandersetzungen mit der französischen Besatzung und über die Höhe der Reparationen konnten die Nationalen in fünf Jahren, bis zum 5. April 1924, ihren Stimmenanteil auf über 40 Prozent verdoppeln.

Der Aufstieg der NSDAP spielte sich – mit starken Schwankungen – weitgehend zu Lasten des Blocks der nationalen Parteien ab. Ihr eigentlicher Aufstieg zur Macht begann erst ab 1928, bis sie im Reichstag vom 5. 3. 1933 letztlich 43,9 Prozent der Stimmen und damit nicht einmal die Hälfte der Wähler erreichte. Da war Hitler schon Reichskanzler, durch Notverordnung waren eine Reihe von verfassungsmäßigen Grundrechten außer Kraft gesetzt und Zehntausende von politischen Gegnern bereits verhaftet worden.

Als es Deutschland vorübergehend besser ging, wurden alternative Lebens- und Vorstellungswelten anstelle der Identitätssuche im nationalen Fanatismus häufiger erlebbar. Zwischen 1923 und 1928 verzeichnete Deutschland ein höheres Wirtschaftswachstum als jedes andere europäische Land und 1928 lag das Volkseinkommen um 12 Prozent höher als 1913. Dann kam der neuerliche Zusammenbruch. »Wer wie ich erlebt hat, wie für Hunderttausende in Österreich und für Millionen in Deutschland am Anfang dieser düsteren Entwicklung die Not und das Elend der Weltwirtschaftskrise stehen, wer um die Verzweiflung der Menschen dieser Zeit und ihre Hilflosigkeit wusste, der weiß auch, wie es kam …«[154] Das galt übrigens auch für die Sudetendeutschen. Vor den »Erdrutschwahlen« des Jahres 1935 wählten 70 bis 80 Prozent von ihnen Parteien, die ein positives Verhältnis zur Tschechischen Republik hatten. Aber im Gefolge der Weltwirtschaftskrise gab es auch in der Tschechoslowakei 800 000 Arbeitslose, 500 000 davon allein in den deutschsprachigen Gebieten.[155]

Sebastian Haffner hat Hitler die Übereinstimmung seiner Propaganda mit der sozialpsychologischen Verfassung der Deutschen zugeschrieben. Das trifft wohl den Punkt.

»Die Wirksamkeit des Hitler-Mythos lag in der Tatsache, dass er eine Synthese aus verbreiteten Erwartungen und raffinierten Manipulationen war.«[156] Hitlers Biografen ist aufgefallen, dass er in seinen Reden konkrete Festlegungen meist vermieden hat. Das war nicht nur klug, weil ein nationales Programm ja nun wirklich keine besonders guten Handlungsanweisungen für die Bekämpfung einer tief greifenden Wirtschaftskrise beinhaltet, sondern hat es vor allem möglich gemacht, an die unklaren Träume von Einheit, Größe und Volksgemeinschaft anzuknüpfen, ohne Umwege über die raue Wirklichkeit zu nehmen.

Das hat die Propaganda der Nationalsozialisten nicht daran gehindert, die eigene Fähigkeit zur Problemlösung zu behaupten und herauszustreichen. In einem frühen Werbefilm der NSDAP wird ein Funktionär gezeigt, dem seine Mitarbeiter dauernd irgendwelche Akten bringen (einen dieser Zuträger spielt übrigens Himmler), er prüft sie kurz und entscheidet mit energischem Federstrich. Solche Spektakel könnten als lächerlich abgetan werden, wäre da nicht ihr Erfolg. Und den hat es auch deshalb gegeben, weil der Bedarf an energischem Handeln in dieser Zeit besonders drängend empfunden wurde. Die Angst vor der neuen Welt verband sich mit der Hoffnung auf das archaische Verhältnis von Schutz und Versorgung gegen Loyalität. »Die Fixierung auf die Schutzverhältnisse des Kaiserreiches führte dazu, dass der handwerkliche und händlerische Mittelstand die Demokratie nicht als System des Interessenwettbewerbs akzeptierte, sondern nur eine Partei suchte, die in der Lage schien, die alten Schutzverhältnisse wiederherzustellen.«[157]

Hitler war nicht »modern«, wie es im Zuge der sogenannten Modernisierungsdebatte über die Natur des Nationalsozialismus gelegentlich behauptet worden ist. Im Gegenteil. Er hat archaische personale Strukturen geschaffen und eingesetzt, um an die Macht zu kommen und die eroberten Ressourcen rücksichtslos einzusetzen. Moderner als die anderen war Hitler nur insofern, als er die neu entstandenen Manipulationschancen besser zu nutzen wusste. Schon Adorno, Brecht, Benjamin, Horkheimer und so manch anderen ist aufgefallen, wie gut die Nationalsozialisten die Verbindung von Ästhetik und Politik verstanden haben, nicht bloß mit Lichterdomen aus Flakscheinwerfern und dramatisch inszenierten Massenversammlungen. Die Ästhetisierung der Propaganda sollte die Illusion erzeugen, man könne die nationale und die soziale Frage zugleich lösen.[158] Die Reichsparteitage wurden als Ritual inszeniert, das den Mythos des Uranfangs beschwor[159], und die »Faszination des nationalsozialistischen Erlebnisangebotes«[160] konnte von den anderen Parteien nicht annähernd kompensiert werden. »Stimmabgabe für die NSDAP bedeutete für die Millionen neuer Hitler-Wähler … meist nicht bewusstes Bekenntnis zur NS-Weltanschauung, sondern vor allem Verneinung der bestehenden Verhältnisse und Bejahung der Hitler-Bewegung als der vermeintlich stärksten Kraft der Veränderung.«[161]

Die Wähler folgten letztlich dem, der in der propagandistischen Selbstdarstellung am einfallsreichsten war und die meiste Energie und Entschlusskraft zur Lösung der zahllosen drängenden Probleme zu haben schien. »Hass und Ablehnung der Demokratie, die unfähig schien, die drängenden Probleme zu lösen, verbanden sich mit der Vorstellung, dass nur eine radikale Lösung, ein Durchhauen des Knotens durch einen starken Mann helfen könne.«[162]

3.3.4.5 Das deutsche Volk

In der zentralen Frage kann man einer Formulierung von Karl Dietrich Bracher folgen: Wie konnte sich ein großes Kulturvolk mit hoch entwickelter Zivilisation der zerstörerischen Gewaltherrschaft einer Gruppe machtgeiler Fanatiker ausliefern, deren Führer seine radikalen und nihilistischen Ziele deutlich offengelegt und über den totalitären Charakter seiner künftigen Herrschaft wenig Zweifel gelassen hat? Oder kürzer und nicht minder drängend: Warum habt ihr euch nicht gewehrt?

Die Interpretation des Faschismus als Endstadium des Kapitalismus hilft auch nicht weiter. Fest hat dazu das Nötige gesagt, als er Max Horkheimers Diktum, wer vom Kapitalismus schweige, solle auch nicht vom Faschismus reden, als gestelzt daherkommenden Gemeinplatz qualifizierte. Und die Totalitarismustheorien liefern mehr deskriptive Begriffe als Begründungen.

Deutsche Identität und die Stabilisierung des Verhältnisses zwischen Welterklärung und Selbstverständnis wurden in Deutschland länger als in den westlichen Industriestaaten durch ein normatives System hergestellt, das der materiellen Einschränkung und Armut Interpretation und Würde gab, indem es auf Gleichheit und auf Pflichterfüllung abstellte, aber dafür die Obrigkeit mit der Aura der Fürsorglichkeit ausstattete und sie so gegen Kritik immunisierte. Was die traditionelle Religion auf Dauer nicht mehr leisten konnte, brachte die Identifikation mit einem größeren gemeinsamen Ganzen, ergänzt durch die romantische Überhöhung von allem, was als deutsch ausgegeben oder erfunden werden konnte.

Viele Deutsche waren dem Traum von deutscher Einheit und Größe nach dem Ersten Weltkrieg nicht weniger intensiv verfallen als vorher. Armin Mohlers Buch über die konservative Revolution[163] schildert, wer aller diese Wiedergeburt der deutschen Welt mitgeträumt hat, Ariosophen, die rassegläubigen Jünger Schönerers, die Alldeutschen, die Wandervögel, die Junker, die Deutschchristen, aber auch Othmar Spann und Carl Schmitt, ein Oswald Spengler und ein Ernst Jünger. Die Wurzeln der meisten dieser Bewegungen reichen noch in die Zeit vor dem Ersten Weltkrieg zurück.

In dieser Lage zwischen schönem Traum und trister Wirklichkeit bot der Nationalsozialismus scheinbar eine Antwort auf den verbreiteten »Hunger nach Orientierung, Identität, Strukturierung und Integration der vielen«[164]. Besonders eindringlich zeichnet die Hitler-Biografie von Ian Kershaw das Bild des zur Modernität verurteilten und von Heimweh nach dem Verlorenen getriebenen Deutschland der Zwischenkriegszeit. Diese Spannung zwischen alten Vorstellungen und neuer Realität wurde durch eine »nationalistische Selbstdefinition als Pseudolösung der Identitätskrise«[165] verdrängt statt gelöst. Der Nationalsozialismus erschien als der Versuch eines Sonderweges aus den Problemen der Modernisierung, wenngleich in eine rückwärtsgewandte Utopie. Selbst in der recht drastischen Formulierung eines ehemaligen Widerstandskämpfers kommt die Bedeutung der mentalen Prozesse deutlich zum Ausdruck: »1918 hat man unserem Volk den Kopf abgehauen. Dann ist es zwölf Jahre wie ein Huhn ohne Kopf herumgelaufen und Hitler hat seinen eigenen Kopf daraufgesetzt.«[166] Hitler hat mit der entschlossenen Projektion der Vergangenheit in die Zukunft lange anerzogene Vorstellungen einer genau in diesem Punkt tatsächlich verspäteten Nation präzise bedient.

Was immer das Regime inszenierte, vom Winterhilfswerk über die kollektive Freizeitgestaltung der »Kraft-durch-Freude«-Organisation bis hin zum Ehrenkreuz der deutschen Mutter für alle, die dem Führer genug künftige Soldaten oder Gebärmaschinen schenkten, wurde geschickt verbunden mit dem Missbrauch traditioneller Wertvorstellungen, vermittelte das Gefühl von Zugehörigkeit und auch von individueller wie von internationaler Anerkennung. In Deutschland ist vielleicht nicht »die große Masse der moralisch Denkenden und der Leute mit ganz festen Verhaltenskategorien zu den Nazis übergelaufen«, wie Joachim Fest einmal in einem Interview[167] (und wohl nur deshalb ziemlich vereinfachend) geäußert hat, aber genug auch von diesen hat es jedenfalls gegeben. Der Nationalsozialismus hat viel an Idealismus mobilisieren können, wie furchtbar immer dieser aber missbraucht wurde.

Das ist kein spezifisch deutsches Phänomen. Alexander L. Hinton hat geschildert[168], dass selbst die Roten Khmer, die bei der Ausrottung des eigenen Volkes ganz besondere Leistungen vollbracht haben, sich traditioneller Vorstellungen von Ehre und sozialer Anerkennung, von Tapferkeit und Gehorsam bedienten, um in einer radikal anders gewordenen sozialen Umwelt Tötungshemmungen abzubauen.

Hitler hat mit der formalen Legitimierung seiner Machtergreifung viele möglichen Vorbehalte ausgeräumt, und er hat mit dem »Tag von Potsdam« im März 1933 bewusst eine »Versöhnung des alten mit dem jungen Deutschland« vorgespielt, bei der von Hindenburg abwärts jede Menge Repräsentanten des alten Deutschland als Statisten mitspielten. Sozialisten und Kommunisten waren nicht geladen, sie waren bereits nach einer Feststellung des Innenministers »durch dringende und nützliche Arbeiten ... in den Konzentrationslagern« am Erscheinen verhindert.

»Das deutsche Volk krankt seit vielen Jahrzehnten an einer falschen Auffassung vom Staat, von der Macht, von der Stellung der Einzelperson. Es hat den Staat zum Götzen gemacht und auf den Altar erhoben. Die Einzelperson, ihre Würde und ihren Wert hat es diesem Götzen geopfert«, diagnostizierte Konrad Adenauer.[169] Und in einer englischen Analyse hieß es, die Deutschen seien bereit, sich autoritärer Disziplin zu beugen.[170] Die Herrschaft des Rechtes bedeute ihnen wenig, wenn es um Ansprüche des Staates auf Gehorsam gehe. Im Geiste Hegels erzogen, sähen sie es als höchste Freiheit an, sich der Notwendigkeit zu unterwerfen. Eben dieser Idealismus mache den deutschen Militarismus so monströs.

Alfred Mierzejewski hat über die deutsche Bahn, ohne deren Transportleistung der Holocaust nicht so viele Opfer gefunden hätte, ein zusammenfassendes Urteil gefunden, das über die Reichsbahn hinaus für viele, allzu viele Deutsche von damals gilt, ob Beamte oder nicht: »Bis zum Ende war die Reichsbahn erfinderisch, flexibel und hartnäckig beim Versuch, ihre Aufgaben wahrzunehmen. Sie repräsentierte die beste Form des traditionellen deutschen Beamtentums insofern, als sie sich loyal und wirkungsvoll ohne Vorbehalte anstrengte, dem Staat zu dienen. Sie verkörperte auch das Schlimmste an diesem alten Ideal, den bedingungslosen Gehorsam gegenüber einer Obrigkeit, egal welche Ziele diese auch haben mochte.«[171] Das böse Deutschland, das ist das fehlgegangene Gute, meinte Thomas Mann.

Manch alte Traditionen hat freilich auch der Nationalsozialismus nicht ausrotten können. Sie sind nicht nur anhand der vielen Fälle passiver Resistenz oder schlichter Menschlichkeit entgegen Befehlen und Vorschriften, der Hilfe für verfolgte Deutsche jüdischer Abstammung und an einzelnen Fällen individueller Widerstandshandlungen erkennbar, so wie etwa Georg Elser mit dem Sprengstoffanschlag im Bürgerbräukeller ein Zeichen gesetzt hat.[172] Wo immer es Widerstand gegeben hat, hat dieser sich auf alte Traditionen gestützt, die eine andere Weltsicht und durch diese inneren Halt verliehen haben. Auch und gerade deshalb ist es nicht überraschend, sondern einsichtig, dass dieser Widerstand extrem zersplittert gewesen ist, zersplittert wie die Gesellschaft selbst. Denn dieser Widerstand kam vom rechten wie vom linken Rand der Gesellschaft, aber nicht mehr aus seiner Mitte. Er kam von Christen, die aus religiöser und moralischer Überzeugung Widerspruch erhoben, vom Bischof Clemens August Graf von Galen bis zu den Mitgliedern der Weißen Rose in München. Es entspricht nur den unterschiedlichen Traditionen eines staatsnahen Protestantismus und eines (in Deutschland) staatsferneren Katholizismus, dass Letzterer sich als resistenter gegenüber dem Nationalsozialismus erwies.

Widerstand nährte sich ebenso aus der linken Hoffnung auf eine bessere kommunistische Gesellschaft und wurde keineswegs nur von der sogenannten »roten Kapelle« getragen, sondern von einer Vielzahl von kleinen Funktionären, die sich für die Ideale ihrer Bewegung opferten. Widerstand kam aber auch von den Mitgliedern der alten Elite, von Junkern und von Soldaten.

Der deutsche Widerstand kann nicht auf Erfolge verweisen, auch wenn er zweimal nahe dran war.[173] Aber der deutsche Widerstand hat gezeigt, dass überall dort, wo alte Traditionen dem Menschen Orientierung und Sicherheit geben, er auch für seine Rechte und für die Verantwortung, die er gegenüber der Welt empfindet, eintreten wird, und sei es um den Preis des eigenen Lebens. Ihnen allen ging es um eine bessere Welt und nicht allein darum, wozu Thomas Mann in einer BBC-Rundfunkansprache vom 27. 7. 1943 aufgerufen hat, »sich des Gesindels zu entledigen, das euch und der Menschheit so Schandbares angetan«.

Auch von der Wissenschaft kam kaum Widerstand. Hitler hat manche Bausteine seiner Weltanschauung auch aus dem damaligen Mainstream anerkannten wissenschaftlichen Denkens schöpfen können. Das beginnt bereits bei der in Deutschland gängig gewordenen Interpretation des Darwinismus. Ernst Haeckel, dem 1919 von einem Grabredner – wohl nicht zu Unrecht – bescheinigt wurde, man könne »ohne Übertreibung sagen, dass kein Naturforscher auf die Entwicklung der gesamten Weltanschauung einen größeren Einfluss ausgeübt hat«, propagierte in enorm populär gewordenen Büchern (allein seine »Welträtsel« von 1899 wurden in 27 Sprachen übersetzt) eine rein biologische Welterklärung. Die Evolutionstheorie sei berufen, Grundlage einer neuen Sittenlehre zu werden. Die menschliche Fortpflanzung gehöre streng reguliert, die Vermehrung Kranker und Arbeitsunfähiger unterbunden. Den Kampf ums Dasein gewinne der »vollkommene und veredelte« Mensch, »Konterselektion durch Zivilisation und Humanität« sei daher abzulehnen. Damit war er nicht allein. Der Jurist Adolf Jost prägte 1895 die Formel vom Null- oder Minuswert von Menschen. Der Schweizer Psychiater Ernst Rüdin empfahl kurz vor dem Ersten Weltkrieg die »Ausschaltung der Untüchtigen aus dem Leben der Rasse« und in Wien sprach der sozialdemokratische Politiker Julius Tandler vom »lebensunwerten Leben«. In den USA beschlossen 30 Staaten Sterilisationsgesetze unterschiedlicher Rigidität und von 1924 bis 1965 gab es dort ein Einwanderungsgesetz auf »eugenischer« Grundlage.

In Deutschland war man nur konsequenter. Hier halfen Rassenforscher, Historiker, Juristen und Ärzte bei der Rechtfertigung einer Weltanschauung, in der der Einzelne nichts war und die Rasse alles. Kurz und klar hat es Thomas Mann formuliert, als er bereits in einem Schreiben vom 1. 1. 1937 den deutschen Universitäten den Vorwurf machte, sie seien »zum Nährboden der verworfenen Mächte geworden«.

Es soll nicht unerwähnt bleiben, dass in der Zwischenkriegszeit eine Vielzahl von Intellektuellen vor allem linker Orientierung eindringlich vor Hitler und seiner Partei gewarnt hat. Namen wie Bert Brecht, Lion Feuchtwanger, George Grosz, Erich Mühsam, Carl von Ossietzky oder Kurt Tucholsky stehen hier für viele weitere. Sie alle wurden entweder aus dem Land vertrieben oder ermordet. Das Sagen und den Einfluss hatten die Mitläufer.

3.3.4.6 Terror und Massenmord

Viele historische Analysen kreisen um die Frage, wie viele Deutsche denn an den Gräueltaten des Nazi-Regimes mitgewirkt haben. Ob es eine kleine Minderheit gewesen ist, ob nur die SS und die Gestapo oder auch mehr oder minder große Teile der Wehrmacht, ob darüber hinaus viele vorher anständige und völlig normale Deutsche – darüber werden wohl auch die Fachleute noch lange streiten. Die meines Wissens aktuellste Studie zum Thema von Bernward Dörner[174] kommt jedenfalls zu dem Schluss, dass zwar Wegschauen und Verdrängen häufig waren, aber die These von weitverbreiteter Teilnahme oder auch nur Zustimmung unhaltbar sei. Viel zu viele Mittäter gab es trotzdem. »Vor dem Hitler brauchen wir uns nicht zu fürchten. Die Deutschen sind ein Kulturvolk«, hat sein Vater einem jüdischen, noch rechtzeitig emigrierten Freund des Schreibers dieser Zeilen gesagt. Der Vater bezahlte diese Meinung mit seinem Tod in einem Vernichtungslager.

Mit einer zugegeben reichlich unbeholfenen Vorstellung kann man vielleicht die Menge der Opfer dieser Zeit veranschaulichen: Stünden die 50 Millionen Opfer des Zweiten Weltkriegs, Vergaste, auf Todesmärschen oder vor den Leichen ihrer Angehörigen Erschossene, an der Front von Granaten Zerrissene, im Hinterland von Bombenteppichen Verschüttete, Erfrorene oder Verhungerte, Ertrunkene, Verbrannte wieder auf, dicht an dicht in Zehnerreihe mit einem Meter Abstand, so wäre diese Kolonne 5000 Kilometer lang. Man kann lange Strecken fahren, sich diese stille Begleitung vorstellen und sich dessen bewusst sein, dass das immer nur ein kleiner Bruchteil der Opfer wäre.

Der Mythos von der spezifisch deutschen Organisation des Holocaust als quasi industrialisierter Massenmord läuft letztlich auf eine Assoziation kalter klinischer Sauberkeit hinaus, die die angewandte Grausamkeit verharmlost. Effizient und durchorganisiert – und in diesem Sinn vielleicht spezifisch deutsch – mag der Massenmord gewesen sein. Aber weniger grausam? Die deutsche Malerin Helene Holzmann, der posthum der Geschwister-Scholl-Preis verliehen worden ist, hat eine Aktion vom März 1944 geschildert, eine einzige von zahllosen anderen nicht weniger furchtbaren: Alle Kinder bis zu zwölf Jahren wurden ergriffen und auf Lastautos geladen. Man zwang die Mütter, die ganz kleinen selbst zu den Autos zu bringen. … Frauen, die sich weigerten, ihre Kinder herauszugeben, die sich um die Lastautos drängten und ihre Kinder wieder herauszerren wollten, wurden niedergeschlagen, einige erschossen. Viele Eltern begehrten, mit ihren Kindern den Tod zu erleiden. Die Antwort war: »Ihr Säue müsst noch arbeiten. Das Zeug hier muss weg.« Die Kinder waren aus den Betten gezerrt worden und teils völlig nackt. Sie wurden so roh auf die Autos geworfen, dass viele schwer verletzt wurden. Sie schrien erbärmlich.

Goldhagen hat angesichts solchen Geschehens den Deutschen generell »eliminatorischen« Antisemitismus vorgeworfen, während Simon Wiesenthal, der konkrete Erfahrung als KZ-Häftling gesammelt hatte, auf der Differenzierung von persönlicher Schuld und Mitläufertum in jedem einzelnen Fall bestand.

Es gibt zumindest zwei Faktoren, die bei jeder Suche nach Ursachen für extremes Verhalten berücksichtigt werden müssen. Das sind die kognitiven Raster, Weltanschauung und persönliche Überzeugung einerseits und die besonderen Gegebenheiten der jeweiligen Situation andererseits. Selbst Goldhagen hat eine Untersuchung der »Verbindung kognitiver und situationsbedingter Faktoren, die solche Täter veranlassten, sich am Holocaust zu beteiligen«, gefordert[175] (allerdings, wie Christopher R. Browning kritisch bemerkt hat, nur für osteuropäische Täter, nicht für Deutsche[176]).

In Deutschland kam vieles zusammen: die lange Einübung in Gehorsam und Loyalität als Bestandteil des grundlegenden sozialen Tausches und damit als konstitutives Element des Verhältnisses zwischen Bürger (nunmehr »Volksgenosse«) und Staat im Dritten Reich, und die Bedeutung eines sich wissenschaftlich gebenden Biologismus, der die Ausrottung alles rassisch Minderwertigen oder Fremdrassischen zum Grundgesetz des Überlebenskampfes erklärt hat. Und Gehorsam, so erklärte man den Deutschen, sei nicht nur erste Bürgerpflicht, sondern entschuldige auch alles – ein Denkmuster, das noch lange über den Krieg hinaus als Rechtfertigungsmechanismus gängig war. Und diese Gehorsamspflicht des Bürgers wurde rechtlich sorgfältig legitimiert. In einer 1933 verfassten Denkschrift des preußischen NS-Justizministers Hanns Kerrl und seines Staatssekretärs Roland Freisler, der später als Präsident des Volksgerichtes noch eine besonders üble Rolle spielen sollte, hieß es (und man wird dabei wieder daran erinnert, dass der Mordrausch des Regimes bei den Schwächsten und Hilflosesten der eigenen Bevölkerung begonnen hat): »Sollte der Staat etwa bei unheilbar Geisteskranken ihre Ausschaltung aus dem Leben durch amtliche Anordnung gesetzmäßig anordnen, so liegt in der Ausführung solcher Maßnahmen nur die Durchführung einer staatlichen Anordnung.«

Wie logisch. Ordnung hat der deutsche Staat seinen Bürgern versprochen. Recht ist die konkretisierte Ordnung, und wer sich ans staatliche Recht hält, ist ge-recht-fertigt. So wurde alles legitimiert, was in der Folge an Verbrechen geplant und durchgeführt wurde. Browning selbst kommt im 1998 verfassten Nachwort zu seinem Buch über das Reserve-Polizeibataillon 101 zu dem Schluss: »Ich habe auf die Bedeutung des Faktors Anpassung verwiesen, auf Gruppendruck und auf Autoritätsgläubigkeit, aber ich hätte die Legitimationsmacht der Regierung deutlicher herausheben sollen.«[177]

Jan Philipp Reemtsma hat sich gegen eine pauschale Exkulpierung der vielen am Massenmord Mitwirkenden mit Zwang und Befehlsnotstand gewandt, weil es nicht nur die Alternative von Mittäterschaft oder selbstmörderischem Widerstand gegeben habe, sondern sehr wohl auch Freiheitsspielräume statt Handlungszwängen. Da ist ihm zuzustimmen, aber trifft das den kritischen Punkt? Kann man von Menschen, die in einer anderen Welt leben, Orientierung an Wertvorstellungen unserer heutigen Welt verlangen? Für uns Heutige bedeuten krasse Verstöße gegen die Menschenrechte den Zusammenbruch der sittlichen Weltordnung. Für jene, die in dieser bösen Zeit sozialisiert worden sind, begann der Zusammenbruch der sittlichen Weltordnung mit der Verweigerung des Gehorsams. Von Bonhoeffer stammt auch die furchtbare Feststellung, die mangelnde Zivilcourage der Deutschen sei nicht Ausdruck persönlicher Feigheit, sondern Folge einer spezifischen Tugend, der »Kraft zum Gehorsam«.

Autorität und Gehorsam waren im deutschen Sonderweg durch die Geschichte fest verankert worden. Thomas Mann hat 1924 den »Zauberberg« der Öffentlichkeit übergeben, da waren die Nationalsozialisten noch kein wirkliches Thema. In diesem Buch schildert Mann in verschiedenen Charakteren unterschiedliche geistige Strömungen der Zeit. Eine wird von Leo Naphta repräsentiert, einem zum Christentum übergetretenen Ostjuden, erkennbar auf Georg Lukács anspielend, und mit allem Fanatismus eines Konvertiten. Aber dieser Fanatismus hat es in sich. Da ist die Rede von Disziplin, von Opfer, von absolutem Befehl und von eiserner Bindung. Die Jugend wolle nicht Freiheit, »ihre tiefste Lust ist der Gehorsam«. Absoluter Befehl und absoluter Gehorsam sind keine Erfindungen der Nationalsozialisten, sie stammen aus einer (wie Mann wohl zu verstehen ist) europäischen Tradition, die freilich in Deutschland besondere Resonanz gefunden hat. Und das Regime verlangte bedingungslosen Fanatismus, wurde immer brutaler in seiner totalen Kriminalisierung nonkonformen Verhaltens und schuf ein allgemeines Klima der Angst und des Misstrauens.[178] Mommsen hat zur Charakterisierung des zunehmenden Terrors des Regimes auch in Deutschland selbst von einem »Bürgerkrieg nach innen« gesprochen. Auch blieb es den Nationalsozialisten vorbehalten, in den Konzentrationslagern, vor allem in der »Dachauer Schule«, in den Totenkopfverbänden vornehmlich der SS-Verfügungstruppe, mithilfe maßlosen und pervertierten militärischen Drills gezielt junge Männer in skrupellose menschliche Bluthunde zu verwandeln[179], deren Handlungen ihre ursprüngliche Existenz als normale Menschen nicht mehr anzumerken war.

Browning hat die Täter des Holocaust ganz normale Männer genannt, Goldhagen spricht, wenngleich mit deutlich anderem Unterton, von ganz normalen Deutschen. Vielleicht liegt die schreckliche Wahrheit darin, dass viele von ihnen, ohne jeden Unterton, bis dahin ganz normale Menschen gewesen sind. Erst die von ihnen anerkannte Autorität hat sie in brutale Schinder verwandelt, nicht der Umstand, dass sie Deutsche waren. Und man ginge irre, wollte man Autoritätshörigkeit nur in Deutschland für möglich halten. Bei den berüchtigt gewordenen Milgram-Experimenten (die erst lange nach dem Zweiten Weltkrieg stattfanden) waren sogenannte Schüler, die in einem Nebenraum untergebracht waren und daher nicht gesehen, deren (simulierte) Schmerzensschreie aber gehört werden konnten, von den Versuchspersonen auf Anleitung des Versuchsleiters durch Stromstöße zu bestrafen, wenn sie Fehler beim Erinnern an Wortpaare machten. Dass die Stromstöße in Wirklichkeit gar nicht stattfanden, wussten die Versuchspersonen nicht, außerdem machte der »Schüler«, ein netter höflicher Mann von etwa 50 Jahren, vor Beginn des Experiments eine Bemerkung über ein Herzleiden. Er protestierte auch gegen die mit häufigeren Fehlern immer stärkeren Stromstöße heftig und verlangte, aus dem Experiment entlassen zu werden. Der Versuchsleiter drängte die Versuchspersonen trotzdem weiterzumachen, Regeln seien schließlich dazu da, eingehalten zu werden. Entgegen den Voraussagen und zum Entsetzen aller Psychiater gehorchte die Mehrheit der Teilnehmer dem Versuchsleiter. »Fast zwei Drittel … straften mit dem stärksten Schock, der möglich war. … Sie widersprachen, aber sie widersetzten sich nicht, sondern handelten gehorsam. … In psychologischen Tests gab es keine Persönlichkeitsmerkmale, die die gehorsamen Täter in Milgrams Experiment von den Personen unterschieden, die sich weigerten, Täter zu werden. Auch gab es keine Hinweise auf psychische Störungen oder Abweichungen.«[180] Psychologen, die die Unhaltbarkeit dieser Ergebnisse nachweisen wollten, ist es damit nicht sehr gut ergangen. Die Schweizer Psychologin Streuli hat zu ihrem Schrecken sogar eine hohe Bereitschaft vorgefunden, sich mit den Tätern der Milgram-Studie zu identifizieren.[181]

Auch die Vorstellung von der eigenen Rolle in einer Institution kann eine unheilvolle Rolle spielen. Ein nicht weniger beunruhigendes Ergebnis erzielte Philip G. Zimbardo mit einem anderen Experiment. Aus einer Reihe von freiwilligen Versuchspersonen wurden nach dem Zufallsprinzip Wärter und Gefangene ausgewählt, diesen im Stanford Prison ihre Rollen zugeteilt und dann die praktische Entwicklung des Gefängnisalltags beobachtet. Zimbardo berichtet darüber wie folgt: »In der Rolle der Wärter verhielten sich auch die Studenten aggressiv und manchmal sogar sadistisch, die eigentlich Pazifisten und nette Jungs gewesen waren. … Die Wächter entwickelten dauernd neue Strategien, um bei den Gefangenen das Gefühl von Wertlosigkeit zu erzeugen. … Psychologisch stabile und ausgeglichene Studenten verhielten sich als Gefangene schon bald pathologisch.

... Die Psychologen wurden aufgefordert, ihre auf zwei Wochen angelegte Studie bereits nach sechs Tagen zu beenden.«[182]

Browning weist auf Folgendes hin: Das von Zimbardo bei den Wärtern festgestellte Spektrum unterschiedlicher Reaktionsformen »ähnelt auf beunruhigende Weise den Gruppierungen, die sich im Reserve-Polizeibataillon 101 herausbildeten: ein Kern von Männern, die sich freiwillig zu den Exekutionskommandos und den Judenjagden meldeten, ... eine größere Gruppe von Polizisten, die sich auf Befehl an Erschießungen und Ghettoräumungen beteiligten, aber nicht aktiv nach Gelegenheiten zum Töten suchten, und eine kleine (keine 20 Prozent ausmachende) Gruppe von Männern, die sich dem Tötungsauftrag verweigerten und entzogen«.[183]

Rollenverhalten wird durch Gruppendruck verstärkt und auch davon gab es damals mehr als genug. Die Anpassung an den in jeder Gruppe wirkenden Gruppendruck ging gerade unter damaligen Umständen in Richtung der abverlangten »Härte«, die als Wert auch von denen nicht in Frage gestellt wurde, die sich dem Gruppendruck zu entziehen versuchten: »Die meisten von denen, die nicht schossen, waren bemüht, die kameradschaftlichen Bindungen, in die sie eingebettet waren, nicht zu zerreißen, und bekräftigten dadurch fatalerweise nur die Männlichkeitswerte der Mehrheit, denen zufolge es eine positive Eigenschaft darstellte, hart zu sein ...«[184] Gewöhnung an Gewalt und Anpassung an intensiv genug eingetrichterte Gruppenwerte bei bereits vorhandener Autoritätshörigkeit verstärken sich wechselseitig.

Christopher Browning hat in seinem Buch über das Verhalten der Männer des Reserve-Polizeibataillons 101 keine optimistische Perspektive gefunden. Er schließt sein Buch, nachdem er etliche weitere Beispiele für Grausamkeiten auf Befehl nicht mehr aus dem Dritten Reich, sondern aus dem Vietnam-Krieg gebracht hat, mit der pessimistischen Bemerkung, in der heutigen Welt enormen Gruppendrucks sowie der Spezialisierung und Bürokratisierung würden »moderne Regierungen, die einen Massenmord begehen wollen, bei ihren Bemühungen selten daran scheitern, dass es ihnen nicht gelingt, ganz normale Männer dazu zu bewegen, ihre willigen Vollstrecker zu werden.«

Auch neuere Untersuchungen und neuere Ereignisse nach dem Milgram- und dem Zimbardo-Experiment sind geeignet, solche Befürchtungen zu verstärken. Sie unterstreichen die enorme Anpassungsfähigkeit des Menschen auch bei Extremsituationen. Menschen gewöhnen sich allmählich sowohl an angenehme als auch an unangenehme Situationen und empfinden sie aufgrund adaptiver emotionaler Gegenreaktionen irgendwann als neutral.[185] Noch weiter geht Gilbert Harman, der meint, dass Charaktereigenschaften, soweit es sie überhaupt gebe, zur Erklärung von Verhalten viel weniger beitragen könnten als die jeweilige Situation. Er berichtet unter anderem über Experimente, bei welchen Theologiestudenten (bei denen die Kenntnis des Gleichnisses vom barmherzigen Samariter vorausgesetzt werden kann) auf ihrem Weg an einem scheinbaren Unfallopfer vorbeikamen und es an ihnen lag, zu helfen oder nicht. Wie sich herausstellte, war der weitaus wichtigste Faktor, der Einfluss darauf hatte, ob einer stehen blieb, um zu helfen, die ihm verfügbare Zeit, nicht irgendwelche persönlichen Eigenschaften, auch nicht die religiöse Orientierung.[186]

Leider liefert die Praxis ohnehin reichlich Anschauungsmaterial. In Ruanda haben 1994 Hutus binnen 100 Tagen unter dem Einfluss einer wild gewordenen Propaganda mehr als 800 000 Tutsis bestialisch ermordet, mit denen sie vorher jahrzehntelang friedlich als Nachbarn in gemeinsamen Dörfern zusammengelebt haben. Im Balkankrieg brachten sich nicht nur wechselseitig Menschen um, die vorher lange friedlich zusammengelebt hatten, sondern wurde wieder einmal das Konzept der ethnischen Säuberung ausgegraben und zum Leitmotiv von Massenmorden. Selbst gründliche Versuche einer Analyse enden letztlich in Rat- und Fassungslosigkeit.[187]

3.3.4.7 Antisemitismus

Antisemitismus war vor dem Zweiten Weltkrieg in vielen Ländern Europas und selbst in den USA häufig anzutreffen. Wieso führte er ausgerechnet in Deutschland zu so furchtbaren Exzessen?

Aus früheren Zeiten gibt es eine Vielzahl von Belegen für ein gedeihliches Zusammenleben zwischen Juden und Nichtjuden. Der älteste stammt aus Speyer, der Stadt des großen Kaiserdoms. Um 1100 wurde dort eine Synagoge errichtet, wenige Schritte vom Dom entfernt, somit ohne räumliche und damit wohl auch ohne mentale Distanzierung, und daneben eine Mikwe, ein jüdisches Ritualbad. Es ist heute noch fast vollständig erhalten. Der Kunsthistoriker Richard Krautheimer hat bereits 1927 in seiner Habilitationsschrift über mittelalterliche Synagogen nachgewiesen, dass Dom, Synagoge und Mikwe von denselben Baumeistern errichtet wurden. Noch (oder wieder) im zweiten Kaiserreich waren die Beziehungen zwischen Juden und Nichtjuden in so manchen Städten eng und bei allem virulenten Antisemitismus von gegenseitigem Respekt getragen.[188] Und der Beitrag der Juden zum kulturellen Leben kann gar nicht hoch genug eingeschätzt werden. Das großartige Geistesleben in Wien an der Wende vom 19. zum 20. Jahrhundert wäre ohne die Vielzahl jüdischer Künstler, Philosophen und Journalisten deutlich bescheidener ausgefallen.

Otto Binder, selbst aus einer jüdischen Familie stammend, beschrieb die Denkmuster des Wiener Judentums: »Obenauf auf (seiner) Werteskala standen Bildung und Kultur, selbstverständlich die klassische deutsche Bildung.« Von den Ostjuden distanzierte man sich eher, weil »deren ganzes Wesen als Negierung des Eintritts in eine höhere, in die deutsche, in die europäische Kultur verstanden wurde«[189]. Die Menschen, die ermordet wurden, sind als Juden nur unvollständig definiert. Soweit sie aus Deutschland stammten, waren sie Deutsche, nur eben mit jüdischer Abstammung.

Die Republik Österreich hat noch Jahrzehnte nach dem Zweiten Weltkrieg Kunstschätze, die den umgebrachten Juden abgenommen worden waren, in der Kartause Mauerbach aufbewahrt, bis sie endlich zum Zweck der Bezahlung von Entschädigungsansprüchen versteigert worden sind. Vorher waren sie zu besichtigen, und sie zeigten nichts anderes als die totale Orientierung an traditionellen deutschen Symbolen und Identifikationsbildern: Bismarck, Goethe und selbst die deutschen Kaiser waren weit häufiger vertreten als jüdische Motive. Von diesen gab es höchstens zwei bis drei.

Die Ursachen für das Ende dieser Integrationsbemühungen und dieses Zusammenlebens können nicht allein die üblicherweise genannten Faktoren gewesen sein wie Ausgrenzung von Minderheiten, Neid und religiöser Eifer. Zunächst einmal: Nicht nur in der Nazizeit war es die Obrigkeit, die über das Schicksal der Juden entschied. Und es gab nicht nur aufgeklärte Monarchen wie Friedrich den Großen in Preußen oder Josef II. in Österreich. Michael Blumenthal, emigrierter deutscher Jude und US-Finanzminister unter Jimmy Carter, hat geschildert, wie sehr die jüdische Minderheit in Preußen und später im Deutschen Reich den jeweiligen Herrschern ausgeliefert war und immer wieder von diesen zum Sündenbock gemacht wurde.[190] Große und kleine deutsche Fürsten funktionalisierten zudem über Jahrhunderte hinweg die Juden indirekt zu Steuereintreibern: Die ihnen auferlegten hohen Judensteuern zwangen sie – bewusst und absichtlich –, das dafür notwendige Geld aus den Geschäften herauszuholen, die man ihnen mit Bedacht übrig gelassen hatte.[191] Judenverfolgungen traten nicht zufällig vor allem dann auf, wenn die landesherrliche Gewalt schwächer geworden war. Wie üblich tobte man sich dann an denen aus, die vorher zu Werkzeugen gemacht worden waren. Ein gutes Beispiel dafür ist die Geschichte des Joseph Süß Oppenheimer, der 1723 Pächter des Stempelpapiers wurde, das die kurpfälzischen Untertanen für Schriftwechsel mit Behörden verwenden und entsprechend teuer bezahlen mussten. Ihm wurden auch andere wichtige Funktionen übertragen; er wurde Berater eines württembergischen Herzogs und entwickelte in dieser Eigenschaft fortschrittliche Ideen, unter anderem zur Reform des verfilzten Staatsapparates. Nach dem Tod des Herzogs sorgten die von solchen Ideen betroffenen Landstände unter dem Vorwand angeblichen Hochverrats für einen schleunigen Justizmord. Die Verleumdungen überdauerten seinen Tod. In der NS-Zeit wurde er als Jud Süß zum Prototyp eines habgierigen Juden hochstilisiert.

Aber man brauchte die Juden ja trotzdem. Die großen Kaufleute des Mittelalters, Genueser Familien, die Welser und die Fugger waren von der Bildfläche verschwunden. Nunmehr finanzierten die jüdischen Hoffaktoren die »Handsalben« an die Domherren bei so manchen Bischofswahlen[192] und vor allem den in der beginnenden Neuzeit immer größer werdenden Finanzbedarf der Landesherren.

Man wollte die Juden nicht in der Gesellschaft. Was man ihnen überließ, war das Ungewöhnliche, das Anrüchige. Das war, wie deutsch, eben auch das Neue. Und genau zu diesem Anrüchigen am Rande der Gesellschaft gehörte (für traditionell denkende Deutsche) das Finanzwesen. Die Strategie der Ausgrenzung drängte die Juden geradezu in die Zentren des modernen Wirtschaftslebens, an die Börse und in die Banken. Michael Stürmer und Gabriele Teichmann sprechen von der Logik der deutschen Gesellschaft, »die stets am Rande des Mangels lebte und deren Instinkte sie lehrten, die Sicherheit der Nahrung über alles zu stellen und nicht auf Wachstum und Gewinn zu setzen, sondern auf soziale Stabilität und ein anständiges Auskommen; jedem das Seine. Anders die Lage der jüdischen Geld- und Luxushändler: scharfer Wettbewerb, Nutzung jeder Marktchance, Kapitaleinsatz, Rationalität und Sicherheit durch Reichtum waren die Maßstäbe ihrer Ökonomie. … Die Außenseiter der alteuropäischen Gesellschaft waren es zumeist, die früh lernen mussten, Geld unsichtbar zu bewegen, Kapital flüssig zu halten und nicht in Land und Ehre zu investieren, sondern das Risiko zu streuen«.[193]

In der Zeit des sich rasch entwickelnden Kapitalismus führten aber genau diese Verhaltensmuster rascher und sicherer zum wirtschaftlichen Erfolg. »… die Juden waren in den großen Städten, im Handel und in Berufen ausnehmend stark vertreten, die ihnen einen Einfluss und ein Einkommen sicherten, das weit über dem der deutschen Bevölkerung lag.«[194]

Einige von ihnen versteckten den neuen Reichtum auch gar nicht, was ihnen prompt übel genommen wurde. Denn gleichzeitig stürzten die permanenten Anpassungskrisen der neuen Wirtschaft landlose ehemalige Bauern, kleine Gewerbetreibende und Erwerbslose in existenzielle Krisen. Sie waren auf der Suche nach Schuldigen und suchten diese bei den Gewinnern der neuen Verhältnisse. Nicht wenige Politiker wie etwa der Wiener Bürgermeister Karl Lueger entdeckten hier ein manipulierbares Protest- und Wählerpotenzial für sich selbst, wenn sie sich an die Spitze des seit den Achtzigerjahren des 19. Jahrhunderts aus diesen Gründen zunehmenden Antisemitismus setzten. Die traditionellen jüdischen Überlebensstrategien wurden durch die neuen Verhältnisse begünstigt, die traditionellen Tugenden, auf welche die Deutschen von ihrer Obrigkeit sozialisiert worden waren, erwiesen sich dagegen als wenig hilfreich. Die Erklärungen, die dafür gesucht und gefunden wurden, waren freilich andere, und im Rückgriff auf alte (nicht zuletzt christlich geprägte) Muster ungleich böser und gehässiger.

Antikapitalismus hat in Deutschland, wo Geldgeschäfte nicht in die normativen Vorstellungen von Bescheidenheit und Gehorsam passten, sondern anders als im Westen Europas moralisch abqualifiziert, verurteilt und verdächtigt wurden,

den Antisemitismus kräftig gefördert. Der Nationalsozialismus, der ja anfangs auch auf die Opfer des Kapitalismus gesetzt hat, erkannte diese Verbindung und nutzte sie für die eigenen Zwecke aus.

Wann immer sich Historiker mit den wirtschaftlichen Aspekten und Motiven der Judenverfolgung befassen, stoßen sie außerdem auf hemmungslose Gier. Eine Einzelstudie am konkreten Beispiel Hamburgs[195] schildert die Bereicherung zunächst der Gestapo und dann auch vieler privater Bürger am jüdischen Vermögen. Nach Schätzung des Verfassers haben letztlich rund 100 000 Hamburger über die Versteigerung des »Umzugsgutes« jüdischen Besitz erworben, bewusst sollte damit eine möglichst große Zahl von ganz gewöhnlichen Deutschen in die Bereicherung mit einbezogen und so korrumpiert werden. Der Neid auf die vermeintlich reichen Kapitalisten war trotz aller ideologischen Verbrämung immer wesentlicher Bestandteil des deutschen Antisemitismus. In Deutschland ging es zu wie bei so manchen früheren Pogromen: von Neid und Gier zum Hass, der sich selbst ideologisch legitimiert, und vom Hass zu Raub und Mord. Der Unterschied lag vor allem in den Dimensionen der Vernichtung.

3.3.4.8 Am Rande des Abgrunds

Die gängige Interpretation der Kräfteverhältnisse im Zweiten Weltkrieg besagt, Hitler hätte bereits mit dem Angriff auf die militärisch völlig unterschätzte Sowjetunion, spätestens aber mit der Kriegserklärung an die USA den Bogen völlig überspannt, die Niederlage sei ab da nur mehr eine Frage der Zeit gewesen.

Richard Overy hat für den militärischen Bereich gezeigt, dass viele Entscheidungen nur ganz knapp ausgegangen sind und dass Sieg oder Niederlage in kritischen Schlachten häufig von wenigen tausend Mann oder von technischen Details abhing[196], wie etwa die Wende im U-Boot-Krieg von der Entschlüsselung des Enigma-Codes oder beim Luftkampf über Deutschland von der Ausrüstung der alliierten Begleitjäger ab 1943 mit Zusatztanks.

Diese Perspektive soll hier ergänzt werden. Denn es ist zu betonen, dass der Sieg des Nationalsozialismus über Europa und die Sowjetunion zum Greifen nahe gewesen und es nicht allein der erbitterte Widerstand vieler der bedrohten Völker war, der Hitlers Kriegsziele hat scheitern lassen. Es waren auch die Führungskämpfe, die sich hinter der Fassade eiserner Entschlossenheit und Geschlossenheit abspielten, das organisatorische und administrative Chaos, gravierende Fehlentscheidungen und Führungsfehler. Es waren nicht zuletzt die Eigengesetzlichkeiten dieser (und vielleicht jeder) Diktatur, die Europa vor der Unterwerfung bewahrt haben. Diese Meinung ist nicht gerade gängig, ich will daher dafür Argumente vorbringen.

Auf das für den NS-Staat typische administrative Chaos wurde bereits hingewiesen. Selbst der groß angelegte und propagandistisch als Sonderleistung verkaufte Vierjahresplan war von einer effizienten Planwirtschaft weit entfernt.[197] Am 4. September 1942 notierte der Reichsfinanzminister, dass niemand mehr wisse, wer weisungsbefugt sei und wer nicht, wer zu einer Behörde oder zu einer halbamtlichen Firma gehöre oder aber zur Gruppe der auf eigene Faust operierenden »Hyänen«, die sich Kompetenzen einfach nur anmaßten.[198] Der riesigen Aufrüstung fehlte nicht nur ein Gesamtkonzept. Die drei Waffengattungen planten vielmehr jeweils nach eigenem Gutdünken und allein die Marine wollte anfangs mehr Werkzeugmaschinen, als das gesamte Reich herstellen konnte, nach den offenbar so großartigen Erfahrungen des Ersten Weltkriegs wieder einmal vor allem für Schlachtschiffe. Es fehlte sogar eine Abstimmung der Rüstung mit der gesamtwirtschaftlichen Leistungsfähigkeit, was für die Briten eine Selbstverständlichkeit war, die dementsprechend die Industrieinvestitionen ganz anders steuerten als die Deutschen[199]. Die Ineffizienz war so skurril, dass 1940 überhaupt nur acht Prozent des Wehrhaushaltes in Waffenkäufe flossen und selbst 1941 noch rund 60 Prozent aller von den Streitkräften ausgegebenen Gelder in die Verwaltung.[200] Die Produktion von Munition war 1940 gegenüber 1939 gesunken und 1941 noch niedriger als 1940. Noch schlechter kam man mit den Produktionskapazitäten in den besetzten Ländern zurecht. Frankreich beispielsweise konnte 1940 fast 5000 Flugzeuge im Jahr produzieren, insgesamt wurden ab der Besetzung bis 1944 aber nicht mehr als 2500 produziert.

Erst nach dem Scheitern des Blitzkriegs gegen Russland 1941 genehmigte Hitler die Neuorganisation der Rüstungswirtschaft, die nicht erst von Albert Speer ersonnen, sondern schon vorher von Fritz Todt und anderen dringend verlangt worden war. Speer, der Nachfolger Todts als Minister für Bewaffnung und Munition wurde (nicht zuletzt deshalb, weil Görings massive Inkompetenz schon damals offenkundig war), steigerte trotz weiter verbleibender Skurrilitäten (so wurde Fritz Sauckel Generalbevollmächtigter für den Arbeitseinsatz und kümmerte sich weder um Albert Speer noch um Hermann Göring[201]) allein in den fünf Monaten ab Februar 1942 den Output der Rüstungsindustrie um 50 Prozent. Von Oktober 1942 bis März 1943 gab es ein zweites Mal die gleiche Steigerung und von Dezember 1943 bis Juli 1944 ein drittes Mal. Speer selbst meinte später, Hitler hätte, eine schon früher so effizient organisierte Rüstungsindustrie vorausgesetzt, 1941 »ohne Weiteres eine doppelt so stark gerüstete Streitmacht ins Feld führen können«[202]. Dabei sind die Luftwaffe-Felddivisionen noch nicht mitgerechnet, die Göring aufstellen ließ, weil die Überdotierung seiner rückwärtigen Stäbe offenkundig war, er daher Zehntausende von Männern an die Front abgeben musste und sie ungeübt, von ebenso unerfahrenen Offizieren geführt, dort lieber massenweise umkommen ließ, als sie der Wehrmacht zu unterstellen und vor dem Fronteinsatz ausbilden zu lassen.[203] Dass die Sowjets alle Schlüsselproduktionen an wenigen Orten konzentrierten, die daher gegen Bombardements besonders empfindlich gewesen wären, solche aber kaum je stattgefunden haben und nicht einmal der Abtransport von Produktionsmaschinen aus den von der deutschen Invasion erfassten Gebieten verhindert wurde, erweitert nur die Liste der Fehlleistungen, ohne sie zu vervollständigen.

Selbst mit der tatsächlichen, weit bescheidener als möglich gerüsteten Armee scheiterte der Feldzug 1941 und 1942 nur knapp. Wichtige Ursachen für die Wende können sogar relativ knapp skizziert werden: Die Russen waren an Menschen und an Material immer deutlich überlegen, am Anfang wie am Ende. Aber am Anfang hatten die Deutschen die Luftüberlegenheit, die sie jedoch nur für den Erdkampf konsequent nutzten. Vor allem aber war ihre operative Führung den zunächst unbeweglichen Russen enorm überlegen. Diese mussten operative Beweglichkeit bitter genug erlernen, aber danach und nach Eroberung der Luftüberlegenheit waren sie nicht mehr aufzuhalten. Letztere ermöglichte ihnen unter anderem die Zerstörung deutscher Panzerverbände oft schon während des Aufmarsches.

Napoleon hat einmal gemeint, eine Stunde nach der Schlacht wisse jeder Leutnant, was man hätte besser machen können, und das gilt wohl für jede nachträgliche Manöverkritik. Hier daher nur zwei strategische Entscheidungen, bei denen es schon zuvor massive Warnungen (sowie Vorschläge und Bitten an Hitler, es anders zu machen) gegeben hat. Der deutsche Generalstab, für die Gegner Inbegriff teutonischer Gefährlichkeit, war im Ersten Weltkrieg zu stark, um ernsthafte Friedensbemühungen auch nur aufkommen zu lassen, und im Zweiten Weltkrieg zu schwach, um der hemmungslosen Aggression Widerstand zu leisten. Auch im gleich zu schildernden Fall konnte er sich letztlich nicht durchsetzen.

Es kommt in der Kriegsgeschichte nicht allzu häufig vor, dass der Oberkommandierende und sein Stab sich nicht einmal über die Hauptstoßrichtung einig sind. Beim größten Angriffskrieg eines Landes gegen ein anderes, den die Geschichte bisher gesehen hat, war aber genau das der Fall. Hitler wollte das Schwergewicht des Angriffs auf die Flanken legen (nicht zuletzt wegen der Ölvorkommen des Kaukasus), der Generalstab wollte vorrangig Moskau erobern, nicht wegen der politischen Symbolik, sondern wegen der Bedeutung als zentraler Verkehrsknotenpunkt und weil vor Moskau die sowjetischen Hauptstreitkräfte sich stellen und, so hoffte man, geschlagen würden.

Wer Beispiele dafür sucht, wie sehr in kritischen Augenblicken der Weltgeschichte menschliche Unzulänglichkeiten dominieren können, wird hier fündig. Hitler änderte aus den geschilderten Überlegungen den Plan Barbarossa, der Generalstab akzeptierte die Änderungen, weil er glaubte, die Entwicklung an der Front werde Hitler schon in die gewünschte Richtung zwingen. Noch im August 1941 begann die Debatte von Neuem. Der Generalstab nutzte einen Ruhr-ähnlichen Anfall Hitlers, um die Truppe hinzuhalten. Hitler setzte nach seiner Gesundung einen Stoß in die Ukraine durch, erst danach sollte der Vormarsch auf Moskau fortgesetzt werden. An der Front konnten sich selbst kommandierende Generäle wie Manstein »keinen rechten Vers aus diesem Hin und Her machen«[204].

Die wenigen Kilometer, die die deutschen Armeen beim Wintereinbruch noch vom Moskauer Stadtzentrum trennten, wurden von der obersten Führung zuvor selbst verspielt. Der Funker im vordersten Kommandopanzer hieß Paast, wurde nach dem Krieg Direktor in der Wiener Zentralsparkasse und hat im privaten Kreis öfter geschildert, wie unspektakulär der Vorstoß endete. Es gab – an diesem vordersten Punkt und vor Beginn der sowjetischen Gegenoffensive – keinen russischen Widerstand. Die Panzer blieben stehen, weil sie keinen Betriebsstoff mehr hatten. Über Funk wurde wild debattiert, die Offiziere blickten durch ihre Ferngläser auf die Stadt, die russischen Zivilisten schauten neugierig zu, und zuletzt kam gerade so viel Sprit nach vorne, dass man den Rückzug antreten konnte.

Nur waren die Fehler des Jahres 1942 nicht geringer. Von Manstein schildert sie recht eindringlich, eine »geradezu groteske« Befehlsgliederung, die Abhängigkeit des gesamten Nachschubs für zwei deutsche und für mehrere verbündete Armeen von einer einzigen Eisenbahnbrücke, das Zerflattern der deutschen Offensive in zwei völlig divergierende Richtungen, das Entstehen einer 300 km breiten, kaum gedeckten Lücke dazwischen, und hält dann fest: »Das wochenlange Belassen der Hauptkraft der Heeresgruppe B bei Stalingrad mit unzureichend gesicherten Flanken aber war ein entscheidender Fehler. Man schob damit dem Gegner geradezu die Initiative zu, deren man sich durch das Festbeißen bei Stalingrad für den gesamten Südflügel begeben hatte. Man lud ihn förmlich dazu ein, die ihm dargebotene Chance zu ergreifen und die 6. Armee einzukesseln.«[205] Genau das geschah ja dann auch.

Lassen wir es damit genug sein. Europa und Russland waren damals nahe am Abgrund. Und ein beträchtlicher Teil des deutschen Volkes diente diesem Regime, freiwillig oder unfreiwillig, effizient, tapfer, oft hingebungsvoll und letztlich unter furchtbaren Opfern. So manche glaubten, in Pflichterfüllung bei innerer Distanzierung persönlich anständig bleiben zu können, und wollten dabei nicht bemerken, wie sehr auch sie vom Regime instrumentalisiert wurden.

Ich habe die Entwicklung des deutschen Bewusstseins als Sonderweg beschrieben und seine Ursachen zu verstehen, es aber auch in ebenso alte wie gängige menschliche Verhaltenstypologien einzuordnen versucht. Es war alles andere als modern. Das deutsche Gewissen war erfüllt von normativem Pflichtbewusstsein und nicht von persönlichem Verantwortungsbewusstsein.

Dazu dürfte ein weiterer Faktor kommen, der mir erst nach zahlreichen Gesprächen mit ehemaligen Kriegsteilnehmern bewusst geworden ist. Diese Männer wären eher bereit, eine eigene persönliche Schuld zuzugeben als eine solche ihrer toten Kameraden, die, so ist es wohl ihrem Bewusstsein eingeschrieben, als Opfer für sie und nicht als Täter gefallen sind. Einer von diesen alten Männern erzählte mir einmal von den vielen Tausenden prachtvollen jungen Burschen, die in der Früh zu einem Großangriff angetreten seien. Am Abend sei die weite Ebene bis zum Horizont von ihren Leichen bedeckt gewesen. Er hat sie als unschuldige, halbe Kinder gesehen, nicht als Helfer des Aggressors.

Omer Bartov, der versucht hat, die Ursachen für die Barbarisierung der deutschen Wehrmacht im Osten zu ergründen, meint, aufgrund einer »Verzerrung der Wirklichkeit« hätten sich Soldaten als Opfer gefühlt, die eigentlich Täter gewesen seien.[206] Aber eine solche Verzerrung gibt es ja bei fast allen, die einen Vater, Gatten, Bruder oder Sohn verloren haben. Viele Soldaten verstehen ihr damaliges Verhalten als Pflichterfüllung und ihre toten Angehörigen oder Kameraden als Opfer. Sie können gar nicht anders. Auch deshalb wird bei der Beurteilung der kritischen Fragen nach Opfern und Tätern, nach Schuld und Verantwortung auch heute noch so viel aneinander vorbeigeredet wird. Je größer die Katastrophe, desto größer scheinbar auch die Distanz, die zur nüchternen Analyse erforderlich ist.

3.4 Die Vereinigten Staaten von Amerika

3.4.1 Was ist Wahrheit?

Allein schon wegen der Bedeutung der Vereinigten Staaten für das heutige Weltgeschehen soll dieser Abschnitt sich nicht mit historischen Prozessen befassen, sondern sich auf die Fragen beschränken, welche Weltbilder in den USA aktuell verhaltensbestimmend sind, aber auch, welche Vorstellungen von der Wirklichkeit die Menschen haben, die in dieser Wirklichkeit leben.

Aber man fühlt sich rasch an die alte Pilatus-Frage nach der Wahrheit erinnert, wenn man die Unterschiedlichkeit der Meinungen und Urteile registriert, mit denen die Vereinigten Staaten so gerne bedacht werden. Einerseits haben die USA als erster Staatenbund der Welt die angeborene Gleichheit aller Menschen und das Recht auf Glück, »pursuit of happiness«, verfassungsrechtlich verankert. Darauf gründet sich stolzes Selbstbewusstsein: Wie nirgends sonst in der Welt habe sich der Einzelne dort frei entfalten können, Chancengleichheit gehabt und seinen eigenen Weg zu Glück und Reichtum verfolgen können. »Die Bewohner der Vereinigten Staaten bekunden … eine so starke und gleiche Leidenschaft für ihr Wohlergehen wie für ihre Freiheit, dass man glauben muss, diese Leidenschaften verbinden und verschmelzen sich irgendwo in ihrer Seele. In der Tat halten die Amerikaner ihre Freiheit für das beste Werkzeug und für die größte Gewähr ihres Wohlergehens.«[207] Millionen Armer und Entrechteter haben in den USA ihre

Heimat gefunden, die Menschheit dort eine neue Chance zur Schaffung einer besseren und gerechteren Welt (»mankind's second chance« hat es F. D. Roosevelt genannt) gehabt und auch genutzt.

Es mangelt nicht an Gegenbildern: »An geteilten rationalen Maximen gibt es zwei: Erstens: Nimm, was du kriegen kannst, und zweitens: Jeder, der dir dabei in die Quere kommt, ist ein Kommunist.«[208] In einem gnadenlosen Wettbewerb habe sich dabei ein zunächst auf die Landwirtschaft, dann auf Banken und Industrie und zuletzt auf die Rüstungsindustrie abgestütztes Establishment herausgebildet, eine herrschende Klasse, die das politische Geschehen in Regierung, Senat und Abgeordnetenhaus sowie über einen immer umfassenderen weltweiten Wirtschafts- und auch militärischen Imperialismus die Geschicke der ganzen Welt nach ihren kapitalistischen Verwertungsinteressen gestalte. Der äußeren Kolonisation habe die innere entsprochen. Die USA verdanken »ihre Entwicklung nicht nur der Einwanderung freier europäischer Siedler und Emigranten, sondern auch der spezifischen Unfreiheit von eroberten Indianern, besiegten Mexikanern und versklavten Afrikanern«[209]. Die Kastenherrschaft der Mächtigen, deren Stand in den letzten Jahrzehnten noch um das organisierte Verbrechen bereichert worden sei, habe schließlich selbst einen amerikanischen Präsidenten dazu gebracht, öffentlich vor der unbeschränkten Macht der »scientific technological elite« und des »military industrial complex« zu warnen, wie dies Dwight D. Eisenhower in seiner Abschiedsrede tatsächlich getan hat. Was die USA kennzeichne, sei eine Sozialstruktur, in der wenigen Superreichen ein hart arbeitender, stets von Arbeitslosigkeit bedrohter Mittelstand und eine breite Unterschicht von Armen und Arbeitslosen gegenüberstünde.

Es gibt in der Schilderung der amerikanischen Realität zwei scheinbar völlig unterschiedliche Perspektiven. Und trotzdem passen sie zusammen – wenn man sich bewusst ist, wie ambivalent die Welt der individuellen Nutzenorientierung ist, in der man die Freiheit mit dem Alleinsein in einer Welt bezahlt, in der man sich in der Konkurrenz aller gegen alle behaupten und durchsetzen muss.

3.4.2 Historische Herausforderungen und sinnstiftende Ordnungsmuster

Die Besiedlung von Neuland, gewonnen durch Rodungen, Kultivierung oder auch durch Vertreiben der bisherigen Bewohner, war von Anfang an Bestandteil der europäischen Geschichte und insofern keine amerikanische Besonderheit. Aber in Europa folgte der Staat den Neusiedlern und integrierte sie in seine Ordnung. Der Aufbruch in die englischen Kolonien in Amerika bedeutete dagegen Freiheit, vor allem für jene Religionsgemeinschaften, die sich in England oder auch in Deutschland den ihnen gegenüber ausgeübten Zwängen entziehen wollten. In Amerika ließen die Behörden den Siedlern ihre Freiheit und erinnerten sich ihrer meist nur dann, wenn sie Geld brauchten.

Genau das war auch der eigentliche Auslöser der amerikanischen Revolution. Die Engländer hatten nach heftigem Widerstand der Kolonisten eine gut zehn Jahre zuvor eingeführte Stempelsteuer wieder aufgegeben und John Adams meinte danach noch 1766, die Amerikaner seien »so ruhig und der Regierung so ergeben wie jedes andere Volk der Erde«.

Was sich dann abspielte, hat Barbara Tuchman in ihre Sammlung von Musterbeispielen politischer Überheblichkeit und Unfähigkeit aufgenommen.[210] Begonnen hat es damit, dass die englische Regierung 1767 wieder eine Reihe von Zöllen neu einführte, um das englische Budget zu entlasten. Die mit der Eintreibung betrauten Beamten verdienten persönlich an den Geldbußen, was ihr Engagement und ihr Einkommen ebenso förderte wie die Entrüstung der Amerikaner. Es bedurfte noch vieler weiterer Dummheiten, um die Amerikaner gegen die englische Regierung aufzubringen, aber diese schaffte es schließlich. Möglicherweise haben auch andere Faktoren mitgespielt. David C. Smith und William R. Baron haben 1996 in einer Studie über die Frostperioden Neuenglands gezeigt, dass der Unwille der Siedler zusätzlich durch viele Missernten gefördert worden sein dürfte. Die Wetterbedingungen in den Jahrzehnten vor der amerikanischen Revolution waren miserabel.

Die Passagen der amerikanischen Unabhängigkeitserklärung, die ausführlich die konkreten Anschuldigungen gegenüber dem englischen König und damit die Rechtfertigung für die feierliche Lossagung enthalten, wurden weitgehend der englischen »Declaration of Rights« von 1689, also einem Produkt der »Glorious Revolution«, entlehnt.[211] Und so wie damals in England gab es auch in Philadelphia 1775 und 1776 beträchtliche Vorbehalte und sogar bis Kriegsbeginn immer wieder Bemühungen, sich mit den Autoritäten zu verständigen.

Liberales Gedankengut mit den Kernpunkten individuelle Freiheit, Herrschaft des Rechts und Begrenzung der Staatsgewalt äußerten sich im republikanischen Paradigma, das die Selbstverwaltung betonte. »Jefferson's importance lies in the fact that he became the representative not merely of democracy, but … of the notion that government is hardly wanted at all, that … he who resists authority is prima facie justified in doing so, because authority is prima facie tyrannical …«[212]

Das war freilich nicht die einzige geistige Strömung, die bei der Unabhängigkeitserklärung Pate stand. Dazu gehörten auch alte puritanische Traditionen. Die Puritaner wollten in Amerika eine neue, gerechtere Gemeinschaft vorleben, die dem verkommenen und egoistischen Europa ein leuchtendes Vorbild sein sollte. Daher ging es ihnen nicht nur um die moralischen Verpflichtungen des Einzelnen gegenüber der Gemeinschaft, sondern auch um eine amerikanische Mission in der Welt. Das lief auf die Verwandlung der Religion in Patriotismus hinaus, und genau das fiel schon Alexis de Tocqueville auf: »In den Vereinigten Staaten verschmilzt die Religion mit allen nationalen Gewohnheiten und mit fast allen patriotischen Gefühlen, und dies verleiht ihr besondere Kraft.«

Freiheit war von Anfang an das eigentliche Element des amerikanischen Selbstverständnisses. Diese Betonung der Freiheit führte aber auch zur Akzeptanz des Vorranges des Individuums (und seiner persönlichen Interessen) vor dem Staat. Es ist kein Wunder, dass Hegel Nordamerika in seiner Philosophie der Geschichte als Gesellschaft ohne Staat bezeichnet hat.

Der Abgrenzung gegen Herrschaft und Willkür einerseits entspricht die positive Besetzung des Begriffs der Chancengleichheit andererseits. Eine faire Chance zu haben, war mehr, als man im alten Europa oft nur erträumen konnte. Chancengleichheit wird in den USA damals wie heute als konstituierendes Element nicht allein des Staates, sondern der Gesellschaft gesehen. Etwaige Verletzungen werden daher von Gesetz und Rechtsprechung rigoros verfolgt, ob es sich nun um die Ausnutzung von Insiderwissen bei Börsentransaktionen oder um Diskriminierung am Arbeitsplatz handelt. Nach amerikanischem Verständnis ist soziale Gerechtigkeit dann gewährleistet, wenn jedermann eine faire Chance auf »pursuit of happiness« hat. An dieser Grundüberzeugung änderte sich auch dadurch nichts, dass die Praxis der amerikanischen Geschichte genug an rassischer und auch sozialer Diskriminierung gekannt hat. Aber Chancengleichheit in einer offenen Gesellschaft kann genauso zum Inhalt der sozialen Konstruktion eines Begriffs von Gerechtigkeit werden wie Gleichheit in einer Gesellschaft, die vor allem die Ungleichheit der Einkommen als Problem sieht.

Hinzu kam, dass Ungleichheit bis hin zur Mitte des 19. Jahrhunderts kein so großes Problem war wie heute: »Till about the middle of past century there were no great fortunes in America, few large fortunes, no poverty. Now there is some poverty (though only in a few places can it be called pauperism), many large fortunes.«[213] Und der vorhandenen Ungleichheit standen wenigstens damals so manche Chancen gegenüber. Noch 1893 lieferte Frederick Jackson Turner in einer berühmt gewordenen Rede vor der Jahresversammlung der amerikanischen Historiker mit seiner »Frontier«-These eine Begründung für das Ausbleiben sozialer Konflikte: Die scheinbar unbegrenzten Möglichkeiten eines neuen Anfangs, das ständige Hinausschieben der Grenzen des Landes hätten wie ein soziales Sicherungsventil gewirkt, das die politische Stabilität des Landes erhalten habe. Lange hielt diese Selbstzufriedenheit freilich nicht. Spätestens um die Jahrhundertwende waren die sozialen Konflikte endgültig unübersehbar geworden.

Solange aber eine Ausweitung der Grenzen möglich war, folgte dem äußeren

Wachstum auch das innere. 1908 baute Henry Ford etwas über 6000 Autos; 1909 kündigte er die Produktion des Modells T an; 1911 liefen bereits über 34 000 vom Band. Die neuen Techniken der Massenproduktion waren ins Laufen gekommen. 1922 publizierte Henry Ford seine vor Optimismus strotzende Biografie, in der er seine Meinung darlegte: Armut könne durch noch mehr Produktion verhindert werden: »It is work, not law, to which we must look for results…« Charity, Wohlfahrt, brauche man nicht, Experimente in Ford-Fabriken hätten schließlich gezeigt, dass man auch für Blinde und Lahme Arbeitsplätze finden könne.[214]

Auch Amerika lernte im Zuge der Industrialisierung Elend und Ausbeutung kennen, und beides nicht zu knapp. In der Vorstellungswelt der meisten Amerikaner aber waren diese nicht durch eine Änderung der Gesellschaft, sondern durch persönlichen Erfolg zu überwinden. In der Zwischenkriegszeit erlebte Amerika, weltweit führend in der Anwendung neuer Methoden der Massenproduktion, von 1922 bis 1929 noch einen großen Boom und konnte allein in diesem Zeitraum die industrielle Produktion verdoppeln: »Es schien, als ob jeder, der arbeitete, schließlich zu Wohlstand und gar zu Reichtum gelangen könne.«[215] Präsident Herbert C. Hoover erklärte in seiner Botschaft an den Kongress vom Dezember 1931, zwei Jahre nach dem Beginn der großen Rezession, noch Folgendes: »Ich stehe jeder direkten oder indirekten Arbeitslosenunterstützung durch die Regierung feindlich gegenüber. Der Zusammenbruch und die gestiegene Arbeitslosigkeit in Europa sind teilweise solchen Praktiken zu verdanken.«

Zu diesem Zeitpunkt stand ein solcher Optimismus bereits in unheilbarem Widerspruch zur Wirklichkeit. Ab der Wirtschaftskrise setzte daher – neben aller Kritik, die von Sozialisten radikaler wie gemäßigter Observanz an Amerika als Hort und Prototyp des Kapitalismus sowieso regelmäßig vorgebracht wurde – eine zunehmende inneramerikanische Kritik ein.[216] Diese Kritiker schrieben für die großen Zeitungen oder waren als Romanschriftsteller tätig, wie etwa Sherwood Anderson, Sinclair Lewis, Scott Fitzgerald, Thomas Wolfe und Ernest Hemingway. Ihnen ging es nicht um den Kapitalismus als solchen, sondern konkret um den amerikanischen Way of Life und um das amerikanische Establishment. Die Kritik an den großen Banken und Industriekonzernen erhielt zusätzlich Nahrung durch die Ergebnisse eines Senatsausschusses, des Nye Committee. Dieser Ausschuss, der sich zunächst nur mit den Gewinnen der Rüstungsindustrie beschäftigt hatte, kam zu dem Schluss, dass Hauptursache des Kriegseintrittes der USA in den Ersten Weltkrieg die enormen Kredite an England und Frankreich waren, die bei einem Sieg der Mittelmächte verloren gewesen wären. Die Untersuchung »erhärtete, dass der amerikanische Kriegseintritt so gut wie ausschließlich durch Banken und Rüstungsindustrie diktiert worden sei«[217]. Und die von Robert E. Park begründete Chicagoer Schule der Großstadtsoziologie zeigte in konkreten

Feldstudien das Elend am anderen Ende der sozialen Skala, das der Obdachlosen, der Wanderarbeiter und der Slumbewohner.

Ab da verstummte die inneramerikanische Kritik nicht mehr und gewann ab Vietnam eine breite Basis, auch unter den Intellektuellen. Vietnam stellte die Frage nach der Rolle Amerikas in der Welt neu und kritischer. Unter Ronald Reagan glaubte man einige Zeit an einen wirtschaftlichen Aufschwung, dem eine umso nachhaltigere Stagnation folgte. Lange Zeit war die Kritik an den sozialen Verhältnissen nur verhalten gewesen, allmählich aber schien alles gleichzeitig kritisch zu werden. Die Armen wurden ärmer, die Obdachlosen mehr, die Angst um den Job allgemein, die Reichen unbeliebter, die Politiker unglaubwürdiger, die Kriminalität nahm weiter zu. Fast schien der böse Ausspruch des Schweizer Schriftstellers Max Frisch wahr zu werden, die USA seien jenes Land, in dem die Reichen die Revolution gegen die Armen gewonnen hätten. Oder nüchterner, wie es Amitai Etzioni formulierte: Die Ideologie des uneingeschränkt freien Individualismus, wonach Leistung und nichts anderes mit sozialem Aufstieg belohnt werde, habe eine kaputte Gesellschaft erzeugt.

Aber wieder einmal zeigte sich, dass die Kräfte dieses Individualismus unterschätzt worden waren. Die USA haben sich immer wieder erholt und hatten im letzten Jahrzehnt des zwanzigsten Jahrhunderts ein beeindruckendes Wachstum der Wirtschaft und des Wohlstandes zu verzeichnen. Erst im Jahr 2001 musste man dann wieder zur Kenntnis nehmen, nach dem Platzen der Spekulationsblase mit Hightechunternehmen, aber auch unter dem Schock des Anschlags vom 11. September, dass das Goldene Zeitalter offenbar doch noch nicht angebrochen war und auch die USA bis auf Weiteres dem Zyklus von Konjunktur und Krise unterliegen. Auch danach folgte der Krise die Konjunktur und 2007 wieder eine neue Krise, diesmal ausgelöst vom Hypothekenmarkt.

3.4.3 Revolutionäre, Tellerwäscher und Millionäre

In den USA gibt es unglaublichen Reichtum da, erschreckende Armut dort. Wer an einem frühen Morgen (und vor Rudy Giulianis radikalen Vertreibungsaktionen) die Fifth Avenue Parkside East entlangging, konnte beides nur eine Straßenbreite entfernt sehen: auf der einen Seite die Appartements der wohl reichsten New Yorker, ihre Türsteher, Chauffeure, Baby- und Hundesitter, auf der anderen die Obdachlosen, die unter den Fetzen hervorkrochen, mit denen sie sich vor der Kälte der Nacht zu schützen versucht hatten.

Halten wir uns an die Daten.[218] Ein anschauliches Bild der Einkommensunterschiede zeigt sich bei der auch vom National Census Bureau verwendeten Einteilung der Amerikaner in Gruppen gleicher zahlenmäßiger Größe. Die nachstehende Darstellung, die wegen der Tücken älterer Statistiken erst 1968 beginnt, geht vom Anteil am Volkseinkommen aus, wie er auf jeweils ein Fünftel der Amerikaner entfällt (wegen Rundungsdifferenzen beträgt für 2006 die Summe 99,9 Prozent).

Einkommensverteilung in den USA, in Anteilen am Gesamteinkommen

	1968	**1981**	**2006**
Reichstes Fünftel	42,8	43,8	50,5
Zweites Fünftel	24,4	25,0	22,9
Mittleres Fünftel	17,5	16,8	14,5
Viertes Fünftel	11,1	10,2	8,6
Ärmstes Fünftel	4,2	4,2	3,4

Die Siebzigerjahre waren für das ärmste Fünftel vielleicht keine guten, aber doch relativ stabile Jahre. Ihr Anteil ist in dieser Zeit bescheiden, aber gleich geblieben. Kaum verloren hat von 1968 bis 1981 die Mittelschicht. Ein Vierteljahrhundert später ist alles anders. Der Anteil der Mittelschicht ebenso wie jener der Ärmsten ist deutlich kleiner geworden – auch weil das Realeinkommen der arbeitenden Bevölkerung, die nicht über Kapitaleinkommen verfügt, langsamer steigt als das nominelle Einkommen. Im Income Inequality Report für 2006 hebt das National Census Bureau hervor, dass 2005 und 2006 erstmals seit 1999 das amerikanische Medianeinkommen (das genaue mittlere Einkommen insofern, als eine Hälfte der Bevölkerung mehr verdient, die andere Hälfte weniger) auch real wieder gestiegen sei.

Die Reichsten dagegen haben nicht nur absolut, sondern auch relativ im Verhältnis zu den anderen Bevölkerungsschichten am meisten gewonnen. Aktuell streichen die einkommensmäßig reichsten 5 Prozent der Bevölkerung rund ein Viertel des Gesamteinkommens aller Amerikaner ein. Noch stärker ist die Konzentration bei den Vermögen. Allein das reichste eine Prozent der Bevölkerung verfügt über mehr als die Hälfte aller Aktien, aller kommerziellen Immobilien und aller Bankguthaben. Nach einer Studie der Federal Reserve betrug der Anteil dieser Spitzengruppe noch 1983 »nur« 31 Prozent des Gesamtvermögens.

Der Niedergang der Mittelschicht wird kaum thematisiert – außer man will Kommentare von Börsenmagazinen, wie man strategisch an der Börse den Untergang der Mittelklasse am besten ausnutzen kann (»Trading the Middle-Class Meltdown« ist eine Schlagzeile vom August 2007), als ernsthafte Auseinandersetzung mit dem Thema bewerten.

Am unteren Ende der sozialen Skala finden sich 2006 fast 37 Millionen Arme bzw. ungefähr jeder Achte der Bevölkerung. Die Armut ist damit von einem Tiefststand im Jahr 2000 (damals wurden 31,6 Millionen Arme gezählt) wieder deutlich angestiegen. Sie hatte bis dahin seit 1959 mit über 20 Prozent der Bevölkerung unter der Armutsgrenze, vor allem in den guten Sechzigerjahren erheblich abgenommen.

Armut hat nach wie vor einiges mit rassischer Zugehörigkeit zu tun. Unter den Schwarzen und im Übrigen auch unter den Hispanics war der Anteil der Armen doppelt so hoch als im Durchschnitt und fast dreimal so hoch als bei den sonstigen Weißen. Und mehr als ein Viertel aller Familien mit weiblichem Haushaltsvorstand, mit nicht mehr vorhandenem Vater, fällt unter die Armutsgrenze. Aber auch das sind mehrheitlich Schwarze.

3.4.3.1 Die Schwierigkeiten, der Armut zu entkommen

Unter den Schwarzen stieg der Anteil der Familien, die nur aus einer Frau und deren Kindern bestehen, von unter 20 Prozent im Jahr 1950 auf aktuell über 50 Prozent. Die Anzahl der außerehelichen Geburten stieg in den letzten Jahrzehnten bei der schwarzen Bevölkerung von unter 20 auf über 60 Prozent (und liegt bei den Weißen ebenfalls schon über 15 Prozent). Traditionelle Familienstrukturen sind nicht generell im Niedergang, zunehmend jedoch bei den sozial Schwächeren. Acht von zehn Mitgliedern des reichsten Fünftels leben im Haushalt eines Ehepaares, aber nur zwei von zehn bei den Angehörigen des ärmsten Fünftels. Von den alleinstehenden schwarzen Müttern verfügt nur eine Minderheit über einen Beruf, den sie während des ganzen Jahres ausüben kann. Soziologen wie etwa William J. Wilson von der Universität von Chicago machen nicht eine bewusst andere Lebensplanung für das Fehlen familiärer Bindungen mit dem (oder einem) Kindesvater verantwortlich, sondern verweisen darauf, dass junge Schwarze ohne Ausbildung gar nicht in der Lage seien, stabile Familien zu gründen und aufrechtzuerhalten, weil sie gar keine Jobs fänden, mit denen sie Frau und Kinder erhalten könnten. Das Phänomen ist übrigens immer weniger nur auf Schwarze beschränkt. Lester Thurow zog aus Daten des National Census Bureau den Schluss, 1980 hätten rund 20 Prozent aller männlichen Jugendlichen zwischen 18 und 24 Jahren nicht einmal ein Einkommen in Höhe der Armutsgrenze für eine dreiköpfige Familie erzielen können, und dieser Prozentsatz habe sich bis 1990 bereits auf 40 Prozent in dieser Altersgruppe verdoppelt.[219]

Und die Chancen, ohne gute Ausbildung auch einen guten Job zu bekommen, nehmen weiter ab. Der »Personal Responsibility and Work Opportunity Act« vom August 1996, der staatliche Sozialhilfe zeitlich begrenzt und an aktive Arbeitssuche gebunden hat, dafür aber auch vielfältige Hilfe bei der Arbeitssuche initiiert hat, war kein völlig falscher Schritt. Allerdings haben Sozialhilfeverbände wie Children's Defense Fund und National Coalition for the Homeless in einer gemeinsamen Studie kritisch darauf verwiesen, dass von den solcherart (und durch begleitende Initiativen vieler Unternehmen) geschaffenen neuen Jobs gerade einmal ein gutes Fünftel den Begünstigten auch wirklich hilft, mit ihren Familien über die Armutsgrenze zu kommen. Die Segmentierung des Arbeitsmarktes nach mehr und besseren Jobs für Hochqualifizierte und weniger und schlecht bezahlten für Minderqualifizierte geht weiter, wird durch den technischen Fortschritt in Schwung gehalten und bleibt somit eine permanente Bedrohung.

Darüber hinaus wurde verschiedentlich versucht, spezifische kulturelle Verhaltensmuster der Armen als mögliche Ursache dafür zu identifizieren, warum es so schwierig ist, vom unteren Rand der Gesellschaft wegzukommen. John McWhorter hat dies mit seinem Buch »Losing the Race: Self Sabotage in Black Amerika« für die afroamerikanische Unterschicht unternommen, Oscar Lewis löste mit seinem zum Schlagwort gewordenen Begriff der »Kultur der Armut« eine intensive Debatte darüber aus, ob es sich bei den von ihm beobachteten Verhaltensmustern um durch Sozialisation weitergegebene pathologische Züge, um das Produkt von Repression durch die oberen Schichten oder um adaptive und kreative Anpassung an die gegebene ökonomische Benachteiligung handelt. So oder so bleibt ein hohes Maß an Misstrauen gegenüber der Gesellschaft und ihren Autoritäten, das sich nicht nur in geringer Wahlbeteiligung ausdrückt, sondern – noch schlimmer und folgenreicher – auch in Apathie und Resignation. Die Armen sind auf jene Formen des sozialen Tausches in Amerika angewiesen, bei denen ein marktwirtschaftliches System für geringe Bildung und damit beschränkte Qualifikation auch nur geringe Bezahlung und niedrige Stabilität der Arbeitsbeziehung anbietet – sofern sie nicht ohnedies der arbeitslosen Reservearmee angehören, in der man selbst solche Arbeitsmöglichkeiten nur selten findet. Andere Formen des sozialen Tausches kennen die Armen nur untereinander, und für die dabei feststellbaren Besonderheiten ist der Begriff einer »Kultur der Armut« nicht so schlecht gewählt.

Das Fehlen an ausreichenden Jobs verleitet oft dazu, nach anderen Wegen zu suchen, um schnell reich zu werden. Die Schätzungen variieren, wie viel Drogen und organisiertes Verbrechen dazu beigetragen haben, auch und gerade die Familien der Ärmsten zu zerstören, weil bei diesen die Versuchung am größten sein mag, auf diesem scheinbar schnellen Weg aus der Armut auszubrechen. Und es gibt genug an schlimmen Schilderungen aus der Zeit des Höhepunktes der Drogenkriege in den Achtzigerjahren und den beginnenden Neunzigerjahren des zwanzigsten Jahrhunderts. Damals traute sich in manchen Gegenden im Erdgeschoß der Häuser niemand mehr abends das Licht aufzudrehen, aus Angst, zur Zielscheibe zu werden, gab es genug Banden, die Zwölfjährige wegen Kleinigkeiten hinrichteten, mussten selbst bei Begräbnissen von Bandenmitgliedern erst Pfarrer und Sozialarbeiter einen Waffenstillstand aushandeln, damit die Begräbnisteilnehmer nicht beschossen wurden, und haben die Drogen alles kaputt gemacht: Charakter, Familien, Sozialbeziehungen, Freundschaften und

Hoffnung. Der oft rigorose Kampf gegen das Verbrechen hat solche Verhältnisse nicht beendet, immerhin seltener gemacht, wenngleich um den Preis von immer mehr Gefängnisinsassen, ohne deshalb den Betroffenen mehr Chancen zu bieten. Wer immer es schafft, sich aus solchen Verhältnissen herauszuarbeiten, verdient allen Respekt.

Den Ärmsten der Armen gelingt das praktisch nie. Bei den Obdachlosen finden sich nämlich in hohem Maß auch psychische Behinderungen. Nach der »Baltimore Homeless Study« von Breakley u. a. aus dem Jahre 1992 litten 18 Prozent der untersuchten Obdachlosen unter Schizophrenien oder manisch depressiven Krankheiten und (teils überschneidend) 56 Prozent an Alkoholabhängigkeit, 22 Prozent waren drogenabhängig. Rechnet man auch sonstige psychische Störungen dazu, dann litten 84,7 Prozent der untersuchten Obdachlosen unter psychischen Störungen und/oder Suchtgiftabhängigkeit.

3.4.3.2 Reich sein in Amerika

Das Auseinanderdriften von Arm und Reich ist nicht neu. Es zeigt sich bereits 1992 in einer Studie, die den beziehungsreichen Titel »Recreating the American Dream« trägt und auf Daten der Unternehmensberatung McKinsey beruht.[220] Sie zeigt zunächst die deutliche Auseinanderentwicklung der Einkommen zugunsten der bestverdienenden 20 Prozent der Bevölkerung und zulasten der übrigen 80 Prozent, wie sie auch anhand der Daten des National Census Bureau deutlich werden.

Die Studie zeigt einen engen Zusammenhang zwischen Einkommensentwicklung und Bildung. Noch in der Periode 1968–1977 war das Wachstum des persönlichen Einkommens weitgehend unabhängig vom Grad der Ausbildung. Nichts hat sich seither dramatischer geändert als dieser Zusammenhang. Für die Einkommensentwicklung wurde die Ausbildung zum kritischen Faktor.

Einfluss der Ausbildung auf das Wachstum des Familieneinkommens 1978–1987

keine abgeschlossene Highschool (Grundschule)	–4 Prozent
abgeschlossene Highschool	+4 Prozent
teilweises Universitätsstudium	+14 Prozent
abgeschlossenes Universitätsstudium	+40 Prozent

Die Auseinanderentwicklung des Arbeitsmarktes wird auch unter ganz anderer Perspektive deutlich. Nach der Dual Labor Market Theory, die in den USA schon in den Siebzigerjahren entwickelt wurde, zerfällt der Arbeitsmarkt: in einen primären Markt, auf dem man einen etablierten Platz in der Wirtschaft einnehmen und sich mit seiner Arbeit identifizieren könne, und in einen sekundären Arbeitsmarkt, der instabile, schlecht bezahlte Jobs biete, aber immer größer werde.[221] Es besteht kein Grund zur Annahme, dass sich seither die Verhältnisse gebessert hätten.

Das amerikanische Hochschulsystem ist für Begabte mit ausreichendem finanziellen Hintergrund eines der besten der Welt. Arme und auch zunehmend mehr Angehörige des Mittelstandes dagegen können sich College und Universität für ihre Kinder immer seltener leisten. Und ihre Kinder haben nicht einmal das, was in Deutschland und Österreich immer noch möglich ist, eine gediegene Ausbildung zum Facharbeiter. Bereits in den Neunzigerjahren des zwanzigsten Jahrhunderts hat eine McKinsey-Studie gezeigt, dass einer der Gründe, warum die Amerikaner in internationalen Produktivitätsvergleichen führend sind, solange man nur »hard facts« wie etwa Output je Arbeiter vergleicht, darin liegen könnte, dass sie in Bereichen sparen, die nur längerfristig wichtig sind. US-Firmen, heißt es da, »are demonstrably underinvesting in their people«[222]. Ungenügende Ausbildung in den Schulen wird in den Unternehmen nicht einmal teilweise nachgeholt oder kompensiert. Die sozial bedingte unterschiedliche Verfügbarkeit von Bildung bleibt weitgehend festgeschrieben und verschärft das Problem der unterschiedlichen Einkommenschancen. »Thomas Jefferson … said: A democracy is only as strong as its public education. Which of course, is one reason why we are in such trouble today in the United States.«[223]

In dieser Situation sollte wenigstens die Jobvermittlung funktionieren. Aber auch diese folgt eigenen Gesetzen. Sendhil Mullainathan, damals Ökonom am MIT (Massachusetts Institute of Technology), berichtete bei den europäischen Wissenschaftstagen in Steyr 2001 über seine Analysen, denen zufolge rund die Hälfte aller Jobs innerhalb persönlicher Netzwerke vergeben werde. Dieser Effekt sei bei Reichen und bei Armen stärker ausgeprägt als beim Mittelstand. Das klingt plausibel, lässt sich aber auch andersherum lesen: Ohne persönliche Kontakte haben Arme und mangelhaft Gebildete noch weniger Chancen. Und weil es so vielen Armen an solchen Kontakten mangelt, haben eben so viele auch keinen Job.

Schon vor 100 Jahren hat Thorstein Veblen seine in der deutschen Übersetzung so benannte »Theorie der feinen Leute« geschrieben, obwohl die Übersetzung seines Buchtitels[224] eigentlich genauer »Theorie der faulen Oberklasse« lauten sollte. Veblen ortet bei der reichen Oberschicht ein Leben in Luxus unter Nachahmung der alten Feudalkulturen. Ihm fällt auf, dass das Anhäufen von Reichtum eine Art Ersatz für die räuberischen Heldentaten darstelle, die seinerzeit Erfolg und Überlegenheit symbolisiert hätten. »Jene Gesellschaftsmitglieder, die den üblichen Normen der Tapferkeit bzw. des Eigentums nicht genügen, verlieren an Ansehen und damit an Selbstachtung. Ist der Besitz einmal zur Grundlage des öffentlichen Ansehens geworden, so bildet er alsbald die Voraussetzung für jenes selbstbestätigende Gefühl, das wir Selbstachtung nennen.« Veblen war nicht nur ein geistreicher Schilderer der sogenannten guten Gesellschaft. Er hat erkannt und beschrieben, dass es auch und gerade für die Superreichen Vorstellungen vom richtigen Verhalten und daraus abgeleitet einen sozialen Druck auf immer weitere Vermehrung des eigenen Vermögens gibt, wie hoch dieses auch immer sein mag.

Ab Ende der Siebzigerjahre gewann eine bestimmte Strategie unternehmerischen Verhaltens immer mehr an Bedeutung. Nicht allein die zunehmende Trennung von Kapital und Unternehmensführung hat dazu beigetragen, sondern vor allem die neu erschlossenen Finanzierungsmöglichkeiten für Firmenübernahmen, mit deren Hilfe man viel schneller Geld verdienen konnte als früher. Das begann mit den sogenannten Leveraged Buyouts, dem Ankauf von Unternehmen mit dem Ziel, das dafür ausgeliehene Geld aus dem gekauften Unternehmen selbst herauszuholen, sei es durch radikale Reduzierung der Kosten, den Verkauf großer Unternehmensteile oder überhaupt Zerstückelung des Unternehmens. In großem Umfang hat solche Kredite erstmals der legendär gewordene Michael Milken von Drexel Burnham organisiert. Der Schreiber dieser Zeilen konnte noch Anfang der Achtzigerjahre bei einer Konferenz von Drexel Burnham (die kurz danach in Konkurs gingen) den Erfolgsberichten der einzelnen Aufkäufer zuhören. In einem konkreten Fall berichtete ein Rechtsanwalt, der vorher gerade einmal stolzer Besitzer eines Einfamilienhauses gewesen war, wie er mithilfe eines Kredits über eine Milliarde Dollar ein Unternehmen kaufte, die Firma in Einzelteile zerschlug und aus deren Verkauf 1,3 Milliarden Doller Erlös erzielte. Der Vortrag endete mit dem innigen Dank an den damals bereits vom Staatsanwalt verfolgten Michael Milken und der Verteilung einer Architekturzeitschrift, in der die neue Villa des schnell reich gewordenen Firmenkäufers gebührend vorgestellt wurde.

Man musste nur besonders smart sein und neue Ideen haben, um richtig reich zu werden. Nach einer Analyse von Merrill Lynch haben die gerade skizzierten Leveraged Buyouts in den USA noch 1981 weniger als 5 Milliarden US-Dollar ausgemacht, Anfang der Neunzigerjahre schon über 60 Milliarden US-Dollar jährlich. (Ende der Neunzigerjahre wurde diese Größenordnung dann schon bei einer einzigen Transaktion erreicht, wie beispielsweise beim Ankauf des ATT-Kabelnetzes durch Comcast.) Ergänzende Mittel beschaffte man sich gerne mit Junk-Bonds (wörtlich: »Mist-Anleihen«), deren höheres Risiko durch entsprechend höheren Ertrag ausgeschaltet werden sollte. Aber das funktionierte nicht immer. In der Rezession Ende der Achtzigerjahre verloren die Anleger in solchen Bonds viele Milliarden, darunter Hunderte von amerikanischen Banken und Sparkassen, von denen viele dadurch sogar in den Ruin getrieben worden waren. Aber da hatte sich die Grundidee schon längst durchgesetzt.

Die (amerikanischen) Wissenschaftler haben diese Entwicklung kräftig unterstützt. Das sogenannte Modigliani-Miller-Theorem besagt, dass es für ein Unternehmen wenig Unterschied mache, ob sein Kapital hauptsächlich aus Eigen- oder aus Fremdkapital bestehe[225], und legitimiert damit auch theoretisch die Fremdfinanzierung von Firmenankäufen. Dann kam die Beta-Theorie, wonach die Möglichkeiten, mit einer Aktie Geld zu verdienen, vor allem davon abhängen würden, wie stark die Kursausschläge einer Aktie relativ im Vergleich zu jenen des Markt selbst seien. Dagegen wiesen Eugene Fama und Kenneth French anfangs der Neunzigerjahre nach, dass Gewinne längerfristig weniger mit dem Beta-Faktor korrelieren, sondern eher mit dem Verhältnis Kurs zu Buchwert.[226] Merton Miller, einer der Väter des Modigliani-Miller-Theorems, erhielt gemeinsam mit Henry M. Markowitz und William F. Sharpe den Nobelpreis für Wirtschaftswissenschaften. Ein auf ihren Veranlagungsideen aufbauender Fonds ging später unter ungeheuren Verlusten unter. In ihrer Dankrede anlässlich der Verleihung des Nobelpreises verteidigten sie die umstrittenen Finanzierungsideen der Achtzigerjahre ausdrücklich und lobten Michael Milken, der Lücken in der konventionellen Finanzierungsstruktur gefunden und geschlossen habe. Möglichst schnell möglichst viel Geld zu machen, war nicht nur legal, sondern ein selbstverständliches Ziel geworden. Ivan Boesky, einer dieser Schnellsiede-Milliardäre, der seinen Angestellten den Gehaltsscheck übrigens trotzdem am Freitag immer erst dann aushändigen ließ, wenn die Banken bereits geschlossen hatten, brachte das in einer Rede vor Wirtschaftsstudenten an der Berkeley-Universität auf den Punkt: »Greed is all right«, Gier ist schon in Ordnung, war der Titel.

Leveraged Buyouts sind ab da bis 2007 immer mehr und immer größer geworden und die darauf spezialisierten sogenannten Private-Equity-Gesellschaften wurden weltweit zu immer wichtigeren Mitspielern auf den Kapitalmärkten. Jede Menge Fonds und private Kapitalgeber rissen sich um die Bereitstellung von sogenanntem Venture Capital für Konzepte, die immer auf das Gleiche hinauslaufen: ein Unternehmen zu kaufen, die Produktion effizienter zu gestalten (soll auch heißen, Arbeitsplätze abzubauen) und dieses effizientere Unternehmen dann mit entsprechendem Gewinn zu verkaufen. Erst 2007 wurde es auch für Private-Equity-Gesellschaften schwieriger, für jede noch so riskante Akquisition Kapital und Kredite zu bekommen.

Schuld daran waren die maßlosen Übertreibungen und anschließenden schweren Verluste auf dem amerikanischen Subprime-Hypothekenmarkt (dem Markt für nachrangige oder qualitativ schlechtere Hypotheken auf Einfamilienhäusern). Nachdem die Preise für Einfamilienhäuser jahrelang stetig gestiegen waren, wurde es Privaten immer leichter gemacht, Schulden zu machen oder gar, Häuser auch dann zu kaufen, wenn sie sie nicht brauchten, mit geliehenem Geld (das immer häufiger ohne jede Bonitätsprüfung verliehen wurde) Anzahlungen hinzulegen und dann rasch und mit Gewinn wieder zu verkaufen. Große Banken und Hedge-Fonds kauften gerne mit solchen Hypotheken besicherte Schuldverschreibungen. Für ein wenig mehr an Rendite wurde viel mehr an Risiko in Kauf genommen, das noch dazu von vielen gar nicht gesehen wurde, weil die großen und (bis dahin) sehr angesehenen Ratingagenturen noch bis in den Sommer 2007 hinein vielen solchermaßen besicherten Schuldverschreibungen beste Bonität bescheinigten. Das ging so lange gut, bis die Zinsen stärker stiegen, immer weniger Käufer noch mehr zu zahlen bereit waren, und viele Hypotheken nicht mehr zurückgezahlt werden konnten. Die Krise traf Spekulanten und ganz normale Hausbesitzer, die Hedge-Fonds und die Banken. Weil aber die Banken nunmehr bei Kreditvergaben viel zurückhaltender wurden, traf die Krise letztlich die ganze Wirtschaft. Und an ihrem Anfang war nichts anderes gestanden als Gier, die jede Vorsicht außer Acht gelassen hatte.

An Kritik hat es wirklich nicht gemangelt. Schon Henry Ford beklagte, »that Finance is given a place ahead of work and therefore tends to kill the work and destroy the fundamentals of service«[227]. Und Robert Kirby, Präsident eines großen Investmentfonds, erklärte – unter dem drastischen Titel »Can Neanderthal Investing survive in a black box world?« – wörtlich: »If our free-enterprise system is going to work effectively and efficiently, it depends on a thoughtful and rational capital-allocation process … over the past couple of decades, we have made great strides toward turning our capital-allocation system into a giant Nintendo game.«[228] Ein berühmt gewordenes Buch hat eine konkrete Übernahmeschlacht einmal unter dem recht drastischen Titel »Barbarians at the gate« geschildert und fand damit eine durchaus angemessene Beschreibung der seit damals gängig gewordenen Sitten und Gebräuche.

Das neue Schlagwort ist Shareholder-Value: Die Eigentümer verpflichten das Management darauf, vor allem auf die Wertsteigerung ihrer Aktien zu achten. Historisch waren Unternehmensführungen auf den sozialen Tausch in zwei Richtungen angewiesen. Sie bemühten sich um ein geordnetes Verhältnis zu ihren Mitarbeitern (selbst der nicht übertrieben zimperliche Henry Ford hat einmal betont, seine Mitarbeiter müssten sich die von ihnen hergestellten Produkte auch leisten können) und ebenso um geordnete Beziehungen zu ihren Kapitalgebern. Die neuen Praktiken haben das geändert. Führungskräfte können richtig reich werden – wenn sie ihre Aktionäre richtig reich machen. Die Chief Executive Officers (CEOs), vergleichbar in etwa mit den Generaldirektoren in Deutschland und Österreich, verdienten 2003 im Schnitt bereits das 185-Fache eines Durchschnittsarbeiters, verglichen mit dem 71-Fachen noch 1989.[229] Dass Leute wie Bill Gates, Steve Jobs oder Michael Dell richtig reich geworden sind, das kann man verstehen und auch begründen. Aber wer kennt die Namen Ray Irani, Barry Diller, William Foley oder Terry Semel? Sie verbindet, dass jeder von ihnen im

Jahr 2006 über 170 Millionen Dollar verdient hat. Die Gehälter mancher Hedge-Fonds-Manager gehen oft noch weit darüber hinaus.

Der Ökonom Paul Krugman hat errechnet, dass das Durchschnittsgehalt eines Amerikaners von 1970 bis 2000 um nicht mehr als zehn Prozent gestiegen ist, das der 100 führenden CEOs dagegen um das 28-Fache, von 1,3 auf 37 Millionen Dollar. Ein guter Teil dieser Benefizien stammt aus Aktienoptionen (dem Recht, Aktien in der Zukunft zu einem heute fixierten Preis zu erwerben), also aus Zusatzeinkommen, die den fixen Jahresbezug um ein Vielfaches übertreffen können. Denn je stärker der Kurs der Aktien steigt, desto mehr steigen die Optionen im Wert. Das war vielen immer noch zu wenig. 2006 flog auf, dass bei manchen Firmen die Optionen schlicht rückdatiert wurden, damit sie sich richtig auszahlen.

In Deutschland haben die Benefizien aus Aktienoptionen abgenommen, dafür gibt es mehr sogenannte Anreizprogramme, Prämien beim Erreichen bestimmter Unternehmensziele. Der Respekt vor so viel Sachbezogenheit könnte sich reduzieren, wenn man weiß, dass Optionen im Rechenschaftsbericht ausgewiesen werden müssen, Anreizprogramme dagegen nicht.

Spezialisten werden am schnellsten reich, wenn sie Reichen helfen, noch reicher zu werden. Investmentbanken, international tätige Finanzinstitute, Unternehmensberater, Investmentfonds und spezialisierte Vermögensverwalter liefern sich einen immer härteren Wettbewerb um die Verwaltung der großen Vermögen. Zur Verwaltung solcher Vermögen gehört auch, konsequent Druck auf das Management der Gesellschaften auszuüben, an denen sie beteiligt sind, ohne sonstige Rücksichten Gewinne zu machen. Aber die Manager bekommen nicht nur die Peitsche (freilich nur symbolisch), sondern auch Zuckerbrot. Der soziale Tausch mit den Eigentümern zahlt sich aus, die Bedeutung der Mitarbeiter reduziert sich auf den eines Kostenfaktors, den es zu minimieren gilt. Shareholder-Value, die vorrangige Berücksichtigung der Aktionärsinteressen bei der Führung einer Aktiengesellschaft, ist keine merkwürdige Entartung, sie ist die logische Konsequenz einer strikten Nutzenorientierung mächtiger Aktionäre und ihrer Beauftragten.

Wie jedes komplexe Phänomen haben auch die neuen Verhaltensmuster nicht nur negative Seiten. Die besondere unternehmerische Kultur der USA ist zugleich eine der Hauptursachen für die wirtschaftliche Dynamik. In Amerika haben zwischen 1981 und 1985 mehr als 5 Millionen Menschen ihren Arbeitsplatz verloren. Aber 1986 waren bereits zwei Drittel davon wieder beschäftigt. Allein zwischen 1993 und 1997 wurden 11 Millionen neue Jobs geschaffen und in den zehn Jahren danach 16 Millionen. Im August 2007, dem Monat, bis zu dem ich Statistiken verwenden konnte, waren 145,8 Millionen Menschen in den USA beschäftigt und trotz eines ständigen Zustroms von Immigranten aus aller Welt die Arbeitslosigkeit so niedrig wie zuletzt in den goldenen Sechzigerjahren. Die hohe Risikofreudigkeit amerikanischer Kapitalgeber hat dazu entscheidend beigetragen. Selbst in der tiefen Krise des Hightechsektors im dritten Quartal 2000 wurden allein an Venture Capital, Risikokapital für erst beginnende Unternehmen, in diesen Sektor 7,7 Milliarden Dollar investiert. Dabei war das ein dramatischer Rückgang gegenüber 1999, als quartalsweise jeweils mehr als 25 Milliarden Dollar Venture Capital allein in diesen Sektor flossen.[230]

Die Machtstellung und das Selbstbewusstein der amerikanischen Oberschicht hängen nicht nur mit der Größe ihrer Vermögen zusammen, sondern mit der subjektiven Überzeugung, in einer mächtigen, demokratischen, freien und deshalb bestmöglichen Gesellschaft dieser Erde zu leben. Sie ist der Meinung, Mittelpunkt der Welt zu sein. Ihr Verständnis von sozialem Tausch konzentriert sich darauf, dass ihre Mitglieder Geld investieren oder zumindest seine Verwendung steuern, damit Arbeitsplätze schaffen, und dass man ihnen dafür eigentlich auch dankbar sein sollte. »Für uns Amerikaner gehört der Staat uns. Wir haben den Staat geschaffen und definiert und wir führen den Staat. Der Präsident und alle Politiker dürfen über alle Macht der Welt verfügen – doch die Bürger sagen stolz: Das sind meine Angestellten, und ich habe das Recht, mit ihnen entsprechend umzugehen.«[231] Man wundere sich nicht über den massiven Lobbyismus, der seitens der Wirtschaft gegenüber Regierung und Kongress betrieben wird. Er gehört ebenso zu diesem amerikanischen Selbstverständnis wie die Verpflichtung der Regierung, die Interessen der amerikanischen Wirtschaft weltweit zu vertreten und durchzusetzen.[232]

3.4.3.3 Traum als Hilfe zur Bewältigung der Realität

Das Leben der vielen Amerikaner zwischen der schmalen Oberschicht und der nicht ganz so schmalen Unterschicht lässt sich nicht in einige wenige Schablonen pressen.

Gemeinsam ist allen eine Vielzahl von Risken, die jederzeit schlagend werden können. Ein sicherer Arbeitsplatz ist seltener geworden und das latente Risiko des Arbeitsplatzverlustes immer größer. Ein Kommentator hat einmal bitter vermerkt, die Nachkommen der tapferen Generation, welche die Japaner und den Faschismus besiegt hätten, trauten sich heutzutage nicht einmal mehr, ihren Chef um eine Gehaltserhöhung anzugehen. Der Amerikaner ist derzeit während seines Arbeitslebens im Schnitt achtmal gezwungen, seinen Wohnsitz zu wechseln, weil seine Karriere oder aber ein Jobwechsel dies verlangen. Nicht zuletzt deshalb hat sich in Amerika eine Kultur der guten Nachbarschaft entwickelt. Die bemüht rasche Integration in eine neue Umgebung hilft, das faktische Nomadenleben zu bewältigen. Diese Job-Unsicherheit trifft das mittlere Management sogar noch härter als die einfachen Angestellten. Während der letzten stärker ausgeprägten Rezession anfangs der Neunzigerjahre wurden mehr Angehörige des mittleren Managements freigesetzt als sonstige Beschäftigte. Das mittlere Management stellte damals 5 bis 8 Prozent aller Beschäftigten, aber 17 Prozent aller Gekündigten.[233] Und »Fortune« zitiert an der gleichen Stelle die Meinung mittlerer Manager über ihre eigenen Bosse. Danach hat sich deren Beurteilung binnen drei Jahren von »im Allgemeinen gut« auf »einfach schrecklich« reduziert. Den Glauben an die Sicherheit des eigenen Arbeitsplatzes hat das wohl kaum verbessert. Und das amerikanische Sozialsystem stellt für den Fall der Arbeitslosigkeit ein weit weniger eng geknüpftes Auffangnetz zur Verfügung als in Europa.

Nicht weniger schlimm als Arbeitslosigkeit kann sich eine schwere Erkrankung auswirken. Die – gar nicht allen zugängliche – Krankenversicherung in den Vereinigten Staaten ist nicht ganz so schlecht wie ihr Ruf in Europa, die notwendigen Heilkosten im Fall einer schweren Krankheit können trotzdem rasch existenzbedrohenden Umfang erreichen.

Und trotzdem sind es die Mitglieder dieser Mittelschicht, welche die Hauptlast des Aufbaues Amerikas getragen hat, die Freiheit und Wettbewerb nicht als Bedrohung, sondern als Chance zu individuellem Glück empfinden, die bei Problemen nicht gleich nach dem Staat rufen, sondern selbst nach Lösungen suchen, die persönlicher Mobilität und persönlicher Leistung ganz besonderen Stellenwert einräumen und überzeugt sind, dass sich Leistung auch lohnt und dass ihre Karriere in erster Linie von ihnen selbst abhängt. Die Mehrheit dieser Gesellschaft akzeptiert, dass das durch die Verfassung garantierte Gleichheitsgebot nur als Gleichheit der Chancen und nicht als Gleichheit des sozialen Status zu verstehen ist[234], und gewinnt aufgrund der spektakulären Karrieren Einzelner immer wieder die Motivation, es ihnen nachzumachen. Und die Millionen von Einwanderern, die den früheren Einwanderern folgen, hegen die gleichen Hoffnungen und scheuen keine Mühe, legal oder illegal in die USA zu gelangen. Nicht zufällig stellte der erste Entwurf für das große Amtssiegel der Vereinigten Staaten (immerhin von Benjamin Franklin und Thomas Jefferson) die USA als das neue Israel dar: Moses teilt das Rote Meer, in dem die Feinde der Freiheit ertrinken, und Gott selbst führt das auserwählte Volk durch die Wüste.[235]

Es geht hier nicht um die Angemessenheit oder Realitätsnähe dieser sozialen Konstruktion der Wirklichkeit. Schließlich entscheiden die sozialen Konstruktionen über die jeweils eigenen Verhaltensmuster und nicht die wie immer zu definierende Realität. Und diese Überzeugungen haben sich allen Widrigkeiten zum Trotz immer wieder durchgesetzt und bewahrt. Auch und gerade bei der Mittelschicht der Vereinigten Staaten sind Weltbild und Verhalten konsistent. Hat den Deutschen im 19. Jahrhundert die Romantik die Anpassung an das bestehende System erleichtert, dann damals und heute dem Bürger der Vereinigten Staaten der amerikanische Traum. Das damit geprägte kulturelle Deutungsmuster des eigenen Lebens rechtfertigt in bemerkenswert systemkonformer Weise die eigenen Anstrengungen, Mühen und Belastungen, und gibt ihnen Sinn und Rechtfertigung. Der soziale Tausch ist aus der Perspektive der Mehrheit ident mit dem Versprechen der sozialen Marktwirtschaft: Harte Arbeit und Anstrengung gegen Wohlstand, Erfolg und Aufstieg.

Und diese Überzeugungen helfen beim Ertragen der Belastungen, die der harte Wettbewerb zwischen Unternehmen und auch zwischen Individuen an sie alle stellt. Sie sind auch konsistent mit der amerikanischen Geschichte (genauer: mit der in den USA gängigen Darstellung der eigenen Geschichte) sowie mit den Notwendigkeiten und Besonderheiten des Wirtschaftssystems amerikanischer Prägung. Demnach konnten nur Freiheit und Wettbewerb, im politischen wie im wirtschaftlichen Bereich, den Wünschen und der Natur der selbstbestimmten Bürger entsprechen. »Der Status dieser Überzeugungen als bloße Hypothesen verschwand in der Darstellung als historische Fakten. Dieses Selbstverständnis, mit dem die Geschichtsschreibung die Amerikaner ausgestattet hatte, hat bei der Entwicklung der tatsächlichen kapitalistischen Wirtschaftsordnung eine kritische Rolle gespielt.«[236]

Weltbild und Verhaltensmuster passen zusammen. Gemeinsam erhalten sie die Bereitschaft, das bestehende wirtschaftliche System und den von ihm geprägten sozialen Tausch zu akzeptieren und sich in ihm zu engagieren, und stützen damit dieses System. Die Wirtschaftsordnung der Vereinigten Staaten braucht Engagement und Anstrengung. Und solange sie Reichtum für einige, Wohlstand für so manche und den Glauben an die vorhandenen Aufstiegschancen bewahrt, wird sich daran nichts ändern.

Problematisch kann es werden, wenn zu viele trotz aller Anstrengungen enttäuscht werden. Denn dann wäre die Konsistenz zwischen Verhalten und Erwartungen einerseits und der Realität andererseits gefährdet. Der amerikanischen Politik ist dieser Zusammenhang durchaus bewusst. Nicht nur in Wahlreden und in den Geschichtsbüchern wird das amerikanische System der Freiheit in Politik und Wirtschaft ständig gepriesen und bekräftigt. Auch die Politik der Federal Reserve Bank neigt in konjunkturellen Abschwungphasen zum rascheren und energischeren Gegensteuern, als es in Europa der Fall ist. Das hängt nicht zuletzt mit dem Bewusstsein der Federal Reserve Bank dafür zusammen, dass in den USA ein Rückgang der Aktienkurse nicht nur wenige große bzw. institutionelle Investoren trifft, sondern die Mehrheit der Bevölkerung einschließlich deren Altersversorgung. Die Fed weiß, dass Arbeitslosigkeit angesichts des weniger ausgebauten Sozialsystems gravierende Folgen hat und ein zu hoher Stand an Arbeitslosen auch das Vertrauen ins System und damit dieses selbst erschüttern könnte.

Die amerikanische Weltsicht ist in ihrer systemerhaltenden Funktion außerordentlich leistungsfähig. Denn selbst ein Absinken in die Unterschicht führt nicht zwangsläufig zu Resignation und Feindseligkeit gegenüber allen, denen es besser geht. Das dominante kulturelle Deutungsmuster beinhaltet auch die Rolle der Verlierer. Das sind jene, die in diesem beinharten Wettbewerb aus welchen Gründen auch immer auf der Strecke bleiben. Und für viele ist die Rolle des Verlierers nicht nur Bestandteil ihres Weltbildes, sondern bittere persönliche Erfahrung geworden. Das bedeutet keineswegs Akzeptanz des eigenen Schicksals. Aber das System selbst wird dadurch nicht gleich automatisch mit in Frage gestellt. Das Modell des Verlierers verhindert die automatische Koppelung von eigenem Unglück mit Systemversagen in einen angenommenen Kausalzusammenhang, wie es in Europa gerne geschieht.

Kritiker an der spezifisch amerikanischen Mentalität und am amerikanischen Wirtschafts- und Sozialsystem gab und gibt es genug.[237] Das dominierende kulturelle Deutungsmuster der amerikanischen Wirtschaft und Gesellschaft hat die große Wirtschaftskrise der Dreißigerjahre überstanden (vielleicht nur deshalb, weil damals das soziale Sicherungssystem kräftig ausgebaut wurde) und wird daher auch in Zukunft nicht so leicht zu erschüttern sein. Und Katastrophen wie jene vom 11. September 2001 tragen dazu bei, dass Amerika von einer Welle der Solidarität erfasst wird, die die Überzeugung, in der relativ besten aller Welten zu leben, nur noch weiter vertieft. Die patriotische Begeisterung der Amerikaner nach diesem Anschlag war geradezu unheimlich. Dass auf einer Warnblinkanlage, die Autofahrer auf Straßenarbeiten aufmerksam macht, abwechselnd »Road Work ahead« und »God Bless America« aufleuchtet, ist nicht nur wegen des Landesnamens in anderen Ländern eher unwahrscheinlich.

Dieses kulturelle Deutungsmuster stabilisiert nicht nur die bestehende Gesellschaft, sondern unterstützt auch das Selbstverständnis von Menschen, die sich als freie Bürger verstehen und ihre persönliche Würde aus der eigenen Anstrengung und ihrer Eigenverantwortung ableiten. Und das traditionelle Hochhalten von »family values« bei Mittel- und Oberschicht hat gute Gründe: Die Familie wird als Ausgleich und Rückzugsgebiet gesehen, in dem man Kraft tankt, um sich in der Welt der Wölfe zu behaupten. Über die Richtigkeit und Angemessenheit solcher Vorstellungen zu argumentieren führt zu nichts. Entscheidend ist allein die Wirkungsmächtigkeit von Vorstellungen für die Formulierung von Hoffnungen, von Lebenszielen und von Verhaltensmustern. Und an dieser ist nicht zu zweifeln. Die gegenüber Europa noch viel stärker anzutreffende religiöse Orientierung hat die gleiche Aufgabe – die Welt als Herausforderung zu begreifen, in der die Pflicht zur Bewährung im Vordergrund steht, nicht einfach nur das Recht auf ein gutes Leben.

3.5 Die Praxis der kommunistischen Alternative

3.5.1 Wieso das ständige Scheitern?

Die Vereinigten Staaten und die Sowjetunion berufen sich beide auf den gleichen Geburtshelfer, den Traum von einer Gesellschaft der Gleichheit, Gerechtigkeit und Freiheit: In den USA war damit die Freiheit des Individuums gemeint, in der Sowjetunion die Freiheit der arbeitenden Klasse von Ausbeutung und Unterdrückung.

Rückblickend das Scheitern dieses historischen Versuchs in Russland und in nahezu allen anderen Ländern festzustellen, die eine kommunistische Gesellschaftsordnung versucht haben, ist einfach. Aber liegen die Ursachen dieses Scheiterns in der Konzeption selbst, oder waren es spezifische historische Begleitumstände, die das Versagen verursacht haben?

Jedenfalls haben sich überall dort, wo eine kommunistische Gesellschaftsordnung zu realisieren versucht wurde – und zwar unabhängig von geografischen, kulturellen, historischen oder irgendwelchen sonstigen Faktoren –, bestimmte Strukturen und Verhaltensmuster herausgebildet, die so in keinem vorher konstruierten Gedankengebäude sozialistischer oder kommunistischer Herkunft vorgesehen waren.

Zu diesen offenkundigen und doch überall aufgetretenen Fehlentwicklungen zählt zunächst der Terror. Es fällt schwer, hier keine innere Logik des jeweiligen Ablaufes zu sehen. Denn da ist zuerst einmal die regelmäßig revolutionäre und damit gewalttätige Durchsetzung eines kommunistischen Systems, dem auch nach der Machtergreifung genug innere Gegner verbleiben. Nach der Logik der eigenen Ideologie werden diese immer als Klassenfeind wahrgenommen, deren Widerstand zu brechen ist. Dafür wird ein eigener Apparat gebildet, der wie jeder solche Apparat seine Eigendynamik entfaltet, innerhalb des Systems seine Anerkennung und Bedeutung durchsetzen will und dazu notfalls mehr Feinde findet oder konstruiert als überhaupt vorhanden. Dazu kommt die ebenfalls regelmäßige Tendenz, Unzulänglichkeiten und Fehler niemals dem System oder seinen Repräsentanten anzulasten, sondern jegliche Fehlentwicklung als persönliche Schuld irgendwelcher Saboteure wegzuinterpretieren. Ist man im Besitz der historischen Wahrheit, kann man gar nicht anders handeln.

Stalins paranoides Misstrauen und sein Verfolgungswahn wurden berüchtigt, aber er war nicht der Einzige. »Für Mielke war jeder ein potenzieller Verräter, der lebend einem faschistischen Gefängnis oder einem Konzentrationslager entronnen war.«[238] Je unbedingter der Erneuerungswille, je radikaler man die alten Strukturen beseitigen will, desto größer der Kreis der Opfer. In Kambodscha genügte der Besitz einer Brille oder eines Buches, um als Intellektueller verdächtigt zu werden.

In der Sowjetunion wollte Stalin (unter anderem) die Identität der Ukrainer brechen. Zu diesem Zweck ließ man Millionen von Bauern verhungern, indem man ihnen Vieh und Getreide wegnahm. Hunderttausende wurden liquidiert oder umgesiedelt, was meist nur bedeutete, sie in unwegsame Gebiete zu deportieren und dort umkommen zu lassen. Die oft blinden Sänger und Koba-Spieler, die von Dorf zu Dorf zogen und mit ihren Balladen den Bauern eine Erinnerung an alte Größe und heroische Vergangenheit vermittelten, wurden zu einem gesamtukrainischen Kongress geladen, dort verhaftet und erschossen.[239]

Die Verwandlung von Volksherrschaft in Alleinherrschaft, der schrecklich rasche Übergang von beabsichtigter Freiheit und Gleichheit in Terror, ist geschichtlich kein neues Phänomen. Aber Terror wurde in den kommunistischen Systemen der Moderne stets ergänzt durch eine allmählich immer totalere Verwandlung von Idealismus in Heuchelei, von begeistertem Aufbruch in Angst und von Befreiung in neue Unterdrückung.

Es war das offizielle Ziel aller kommunistischen Systeme, nicht nur eine neue Gesellschaft, sondern auch gleich einen neuen Menschen zu schaffen. Der alte Mensch wurde entmündigt, überwacht und, wenn er sich Geltung verschaffen wollte, unterdrückt. Leszek Kolakowksi, Pole und einer der vielen begeisterten Kommunisten, die sich später mit dem Regime überworfen haben, weil sie Humanismus im Kommunismus einforderten, hat vom »immerwährenden Ziel totalitärer Regime« gesprochen, das menschliche Gedächtnis zu verstaatlichen, Menschen perfekt formbar und kontrollierbar zu machen, sie ihrer Identität zu berauben und sie damit letztlich in tote Objekte zu verwandeln. Nichts anderes meint das sogenannte Berija-Syndrom, »die aus dem scheinrationalen System selbst hervorgehende Willkür, der Terror, der die Superstruktur stabilisiert und schließlich irrationalisiert und bedroht«[240]. Aber weder die Sowjetunion noch ein sonstiges kommunistisches System – vielleicht mit Ausnahme Kambodschas – ist an einem Übermaß des Terrors zugrunde gegangen. Die Ursachen des Unterganges lagen anderswo.

Die marxistische Analyse hatte den Staat in seiner bisher bekannten Form nur als Überbau der Produktionsverhältnisse gesehen. Mit dem Ende des Kapitalismus sollte auch dessen Produkt, der bürgerliche Staat, obsolet werden und die freien Produzenten im gesellschaftlichen Austausch für die Lebensnotwendigkeiten sorgen. Die Praxis entwickelte sich immer und überall in eine völlig andere Richtung. Der Staat starb nicht ab, er wuchs ins Unermessliche. Die Legitimation durch den Willen und die Interessen der Werktätigen wurde zur Rechtfertigungsideologie eines rasch absolut werdenden Doppelwesens aus Partei und Bürokratie. Dieses administrative System schuf seine eigenen Spielregeln und Verhaltensnormen, nahm deren negative Folgen in Kauf, erkannte sie in späterer Zeit sogar recht gut, hatte aber nicht mehr die Kraft, daran irgendetwas zu ändern, und steuerte so letztlich sehenden Auges in den Untergang. »Diesmal wollten wir es besser machen, aber es kam so wie immer«, wurde in der späten Sowjetunion zum geflügelten Wort.

Die Führer der jungen Sowjetunion hielten es für notwendig, einem rückständigen Agrarland wie der Sowjetunion zunächst und vor allem eine massive Industrialisierung zu verordnen, ohne jegliche Rücksicht auf die alten bäuerlichen Produktionsstrukturen. Unter dem Eindruck einer sich daraufhin rasch einstellenden Versorgungskatastrophe wurde zwar bereits 1921 eine neue ökonomische Politik (NEP) eingeleitet, die einen Schritt zurück bedeutete, den Bauern statt radikaler Ablieferungspflichten einen Teil ihrer Ernte beließ[241] und wenigstens elementare Marktmechanismen zuließ. Dem NEP-Konzept war es in den Jahren zwischen 1921 und 1925 zu verdanken, dass die weitgehend zugrunde gerichtete Volkswirtschaft wenigstens wieder das Niveau zu Beginn des Ersten Weltkrieges erreicht hatte. Aber bereits der 15. Parteikongress im Dezember 1925 schwenkte wieder auf den Kurs der sozialistischen Industrialisierung ein. Der 16. Parteikongress des Jahres 1926 verkündete die Parole, die kapitalistische Welt in historisch kurzer Zeit einzuholen und zu überholen. Die Kollektivierung der Landwirtschaft wurde beschleunigt, mit dem Ausrotten einer ganzen Bevölkerungsschicht – der Kulaken, der reichen und auch der mittleren Bauern – verbunden und die Schwerindustrie auf Kosten aller anderen Branchen massiv gefördert.

Basis des ersten Fünfjahresplanes, der die Jahre 1928 bis 1932 umfasste, war die Idee, die Produktion von Produktionsmitteln, also die Schwerindustrie, zu forcieren – was damals und in den folgenden Jahrzehnten stets auf Kosten der Konsumgütererzeugung geschah. 1928 und 1929 wurden noch tatsächlich hohe Wachstumsraten der Industrieproduktion erreicht – wenn die verfügbaren Statistiken stimmen –, aber bereits 1929 musste das schon vorher begonnene Rationierungssystem auf das ganze Land ausgedehnt werden und 1930 bis 1933 gab es katastrophale Hungerjahre. Auch die Industrieproduktion wuchs nicht mehr, das zentrale Planungs- und Versorgungssystem war den Anforderungen nicht gewachsen.

Die Reaktion auf das Nichterreichen der Ziele waren eine Fälschung der Statistiken und zunehmender Terror nicht mehr nur gegen den wie immer definierten Klassenfeind, sondern nunmehr auch innerhalb der eigenen Partei. Bereits 1928 gab es Prozesse mit Todesurteilen gegen Ingenieure wegen Sabotage (der Schachty-Prozess) und 1930 wurden 48 leitende Funktionäre wegen »Versorgungssabotage« erschossen. Die große Säuberung der Jahre 1936 und 1937 kam nicht aus heiterem Himmel. Anlässlich der Jännertagung 1933 des Zentralkomitees berichtete Stalin wahrheitswidrig, der Fünfjahresplan sei in 4,3 Jahren erfüllt worden, und am 1. Februar dieses Jahres wurde allen Wirtschaftsressorts und Teilrepubliken verboten, vor der offiziellen Darstellung der Endresultate des

Fünfjahresplans durch die Allunionsplanungskommission Teilberichte zu publizieren. Die offizielle »Erfüllung« eines Fünfjahresplans in vier Jahren und drei Monaten wurde im Übrigen bis nach dem Tod Stalins zur Tradition.

Eine solche Tradition bedurfte der Verdrängung der Wahrheit, aber dieses Problem wurde mit allmählich zur Gewohnheit gewordenen Methoden gelöst. Beispielsweise waren die Veranstalter der Volkszählung 1937 nur auf 161 Millionen Sowjetbürger gekommen, obwohl Stalin noch 1936 von 168 Millionen gesprochen hatte. Sie hatten außerdem die Regionen definiert, in denen der Rückgang eingetreten war. Damit hatten sie die Hungerkatastrophe vom Anfang der Dreißigerjahre zwar nur indirekt, aber doch bestätigt. Die beteiligten Statistiker wurden erschossen, die ganze zentrale Statistikbehörde »gesäubert«.[242] Die Wirklichkeit wird für kommunistische Systeme häufig zu einer Sonderform des Klassenfeindes.

Spätestens nach Stalins Tod wurde offenkundig, dass die Phase des »extensiven« Wachstums, das über den vermehrten Einsatz von Kapital und Arbeit erreicht werden konnte, ihr Ende gefunden hatte und dass es nunmehr darauf ankam, zu einem »intensiveren«, auf Produktivitätssteigerung beruhenden Wachstum zu finden.[243] Ein erster Reformversuch unter Nikita Chruschtschow 1957 brachte allerdings statt Erfolgen eher Verwirrung. Die Zuständigkeiten waren so widersprüchlich geworden, dass nicht einmal mehr klar war, wer für was verantwortlich war.[244] Kapital- und Arbeitsproduktivität bewegten sich nach unten statt nach oben, und es wurde deutlich, dass die immer noch ansteigende Industrieproduktion »mit einer offensichtlich wachsenden Wirkungslosigkeit der Steuerungsmechanismen einherging«[245].

Das bisherige System – und damit die dieses System steuernde und beherrschende Klasse – konnte die Ziele nicht erreichen, mit denen es sich, seine Macht und seine Maßnahmen legitimiert hatte. Ebenso wenig war es in der Lage, die Entwicklungs- und Modernisierungsfähigkeit kapitalistischer Volkswirtschaften auch nur annähernd zu kopieren. Praktisch alle neuen Technologien wurden außerhalb des kommunistischen Systems entwickelt. Und schließlich funktionierte selbst die Versorgung immer schlechter. »Große Teile der offiziellen Wirtschaft konnten nur noch durch den eigentlich systemwidrigen Rückgriff auf informelle Beziehungen und Verfahren ihre Aufgaben einigermaßen erfüllen …«[246] Der Parallelmarkt ist mit allen Kennzeichen eines voll entwickelten Marktes ausgestattet, es gibt ihn »auf allen Gebieten, auf denen die staatliche Versorgung quantitativ oder qualitativ nicht den kaufkräftigen Bedarf befriedigen kann«. Dieser Markt ist »illegal, aber sicher eine wichtige Ergänzung der Planwirtschaft, ohne die sie vermutlich erheblich schlechter funktionieren würde«[247].

Trotzdem ließ man diese marktwirtschaftlichen Ansätze im Geruch der Illegalität verbleiben. Die sowjetische satirische Zeitschrift »Krokodil« brachte die Zwiespältigkeit der Haltung gegenüber privater Initiative einmal in einer Karikatur auf den Punkt, in der zwei Polizisten angesichts eines alten Bauern, der privat Waren verkauft, darüber diskutieren, ob sie ihn wegen Schwarzhandel einsperren oder wegen Eigeninitiative belobigen sollten.

Michail Gorbatschow benützte einmal ausgerechnet die Gelegenheit einer Tischrede für Erich Honecker, um seine Auffassung von der Totalität der eingetretenen Krise und zugleich der Änderungsnotwendigkeiten darzulegen: »Mit partikularen, uneinheitlichen Maßnahmen ist das Land nicht aus der Stagnation zu führen. Jedes der gegenwärtigen brennenden Probleme unterstreicht die Notwendigkeit radikaler Veränderungen. Sie sind erforderlich in der Partei, im Staat, in der Landwirtschaft, in der Industrie und in der Personalpolitik.«[248]

Aber schon lange vor Gorbatschow war auch den Spitzen der Partei bewusst, dass es so nicht weitergehen könnte. Alec Nove vermutet, ein wichtiges Motiv Chruschtschows für seine berühmt gewordene Geheimrede über die stalinistischen Verbrechen anlässlich des 20. Parteitages 1956 sei gewesen, die bürokratischen und kleinlich-autoritären Einstellungen der Stalinära, die die Wirtschaftsverwaltung noch immer beeinflussten, zu brechen.[249] Allein im Jahr 1957 wurden 141 Ministerien (einschließlich solcher in einzelnen Teilrepubliken) abgeschafft und ihre Steuerungsfunktionen dezentralen Volkswirtschaftsräten (»sovnarchozy«) übertragen. Erfolg war den Änderungen nicht beschieden. 1965, ein Jahr nach dem Sturz Chruschtschows, wurden die Volkswirtschaftsräte wieder abgeschafft.

Selbst ein Generalsekretär Tschernenko, dessen sich heute wohl kaum jemand als Reformer erinnert, gebrauchte seinerzeit Formulierungen, die ein Gorbatschow nicht anders gewollt hätte. Von der Notwendigkeit der Unterrichtung der Menschen über die reale Sachlage war die Rede, von den Diskrepanzen zwischen Wort und Tat, von Hochmut und Arroganz der Leitenden, von der Neigung, sich hinter Kommissionen zu verstecken, und sogar vom Fehlen von Gerechtigkeit.[250] Insgesamt wurden allein zwischen 1957 und 1979 vier ernsthafte Anläufe zu einer Reform des sowjetischen Verwaltungssystems unternommen. Sie alle sind gescheitert.

Die Struktur der bisherigen Wirtschaftsplanung, vor allem die generelle Trägheit bürokratischer Tradition, war nicht mehr zu überwinden. Alle Reformen sollten zu einem guten Teil von denen umgesetzt werden, die ihre Folgen fürchteten. Der interessensgebundene Widerstand der Ministerialbürokratie ließ keinen Machtverlust zugunsten der Betriebe zu. Die Analytiker mussten sich fragen, »ob die sowjetische politische Führung, auch wenn sie ihre mächtigsten Institutionen einsetzt, nicht in der Lage ist, organisatorische und insbesondere grundlegende Veränderungen in den Bemühungen der Manager zu bewirken. Hat Bürokratie über Politik triumphiert«?[251] Genau das war es wohl. Die Kommunistische Partei, offiziell die alleinige Herrin des Geschehens, konnte sich nicht mehr durchsetzen. »Die KPdSU gab dem Bürokratismus nach.«[252]

In der DDR verlief die Entwicklung nicht anders. Dort zeigten sich die gleichen systembedingten Wirtschafts- und Effizienzhindernisse: Die Leistungsanreize waren viel zu gering, um Produktivitätssteigerungen zu realisieren, die Zentralisierung der Entscheidungen bei den Planungsbehörden war mehr Nachteil als Vorteil, weil einerseits die Vorgaben unrealistisch waren, andererseits aber die Betriebe unter dem Druck einer Planerfüllung bei unzureichenden Mitteln nur manipulierte Daten lieferten. Das hatten sie von den Behörden ihres Staates gelernt, der »die Schönfärberei zu einem festen Bestandteil seiner Leistungsbilanz gemacht hatte«[253].

Nicht zuletzt wegen der späteren Integration der DDR in die Bundesrepublik Deutschland sind von dort genügend konkrete Beispiele bekannt, die zeigen, wie ausweglos die wirtschaftliche Lage der DDR bereits geworden war. Selbst in Jahren einer besonders guten Ernte wie etwa 1966 hatten die Verkaufsstellen schon am Nachmittag häufig nichts mehr zu verkaufen, weil sie unzulänglich beliefert wurden, während zugleich das Obst auf den Bäumen verfaulte.[254]

Die Plattenbauweise, mit der möglichst schnell möglichst viele Wohnungen errichtet werden sollten, erreichte in den Sechzigerjahren qualitativ durchaus westlichen Standard. Aber allmählich wurde die Qualität immer schlechter, bis letztlich für diese Bauweise in der DDR das böse Wort vom »Ruinen schaffen ohne Waffen« geprägt wurde. Als Erich Honecker 1988 feierlich einem Werktätigen die laut Statistik dreimillionste Neubauwohnung übergab, waren in Wahrheit gerade zwei Millionen Plattenbauwohnungen fertiggestellt worden.

Ich habe im Lauf meiner beruflichen Tätigkeit ab 1992 lange an der Umstrukturierung von DDR-Baubetrieben mitgewirkt. Überall bot sich im Wesentlichen das gleiche Bild: Jede Menge Mitarbeiter, genauso klug und genauso gut ausgebildet wie im Westen, aber weitgehend desinteressiert an persönlichem Engagement, selbst an der persönlichen Karriere. Denn damit bekam man meist nur die Verantwortung für irreale Planvorgaben aufgebürdet (darum blieben auch die höchsten Politfunktionäre eines Betriebes lieber in der zweiten Ebene). Die ungenügende Materialzulieferung war chronisch. In der DDR gab es deshalb »Materialtage« – ursprünglich jene Tage, an denen mangels Material nicht gearbeitet wurde, zuletzt aber bereits ein Tag pro Woche, egal ob Material vorhanden war oder nicht. Ich bekam zu hören: »Initiative war Disziplinlosigkeit«, und das war nicht nur als Scherz gemeint. Eher eindrucksvolle Leistungen wurden dagegen auf rhetorischem Gebiet erbracht, wenn es darum ging, Missstände zu erklären oder zu bemänteln.

Ein ehemaliger Mitarbeiter berichtete[255], wer etwa im Glühlampenwerk Narva wirklich das Sagen hatte: nicht Direktoren oder leitende Angestellte oder gar der Parteisekretär, sondern die Frauen, die als Einzige mit den schrottreifen Glühfädenschneidemaschinen umgehen konnten. Die Erzeugung von Gussteilen in einem für die Gesamtproduktion kritischen Werk litt permanent unter drastischen Qualitätsmängeln, weil die Arbeiter Prämien für die Einsparung von Energie bekamen. Solche Ersparnisse konnte man aber am wirkungsvollsten dann erzielen, wenn die für den Gussprozess eigentlich notwendige Temperatur erst gar nicht erreicht wurde. Und wegen der starken Verankerung einiger Betriebsfunktionäre im Parteiapparat änderte sich daran auch lange nichts.

Produktivität war kein relevanter Begriff. Die Zahl der Mitarbeiter war um ein Vielfaches höher als benötigt, die maschinelle Ausstattung veraltet und Kundenorientierung ein Fremdwort. Der Kunde sollte froh sein, wenn man den Bau überhaupt fertigstellte. Das war ohnedies immer seltener der Fall. Ein befreundeter österreichischer Bauunternehmer, der in einer sibirischen Stadt ein Spital baute, war nach kurzer Zeit mit dem Gerücht konfrontiert, es handle sich in Wirklichkeit um Raketenabschussrampen. Die Quelle des Gerüchts war allerdings rasch gefunden: Ein Bau, der termingerecht fertig wurde, konnte nur ein militärisches Objekt mit Priorität sein. Dass ein ziviler Bau nach Plan fertig wurde, war Ende der Achtzigerjahre bereits unglaubhaft geworden. Die militärischen Ziele hatten überall Vorrang. Das galt auch für die DDR. Die von Ost nach West führenden Straßen wurden durchwegs so ausgebaut, dass sie für Panzerkolonnen befahrbar waren, die Nord-Süd-Verbindungen wurden dagegen vernachlässigt. An Plänen aus der Zeit kurz nach der Wende ist diese besondere Struktur des Straßennetzes noch deutlich zu erkennen (dafür waren strategisch wichtige Gebäude und Anlagen auf den Plänen oft um Kilometer verschoben, um mögliche feindliche Angreifer in die Irre zu führen).

Anlässlich einer »Arbeitsberatung« zur wirtschaftlichen Lage der DDR vom Oktober 1989 legte der Leiter der Hauptabteilung XVIII des Ministeriums für Staatssicherheit, Generalleutnant Kleine, unter anderem offen, wie hoffnungslos veraltet der Produktionsapparat der DDR war.[256] Vierzig Prozent der Kapazitäten der Kraftwerksanlagen hätten die technisch zulässige Grenze der Betriebsdauer bereits erreicht oder überschritten. Das Durchschnittsalter etwa der vorhandenen 49 Brikettfabriken betrug damals 75 Jahre. Allein der dringendste Investitionsbedarf der Wirtschaft lag mit 500 Milliarden Mark doppelt so hoch wie das jährliche »Nationaleinkommen«. Die Arbeitsproduktivität der DDR betrug 1950 rund 50 bis 60 Prozent jener im Westen Deutschlands, was mit Demontagen, Reparationen und fehlendem Marshall-Plan noch relativ gut erklärt werden kann. Aber bereits 1989 belief sich die Produktivität nicht mehr auf nur 35 Prozent des Westwertes, wie vor der Wende in Unkenntnis der Daten angenommen, sondern nur noch auf 17 Prozent.[257] Die DDR war 1990 wirtschaftlich am Ende.

Der Chef der Plankommission Gerhard Schürer berichtete, dass der Plankommission die Lage schon immer bekannt war, es aber bis Egon Krenz im Oktober 1989 keine Parteiführung gegeben habe, die darüber wirklich informiert werden wollte. Ein ehemaliger Stasi-Mitarbeiter gab einen Dialog mit seinem Chef kurz und knapp wie folgt wieder: »Wir sitzen irgendwo auf so einer rosaroten Wolke mit einer rosaroten Brille, und unsere Chefs haben noch eine viel dickere rosarote Brille und stehen gar nicht mehr im Leben. Wir haben uns schon so weit vom Volk entfernt.«[258]

Immer noch gibt es ein Land, das offiziell der reinen Lehre anhängt und sich in Wirklichkeit in eine totale Klassenherrschaft der Funktionäre verwandelt hat: Nordkorea. Außer den Funktionären herrscht dort nur noch der nackte Hunger. Selbst das Staatsfernsehen verbreitet Rezepte, wie man aus Gras, Wurzeln und Baumrinde angeblich schmackhafte Gerichte zubereiten könne. Der deutsche Arzt Norbert Vollertsen arbeitete vom Juli 1999 bis zum Dezember 2000 in Nordkorea und berichtete über die Zustände in dortigen Krankenhäusern.[259] Die meisten Patienten litten unter psychosomatischen Krankheiten und völliger Erschöpfung, massiver Unterernährung und Depressionen. Das Aussehen der Kinder erinnerte ihn an die Bilder aus Auschwitz. Noch umfassender als Elend und Hunger sei nur die Angst. Dem Bericht von Vollertsen zufolge kommt die gesamte Familie in ein Umerziehungslager, wenn auch nur ein Mitglied eine kritische Äußerung über das Regime zum Besten gibt. Der Zustand der Spitäler sei verheerend, es gebe weder Verbandszeug noch Skalpelle noch Antibiotika. Nur als er einmal seinen kranken Chauffeur – Armeemitglied und zweifelsfrei mit seiner Bespitzelung beauftragt – besuchte, sah er ein Spital, das so gut ausgestattet war wie in Deutschland. Der Oberklasse geht es nicht schlecht. Die Nahrungsmittelhilfen, die aus dem Ausland für das hungernde Volk gespendet werden, werden von Armee und Partei für die eigenen Bedürfnisse kassiert.

Viel ist von der Hoffnung auf Freiheit und Gleichheit, die der Kommunismus ja auch gewesen ist, nicht übrig geblieben. Überall hat er genau das geschaffen, was er eigentlich überwinden wollte, nämlich eine ausgeprägte Klassengesellschaft.

3.5.2 Die herrschende Klasse: Entstehung, Funktionen und Existenzbedingungen

Begriffe wie »Neue Klasse« oder »Nomenklatura« sind seit den Werken von Milovan Djilas oder Michael Voslensky gängig zur Bezeichnung einer privilegierten Klasse, die regelmäßig Produkt und Stütze kommunistischer Herrschaft zugleich war.

Auch für die Schaffung einer neuen und besseren Ordnung der Gesellschaft braucht man organisatorische Strukturen und damit einen Apparat: zur Steuerung von Produktion und Verteilung, zur Bekämpfung des Klassenfeindes und zur ideologischen Stärkung.

So ein Apparat gerät zwangsläufig in Gegensatz zu traditionellen Verhaltensmustern und Strukturen. So will beispielsweise die Führung eine Abschaffung des Privateigentums an Grund und Boden und damit eine Kollektivierung der Landwirtschaft, die Bauern dagegen wollen ihren eigenen Grund und Boden behalten. Und das gilt nicht nur für die Bauern: »… ohne Druck von außen wendet sich die Arbeiterklasse nicht der Revolution zu.«[260] Was die neue Verwaltung erfährt, ist stets Druck von oben und Widerstand von unten.

Die Verhaltensmuster, mit denen die Angehörigen des Apparates darauf reagieren, entsprechen wie bei allen Menschen elementaren Bedürfnissen: Reduzierung von Unsicherheit und Entwicklung einer Überlebensstrategie. Die Unsicherheit gegenüber dem Widerstand von unten wird durch Ausbau, Institutionalisierung und Absicherung der eigenen Machtposition durchaus effizient reduziert. Nach oben hilft nur Anpassung und Loyalität. Eine solche Anpassung wurde stets mehr oder minder drastisch eingefordert, sie war daher schlichte Überlebensstrategie.

In Zimbardos Handbuch der Psychologie sind die Abwehrmechanismen des Ich gegenüber Konflikten tabellarisch aufgelistet. Von den fünfzehn dort aufgezählten[261] sind zwei Drittel (Kompensation, Verleugnung, emotionale Isolierung, Identifikation, Introjektion – Einverleibung äußerer Werte – Isolierung, Projektion, Rationalisierung, Regression und Verdrängung) in dieser Situation naheliegende, ja zwangsläufige Anpassungs- bzw. Entlastungsmechanismen. Und diese Mechanismen wirkten in allen kommunistischen Systemen. Sie sind keine Entartung oder historische Sonderentwicklung, sie sind die unausbleibliche, weil natürliche menschliche Reaktion der mit der Umgestaltung beauftragten Menschen in den jeweiligen Behörden auf die ihnen gestellten Herausforderungen.

Kirill Rossijanow schilderte[262], wie Stalin seine Devise, Überzeugungen könnten sich ändern, Furcht nicht, recht drastisch in die Praxis übersetzt hat. Er hat damit vor allem Karrieristen, Denunzianten, Feiglinge und Opportunisten produziert und sie zu Komplizen seiner Gewalttätigkeiten gegen das eigene Volk gemacht. Zur Entlastung, bürokratisch wie psychologisch, wurden alle zu Klassenfeinden gestempelt, die Widerstand leisteten. Sie wurden in Lager deportiert oder überhaupt gleich liquidiert.

Es ist der gleiche soziale Tausch, der sich in allen kommunistischen Systemen genauso herausgebildet hat wie in anderen totalitären Systemen: besseres Leben und Teilhabe an der Macht im Tausch gegen bedingungslose Loyalität. Und diese Teilhabe bedeutet auch Mitwirkung an der Unterdrückung der Bevölkerung – und zunehmend auch an der Verdrängung der Wirklichkeit.

Wjatscheslaw Gomulka schilderte in seiner Antrittsrede als Generalsekretär der Kommunistischen Partei Polens am 21. 10. 1956 die praktischen Konsequenzen: »… das alles wäre halb so schlimm gewesen, wenn man in das Gewand des Personenkults einen vernünftigen, bescheidenen Menschen gesteckt hätte …

sehr sehr übel pflegte alles dann auszusehen, wenn die Würde der Macht, also das Recht, den Personenkult zu genießen, von beschränkten, dumpfen Menschen in Anspruch genommen wurde oder gar von haltlosen Karrieremachern. Solche Leute schaufelten dem Sozialismus das Grab, gedankenlos zwar, aber doch sehr präzise.«

Wo die Zensur nicht genug aufpasste, wie etwa in der DDR, wurde diese Rede abgedruckt. Ulbricht tobte, das Zentralkomitee trat zusammen und noch in der gleichen Nacht wurden die unverkauften Exemplare der dies publizierenden Zeitung beschlagnahmt. In diesem besonderen Fall waren die meisten Exemplare allerdings schon verkauft.

Bei Djilas, Voslensky, Dietrich Beyrau und bei vielen anderen wird geschildert, wer wirklich Karriere machte: Nicht die Besten, sondern die am besten Angepassten, nicht die Kompetenten, sondern die Linientreuen, die präzise exekutieren, was die Partei vorschreibt.

Der so entstehende Apparat wurde im Laufe der Zeit allmächtig und zugleich immer schwerer kontrollierbar. Und dieser Apparat stützte seine Allmacht nicht nur auf die faktische Verfügung über alle existierenden Steuerungsmechanismen, sondern ebenso auf die zweifache Legitimation durch den (sicherheitshalber selbst interpretierten) Willen des Volkes wie durch die vermeintlich historische Richtigkeit und Notwendigkeit des eingeschlagenen Weges.

In allen kommunistischen Systemen zeigte sich nicht anders als im Nationalsozialismus ein »empire-building« (so der Ausdruck von Alec Nove) durch die Mitglieder des obersten Führungskreises. Die Führer wollten Macht, der Apparat wollte sich absichern und so ergaben sich natürliche Allianzen mit dem Ziel der Vergrößerung der Zuständigkeiten des jeweils eigenen Bereichs. »Der Wirtschaftslenkungsapparat mit seinen besonderen Fachkenntnissen ist auf Selbstständigkeit und sogar auf eine Monopolstellung bedacht.«[263] Die sowjetische Machtelite nutzte die historische Aufgabenstellung des Kommunismus und zusätzlich die »auch aus internem Kalkül konstruierte ständige Bedrohung des Landes von außen, … um ihre wirtschafts-, sozial- und machtpolitischen Interessen zu legitimieren und durchzusetzen. Ein rationaler und effizienter Mitteleinsatz und eine offene Debatte über mögliche Entwicklungsalternativen mussten dabei zurückstehen.«[264]

In den sogenannten kapitalistischen Gesellschaften steht für die Finanzierung der notwendigen Investitionen ein mehr oder weniger entwickelter Kapitalmarkt zur Verfügung. In kommunistischen Systemen ist sogar der Begriff als solcher verpönt und wird in den Bilanzen durch »Produktionsfonds« oder andere Umschreibungen ersetzt. Diese Technik der Finanzierung verdunkelt gelegentlich sogar den nicht gerade belanglosen Unterschied zwischen Kapitalzufuhr und Verlustfinanzierung, etwa wenn beides unterschiedslos durch Vergrößerung des Debetsaldos gegenüber der Staatsbank abgebildet wird.

Kapital ist unersetzlich: zur Aufrechterhaltung, zur Ausweitung und zur Modernisierung der Produktion, zur Finanzierung von Forschung und Entwicklung sowie jeglicher Innovation. Ein Wirtschaftssystem ohne leistungsfähigen Kapitalmarkt ist hier hoffnungslos im Nachteil. Und diese Schwachstelle verbindet sich in kritischer Form mit einer zweiten. Damit ist hier nicht einmal der Ersatz marktwirtschaftlicher Mechanismen durch zentrale Steuerung gemeint. Ob das überhaupt funktionieren kann, ist eine alte theoretische Streitfrage. Die soll hier nicht nachvollzogen werden. In Extremsituationen, wie etwa während des Zweiten Weltkriegs, erwiesen sich die sowjetischen Methoden zentraler Produktionssteuerung bei aller Brutalität als recht effizient.

Der kritische Punkt ist wohl die Investitionssteuerung. Jede Investition ist ein Einsatz von Kapital unter den Bedingungen der Unsicherheit. Im marktwirtschaftlichen System trifft solche Entscheidungen ein Unternehmer, der das entsprechende Verlustrisiko trägt oder es über den Kapitalmarkt weiterreicht. Kapital kann auch bei Fehlentscheidungen in einem Zentralverwaltungssystem verloren gehen. Aber das bedeutet, dass Volksvermögen verloren geht. Das will freilich niemand verantworten müssen, denn das kostet nicht nur Geld, sondern die eigene Karriere, wenn nicht Existenz. Daher werden einerseits genaue Regeln und umfangreiche Kontrollmechanismen erstellt und die Entscheidungsprozesse auf eine möglichst breite Basis von Mitverantwortlichen gestellt, damit möglichst viele eingebunden sind und möglichst keiner als Schuldiger übrig bleibt. Damit entsteht zwangsläufig eine enorme Komplexität, soll auch heißen: Umständlichkeit der Entscheidungsbildung. Alles Mögliche spielt eine Rolle – nur nicht die Produktivität des Kapitals. Eher setzen sich entweder die jeweils Ängstlichsten durch – oder aber Prestigebedürfnisse, wenn nicht überhaupt die subjektiven Vorstellungen der jeweils Mächtigsten.

Ein Unternehmer weiß, dass er immer wieder investieren muss, wenn er überhaupt konkurrenzfähig bleiben will. Ein Bürokrat muss gar nichts. Wenn er nicht entscheidet, dann macht er zunächst einmal keinen (erkennbaren) Fehler. Ein nicht mehr leistungsfähiges Unternehmen geht in einem marktwirtschaftlichen System unter. In einem zentral verwalteten System produziert es weiter, nur eben mit Verlusten. Und die werden im System verschleiert und umverteilt. Verdrängen der Wahrheit und Suche nach den bösen Schuldigen ist daher eine zwangsläufige Reaktion.

Und weil das ständig passiert, sind die zwangsläufige Folge immer gröbere Fehlentwicklungen. Es gibt kein einziges kommunistisches System, das nicht früher oder später unter massiven Rückständen in Produktion und Produktivität gelitten hat. Aber dieses Strukturdefizit wird von einer Oberschicht, die Macht weder abgeben noch teilen will, systematisch verschleiert. Die enorme Ineffizienz wird dann letztlich als Ausbeutung und Verelendung der werktätigen Klassen manifest.

Aber zugleich trachtet man danach, selbst nicht zu kurz zu kommen. Dafür gibt es auch genug Ansatzpunkte. Neben den offiziellen Gehältern gibt es besondere Einkaufsmöglichkeiten, Dienstautos (bei den spottlustigen Ostdeutschen »Massenbeförderungsmittel, in denen das Volk in Gestalt seiner gewählten Vertreter herumfährt«), Wohnungen, die den Durchschnitt etwas übertreffen, zur Erholung Datschen[265] und Jagdgelegenheiten, eigene Kindergärten und Schulen, eigene Wartesäle auf Flughäfen und sogar auf Bahnhöfen (sonst käme es ja zu unbeabsichtigter Volksnähe), eigene Krankenhäuser und eine bessere Qualität beim Essen. In der DDR wurden sogar die Wiener Würstchen (die nur in Wien Frankfurter heißen) für das Volk und für seine Vertreter in unterschiedlicher Qualität hergestellt. So wurde das Praxis, was Voslensky in Überschriften so hübsch in gängigen theoretischen Begriffen formuliert hat: »Das sozialistische Eigentum ist das Kollektiveigentum der Nomenklatura«, und: »Die Nomenklatura eignet sich den Mehrwert an.« Und für jene Mitglieder der herrschenden Klasse, die mit diesen bescheidenen Kompensationen ihrer Bemühungen nicht das Auslangen fanden, gab es noch weitere Möglichkeiten: »Die Machtergreifung der Klasse der Nomenklatura hat die Tradition des Bakschisch nicht abgeschwächt, sondern verstärkt.«[266]

Die herrschende Klasse im realen Sozialismus hat es auch zustande gebracht, marxistische Grundsätze und Lehren so zu interpretieren, dass die jeweils verfolgte Linie dogmatisch begründet und legitimiert werden konnte. Noch deutlicher hat es der (ostdeutsche, aus der SED wegen mangelnder Flexibilität bei der Gestaltung seiner Manuskripte ausgeschlossene) Marxismus-Theoretiker Peter Ruben 1992 bei einem Kolloquium der Bad Homburger Werner-Reimers-Stiftung ausgedrückt: In der DDR sei der Marxismus bloß ein Steinbruch für willkürlich wechselnde Thesen im Dienst persönlicher Machtinteressen der herrschenden Klasse gewesen. Die marxistische Ideologie ist damit genau das geworden, was sie der Ideologie im Kapitalismus unterstellt hat: Instrument zur Machtsicherung der herrschenden Klasse.

Um in dieser neuen Klasse nach oben zu kommen, musste man zwiespältiges Denken und zwiespältiges Sprechen in einer Weise beherrschen, wie sie George Orwell nicht drastischer hätte schildern können. So zu tun, als ob man an den Sozialismus glaube und unermüdlich für seine Ziele kämpfe, die permanente kalte Verfolgung der eigenen Interessen mit einer ideologiekonformen Kunstsprache zuzudecken, sich selbst niemals erwischen zu lassen und für alle Fehler und Versäumnisse rechtzeitig andere Schuldige zu finden, wurde letztlich das Patentrezept zum Aufstieg und zum Überleben in dieser herrschenden Klasse.

Es scheint ein universelles Grundmuster zu sein, dass eine einmal mit bestimmten Aufgaben betraute Bürokratie, wenn das eigene Verhalten nicht mehr von der ursprünglich begründenden Norm bestimmt wird, ein nutzenorientiertes

Verhalten annimmt, das auf Ausnutzung, Absicherung und Verstärkung der eigenen Machtbasis ausgerichtet ist. Die ursprünglichen Ziele sowie deren normative Begründung werden zu einer Rechtfertigungsideologie umfunktioniert und für die eigenen Zwecke instrumentalisiert. Je weniger das jeweilige gesellschaftliche System auf Gewaltenteilung aufbaut – was in der Sowjetunion ja schon vom Ansatz, dem Primat der Partei, her gar nicht möglich war – und je weniger auch die Realverfassung »checks and balances« kennt, desto weniger Widerstand wird möglich.

Selbst Lenin hat bemerkt, dass sich diese Bürokratie bereits wenige Jahre nach Schaffung der Sowjetunion »zersetzend«[267] auswirkte, nachdem er ursprünglich noch recht unbekümmert an die Dialektik zwischen Herrschaft der Arbeiterklasse und Herrschaft der Bürokratie herangegangen war.[268] Und Trotzki soll mit Bezug auf die Bürokratie in der Sowjetunion gesagt haben, es gebe statt einer Diktatur des Proletariats eine Diktatur über das Proletariat.[269]

Ab einem bestimmten Punkt der Konzentration von Macht und Wissen sind Bürokratien strukturell reformunfähig. Gorbatschows Reaktion, es lieber auf die Zerschlagung des Systems ankommen zu lassen, als den ursprünglichen Zustand weiter bestehen zu lassen, war vielleicht nicht die ihm heute gelegentlich zur Last gelegte Übertreibung, sondern die logische Konsequenz aus der Einsicht in diesen schlimmen Zusammenhang. Vielleicht ist es kein Zufall, dass Mao in China mit der von ihm angezettelten »Kulturrevolution« genau das Gleiche versucht hat.

3.5.3 Die verratene Mehrheit

Seiner Konzeption nach war der Kommunismus ein normatives System. Nicht auf dem Nutzen des Individuums baute er auf, sondern im Gegenteil darauf, dass ein nur auf diesen individuellen Nutzen gegründetes Wirtschaftssystem, der Kapitalismus, zur Schaffung einer Klasse der Ausgebeuteten und Entrechteten geführt habe. Es galt, den Kapitalismus zu überwinden, um eine freie und gerechte Gesellschaft der Werktätigen zu schaffen. Dieses Ziel begeisterte Arbeiter und Intellektuelle in ganz Europa, schuf die Hoffnung auf eine bessere Welt und weckte unendlich viel Opferbereitschaft, an diesem großen Ziel mitwirken zu dürfen. Und diese wurde auch reichlich in Anspruch genommen.

Aber überall hat die jeweilige reale Praxis des Systems die großen Hoffnungen und Erwartungen bitter enttäuscht und das zugrunde liegende Weltbild als Illusion diskreditiert. »Nach sieben Jahrzehnten der Anspannung waren Arbeiterschaft, Bauern und Intelligenz, aber auch erhebliche Teile der Macht- und Funktionseliten nicht mehr mit Hinweisen auf eine irgendwann anbrechende leuchtende Zukunft zu intensiveren oder auch nur reellen Arbeitsleistungen anzuhalten.«[270]

Der soziale Austausch, den der Kommunismus ursprünglich versprochen hatte, jedem seinen Fähigkeiten, seinen Bedürfnissen entsprechend, den gab es in der Praxis nicht. Was sich dagegen in der Praxis in immer stärker zunehmendem Umfang herausbildete, das war der informelle, schlicht nutzenorientierte Tausch von Leistung und Gegenleistung, Ware gegen Ware, weil man um Geld ja doch nichts bekam. (Oder, wie einer dieser zahlreichen so zynischen und eben deshalb so typischen Witze aus jener Zeit feststellt: Russland und Amerika seien im Prinzip vollkommen gleichartig. Denn in beiden gelte das gleiche wirtschaftliche Grundprinzip: Für Rubel bekomme man nichts, für Dollar alles.) Der praktische Tausch von Ware gegen Ware wurde allgegenwärtig: Im praktischen Leben, wenn man etwas für die Wohnung brauchte, in der schlimmen Welt des Archipels Gulag, wo ein Stück Brot, Zigaretten, Schnürsenkel oder Nähnadeln zur Währung eines nach rein marktwirtschaftlichen Gesetzen funktionierenden Tauschhandels wurden, und zuletzt sogar in der Praxis der Wirtschaftsunternehmungen selbst, nachdem immer größere Teile der offiziellen Wirtschaft nur noch durch den eigentlich systemwidrigen Rückgriff auf informelle Beziehungen und Verfahren ihre Aufgaben einigermaßen erfüllen konnten. »Im realen Sozialismus ist es nicht wichtig, Marx und Engels zu kennen, aber Hinz und Kunz«, war ein gängiges Bonmot in der DDR.

Auch für die DDR sind der Prozess der Aushöhlung eines ursprünglich normativen Systems und seine Verwandlung in eine ganz andere Form des sozialen Tausches recht gut dokumentiert. Peter Hübner stellte im Detail dar[271], wie die SED-Führung versuchte, aus der behaupteten Identität von gesellschaftlichen und individuellen Interessen ein System von niedrigen Grundlöhnen und der Bindung besserer Bezahlung an lange und harte Arbeit abzuleiten. Aber das wurde von der Arbeiterschaft nicht nur nicht akzeptiert, sondern 1953 mit offener Rebellion und auch danach mit vielfältigen Verweigerungsstrategien beantwortet. Im Herbst 1955 beklagte sich Walter Ulbricht, dass »ein Teil der Arbeiter ein falsches Verhältnis zur Arbeit und damit zu unserem Staat an den Tag legt. Die Menschen wollen für sich persönlich das Ziel verwirklichen, trotz niedriger Arbeitsproduktivität und schlechter Leistung viel Geld zu verdienen und gut zu leben«. Aber das Jammern über die Dominanz individueller Nutzenorientierung ist ja nichts anderes als das Ankämpfen gegen einen historischen Trend. Die Führung der DDR sah sich gezwungen, ihre Sozial- und Wirtschaftspolitik als Mittel zur Gewinnung von Loyalität zu gestalten, stieß dabei aber an die Grenzen der eigenen wirtschaftlichen Möglichkeiten (bis hin zur Verwendung knapper Devisen für den Import von Südfrüchten, um den tristen Speisezettel der DDR-Bürger etwas zu bereichern).

Die tiefe Krise des Kommunismus konnte auf Dauer weder in der Sowjetunion noch sonstwo zugedeckt werden. »Die Krise des Sozialismus wurde zur bedrückend grausamen Realität, die Verstand, Ehre, Gewissen und gesunden Menschenverstand der Revolutionäre erregte.«[272] Zum Zeitpunkt dieser Feststellung (1988) war das längst keine Neuigkeit mehr. Neu war nur, dass man solche Sachverhalte auch aussprechen durfte: »Die mit bloßem Auge sichtbare Korruption, frecher Diebstahl, Täuschung, falsche Rechnungsführungen, das Anwachsen der Schattenwirtschaft und die Undiszipliniertheit, Nachlässigkeit in der Produktion haben das Leben vergiftet, haben jeden ehrlichen Menschen bei der Arbeit behindert.«[273]

Viele wurden so in Resignation, ja in Kriminalität und Verzweiflung getrieben. »Asoziales Verhalten und Kriminalität wachsen. Die Menschen finden ihr Leben schwerer und schwerer und verlieren ihr Interesse an der Arbeit und ihren Glauben an die Zukunft.«[274] Es ist die Logik der vom Kommunismus selbst geschaffenen Verhaltensmuster, die ihn immer wieder scheitern lässt.

Arthur Koestler schilderte den extremen Terror, Prozesse gegen und Justizmorde an treuen Parteigenossen und vollkommen Unschuldigen. Richter und Ankläger wissen, dass die Beschuldigungen nur eine Farce sind. Aber selbst in solchen Extremsituationen hofft manchmal der Verurteilte, der, wie etwa in »Sonnenfinsternis«, nur mehr auf den Genickschuss wartet, dass sein Tod auf dem langen Weg zu einer besseren und gerechteren Gesellschaft vielleicht doch sinnvoll sei, ein der Partei bei der Erfüllung ihrer Aufgaben dienendes Opfer sein könnte. Bertolt Brecht hat in seinem Schauspiel »Die Maßnahme« gezeigt, dass es geradezu zwangsläufig die Gutgläubigen und Unschuldigen sind, die dem Terror zum Opfer fallen. Man kann raten, warum dieses Stück kaum je gespielt wird. Bei Voslensky ist eine evolutionär etwas fortschrittlichere Position erreicht: Der ungefährdet seine Pfründe genießende Bürokrat setzt ideologische Argumente mit Bedacht ein – aber hauptsächlich, um seine wirklichen Motive zu verschleiern und um einzuschüchtern, zu drohen und zu erpressen, wo immer es ihm passt.

»Wer mit den Wölfen lebt, muss mit den Wölfen heulen. Mit einer solchen Einstellung ist die Nomenklatura durchaus zufrieden. Sie glaubt nicht an die Möglichkeit, ihre Untertanen zu überzeugen, sie wünscht aber, dass sie die Hoffnung auf eine Befreiung vom aufgezwungenen ideologischen Konformismus aufgeben. Es macht nichts aus, dass sie sich dessen bewusst sind, mit den Wölfen heulen zu müssen, Hauptsache ist, sie heulen weiter.«[275]

Der soziale Tausch zwischen Nomenklatura und einfachem Bürger sieht so aus, dass dieser Zustimmung zum Regime und Gehorsam heuchelt und man ihm dafür Minimalversorgung und Arbeitsplatz gewährleistet.[276] Man glaubt die offiziellen Lügen zwar nicht, betet sie aber nach, um Ruhe und Basisversorgung zu haben. Oder wie es in der DDR so hübsch formuliert wurde: »Der Staat tut so, als ob er uns versorgt, und wir tun so, als ob wir arbeiten.« Und das begann schon in der Jugend. Anette Simon hat berichtet, dass sich schon in der dritten

Klasse alle Schüler durch Unterschrift zu verpflichten hatten, keinen Westsender zu hören oder zu sehen.[277] Alle unterschrieben und sahen oder hörten weiter. Schließlich wurden schon die kleinen Kinder darauf trainiert, nicht zu erzählen, welche Sender ihre Eltern bevorzugten (deshalb wurden auch die Kinder, wenn man sie aushorchen wollte, gar nicht erst danach gefragt, sondern eine Zeit lang nach der Form der Uhr vor den Nachrichten. Die war nämlich im Ost- und im Westfernsehen verschieden).

Die mit dieser Form von sozialem Tausch verbundenen Verhaltensmuster sind, was denn sonst, subjektiv rational. Sie werden am besten mit dem Begriff der defensiven Überlebensstrategie beschrieben. Dazu gehört die Anstrengungsminimierung, weil Fleiß und Initiative keine Vorteile bringen, dazu gehört der Aufbau informeller Netzwerke, weil nur diese sonst nicht erhältliche Ersatzteile oder wenigstens die kleinen Annehmlichkeiten sichern, die im offiziellen Versorgungsstandard gar nicht enthalten sind. Dazu gehört nicht zuletzt jene Heuchelei, die erst hinter den permanenten semantischen Adaptierungen an die jeweilige offizielle Sprachregelung individuelle Freiräume eröffnet, in denen Arbeiter einerseits und Funktionäre des Systems andererseits so etwas wie Ordnungen von beschränkter Dauer und Gültigkeit mit- und gegeneinander aushandeln und auskämpfen.[278] Aber das ging alles nicht ohne persönliche Deformierungen. Hans Peter Krüger hat es mit Blick auf die DDR kurz und treffend wie folgt formuliert: »Ein totalitäres Regime verlagerte sein Strukturdefizit auf die Individuen. Es überlebte als Parasit derselben. Je mehr dieses Regime die Individuen durch Mitgliedschaften ... disziplinierte, desto stärker provozierte es die Menschen, sich davon zu distanzieren. ... Die Mehrheit der gespaltenen Individuen hatte tatsächlich beides getan: die alte Ordnung formell mitgetragen und sie zugleich informell unterlaufen.«[279] Und dahinter lauert die vielleicht am besten von Georges Bernanos skizzierte Gefahr: Nicht dadurch sei Freiheit am meisten bedroht, dass sie uns geraubt werde, sondern dadurch, dass man es verlernt, sie zu lieben, und dass man sie nicht mehr versteht.

Auf einen anderen Aspekt dieser persönlichen Deformierungen ging Hans Noll[280] ein. Die im Westen als Konsumterror abqualifizierte Gier nach Konsumartikeln sei im Osten mindestens gleich intensiv gewesen, habe sich aber mangels Erfüllbarkeit vor allem als Neid artikuliert. Und dieser Neid sei in der DDR bewusst gezüchtet worden, um Tüchtigere oder Begabtere unter laufender sozialer Kontrolle zu halten. Erziehung orientierte sich in der DDR nicht am Entwicklungsstand der Kinder, sondern an ideologisch vorgegebenen Erziehungszielen, die Hass gegen imperialistische Unterdrückung und kapitalistische Ausbeutung beinhalteten. Als der Kriminologe Christian Pfeiffer im Herbst 1999 in der Paulskirche in Magdeburg aus diesen Erziehungszielen auch noch die im Osten Deutschlands deutlich ausgeprägte Fremdenfeindlichkeit ableitete, stieß er nicht nur auf heftige Ablehnung, sondern erlebte auch, wie engagiert die Orientierung der DDR-Erziehung an Disziplin, Ordnung und Gruppenanpassung verteidigt wurde. Diese Werte kennt man. Helke Stadtland zeigte die Kontinuität des Verhaltens und der mentalen Prägung vom Nationalsozialismus zur DDR auf. Die Mentalitäten und Verhaltensmuster der NS-Zeit haben nach ihrer ausführlichen Analyse die Entstehung des kommunistischen Systems in der DDR nicht behindert, sondern erleichtert.[281] Wenn sich die DDR-Führung so stark auf die Jugend stützte, dann deshalb, weil diese so etwas wie Demokratie nie kennengelernt hatte.

Der Kommunismus wollte den neuen Menschen schaffen. In der Praxis hat er letztlich das Gleiche geschaffen, was nach dem Ende des großen gemeinsamen Glaubens in allen normativen Systemen übrig bleibt: wenige Fanatiker und viele Heuchler.

3.6 Die Dritte Welt

3.6.1 Rasches Wachstum und bleibende Armut

Der Begriff der Dritten Welt ist immer noch gängig, wird aber immer unschärfer. Denn er umfasst eine Vielzahl von Ländern mit enormen kulturellen, sozialen und wirtschaftlichen Unterschieden, die in all diesen Bereichen nur eines gemeinsam haben: massive Rückstände gegenüber den westlichen Industriestaaten. »Die Dritte Welt … ist wahrscheinlich von Anfang an eher Produkt unserer grobschlächtigen analytischen Kategorien gewesen, welche eine Vielfalt von gesellschaftlichen Strukturen und Entwicklungspotenzialen zu der Dritten Welt bzw. der Peripherie zusammengeklumpt haben.«[282]

Ich will hier nicht über begriffliche Abgrenzungen richten. Gerade die Vielfalt der Phänomene ermöglicht es ja umgekehrt – und das ist der interessantere Teil der Geschichte –, besser zu erfassen und auch zu überblicken, was hier wie dort die Faktoren für das Verharren in personalen oder normativen Strukturen und damit in der Rückständigkeit oder aber umgekehrt für Entwicklung und besseren Lebensstandard für viele gewesen sind.

Die Unterschiede zwischen den deshalb hier unbekümmert weiterhin zusammengefassten Ländern haben in den letzten Jahren eher zu- als abgenommen[283]. Wenigstens hat sich, weltweit gesehen, die Anzahl der Menschen, die in absoluter Armut leben, in den letzten Jahrzehnten deutlich verringert. Zugleich sind die regionalen Unterschiede jedoch größer als je zuvor, und so auch die Unterschiede zwischen Arm und Reich. Das Durchschnittseinkommen der reichsten Milliarde auf diesem Planeten beträgt ungefähr das 75-Fache der ärmsten Milliarde. Noch

1981 lebten 1,5 Milliarden Menschen, damals rund 40 Prozent der Weltbevölkerung, von weniger als einem Dollar am Tag. 20 Jahre später waren es rund 1,1 Milliarden, knapp mehr als ein Fünftel der aktuellen Weltbevölkerung. Verbessert hat sich die Lage vor allem in Asien und in Lateinamerika. In Afrika dagegen ist die Zahl der Armen noch immer im Steigen.

In den letzten Jahrzehnten waren die Wachstumsraten des Sozialproduktes in vielen Entwicklungsländern höher als in den alten Industriestaaten. Auch in Afrika weisen immerhin 16 Staaten seit Mitte der Neunzigerjahre Wachstumsraten von über 4,5 Prozent auf. Und der Aufholprozess geht weiter. Der Internationale Währungsfonds erwartet bis 2010 ein durchschnittliches Wachstum der Entwicklungsländer von über 5 Prozent, bei den Industriestaaten dagegen von weniger als 3 Prozent.

Trotzdem hat sich das Ziel der Vereinten Nationen, die Zahl der Hungernden bis 2015 zu halbieren, als illusorisch herausgestellt. 1970 litten über 900 Millionen Menschen regelmäßig unter Hunger, 2006 waren es etwa 800 Millionen. Um den Begriff der Unterernährung in nüchterne Zahlen zu übersetzen: Jeden Tag verhungern auf dieser Erde rund 30 000 Kinder.

In vielen afrikanischen Staaten südlich der Sahara lebt fast die Hälfte der Bevölkerung in extremer Armut. Jeder fünfte Afrikaner dieser Region leidet an Aids, und mehr als 100 Millionen Afrikaner leiden am Trachom, einer Augenkrankheit, die in manchen Gegenden mangels Behandlung jeden Vierten über 50 erblinden lässt. Weniger als die Hälfte der Bewohner dieser Region hat Zugang zu trinkbarem Wasser und nur ein Drittel kann lesen und schreiben. Aber ähnliche Verhältnisse gibt es auch anderswo: Haiti war vor hundert Jahren noch Kolonie, damals immerhin die reichste dieser Erde. Heute ist das Land eine ökologische Wüste. Nur noch zwei Prozent des Landes sind mit Wald bedeckt, die landwirtschaftliche Fläche ist ausgelaugt und trinkbares Wasser ist zu einer seltenen Kostbarkeit geworden. Ein Prozent der Bevölkerung verfügt über die Hälfte des Volkseinkommens, der Rest dafür selbst nach den Angaben der haitischen Handelskammer nur über ein durchschnittliches Jahreseinkommen von 90 Dollar pro Kopf – oder weniger als 25 Cent pro Tag. Achtzig Prozent der Bevölkerung sind Analphabeten, ein gleich hoher Prozentsatz ist arbeitslos.

In Südamerika, wo krasse Armut neben relativem Wohlstand beheimatet ist (in den meisten südamerikanischen Staaten liegt der Anteil der Armen nicht unter 40 Prozent der Gesamtbevölkerung, wie auch immer man die Armutsgrenze definieren mag), suchen die Armen wegen der ungenügenden Verdienstmöglichkeiten auf dem Land häufig ein besseres Schicksal in den großen Städten. São Paulo zählte 1950 noch 2,2 Millionen Einwohner, heute sind es über 16 Millionen. Davon lebt mehr als eine Million in den berüchtigten Favelas.

Da diesen Zuwanderern zum Überleben selten mehr als Gelegenheitsarbeiten,

Diebstahl oder Raub, Rauschgifthandel und Prostitution zu Gebote stehen, wehren sich viele Stadtbewohner, indem sie ihre eigenen Wohnviertel durch angeheuerte Killerbanden säubern – soweit Polizisten das Erschießen von Personen, die ihnen lästig fallen, nicht ohnedies selbst besorgen. Die Tarife findet man gelegentlich sogar in den Tageszeitungen. Der Mord an einem Landarbeiter war in den Neunzigerjahren schon um 150 Dollar zu haben. Ein durchschnittlicher Politiker kostete 1400 Dollar, nur für wirklich einflussreiche Persönlichkeiten lagen die Preise über 2000 Dollar. Besonders rücksichtslos geht man gegen die Randschichten vor, gegen Bettler (in Kolumbien sogar »desechables«, Wegwerfbare, genannt) und Straßenkinder, einfach weil es davon zu viele gibt. Gilberto Dimenstein spricht von einem veritablen Auslöschungsprozess, der noch dazu breite Unterstützung in der Gesellschaft finde.[284]

Armut hat viele Gesichter. In den meisten Regionen dieser Erde aber ist sie jener Zustand tiefer Trostlosigkeit, den Robert McNamara, damals Präsident der Weltbank und nicht mehr amerikanischer Verteidigungsminister, bereits 1973 beschrieben hat, nämlich als »Zustand … entwürdigender Lebensbedingungen wie Krankheit, Analphabetismus, Unterernährung und Verwahrlosung«.

Und all diese Faktoren verstärken einander wechselseitig. Die ungenügende Ernährung verstärkt die Anfälligkeit für Krankheiten und beides beeinträchtigt die Fähigkeit, sich durch Arbeit Geld zu verdienen. Der australische Ökonom Colin Clark hat gezeigt, dass eine der wesentlichsten Ursachen für die geringe Produktivität in vielen tropischen Ländern nicht Faulheit oder fehlende Selbstdisziplin, sondern vielmehr schlichte Unterernährung ist.[285] Bei der Suche nach Arbeit ist ebenso die fehlende Kenntnis von Lesen und Schreiben im Wege. Amartya Sen argumentierte[286] anhand umfangreicher Statistiken, dass Bildung ein ebenso guter Indikator für den Wohlstand eines Landes sei wie Einkommen. Gerade in ärmeren Ländern sei die Verbesserung der Bildung als Start zu einer besseren Gesellschaft leichter in Gang zu bringen als eine direkte Steigerung der Einkommen. Viel Widerhall in der praktischen Politik hat Sens Appell bisher nicht gefunden.

In Brasilien besitzen rund 1,5 Prozent der Landeigentümer 50 Prozent des gesamten Landes. Vieles davon lassen sie brachliegen. Auch deshalb kämpfen landlose Bauern um die Rodung immer größerer Flächen im noch verbliebenen Regenwald. Aber dieser neue Boden wird so ausgebeutet, dass er bald erschöpft ist und wieder neuer Boden unter den Pflug genommen wird. Dazu kommen die Zufälligkeiten der Witterung und vor allem in Afrika südlich der Sahara ständige Bodenerosion und fortschreitende Trockenheit. Jared Diamond meint übrigens, dass eine vergleichbare Verwüstung der Natur in den westlichen Industriestaaten nur aufgrund des klimatischen Zufalls nicht stattgefunden habe, dass in den Ländern der nördlichen Hemisphäre die höheren Niederschlagsmengen ein schnelleres Nachwachsen der Vegetation gestatten.

Die Armut der ländlichen Bevölkerung wird häufig noch durch Probleme ganz unterschiedlicher Art verfestigt. In vielen Ländern zwingt die grassierende Armut die jeweilige Regierung zu Preiskontrollen für landwirtschaftliche Produkte, was den Bauern Preiserhöhungen zur Verbesserung ihrer Lage unmöglich macht. In einzelnen Regionen ist die Landflucht so groß, dass es an landwirtschaftlichen Arbeitskräften fehlt. In anderen wieder ist das Jäten von Unkraut nach traditioneller Arbeitsteilung Frauensache, die Frauen sind aber derart auch mit anderen Aufgaben (wie z. B. Wasserholen über große Distanzen) überfordert, dass sie dazu gar nicht mehr kommen.

Eine weitere wichtige Ursache für Armut ist Überbevölkerung. Nur verstärkt gerade die Armut noch diesen Trend. Denn gerade die ärmsten Familien glauben, viele Kinder haben zu müssen, um die Verdienstkapazität trotz hoher Sterblichkeit und schlechter Arbeitsaussichten hoch zu halten und um ihre Unterstützung im Alter zu sichern. Gleichzeitig erhöhen viele Kinder den Wettbewerb um die wenigen vorhandenen Arbeitsplätze wie auch den Einkommensbedarf und machen Ersparnisse so unmöglich, sie verfestigen Familienarmut und hohe Sterberaten. Der Zusammenhang zwischen Armut und hohen Geburtenraten wird zusätzlich dadurch verstärkt, dass gerade die Ärmsten nur wenig Zugang zu modernen Methoden der Empfängnisverhütung haben.

Und trotzdem ist die Armut von heute nicht die zwangsläufige Folge der Armut von gestern. Noch 1955 lag das Bruttosozialprodukt pro Kopf in Japan bei 10 Prozent der gleichen Ziffer in den USA und niedriger als beispielsweise in Argentinien (im gleichen Jahr pro Kopf fast 30 Prozent des amerikanischen Durchschnittseinkommens) und in Mexiko (Vergleichswert 25 Prozent). Beide Länder hat Japan seither weit überholt.

Entwicklung ist offenbar kein geradliniger Prozess, der in allen unterentwickelten Ländern ähnlich verläuft. Erfolgen hier stehen oft krasse Misserfolge dort gegenüber. »Diese Allgegenwart der Weltunterschiede und Weltprobleme ist das genaue Gegenteil des Konvergenz-Mythos, nach dem alle Kulturen einander gleich werden.«[287]

3.6.2 Die Suche nach den Schuldigen

Nach wie vor ist es eines der kontroversesten Probleme der Entwicklungsdebatte, ob »an der Unterentwicklung der armen Länder die entwickelten mitschuldig wären. Da von seiner Klärung für die eigene Selbstachtung (und zwar beider Seiten) viel abhängt, kann es schwer überraschen, dass es extrem ideologisiert ist«.[288] Zugleich gilt, »dass die Lehre von den internationalen Beziehungen sich heute eher einer verwirrenden Vielfalt an theoriegesättigten Zugängen zu ihrem

Gegenstand erwehren muss«[289]. Oder anders: Von allen einschlägigen Theorien ist keine einzige allgemein akzeptiert. Hat am Ende doch Mario Vargas Llosa mit seiner These recht, dass Länder sich heute selbst entschließen könnten, reich zu werden oder arm zu bleiben?

Aus marxistischer Perspektive wurden hinter dem Wettlauf der europäischen Großmächte im 19. Jahrhundert außer Weltmachtstreben auch rein ökonomische Gründe vermutet. Die Klassenstruktur der kapitalistischen Gesellschaft führe dazu, dass sich die Inlandsnachfrage aufgrund der niedrigen Einkommen der unteren Klassen nicht nachhaltig werde ausweiten lassen. Das Kapital finde daher in den reichen europäischen Industriestaaten nicht genügend Anlagemöglichkeiten und sei somit gezwungen, nach besseren Investitionsmöglichkeiten in Übersee zu suchen. Neben dieser ökonomischen Imperialismustheorie findet sich die Dependenztheorie, wonach die wirtschaftliche Abhängigkeit der Entwicklungsländer von den kapitalstarken Ländern ihre Integration in die internationale Arbeitsteilung nur unter nachteiligen Bedingungen zulasse. »Die abhängige Reproduktion impliziert die Reproduktion der Abhängigkeit.«[290]

Auf der Basis solcher Annahmen ist es nur konsequent, in vielen internationalen Organisationen nichts anderes zu sehen als ein Instrument der herrschenden Kräfte des internationalen Kapitals zur Steigerung ihrer globalen Steuerungskapazität.[291]

Unstreitig ist allein der historische Anfang des Geschehens: Europäer haben ab dem 15. Jahrhundert einen guten Teil der Welt erobert und kolonisiert, sei es, um neue Lebensräume zu erschließen, aus Forschungsdrang und nicht zuletzt aus schlichter Profitgier. Die offiziellen Begründungen klangen freilich anspruchsvoller. Da spielten Christianisierungsträume eine Rolle, historisches Sendungsbewusstsein (»white man's burden«), Vorstellungen von der Überlegenheit der weißen Völker und nicht zuletzt wirtschaftliche Interessen und langfristige Strategien der Machtsicherung. Selbst ein Max Weber sprach 1897 davon, »dass das unumgängliche handelspolitische Ausdehnungsbestreben aller bürgerlich organisierten Kulturvölker sich jetzt mit völliger Sicherheit dem Zeitpunkt wieder nähert, wo nur die Macht über das Maß des Anteils der einzelnen Nationen an der ökonomischen Beherrschung der Erde und damit auch den Erwerbsspielraum ihrer Bevölkerung, speziell ihrer Arbeiterschaft, entscheiden wird«[292].

Europäer haben in weiten Teilen der übrigen Welt schlimme Verwüstungen verursacht. Das Prinzip, nach dem dabei meistens vorgegangen wurde, brachte der englische Unterhausabgeordnete Hilaire Belloc Ende des 19. Jahrhunderts auf einen klaren Nenner: »Whatever happens, we have got the Maxim gun and they have not.« Millionen Menschen wurden in die Sklaverei verschleppt, umgebracht oder Opfer der eingeschleppten Krankheiten. Immer wieder ließ die koloniale Realität Praktiken erbarmungsloser Ausbeutung zu. Aber mit Ausbeutung allein ist die Praxis der Kolonialverwaltung keineswegs erschöpfend beschrieben.

Vor allem England ist gerne dem alten römischen Grundsatz des »divide et impera« gefolgt. Die englische Literatur (u. a. Emerson, Crowder und Robinson) betont, dass man stets um überschaubare Kosten und daher um indirekte Verwaltung bemüht war. »Das System indirekte Verwaltung mit wenig bezahltem Personal war die kostengünstigste Methode … dass die Eroberung der Kolonialgebiete wenig ›man-power‹-intensiv war, ist ein Gemeinplatz der Kolonialgeschichte.«[293]

Konkret hieß das die Förderung oder sogar überhaupt erst Schaffung einer regionalen Oberschicht. In einzelnen afrikanischen Gesellschaften, die nicht einmal Häuptlinge hatten, wurden solche überhaupt erst von der Kolonialmacht installiert. Ähnlich wurde im spanischen Einflussbereich die Rolle des Kaziken bei südamerikanischen Indianerstämmen gestärkt. Man beließ dieser Oberschicht – sobald man sich mit ihr arrangiert hatte – vergleichsweise viel an Einfluss, ließ auch zu, dass sie wirtschaftlich nicht zu kurz kam, und förderte die Ausbildung des Nachwuchses an den eigenen Eliteschulen im Heimatland der jeweiligen Kolonialmacht, um auch kulturell die Oberschicht bei sich statt in ihrem eigenen Land zu integrieren. Die Förderung einer Oberschicht ging Hand in Hand mit deren Stärkung durch den Aufbau einer modernen Zentralverwaltung und nicht zuletzt einer effizienten Polizei.

Jene Mittelschicht, deren Erstarken in Europa erst zur Durchsetzung demokratischer Strukturen gegen die Herrschenden geführt hat, war zu Ende der Kolonialherrschaft höchstens in Ansätzen vorhanden. Eine funktionsfähige Demokratie entwickelte sich nur dort, wo, wie etwa in Indien, der relative Reichtum des Landes und der Umfang der aufgebauten Verwaltung auch eine politisch handlungsfähige Mittelschicht hat entstehen lassen. Wo es diese nicht gab, wie im größten Teil Afrikas, brauchte die Oberschicht die Macht nicht zu teilen. Anders als in Europa konnte »der kapitalistische Wachstumsmechanismus von den Unterprivilegierten nicht durchgesetzt werden«[294].

In den ehemaligen Kolonialgebieten erfolgte anders als in Europa kein Modernisierungsschub, sondern lediglich eine Festigung der nicht zuletzt mithilfe der Kolonialmacht entstandenen Strukturen. Und die Instrumente dafür lieferte die ehemalige Kolonialmacht. Selbst dort, wo sich die neuen Machthaber in einer Revolution gegen die Kolonialherren durchgesetzt hatten, übernahmen sie meist den von diesen geschaffenen Verwaltungsapparat – und gelegentlich, wie etwa in Kenia, auch gleich die Elitesoldaten der bekämpften Kolonialherren als Leibgarde des neuen Präsidenten. Das Argument von Hartmut Elsenhans, der europäische Kapitalismus habe den kolonialen Feudalismus überhaupt erst geschaffen, ist dann realitätsgerecht, wenn man statt auf Kapitalismus auf die Kolonialmächte als solche abstellt.

Im Nahen Osten brauchten die Kolonialmächte Feudalismus erst gar nicht zu schaffen. Dort übernahmen die neuen arabischen Staaten, die von den Kolonialmächten ins Leben gerufen wurden, einfach die Tradition absoluter Herrschaft vom Osmanischen Reich. Noch im frühen Mittelalter hatten die islamischen Länder gegenüber dem Westen einen beachtlichen kulturellen Vorsprung. An ihrer seitherigen Stagnation ist freilich nicht nur das viel beschworene Ausbleiben der Aufklärung schuld, sondern auch der Westen. Die direkte Erschließung des Fernen Ostens durch die europäischen Seefahrer hat den Zwischenhandel entlang der Seidenstraße und durch die arabischen Länder schwer getroffen. (Auch in Europa gab es mit Venedig ein Opfer dieser Verlagerung.) Kurz und etwas plakativ: Die Osmanen regierten ähnlich wie die spanischen Herrscher. Kriege waren wichtiger als ein funktionierender Kapitalmarkt. Und im 19. Jahrhundert räumte das Osmanische Reich westlichen Unternehmern weitreichende Handelsprivilegien ein. Das Hochkommen einer heimischen Unternehmerschicht wurde damit unabsichtlich, aber recht gründlich verhindert. Auch ökonomisch wurden weite Teile des Osmanischen Reichs zu einer Wüste, die dem westlichen Imperialismus wenig Widerstand entgegensetzen konnte.

3.6.3 Modernisierung der Formen, Stabilisierung der alten Strukturen

3.6.3.1 Demokratie als Legitimationsritual

Nicht nur im Nahen Osten, auch in Afrika zogen die Kolonialmächte unter Missachtung alter Stammesstrukturen willkürlich neue Grenzen und verliehen den neuen, von ihnen erst eingesetzten Machthabern enorme Machtfülle. »Dass diese merkwürdigen, künstlichen politischen Gebilde mit absoluter Macht über die in ihren Grenzen lebenden Menschen ausgestattet wurden, hatte für Hunderte Millionen von Bürgern verheerende Folgen.«[295]

Erbe der Kolonialzeit sind in vielen Ländern nicht moderne Mechanismen des Zusammenlebens, sondern nur moderne Machtmittel für alte Strukturen, die sich hinter einer mehr oder weniger tragfähigen Fassade von Modernisierung und Demokratie erhalten haben. Und diese Strukturen sind häufig die alten personalen Strukturen archaischer Klientenverhältnisse.

Wirkliche Demokratie, Freiheit der politischen Betätigung sowie freie Wahlen ohne Manipulation der Ergebnisse und damit die Chance, vom Volk gewünschte Machtwechsel auch tatsächlich zu vollziehen, entwickelt sich weltweit sehr viel langsamer als die Nutzung der äußeren Form der Demokratie als Legitimationsmechanismus für die Verschleierung der tatsächlichen Verhältnisse.

In einer Analyse der Strukturen von Parteien in der Dritten Welt[296] konzentrieren sich die Autoren auf junge Demokratien, die »ein Minimum politischer und bürgerlicher Freiheitsrechte aufweisen«. Nach diesem Auswahlkriterium finden sich gerade einmal 28 Länder auf drei Kontinenten. Die Vergangenheit der Parteiensysteme auch dieser jungen Demokratien (und damit die Gegenwart einer wohl noch größeren Anzahl anderer Länder) wird wie folgt beschrieben: »Diese Parteien waren jedoch von den autoritären Machthabern oktroyiert oder zumindest stark kontrolliert. Sie hatten vor allem die Funktion, einen eng begrenzten Wahlwettbewerb aufrechtzuerhalten und so den autokratischen Herrschaftsverhältnissen eine demokratische Fassade zu verleihen.«[297]

Die jungen Demokratien leiden darunter, »dass sich Parteien in vielen Entwicklungsländern weniger um konkrete Ideen als um politische Führungsfiguren herum bilden«.[298] Nicht Ideen, sondern personale Strukturen – genau solche, wie wir sie beschrieben haben – schaffen ein Parteiensystem. Und personale Strukturen stemmen sich gegen jede Modernisierung, die ihrem Einfluss schaden könnte. »Eine affektive Parteibindung basiert nämlich in vielen Ländern der Dritten Welt auf personengebundenen Strukturen – und damit auch auf der Fähigkeit der Parteien, wirtschaftliche oder gesellschaftliche Vorteile zu vergeben. ... Wenn im Zuge von neoliberalen Strukturanpassungsprogrammen die Möglichkeiten zum Verteilen von Posten und Pfründen abnehmen, laufen klientelistische Parteien Gefahr, ihrer Wählerbasis verlustig zu gehen. ... Die Erosion der venezolanischen Parteien spätestens seit der Wirtschaftskrise der Achtzigerjahre hat hier eine ihrer vielfältigen Ursachen.«[299]

Erinnern wir uns an den engen Zusammenhang zwischen kognitiven Strukturen und den jeweiligen Grundformen des sozialen Tausches. Kein Wunder, dass Ronald Inglehart, gestützt auf weltweite Erhebungen politischer, sozialer und religiöser Normen, für die letzten beiden Jahrzehnte des 20. Jahrhunderts einen engen Zusammenhang zwischen dem Umfang der jeweils vorhandenen staatsbürgerlichen Freiheiten und politischen Rechte einerseits und den jeweiligen Wertstrukturen andererseits verortet.[300]

Bei den Wertvorstellungen geht Inglehart von einer Skala aus, die von extremen Überlebenswerten bis zu reinen Selbstartikulationswerten reicht. Je ausgeprägter nun die Überlebenswerte (die sowohl in personalen als auch in normativen Systemen eine große Rolle spielen), desto geringer ausgeprägt die politischen und die Freiheitsrechte. Sie sind dafür umso besser verankert, je höher die Selbstartikulationswerte veranschlagt werden. »Praktisch alle Gesellschaften, die bei den Selbstartikulationswerten weit oben rangieren, sind stabile Demokratien, praktisch alle Gesellschaften, die weit unten rangieren, werden autoritär regiert.«[301] Inglehart selbst schließt daraus, dass die klassische Modernisierungstheorie, die im Anschluss an Marx allein schon aus der Ausbreitung der Industriegesellschaft kulturelle Verschiebungen erwartet, zur Erklärung nicht ausreicht. Er kommt zu der Schlussfolgerung: »Langfristig wird Demokratie nicht einfach durch die Einführung institutioneller Veränderungen oder durch Machenschaften auf Eliteebene erreicht. Ihr Überleben hängt auch von den Werten und Überzeugungen normaler Bürger ab.«[302] Nur allzu richtig. Um die Konsistenzerfordernisse der in einem gesellschaftlichen System lebenden Menschen kommt man nicht herum, wenn man die Realität erfassen will.

3.6.3.2 Modernisierung der Eliten und Stabilisierung der Rückständigkeit

Vittorio Hösle hat beobachtet, dass inhärente Ungleichzeitigkeit ein allgemeines Merkmal von Zivilisationen der Dritten Welt sei.[303] Moderne nutzenorientierte und ältere personenorientierte Verhaltensmuster (und in den islamischen Ländern ein mächtiges normatives System) existieren tatsächlich oft nebeneinander – aber in verschiedenen sozialen Schichten. Das hängt eng damit zusammen, dass die unterschiedlichen Akkulturationsprozesse, konkret die Anpassung oder Nichtanpassung der eigenen Weltbilder und Verhaltensmuster an die Moderne, in vielen Entwicklungsländern schichtspezifisch recht unterschiedlich verlaufen.

Welch große Rolle Kultur und Lebensformen der sich überlegen fühlenden Europäer für die Förderung der Modernisierung in der Dritten Welt gespielt haben, hat nicht zuletzt die Analyse von Edward W. Said gezeigt.[304] Die technische Überlegenheit wurde stets von kultureller Selbstsicherheit begleitet, beides beeindruckte die Menschen in den Kolonialländern und veranlasste viele zur Akzeptanz und zur Übernahme westlicher Muster auch in Politik, Verwaltung und Wirtschaft.

Vor allem aber gilt das für die von den früheren kolonialen Machthabern geförderten Eliten. Die Forschung hat unterschiedliche Muster und Formen von Kulturanpassung in der Dritten Welt ausgemacht. Sie reichen von Akzeptanz und selektiver Adaption bis zu Apathie und Ablehnung. Aber wo immer ein dynamischer Kulturwandel festzustellen ist, tragen diesen die Eliten.[305] Die einzelnen sozialen Schichten reagierten unterschiedlich auf die Konfrontation mit westlichen Verhaltensmustern, westlichen Produkten und westlichen Lebensformen. Die Eliten akzeptierten diese viel häufiger als die Unterschichten, bei denen vielmehr Ablehnung oder Apathie die gängige Reaktionsform darstellten. In unserer Terminologie nahmen die Oberschichten viel rascher Verhaltensmuster der rationalen Nutzenmaximierung an als die Unterschichten, die noch in den alten personalen Strukturen denken und handeln.

Nun ist aber in den unterentwickelten Ländern der soziale Tausch noch stark an personale Strukturen gebunden. Ob Landeigentümer, ob Clanchef, ohne dessen Zustimmung nichts geht, ob Behördenvertreter, der über Konzessionen und

Rechte entscheiden kann, ob Politiker, der Personaleinstellungen oder Subventionen vermitteln kann, oder der einzige Händler am Ort, der landwirtschaftliche Produkte oder gefundenes Gold aufkaufen kann, sie alle haben die Funktion eines Patrons gegenüber seinen Klienten. In den traditionellen Formen des sozialen Tausches sind die wechselseitigen Vorteile ungleich verteilt, aber vorhanden. Der soziale Tausch wird zur Ausbeutung, wenn die Oberschichten ihre stärkere Stellung zur einseitigen Akkumulation wie etwa zur Monopolisierung etwaiger Exportgewinne verwenden, während die Unterschichten mentalitätsmäßig noch in den traditionellen Verhaltensmustern des Kliententums und damit in Unterordnung und Abhängigkeit verharren. Ken Bales hat zu Recht betont, dass dieser stattfindende Wandel gesellschaftliche Regeln und überlieferte Bindungen der Verantwortlichkeit außer Kraft setze.[306]

Wenn einmal soziale Schichten, die ausbeuten wollen und auch können, Unterschichten gegenüberstehen, die nicht nur durch die bestehenden ökonomischen Verhältnisse wehrlos sind, sondern auch mentalitätsmäßig gar nicht in Alternativen denken, dann sind vom Inneren eines solchen Systems keine Änderungen mehr zu erwarten. Dann nutzen auch Exporterfolge nichts: »Vor dem Hintergrund von sozialer Ungleichheit und politischer Autokratie samt dem damit einhergehenden Klientelismus übersetzt sich … der Ertragsreichtum allermeist nicht in eine breit gefächerte Entwicklung, vielmehr werden dadurch parasitäre Eliten anhaltend alimentiert.«[307]

3.6.3.3 Die Macht der alten Strukturen

Es ist der alte soziale Tausch von Schutz gegen Loyalität, auch wenn er nunmehr hinter der Fassade moderner Verhältnisse stattfindet. Und wer keinen Patron hat, muss sich mit allen arrangieren, die auch nur einen kleinen Anteil staatlicher Macht haben und sie gegen ihn einsetzen können.

Die Loyalität der Menschen gilt dem Patron, der eigenen Familie, dem eigenen Clan. Selbst im europäischen Ausland leben etwa die Ägypter häufig in Form der »Shilla« zusammen, nämlich als Gruppe, die von einem Schutz und Sicherheit bietenden Patron abhängig ist. Er vermittelt Kolporteurstellungen bei Zeitungen (und damit Arbeit als Voraussetzung für Aufenthaltsgenehmigungen), er verschafft Schlafplätze, und er weiß mit den Oberkellnern umzugehen, von denen es abhängt, ob in einem Restaurant Blumen verkauft werden dürfen. Es ist schlicht Lebensbewältigung über personelle Beziehungen, die sich in vielfältigsten Formen manifestiert.

In einer einzigen kurzen Faktensammlung über Brasilien fand sich eine Reihe ebenso charakteristischer wie deprimierender Aussagen:[308] Flora Sussekind, Rio University, sprach von der »Institution of Favour«, einem »schrecklichen Käfig persönlicher Abhängigkeiten … das Netz persönlicher Abhängigkeiten (›personal dependencies‹) ist der gemeinsame Nenner in den aufgeblähten Bürokratien, die immer noch auf lokaler wie auf gesamtstaatlicher Ebene das tägliche Leben regulieren«. Roberto Schwarz, Campinas University, sprach von einem »aufgeklärten Paternalismus« und meinte: »Begünstigung (›favour‹) ist nahezu unser universeller Transaktionsmechanismus.« Und die brasilianische Bischofskonferenz stellte bereits 1989 fest, Korruption werde als etwas Natürliches und Normales angesehen. Einen besseren Arbeitsplatz erhält der, der über bessere persönliche Beziehungen verfügt, und sei es nur, weil ein Verwandter die Chance hatte, Hausbursch oder Stubenmädchen in einem reichen Haushalt zu werden.

Was ein Europäer nur als Korruption verstehen kann, ist oft einfach der Versuch bescheidener und bescheidenster Amtsträger, alles in ihrem Einflussbereich Mögliche – ob erlaubt oder unerlaubt – zu tun, weniger, um hemmungslos zu kassieren, sondern häufig genug, um neben einem lächerlich geringen offiziellen Einkommen das für das Überleben der eigenen Familie Notwendige zu organisieren. Persönliche Netzwerke sind Überlebenshilfe. Korruption ist nicht zuletzt Ergebnis der subjektiven Notwendigkeit, »vor allem der Familie, aber auch Freunden und Gruppierungen, denen man angehört, zu helfen und Ressourcen zukommen zu lassen … Treue ist eine partikularistische Verpflichtung, die in vorkapitalistisch-feudalen Gesellschaften sehr stark war. Treue und Markt sind Antithesen, wie schon Weber implizierte«.[309]

Diese partikulären Verpflichtungen helfen den Allerärmsten und verpflichten die nicht ganz so Armen, alles in ihrer Macht Stehende zu tun, um den Angehörigen ihrer Familie, ihres Clans oder ihres Stammes zu helfen – egal ob legal oder illegal. In einigen afrikanischen Staaten standen auf den Gehaltslisten der Behörden »Phantom«-Mitarbeiter – ein Ergebnis dieser Sonderform von Unterstützung. Die Erstellung echter Namenslisten führte dann zu kräftigen Ausgabenkürzungen.

In solchen Strukturen dienen politische Parteien nicht demokratischer Willensbildung, sondern der Sicherung und Stabilisierung archaischer Formen des sozialen Tausches. Und solche Strukturen überleben umso länger, je weniger der Staat in der Lage ist, seine jeweiligen Rechtsvorstellungen durchzusetzen. Luciano Violante, damals Präsident der Anti-Mafia-Kommission des italienischen Parlaments, stellte für Italien sogar einen Zusammenhang zwischen der Korruption der politischen Parteien und dem alten Patronatssystem her: »Die Funktionstüchtigkeit des Staates ist im Mezzogiorno so stark reduziert worden, dass die Bevölkerung vorläufig nicht auf die Vermittlerrolle der Parteien verzichten kann: Die alten paternalistischen Abhängigkeiten bestehen weiter.«[310] Die Parteien verstärken jenes Korruptionsniveau, das sich, wie Edward Banfield gezeigt hat[311], in Süditalien und Sizilien aus einer starken Familienorientierung ergibt, noch weiter.

Wenn Menschen oft gar nicht aus solchen Abhängigkeitsverhältnissen ausbrechen wollen, dann haben sie dafür subjektiv rationale Gründe: Besser schlecht, aber relativ sicher leben, statt frei und möglicherweise besser, aber vielleicht auch existenziell gefährdet.[312]

Wer hart am Existenzminimum lebt, wird an der Sicherheit seines kargen Einkommens mehr interessiert sein als an möglichen besseren Chancen, wenn diese mit höheren Risken verbunden sind. Die Großfamilie ist in diesem Zusammenhang beides zugleich: »Eine wirksame Institution für das Überleben, aber ein Hindernis für die Entwicklung.«[313] Was hilft ein längerfristig größerer Nutzen, der auf freien Märkten möglicherweise erzielt werden könnte, wenn seine Nachhaltigkeit – und damit die eigene Existenz – nicht gesichert ist. »Gerade arme Bauern streben vor allem nach Sicherung und erst dann nach Verbesserung ihrer Existenz. Sie sind für Patronage extrem anfällig.«[314] Was auf Bauern zutrifft, gilt für kleine Angestellte und Beamte nicht minder.

Jeder Ausländer merkt die Bedeutung solcher personaler Netze in Entwicklungsländern, wenn er – oft erfolglos – den Dienstweg beschreitet oder aber umgekehrt – und das mit in der Regel besserem Erfolg – sich Freunde macht. Das indische Bankwesen fußte lange Zeit vor allem auf einem vielmaschigen Netz persönlicher Beziehungen, und in Bangladesch konnte durch die Schaffung personaler, kollektiv haftender Kleingruppen sogar ein leistungsfähiges Banksystem für die landwirtschaftlichen Taglöhner, die Ärmsten der dortigen Armen, ins Leben gerufen werden.

Die Weltbank hat allmählich erkannt, dass man in Ländern, in denen klientelistische Strukturen bestehen, Entwicklung und Wirtschaftswachstum anders fördern muss als mit Steuererleichterungen, Investitionsanreizen und Subventionen. Dazu bedarf es vielmehr der »good economic governance«, soll heißen: der Bekämpfung der Korruption dysfunktional gewordener Bürokratien, des Schutzes von Eigentum und der Wahrung von Verträgen auch und gerade bei den wirtschaftlich schwächeren, andernfalls auf Patronage angewiesenen Bevölkerungsschichten.[315]

3.6.3.4 Revolutionen, die nichts ändern

Revolutionen hat es in vielen Entwicklungsländern gegeben, in Südamerika ebenso wie in Afrika und in Asien. Geändert haben sich dabei üblicherweise die handelnden Personen und damit die Chefs der Beziehungsnetze, gelegentlich auch die Verfassung, aber nur selten die Missverhältnisse in der Einkommens- und Vermögensverteilung. Der böse österreichische Spruch: »Die Säue wechseln, aber der Trog bleibt der gleiche« gilt wohl in mehr Ländern dieser Erde.

Das hat nicht nur mit der in der Regel recht raschen Gewöhnung an die süßen Früchte der Macht zu tun, sondern auch mit dem Selbstverständnis der handelnden Personen. Hartmut Elsenhans hat darauf verwiesen, dass die sozialistische Ideologie der staatstragenden Klasse eine entscheidende Rolle bei der Förderung des Wirtschaftswachstums zuweise. Damit legitimiere sie aber auch deren zunehmende Selbstprivilegisierung.[316]

Andere sehen das noch drastischer. Die Kamerunerin Axelle Kabou meint sogar, die Schuldzuweisungen an Kolonisatoren und Sklavenhändler seien vor allem Ausreden, die die »Kleptokratie« der sich selbst bereichernden Klasse zudecken sollen. Die Herrschenden praktizieren traditionelle Herrschaftsmuster, ohne ihre Verantwortung gegenüber dem Volk wahrzunehmen. Zu meiner Analyse der Effekte klassenspezifischer Akkulturationsprozesse passt dies recht gut.[317]

Manche Autoren vertreten sogar die These, in Afrika seien die kriminellen Praktiken politischer Eliten zu einem gängigen Bestandteil staatlicher Systeme geworden.[318] Dazu passt die Beobachtung, dass in einzelnen Ländern sogar die Einnahmen aus dem Ölgeschäft von der umfassenden Korruption verschlungen werden, bevor sie überhaupt das Staatsbudget erreichen.[319] Mental haben die stehlenden Oberschichten wenig Probleme mit ihrer Räuberei, nachdem es in derartigen Typen von postkolonialem Staat »niemals eine klare Trennung zwischen öffentlicher Sphäre und privater Verfügung über die Ressourcen des Staates gegeben hat«[320].

Der an der American University in Washington lehrende ghanesische Wirtschaftswissenschaftler George Ayittey hat die gängigen Verhältnisse wie folgt beschrieben: »In Afrika sind die Möchtegern-Lincolns allesamt nur Räuber, die die Wirtschaft ihres Landes zugrunde richten.«[321]

In besonderen Fällen wird Korruption sogar noch durch die Angst vor Zauberei stabilisiert und die ausländischen Experten konzentrieren sich aufs Abkassieren. Der Weltbankexperte Robert Klitgaard beschrieb die Verhältnisse in Äquatorial-Guinea, wo er als Projekt-Administrator tätig war. [322] Er gibt ein lebhaftes Bild von dem faktisch anstelle der Regierung herrschenden Clan – dort war es der Mongomo-Clan, anderswo ist es eben ein anderer –, der den Großteil der Entwicklungshilfe stehlen konnte, von dem Direktor der Nationalbank, der den Ruf eines gefährlichen Medizinmannes hatte, von der Bank, die bankrott ging, weil die eigenen Direktoren die größten Schuldner waren, von den »Hit-and-run«-Finanzexperten aus Übersee, den »do nothing experts«, die auch ganz gut von der Entwicklungshilfe lebten; und von noch so manch anderen Glücksrittern. Er schildert, wie Eigentums- und Vertragsrecht praktisch ebenso zu existieren aufhörten wie ein brauchbares Kreditsystem, und wie der totale Machtmissbrauch der Mächtigen jegliche Hoffnung auf eine zukünftig bessere Entwicklung zur Illusion werden lässt.

3.6.4 Die Bemühungen um Veränderung

3.6.4.1 Entwicklungshilfe

Modernisierung in den westlichen Staaten war weit mehr als nur die Durchsetzung neuer Technologien und kapitalistischer Produktionsverhältnisse. Sie war im Kern Durchsetzung eines neuen Weltverständnisses und Anerkennung einer neuen Rolle und Bedeutung der Individuen, die politische Mitgestaltungs- und persönliche Freiheitsrechte gefordert und durchgesetzt haben. Ohne dieses neue Weltverständnis hätte es nie die totalen Veränderungen der politischen und gesellschaftlichen Strukturen gegeben, die wir als Modernisierung verstehen.

Und daher wird immer wieder zu Recht vor einer Unterschätzung der kulturellen Komponente bei Entwicklungsprozessen gewarnt, neben Ronald Inglehart auch noch von so manch anderen[323]. Es geht jedoch nicht allein um mentale Strukturen, es geht auch, und das zeigt die Praxis beunruhigend deutlich, um die Folgen des Auseinanderklaffens zwischen diesen mentalen Strukturen und den formalen staatsrechtlichen Systemen für die Stabilität von Ländern im Übergang.

Zur Entstehung von ausbeuterischen Strukturen durch die Entartung von traditionellen Patronagestrukturen kommt die Diskrepanz zwischen Gewaltmonopol und mangelnden bürgerlichen Rechten, die Konzentration aller Ressourcen bei den Machthabern und die ausufernde Korruption. Vielen Entwicklungsländern mangelt es an genau jener Stabilität, die nur durch die Übereinstimmung von Weltbild, Verhaltensmustern und gesellschaftlicher Organisation erreicht werden kann.

Das Rezept liberaler Marktwirtschaftler ist bekannt: Individuelle Freiheit und Nutzenorientierung, freie Marktwirtschaft und Demokratie müssten überall auf der Welt durchgesetzt werden und dann werde es auch überall Fortschritt und Wohlstand geben.

Dazu gibt es einen nach wie vor aktuellen Kommentar von Eric Voegelin, der vom »aufrichtigen, aber naiven Bemühen« gesprochen hat, »die Übel der Welt zu heilen durch die Ausdehnung repräsentativer Institutionen im deskriptiven Sinn auf Länder, denen die existenziellen Voraussetzungen für sein Funktionieren noch fehlen«[324]. Auch Marktwirtschaft, so hat sich gezeigt, hilft zwar wirksam gegen Stagnation, aber nicht gegen Ausbeutung. Der gern verwendete Begriff von der Notwendigkeit der Modernisierung vormoderner Kulturen (womit im Wesentlichen eine Verwestlichung gemeint ist) macht es sich einfach zu leicht.

Das zeigt sich auch daran, dass in mehreren ostasiatischen Staaten von Japan über Südkorea bis Singapur eine weitgehende Übernahme der Mechanismen des westlichen Wirtschaftssystems erfolgt ist und trotzdem viele bisherige Weltbilder und auch Verhaltensmuster, und damit nicht zuletzt alte Traditionen personaler

Strukturen, erhalten geblieben sind. Das gelingt deshalb, weil die Nutzenorientierung genauso immanent ist wie in der Moderne, nur eben auf eine Gemeinschaft (meist die Familie) bezogen statt auf das Individuum. Anhand des japanischen Beispiels möchte ich das noch im Detail nachvollziehen. Die religiösen Vorstellungen und auch die überkommenen persönlichen Verhaltensmuster waren anpassungsfähig genug, um dort trotz moderner wirtschaftlicher Strukturen die bisherigen mentalen Strukturen zu bewahren. Und der Islam für sich allein ist, wie etwa in den Vereinigten Arabischen Emiraten deutlich geworden, auch kein absolutes Modernisierungshindernis – wenn die Oberschichten sich nicht auf Ausbeutung konzentrieren, sondern auf die Schaffung von Wohlstand möglichst für alle. Sogar Marktwirtschaft ohne (wirkliche) Demokratie kann gelegentlich recht leistungsfähig sein, wie China und Russland zeigen.

In China wird das Geschehen freilich nicht nur von der Partei, der Bürokratie und von modernen marktwirtschaftlichen Mechanismen bestimmt. Die traditionelle informelle Gesellschaftsordnung des »Guanxi« ist nichts anderes als eine landesspezifische Ausprägung des alten personalen Tauschprinzips. Wer gibt, hat Anspruch auf Gegenleistung, wer nimmt, wird verpflichtet. Diese Verpflichtungen werden so ernst genommen, dass auch Partei und Bürokratie nur schwer dagegen ankommen. Auch in China hat Guanxi im Übrigen die Funktion, ein ungenügendes soziales Netz wenigstens teilweise zu ersetzen.

Solange die Armut ein Massenphänomen bleibt, ist die mentale Versöhnung mit moderner Marktwirtschaft und mit ihrer Nutzenorientierung ohnedies recht schwierig. Je größer die Verunsicherung, desto mehr klammert man sich an die alten Weltbilder, bei denen man Orientierung in einer unverstandenen Welt sucht. Dann läuft man falschen Propheten und echten Heuchlern nach, die die Welt auf ihre Art erklären, aber einmal an die Macht gekommen diese dann genauso skrupellos für sich selbst ausnutzen wie ihre gestürzten Vorgänger. Für ein südamerikanisches Land hat diese Abkoppelung von der Realität Mario Vargas Llosa scharfsichtig, aber kaum übertrieben wie folgt geschildert: »Argentinien zeigt seit Jahren schon … auch im sozialen, wirtschaftlichen und politischen Leben … eine offenkundige Vorliebe für das Irreale und eine Verachtung für die schäbige reale Welt, für das wirkliche Leben.«[325] Ein anderes südamerikanisches Land, Venezuela, hat dafür gerade in Hugo Chávez einen Heilsbringer gefunden.

Der Realismus, der bei den Bemühungen um soziale Umgestaltung der Gesellschaft fehlt, findet sich allerdings rasch, wenn es um die Technik des Abkassierens geht. Je ärmer und instabiler ein Land, desto konsequenter wird das geschaffene (oder erbeutete) Kapital der Oberschichten im Ausland veranlagt. Je mehr Geld im Ausland, desto weniger Investitionen im Inland. Je weniger Investitionen im Inland, desto ärmer und damit instabiler das Land selbst – ein klassischer Circulus vitiosus. Der Schreiber dieser Zeilen bekam von Vertretern amerikanischer

Banken noch Anfang der Neunzigerjahre persönlich zu hören, dass jede Kreditgewährung an ein bestimmtes lateinamerikanisches Land sich längstens binnen sechs Monaten in einer deutlichen Erhöhung der Einlagen der führenden Persönlichkeiten dieses Landes in den USA niederschlage, und zwar fast mit der Hälfte des ursprünglichen Kredites. Da war der Kapitalabfluss in so manch andere Länder, die den Ruf eines sicheren Hafens haben, noch gar nicht eingerechnet.

Entwicklungshilfe in Form von Geldleistungen, entweder geschenkt oder als Kredite, wird auch deshalb zunehmend kritisch gesehen. Geld allein – sofern es überhaupt je die richtigen Adressen erreicht – ist offenbar kein ausreichendes Entwicklungsrezept. Die Bemühungen, Kredite deshalb nur noch zweckgebunden zu vergeben, haben nur bedingt geholfen. »Hier handelt es sich um ein Bewässerungsprojekt, dort um einen Straßenbau, dann wieder um Verbesserung der Landwirtschaft durch Maschinen usw. Aber wer als Unternehmer die jeweilige Förderung bekommt, wessen Projekt als förderungsträchtig angesehen wird, welcher Unternehmer die Durchführung übernehmen kann und wessen Klienten bei der Verteilung auch ein wenig mitprofitieren dürfen, das entscheiden die bestehenden Strukturen. So kann es vorkommen, dass ein Spital zwar lebenswichtige Medikamente erhält, diese aber binnen Stunden von dort verschwinden, dafür jedoch beim zuständigen Arzt gegen Barzahlung erhältlich sind.«[326]

Und selbst wenn die so dringende benötigte Verbesserung der Infrastruktur tatsächlich erreicht wird, etwa durch den Bau einer wichtigen Straße, kann dies trotzdem zum Anlass neuerlicher Korruption werden. Für einen Transport in Benin über 753 Kilometer zählte die Weltbank 25 Straßenblockaden, die von Beamten besetzt waren, die »Wegzölle« verlangten. Insgesamt machten diese eingeforderten Gelder 87 Prozent der Gesamtkosten des Transportes aus.[327]

Eine Studie von Dollar und Burnside für die Führung der Weltbank bezweifelte bereits 1997, dass Entwicklungshilfe überhaupt einen nennenswerten Einfluss auf die Wachstumsraten der Entwicklungsländer habe, geschweige denn auf die Qualität von deren Wirtschaftspolitik. Und manchmal scheint Entwicklungshilfe überhaupt das Gegenteil von dem zu erreichen, was eigentlich gewollt ist. Gerhard Hoffmann vom »Hilfswerk Haiti« hat davon berichtet, dass materielle Hilfe dort eine Anspruchshaltung bewirkt habe, die jegliches Interesse an Selbsthilfe zerstöre und dazu verführe, alles den internationalen Gebern zu überlassen.[328]

Man muss sich immer mehr einfallen lassen, damit die Hilfe nicht gleich in den falschen Händen landet. Nach der Entschuldungsinitiative der G7-Staaten vom Herbst 1999 hat sich Bolivien, eines der ärmsten Länder Südamerikas, allein 2001 rund 30 Millionen Dollar an Zinsen und Tilgungen erspart. Das Parlament beschloss, die eingesparten Gelder zur Bekämpfung der Armut zu verwenden. Mit der Kontrolle der Verwendung wurde die katholische Kirche betraut, weil sie zu den wenigen Institutionen gehört, die in der Bevölkerung respektiert werden.

3.6.4.2 Ausländische Direktinvestitionen

Ohnedies spielt Geld aus anderen Quellen bereits eine viel größere Rolle für die Entwicklungsländer. Allein seit Beginn des dritten Jahrtausends haben sich die Kapitalzuflüsse aus privaten Quellen, hauptsächlich Direktinvestitionen ausländischer Unternehmen, verfünffacht, bei öffentlichen Geldern wurde mehr an Krediten zurückgezahlt, als man neue Gelder erhalten hatte.

Kapitalflussbilanz der Entwicklungsländer (in Mrd. Dollar)[329]

	2000	*2002*	*2004*	*2006*
Privater Kapitalzufluss netto	56,7	88,3	238,6	255,8
Offizielle Kapitalflüsse	–34,2	2,3	–57,8	–143,8

Private Investitionen erfolgen nach wirtschaftlichen Kriterien und sollen es den Investoren ermöglichen, durch die Produktion mit billigeren Arbeitskräften Kosten- und Konkurrenzvorteile gegenüber Produzenten in den alten Industriestaaten zu erzielen. Für die dadurch Beschäftigten ergibt sich so oft erstmals die Chance, überhaupt ein geregeltes Einkommen zu erzielen. Und die bezahlten Löhne, so erbärmlich sie beim Vergleich mit denen in den Industriestaaten sein mögen, liegen im Allgemeinen deutlich über dem Durchschnitt der Löhne des jeweiligen Landes.[330]

Dazu kommt, dass die Arbeiter in den Unternehmen eine andere und für sie neue Form des sozialen Tausches und damit andere Verhaltensmuster kennenlernen, als in ihren traditionellen Strukturen üblich ist. Sie erlangen mit diesem Einkommen Lebenschancen und Status und damit Selbstbewusstsein sowie relative Unabhängigkeit von den Patronen, auf die sie bisher angewiesen waren. Und sie erhalten durch offene Märkte Zugang zu vielen Produkten und Leistungen und umgekehrt die Möglichkeit, ihre eigene Leistung einzubringen.[331]

Das klingt banal. Aber es ist genau das, was den Unterschied zu bisherigen Lebensformen und den Aufbruch in eine neue Freiheit ausmacht. Unternehmen sind keine Wohltätigkeitsvereine. Sie bezahlen nach dem, was sie als Leistung verstehen. Für Menschen, die bisher am Rande des Existenzminimums gelebt haben, die gewohnt sind, dass ihnen alles weggenommen wird, was darüber hinausgeht, und die auf einmal die Chance bekommen, ihr Leben auch selbst zu beeinflussen, ist das eine völlig neue Erfahrung. Es geht um mehr als um die Sicherung des Lebensunterhaltes oder um moderne Konsumgüter. Es geht um die Erfahrung der Eigenverantwortung im sozialen Tausch mit einem nüchtern kalkulierenden Arbeitgeber. Es geht darum, zu den alten Strukturen eine Alternative für möglich zu halten. Der Selbstverständlichkeit des Lebens in den alten Strukturen erwächst so eine neue Alternative.

Amartya Sen sieht das nicht anders. In seinem Buch über Ökonomie für den

Menschen argumentiert er, Entwicklung sei auch ein Prozess der Erweiterung realer Freiheiten.

3.6.4.3 Nutzen und Gefahren der Globalisierung

Bedeutet Globalisierung nun Fluch oder Segen, und was bedeutet sie überhaupt? Anthony Giddens hat Globalisierung als Intensivierung weltweiter sozialer Beziehungen verstanden.[332] Wer auf die vermeintliche Allmacht des Kapitalismus fixiert ist, definiert Globalisierung lieber als die weltweite Durchsetzung des Kapitalismus. Vielleicht ist die beste Definition der Globalisierung die schlichteste von allen, abgeleitet aus dem Bedeutungsverlust von Entfernungen. Globalisierung ist dann nichts anderes als »Enträumlichung«, ein Begriff, der zunehmend Anerkennung findet.

Die Dynamik der weltweiten Entwicklung hat in den letzten Jahrzehnten nach Berechnungen von Richard Freeman aus Harvard nicht weniger als 1,5 Milliarden Menschen, die bisher nur auf abgeschotteten Märkten wie China, Indien, Sowjetunion, Osteuropa und in einer Reihe kleinerer Entwicklungsländer tätig gewesen waren, zusätzlich auf den internationalen Arbeitsmärkten auftreten lassen, während vorher die Produktion für den Konsum der westlichen Industriestaaten zum größten Teil den 350 Millionen Arbeitskräften eben dieser Industriestaaten vorbehalten blieb. Nur so wurde das rasche und anhaltende Wachstum der Entwicklungsländer überhaupt erst möglich.

Und die Länder, die sich dem Welthandel geöffnet hatten, sind rascher gewachsen als die protektionistischen Länder[333]. Vielen von ihnen, nicht nur China, ist es in den vergangenen Jahrzehnten gelungen, sich mit ihren Produkten oder, wie Indien, auch mit ihren Dienstleistungen Zugang zu westlichen Märkten zu verschaffen. So manche Argumente radikaler Globalisierungsgegner, die überhaupt keine Vorteile erkennen wollen, sind relativ ausführlich widerlegt worden.[334]

Dass es vielen Entwicklungsländern besser geht, heißt natürlich nicht, dass es dort allen besser geht. Die Beispiele heutiger Länder der Dritten Welt, in denen eine schmale »Halunkokratie« alle zuströmenden Gelder für sich selbst vereinnahmt, haben historische Vorläufer. Die berühmten Silberminen von Potosí etwa haben fast zwei Jahrhunderte hindurch die europäische Geschichte beeinflusst, da die spanische Krone von dort enorme Einnahmen bezog. Die Minenarbeiter selbst blieben und sind heute noch so bettelarm wie zu Beginn des Bergbaues. Auch haben sich keine Sekundärindustrien gebildet, die vom Bergbau in ihrer Nähe profitiert hätten.

Naomi Klein hat in ihrem 2000 erschienenen kritischen Werk »No Logo« vorgerechnet, dass ein haitischer Arbeiter, der Schlafanzüge für den Export näht, fast 17 Jahre braucht, um jene 9783 Dollar zu verdienen, die damals dem Stundenlohn des Disney-Chefs Michael Eisner entsprochen haben. Über die Popularität von Parolen wie etwa »eat the rich to help the poor« muss man sich dann nicht allzu sehr wundern. Je drückender im Übrigen die Armut, desto höher die Anzahl der Kinder, die bereits in frühestem Alter harte Arbeit leisten müssen. Eine Studie der ILO aus dem Jahr 2002 hat gezeigt, dass weltweit immer noch eine Viertelmilliarde Kinder zwischen 5 und 17 Jahren – und damit etwa jedes sechste Kind dieser Erde – zum Arbeiten gezwungen sind.

Ob der Eintritt in die Weltmärkte nur der mehr oder weniger schmalen Oberschicht etwas bringt oder auch breiteren Schichten der Bevölkerung, ist nicht nur eine Frage des Weltmarktes, sondern hängt entscheidend von der sonstigen Politik in diesen Ländern ab: »Our research shows that open trade and investment policies are not going to do much for poor countries if other policies are bad.«[335] Was nutzen noch so eindrucksvolle Exportziffern, wenn die gesamten Erlöse von einigen wenigen Halunken einbehalten werden.

Aber eben das beginnt sich zu ändern. Intensivere Teilnahme am Welthandel schafft neue Lebensformen, auch außerhalb der alten Patronatsverhältnisse. Schon deshalb überwiegen bei den Entwicklungsländern auf Dauer die Vorteile einer intensiveren Teilnahme am Welthandel die Nachteile. Die World Trade Organisation WTO legt (auch als Reaktion auf die Vorwürfe anlässlich der Handelskonferenz in Seattle) seither jährlich umfangreiches Datenmaterial dafür vor, dass engerer Warenaustausch zwischen Ländern regelmäßig auch zur Verringerung der Einkommensunterschiede führt.

Auch nach anderen Kennziffern hat sich in den letzten Jahren die Lage der Entwicklungsländer deutlich verbessert. 1998 machte die Außenverschuldung der Entwicklungsländer im Durchschnitt 174 Prozent des Exportvolumens aus. In den acht Jahren seither hatten die Entwicklungsländer insgesamt solide Zahlungsbilanzüberschüsse. 2006 beläuft sich die Außenverschuldung nur noch auf 75 Prozent der Exporte.[336]

Anlässlich der Vorstellung der ersten solcher Studien erinnerte WTO-Generaldirektor Mike Moore an das Beispiel Südkoreas. Vor 30 Jahren sei es so arm gewesen wie Ghana, heute sei es so (relativ) reich wie Portugal. Die WTO kommt zu der Schlussfolgerung, Handelsliberalisierung trage nicht nur dazu bei, dass Menschen ihr produktives Potenzial besser (oder überhaupt) einsetzen können, sie ermögliche ihnen letztlich auch, sich besser gegen politische Bevormundung zu wehren. Der »Economist« hat das einmal auf die kurze Formel gebracht, Globalisierung sei der Unterschied zwischen Nord- und Südkorea.

3.6.4.4 Weltbank und Internationaler Währungsfonds

Der Weltbank und dem Internationalen Währungsfonds (IMF – International Monetary Fund) wird in ihren Statuten aufgetragen, sich um die Zusammenarbeit der Entwicklungs- und der Industrieländer, um die längerfristige Entwicklung der Weltwirtschaft und um die Förderung von Investitionen in Entwicklungsländern zu kümmern. Der IMF konzentriert sich dabei auf Geld- und Finanzpolitik und soll auch Hilfe leisten, wenn einem Land die Zahlungsunfähigkeit gegenüber seinen Gläubigern droht. Die Weltbank soll an der Schaffung der strukturellen und sozialen Voraussetzungen einer positiven Entwicklung der Weltwirtschaft mitwirken.

In den ersten Jahrzehnten nach der Gründung verstanden beide Institutionen ihre Aufgabe zunehmend dahingehend, in den Entwicklungsländern zur Durchsetzung einer an den ökonomischen Realitäten und Notwendigkeiten orientierten Wirtschaftspolitik beizutragen, aber sich nicht als Selbstbedienungsladen für Länder missbrauchen zu lassen, die aus eigener Schuld zahlungsunfähig geworden sind. Sie haben daher immer häufiger konkrete Kreditvergaben an eine Vielzahl von Bedingungen geknüpft (wofür dann der Begriff der »Konditionalität« entwickelt wurde). Dazu gehörte regelmäßig eine verstärkte Ausgabenkontrolle, um die Budgetdefizite in den Griff zu bekommen. Darüber hinaus sollten Investitionen ermuntert, effiziente Ressourcenverwendung forciert, die Inflation kontrolliert, der Kapitalmarkt liberalisiert und die Rückkehr von Fluchtkapital gefördert werden.[337] Abkommen mit dem IMF sollten nicht nur zusätzliche Kredite vermitteln, sondern auch den internationalen Banken gegenüber die Kreditwürdigkeit des jeweiligen Landes unterstützen und ihnen die Kreditvergabe auch an solche Länder erleichtern.

Diese Politik trug dem IMF den Vorwurf ein, er besorge das schmutzige Geschäft der Banken. Und die Vorwürfe wurden immer massiver. IMF und Weltbank seien Agenten des internationalen Kapitals, denen es vor allem darum gehe, die internationalen Kreditgeber und die Investoren vor Verlusten zu schützen und marktwirtschaftliche Mechanismen unter Zerstörung traditioneller Strukturen und zulasten der Armen dieser Erde durchzusetzen. Die Rückzahlung der Schulden habe Vorrang vor einer wirklichen Sanierung des jeweiligen Landes.

Tatsächlich waren die verlangten Anpassungsmaßnahmen oft zu drastisch. Rechnet man beispielsweise die Auflagen des IMF für Argentinien im Jahr 2002 auf die Verhältnisse in den USA um, wie es Raquel Fernandez in der »Financial Times« gemacht hat, dann hätten die USA durch Erhöhung der Einnahmen oder Senkung der Ausgaben 400 Milliarden Dollar einsparen müssen.

Allgemein bekannt wurde die Kritik von Joseph Stiglitz, eine Zeit lang Chefökonom der Weltbank und außerdem Nobelpreisträger für Wirtschaftswissenschaften. Seine Vorwürfe gehen in zwei Richtungen. Erstens hänge der IMF am Gängelband des US-Finanzministeriums und vertrete vor allem die Interessen der großen Finanzinstitute. Zweitens aber meint er – und hier findet sich Stiglitz im Gleichklang mit einer wachsenden Zahl von Autoren –, dass die Weltbank soziale Aspekte vernachlässige, weil ja der Markt keineswegs immer nur effiziente und segensreiche Ergebnisse hervorbringe.[338] Viele Experten sind außerdem mit Stiglitz der Überzeugung, dass gerade in Krisensituationen den lebensfähigen Unternehmen des jeweils betroffenen Landes nicht durch prohibitive Zinsen und höhere Steuern oder Ausgabenkürzungen das Wasser abgegraben werden dürfe. Es gehe darum, Arbeitsplätze zu erhalten, nicht sie zu vernichten. Allerdings neigt der IMF dazu, Sanierungen und damit Sanierungskrisen für unvermeidlich zu halten, und verweist darauf, dass es ja schließlich nicht nur die Märkte seien, die nicht immer funktionierten. So hat etwa Kenneth Rogoff, 2001 bis 2003 selbst Chefökonom der Weltbank, Stiglitz entgegengehalten: »Wir glauben nicht, dass die Märkte immer perfekt sind, wie Sie uns das vorwerfen. Aber wir glauben, dass es auch viele Fälle von Politikversagen gibt und dass im Ganzen gesehen in Entwicklungsländern Regierungsversagen ein viel größeres Problem ist als Marktversagen.«

Richtig ist zumindest, dass es erkennbar recht lange gedauert hat, bis der Weltbank die Bedeutung der sozialen Kollateralschäden ihrer Politik so richtig bewusst geworden ist. Ich habe es seinerzeit unternommen, zum Stichtag 1. Jänner 1989 das Verzeichnis aller Weltbankpublikationen durchzusehen.[339] Der Begriff der Social Structure kam darin überhaupt nicht vor, Income Distribution fand sich gerade als Thema in Studien über einzelne Länder und auch Inequality and Poverty war ein Thema – in Bezug auf Malaysia. Zur Frage, wie es den Armen während eines Anpassungsprozesses gehe (»poor during adjustment« bzw. »alleviation of poverty under structural adjustment«), gab es gerade zwei Arbeiten – bei schon damals über tausend Publikationen der Weltbank ein etwas mageres Ergebnis.

Allerdings wurde allmählich der Weltbank selbst bewusst, dass ihre rein ökonomisch orientierte Politik den sozialen und politischen Erfordernissen nicht angemessen Rechnung trägt. Noch 1993 hat eine Analyse mehrerer Wirtschaftsforschungsinstitute ergeben, »dass die Aufschiebung von Anpassungsmaßnahmen den sozialen Niedergang nicht verhindern konnte, sondern die sozialen Kosten der Anpassung im Gegenteil durch die verzögerte Reaktion auf die wirtschaftliche Krise noch erhöht wurden«[340]. 2007 dagegen erklärte der neue IMF-Direktor, Dominique Strauss-Kahn, bereits kurz nach seiner Nominierung, der Fonds dürfe sich nicht darauf beschränken, ein Gendarm zu sein, der Ländern in Notlagen Geld leihe und dabei sehr harte Reformauflagen stelle. Finanzielle Stabilität dürfe nicht zulasten der sozialen Gleichgewichte hergestellt werden.

Vielleicht ändern sich die Verhältnisse bald noch viel grundlegender. Kenneth Rogoff steht 2007 nicht allein mit der Meinung, man brauche in Zeiten hoch entwickelter internationaler Kapitalmärkte keine zusätzliche Weltbank mehr. Es gehe nicht mehr um Kredite, sondern nur mehr um Zuschüsse. Umschuldungen sind tatsächlich nicht mehr das zentrale Problem. Viel wichtiger wäre aktuell die

Förderung von Investitionen ohne kurzfristige Rendite, seien es solche in die Infrastruktur, in den Umweltschutz oder zur Bekämpfung des bisher völlig ungebremsten Vordringens der Wüste. Sich darauf mit aller Energie zu konzentrieren wäre ungleich sinnvoller, als weiter darüber zu streiten, ob IMF und Weltbank nun zu den Guten oder zu den Bösen gehören.

3.6.5 Strategien zwischen den Ideologien

Zwischen den Heilserwartungen, die die einen, und den Unheilserwartungen, die die anderen an die Durchsetzung der freien Marktwirtschaft in mehr und mehr Ländern dieser Erde knüpfen, ist durchaus Raum für bescheidenere, aber dafür konkrete Maßnahmen, die noch dazu den Vorteil hätten, nicht nur zu effizienteren Formen des Wirtschaftens, sondern ebenso zur Stärkung von Freiheit und Menschenrechten beizutragen.

Formale Deklarationen solcher Rechte stehen oft nur auf dem Papier. Mit der Gleichheit vor dem Gesetz ist es selten anders. Freiheit braucht auch die materielle Fähigkeit zur Freiheit, die freie Verfügbarkeit über die eigene Arbeitskraft oder eine eigene Erwerbsquelle.

Selbstständigkeit kann in vielen Ländern schon mit dem Besitz einer Nähmaschine oder eines Werkzeugkastens beginnen. Die Grameen Bank hat zuerst in Bangladesch gezeigt, dass mit Kleinstkrediten zur Anschaffung solcher oder ähnlicher Ausstattungen enorme Effekte erzielt und viele selbstständige Existenzen geschaffen werden konnten. Seither sind nach diesem Vorbild eine Reihe ähnlicher Banken in den verschiedensten Ländern gegründet worden, die sich auf Kredite zur Schaffung bescheidener selbstständiger Einkommen konzentrieren. Bisher haben über zehn Millionen Handwerker, ärmste Kleinbauern und landlose Arbeiter mit Krediten dieser Art in Höhe zwischen umgerechnet 50 und 300 Dollar eine selbstständige Existenz gegründet. Die Rückzahlungsquoten liegen zwischen 95 und 98 Prozent. Nach den Plänen der Weltbanktochter IFC sollen in den nächsten Jahren bis zu 100 Millionen Menschen auf diese Weise eine Chance zu wirtschaftlicher Selbstständigkeit und persönlicher Unabhängigkeit finanziert erhalten.

Die Mehrheit der bisherigen Kreditnehmer waren übrigens Frauen. Sie haben die Chance zur Selbstständigkeit – wo sie durften – konsequenter genutzt als Männer. Dass wirtschaftliche und soziale Gleichberechtigung der Frauen nicht nur als Eigenwert von Bedeutung ist, sondern auch hilfreich für das Wachstum einer Volkswirtschaft, legte die Weltbank in der Studie »Engendering Development« Mitte 2000 anlässlich der Sonderkonferenz der Vereinten Nationen zum Thema »Frauen 2000, Gleichberechtigung, Entwicklung und Frieden für das 21.

Jahrhundert« dar. Die Gleichstellung der Frauen auch in den Entwicklungsländern brächte so nicht nur eine Angleichung formaler Rechte, sondern auch erhebliche wirtschaftliche Vorteile für alle.

Aber weder Männer noch Frauen haben viele Chancen zu eigenständiger wirtschaftlicher Betätigung, wenn sie immer wieder auf eine lähmende Bürokratie stoßen und ihnen außerdem durch die verschiedensten Arten von Ausbeutung von Anfang an weggenommen wird, was sie sich je erarbeiten. »Populistische Politik, schwerfällige, politisierte und am partikulären Eigeninteresse orientierte Behörden mögen wohl auch in Industriestaaten wirtschaftliche und soziale Fortschritte verhindern, unter Bedingungen öffentlicher und privater Armut sind die Auswirkungen eines solchen defizitären politisch-institutionellen Umfeldes jedoch ungleich tragischer.«[341]

Zur Entwicklung der Dritten Welt bedarf es zunächst des freien, sicheren und gerechten Zuganges zum sozialen Tausch auf den Märkten statt innerhalb klientelistischer Machtverhältnisse. Bei der Jahrestagung 2001 der Internationalen Vereinigung für neue Institutionenökonomie machte Philip Keefer (Weltbank) deutlich, wie sehr das Wachstumspotenzial einer Volkswirtschaft davon abhänge, dass die individuellen Eigentumsrechte gesichert seien. Auch Joseph Stiglitz unterstreicht die Bedeutung klarer Eigentumsregelungen für die unterschiedlichsten Bereiche, von den Bodenschätzen bis hin zum Patentschutz, weil viel mehr technologischer Fortschritt produziert werde, wenn man davon auch ordentlich profitieren könne.[342]

Dabei geht es oft lediglich darum, Institutionen zu schaffen, die in den Industriestaaten längst selbstverständlich sind. Viele Menschen in Entwicklungsländern verfügen über Land oder Hütten. Aber sie haben kaum eine Chance, ihren Besitz mit offiziellem Rechtstitel nachzuweisen. In Ägypten beispielsweise waren nach einer Analyse von Hernando de Soto[343] Mitte der Neunzigerjahre 92 Prozent der städtischen und 87 Prozent der ländlichen Immobilien »informell«. Um ein neues Haus registrieren zu lassen, sind 77 bürokratische Schritte, bei 31 verschiedenen Stellen, erforderlich. Dafür braucht es im Schnitt zwischen 5 und 14 Jahren.

Aber, wie es de Soto formuliert, nur über Eigentumsrechte kann aus einem Dach über dem Kopf eine Adresse werden, wo ein Steuerzahler wohnt, der bei der Bank Chancen auf Kredit hat, der Strom und Telefon bekommt und eine Werkstatt aufmachen kann, ohne dass korrupte Beamte geschmiert werden oder Gangs den Schutz garantieren müssen. In Peru und El Salvador wurde diese Politik der Legalisierung von Eigentum an der eigenen Wohnstätte in Praxis übersetzt. Man spricht von erheblichen Erfolgen.[344] In Peru (wo de Soto als Berater des Präsidenten Alberto Fujimori tätig war) wurden die Coca-Bauern entkriminalisiert, indem man ihnen die Felder überschrieb, die sie bewirtschafteten. In Argentinien hat sich die Ernte an Getreide und Ölsaaten in den letzten zehn Jahren verdoppelt: Der damalige Präsident Carlos Menem hatte zuvor in den Neunzigerjahren die Landwirte von Devisenbewirtschaftung, Exportsteuern und Überbürokratisierung befreit.

Nicht nur Eigentumsrechte, sondern auch Entbürokratisierung und praktischer Rechtsschutz sind für produktives Wirtschaften unerlässlich. Aber das Netz staatlicher Regeln, Verordnungen und Abgaben ist so dicht, undurchsichtig und widersprüchlich, dass ein Durchkommen nur mit hohem Zeit- und Finanzaufwand möglich ist. Für Kleinunternehmer gibt es nur die möglichst weitgehende Vermeidung der staatlichen Institutionen und der korrupten Bürokratie. Der kleine Handwerker muss ununterbrochen zahlen: an den Beamten, der für seine Konzession zuständig ist, die Leute vom Stromwerk, die ihm sonst die Leitungen abschneiden, den Vermieter seiner Werkstätte, der ihn sonst hinauswirft, den Polizisten seines Rayons, der ihm sonst dauernd Strafmandate verpasst, den Finanzbeamten, der die Höhe seiner Steuern festlegt, und die kriminellen Banden, die von ihm Schutzgelder erpressen. Befreiung von Armut oder auch nur weiteres Wachstum des Geschäftes kann so nicht stattfinden. Je schwächer die Betroffenen, desto hilfloser sind sie der Korruption ausgeliefert. Sie müssen einen größeren Teil ihres Einkommens für Bestechungsgelder aufwenden als wirtschaftlich stärkere Unternehmen und Einzelpersonen.[345] So werden unternehmerische Initiativen, insbesondere jene von kleinen Unternehmen, systematisch erschwert und gebremst. Die Folge ist eine Flucht in den informellen Sektor der Schwarzarbeit.

Erst wenn Menschen Zugang zu Eigentumsrechten haben und außerdem von den Behörden als Rechtsperson ernst genommen und vor den gerade geschilderten weit verbreiteten üblen Praktiken geschützt werden, können sie erfolgreich am Markt teilnehmen.

Noch bevor es um so gehobene Ansprüche wie etwa Unabhängigkeit und Objektivität der Gerichte gehen kann, ist es notwendig, ein Leben ohne ständige Angst vor Raub und Erpressung führen zu können. »Legal obstacles leave poor people vulnerable to exploitation by local bosses and the police, and arbitrary harassment, lawlessness, and violence are constants in their lives. For poor people, a crucial aspect of the rule of law is the ability to live without fear of lawlessness and harassment.«[346]

Der »World Development Report 2000/2001« zitiert, was Arme so alles mit den zuständigen Behörden erleben: »When they assist you they treat you like a beggar … They are abusive … They treat one almost like a dog … The municipality only serves the high-society ones.«

Die Ungleichheit in den Entwicklungsländern reicht tief. Etwa in Indien hat die Oberschicht nicht nur eigene Schulen, sondern eigene Stromgeneratoren und eigene Müllabfuhrdienste und reist meistens mit dem Flugzeug. Daher sind die normalen Schulen unzulänglich, die Stromversorgung funktioniert kaum, die Müllversorgung auch nicht, und die Eisenbahn ist unsicher und unpünktlich.

Anderswo ist es noch viel schlimmer. In Lagos, der Hauptstadt des erdölreichen Nigerien, gab es um die Jahrtausendwende zehn Millionen Einwohner, aber keine Müllabfuhr, keine Kläranlage, kein Kühlhaus und keine zentrale Trinkwasserversorgung. Ausländische Unternehmen sammeln regelmäßig Geld, um der Polizei Benzin und Ersatzteile für ihre Fahrzeuge – und gelegentlich auch Pistolen – zu kaufen, da sie nicht einmal damit ausreichend versorgt sind. Manchmal bedarf es der Stärkung von Institutionen auf einer recht elementaren Ebene.

Angesichts solcher praktischer Beispiele (die beliebig vermehrt werden könnten) versteht man Hernando de Soto, der meinte, die ärmeren Länder müssten erst selbst die richtigen Rahmenbedingungen schaffen. Die bürokratischen Hürden für Kleinunternehmer zu beseitigen und vor allem Eigentumsrechte herzustellen und zu sichern, ist seiner Meinung nach »der Schlüssel für die Armutsbekämpfung«. Sozialer Tausch in Marktwirtschaften bedarf der Stütze durch korrekte Institutionen. Die viel beschworene unsichtbare Hand des Marktes funktioniert nicht von selbst.

Die Fortschritte dabei sind allerdings überschaubar. Der IMF sieht die Situation noch 2007 durchaus nüchtern: »Recent progress on structural reforms have generally been patchy and the ›to do‹ list remains long.«[347]

Die spektakuläre Entwicklung der westlichen Industriestaaten im vergangenen halben Jahrtausend ist nicht allein auf die Entstehung, sondern wesentlich auf das Funktionieren von Institutionen zurückzuführen, die es dem sonst schwachen Einzelnen überhaupt erst möglich gemacht haben, sich unter Vertrauen auf Gesetz und Rechtsschutz aus alten Abhängigkeiten zu lösen, statt auf den Patron bzw. auch Feudalherrn zu setzen. Sogar ein Graf Almaviva in »Figaros Hochzeit« musste letztlich die Institution der Ehe unter seinen Dienern anerkennen. In Lateinamerika wäre Figaro spätestens im zweiten Akt erschossen worden.

3.7 Japan

Es gibt viele Länder außerhalb der westlichen Industriestaaten, die binnen weniger Jahrzehnte einen wirtschaftlichen Rückstand aufholen wollen, der über Jahrhunderte entstanden ist. Sie alle versuchen zugleich, dabei ihre eigene Kultur und Würde zu bewahren, ob nun China oder Indien oder andere Länder. Und sie alle haben ihre eigene Geschichte. Wenn ich hier aus vielen Beispielen das Japans herausgreifen, dann nicht deshalb, weil dieses Land früher, rascher und konsequenter und zumindest bisher auch erfolgreicher die Modernisierung vorangetrieben hat als jedes andere. Japan ist vielmehr ein gutes Beispiel dafür, dass auch die Phänomene scheinbar völlig anderer Kulturen mit meinem Modell der Verbindung von Weltsicht und sozialem Tausch wohl nicht schlechter erklärt werden können als mit gängigen Theorien zur Interpretation von Entwicklungsprozessen.

Gerald Braun und Jakob Rösel[348] verweisen darauf, dass Japanologen und Sinologen »in souveräner gegenseitiger Nichtzurkenntnisnahme« lange mit entgegengesetzten Hypothesen aufwarteten und auch heute noch keine wirkliche Übereinstimmung erzielt hätten: »Während die Japanologen das konfuzianische Werte- und Normensystem (hohe Lerndisziplin, Arbeits- und Akkumulationsethik, Gruppenkonformismus, Hierarchisierung aller Lebensbereiche, Konkurrenzauswahl der Eliten) zur Erklärungsgrundlage des japanischen Wunders emporstilisierten, verurteilten die Sinologen das gleiche Wertesystem als Lernformalismus, Hortungsmentalitat, Kleingruppennepotismus, bürokratische Hierarchie, mangelnde individuelle Leistungsbereitschaft, verbreitete Verantwortungsscheu der Eliten und damit als modernisierungsfeindliche Entwicklungsblockade.«

Nach einer durchaus populären Interpretation des japanischen Wirtschaftswunders hätten die japanischen Samurai, die disziplinierte, hoch motivierte und leistungsorientierte Kriegerklasse des japanischen Feudalsystems, ihre Waffen abgelegt und seien mit dem gleichen Wertekanon wirtschaftlich tätig geworden.

Nach heutigem Wissensstand fehlt zumindest die personelle Kontinuität zwischen heutigen Kaufleuten und damaligen Kriegern. Nach der gewaltsamen Abschaffung des Shogunats und der Stärkung der Position des Tenno, des Kaisers, im Jahr 1868 verlor die frühere Kriegerklasse etappenweise ihre traditionellen Rechte (beispielsweise das Recht, Mitglieder der anderen Stände bei mangelnder Ehrerbietung sofort zu töten). Manche Samurai und viele frühere regionale Feudalherren, die Daimyo, betätigten sich zwar noch als Investoren, aber über den wirtschaftlichen Erfolg entschied nicht mehr die Klassenzugehörigkeit.[349] Die nunmehr in den Vordergrund rückenden Kaufleute und bald auch Techniker verfügten jedoch über die gleiche Disziplin, die gleiche unbedingte Leistungs- und wohl auch Opferbereitschaft wie die früheren Samurai. Nicht die Samurai als Klasse haben überlebt, aber wesentliche Ideale des »bushido«, des Moralkanons der Krieger. Das eigentlich erklärungsbedürftige Phänomen ist daher der Fortbestand der gleichen Gesinnung bei einer ganz anderen japanischen Gesellschaftsschicht. Eine schichtenspezifische Erklärung reicht nicht aus.

Der Erfolg Japans ist umso eindrucksvoller, als dafür wenige materielle Voraussetzungen gegeben waren. Das Bruttosozialprodukt pro Kopf war noch Jahre nach dem Zweiten Weltkrieg niedriger als jenes mancher lateinamerikanischen Länder, die Bevölkerungsdichte so hoch, dass Exporte landwirtschaftlicher Produkte damals (wie heute) kaum möglich sind. Vor allem aber war und ist das Land arm an Bodenschätzen. Eisen und Kohle stehen nicht einmal für den Eigenbedarf ausreichend zur Verfügung, geschweige denn Erdöl oder Edelmetalle.

Die Wachstumsrate betrug trotzdem zwischen 1965 und 1980 durchschnittlich 6,5 Prozent pro Jahr.

Dem enormen wirtschaftlichen Aufschwung stehen die Ökonomen ebenso ratlos gegenüber wie Japanologen und Sinologen. Daniel Bell fragt, warum der Kapitalismus in einem Japan, das die traditionellen Sozialbeziehungen beibehalten hat, so erfolgreich gewesen sei[350]. Die ökonomische Theorie, ahistorisch und abstrakt analytisch, könne nichts zum Verständnis des japanischen Phänomens beitragen.

Einen wenigstens teilweisen Ansatz zur Erklärung japanischer Besonderheiten bietet Konfuzius. Konfuzius betonte vor allem fünf elementare gesellschaftliche Beziehungen – und ihre Gegenseitigkeit –, die alle den Vorstellungsmustern eines personalen Systems entsprechen: Loyalität zwischen Herrschenden und Beherrschten, Familiensinn zwischen Eltern und Kindern, Gehorsam zwischen Frau und Gatte, Respekt zwischen Jüngeren und Älteren sowie Vertrauen zwischen Freunden.

So manche später als traditionell japanisch gepriesenen Charaktereigenschaften wie etwa Arbeitswut sind ohnedies kaum dem japanischen Volk angeborene Eigenschaften, sondern Prägungen aus einer bestimmten historischen Phase. Noch die Heian-Zeit sah den Sinn des Daseins eher in der Pflege verfeinerter Kultur. Die Muromachi-Periode bevorzugte vornehmlich kriegerische Tugenden, brachte daneben aber literarische »Essays über die Faulheit« hervor. Erst in der Edo-Periode (ab 1603) begann man allmählich, ein Ethos der Arbeit zu definieren und zu fördern. Und in dieses Ethos ist eingegangen, was sich in der Schicht der Samurai schon herausgebildet hatte: die Gewinnung von Würde und Anerkennung aus Loyalität und Anstrengung. Die Japaner selbst definieren die Charakteristik ihrer Gesellschaft nicht anders als der französische Japanologe Maurice Pinguet: Japan wurde zu dem, was es heute ist, weil es blieb, was es war.

Auch im Fall Japans ist letztlich ein kognitives Modell Ursache für die besondere Betonung solcher Werte. Der japanische Philosoph Masao Maryama formulierte bereits 1957, dass der Nihilismus in Japan nicht als Revolte, sondern als Anpassung an die Realität funktioniere. Das ist mehr als ein Aperçu. Japan fehlt die religiöse Heilsverkündung, die üblicherweise ein normatives System begründet. Nach außen wird das selten zugegeben. Heimische Reiseführer, die Japanern im 19. und zu Beginn des 20. Jahrhunderts den Aufenthalt in fremden Ländern erleichtern sollten, erwähnten noch ausdrücklich, man solle bei der etwaigen Frage nach der eigenen Religion sich besser nicht als Nihilist, sondern als Shintoist oder Buddhist deklarieren. Shmuel N. Eisenstadt, Japanologe und zugleich vergleichender Sozialwissenschaftler, spricht von einer starken Diesseitsorientierung und dem Fehlen einer transzendent begründeten Moral. Zentral für japanische Verhaltensmuster sei eine Ethik der Loyalität, des Konsensus und der Harmonie[351] – alles typische Vorstellungen eines personalen Systems.

In der japanischen Geschichte kam es bis ins 20. Jahrhundert nicht zur Herausbildung und schon gar nicht zur Durchsetzung jenes Weltbildes, das in Europa das Individuum zum Mittelpunkt der Welt im Allgemeinen und der politischen Organisation im Besonderen gemacht hat. Japan hatte keine Renaissance, keine Aufklärung. Da man weder die Götter noch das Individuum zur Richtschnur und zum Angelpunkt des Denkens und der sozialen Organisation machte, konzentrierte man sich auf das Handgreifliche, die erlebbare Gemeinschaft. In Japan blieb das Bewusstsein existenziellen Angewiesenseins auf die menschliche Gemeinschaft, in die man hineingeboren ist oder der man sich anschließen sollte, unverändert und in seiner ursprünglichen Ausprägung erhalten. Nur gemeinsam kann man, so die Verbindung von Weltbild und individueller Überlebensstrategie, einer fremden und feindlichen Welt standhalten.

In Japan wurden und werden Weltbild und Verhaltensmuster von der personalen Struktur der Gemeinschaft und den für das Zusammenleben notwendig erachteten Verhaltensmustern bestimmt. Der in Japan entstandene, von Nationalismus nicht gerade freie »nihonjinron« meint, die für Japan spezifische Sehnsucht nach Einheit und Harmonie sei auf das Modell der Familie oder auf das der historischen Dorfgemeinschaft zurückzuführen. Zu dieser Perspektive des »nihonjinron« mag man stehen, wie man will. Nur schmälert das nicht seinen Wert als Dokument des Bemühens um ein Selbstverständnis der Gemeinschaft als zentraler Bezugspunkt der Daseinsbewältigung.

Die Dorfgemeinschaft oder die Familie ist heute noch als zumindest symbolisches Muster menschlicher Beziehungen erhalten geblieben: Und dieser gilt es sich einzuordnen. »Ausgleich pflegen, Einordnung zum Ziel setzen«, so beginnt der Artikel eines der Leitsätze des Kronprinzen Shotoku Taishi aus dem Jahre 604, der heute noch zitiert und gelehrt wird. Da Harmonie über alles geht, ist auch Repression zum Zwecke der Harmonieherstellung nicht ausgeschlossen. Ich habe bereits früher erwähnt, wie wichtig Japanern Harmonie in Geborgenheit ist, wie radikal aber auch gegenüber abweichendem Verhalten vorgegangen wird. Der japanischen Soziologin Chie Nakane zufolge basiert das japanische Normensystem auf der Unterscheidung von innen und außen. Außen sind die Fremden, zu denen man Distanz hält. Innen (»uchi«) sind die Zusammengehörigen in Gruppe, Familie, Schulklasse oder Unternehmen. Im sozialen Tausch für Zugehörigkeit wird aber die Befolgung fester Regeln und Verhaltensmuster verlangt und ihre Nichtbefolgung bestraft.

Hier ist ein Hinweis auf die Unterscheidung der Kultursoziologen zwischen Schuldkulturen und Schamkulturen angebracht. Fehlverhalten in Schuldkulturen weckt zunächst einmal das Bewusstsein, gegen Normen verstoßen zu haben, schuldig geworden zu sein. In Schamkulturen geht es weniger um innere Prozesse. Fehlverhalten löst in solchen Kulturen vielmehr das Phänomen des »Gesichtsverlustes« aus, die Minderung von Status und Ansehen in der Gemeinschaft. Unsere Terminologie macht die Differenz leicht erklärbar. Schuldbewusstsein ist an normative Systeme gebunden, denen eine Internalisierung ihrer Normen durch das Individuum gelungen ist. Gesichtsverlust ist dagegen personalen Systemen zuzuordnen, in denen abweichendes Verhalten mit verringertem Status sanktioniert wird. Die Logik von Schamkulturen ist jene personaler Systeme.

Ein metaphysischer Nihilismus lässt die Internalisierung normativer Vorstellungen nur mit dem Bezugspunkt der Gemeinschaft zu, nicht mit dem Bezugspunkt der Vorstellung von einem Gott, vor dem man sich zu verantworten hat. Die Entwicklung verlief daher anders als in Europa, wo das wissenschaftliche Weltbild normative Systeme aus der Mitte der Gesellschaft verdrängen konnte. Dazu kommt aber auch, dass sich die bisherigen Überlebensstrategien bewährt haben. Weltbilder geraten in die Krise, wenn sie sich in der Praxis nicht bewähren. Die Erfahrung des Versagens von Gemeinschaft wurde in der japanischen Gesellschaft aber bisher – zumindest in großem Umfang – seltener gemacht als die der Chancenlosigkeit des Einzelnen. Ein herrenloser Samurai ist als Ronin nur mehr eine tragische Figur und nicht jemand, der die Selbstständigkeit gewonnen hat. Solange traditionelle Gemeinschaften nicht versagen, hält sich die Suche nach Alternativen in Grenzen.

Auch in China wird noch immer semantisch deutlich zwischen dem »kleinen Ich«, dem Individuum, und dem »großen Ich«, der Gemeinschaft, unterschieden. In historischer Zeit war das große Ich regelmäßig der Familien-Clan. Hamaguchi Eshun versucht, den Unterschied zwischen europäischem und japanischem Subjektsbegriff wie folgt zu verdeutlichen: Dem unabhängigen Einzelmenschen (»kojin«) stellt er den Beziehungsmenschen (»kanjin«) gegenüber, den er als für Japan typisch bezeichnet.[352] Schon die Schreibweise ist erwähnenswert: »Kanjin« wird mit den beiden Zeichen »yin« – für Mensch – und »kan« geschrieben. »Kan« bedeutet Zwischenraum, in der Zusammenfassung beider Zeichen wird aber dadurch das zwischen den Einzelnen sich Ereignende betont. Hamaguchi sagt dazu wörtlich, »dass das eigene Ich sich als Du des anderen Ich bewusst wird, eine Umwandlung des Ich zum Du des Du stattfindet«. Für den Japaner geht es um eine konsequente Beibehaltung der personalen Perspektive, aus der die Welt gesehen und geordnet wird.

Hamaguchi erwähnt auch den modernen japanischen Begriff des Selbst, nämlich »jibun«. Wörtlich übersetzt heißt das »der eigene Anteil«. In diesem Terminus ist untrennbar enthalten, dass es der Anteil ist, der aus dem gemeinsamen Ganzen zugeteilt wird. Selbst Glück kann als sozialer Zusammenhang verstanden werden. »Generell bedeutet Glück bei uns immer, dem Stärkeren zu folgen«, hat die japanische Unternehmerin Hisako Nagashima gemeint[353], allerdings dann auch von den sich langsam ändernden Zeiten gesprochen.

Mehrere Studien von Richard Nisbett an der Universität von Michigan interpretieren die unterschiedlichen Wahrnehmungsweisen wie ich als kategoriale Unterschiede der Welterfassung. Japaner, Chinesen und Koreaner legen demnach größeren Wert auf Zusammenhänge, Beziehungen und praktische Erfahrungen, während westliche Versuchspersonen sich viel stärker auf formale Logik verlassen und Objekte analytisch aus ihrem Zusammenhang herauslösen.

Was die Japaner für eigenständig und unverwechselbar ansehen, ist letztlich nichts anderes als eine Widerspiegelung jenes ursprünglichen Bewusstseins von gemeinsamer Identität in personalen Systemen, das am Anfang der Geschichte der ganzen Menschheit zu eigen gewesen sein dürfte und sich in Japan und anderen asiatischen Ländern trotz der Teilnahme an allen technologischen und ökonomischen Entwicklungen nur eben unverfälschter erhalten hat als anderswo. Zumindest bisher hat sich die in der japanischen Entwicklung erkennbare Beibehaltung eines personalen Weltverständnisses nicht als Nachteil erwiesen.

Die japanischen Wertvorstellungen werden der nächsten Generation durch ein Erziehungssystem vermittelt, das die Aufgaben der Sozialisation noch ernster nimmt als die der Wissensvermittlung. Ausführliche Vergleiche zwischen amerikanischem und japanischem Schulsystem[354] haben gezeigt, dass japanische Schüler vergleichbarer Leistungsklassen ihren amerikanischen Altersgenossen in der Arbeitseinstellung, Konzentration, Leistungsbereitschaft, Fähigkeit zur Kooperation und im Problemlösungsverhalten im Allgemeinen überlegen sind. Aber das hat weniger als vielfach angenommen mit formalem Auswendiglernen, mit Drill und Zwang zu tun. Schon im Kindergarten wird vor allem richtiges Verhalten gelehrt – wie man isst, wie man einander begrüßt und wie man im Zusammenleben auf engem Raum aufeinander Rücksicht nimmt. Die Kooperation, die bestmögliche Erfüllung auch trivialer Tätigkeiten wird die gesamte Schulzeit hindurch systematisch gefördert. Die rituelle tägliche Besprechung der Arbeitsabläufe (»kansei«) soll Kooperation und realistische Selbstbeurteilung fördern. Zuhören lernen und die Bedürfnisse der anderen besser verstehen ist ständiges Unterrichtsthema. Der Ernst und die Intensität, mit denen man Zusammenleben an japanischen Schulen lehrt, wird in Europa und in den USA nicht nachvollzogen.

Und so ergibt sich eine für das europäische Denken ungewöhnliche Kombination: »Die vollkommene Diesseitigkeit in den (Wert-)Orientierungen«[355] verbindet sich mit, ja ist eine der Ursachen dafür, dass die interpersonalen Beziehungen absoluten Vorrang haben, »sie konstituieren sogar eigentlich das Individuum, wie dieses wieder die Gemeinschaft mitschafft«[356].

Eine der wichtigsten Gemeinschaften aber, in denen der Mensch lebt, ist die Gemeinschaft des Unternehmens, in dem er tätig ist. Alle Anstrengung, alle Ernsthaftigkeit des Lebens und der Wille zur Gemeinsamkeit manifestieren sich daher im Miteinander eines japanischen Unternehmens.

Der soziale Tausch von Zugehörigkeit gegen Loyalität wird hier vielfältig konkretisiert. Neben relativ geringen Unterschieden in der Bezahlung, also im Anteil am gemeinsamen Erfolg, wird im Unternehmen Loyalitat (»giri«) gegen Wohlwollen (»ninjo«) und Integration getauscht, Anstrengung gegen Anerkennung: »Der Einsatz mit voller Kraft bringt – zum Teil sogar unabhängig vom objektiven Erfolg – ein Anwachsen des Prestiges innerhalb der eigenen Gruppe und damit eine Statusverbesserung mit sich, welche wiederum größere Entfaltungsmöglichkeiten des Einzelnen in sich birgt.«[357] Für die vielfältigen wechselseitigen Verflechtungen zwischen Unternehmen und teils komplexen branchenübergreifenden Gruppierungen verwenden die Japaner gern den Begriff »keiretsu«. Aber dieser Begriff bedeutet wörtlich nicht nur Unternehmensverband, sondern impliziert zugleich Ordnung und inneren Zusammenhalt.

Japanisches Verhalten, ob im historischen Lehensverband der Samurai, ob im Unternehmen, ob im Verhältnis zwischen Großunternehmer und Zulieferbetrieben, oder in »Japan Inc.«, ist Ausdruck einer personalen Struktur, die den Einzelnen zu äußerster Anstrengung (Tod durch Überarbeitung ist ein spezifisch japanisches Phänomen) und zur Zurückstellung der eigenen Wünsche im Interesse der gemeinsamen Ziele veranlasst. Die gleiche Struktur lässt ihn aber gerade aus solchem Verhalten auch Identität und Selbstwertgefühl und Motivation für weitere Anstrengung gewinnen. In großer Deutlichkeit hat diesen Unterschied zwischen ökonomischem Kalkül und personalem System ein Japaner selbst zum Ausdruck gebracht. Der frühere Präsident von Sony, Akio Morita, wird mit dem Ausspruch zitiert: »Amerikaner betrachten ihre Unternehmen wie Waren. Die können nach Belieben ge- und verkauft werden. Für uns Japaner ist ein Unternehmen wie eine Familie, die wachsen und reich werden soll.«[358] Engagement und Leistung sind Strategien zum Bewahren von Gemeinschaft und Überlebensstrategie zugleich. Auf diese Weise sind Weltbild und Selbstverständnis konsistent.

Die wirtschaftlichen Erfolge vieler Ostasiaten sind, so auch die Hauptthese Gordon Reddings anhand des chinesischen Beispiels[359], weniger auf eine Übernahme westlicher Methoden, sondern auf die konsequente Anwendung traditioneller Praktiken zurückzuführen, die sich als außerordentlich leistungsfähig erwiesen haben.

Japan gibt Anlass, die selbstverständliche Gleichsetzung von Nutzenorientierung und ökonomischem Erfolg in Zweifel zu ziehen. Fleiß, Einsatz, strategisches Denken, ehrgeizige Ziele und letztlich wirtschaftlicher Erfolg können auch aus anderen Verhaltensmustern abgeleitet werden als aus dem der individuellen Nutzenorientierung. Die bewirkte Motivation muss nicht geringer sein, sie kann auf der Basis normativer oder personenorientierter Systeme unter Umständen sogar größer sein. Selbst in Bereichen, in denen westliche Kreativität (zumindest nach

Meinung westlicher Beobachter) der japanischen überlegen ist, kann intensive Teamarbeit viel ausgleichen. Dazu zählen »effiziente formale und informelle Kommunikationsformen, die den Wissenstransfer begünstigen, sowie eine ausgezeichnete Teameinstimmung und Koordination. Die Effizienz dieses Arbeitsstils wird durch häufige Berichtspflichten und Gruppendruck abgesichert. Die … Schwächen in der kreativen Findung eigenständiger Theorien und Lösungsmuster werden weitgehend durch eine Praxis der ›associative creativity‹ aufgefangen«.[360]

Marktwirtschaft und Nutzenorientierung setzen enorme kreative Kräfte frei. Aber die bisherige Lebenswelt muss dafür nicht notwendigerweise zerstört werden. Wenn etwa Christoph Deutschmann davon spricht, dass in japanischen Unternehmen entgegen den modernisierungstheoretischen Erwartungen die Grenze zur Lebenswelt der Beschäftigten beinahe vollkommen eingerissen sei[361], dann ist das ein richtiger Blick durch eine falsche Brille. Grenzen zur Lebenswelt sind deshalb schwer erkennbar, weil Lebenswelt außerhalb und innerhalb der Unternehmen nach den gleichen Grundsätzen organisiert ist.

Japan verbindet mit anderen Ländern, deren Entwicklung zunächst anders verlaufen ist als in Europa, die weit stärkere Bedeutung personaler Strukturen in der gesellschaftlichen Mechanik. Aber während in so manchen Entwicklungsländern der soziale Tausch zur Ausbeutung in klientelistischen Strukturen degenerierte – was nur bei sehr ungenauer Analyse als Beibehaltung der alten Strukturen interpretiert werden kann –, hat sich in Japan das Bewusstsein und die Praxis der Gegenseitigkeit auch in der Phase der Industrialisierung und im Wettbewerb der modernen Industriestaaten als entscheidendes Element des sozialen Lebens erhalten und eine Motivationskraft entfaltet, die nicht geringer war als die Motivation durch Gewinnchancen unter Wettbewerbsbedingungen.

Japan hat gezeigt, dass ein Entwicklungsrückstand durchaus auch auf der Basis anderer Verhaltensmuster und damit anderer gesellschaftlicher Strukturen als der individuellen Nutzenorientierung aufgeholt werden kann. Nutzenorientierung gibt es dort – sowie in China und weiteren asiatischen Ländern – auch, nur ging es dabei zumindest bis vor Kurzem weniger um den individuellen Nutzen als um den der Gemeinschaft, der man angehört und die im Mittelpunkt der Lebensinteressen steht.

Allerdings hat die Dynamik der weltwirtschaftlichen Entwicklung auch das japanische Modell nunmehr vor eine ernste Bewährungsprobe gestellt. Geborgenheit in der Gemeinschaft hat zumindest in Großunternehmen jahrzehntelang auch die lebenslange Sicherheit des Arbeitsplatzes bedeutet. Der gegenwärtige weltweite Konkurrenzkampf zwingt jedoch auch und gerade Großunternehmen zur laufenden Kapazitätsanpassung an die Nachfrage und ebenso zur ständigen Übersetzung von technologischen Produktivitätsfortschritten in Kosteneinsparungen zulasten der Beschäftigten. Japanische Unternehmen stehen damit heute zwischen konkurrenzpolitischen Zwängen hier und traditionellen japanischen Wertvorstellungen dort.

Diese Herausforderung traditioneller Denkmuster führt zu einer tiefen Verunsicherung und spiegelt sich auch in messbaren makroökonomischen Größen. So ist beispielsweise von 1980 bis 2000 die amerikanische Sparquote fast ständig gesunken, die japanische – bei ungleich niedrigerer Rendite der Kapitalanlagen – ebenso ständig gestiegen. Zwar spielt hier auch die Stagnation der amerikanischen Realeinkommen eine Rolle. Aber dazu kommen kulturelle Aspekte. Wenn traditionelle Mechanismen der Existenzsicherung gefährdet erscheinen, muss man sich um andere umschauen. Vermehrtes Sparen ist dann die Konsequenz geringeren Vertrauens in die traditionelle Schutzwirkung der Gemeinschaft.

Japan hat in den vergangenen Jahrzehnten die Leistungsfähigkeit seines gesellschaftlichen Systems wiederholt eindringlich unter Beweis gestellt. Aber es muss heute offen bleiben, ob sich Zusammenhalt und Engagement, das aus einem Verständnis von existenzieller Zusammengehörigkeit erwächst – sei es auch in modifizierter Form –, auch im weltweit verschärften Wettbewerb wirtschaftlich als Konkurrenzvorteil und kulturell als stabile Lebensform behaupten können.

4

WELTBILDER, VERHALTENSMUSTER UND DIE GEGENWART

4.1 Sozialer Tausch und Macht in der Gesellschaft

4.1.1 Gewalt und die Ursprünge von Herrschaft

Gesellschaft ist für uns ein Netzwerk von Tauschbeziehungen. Stabil sind diese Tauschbeziehungen und damit letztlich die Gesellschaft dann, wenn die jeweilige Form des sozialen Tausches den Vorstellungen von der Welt – und damit auch von der Gesellschaft – entspricht und die wechselseitigen Verhaltenserwartungen mit den Vorstellungen übereinstimmen, die man von richtiger und angemessener Gestaltung des eigenen Lebens wie des sozialen Austausches hat. Nur ist eine solche Stabilität eher die Ausnahme und nicht die ständige Praxis. Gleichgewichtszustände sind oft nur glückliche Pausen zwischen historischen Umwälzungen.

Aber es gibt in der Realität menschlichen Zusammenlebens seit Jahrtausenden ein Phänomen, das in das Schema des sozialen Tausches so gar nicht hineinzupassen scheint: die Macht, welche die einen über die anderen haben und die sie oft genug zur Ausbeutung missbrauchen.

Dazu kommt immer wieder die Anwendung von Gewalt. Viele Versuche, die Welt an die jeweils eigenen Vorstellungen anzupassen, glauben ohne Gewalt nicht auszukommen. Gewalt kann auch eingesetzt werden, um Herrschaftsverhältnisse zu begründen oder zu sichern, die dem aktuellen Weltbild so gar nicht entsprechen. Und Gewalt muss, so eine gewichtige Meinung, keineswegs offen angewandt werden. Mit dem Terminus der »strukturellen Gewalt« ist eine Eigenschaft sozialer Ordnungen gemeint, in denen Gewalt nicht manifest wird, sondern in der Rechtsordnung bzw. in Traditionen und Normen und damit in Lebensformen verankert ist. Herrschaft ohne offene Gewalt, vielmehr durch Verinnerlichung von Normen des handlungsleitenden Bewusstseins, die dem Interesse der Herrschenden dienen, ist schließlich nur eine subtilere Form von Gewaltherrschaft.

Menschliche Kleingruppen haben früh genug versucht, zumindest intern ohne Gewalt auszukommen. Gewalt kann aber trotzdem Herrschaft über solche Gruppen, auch über größere Verbände oder über ganze Territorien begründen. Mancur Olson hat anhand eines möglichen historischen Szenarios plausibel gemacht, warum regellose Gewalt sehr rasch in geordnete Herrschaft verwandelt werden kann: In einem Agrarland im Zustand totaler Anarchie gibt es üblicherweise Bauern und Banditen, die diese ausbeuten. Ein Bandit kann aber nur dann aus seinem Gebiet nachhaltig viel herausholen, wenn er auch den Bauern Anreize dafür bietet, mehr zu produzieren. Ein egoistisches Maximierungskalkül bringt den ursprünglichen Gewaltherrscher deshalb dazu, so etwas wie Recht und Ordnung herzustellen: »Thus I am suggesting that the beginning of ancient or classical civilisation was probably, in many cases, the result of the incentive that conquerors had to set themselves up in the business of government, because what they could get in theft through tax-collection was greater than what they could get by migratory pillage. Law and order, then, was sometimes an incentive for a conqueror to provide. The first blessing of the invisible hand was government.«[1] Die Gewährung von Recht und Ordnung macht Ausbeutung profitabler als bloßes Herumziehen und Plündern.

Die Welt war und ist voll von ungerechten Gesellschaftsordnungen, die trotzdem eine Weile halten. Denn eines haben sie alle für sich: Der elementarste Wert von Herrschaft ist, dass sie überhaupt eine Ordnung schafft. Heinrich Popitz spricht vom »Ordnungswert der Ordnung als Basislegitimität«[2].

Aber nicht nur der Räuber, der im eigenen Interesse Ordnung schafft, verdient Interesse, sondern ebenso das Kalkül des Ausgeraubten, der zum Untertan wird. In dieser Welt gab und gibt es unzählige Arme und Rechtlose, mit kaum etwas zum Leben und in der ständigen Angst, dass ihnen auch ihr Weniges genommen wird. Für sie haben elementare Kategorien des Auskommens und der Berechenbarkeit entscheidenden – nämlich über ihr Überleben entscheidenden – Stellenwert. Darum ist jene Form des sozialen Tausches, die dem einen Macht einräumt und dem anderen nur eine kümmerliche Form der Lebenssicherung, trotzdem Strukturmerkmal vieler Gesellschaften. Was das Kalkül der Ausgebeuteten und Unterdrückten bestimmt, ist nichts anderes als eine schlichte Pay-off-Matrix, der Vergleich zwischen Alternativen. Die Lebenschancen unter ausbeuterischer Herrschaft mögen bescheiden und ärmlich sein. Solange alle Alternativen nicht attraktiver, sondern nur noch risikoreicher gedacht werden, kann man die eigene optimale Strategie sogar im Akzeptieren eines solchen Zustandes sehen.

Selbst ein Machthaber, der eine ungerechte und ausbeuterische Ordnung aufrechterhält, bietet immerhin Ordnung und damit »Ordnungssicherheit«[3]. In diesem elementaren Sinn kann sich eine Stabilisierung der Verhaltenserwartungen, der Verhaltensmuster und damit der Gesellschaft »offensichtlich auch in einem despotischen Regime entwickeln. Sie ist mit Unterdrückung und Ausbeutung ausgezeichnet vereinbar«.[4] Selbst die »Mitglieder der untersten Gruppe … können schließlich wissen, was sie zu erwarten haben … wie sich am ehesten relativ erträglich auskommen lässt. Sie gewinnen damit eine gewisse Verlässlichkeit der eigenen Orientierung, eine gewisse Voraussicht der zu erwartenden Reaktionen. Die bestehenden Verhältnisse erhalten auch für sie … einen Ordnungswert«.[5] Wenn Herrschaft berechenbar ist, dann braucht sie nicht dauernd zu befehlen und Befehle mit Gewalt durchzusetzen. Dann ist ihr das gelungen, was Luhmann »Überführung von expliziter Kommunikation in komplementäres Erwarten« genannt hat.

Strukturelle Gewalt ist am wirksamsten, wenn sie auch in Verhaltensmustern verankert wird. Ein Gewaltmonopol, das ständig als Drohung im Raum steht, kann sehr wohl zur Stabilisierung von Erwartungshaltungen und damit auch von individuellen Lebensformen beitragen, selbst wenn sie auf Ungleichheit ausgelegt sind. In der Soziologie ist der »Status-quo-Bias« geläufig, die Tendenz, zu bevorzugen, was man kennt. George C. Homans geht in seiner Interpretation sogar noch einen Schritt weiter: »What is, is always becoming what ought to be.« Der Olson'sche Bandit braucht auf Dauer keine Gewalt und nicht einmal mehr Drohungen. »Auch diese Drohungen brauchen schließlich kaum mehr ausdrücklich ausgesprochen zu werden, sie verstehen sich von selbst. … Gewalt tritt nur noch als Notmaßnahme zur Behebung gelegentlicher Störungen in Erscheinung. Sie ist eigentlich (sofern man sie nicht provoziert) nicht mehr da. Sie ist nicht Kennzeichen des Systems, sondern seiner Defekte.«[6]

Und wenn die Herrschaft nicht nur in Verhaltensmustern, sondern auch durch eine ensprechende Organisation der Macht abgesichert wird, können selbst extrem ungleiche Formen sozialer Organisation lange stabil bleiben. So verdankten etwa die antiken Sklavenhaltergesellschaften ihre Stabilität im Inneren nicht zuletzt dem besseren Organisationsgrad der waffenfähigen Bürger. »Selbst das despotischste Regime, das wir kennen, die Herrschaft über Sklaven, die ihre Herren an Zahl immer übertrafen, beruhte nicht auf der Überlegenheit der Gewaltmittel als solche, sondern auf der überlegenen Organisation der Sklavenhalter, die miteinander solidarisch waren, also auf Macht.«[7]

Einfach ist eine solche Gewaltherrschaft freilich trotzdem nicht. Schon Napoleon hat festgestellt, dass sich auf den Spitzen von Bajonetten nur recht mühselig regieren lasse.

Moderne Gewaltherrschaften haben alle eine im Wesentlichen gleichartige Struktur: Eine Ideologie, die Weltbild und Verhaltensmuster vorgibt und auf diese Weise zugleich Gut und Böse, Recht und Unrecht definiert. Dazu ein Führer als oberste Legitimations- und Entscheidungsinstanz, der zugleich die jeweilige Ideologie bei Bedarf aktualisiert und authentisch interpretiert und dessen Persönlichkeit so charismatisch überhöht wird, dass er – zumindest der Absicht nach – auch die gewünschte emotionale Begeisterung zu entfachen vermag. Dazu kommt eine Partei, die nicht nur das Führungspersonal stellt, sondern Multiplikatorfunktionen für die offizielle Ideologie ebenso wahrnehmen soll wie Kontrollfunktionen gegenüber dem Rest der Bevölkerung. Und sicherheitshalber unterhält man zusätzlich eine Geheimpolizei, die alle positiv gemeinten Motivationsstrukturen durch Kontrolle und mehr oder minder umfassende Repressionsmechanismen ergänzt. Die individuellen Chancen-Risiko-Profile werden durch Verdeutlichung des Risikos abgesichert – je geringer die Attraktivität des Regimes, desto rigoroser die Kontrolle und die Repression.

Man darf Giorgio Agamben widersprechen, der gemeint hat, das Lager und nicht der Staat sei das biopolitische Paradigma des Abendlandes.[8] Das galt nur kurz und ist hoffentlich auf lange Zeit vorbei. Aber in solchen Gewaltherrschaften, die sich Staaten genannt haben, hat Agambens Radikalisierung des Verständnisses von Souveränität unheimliche Aktualiät gewonnen: Souverän sei, wer über Wert oder Unwert des Lebens entscheiden könne.

Habermas nimmt in seine Beschreibung der Stabilisierung von Macht ein zweites Kriterium hinein: »Soweit Interaktionen in Machtbeziehungen eingelagert sind, können Verhaltenserwartungen ... über die Aussicht auf Belohnungen und die Androhung von Strafen durchgesetzt werden. Über diesen Mechanismus werden Antriebe und Affekte in Handlungsmotive umgearbeitet. Indem so das vorsprachliche Reaktionspotenzial der inneren Natur über kommunikatives Handeln in ein intersubjektiv geteiltes Universum einbezogen wird, entstehen kulturell interpretierte Bedürfnisse.«[9]

Richtig daran ist sicher, dass Belohnungen und die Androhung von Strafen sehr wohl den Handlungsspielraum subjektiv rationaler Entscheidungskalküle abstecken und modifizieren können. Aber das schafft noch lange nicht ein intersubjektiv geteiltes Universum. Hier hat selbst versteckte Gewalt ihre Grenzen, dazu bedarf es der gemeinsamen Überzeugung von einer bestimmten Wirklichkeit. Ein wirklich »intersubjektiv geteiltes Universum« ist nicht Ergebnis der Herstellung klarer Chancen-Risiko-Profile (die kann jeder Straßenräuber mit Drohungen herstellen), sondern ein Quantensprung. Habermas hat selbst und zu Recht darauf verwiesen, dass ein Herrscher und die von ihm repräsentierte Ordnung nur dann anerkannt wird, »soweit es gelingt, die politische Herrschaft in irgendeinem Sinne als Legat der geglaubten und absolut gesetzten Welt – und Heilsordnung – plausibel zu machen«[10]. Ein konsistentes Weltbild hat sein eigenes Gewicht. Daher sind selbst die ungerechtesten Ordnungen um Rechtfertigungen bemüht, für das Selbstverständnis der Herrschenden wie der Beherrschten. Ob es das Gottesgnadentum der absoluten Herrscher, rassische Überlegenheit, die Bestimmung der Sieger zum Regieren (so die römische Weltsicht) oder die Minderwertigkeit der Unterschichten ist, Rechtfertigungen finden sich immer. Sie machen das Herrschen leichter, weil sie Widerstände reduzieren. Das gelingt ihnen aber auf Dauer nur dann, wenn sie an das dem jeweiligen Bewusstseinsstand entsprechenden Verständnis von Gesellschaft anschließen können – und wenn sie auf Leistungen verweisen können, echte oder nur vorgetäuschte.

Herrschaft wird nicht nur durch Gewalt begründet. Ich habe zu zeigen versucht, dass bereits in archaischen Kleingruppen eben nicht der Stärkste alles für sich beanspruchen konnte, sondern Findigkeit und Können anderer Mitglieder der Gruppe als Überlebenshilfe prämiiert worden sind. Es ist die individuelle Leistung, die Anerkennung und Gleichberechtigung herstellt – und auch Gesellschaft: »Das Band ist die Verzahnung von Menschen verschiedener Erfahrung und Leistungsfähigkeit, die je nach ihren Kräften und Fähigkeiten sich in einer Vergeltungskette unterstützen.«[11] Es ist die Leistung für die Allgemeinheit, die den Einzelnen heraushebt, die im sozialen Tausch demjenigen, der mehr leistet, auch mehr Status und Bedeutung verleiht – und Führungsanspruch begründen kann.

Dass Macht »innerhalb einer sozialen Beziehung« Geltung hat, das hat Max Weber zu Recht in seine berühmte Definition von Macht als Durchsetzungschance hineingenommen. Aber erst in der Fähigkeit, geben zu können, liegt eine der wichtigsten Ursachen sozialer Differenzierung in personalen Systemen. Wer mehr geben kann, als er nehmen muss, der schafft eine Verpflichtung des anderen zur Gegenleistung und damit Abhängigkeit. Biologen, die von der selbstverständlichen und ausschließlichen Steuerung von Verhalten durch den eigenen Nutzen – oder den der eigenen Gene – ausgehen, wundern sich über das ja doch recht häufig vorkommende Phänomen der Selbstlosigkeit. Zu Unrecht. Solches Verhalten schafft soziale Bande und damit mehr Sicherheit, und innerhalb solcher Bande hebt es den Status. Und selbst wenn man auf Mitleid als alleiniger Erklärung von Selbstlosigkeit bestehen wollte, so vermittelt solches Verhalten doch Anerkennung, die ja auch ihren Wert hat.

Auch George C. Homans hat unterstrichen, dass der Status einer Person davon abhängt, was sie den anderen im sozialen Austausch anzubieten hat.[12] Homans steht damit nicht allein: »Die in der Tradition der Herschaftssoziologie seit Weber … (stehenden) Herrschaftserklärungen begründen Macht und Herrschaft letzten Endes mit positiven Leistungen für die Herrschaftsunterworfenen.«[13] Und Ferdinand Tönnies hat ausführlich dargelegt, dass selbst bei Hobbes, dem Theoretiker der Macht des Staates, der soziale Tausch Gesellschaft konstituiert: »Protego, ergo obligo.« Der Staat verpflichtet (zum Gewaltverzicht), weil er dafür die Einzelnen schützt und ihnen Freiheit und Gleichheit ermöglicht.

Macht kann auf Gewalt beruhen und ihre Stabilität aus dem Chancen-Risiko-Kalkül der Unterworfenen ableiten. Aber ein intersubjektiv geteiltes Universum, ein gemeinsames Weltverständnis, kommt nur in von beiden Seiten akzeptierten Formen des sozialen Tausches zustande. »Für die Naturvölker sind solche Tauschakte Handlungen persönlicher Vergeltung … nicht rationalistische, jeder persönlichen Note entkleidete, nur auf die Sache gerichtete Kaufgeschäfte wie unter uns. … Die Gegenseitigkeit spinnt eine Wirkungskette, die für uns oft nur eine wirtschaftliche zu sein pflegt, in Wirklichkeit aber psychische Reaktionen der Vergesellschaftung auslöst.«[14]

Auch der Tausch von Schutz und Versorgung gegen Unterwerfung und damit die Begründung persönlicher Patron-Klienten-Verhältnisse, die zu Macht und Herrschaft in personalen Systemen führt, sollte nicht allein mit heutigen Augen oder gar unter dem Eindruck der Hegel'schen Herr-Knecht-Antinomie gesehen werden. Ich habe darauf schon unter 2.2.2.3 hingewiesen: »In unseren gesicherten Staatswesen macht man sich oft nicht klar, was unter anderen Umständen persönliche Sicherheit wert war. Noch im alten Ägypten wurde der ›Mann ohne Meister‹ (Herrn) bedauert, denn er galt als schutzlos. Auf ähnliche Schutzverhältnisse: Klientel, Feudalismus, Hörigkeit, einschließlich Sklaverei, bauten sich die archaischen, antiken und mittelalterlichen Staatswesen auf.«[15]

Macht ist eine relationale Größe und nicht eine substanzielle, wie etwa Peter Bachrach, Morton S. Baratz und Karl W. Deutsch betont haben. Für Letzteren ist Macht überhaupt nur »Währung im Kommunikationsmodell«[16]. Zwischen Patron und Klienten, Herrschern und Beherrschten besteht, was Edward C. Banfield[17] »behavioral relationship« nennt, eine interaktionistische Abstimmung der Verhaltensweisen. Auch der Patron ist dem Klienten verpflichtet. Patronus, si clienti fraudem fecerit, sacer esto: Der Patron, der den Klienten betrügt, wird nach dem römischen Recht der zwölf Tafeln zumindest theoretisch geächtet. »Der Eigenmann, dem sein Herr in der Not nicht hilft, ist frei«, heißt es noch im mittelalterlichen Recht des Sachsenspiegels.

Selbst in einer Zeit, in der Herrschaft als absolut gedacht wurde, wurde der jeweilige Machtanspruch nicht allein mit der Verleihung der Herrschaft durch göttliche Gnade begründet, sondern auch mit der Sorge für Recht und Ordnung, für innere und äußere Sicherheit. Jeder kluge Herrscher nahm auf die Mechanismen des sozialen Tausches Rücksicht. Je nach historischer Situation geschah das auf recht unterschiedliche Weise. Die Habsburger finanzierten viele ihrer Kriege, indem sie den ihnen treuen Hochadel, der die Kriegslasten mittrug, mit Gütern aus dem konfiszierten Vermögen von Gegnern belohnten. So kam es zu großem Adelsbesitz in Böhmen nach dem Dreißigjährigen Krieg in den Händen nicht-böhmischer Adeliger (Wallenstein als denkwürdige Kombination von Genie und Kriegsgewinner war nur etwas zu ungeduldig), mit ein Grund für die späteren politischen Spannungen. Und der Bruch Heinrichs VIII. von England mit der katholischen Kirche brachte vor allem Heinrichs Gefolgsleuten als Preis für ihre Loyalität riesigen Landbesitz aus ehemaligen Kirchengütern ein.

In normativen Systemen gewinnt Macht, wer näher zu Gott oder zumindest zur Wahrheit ist. Er muss dafür Vermittlungsleistungen erbringen, sei es als heidnischer Opferpriester, sei es als Repräsentant der Kirche, über den man Erlösung von den eigenen Sünden erhofft. In Entartungen wie etwa dem spätmittelalterlichen Ablasshandel (»wenn das Geld im Kasten klingt, die Seele aus dem Feuer springt«) wird die Verknüpfung von zumindest behaupteter Leistung und Gegenleistung nur umso deutlicher.

Das Problem ist nur, den Machtanspruch auch dann aufrechtzuerhalten, wenn es mit der Leistung hapert. Stefan Breuer hat die Problematik der Verstetigung von Macht anschaulich geschildert.[18] Dazu gehört der Häuptling, der sich für Nahrung und Ernte veranwortlich gemacht hat, den Regen aber nicht und nicht herbeizaubern kann. Es kann dann hilfreich sein, glaubhaft zu machen, dass das

Volk den Regengott zu tief beleidigt habe. Den Propheten des Alten Testaments ist eine ähnliche Argumentation jedenfalls öfter gelungen. Aber damit vertritt der Häuptling – oder welchen Titel er immer haben mag – nicht mehr das Volk gegenüber den Göttern, sondern die Götter gegenüber dem Volk. Damit schafft er, wenn man Max Weber folgen will, den charismatischen Legitimationstyp staatlicher Herrschaft.

Auch Tradition kann einen eigenen Rechtfertigungszusammenhang und damit Legitimationstypus abgeben. Aber wirksamer erfolgt die Stabilisierung von Herrschaftsansprüchen ja doch durch Verankerung in der normativen und möglichst auch in der rechtlichen Ordnung der Gesellschaft. Schon Rousseau hat betont: Selbst der Stärkste werde nicht auf Dauer der Stärkere bleiben, wenn er seine Macht nicht in Recht verwandle. Erst wenn Weltbild und Rechtsordnung gleichermaßen Herrschaft rechtfertigen, dann kann mit ihrer Stabilität gerechnet werden.

Institutionen, die später als ungerecht oder überholt angesehen werden, haben oft zur Zeit ihrer Enstehung einen akzeptierten Ausgleich von Leistung und Gegenleistung aufgrund der damaligen sozialen Wertung einer Kultur zu ihrer Zeit dargestellt.[19] Ändern sich dagegen die Leistungen oder auch nur ihre Bewertung, so wird das bisherige System des sozialen Tausches in Frage gestellt. Fast allen Aufständen und Revolutionen sind Prozesse vorangegangen, die das Bewusstsein für die Unerträglichkeit der eigenen Lage und erst damit für die Ungleichheit des gesellschaftlichen Tausches geschärft haben: innere oder äußere Misserfolge der Herrschenden, Hungersnöte und Missernten, die Einführung von Steuern in den englischen Kolonien Nordamerikas oder der komplexe Bewusstseinswandel, der heute als Aufklärung verstanden wird, vor der Französischen Revolution.

Spätestens hier stellt sich freilich auch die Frage nach der Objektivierungsfähigkeit, zumindest nach der Bewertbarkeit von Leistungen im sozialen Tausch.

4.1.2 Subjektive und objektive Tauschstrukturen

Nach heute herrschender Meinung ist Ausgangspunkt und Kriterium der Legitimität von Macht und Herrschaft nicht die Existenz fairer Austauschverhältnisse, sondern die Zustimmung der Betroffenen. Thematisiert werden Fragen der Repräsentation, der Berücksichtigung von Minderheiten, der direkten Mitwirkung der Bürger an der Willensbildung und dergleichen. In Zeiten der Aufklärung schien das Problem noch gering: War der Verstand einmal aus seinen Fesseln befreit, werde die Mehrheit der Bürger ohnedies vernünftige Entscheidungen treffen. Noch Rousseau schwärmte von der »volonté générale«, dem als absolut verstandenen Volkswillen, aus dem alle Legitimität abzuleiten sei.

Dass der Diskurs unter vernünftigen Menschen zu einer Klärung vorhandener Probleme führen könne, ist eine in der Theorie auch heute noch verbreitete Hoffnung. Habermas hat diese Überzeugung umfänglich begründet. John Rawls' Theorie der Gerechtigkeit beruht auf der Konsensfähigkeit rationaler Menschen und Ronald Dworkins Rechtsphilosophie bindet die Gültigkeit staatlicher Normen an die Voraussetzung ihrer Gerechtigkeit (was nach der in diesem Punkt wohl berechtigten Kritik von Judith Shklar von der etwas blauäugigen Hoffnung ausgeht, politische auf juristische Fragen reduzieren zu können).

Wenn, wie ich meine, eine Gesellschaft auf Tauschstrukturen aufgebaut ist, dann muss Herrschaft auch durch Leistungen, nicht bloß formell, legitimiert sein. Zwischen den Inhabern von Machtpositionen und den Machtunterworfenen müssen Tauschstrukturen in erkennbarer und akzeptierbarer Form vorhanden sein. Auf Dauer hängt die Zustimmung zu Entscheidungen der jeweiligen Machthaber nicht von Formalkriterien, sondern davon ab, dass handfeste Gründe – nämlich Leistungen im sozialen Tausch – für eine solche Zustimmung vorliegen. Von den Inhabern wirtschaftlicher Machtpositionen verlangen Aufsichtsrat und Aktionäre Erfolg. Von Politikern wird ebenfalls Erfolg verlangt. Nur ist dieser schon bedeutend schwerer zu bemessen. Schließlich ist die Bewertung dessen, was man im jeweiligen sozialen Tausch zu geben oder zu erhalten hat, an komplexe soziale Prozesse gebunden. Subjektives Bewusstsein und objektive Angemessenheit können erheblich auseinanderfallen.

Die eigene Machtposition zu rechtfertigen, ist zu einer anspruchsvollen Aufgabe geworden. Rousseau hat die Argumentation der Reichen, mit der sie die Armen zur freiwilligen Unterwerfung bewegen, als das raffinierteste Projekt der Weltgeschichte bezeichnet. Folgt man der marxistischen Analyse der kapitalistischen Gesellschaft, dann wäre dieses Projekt jedenfalls recht erfolgreich verlaufen.

Die Stabilität der kapitalistischen Gesellschaft leitet sich nach Marx ja nicht aus der objektiven Rechtmäßigkeit von Institutionen ab, sondern umgekehrt daraus, dass es der herrschenden Klasse gelungen sei, das Bewusstsein der ausgebeuteten Klassen so zu manipulieren, dass sie die von der herrschenden Klasse in deren Eigeninteresse geschaffenen Institutionen als gerecht und rechtmäßig anerkennen. Nicht die Gesellschaft wird objektiven Vorstellungen von Gerechtigkeit angepasst, sondern die Vorstellungen von Gerechtigkeit werden so manipuliert, dass sie den Herrschaftsverhältnissen entsprechen. Bourdieu hat dafür später eine Begründung geliefert: Nach ihm wird der soziale Habitus, die Summe der Einstellungen und Gewohnheiten, geradezu »somatisch« in Körper und Kopf verfestigt.

Marx erwartet die Veränderung dieser Situation nicht aus besserer Einsicht der Betroffenen, sondern als Ergebnis historischer Zwangsläufigkeit. Denn der erbarmungslose Wettbewerb innerhalb der herrschenden Kapitalistenklasse führe dazu, dass immer weniger Kapitalisten immer mehr ausgebeutete und entrechtete Proletarier gegenüberstünden. Irgendwann werde das Missverhältnis schon rein zahlenmäßig so krass, dass die »Expropriation der Expropriateure«, die Enteignung der Ausbeuter, ohne Gewaltanwendung erfolgen könne und werde.

Marx findet zu dieser Analyse, indem auch er von Tauschverhältnissen ausgeht. Nur ist seiner Überzeugung nach der Tausch auf dem Arbeitsmarkt nicht fair, sondern ungleich. Denn der Lohn orientiere sich nicht am Wert der von den Arbeitern erzeugten Produkte, sondern wegen des angenommenen ständigen Überschusses an Arbeitskräften lediglich an den Reproduktionskosten dieser Arbeiter, also am Existenzminimum. Die Differenz zwischen dem deshalb niedrigen Lohn und dem höheren Wert der Produkte, der Mehrwert, werde allein vom Unternehmer vereinnahmt.

Es geht hier nicht um eine inhaltliche Auseinandersetzung mit diesem Konzept. Wer sich darum bemühen will, wird eher Probleme haben, sich in der uferlosen Literatur zum Thema überhaupt zurechtzufinden. Hier sei nur betont, dass auch Marx in seiner Analyse von Machtprozessen gesellschaftliche Macht als das Ergebnis von Tauschverhältnissen definiert. Nur werde eben deren Ungleichheit dem allgemeinen Bewusstsein erfolgreich verborgen, und zwar über die Durchsetzung der Normen und Bewertungen der herrschenden Klasse, die somit die Ausbeutungsverhältnisse stabilisieren. Damit hat Marx den Sonderfall – aber eben nur den Sonderfall – eines, wie ich glaube, verallgemeinerungsfähigen theoretischen Konzeptes beschrieben: Auch Ausbeutung beruht auf Austausch, aber dieser Austausch ist ungleich. Und diese Ungleichheit ist am effizientesten dann abgesichert, wenn sie nicht nur in Verhaltenserwartungen und eingespielten Verhaltensmustern verankert wird, sondern in einem intersubjektiv geteilten Universum der Weltanschauung – das freilich in diesem Fall nur durch ein auf bewusste Täuschung zurückzuführendes falsches Bewusstsein hergestellt wird. Tausch ist die Basis, aber Täuschung ist die Praxis.

Marx erhoffte von der Enteignung der Ausbeuter das Ende der Geschichte (so wie später Francis Fukuyama von der Durchsetzung der Marktwirtschaft). Mit dem Wissen der Nachgeborenen ist der Hinweis leicht, dass seine Erwartungen so nicht eingetroffen sind. Egal: Seine Analyse und die seiner Weggefährten und Nachfolger hat ungeheures Aufsehen erregt, hat das Bewusstsein für die gesellschaftlichen Verhältnisse geschärft und eine breite Massenbewegung ausgelöst, die aus der Analyse politische Konsequenzen gezogen hat. Nicht die erwartete Konzentration des Kapitals in den Händen immer weniger Kapitalisten, sondern die durch Marx eingeleitete Veränderung des Bewusstseins und damit des Weltbildes hat dazu beigetragen, die Gesellschaften auch der westlichen Welt tief greifend zu verändern.

Nach Marx besteht das Wesen des Kapitalismus in der Ausbeutung. Brecht hat das auf den Punkt gebracht: Weil ich arm bin, bist du reich. Nach marktwirtschaftlicher Überzeugung ist es genau umgekehrt. Weil der Unternehmer die Produktion organisiert, kann er Arbeit schaffen.

Es ist wohl illusorisch, diese Auseinandersetzung inhaltlich entscheiden zu wollen. In der Praxis politischer Debatten ist allein maßgeblich, welche der beiden Meinungen letztlich von der Mehrheit geglaubt wird. Davon hängt ab, in welche Richtung sich die Diskussion und irgenwann auch die Gesellschaft entwickelt. Die subjektiven Überzeugungen von der Beschaffenheit der Welt schaffen Verhaltensmuster, die die aktuellen Verhältnisse entweder bewahren oder aber verändern.

Objektive Wahrheit ist ein heikler Begriff. Aber in Tauschverhältnissen gibt es zumindest ein brauchbares Kriterium für Gleichheit oder Ungleichheit. Denn wenn ein Tauschverhältnis zur Akkumulation von Ressourcen auf nur einer Seite führt, dann wird die Ungleichheit anhand des Endergebnisses objektivierbar. Ausbeutung ist daher ebenso definierbar wie erkennbar als Ergebnis einer Organisation des sozialen Tausches in einer Form, die bei einem der Tauschpartner zur einseitigen Akkumulation von Ressourcen führt. Da sozialer Tausch auf angenommener Gegenseitigkeit beruht, ist dieser Effekt außer in Fällen der offenen oder latenten Gewalt oder der Monopolisierung von Ressourcen am ehesten dann erzielbar, wenn einer der Tauschpartner eine (meist vom anderen Tauschpartner verursachte) falsche oder unvollständige Vorstellung über Wert oder Gegenwert der erbrachten Leistungen bzw. Gegenleistungen hat: Ausbeutungsverhältnisse können durch falsche Vorstellungen von Werten im Bewusstsein der Beteiligten beründet und legitimiert werden.

Max Weber sieht Macht als Chance, innerhalb einer sozialen Beziehung den Willen auch gegen Widerstand durchzusetzen. Aber Durchsetzung gegen Widerstand ist nicht immer ein praktikables Kriterium. Schließlich verspricht es schnelleren und leichteren Erfolg, den sozialen Tausch über die Manipulation der Vorstellungen der jeweils anderen zu beeinflussen. Hannah Arendt zitiert Voltaire[20], der gesagt haben soll, Macht bestehe darin, andere zu veranlassen, so zu handeln, wie man es von ihnen haben möchte. Damit hat er zwar nicht die Ursachen beschrieben, aber, durchaus richtig, den Effekt.

Macht kann auf Gewalt beruhen, auf Ressourcen (für uns ist das nur der Inhalt von Leistung), aber eben auch auf kulturellen Normen und Werten, die bestimmte Tauschverhältnisse legitimieren. Nicht anders hat Wim Blockmans in seiner historischen Darstellung die Quellen von Macht definiert.[21]

Erving Goffman hat Kommunikation als permanente Neuverhandlung von Selbst- und Fremdbildern, als »Face-Working«, bezeichnet, und Anthony Giddens will selbst emotionale Beziehungen in die »Arena der Sub-Politik« verweisen, in der es ums ständige Aushandeln und Ringen um alte und neue Grundlagen geht. Ständig geht es dabei um Bewertungen der handelnden Personen und ihrer Leistungen. Der so beliebte Begriff des »Aushandelns« in Sozialbeziehungen wird theoretisch viel schärfer, wenn man ihn als das Bestimmen von Werten im sozialen Tausch versteht. Die »Logik der Kämpfe um Worte zu entschlüsseln« – was Bourdieu als eigentliche Aufgabe der Soziologie definiert hat – könnte bei der unterschiedlichen Bewertung von Leistungen im sozialen Tausch ihren Anfang nehmen. Es ist dieses laufende Aushandeln von Leistung und Gegenleistung, das scheinbare Gleichwertigkeit und damit Akzeptanz und gesellschaftliche Stabilität schafft. Und bei diesem Aushandeln ist der erfolgreicher, der die Bewertung beeinflussen kann – ob die dabei angewandten Methoden korrekt sein mögen oder nicht. Täuschung und Einbildung können sogar für eine gute Weile Stabilität fördern. Erst die damit bewirkte Ausbeutung und einseitige Akkumulation wird auf Dauer das Bewusstsein für die Mängel einer solchen Gesellschaft wecken. Der bloße Begriff der Gerechtigkeit ist kein taugliches Kriterium, um die Realität gesellschaftlicher Ordnungen zu beschreiben.

Solange Leistung und Gegenleistung für einigermaßen gleichwertig gehalten werden – Nuancen können ja über Status-Differenzierungen abgearbeitet werden –, bleibt ein System auch stabil. Und daher ist Ausbeutung auch ohne Gewaltanwendung immer wieder möglich, wenn die Differenz zwischen objektivem Sachverhalt und subjektivem Wirklichkeitsmodell bewusst genutzt oder sogar künstlich hergestellt wird, um die einseitige Akkumulation von Ressourcen zu bewirken. All die Zynismen, die etwa Sloterdijk in seiner »Kritik der zynischen Vernunft« so säuberlich aufzählt, sind nichts anderes als Versuche, im jeweiligen fachlichen Herrschaftsbereich diese Differenz zwischen herrschaftssicherndem Weltbild und wirklicher Welt abzusichern, aufrechtzuerhalten und auszunutzen. Der Erfolg ist bei dem Machthaber, dem es gelingt, die von ihm geschaffene Beziehung von Leistung und Gegenleistung dem Bewusstsein der Betroffenen als gerecht, recht und billig oder gar als einzig verfügbare Lösung einer existenziellen Problemdefinition zu verkaufen.

Wem das gelingt, der hat Macht. Die kann im politischen Bereich aufgebaut und ausgenutzt werden, oder aber in Unternehmen, zwischen Produzenten und Konsumenten, in Sportvereinen, zwischen Künstlern und ihren Fans, zwischen zwei Menschen. Wer die Definitionsmacht für die Bewertung sozialer Beziehungen hat, entscheidet damit auch über gesellschaftliche Tauschwerte.

Für den politischen Bereich hat das Antonio Gramsci (1924 Generalsekretär der Kommunistischen Partei Italiens, 1926 unter Mussolini verhaftet, 1937 gestorben) schon frühzeitig herausgearbeitet: Wer die Begriffe besetzt und die öffentliche Meinung beherrscht, der hat auch die politische Führung. Und wer das intellektuelle Klima bestimmen kann, der verfügt über kulturelle Hegemonie.

Mit guten Begründungen lässt sich Ausbeutung stabilisieren, so lange, bis die durch einseitige Akkumulation bewirkte Veränderung neues Bewusstsein schafft. Denn das ist auf Dauer der wichtigste Motor der Veränderung: Einseitige Akkumulation schafft soziale Spannungen und sie schärft wenigstens auf diese Weise allmählich das Bewusstsein für die eigentliche Struktur der Gesellschaft.

4.1.3 Die Interpretation von Machtbeziehungen bei Foucault

Wenn Machtbeziehungen auf Tauschbeziehungen beruhen, dann sind Machtverhältnisse in einer Vielzahl unterschiedlicher sozialer Beziehungen zu finden, konform mit der Vielfalt und Unterschiedlichkeit sozialer Tauschbeziehungen. Zur Unterstützung dieser Meinung darf man sich auf Michel Foucault berufen.

Foucault hat sich dem Machtphänomen von drei unterschiedlichen Ansätzen her genähert. Sein erster war, individuelle Handlungen nur als Vollzug gesellschaftlicher Norm zu verstehen. Radikal formuliert: Jedes Subjekt sei eigentlich nur Vollzugsorgan einer bestehenden Struktur. Man könnte streiten, ob hinter dieser Auffassung einfach eine Radikalisierung des Parsons'schen Konzeptes von der Steuerung der Individuen durch die gesellschaftlichen Normen oder aber die Übernahme der Kritik von Adorno an Kant steht: Gegen Kant hat Adorno immer wieder betont, dass das Konstituierte gegenüber dem Konstituierenden, das Objekt gegenüber dem Subjekt, Vorrang habe.

In einer späteren Auseinandersetzung mit dem Machtproblem konzentrierte sich Foucault auf die Mittel der Machtausübung, da besonders auf Gewalt gegen den menschlichen Körper. Aber dazwischen gibt es bei Foucault auch einen Versuch, das Phänomen der Macht aus einem handlungstheoretischen Modell abzuleiten. Er ist in dieser Phase überzeugt, dass Macht nur aus einem mikroökonomischen Modell heraus zu erklären ist, aus konkreten Beziehungen zwischen einzelnen Menschen. »Zwischen jedem Punkt eines gesellschaftlichen Körpers, zwischen einem Mann und einer Frau, … zwischen dem, der weiß, und dem, der nicht weiß, verlaufen Machtbeziehungen, die nicht die schlichte und einfache Projektion der großen souveränen Macht auf die Individuen sind; sie sind eher der bewegliche und konkrete Boden, in dem die Macht sich verankert …«[22]

Foucault geht bei diesen Überlegungen nicht vom Staat, sondern von konkreten Beziehungen zwischen Individuen aus: »Ich will nicht sagen, dass der Staat nicht wichtig ist; was ich sagen will, ist, dass die Machtverhältnisse und infolgedessen die Analyse, der man sie unterziehen muss, über den Staat hinausgehen müssen …, weil der Staat nur auf der Grundlage vorher bestehender Machtbeziehungen funktionieren kann. … (Seine) Über-Macht … mit ihren Verbotsfunktionen kann nur insofern wirklich greifen und sich halten, als sie in einer ganzen Reihe vielfältiger, nicht definierter Machtverhältnisse verwurzelt ist.«[23] Macht manifestiert sich nur in konkreten sozialen Tauschbeziehungen.

Axel Honneth stellt in seiner Auseinandersetzung mit Foucault die Frage, wie solle sich »eine Gesellschaft, die ausschließlich als ein Konnex von strategischen Handlungsweisen gedacht wird … überhaupt zeitlich verstetigen lassen und dann noch sozial zu einem System mit andernorts erzielten und verstetigten Handlungserfolgen verknüpfen lassen«?[24] Meine Anwort darauf knüpft bei Foucault an, der diese zahllosen Mikrobeziehungen zwar betont, aber als permanente Auseinandersetzungen interpretiert: Verstehen wir diese auch von Foucault so betonten zahllosen Beziehungen zwischen und mit Individuen als Tauschbeziehungen, die diesen Charakter nicht gleich verändern, wenn es zu Auseinandersetzungen kommt. Zunächst einmal sind sie Sozialbeziehungen, die als solche regelmäßig auf Nachhaltigkeit und damit genau auf die von Honneth vermisste zeitliche Verstetigung abstellen.

4.1.4 Sprache und die Gestaltung der Wirklichkeit

4.1.4.1 Die soziale Konstruktion der Wirklichkeit

Soziale Wirklichkeit ist immer etwas Hergestelltes, durch Interpretationen, durch das Besetzen von Begriffen, die die soziale Wirklichkeit neu interpretieren, durch Schaffung von vermeintlichen Selbstverständlichkeiten und durch Symbole, welche die Wirklichkeit zu deuten helfen sollen. Symbole wie auch Codes sind definierbar als »Zeichen, die Modelle der Welt konstruieren«[25]. Unsere soziale Welt ist voll von Symbolen, die Sinn vermitteln, verdeutlichen oder gar erst herstellen sollen. Frühe Familien hatten ihre Totemtiere, Könige haben Krone und Zepter, moderne Staaten haben ihre Flaggen. Tempel und Kirchen symbolisieren die Nähe Gottes, die Binde vor den Augen der Justitia ihre Unparteilichkeit.

Meine Betonung der handlungsleitenden Weltvorstellungen entspricht den Auffassungen der kognitiven Psychologie: Menschen handeln im Rahmen ihrer Vorstellungen von der Welt aufgrund ihres Systems persönlicher Konstrukte.[26] Aber diese Konstrukte werden ja sozial, über Symbole und definierende Begriffe hergestellt. Auch hinter individuellen Handlungsmotiven stehen Weltbilder, die mehr durch sozial vermitteltes Wissen geprägt sind als durch eigene Erfahrungen. Das Freud'sche Unterbewusstsein macht das durch die Prägung von Fehlverhalten zwar komplizierter, ändert es aber nicht grundsätzlich. Deshalb ist die Begründung von Herrschaft und Ausbeutung auch immer wieder erfolgreich.

Es sind natürlich faktische Gegebenheiten – Produktionsverhältnisse, angewandte Technologie, klimatische Verhältnisse, die unhinterfragten Sitten und

Gebräuche –, in denen der Mensch arbeitet und lebt. Aber das Bemühen um Verstehen dieser Gegebenheiten erfolgt immer nur mithilfe der verfügbaren Informationen, Begriffe und Kategorien. Und zugleich will der Mensch diese Welt und das Zusammenleben in ihr begründen und rechtfertigen. Er will in dem, was er tut und erlebt, Begründung und Sinn erfahren. »Die einheitsstiftende Kraft der Weltbilder richtet sich nicht nur gegen kognitive Dissonanzen, sondern auch gegen soziale Desintegration.«[27]

Es ist nicht irgendeine Form von (ohnedies schwer möglicher) objektiver Position außerhalb des eigenen Lebenszusammenhanges, es ist immer das eigene subjektive Verständnis der Welt, das die Anschauungsweisen, die Weltsicht beeinflusst. Der Arbeiter, der heute seinen Arbeitsplatz verliert, weil das Unternehmen die Produktion an ein Billiglohnland verliert (oder dorthin auslagert), wird diese komplexen Mechanismen auf einfachere, verstehbare Ursachen wie z. B. persönliches Verschulden der Politik oder der Unternehmensführung reduzieren. Der Bauer des Mittelalters, der die negativen Folgen von Klimaverschlechterung und die positiven Folgen von tiefer greifenden Pflugscharen persönlich erlebt hat, durchaus auch als Entscheidung über Untergang oder Weiterleben, hat sie selten anders interpretiert denn als Wirken böser Geister oder als Gnade Gottes. Der Zusammenhang von Wirklichkeitsmodellen und objektiver Wirklichkeit wird dabei durch die subjektiven Problemdefintionen des eigenen Lebens hergestellt, seiner Bedeutung und seiner Risken: »Kristallisationskern existenzieller Anschauungsweisen ist die normale existenzielle Problemdefinition.«[28] Selbst wenn der Mensch glaubt, seine Welt rational zu analysieren, ist das unentrinnbar subjektive, konstruierte Rationalität.

Existenzielle Problemdefinition und subjektive Sinngebung hängen engstens zusammen. Luhmann hat zu Recht betont, dass sowohl psychische als auch soziale Systeme gar nicht sinnfrei erleben und handeln können. Sinngebung ist immer auch Ordnungsversuch. Und beides ist unserer Meinung nach von der Interpretation der grundsätzlichen Struktur gesellschaftlicher Beziehungen entsprechend dem jeweiligen Bewusstseinsstand, also vom Verständnis der jeweiligen konkreten Form sozialen Tausches, nicht zu trennen. »Meaning is given and stated in terms of response … the basis of meaning is thus objectively there in social contact … before the emergence of consciousness or awareness of meaning occurs.«[29] Bedeutung wird vom sozialen Kontext bestimmt.

Aber Bedeutung wird auch durch Sprache beeinflusst. Sie kann Bilder der Wirklichkeit vermitteln und damit die Wirklichkeit gestalten. Umberto Eco hat in seinen Vorlesungen zur Erzähltheorie 1992/93 an der Harvard University (aus einer eigenen besonderen Perspektive) einen umfassenden Zusammenhang von Sprache und Welt hergestellt: Die Welt wird einem erzählt (nehmen wir das einmal als Oberbegriff von Information). Unsere Vorstellungen bilden sich aufgrund von Erzählungen. Sie sind die – sozialen und daher gemeinsamen – Kategorien, mit denen wir zunächst einmal die eigenen Erfahrungen strukturieren. Und deshalb gilt auch: »Alle Menschen – unbeschadet ihrer kulturellen Differenzen – teilen eine große Portion von Überzeugungen über die Beschaffenheit der Welt miteinander. … Nicht ist Sprache ein Medium des Wahrheitsbezuges, sondern umgekehrt ist der Wahrheitsbezug das Medium der Sprache.«[30] Oder in weiterer Konsequenz: Wer etwas plausibel behauptet, der hat die Vermutung der Wahrheit für sich. Und mit wem wir uns nicht verständigen können, der gehört nicht zu uns.

4.1.4.2 Sprache, Vernunft und Verständigung bei Habermas

In dieser Verständigungsmacht der Sprache sieht Jürgen Habermas die Chance, Gesellschaft vernünftig begründen und steuern zu können. Nach Habermas (und ähnlich bei Noam Chomsky und Ferdinand de Saussure) sind rationale Ordnung und Vernünftigkeit der Sprache nicht vorgelagert, sondern sind ihr inhärent. Denn die Ordnung der Sprache ist die Ordnung des allen Menschen gemeinsamen Wissens von der Welt: »… indem wir uns des praktisch beherrschten Wissens explizit vergewissern, rekonstruieren wir Regeln – anthropologisch tief sitzende Regeln, an die die Reproduktion des Lebens vergesellschafteter Individuen notwendig gebunden ist.«[31] Und bei diesen zu rekonstruierenden Regeln handelt es sich um ein Wissen allgemeiner Art, ein universelles Können[32], das als Gattungskompetenz verstanden werden kann und nicht nur einzelnen Individuen oder Gruppen zukommt.

Daher geht es Habermas nicht nur um den Wahrheitsbezug der Sprache, sondern es geht ihm auch um das »Telos« (wie im antiken Griechenland Absicht, Wille, aber auch innewohnende Vernunft genannt wurde) von gegenseitiger Verständigung, das seiner Überzeugung nach in sprachlicher Kommunikation zwingend enthalten sei. Eine wechselseitige Verständigung »durch und in der Rede ist genau deshalb möglich, weil die Geltungsansprüche, die beide jeweils erheben, auch nachprüfbar sind. Es ist im Prinzip rational entscheidbar, ob sie zu Recht oder zu Unrecht erhoben werden«.[33]

Folgerichtig versteht er unter einem Argument eine Begründung, die motiviert, einen Geltungsanspruch anzuerkennen: »Die Konsensustheorie der Wahrheit beansprucht, den eigentümlich zwanglosen Zwang des besseren Argumentes durch formale Eigenschaften des Diskurses zu erklären … Denn die konsenserzielende Kraft des Argumentes beruht darauf, dass wir zwischen den verschiedenen Ebenen des Diskurses so oft hin und her gehen können, bis Konsens entsteht.«[34]

Auch Habermas weiß, dass die Praxis des täglichen Lebens und des täglichen Miteinanderredens von diesen Vorstellungen kräftig abweicht. Er weiß, dass eine seinen Vorstellungen entsprechende »ideale« Sprechsituation herrschaftsfrei und auch frei von anderen verzerrenden Absichten sein müsste. Aber er glaubt, dass jede Sprechsituation genau dorthin tendiert. »Die ideale Sprechsituation ist weder ein empirisches Phänomen noch ein bloßes Konstrukt, sondern eine in Diskursen unvermeidliche, reziprok vorgenommene Unterstellung … eine im Kommunikationsvorgang operativ wirksame Fiktion.«[35]

Für Habermas ist Diskurs Mittel der Verständigung über gemeinsame Probleme und damit Element des Zusammenlebens ebenso wie Ausgangspunkt emanzipatorischer Bemühungen. Er will den Vernunftbegriff der Aufklärung retten, der das Zusammenleben freier Bürger von der Herrschaft einiger weniger befreien sollte. Ihm geht es um Sicherung sozialer Integration in der Kommunikation und letztlich um die Bewahrung von Rationalität gegenüber den Sachzwängen anonymer Systeme (den »Imperativen formal organisierter Handlungssysteme«, wie Luhmann es genannt hat).

Schön wäre das ja. Aber das Wünschenswerte ist nicht immer das Wirkliche. Und es fehlt daher nicht an Kritikern des Konzeptes. Richard Rorty hat die Vorstellung von der Steuerbarkeit der Welt durch die Vernunft als »Aufklärungsutopia« attackiert. Rationalität könne keinen Anspruch auf »unhintergehbare Fundierung« in der objektiven Welt stellen. In seinem Buch »Kontingenz, Ironie und Solidarität« dekonstruiert er jeglichen Wahrheitsanspruch. Immer handle es sich nur um eine Beschreibungsweise, die nicht sinnvoll den Anspruch erheben könne, ein abschließendes Vokabular zu gewährleisten. Da trifft er sich mit dem von ihm gerne zitierten Thomas von Aquin: »Rerum essentiae sunt nobis ignotae«, das Wesen der Dinge ist und bleibt uns unbekannt. Rorty ist daher zu dem skeptischen und letztlich gegen Habermas gerichteten Schluss gekommen, Überzeugen sei auch nur eine Form von Überreden.

Nicht einmal in der Wissenschaft ist der Diskursbegriff ausreichend tragfähig. Thomas Kuhns berühmtes Werk »The Structure of Scientific Revolutions« beschrieb den Fortschritt der vermeintlich so exakten Naturwissenschaften, deren Sprache der unzweideutigen Verständigung halber ganz besonders auf Präzision ausgerichtet sei, nicht als geradlinige Entwicklung, sondern als einen Weg voll von Missverständnissen, Zufällen und immer wieder völligen Neukonzeptionen, von Paradigmenwechseln, wie der seither gängige Fachausdruck lautet. Kuhn hat sich in einer Diskussion mit Karl Popper ausdrücklich gegen dessen Auffassung gewandt, »dass die Proponenten sich widerstreitender Theorien über eine neutrale Sprache verfügen, … Ich möchte ins Treffen führen, sie verfügen nicht. Wenn ich recht habe, ist Wahrheit, wie Beweis, vielleicht nur ein Terminus für innertheoretische Anwendungen«.[36]

Bereits im antiken Griechenland wurde die Frage der Brauchbarkeit von Vernunft als Instrument menschlicher Verständigung diskutiert. Ein schon damals formuliertes Gegenargument ist noch immer nicht wirklich widerlegt: Wenn nach einem Schiffbruch zwei Überlebende eine Planke sichten, die nur einen tragen kann, entscheidet nicht die Vernunft, wer letztlich diese Planke bekommt, sondern Stärke und Rücksichtslosigkeit. Warum soll, wer seine Interessen durchsetzen kann, sich mit Argumenten davon abhalten lassen, die nicht auf seine Interessen, sondern auf allgemeine Vernunft abstellen?

Die vielleicht ausführlichste Debatte über das Habermas'sche Konzept hat zwischen Niklas Luhmann und Habermas selbst stattgefunden. Dabei kann Luhmann für einen der kritischen Punkte, den herrschaftsfreien Diskurs, auf umfangreiche empirische Gegenargumente verweisen. Dominanz eines Teilnehmers an Diskursen gegenüber dem oder den anderen ist nicht Ausnahme, sondern Regel.[37] Und wer eine Geprächssituation dominieren kann, der hat auch die Chance, seine Interessen durchzusetzen – eine Chance, auf die er selten verzichten wird.

Auch Ludwig Wittgensteins Denken begann bei einer ähnlichen Position wie jener von Habermas, aber er blieb nicht dabei. Noch im »Tractatus« war Wittgenstein davon ausgegangen, dass sich die Fülle der Welt durch die Menge der wahren Sätze abbilden lasse – was gleichermaßen Objektivität und Intersubjektivität von Sprache begründen könnte. In späteren Arbeiten betont Wittgenstein dagegen, dass Sprache in einem außersprachlichen Zusammenhang zu sehen sei. Dieser sei gemeinsame Voraussetzung für die Verstehbarkeit von Sprache überhaupt. (Was ja auch schon die Scholastik so gesehen hat: »Verba non significant res nisi mediantibus conceptibus.«) Wittgenstein sieht den vermittelnden Zusammenhang in der realen Lebenspraxis: »Eine Sprache vorstellen, heißt, sich eine Lebensform vorstellen.«[38] Verstehen von Sprache ist nicht nur eine Frage der Sprachkenntnis, sondern der Gemeinsamkeit der Lebensformen. Die »reale Welt baut unbewusst, aber weitgehend auf den Sprachgewohnheiten einer Gruppe auf. Wir sehen und hören und machen unsere Erfahrungen in Abhängigkeit von den Sprachgewohnheiten unserer Gemeinschaft, die uns gewisse Interpretationen vorweg nahelegen«.[39] Saussure hat es vielleicht am knappsten auf den Punkt gebracht: Auch Sprache ist nur ein soziales Gebilde. Foucault meinte sogar, Sprache schaffe überhaupt erst die Gegenstände, von denen sie rede: »Es gibt keine natürlichen Gegenstände, es gibt keine Dinge, die Gegenstände sind nur Korrelate der Praktiken.«[40]

Die Konsequenzen sind weitreichend. Denn moderne Gesellschaften kennen eine Vielfalt gleichzeitig nebeneinander existierender, recht unterschiedlicher Lebensformen. Wenn aber Sprache ein soziales Gebilde ist, dann ist fehlende soziale Homogenität und unterschiedliches Verständnis von der Welt durch Sprache immer schwerer zu überbrücken. Wie soll Verständigung durch die argumentative Kraft der gemeinsamen Sprache zustande kommen, wenn sich Weltverständnis und Lebensformen auseinanderentwickelt haben? Die scheinbar gemeinsame Sprache verdeckt dann nur mehr fundamentale Unterschiede im Verstehen und in der Bedeutung.

Was erhalten bleibt, ist etwas ganz anderes: Das enorme Potenzial der Sprache zur Beeinflussung menschlichen Denkens. Sprache kann dazu verwendet werden, ein möglichst objektives Bild der Wirklichkeit zu vermitteln. Aber sie kann nicht minder dafür eingesetzt werden, bewusst eine eigene Meinung einem anderen als richtig vorzustellen. Sprache kann auch eine andere Sicht der Realität glaubhaft machen als die ohne sprachliche Intervention gegebene. Wer das konsequent tun will, ändert eben die Begriffe. Im harmlosen Fall heißen dann beispielsweise Pensionskürzungen nur mehr Pensionssicherungen, Steuererhöhungen werden zu Solidaritätsbeiträgen, Entlassungen sind dann eben nur noch Umstrukturierungen oder Kapazitätsanpassungen, Bürokratieausweitungen werden zur personellen Qualitätssicherung. Worum es wirklich geht, verstehen dann nur mehr die Spezialisten. Für die Verwandlung von Tauschen in Täuschen reichen die Mittel der Sprache.

4.1.4.3 Gesellschaftlicher Machtkampf als Kampf um die Durchsetzung subjektiver Wirklichkeit

Wenn Sprache und Symbole nicht mehr bloß der Information über Wirklichkeit dienen, sondern vielmehr ihrer Gestaltung, dann müssen und werden sich Machtprozesse heutzutage nicht mehr als Gewaltprozesse oder – im demokratischen Modell – als Ergebnis eines kritischen Vergleichs von Argumenten abspielen, sondern eleganter und effizienter als Durchsetzungsprozesse von Wirklichkeit – weil damit die Bewertung von Leistungen im sozialen Tausch verändert werden kann.

Machtstreben kann statt auf gewaltsame Durchsetzung einfach darauf gerichtet sein, in einer entsprechend gelenkten Diskussion Werte und Begriffe zu manipulieren, um sich oder den eigenen Leistungen größere Bedeutung zu verschaffen. Tom Burns und Thomas Dietz sprechen in einem sehr ähnlichen Sinn von »power-selection«, dem bewussten Einsatz von Macht, um bestimmte soziale Spielregeln durchzusetzen. Macht kann dazu dienen, die Einführung und Anpassung sozialer Regeln zu steuern.[41]

Auch Foucault hat betont (besonders deutlich in einem Interview mit Bernard-Henry Lévy), dass Macht nicht nur eine Frage von Institutionen, sondern eine der Durchsetzung von Wahrheit in der Gesellschaft ist: »Wir leben in einer Gesellschaft, die weitgehend auf der Wahrheitstour läuft – ich meine, die Diskurs mit Wahrheitsfunktion produziert und in Umlauf setzt, der damit über spezifische Mächte verfügt. Die Einsetzung ›wahrer‹ Diskurse (die übrigens unablässig wechseln) ist eines der Grundprobleme des Abendlandes. Die Geschichte der Wahrheit – das heißt der Macht, die den als wahr akzeptierten Diskursen eigen ist – bleibt da voll und ganz zu schreiben.«

Das ist der Punkt. Macht ist nicht bloß Ergebnis einer Institution oder einer

Struktur. Macht ist letztlich Ergebnis einer komplexen strategischen Situation in einer Gesellschaft, die auf der Durchsetzung der jeweils eigenen Wahrheit und der eigenen Wertsetzung auch und gerade in Tauschwerten beruht. Jürgen Habermas konzediert selbst, für komplexe Gesellschaften, in denen der lebensweltliche Zusammenhang an Ursprünglichkeit verliere, »erhöhen sich Verständigungsbedarf, Interpretationsbedarf und Dissensrisiko«[42]. Wenn es nur das wäre. Wer will noch Verständigung, wenn nicht gemeinsame, sondern die jeweils eigene Wahrheit einem selbst mehr Nutzen bringt? Die Wirbel der Sprache scheinen ins Bodenlose zu führen, sagt Hofmannsthal in seinem Chandos-Brief. Und das könnte in einem sehr schrecklichen Sinn wahr sein. Hannah Arendt hat festgestellt, der Horror des Bösen und seine Banalität entstehe aus dem »Unwillen oder der Unfähigkeit, durch Urteil zu anderen in Beziehung zu treten«.

4.1.4.4 Ausbeutung als Ergebnis der Produktion subjektiver Wirklichkeit

Alle bestehenden sozialen Institutionen, ob Parteien, Kirche oder Sportverein, sind zugleich Verwalter einer bestimmten Wirklichkeit, auf der ihr Anspruch und ihr Selbstverständnis beruht. Sie wollen daher eben diese Wirklichkeit durchsetzen, denn genau davon hängt Macht in einer heutigen Demokratie ab.

Habermas hat in seinem Werk »Strukturwandel der Öffentlichkeit« nicht den Strukturwandel von traditionellen Monopolen (wie etwa der Kirche) zu freiem Wettbewerb als Charakteristikum der Moderne gesehen, sondern vielmehr die Herstellung von Öffentlichkeit durch eine Vielzahl isolierter Interessenten, die untereinander in einem ständigen Kampf um Einfluss stehen. Diese Herstellung von Öffentlichkeit dient nur noch dazu, die eigene Deutung der Wirklichkeit durchzusetzen.

Das gilt für die Wirtschaft nicht minder als für die Politik. Wertschaffung wird zur Maxime der firmenpolitischen Absatzstrategie: »Bei der Vermarktung von Produkten geht es zunehmend um deren semantischen Mehrwert, also um die intelligente Produktion von Bedeutung und Image.«[43]

Helmut Schelsky hat sogar von der neuen Klasse der Sinnvermittler gesprochen, die die Macht ergriffen habe: »Nicht der Besitz der Produktionsmittel im Sinne der Güterproduktion, sondern der Besitz der Produktionsmittel im Sinne der Sinnproduktion, der Bewusstseins- und Normbeherrschung einer Bevölkerung, machen heute die Fronten der Klassenherrschaft aus.«[44] Richtig daran ist, dass kommunikative Macht die entscheidende Ressource jeder Macht geworden ist. Aber die Intellektuellen, an denen Schelsky seinen Zorn auslässt, sind nur eine, und selten einheitliche, Gruppe von denen, die um die Beherrschung der Öffentlichkeit kämpfen.

Schon Thorstein Veblen hat betont, Klassenherrschaft ziele vor allem auf die

Verfügung über soziale Wertsetzung, nicht auf die über Produktionsmittel. Seine Position ist schlicht moderner als die marxistische: »Für Marx sind die ökonomischen Verhältnisse bereits selbst die Form der Herrschaft. Und wer herrscht, begründet und produziert den Überbau der Ideen und Wertungen des Lebens. Veblen hat dagegen vor allem die Antithese dieser Einsicht betont: Wer den Überbau produziert und seine sozialen Wertungen in den Institutionen durchsetzen kann, der herrscht auch politisch und im Klassensinne.«[45]

Ausbeutung kann von dem durchgesetzt werden, der im sozialen Tausch seine Bewertungskriterien zugunsten einseitiger Akkumulation durchsetzen kann. Da bedarf es weder hier noch dort der Homogenität einer Klasse. Es bedarf nur der Steuerung der Wahrheit.

Das gilt für alle Bereiche menschlichen Zusammenlebens. Daher steht zu fürchten, dass Ausbeutung nicht zuletzt in den Bereichen stattfindet, für die der analytische Raster der Soziologie zu grob ist: in individuellen menschlichen Beziehungen. Ulrich Becks Hinweis auf die »Indvidualisierung« – und darunter versteht er vor allem die Klassenunabhängigkeit persönlichen Schicksals und Unglücks – hat eine dunkle Kehrseite. Wer immer in dieser Welt nicht den Überblick bewahren kann (und wer kann das schon?), ist in Gefahr, ausgebeutet zu werden: Der Arbeitnehmer vom Arbeitgeber immer noch dort, wo zu viele Arbeitssuchende einem begrenzten Anbot an Arbeit gegenüberstehen oder der soziale Schutz nicht greift (und bei überschießenden Sozialsystemen gelegentlich auch umgekehrt), der Orientierungslose von Sekten, der Naive von angeblichen Vermögensverwaltern, der Drogensüchtige von Dealern, Frauen von Männern, Männer von Frauen (historisch freilich eher seltener). Die Liste ließe sich verlängern. Alle menschlichen Beziehungen können zu Ausbeutungsverhältnissen entarten, wenn auf der einen Seite ein gutgläubiger, auf persönliche Beziehung setzender, und auf der anderen Seite ein weniger gutgläubiger und dafür zielstrebiger Halunke einander gegenüberstehen. Ausbeutung wird nicht harmloser, wenn sie aus traditionellen Klassenverhältnissen verschwindet und dafür in die unüberschaubare Sphäre persönlicher Beziehungen einsickert. Es sollte nicht überraschen, wenn mit der viel zitierten Atomisierung der Gesellschaft auch die Mechanismen der Ausbeutung einer Atomisierung unterliegen, zu verstehen als immer stärkeres Eindringen in individuelle menschliche Beziehungen.

Herstellung von Wirklichkeit durch Sprache ist mehr als nur Propaganda, von der Warenwerbung bis hin zur wechselseitigen Gräuelpropaganda von Kriegsgegnern. Edward Bernays hat Public Relations als »Handel mit Realitäten« beschrieben. Aber die Gestaltungskraft von Sprache war auch schon früher folgenreich. Wenn im Mittelalter wütende Bauern vor einem Gewitter, das ihre Ernte vernichtete, Hexen oder Zauberer aus ihrer Dorfgemeinschaft auf einem Besen voranreiten sahen, dann hat auch das Wirklichkeit geschaffen – oft mit tödlichem

Ausgang für die Betroffenen. Und wenn sich die Suche nach Sündenböcken in Politik, Wirtschaft und im persönlichen Leben seit eh und je ungeheurer Beliebtheit erfreut, dann nicht zuletzt deshalb, weil sich sprachliche Gestaltung in diesem Fall auf ein archaisches Muster der Wirklichkeitsinterpretation berufen kann, nämlich das der Interpretation des Geschehens als Ergebnis des Handelns von Personen.

Sprache und Symbole können eine ganze Welt schaffen. Das war seit alters Aufgabe und Selbstverständnis auch der Kunst. Sie hat Ahnen, Göttliches und eine ganze Welt vergegenwärtigt, sei es durch das Schnitzen von Holzfiguren und das Bemalen von Höhlenwänden, sei es durch die Errichtung von Tempeln oder Kathedralen. Mit der Loslösung der Kunst von unmittelbarer Anschaulichkeit hat auch in diesem Bereich der Diskurs, und damit die Sprache, die Deutungshoheit übernommen. Zwischen den Künstler und den Rezipienten tritt der Interpret. Der will, wie etwa Adorno, eine Art von autonomer idealistischer Ästhetik retten oder wie Walter Benjamin eine neue Ästhetik des Gebrauchs verkünden, oder aber umgekehrt die Kunst nur mehr zur Darstellung der Ungerechtigkeiten und Widersprüche dieser Welt instrumentalisieren (Kunst, so Boris Groys, sei »kritisch-analytische Grundlagenforschung für die Gesellschaft«). Die angestrebte Bewusstseinsbildung der Rezipienten wird umso intensiver mit sprachlichen Mitteln verfolgt, je abstrakter das Kunstwerk ist. Kunst ist von einem gemeinsamen Medium der Weltinterpretation zu einem Objekt geworden, das den Diskurs braucht, um sich verständlich zu machen, aber sich eben dadurch auch der Interpretation im Diskurs ebenso ausliefert wie der politischen Instrumentalisierung.

Hat man einmal die Aufmerksamkeit der Öffentlichkeit erobert, dann hat man vielfältige Einflussmöglichkeiten. Steven Lukes spricht von drei Dimensionen der Macht, erstens die konventionelle Entscheidungskompetenz, zweitens die bewusste Nichtentscheidung und drittens, bestimmte Fragen überhaupt aus der Politik herauszuhalten. Der ständige Gebrauch von Formulierungen wie: »Die Angelegenheit ist zu ernst, um zu politischem Hickhack missbraucht zu werden«, oder (O-Ton des früheren deutschen Bundeskanzlers Gerhard Schröder): »Bei einem so schwierigen Gebiet muss man doch von derart plakativen Begriffen wegkommen«, ist nichts anderes als der Versuch, unangenehme Themen aus der Debatte zu verdrängen. Selbst schlichte Ablenkung hat einen bösen Nebeneffekt, wie etwa Bernd Guggenberger meint: »Es steht zu befürchten, dass wir wohlinformiert über Fernstes und Entlegenstes zu Analphabeten der sozialen Nächstenwelt werden.«

M. Archer sieht eine wichtige Handlungsmöglichkeit der Politik darin, kognitive Dissonanzen – unter unserer Perspektive Widersprüche zwischen Weltbild, Selbstverständnis und Verhaltensmustern – gar nicht erst ins Bewusstsein der potenziellen Akteure rücken zu lassen. In der Sprache moderner politischer

Werbestrategien, die ja nur gelegentlich offen zugeben, was sie so alles tun, heißt das dann »Stilllegung der Reflexionen«. Es geht oft genug darum, all das zu verhindern, was überhaupt erst sozial veränderndes Handeln auslösen könnte. Für Machthaber ist das Bewusstwerden gesellschaftlicher Widersprüche ebenso wie die Mobilisierung potenzieller Akteure und letztlich das Artikulieren neuer Ideen meist nur unangenehm. Und sie haben viele Möglichkeiten, das zumindest zu erschweren. Beispielsweise das Gewähren oder eben Verweigern von Subventionen für Organisationen oder Projekte, die gewünschte oder unerwünschte Ergebnisse und Ideen produzieren könnten, ist längst zur Routine im politischen Tagesgeschäft geworden. Es gibt aber auch PR-Unternehmen wie etwa Burson-Marsteller, zu deren Spezialität das »grassrooting« gehört, das Erzeugen von Bürgerprotest.

Wer Macht hat, stellt die von ihm geschaffenen Verhältnisse (oder jene, die schaffen zu können er behauptet) gerne als gerechte oder wenigstens bestmögliche Ordnung hin. Eine eigenständige Meinung oder gar ein eigener unabhängiger Zugang zur Wahrheit gefährdet die angestrebte Kompetenz für die verbindliche Deutung der Welt. Wenn die Sprache die Verwandlungen der Welt einmal nicht (mehr) anders benennen kann, als die Mächtigen wollen, kann die Welt nicht mehr geändert werden. George Orwell hat Gedankenspielereien darüber angestellt, wie eine neue Sprache beschaffen sein müsste, die die Welt seines Romans »1984« so stabilisieren könnte, dass eine abweichende Meinung gar nicht mehr formuliert werden kann. Eine solche Sprache hätte, meint Orwell, ihr Ziel dann erreicht, wenn etwa die Deklaration der Menschenrechte nur noch recht unscharf als »Crimethink« übersetzt werden könnte.

4.1.4.5 Die Zerstörung des Diskurses im Diskurs

Es wäre auch zu schön: öffentlicher Diskurs in einem Gemeinwesen als Mittel der Verständigung über die Grenzen unterschiedlicher Lebensformen und eines unterschiedlichen Weltverständnisses hinaus, getragen von gegenseitiger Anerkennung und dem Willen zur Einigung. In der Realität dagegen fehlt es an allem: an der vom gemeinsamen Weltverständnis getragenen und deshalb gemeinsamen Sprache, an dem Willen zur Einigung und an der gegenseitigen Anerkennung. In der Realität dominiert das, was Foucault (in den Schlusszeilen seines Werks »Überwachen und Strafen«) das Grollen der Schlacht genannt hat, der Lärm eines immerwährenden gesellschaftlichen Machtkampfes.

In diesem ständigen innergesellschaftlichen Machtkampf hat, nach einem bekannten Satz von Peter L. Berger und Thomas Luckmann, der die besseren Chancen, seine Wirklichkeitsbestimmung durchzusetzen, »der den derberen Stock gebrauche«. Das hat seine Gründe. In einer Welt, in der es permanent unendlich mehr Informationen gibt, als jemals verarbeitet oder auch nur aufgenommen werden können, muss möglichst viel Lärm erzeugt werden, um überhaupt gehört zu werden. Skandalisierung und Dramatisierung sind nicht mehr Ergebnisse außergewöhnlicher Ereignisse, sondern so wie Aktionismus und Inszenierung notwendige und deshalb alltäglich gewordene Mittel des Kampfs um Aufmerksamkeit.

In den Neunzigerjahren des vergangenen Jahrhunderts haben Stephen Ansolabehere und Shanto Iyengar den Effekt von Negativ-Kampagnen untersucht und festgestellt, dass sie durchaus erfolgreich sein können: Sie halten jene Wähler vom Wählen ab, die, obwohl eigentlich Anhänger der jeweils verleumdeten Kandidaten, noch nicht völlig entschlossen sind. Nach den österreichischen Wahlen zum Nationalrat 2006 hat der Chef der Werbeagentur, die die Werbung der gegen Bundeskanzler Wolfgang Schüssel erfolgreichen SPÖ gestaltet hat, im Fernsehen zwar verschwiegen, dass dabei ein bekannter Spezialist für »dirty tricks« aus den USA mitgeholfen hat, aber ansonsten offen zugegeben, dass er sich – bekanntlich erfolgreich – nur auf zwei Dinge konzentriert habe: auf eine Negativkampagne gegen den Bundeskanzler und auf das Besetzen von Themen (was gegen einen Bundeskanzler nicht allzu schwer war, der mit einem reinen Persönlichkeitswahlkampf auszukommen glaubte).

In einer komplex gewordenen Welt können Sachargumente von immer weniger Menschen angemessen bewertet werden. Kein komplexeres Thema, zu dem es nicht völlig entgegengesetzte Meinungen auch ausgewiesener Experten und Ratlosigkeit vieler anderer dazwischen gibt.

Diese Schwierigkeit, sich in Sachfragen auch nur einigermaßen zurechtzufinden, ist ein zusätzlicher Grund für die Erfolge des »derben Stocks«. Und für den Fall, dass man die Sachargumente gegen sich hat, hat schon die antike Rhetorik ein Rezept gewusst, das »argumentum ad hominem«: Statt mit Sachargumenten operiert man dann eben mit der mangelnden Glaubwürdigkeit des Gegners. Damit trifft man das Basiselement jedes Diskurses überhaupt, die Glaubhaftigkeit des Gegenübers, das eine Meinung einbringen will. Wer die eigene Wahrheit durchsetzen will, muss eben diese Glaubwürdigkeit zerstören.

Ob der andere als Lobbyist dargestellt wird, dem es nur um eigene Interessen geht, als machtgieriger Politiker, der unter dem Mäntelchen von Reformen nur die eigene Position sichern will, als sexueller Wüstling oder schlicht als Lügner, immer ist es das gleiche Muster der Diskriminierung: Die Argumente der so Diskreditierten brauchen nicht ernst genommen zu werden, sie stammen von jemandem, dem man die Anerkennung als Partner in einer ernsthaften Diskussion verweigern darf. Ziel des Angriffs ist genau jenes Telos von gegenseitiger Verständigung, das sprachlicher Kommunikation eigen sein soll.

Der aktuelle Mechanismus gesellschaftlichen Diskurses läuft auf das Gegenteil dessen hinaus, was er eigentlich bewirken sollte: nicht auf Verständigung, sondern auf Entzweiung. Wenn der politische Gegner einen vernünftigen Vorschlag macht, wird dargelegt, dass und warum der Vorschlag völlig unvernünftig ist, selbst wenn die Idee noch so gut sein sollte. War sie das, dann taucht sie nach angemessener Beschweigungszeit als eigener Vorschlag auf, durch Varianten möglichst nicht als der alte Vorschlag erkennbar, um nur ja dem politischen Gegner keine Gutpunkte in der Debatte zu vergönnen.

Martin Walser hat seine subjektive Befindlichkeit zur Mechanik eines so geprägten Diskurses wie folgt wiedergegeben: »Die Gehässigkeiten und die Vernichtungsbereitschaft waren damals (Anm.: in den Sechziger- und Siebzigerjahren) nicht so total wie bei den Achtundsechzigern, die heute die Feuilletons beherrschen. Die zielen auf Zurechnungsfähigkeit ... Ich muss darauf verzichten, recht haben zu wollen. Es gibt nichts, das so verurteilt wird wie das Recht haben wollen.«[46] Nun sind gerade Walsers Meinungen öfter umstritten. Aber zumindest dem letzten Satz kann man zustimmen. Nichts muss konsequenter verhindert werden als das Rechtbehalten des jeweils anderen. Es geht schon lange nicht mehr um Konsens, sondern vor allem um die Entwertung anderer Meinungen, und damit um die Zerstörung und nicht um die Sicherung des Diskurses. Wittgenstein hat noch einen eleganten Ausweg gewusst. Für ihn war die Philosophie »ein Kampf gegen die Verhexung unseres Verstandes durch die Mittel unserer Sprache«[47]. Der großen Mehrheit steht diese Hilfe kaum zu Gebote.

Die goldene Regel unseres ideologischen Zeitalters, vermutet der französische Philosoph Alain Finkielkraut, bestehe darin, die verrücktesten Hirngespinste aufzutischen und alle anderen der systematischen Lüge zu beschuldigen. Es fällt schwer, ihm zu widersprechen.

4.2 Demokratische Traditionen und praktische Verhaltensmuster

4.2.1 Das Gewicht der Tradition

Es sind recht unterschiedliche Traditionen, die sich aus wichtigen historischen Modellen der Demokratie ableiten. Der Staat der Athener im 5. Jahrhundert vor Christus verstand sich mit nicht geringem Selbstbewusstsein als Musterdemokratie. Faktisch war er es nur für die Minderheit der waffenfähigen Vollbürger – ursprünglich sogar nur für die Grundbesitzer, die genügend Geld für eine schwere Bewaffnung hatten –, nicht für Frauen, nicht für Zugewanderte und schon gar nicht für die große Bevölkerungsmehrheit der Sklaven.

Rom nannte sich Demokratie, wurde seinerzeit aber nur von den Häuptern der adeligen Großfamilien regiert. Der Kampf der Plebejer um die politische Gleichberechtigung dauerte Jahrhunderte. Und bei den Wahlen spielte wie in

Athen die den Bürgern mögliche Bewaffnung und ihre Steuerleistung für das Gewicht ihrer Stimmen die entscheidende Rolle. Die Gewichtung von Stimmen nach der Steuerleistung hat sich in Europa als sogenanntes Kurienwahlsystem teilweise bis zum Ende des 19. Jahrhunderts erhalten.

Das Prinzip der »checks and balances«, der Kontrolle von Macht durch Gegenmacht, ist englische Tradition. Menschenrechte standen am Anfang der amerikanischen Revolution, und so manches von dem Gedankengut, das heute als (Neo-) Liberalismus mit scheelen Augen angesehen wird, verdankt sich der beharrlichen Durchsetzung individueller Rechte gegen eine monarchische Zentralgewalt.

Die besondere Betonung von Solidarität findet sich zuerst bei den frühmittelalterlichen Eidgenossenschaften. Das Schweizer Beispiel ist bekannter, aber die Begründung der Stadtfreiheit gegen mächtige Herren durch solche Eidgenossenschaften stand am Anfang der Entwicklung auch der Hanse und vieler deutscher Städte. Die Eidgenossenschaft war eine Schwurbrüderschaft nach altem germanischem Recht, die alle Genossen zu gegenseitiger brüderlicher Treue verpflichtete.[48] Der Satz »Stadtluft macht frei« entstand erst damals, davor führte der Zuzug in die Stadt zur Hörigkeit gegenüber dem Stadtherrn.

Demokratische Willensbildung und freie Wahlen der eigenen Repräsentanten, die Anerkennung persönlicher Rechte, Gleichheit der Bürger vor dem Gesetz, Schutz gegen Willkür der Obrigkeit, Gewaltentrennung und Bindung von Machtausübung an genau definierte Legitimationserfordernisse, all dies sind Errungenschaften aus verschiedenen Zeiten, in denen die jeweiligen Vorstellungen vom richtigen Zusammenleben mühsam und oft gewaltsam durchgesetzt werden mussten und die erst allmählich zu jener Summe an Mindestvoraussetzungen zusammengefügt worden sind, die ein Staat nach heutigem Verständnis schaffen und sichern muss, um als Demokratie anerkannt zu werden.

Aber Luhmann hat wohl recht mit seinem Hinweis, dass eine Diskussion über die jeweils gemeinsamen Werte auch die totalen Veränderungen der Gesellschaft in der Moderne stärker berücksichtigen sollte: »Die Semantik der Werte … erzeugt den Eindruck einer Kontinuität, die die Schärfe des Bruchs verschleiert, der mit dem Übergang zur modernen Gesellschaft eingetreten war.«[49]

Wir versuchen, von der Totalität dieser Veränderungen ein Bild zu gewinnen, das auch die geänderten Verhaltensmuster als Reaktion auf die massiven wirtschaftlichen und gesellschaftlichen Veränderungen berücksichtigt. Bei dem Bemühen um Erfassung dieser Veränderungen ist das Spannungsverhältnis zwischen Soziologie und Ökonomie nicht unbedingt hilfreich. Die Darstellung muss sich um ihrer Einheitlichkeit willen gelegentlich einer Sprache bedienen, die weder mit dem hiesigen noch mit dem dortigen Sprachgebrauch ganz konform geht.

4.2.2 Zur Methodik der Analyse

Funktionale Analysen gesellschaftlicher Prozesse versuchen häufig ohne Auseinandersetzung mit den besonderen Verhaltensmustern der Individuen auszukommen, weil sie in ihnen ja nur austauschbare Funktionsträger sozialer Systeme sehen: »Zwar handeln und entscheiden in den einzelnen Systemen individuelle Aktoren, doch entscheiden und handeln sie als Funktionen der einzelnen Systeme.«[50]

Aber schon Mancur Olson hat eindringlich klargemacht, dass die Logik kollektiven Handelns – so der Titel eines seiner wichtigsten Bücher – nicht einfach aus der schlichten Identifikation der Handlungen von Personen mit ihren Funktionen im jeweiligen sozialen System heraus erklärt werden kann. Die gleichen sozialen Gruppen können sich je nach Bewusstseinsstand völlig unterschiedlich verhalten. Seit Marx ist gängig, dass eine zum Bewusstsein ihrer selbst gelangte Arbeiterklasse sich anders verhalten wird als eine entfremdete. Es sind nicht einfach bestimmte gesellschaftliche Gruppen, die die soziale Struktur prägen, es ist das jeweilige Verhalten dieser Gruppen, die das soziale Geschehen – und damit auch ihre Rolle und Funktion in der Gesellschaft – bestimmt.

Liefert der systemtheoretische Ansatz bessere Erklärungen? Niklas Luhmann, ein gewichtiger Vertreter dieser Denkrichtung, zeichnet sich durch eine Fülle scharfsichtiger Beobachtungen und Analysen aus, landet aber schließlich bei einer Terminologie, die die Verständlichkeit ziemlich strapaziert, ohne damit erhöhtes Erklärungspotenzial einzukaufen: »Das Gesamtsystem etabliert sich als Hyperzyklus, als ›strange loop‹ der ›strange loops‹ und findet darin seine Einheit, die aber durch keine Stelle des Systems mehr repräsentiert wird. Die Kontrolle der Kontrollen – das ist das System.«[51] Kein Wunder, dass der Begriff des Paradoxen zu einem der von Luhmann besonders häufig verwendeten Worte geworden ist.

In der Soziologie ist das Konzept der Nutzenorientierung als handlungsleitendes Prinzip der Individuen nicht sonderlich beliebt. Gelegentlich muss sogar die Beschwörungsformel vom ökonomischen Imperialismus herhalten um zu begründen, dass eine rein auf individuellen Nutzen abstellende Handlungstheorie zur Erklärung sozialer Phänomene untauglich sei.[52] Dieser Methodenstreit hat wohl »damit zu tun, dass die Soziologie sich stets als ein Gegenprogramm zur Ökonomie verstanden und immer wieder darauf hingewiesen hat, dass es sich bei der Nutzenorientierung nur um einen höchst unvollständigen Spezialfall einer General Theory of Action handle, der … unheilbar die soziologisch entscheidende Zutat fehle, die besondere Definition der Situation über eine normative oder kulturelle Orientierung«[53].

Genau das, eine Erklärung von Verhaltensmustern aus dem jeweiligen Weltverständnis, aus der jeweiligen Definition der Situation heraus, versuche ich hier. Ich glaube, dass die aus jeweils recht unterschiedlichen Konzepten stammenden Begriffe wie »frames«, Weltverständnis, Habitus und Lebensform letztlich auf einen einheitlichen mentalen Mechanismus zurückgeführt werden können.

Gesellschaftliches Geschehen wird erst verstehbar, wenn die wichtigsten Verhaltensmuster und ihr konkreter Einfluss auf Politik, Wirtschaft und soziale Strukturen in ihrer subjektiven Rationalität verstanden und in eine Analyse heutiger gesellschaftlicher Mechanismen integriert werden. Subjektive Nutzenorientierung wird sich in einer unübersichtlich gewordenen Welt nicht an Klassenstrukturen oder an übernommenen Funktionen, sondern nicht zuletzt an subjektiv interpretierten Chancen-Risiko-Profilen orientieren. Der Wirklichkeit kommt man nur näher, wenn man auf die kognitiven Strukturen der Handelnden und damit auf die Problemsicht der wichtigsten Akteure eingeht.

4.2.3 Die Veränderungen der Lebenswelt

4.2.3.1 Die privatwirtschaftliche Organisation der Arbeit

In der feudalen Gesellschaft war die Organisation der Gesellschaft und der Produktion noch praktisch identisch. Wichtigstes Produktionsmittel war Grund und Boden und der wurde in einer Pyramide der Macht von oben nach unten als Lehen vergeben. Der jeweilige Grundherr erwartete im sozialen Tausch für die Vergabe des Grundes Loyalität und verschiedenste Leistungen. Weiter oben in der Hierarchie war das Gefolgschaft bei Feldzügen, manchmal war es der Zehent und ganz unten waren es Robot, Hand- und Spanndienste. Der Grundherr beanspruchte regelmäßig auch die Gerichtsbarkeit und war umgekehrt für den Schutz seiner Hintersassen zuständig. Zwischen Staat und Gesellschaft war da gar nicht sinnvoll zu trennen. Die Geschichte der Neuzeit ist ein wenig auch die Geschichte der Auflösung von Lehensverhältnissen und ihr Ersatz durch eigentumsrechtliche Begriffe.

In dem sich allmählich herausbildenden Staat der frühen Neuzeit hörte diese Art der Vergabe von Grund und Boden mit dem Verfall der alten Lehensverhältnisse im Laufe der Zeit auf. Dafür kontrollierte der Staat direkt oder indirekt die Lebenschancen der Menschen, ob dies nun über die Grundherren die Zahl der zugelassenen Bauernstellen war oder über die Zünfte die Zahl der Handwerker. Für den Handel oder zum Betrieb von Manufakturen brauchte man Privilegien. Selbst das Betteln war an eine Konzession gebunden und im Übrigen meist Kriegsinvaliden vorbehalten. Bürger konnten sich ihren Lebensunterhalt auch dadurch sichern, dass sie im Dienst der Kirche oder des Adels, einer Universität oder des Herrschers einen Platz in der vorgegebenen Ordnung fanden.

Diese Ordnung zerbrach unter der Dynamik der Industrialisierung. Der neue Produktionsfaktor Kapital entzog sich der Organisation der gesellschaftlichen Arbeit durch den Staat. Das hing übrigens auch damit zusammen, dass die Herausbildung der Demokratie nicht zuletzt – wie etwa in Holland und England – von selbstbewussten Handelsherren vorangetrieben wurde, die Kapital zu bilden, aber auch zu verteidigen wussten. Kapitalbildung, Wirtschaftswachstum und Massenwohlstand waren ein Ergebnis privater, nicht staatlicher Aktivitäten.

Die Kehrseite der Medaille ist, so man nicht gerade im Dienst der öffentlichen Hand tätig ist, die Abhängigkeit der eigenen Existenz von eigener unternehmerischer Tätigkeit oder von privat organisierten Arbeitsverhältnissen und damit von privaten Produktionsentscheidungen. Und anders als in früheren Zeiten fehlen die Alternativen. Wer keine Existenz fand, suchte seinerzeit Grund und Boden auswärts, zog aus Ur ins gelobte Land oder als Germane ins Römische Reich, beteiligte sich im Mittelalter an Rodungen im Osten oder fuhr nach der Entdeckung Amerikas dorthin. Neuland war Hoffnung und Chance. Heute ist die Erde vergeben und von der Landwirtschaft will höchstens noch eine kleine Minderheit etwas wissen. Einwanderer sind immer seltener gerne gesehen. Nicht mehr direkte Aneignung aus der Natur, nicht eine gesellschaftliche Organisation der Produktion entscheidet über die Möglichkeiten der eigenen Existenzsicherung, sondern die Teilnahme am sozialen Tausch. Von dessen Möglichkeiten und Grenzen ist man – zunächst einmal abgesehen von staatlichen Umverteilungsmechanismen – existenziell abhängig.

Wir leben nicht nur in einer Welt der Abhängigen, wir leben in einer Welt der weitgehend von privaten Investitionsentscheidungen Abhängigen.

4.2.3.2 Die weiteren Effekte der Globalisierung

Globalisierung, bisher hier nur recht knapp abgehandelt, hat nicht nur wirtschaftliche, sondern auch weitreichende soziale Konsequenzen. Denn damit sinkt für Produktion und Handel die Bedeutung regionaler sozialer Strukturen – und dazu gehören beispielsweise die politische Organisation der Gesellschaft, aber ebenso Gesetze, Arbeitskosten und Kollektivverträge – gegenüber den Gegebenheiten in anderen Erdteilen. Unterschiede in den Kosten des Produktionsfaktors Arbeit können zu dramatischen Verlagerungen von Produktionsstandorten führen, wenn die Transportkosten immer weniger ins Gewicht fallen. Wichtige Standortfaktoren, wie etwa sozialer Friede zwischen Arbeitgebern und Arbeitnehmern oder die Qualität des politischen Systems, werden zu bloßen Kostenfaktoren in der Kalkulation von Unternehmen, die global präsent sind und ständig weiter einsparen, weil sie stärker als je zuvor durch die verschärfte Konkurrenz einerseits, durch die gestiegenen Ansprüche der Aktionäre andererseits in die Zange genommen werden.

Ralf Dahrendorf hat nur allzu recht, wenn er meint: »Zu den wichtigsten Folgen dieses Prozesses gehört die Gefährdung des sozialen Zusammenhalts. Globalisierung bedeutet, dass Konkurrenz groß und Solidarität klein geschrieben wird.«[54] Die weltweiten Proteste gegen Globalisierung haben wohl wenig Chancen – wie soll man gegen geringere Entfernungen ankämpfen? –, aber gute Gründe.

Die dramatische Reduktion der Transaktionskosten hatte eine nicht minder dramatische Intensivierung des internationalen Waren- und Kapitalverkehrs zur Folge. Der Prozess wurde bereits vor mehr als 150 Jahren durchaus angemessen beschrieben: »Die nationale Einseitigkeit und Beschränktheit wird mehr und mehr unmöglich ... die Bourgeoisie reißt durch die rasche Verbesserung der Produktionsinstrumente, durch die unendlich erleichterten Kommunikationen alle, auch die barbarischsten Nationen, in die Zivilisation.«[55] Das produzierende Kapital ist extrem mobil geworden. Es folgt international niedrigen Arbeitskosten, der politischen Stabilität, den jeweiligen steuerlichen Gegebenheiten und nicht zuletzt den Konsumenten. Ob dabei zwischen den einzelnen Nationen Konvergenzprozesse stattfinden oder ob vielmehr die Unterschiede im Wachstum der einzelnen Länder auf beharrliche kulturelle Unterschiede zurückzuführen sind, ist in der Literatur ziemlich umstritten.[56]

Die Folgen der Globalisierung sind schon deshalb irreversibel, weil man auch mit noch so vielen Demonstrationen vielleicht Regierungen beeindrucken, aber nicht Menschen dazu zwingen kann, auf die Möglichkeiten zu verzichten, die sich ihnen auftun. Die Globalisierung eröffnet nun einmal »ungeahnte neue Lebenschancen für ungezählte Millionen von Menschen«.[57] Und deshalb ist es richtig, zu sagen, »dass es ebenso viele Arten von Globalisierung gibt wie Handlungsträger, Dynamiken und Impulse, die sie vorantreiben«[58].

4.2.3.3 Die geringere Nachfrage nach Arbeit

Das gegenwärtige weltwirtschaftliche Geschehen wird durch mehrere Prozesse bestimmt, die eine geradezu unheimliche Dynamik aufweisen. Dazu gehört zunächst einmal, dass der technische Fortschritt und die allein schon dadurch bedingte laufende Zunahme der Produktivität zu einer ständigen Einsparung von Arbeitskräften führt. Seit Beginn der Industrialisierung gibt es technischen Fortschritt. Aber eben aufgrund desselben kann man entweder mit der gleichen Zahl von Arbeitskräften immer mehr oder das Gleiche mit immer weniger Arbeitskräften produzieren. Die Rate dieses technischen Produktionsfortschrittes ist von Branche zu Branche extrem unterschiedlich, lag aber im Durchschnitt – bei allen Schwankungen im Einzelnen – jahrzehntelang bei etwa drei Prozent. Gegenwärtig dürfte diese Rate etwas niedriger liegen, aber das muss nicht von Dauer sein. Daher sinkt die Nachfrage nach Arbeit bei einer stagnierenden Wirtschaft im Ausmaß des Produktivitätsfortschrittes und steigt nur dann, wenn das

Wachstum der Wirtschaft höher ist als diese Rate des technischen Fortschritts. Die soziale Konsequenz einer stagnierenden Wirtschaft ist daher steigende Arbeitslosigkeit, wie sie etwa Europa in Phasen langsameren Wachstums in den letzten Jahrzehnten immer wieder erlebt hat. Bisher wurde dagegen kein anderes Rezept gefunden als ein Wirtschaftswachstum, dessen Rate hoch genug ist, um diese Effekte auszugleichen. Besonders deutlich wurde dies 2006 und 2007, als das höhere Wachstum der Wirtschaft in Europa auch prompt zu einem kräftigen Rückgang der Arbeitslosigkeit geführt hat.

Der technische Fortschritt hat aber auch noch eine weitere Konsequenz. Heute kann in vielen Branchen aufgrund der immer moderner gewordenen Technologien der Ausbau von Kapazitäten so rasch erfolgen, dass selbst bei neuartigen Produkten und auch bei noch so großer Nachfrage schon nach wenigen Jahren der jeweilige Markt durch strukturelle Überkapazitäten gekennzeichnet ist. Ein drastisches Beispiel dafür sind etwa der Computer- und der Telekommunikationsbereich. Ob es um Mobiltelefone, Personal Computer, Chips oder Flachbildschirme geht, alle diese Technologien galten jeweils für einige wenige Jahre als Basis für die Wachstumsbranchen der Zukunft, als Bestandteil der wunderbaren Welt der »new economy«. Nach jeweils kurzer Zeit gab es auch in diesen Produktionsbereichen massive Überkapazitäten.

Damit stellt sich den Unternehmensführungen auch und gerade in sogenannten »modernen« Branchen das Ziel des Überlebens in einem immer härter gewordenen Konkurrenzkampf. Das bedeutet zwingend auch möglichste Reduzierung der Arbeitskosten. Übersetzt in die Lebenswelt der Arbeitnehmer bedeutet das ein permanentes Risiko der plötzlichen Freisetzung und anschließender Arbeitslosigkeit sowie das Risiko, mit zunehmendem Alter immer weniger Chancen zu haben. Ulrich Beck hat mit seinem Begriff der »Risikogesellschaft« durchaus den harten Kern getroffen.

Solche Umstrukturierungen werden mit besonderer Konsequenz von den sogenannten »Heuschrecken« vorgenommen, Private-Equity-Fonds oder auch konventionelle Gesellschaften, die ihre Gewinne aus dem Ankauf von Unternehmen und deren rascher Wertsteigerung – eben durch Effizienzerhöhung – beziehen. Aber je umfangreicher deren Tätigkeit, desto höher muss wiederum das Wachstum der Wirtschaft sein, das die Arbeitsplatzverluste auf Grund der Effizienzsteigerung ausgleichen soll.

Damit verändert sich die langfristige Perspektive von Grund auf: Seit dem erkennbaren Beginn der menschlichen Geschichte war menschliche Arbeitskraft – bisher – immer nützlich, immer verwendbar. Die Form, in der sie eingesetzt wurde, war oft genug unmenschliche Ausbeutung und Sklaverei. Aber gebraucht wurde der Mensch immer. Heute braucht man für die Produktion immer weniger Menschen. Früher war jemand, der zupacken konnte, allein deshalb wertvoll (und selbst bei Marx noch zumindest seine Reproduktionskosten wert). Heute schwindet mit dem Bedarf der Wert.

Von der Warte eines Einzelunternehmens aus handelt es sich beim Einsparen von Arbeitskräften um die zwingenden Konsequenzen rationalen Kalküls. Gesamtwirtschaftlich aber werden damit das Einkommen und die Kaufkraft der freigesetzten Arbeiter so lange vernichtet, bis sie wieder neue Arbeitsplätze finden. Und die Politik ist in eine Falle geraten. Solange die Kaufkraft der Arbeitnehmer wegen sinkender Beschäftigung schwindet, fehlt es an einer wichtigen Voraussetzung für einen neuerlichen Wirtschaftsaufschwung: der Zunahme der inländischen Nachfrage.

Nach dem klassischen Modell gibt es eine grundsätzliche Tendenz zur Vollbeschäftigung. Das kann Vollbeschäftigung zu miserablen Bedingungen sein – die Vorstellung, dass ein Überangebot an Arbeitskräften durch Verhungern beseitigt wird, stammt zwar von Karl Marx, ist aber so schon in der klassischen Ökonomie angelegt –, aber sie ist Vollbeschäftigung. Nachfrage nach Arbeitskräften gibt es immer – solange die Knappheit an den meisten Gütern bestimmendes Element ist und zusätzlich produzierte Güter daher leicht Abnehmer finden.

In der Zeit des beinahe ständigen Wachstums in Europa nach dem Zweiten Weltkrieg war das noch so. Die Unternehmen konnten angesichts ständig steigender Nachfrage nach ihren Gütern einen leidlich sicheren Arbeitsplatz bieten, häufig auch eine kontinuierliche Zunahme des Entgelts mit zunehmendem Alter. Der Erfolg war gemeinsam, das wechselseitige Vertrauen hoch.

Heute dagegen mangelt es nicht mehr an Gütern, sondern eher an Kaufkraft. In den um ihre Existenz kämpfenden Unternehmen ist die Sicherheit des gemeinsamen Erfolges geringer, die Sicherheit des Arbeitsplatzes verloren, das Vertrauen ebenso. Verloren ging damit allerdings auch ein soziales Tauschkonzept, das damals seine Leistungsfähigkeit unter Beweis gestellt hat.

Und zusätzlich geht heute Konsum und damit Wachstum durch die zunehmende Ungleichheit der Einkommen verloren. Wenn zusätzliches Einkommen, wie bei niedrigen Einkommen unmittelbar einsichtig, fast zur Gänze in den Konsum fließt, entsteht damit mehr zusätzliche Nachfrage, als wenn Einkommen steigen, die ohnedies schon so hoch sind, dass auch die Sparquote hoch ist und daher nur wenig zusätzliche Nachfrage entsteht.

4.2.3.4 Wer gebraucht wird und wer nicht mehr gebraucht wird

Die wirtschaftliche Entwicklung hat zu einer massiven Verschiebung des Bedarfs an Arbeitskräften geführt, die ein immer stärkeres Auseinanderklaffen der Einkommen zur Folge hat. Mitarbeiter mit Innovations- und Umstrukturierungskapazität werden immer besser bezahlt, denn davon hat man immer zu wenig. Traditionelle und vor allem einfache händische Arbeit wird dagegen immer weniger benötigt und entsprechend schlechter bezahlt und heute vor allem unter der Perspektive zu rationalisierender Kosten gesehen. Die nachgefragte Qualifikation wird immer höher und zum entscheidenden Differenzierungskriterium auf dem Arbeitsmarkt. Unter den gegenwärtigen Anforderungen der Wirtschaft macht eine ungenügende Schulbildung nur eine immer enger begrenzte Anzahl von Arbeitsplätzen zugänglich. Niedriges Bildungsniveau bedeutet weniger Aufstiegschancen und trägt zu einer Fixierung der Betroffenen im unteren Bereich der Einkommenspyramide bei. Ungenügende Schulbildung und Armut wirken über fehlende Sozialisation und Motivation auch auf die Kinder und beeinträchtigen damit ebenso die Chancen für die nächste Generation.

Zusätzlich differenziert die Nachfrage nach Arbeit nach der sozialen Gruppenzugehörigkeit. In der Frühphase der Industrialisierung war die Zugehörigkeit eines Arbeiters zum Proletariat nicht nur selbstverständlich, sondern geradezu definitionsgebend. Heute genügt die Zugehörigkeit eines Arbeitsuchenden zu einer sozialen Randgruppe, um ihn – wenn überhaupt – nur für besonders schlechte, soll heißen: besonders schmutzige oder gefährliche Arbeiten in Betracht zu ziehen. Langzeitarbeitslose, Obdachlose, Süchtige oder auch nur ihrer äußeren Erscheinung nach sozial Deklassierte werden in einer Zeit, in der Arbeitgeber ihre Arbeitnehmer aussuchen können, nur dann berücksichtigt, wenn sonst niemand zu finden ist.

Und selbst der (nach bisherigen Maßstäben) normale, sichere Job steht unter dem Gebot, dass Effizienz der Organisation alles ist und persönliche Komponenten zurückstehen müssen: »It is not necessary for people to love each other in order to work together«[59] gilt heute mehr denn je.

Man kann es sehr einfach und trotzdem nicht falsch formulieren: Der großen Mehrheit geht es in der modernen Arbeitswelt deutlich besser als früher, aber das Risiko, aus dieser Mehrheit herauszufallen, ist viel größer geworden. Aber solche schlimmen Ereignisse für den Einzelnen werden – weil ja die von Marx vorhergesagte generelle materielle Verelendung nicht stattfindet – nicht mehr als klassenbedingtes Kollektivschicksal der Arbeitnehmer interpretiert, sondern als Ergebnis unverstandener weltwirtschaftlicher Prozesse oder als Folge personalisierbarer Fehlentscheidungen in Politik oder Unternehmen oder überhaupt als individuelles Einzelschicksal, als Unglück oder schlicht als individuelles Pech. Beck hat zu Recht festgestellt: »Mit zunehmender Individualisierung schwinden die Voraussetzungen, das Hierarchiemodell sozialer Ungleichheit lebensweltlich zu interpretieren.«[60]

Die immer härtere Selektivität der Nachfrage nach Arbeit bewirkt eine zunehmende Ausgrenzung verschiedenster Gruppen, die vom schwarzen oder arabischen Jugendlichen in den Vorstädten amerikanischer oder französischer Großstädte bis hin zum alten Kumpel in stillgelegten Bergwerken reichen. All diese verbindet vielleicht kein Klassenschicksal im traditionellen Sinn des Wortes, sehr wohl aber das Schicksal, nicht mehr dazuzugehören. Amitai Etzioni und viele andere haben zu Recht gemeint, dass in den heutigen westlichen Gesellschaften Identität vor allem durch Arbeit definiert und hergestellt wird. Mit dem Arbeitsplatz geht daher neben der materiellen Basis ebenso ein wesentlicher Sinngehalt der Existenz und auch die Einbindung in die Gesellschaft verloren – nämlich die fast einzige Form sozialer Integration, die Gesellschaft unter heutigen Bedingungen noch herstellt, der soziale Tausch in der Arbeit.

Arbeit soll nicht nur den eigenen Lebensunterhalt sichern, sondern begründet zugleich das eigene Selbstverständnis als Person oder als Klasse. »Die Tragödie der heutigen Unterklasse besteht darin, dass sie nicht gebraucht wird. … Inclusion (Einbeziehung) hat die Bedeutung, die vor hundert Jahren der sozialen Gerechtigkeit beigemessen wurde. Nicht Umverteilung, sondern Einschluss derer, die ausgeschlossen sind, das muss heute die Forderung sein«[61], meint Ralf Dahrendorf. Das ist richtig. Aber das Problem reicht noch tiefer. Die heutige Welt stellt ein uraltes Grundverständnis menschlicher Existenz in Frage: Dass man mit seiner Hände Arbeit, mit Geschick und Verstand seinen Lebensunterhalt sichern und sich auf diese Weise in der Welt behaupten könne.

Rainer Zoll hat darauf hingewiesen, dass im bisherigen kulturellen Modell der Industriegesellschaft die Arbeitsorientierung der Lohnabhängigen zu ihrer Arbeit doppelt verankert war, nämlich sowohl instrumentell als auch emotional. Für das jeweilige Individuum war diese Beziehung zugleich persönlichkeits- und wertebildend. »Weil die berufliche Arbeit diesem Leben einen Sinn gab, wurden die mit ihr verbundenen Tugenden zu praktischen Werten.«[62] Diese Sinngebung des Lebens durch Arbeit bot Halt – und das nicht nur wirtschaftlich. Die berühmte Studie über die Arbeitslosen von Marienthal aus der großen Depression der Zwischenkriegszeit hat betont, dass ebenso schlimm wie die materielle Verelendung die totale Resignation, der Verlust jeglichen Selbstwertgefühles sei.

Nicht einmal mehr aus Klassenzugehörigkeit lässt sich Identität gewinnen. Soziologen halten bereits den Begriff von »Milieus« statt von Klassen für realitätsgerechter. Aber das ist wenig mehr als eine Station des Rückzugs auf dem Weg von objektivierbaren sozialen Differenzierungen zu subjektiv gewählten Umgebungen. Etwa das von Schulze so benannte »traditionslose Arbeitermilieu« ist nicht viel mehr als ein Auffanglager der aus ihrer Klassenidentität Vertriebenen.

Klaus Theweleit meinte, die Umformung ursprünglicher Destruktivität in soziale Antriebe könne nur in sozialen Beziehungen erfolgen. Wenn diese Beziehungen nicht aufgebaut würden, bleibe die ursprüngliche Destruktivität erhalten. Die brennenden Autos in den französischen Vorstädten haben 2005 dieser These neue Aktualität verliehen. Aber selbst wenn man nicht der Annahme ursprünglicher Destruktivität folgen wollte: Das Fehlen sozialer Beziehungen ist für sich allein schlimm genug – denn es ist zugleich ein Mangel an genau jener Reflexivität, die für die Herausbildung von Verhaltenssicherheit im sozialen Umgang, und damit für Identitätsbildung, entscheidend ist – und wird zugleich von den Betroffenen als Verweigerung der auch ihnen zustehenden Anerkennung empfunden. Dahrendorf und viele andere haben vom Wertverlust, der sozialen Anomie, gesprochen. Es ist zu fürchten, dass es noch radikalere Folgen geben könnte: Wo keine soziale Reflexivität und damit keine Gegenseitigkeit herrscht, kommt es nicht einmal zum Aufbau jener elementaren Routinen der Interaktion, auf denen Persönlichkeit wie auch Gesellschaft beruhen.

Die Wissenschaft erlangt übrigens zunehmendes Bewusstsein dafür, dass die Qualität der sozialen Verankerung eines Individuums auch für seine Gesundheit wesentlich ist: »There is evidence that better health is enjoyed by people with strong or extensive social networks, though how this works is not yet understood.«[63] Wer die Bedeutung sozialer Reflexivität für die Stabilisierung der eigenen Identität nicht sieht, der kann das Phänomen auch tatsächlich schwer verstehen. Und eine Analyse von Gesundheitsbeeinträchtigungen in Unternehmen[64] weist einerseits auf den Umfang von Fehlzeiten hin (10–12 Prozent in einzelnen Unternehmungen[65]), betont aber andererseits ausdrücklich die Bedeutung von Person-Umwelt-Übereinstimmung für die Widerstandsfähigkeit gegen Depression, physiologische Stressreaktionen und andere Symptome schlechter Gesundheit.[66] Die Studie gelangt letztlich in ansprechender Parallelität zu meinen Überlegungen zu einem »Modell der Austauschbeziehungen zwischen Individuum und Unternehmen«[67], um einen angemessenen theoretischen Rahmen für die Erfassung dieser vielfältigen Symptome zu erhalten.

Zusätzlich wird die geforderte Anstrengung immer höher, der Leistungsdruck nicht nur bei Spitzenfunktionen, sondern auch bei Angehörigen des mittleren Managements, ja schon beim Vorarbeiter härter. Überdurchschnittlicher beruflicher Erfolg ohne vollen Einsatz ist heute kaum mehr denkbar. Und so kommt es häufig genug zum genauen Gegenteil dessen, was die gehobene Position erwarten ließe: Statt zur Bereicherung des Lebens kommt es zur Einengung, zur Konzentration aufs Geldverdienen. Je höher die Stellung des Einzelnen, desto oberflächlicher werden die Freundschaften, desto zahlreicher die Feinde, desto ärger der Konkurrenzdruck, desto mühseliger die Behauptung der errungenen Position. Dies alles bedingt eine psychische und physische Konstitution, die sogar in unserer Gesellschaft nicht selbstverständlich ist. Die Anpassung an die immer höher geschraubten Anforderungen des Berufslebens gelingt immer mehr Menschen immer schlechter.

4.2.3.5 Die alten Vorstellungen von Gerechtigkeit und die etwas andere neue Welt

Die alten Vorstellungen von Gerechtigkeit kommen mit diesen Veränderungen nicht mehr zurecht. Normative Gesellschaften hatten noch eine klare Vorstellung von Ausgleich und Gerechtigkeit. Aus ihnen stammen die Überzeugungen und Vorstellungen einer »moral economy«, wie Edward P. Thompson es formuliert hat, letztlich also das Beharren darauf, die Welt nach den Kategorien eines normativen Weltverständnisses beurteilen zu können. Da hat jede Anstrengung ihren angemessenen Lohn, da sind die sozialen Unterschiede überschaubar und werden auch wirtschaftliche Beziehungen sozialen Gerechtigkeitsvorstellungen unterworfen. In der Marktökonomie ist der Zusammenhang zwischen Leistung und Erfolg immer noch möglich, aber nicht mehr zwingend, und Vorstellungen von Gerechtigkeit als soziale Angemessenheit in der Praxis immer weniger einlösbar.

Die Wahrnehmung der stattgefundenen Veränderungen durch die Betroffenen fällt freilich je nach dem kulturellen Hintergrund und den dadurch geprägten »frames« freilich recht unterschiedlich aus. Für die Vereinigten Staaten habe ich das dominante Wahrnehmungsmuster zu skizzieren versucht, das nicht nur eine ganz bestimmte Perspektive der Wirtschaft, sondern auch eine im Prinzip optimistische Vorstellung von eigenen Chancen vermittelt. In verschiedenen anderen Ländern – und nicht zuletzt in Deutschland und Österreich – sind die traditionellen Muster des sozialen Tausches andere. Da trifft sich die Erinnerung an die erfolgreiche Phase der sozialen Marktwirtschaft in der Nachkriegszeit mit älteren Traditionen autoritärer Patronage-Strukturen. Die viel skeptischere subjektive Beurteilung des eigenen Chancen-Risiko-Profils in der Marktwirtschaft führt zu einem verstärkten Drang nach Sicherheit. Das beinhaltet Strategien der Risikominimierung, so in der Suche nach beruflicher Absicherung, möglichst im Dienst der öffentlichen Hand statt in der Privatwirtschaft, oder in geringerer Bereitschaft zur Selbstständigkeit, aber auch in der Präferenz für Parteien, welche die soziale Absicherung versprechen.

4.2.3.6 Warum die Reichen immer reicher werden

Seit dem 19. Jahrhundert hat das Kapital als Produktionsfaktor gegenüber dem ungleich älteren Produktionsfaktor Arbeit ständig an Bedeutung gewonnen. Je ausgefeilter die jeweilige Technologie, desto kapitalintensiver die Produktion, die Vermarktung und ebenso die notwendige Forschung. Die Nachfrage nach Kapital geht aber nicht nur von Unternehmen aus, sondern ebenso von der öffentlichen Hand, ob von Staaten, Gemeinden, Infrastruktureinrichtungen oder internationalen Organisationen.

Für die Verteilung des Volkseinkommens, wie der auch in der Ökonomie gängige Begriff lautet, auf Kapital und Arbeit ist in einer Marktwirtschaft (wenngleich neben etlichen anderen Faktoren) das Verhältnis von Angebot und Nachfrage maßgeblich. Das bestimmende Phänomen der heutigen Welt ist nun, dass die Nachfrage nach Arbeitskräften im Verhältnis zum Angebot immer geringer wird, während die Nachfrage nach Kapital ungebrochen anhält. Dafür gibt es mehrere Gründe:

Wie erwähnt hat das Phänomen der Globalisierung mit der Integration der Entwicklungsländer in den Welthandel auch eine Integration von Hunderten Millionen dort lebender Menschen in diesen Handel bedeutet. Die dort erwarteten und bezahlten Löhne sind unverhältnismäßig niedriger als die bisherigen Löhne in den Industriestaaten. Nicht nur das Anbot an international verfügbaren Arbeitskräften wurde viel größer, sondern jedem Unternehmen muss ein Produktionsstandort in solchen Ländern statt am ursprünglichen Standort überlegenswert erscheinen, sobald es einen Kostenvergleich unternimmt.

Das ereignet sich gleichzeitig mit der auch schon erwähnten laufenden Einsparung von Arbeitskräften im Zuge des technischen Fortschritts, das sich immer dann besonders drastisch bemerkbar macht, wenn das Wachstum der Wirtschaft hinter der Rate des arbeitssparenden Produktivitätsfortschritts zurückbleibt.

Einen dritten Faktor stellen die geänderten Verhaltensweisen vieler Unternehmer dar. Ob es die immer mehr werdenden Private-Equity-Firmen (oder »Heuschrecken«, wie sie nach vielen unfreundlichen Übernahmen nicht minder unfreundlich bezeichnet werden) sind, denen es um rasche Gewinne geht, oder die Unternehmen, die im Konkurrenzkampf ihre Kostenstruktur verbessern oder ihren Aktionären ordentliche Gewinne (und dem Vorstand ordentliche Profite aus Aktienoptionen) sichern wollen, das strategische Ziel ist in all diesen Fällen das gleiche: eine Optimierung der Kostenstruktur, die in aller Regel auf nichts anderes hinausläuft als auf Kostenminimierung. Je härter der Konkurrenzdruck oder je radikaler die Gewinnmaximierungsziele (und auch: je gewinnträchtiger das Konzept der Firmenübernahmen) sind, desto konsequenter werden solche strategischen Ziele verfolgt, ganz im Gegenteil zu einer Zeit, die nur wenige Jahrzehnte zurückliegt und in der beide Seiten schon zufrieden waren, wenn sie nur jedes Jahr ein wenig mehr verdienen konnten.

Dazu kommt viertens ein faktischer Zwang zum Wachstum. Es sind nicht nur der technische Fortschritt und die mit ihm verbundenen »economies of scale« – man kann umso rationeller produzieren, je mehr man produziert –, die Wachstum nahelegen. Es sind ebenso die stetig steigenden Kosten von Forschung und Entwicklung und die nicht minder hohen Kosten für Marketing und Werbung, ganz besonders für den Aufbau eines Markennamens, was ja auf nichts anderes hinauswill als auf die Erhöhung subjektiver Tauschwerte. Zwar unterbleibt in kaum einem der zahllosen Management-Handbücher der Hinweis, dass nicht die großen die kleinen Unternehmen fressen, sondern die schnellen die langsamen.

Das mag stimmen, aber auch die schnellen brauchen dafür Kapital. Und dieses so dringend benötigte Kapital kann unter heutigen Strukturen nur noch von Privaten und von privatwirtschaftlich organisierten Institutionen aufgebracht werden.

All dies hat zur Folge, dass mehr und mehr Unternehmen Kapital zum Finanzieren der nötigen Investitionen suchen. Kapitalgeber können daher unter einer Vielzahl von Firmen aussuchen, in welche sie investieren wollen. Nutzenorientiert wie sie sind, werden sie sich dabei danach richten, wo sie (unter Berücksichtigung des jeweiligen Chancen-Risiko-Profils) die höchste Rendite, den höchsten Shareholder-Value erwarten können. Das wiederum zwingt die Manager zu geänderten Verhaltensmustern. Die Kapitalgeber, auch die Börse, prämiieren aggressives (Markt-)Verhalten. Schon deshalb unterliegen die Unternehmensführungen einem faktischen Zwang zum rascheren Wachstum und damit zu einer Steigerung des Marktanteils, sei es auch durch Verdrängung anderer Unternehmen vom Markt. Je rascher das Wachstum von Umsätzen und Erträgen, desto attraktiver ist ein Unternehmen für die Aktionäre. Damit wird es für die jeweilige Unternehmensleitung umso wichtiger, Wachstum zu forcieren, selbst wenn dies mit Unternehmenskäufen verbunden ist, die die Verschuldung des eigenen Unternehmens kräftig erhöhen.

Und zu all dem gibt es fünftens noch einen weiteren Faktor, der die Kapitaleinkommen zulasten der Arbeitseinkommen begünstigt: Je mehr Kapital im Verhältnis zur Arbeit an der Produktion beteiligt ist, desto höher ist auch der Anteil am Ergebnis.

Für die einzelnen Staaten wäre es daher naheliegend, zur Deckung ihrer Budgetlücken große Kapitaleinkommen auch entsprechend kräftig zu besteuern. Hinzu kommt, dass die meisten Länder dieser Erde gegenwärtig mit einer Auseinanderentwicklung der Einkommen konfrontiert sind, die nicht weniger drastisch ist als in den Vereinigten Staaten. Aber solche Bemühungen sind schwerlich in die Praxis zu übersetzen. Schließlich ist Kapital unendlich mobil geworden und hat damit die Politik vor ein bisher ungelöstes Dilemma gestellt. Welcher Staat auch immer die Beweglichkeit des Kapitals einschränken will, erfährt als erste Reaktion darauf genau jene Kapitalflucht, die er verhindern möchte. Allein schon gute Umfragewerte für Parteien, denen solche Absichten unterstellt werden, lösen Kapitaltransfers ins Ausland aus, noch bevor die betreffende Partei überhaupt an die Macht kommt.

Der Einsatz und die regionale Verteilung von Kapital kann von der Politik nicht wirklich kontrolliert werden. Die Politik kann auf soziale Ungleichheit mit Umverteilungsmaßnahmen reagieren, aber sie ist in ihren Reaktionsmöglichkeiten strukturell langsamer als privates Kapital. Sie steht außerdem in Konkurrenz zur Politik anderer Staaten, die für das Gedeihen ihrer Wirtschaft ebenso dringend auf Kapital angewiesen sind und daher bereit sind, entsprechende Rahmenbedingungen zu bieten. Die Lücke zwischen dem umfassend angelegten Gestaltungsanspruch der Politik und ihren begrenzten Einflussmöglichkeiten wird gerade im sensiblen Bereich der Verteilung der Einkommen nach Kapital und Arbeit größer statt kleiner.

4.2.4 Das Einrichten in der veränderten Welt

4.2.4.1 Wer bin ich? Die Auflösung traditioneller Formen der Identitätsbildung

Was früher so abstrakt als Übergang von normativen zu nutzenorientierten Systemen bezeichnet wurde, bedeutet auf der individuellen menschlichen Ebene den Verlust einer göttlichen oder sonst wie überindividuell begründeten Weltordnung als Fundament sowohl der Vorstellungen von der Ordnung der Welt als auch vom richtigen eigenen Verhalten. Auf Ebene der Gesamtgesellschaft ist es nicht weniger als das Ende der Steuerung dieser Gesellschaft über einheitliche Normen und Werte. Damit ist eine soziologische Hypothese endgültig nicht mehr zu halten, nach der die Steuerung von Verhalten durch gesellschaftlich einheitliche Normen erfolgt.

Aber es ist ja noch viel mehr verloren gegangen. Ich fürchte, dass im historischen Ablauf drei Phasen des Verlustes zu unterscheiden sind. Die erste Phase war der Verlust der göttlichen Ordnung im Zuge der Aufklärung. Das wurde nicht als Verlust, sondern als Befreiung empfunden, denn nunmehr sollte der Mensch mit der ihm eigenen Vernunft seine Angelegenheiten frei und vernünftig gestalten können. Die zweite Phase ist meiner Meinung nach das allmähliche Verschwinden der Zuversicht, dass man sich auf eine gemeinsame Vernunft und damit gemeinsame Wahrheit verlassen könne. An ihre Stelle tritt eine Vielfalt unterschiedlicher Wertvorstellungen als Motivation des jeweiligen Verhaltens. Die dritte Phase könnte der Verlust menschlicher Identität und Autonomie darstellen, die durch Zufallsprozesse und die Übernahme vorgefertigter Rollenmodelle ersetzt werden, vom wissenschaftlichen Bild des Menschen als eines von Genen und Umwelteinflüssen geprägten Apparates einmal ganz abgesehen. Doch davon später. Bleiben wir einmal bei der zweiten Phase.

Der modernen Vielfalt unterschiedlicher Wert- und Weltvorstellungen versucht das sogenannte Konzept der funktionellen Integration Rechnung zu tragen. In diesem Konzept wird die Voraussetzung eines einheitlichen Normensystems aufgegeben. An seine Stelle tritt die Annahme unterschiedlicher, den Notwendigkeiten verschiedener Lebenswelten entsprechender Wertvorstellungen der einzelnen Menschen. Ein solches Individuum muss sich dann freilich in verschiedenen sozialen Rollen der jeweiligen Lebenswelt anpassen, sich im Arbeitsleben den

Leistungserfordernissen eines harten Wettbewerbes stellen, im privaten Leben die Regeln der eigenen kleinen Gemeinschaft befolgen und in der Öffentlichkeit moralische Wertvorstellungen vertreten. Auf diese Weise würden die einzelnen Mitglieder der politischen Gemeinschaft in den einzelnen sozialen Bereichen kooperativ zusammenwirken, auch wenn sie dabei jeweils recht unterschiedliche soziale Rollen einnehmen. So würden sie auch die Funktionsfähigkeit des Gesamtsystems aufrechterhalten.

Diese theoretisch gefundene Harmonie ist etwas glatt. Das Handlungssubjekt wird in diesem Konzept gedanklich in verschiedene Handlungseinheiten zerlegt und erst auf diese Weise mit den Ordnungszusammenhängen der einzelnen Teilwelten stimmig gemacht.[68]

Das Problem ist außerdem, dass nicht nur Kulturen, sondern auch Subkulturen keine stabile Erfahrungswelt mehr bieten. Ulrich Beck meinte, dass auch »die existenziell subkulturelle Wirklichkeits- und Erfahrungsbasis von Klassen zerrinnt«[69]. Das traditionelle Klassenmodell sei nicht mehr brauchbar. Aber »das Ende der Klassen ist nicht ein revolutionärer Urknall und der damit einsetzende Beginn der klassenlosen Gesellschaft, sondern die fortschreitende kollektive Vereinzelung in einer enttraditionalisierten Gesellschaft der Unselbstständigen«[70].

Diese »Verselbstständigung des Subjekts ist teils Ursache, teils Wirkung der Auflösung des traditionellen sozialen Geflechts von sozialer Schicht, Familie und Nachbarschaft, in dem sich das Subjekt aufgehoben fühlen konnte«[71] – auch wenn es dabei sozialer Kontrolle unterlag.

Es war daher nur konsequent, dass Ulrich Beck in seiner Rede zur Eröffnung des Soziologenkongresses 1990 in Frankfurt davon gesprochen hat, es zerfalle »die letzte große Zentralillusion der Soziologie: die Metaphysik sozialer Systeme«. Er hat dies anhand der Industriegesellschaft exemplifiziert, deren Funktionsprinzipien und Grundbegriffe (und Lebenswelten) sich ebenso zersetzen wie traditionelle Konsensformeln: Klasse, Kleinfamilie, Ehe, Beruf, Rollen. Die Industriegesellschaft als System, und damit ihre eigene Dynamik, löse die Industriegesellschaft als lebensweltlichen Erfahrungszusammenhang auf – eine Auflösung, die nach Beck übrigens in der Theorie »analytisch verriegelt« sei.

Wie soll im Übrigen eine Gesellschaft die nächste Generation sozialisieren, wenn ihr nicht nur jegliche Einheitlichkeit fehlt, sondern ihr darüber hinaus nicht einmal die Richtung ihrer eigenen Veränderungen klar ist? Richard Löwenthal spricht von der »zunehmenden Erschwerung von Sozialisierung und Identitätsbildung der Heranwachsenden durch die stetig beschleunigte Veränderung der Lebensformen«[72]. Es fehlt nicht nur an Konsistenz innerhalb der Gesellschaft, es fehlt selbst an einer einheitlichen Vorstellung davon, was Gesellschaft überhaupt sein sollte. Norman Birnbaum spricht von der »absence of an idea of society«. Er meint: »The jagged contours of a reality which, especially in its contemporary form, escapes us.«[73] Neil Postman hat das radikalisiert: »In dieser Welt gibt es kaum Zusammenhänge, kaum Bedeutung; sie fordert uns nicht auf, etwas zu tun, … die Grundannahme dieser Welt ist nicht Kohärenz, sondern Diskontinuität.«[74] Oder mit Heidegger ins Philosophische gewendet: Erst wo die Dinge etwas »bedeuten«, tut sich der Zusammenhang einer Welt auf.

In einer interaktionistisch umformulierten Neurosenlehre spielt übrigens der Verlust von Normen und Traditionen eine kritische Rolle: Dem objektiven Orientierungsverlust entsprechen subjektive Verdrängungen.[75] Es fehlt dann einfach am inneren Kreiselkompass, der Orientierung vermitteln sollte. Der Mangel macht sich letztlich in Verhaltensmustern bemerkbar, die nur noch als Ergebnis von Verdrängungen und als ungenügende Anpassung an die Realität verstanden werden können.

Vielleicht trifft die Formulierung eines Pädagogen, der die praktischen Probleme von Sozialisierung in den Schulen hautnah miterlebt hat, am ehesten den Kern der totalen Orientierungslosigkeit, in der die Jüngeren mit sich alleingelassen werden: »Schulpolitik im Bermuda-Viereck zwischen Rousseau, Skinner, Marcuse und Greenpeace: Das heißt, zwischen Gleichheits-Utopie, Machbarkeits-Wahn, Lust-Prinzip und Untergangs-Alarmismus. In diesem Viereck gehen Persönlichkeitsentfaltung, Realitätssinn, Anstrengungsbereitschaft und Lebensfreude allmählich verloren.« Diese Formulierung stammt von Josef Kraus, um die Jahrtausendwende Präsident des Deutschen Lehrerverbandes.

Aber dieses Dilemma unklarer und widersprüchlicher Orientierungsangebote betrifft ja nicht nur Schüler, sondern immer mehr Menschen, die mit heutigen Lebensumständen zurechtkommen müssen.

Luhmann war überzeugt, die soziale Reflexivität, die Intersubjektivität des Erlebens und Handelns – also die Formen des sozialen Tausches und die damit hergestellte Gemeinschaftlichkeit – reiche nicht mehr aus, um den Steuerungsbedarf hoch differenzierter Teilsysteme aufeinander abzustimmen. Die Identität moderner Gesellschaften könne nicht mehr auf der Ebene sozialer Integration von Menschen, sondern nur mehr auf jener der Systemintegration gesichert werden. Luhmann wurde allerdings selbst gegenüber dieser systemtheoretischen Alternative immer skeptischer. Die hoch differenzierten, funktional spezialisierten Teilsysteme wie Recht, Wirtschaft, Politik und Wissenschaft stellen, wie Luhmann selbst betont, füreinander immer autonomer werdende Umwelten dar. Damit nehmen sie laut Luhmann aus komplexen Problemfeldern nur jeweils die ihnen entsprechende rechtliche, wirtschaftliche, politische oder wissenschaftliche Perspektive heraus und verarbeiten sie nach ihrem jeweils eigenen Code. Und die Politik, die alles koordinieren soll, kann das nicht mehr.

Habermas hat an Luhmanns systemtheoretischen Überlegungen kritisiert, dass selbst eine theoretisch hinreichende Systemintegration der Gesellschaft kein

Äquivalent für die soziale Integration der einzelnen Mitglieder der Gesellschaft sei. Die Erhaltung eines Gesellschaftssystems sei nicht möglich, wenn nicht die Erhaltungsbedingungen der Systemmitglieder erfüllt würden. Die Strukturen der Lebenswelt müssten als konstitutive Elemente von Gesellschaftssystemen berücksichtigt werden.[76]

Da ist Habermas wohl zuzustimmen. Aber sein Lösungsvorschlag greift über die heutige Realität hinaus. Er beharrt auf der Annahme eines vernunftgeleiteten, verständigungs- und handlungsfähigen Subjektes, mit prinzipieller Selbstständigkeit und auch Kompetenz gegenüber der sozialen Welt. Mithilfe dieser Kompetenz könne es an vernünftigen Lösungen gesellschaftlicher Probleme mitwirken und dabei die eigene Identität behaupten. Das ist, umfänglich begründet, der alte Traum der Aufklärung.

Wie schön wäre es, hätte Habermas recht. Aber die Annahme, die intellektuelle, kommunikative und moralische Kompetenz der Menschen gewährleiste die vernunftgemäße Lösung der Probleme des Zusammenlebens, wurde gerade im letzten Jahrhundert von der Praxis furchtbar genug widerlegt. Habermas löst das Problem der enorm gestiegenen Komplexität der Welt, indem er quasi die andere Seite der Gleichung ebenso ins Ungemessene vergrößert und dem Menschen enorme Fähigkeiten zur Beherrschung dieser Welt zutraut.

Ich halte das für utopisch. Das Bild vom aufgeklärten Bürger stammt von einem Vorbild, das in der Argumentation verdrängt und in der Wirklichkeit weitgehend verschwunden ist, nämlich vom klassischen Bildungsbürger, der in Familie und Gesellschaft integriert war (und deshalb Hegels Traum vom Beziehungswesen rechtfertigen konnte), und der außerdem so universell gebildet war, dass ihm kritische Reflexion möglich und selbstverständlich war. Erst dadurch konnte er ja zum autonomen Subjekt werden. In der Folge möchte ich zeigen, dass diese Voraussetzung kaum mehr gegeben ist.

4.2.4.2 Selbstbehauptung in einer unverstandenen Welt

In einer unüberschaubar gewordenen Welt will der Mensch zunächst einmal Orientierung. Das Gehirn bildet nach ziemlich übereinstimmender Meinung der Gehirnforscher die Welt nicht einfach ab, sondern arbeitet mit einem eigenen Mechanismus. Es trifft eigene Annahmen und trägt diese immer wieder als Hypothesen an die Welt heran, die es je nach Rückkoppelung bestätigt oder verwirft. Es konstruiert sich damit die Welt selbst und passt dieser sein Verhalten an.[77] Das Subjekt sieht sich nicht objektiv von außen. Es analysiert die Welt, in die es geworfen ist. Diese Formulierung der Philosophen entspricht durchaus der Ausgangslage auch der Neurologen. Mit eigenen Hypothesen sucht der Verstand ein Bild der Welt, um sich in ihr zu behaupten. Für die Analyse von sozialen Verhaltensmustern gilt daher mehr denn je »die alte soziologische Überlegung, dass die Organisation sozialen Handelns auf Interpretationen aufbaut, mögen sie noch so schief sein«[78].

Werte und Überzeugungen sind nicht nur Produkte religiöser Fixierungen oder bedenkliche Sekundärtugenden, sie sind Hilfsmittel des ständigen Bemühens um Orientierung. Weltbild und Wertvorstellungen sind nicht voneinander zu trennen. Spezifisch religiöse Wertvorstellungen sind nur von der Überzeugung getragen, die maßgeblichen Werte stammten von einer Quelle außerhalb des Individuums. Der gerne diagnostizierte Übergang von Überlebenswerten zu Selbstartikulationswerten hat viel mit den völlig geänderten Vorstellungen vom eigenen Platz in dieser Welt zu tun.

Abraham Maslow hat die Überzeugung vertreten, »dass der Zustand des Seins ohne ein System von Werten psychopathogen sei«. Das erinnert an Nietzsches »horror vacui«, die Angst vor der Leere, der der moderne Mensch nicht entkommen könne. Andererseits aber, so Maslow, müsse man sich der Realität stellen, und die sei nun einmal »der totale Verfall aller Wertquellen außerhalb des Individuums«[79]. Und daher bleibe auch gar keine andere Alternative als die, statt auf vermeintlich objektive soziale Sachverhalte auf das Subjekt selbst abzustellen: »Unter diesen Umständen hat die Untersuchung des Subjektiven theoretische Priorität, ist die Analyse von Problemdefinitionen soziologisch ergiebiger als die Analyse objektiver Probleme.«[80]

Um Günther Anders zu folgen: Der Mensch ist nicht nur auf diese Welt nicht festgelegt, überhaupt auf keine bestimmte, aber sehr wohl darauf, in irgendeiner Welt zu leben. Gerade weil er kein Ziel (mehr) hat, ist er zur Geschichte, zum Ausprobieren und zum Entwerfen unterschiedlicher Lebensformen gezwungen. Der Mensch sucht regelmäßig nach Identität, nach Zugehörigkeit und nach Gemeinschaft, die ihm oft diese Identität erst verleiht. Das ist die übliche menschliche Reaktion auch und gerade eines autonomen Subjektes, und die fällt je nach der Zeit und der Welt um einen herum unterschiedlich aus.

Nur ist es recht schwierig geworden, so etwas wie Identität herzustellen: »Wenn keine Stadt, kein Milieu, keine Familie, kein Beruf, kein Geschlecht, keine Ideologie mehr eine verlässliche Heimat bildet, die einer Biografie Kontinuität verleiht, und gleichzeitig über den Medienmarkt minütlich neue Zeichensysteme, Stimuli, Deutungen und Kaufanreize versendet werden, entsteht … eine Großbaustelle namens Ich, die Tag und Nacht in Betrieb ist.«[81] Es geht gar nicht mehr um das früher so heftig diskutierte Thema der Auseinandersetzung zwischen einem vermeintlich wahren Ich und einer Gesellschaft, die dem Einzelnen ein anderes Ich aufdrängen will, sondern um das grundsätzlichere Dilemma, dass die Sozialisierungsmechanismen der Gesellschaft gar kein schlüssiges Ich, weder ein fremdbestimmtes noch ein eigenes, vermitteln können.

Soziale Integration ist im anonymen Großverband einer weitgehend zersplitterten Gesellschaft gar nicht mehr möglich, sondern nur mehr in der relativen Einheitlichkeit überschaubarer Milieus und überschaubarer Kleingruppen. Das war früher die Familie, ein religiöser Orden oder eine vergleichbare Gemeinschaft. Heute ist eine Vielfalt von Kleingruppen unterschiedlichster Orientierung und Zusammensetzung festzustellen und sie alle haben Bedeutung als primärer sozialer Integrationsmechanismus. Henri Tajfel hat den Begriff der sozialen Identität überhaupt aus dem Bewusstsein und der Zugehörigkeit zu einer sozialen Gruppe abgeleitet. Selbst Habermas hat sich dem angeschlossen: »Die durch Selbstidentifikation erzeugte und durchgehaltene symbolische Einheit der Person beruht ihrerseits auf der Zugehörigkeit zur symbolischen Realität einer Gruppe, auf der Möglichkeit einer Lokalisierung in der Welt dieser Gruppe. Eine die individuellen Lebensgeschichten übergreifende Identität der Gruppe ist deshalb Bedingung für die Identität der Einzelnen.«[82] In überschaubaren (und das ist nicht das unwichtigste Kriterium) Kleingruppen können Verhaltensmuster in Gegenseitigkeit erprobt, Normen und Traditionen geschaffen und aufrechterhalten werden. Erst das liefert Orientierung wie Verhaltenssicherheit gleichermaßen.

Aber gibt es solche stabilen Gruppen mit übergreifender Identität noch, und selbst wo das der Fall ist, funktioniert die Übertragung stabiler Verhaltensmuster aus personalen Beziehungen auf die Welt außerhalb noch? Marktwirtschaftliche Verhaltensmuster werden in der primären Sozialisation nicht vermittelt, weil familiäre Beziehungen völlig anderen Mustern folgen. Helmut Schelsky meint, dass »allmählich jede Verhaltens- und Interessensidentität zwischen diesen beiden Horizonten der sozialen Organisation zerrieben wird«[83]. Emile Durkheim und viele andere vermuten sogar eine Durchsetzung des Marktprinzips bei gleichzeitiger Auflösung traditioneller persönlicher Bindungen.

Ein bürgerliches Individuum hatte noch im 19. Jahrhundert um den Preis der inneren Widersprüchlichkeit und der Verdrängung individuelle Nutzenmaximierung und sozialen Normengehorsam miteinander zu verbinden getrachtet. Die Freud'sche Analyse des Konfliktes zwischen Triebbefriedigung und internalisierten sozialen Normen hat der historischen Problematik des damaligen bürgerlichen Individuums genau entsprochen, das bereits damals in der Familie, im öffentlichen Leben wie in der Wirtschaft mit jeweils unterschiedlichen, noch dazu untereinander konkurrierenden Welteinstellungen fertig werden musste.

Die heutige Praxis ist erheblich komplexer. Sie zeigt innerhalb der Grundtendenz einer immer stärkeren Durchsetzung nutzenorientierter Verhaltensmuster eine zunehmende Ausdifferenzierung verschiedener individueller Verhaltensmuster. Ich möchte dabei nicht der Vielfalt individueller Ausprägungen nachspüren – das fällt eher in den Bereich der Individualpsychologie –, sondern mich auf bestimmte Denk- und Verhaltensmuster konzentrieren, die soziale Konsequenzen haben. »Sozialer Wandel wird begreifbar im Zusammenhang mit allmählichen

Veränderungen grundlegender kognitiver Operationen. … Gehen die Menschen zu einer neuen fundamentalen Semantik über, so hat dies weitreichende Folgen für ihr gesamtes kognitives System und für ihr soziales Handeln.«[84]

4.2.4.3 Das Auseinanderfallen der subjektiven Welten

Bei der Analyse dieser Ausdifferenzierungen sind die Marktforscher nicht langsamer gewesen als die Soziologen. Schließlich versuchen sie, eine für Industrie und Handel entscheidende menschliche Verhaltensweise präziser zu analysieren, das Konsumverhalten. Fachbücher der Marketingindustrie lesen sich häufig wie soziologische Analysen. Hier wie dort geht es darum, Bedürfnisse, Wünsche und Erwartungshaltungen jeweils unterscheidbaren sozialen Gruppen zuzuordnen und die einzelnen Gruppierungen nach Lebensstilen und Verhaltensmustern weiter zu unterscheiden, auch wenn es der Werbung dabei nur darauf ankommt, die einzelnen Gruppen auch gezielt ansprechen zu können.

Da wurden beispielsweise schon vor zwanzig Jahren in einer Analyse weiblichen Konsumverhaltens[85] aktive, von Ideen und Wertvorstellungen motivierte selbstbewusste und unabhängige Frauen anderen praktisch vorgefundenen Typologien gegenübergestellt, nämlich suchenden und nacheifernden und letztlich passiv unengagierten.

Aber die praktisch vorfindbaren Differenzierungen gehen über das Kriterium aktiven oder passiven Verhaltens noch hinaus. Dazu tritt das Kriterium Wertorientierung (»values«) versus materielle Orientierung (»valuables«). Das Ergebnis ist die Einordnung aller praktisch vorfindbaren Verhaltensmuster in einen zweidimensionalen Orientierungsraster mit den Koordinaten Bewegung/Beharrung einerseits, Wert- oder Nutzenorientierung andererseits. Meine theoretische Unterscheidung nach normativem und nutzenorientiertem Verhaltensmuster wird empirisch bestätigt.

Da finden sich dann – etwa in Studien für Europa – mit positiven Werten an Bewegung und Nutzenorientierung die Karrieremacher, und nur bei den Gütern etwas zurück die Angeber. Ebenfalls positive Bewegungswerte, aber stärkere Wertorientierung haben die Protestler und die Alternativen. Nutzenorientierung, aber geringere Aktivitätswerte haben beispielsweise die Romantiker, die Misstrauischen und die sogenannten »Heimchen«. Bei ebenfalls geringer Aktivität, aber höherer Wertorientierung finden sich die guten Nachbarn, die Puritaner und die Noblen. In China unterscheidet man heute die Konsumtypen der Altgedienten, der jungen Erfolgreichen und der verwöhnten Kinder als »kleine Kaiser«. Diese Typologie entspricht durchaus der dortigen sozialen Realität.

Der wirtschaftliche Erfolg oder Misserfolg von Markenartikeln hängt davon ab, dass es den Produzenten gelingt, die einzelnen unterschiedlichen Gruppen in ihrer Eigenheit zu erfassen und dann als solche möglichst präzise anzusprechen. Dabei erweisen sich oft Unterscheidungen als zielführend, die die ganze Bandbreite der Gesellschaft verdeutlichen, wie etwa Träumer, Minimalisten, Maximalisten, Humanisten, Traditionalisten, Leistungsbringer, Individualisten und Hedonisten.[86] Und solche Differenzierungen gelten keineswegs nur für besondere Prestigeartikel. Selbst Waschmittel werden heute zielgruppenspezifisch vermarktet.

Die Identifikation solcher Cluster bzw. Gruppen mit spezifischen Verhaltensmustern dient nicht nur dem Marketing, sondern auch der »Bestimmung des aktuellen Zeitgeistes sowie des Ausmaßes an Homogenität und Heterogenität der Gruppen«, der »Darstellung des Zusammenhangs zwischen soziokulturellen Werten und Trends und Konsumgewohnheiten bzw. Einstellungen«, ja sogar der »Trendidentifikation von Wertewandel und Bedürfnisänderungen in den Märkten«[87].

In den USA wurden bereits 1989 nicht weniger als 40 unterschiedliche Lebensstil-Typen unterschieden. Bereits damals zeigte sich, dass das traditionelle »Middle America« eigentlich nur noch knapp über drei Prozent der Bevölkerung ausmachte. Bedeutsamer sind Cluster wie »Money & Brains«, Universitätsprofessoren und beruflich erfolgreiche Technokraten, oder etwa die Baby-Boomer, unter denen allein sechs Gruppen unterschieden werden, von den gehobenen kinderreichen Familien der Suburbs bis hin zu den einkommensschwachen Blue-Color-Haushalten der Kleinstädte. Die damalige Studie zeigte außerdem, dass die regionale Mobilität regelmäßig höher ist als die soziale Mobilität und dass die Statussymbole dafür, es endlich »geschafft« zu haben, unendlich verschieden sind: Für einen erfolgreichen Investmentbanker der Wall Street ist es eine Wohnung in der Fifth Avenue mit Blick auf den Central Park. In manchen Einwandererhaushalten hat man bereits ein Lebensziel erreicht, wenn eines der Kinder die Highschool bis zum Abschluss durchhält.

Die Soziologie ist zu auffallend ähnlichen Stiltypisierungen gelangt. Der nach oben blickende, servile traditionelle Kleinbürger Michael Vesters wurde bereits erwähnt. Horst Nowak und Ulrich Becker haben 1985 sowie Peter Gluchowski 1987 soziale Milieus in der Bundesrepublik nach den Koordinaten soziale Schicht einerseits, Grundorientierung an traditionellen oder modernen Werten andererseits unterschieden. Bei Nowak und Becker reicht diese Skala von traditioneller bis postmaterieller Orientierung, bei Gluchowski von überwiegenden Pflicht- und Akzeptanzbedürfnissen bis zu reinen Entfaltungsbedürfnissen. Die Ergebnisse sind einander ziemlich ähnlich. Sie identifizieren soziale Milieus wie etwa das gehobene konservative Milieu, das der Aufstiegsorientierten, den aufgeschlossenen und anpassungsfähigen Normalbürger (mit dem größten Anteil an der Bevölkerung), unterschiedlich abgegrenzte linksalternative Milieus, und als Unterschicht bei Nowak und Becker das traditionslose Arbeitermilieu bzw. bei Gluchowski den isolierten alten Menschen.

Gerhard Schulze, der die bisher ausführlichste Studie für die Bundesrepublik Deutschland vorgelegt hat, verweist besonders auf den zunehmenden Ersatz einer ökonomischen, klassenbezogenen Semantik durch eine subjektbezogene, »psychophysische« Semantik. Das hänge aber wiederum damit zusammen, dass die Selbststilisierung der Subjekte zugleich Reaktion auf eine immer unüberschaubarere Komplexität sei. Das erinnert nicht zufällig an den Luhmann'schen Begriff der »Reduktion von Komplexität«: »Stiltypen sind freiwillige Selbstbeschränkungen angesichts unendlich vieler Möglichkeiten. Ihr Zweck ist die Erleichterung der Orientierung … Soziale Milieus bilden sich nach einem neuen Muster: Beziehungswahl ist an die Stelle von Beziehungsvorgabe getreten.«[88]

Schulze unterscheidet diverse »alltagsästhetische« Schemata, die nicht immer gefallen müssen. So charakterisiert er das sogenannte Trivialschema nicht nur mit der Sehnsucht nach Harmonie, dem Streben nach Geborgenheit und der »Kultur der schönen Illusion«, sondern verweist darauf, dieses Trivialschema sei »empirisch mit Persönlichkeitsmerkmalen verbunden, deren allgemeiner Nenner Rückzug und Resignation ist, ein Urmisstrauen gegenüber den anderen, … gegenüber sich selbst und der Fähigkeit, etwas zu bewirken«[89]. Andererseits ist beispielsweise das Spannungsschema durch das Streben nach Selbstverwirklichung und nach Stimulation, also Unterhaltung, gekennzeichnet, das Hochkulturschema durch das Streben nach Rang, aber auch nach Konformität.

Schulze unterscheidet typische Milieus, die von den Individuen bevorzugt werden. Für ihn sind das Selbstverwirklichungsmilieu, Harmoniemilieu, Integrationsmilieu, Unterhaltungsmilieu und Niveaumilieu. Für diese Milieus haben traditionelle Schichtungskriterien wie etwa die jeweilige Verankerung in den Bereichen von Arbeit, Beruf, Einkommen und Besitz sowie die hierarchische Ordnung von Großgruppen keine Gültigkeit mehr.[90] Politisches Interesse und Bereitschaft zur Unterordnung hat Schulze ebenfalls analysiert und Letztere im Harmonie- und im Integrationsniveau gefunden. In meiner Terminologie: Die Bereitschaft ist hoch, sich im sozialen Tausch politisch unterzuordnen, wenn man dafür Harmonie und/oder Integration in die Gesellschaft eintauschen kann.

Das Integrationsniveau, in welchem mittlere Bildung dominiert, ist bei Schulze durch die »normale existenzielle Problemdefinition des Strebens nach Geborgenheit« definiert. Auch im Harmonieniveau, bei dem niedrige Bildung besonders ausgeprägt ist, findet er die »primäre Perspektive der Bedrohung, (und auch) die normale existenzielle Problemdefinition des Strebens nach Geborgenheit. Von der Wirklichkeit ist nichts Gutes zu erwarten, von den anderen Menschen nicht, von der Zukunft nicht, von der Gesellschaft nicht«.[91]

Die Angaben über den Anteil der Passiven und Verunsicherten an der Bevölkerung schwanken je nach Studie und nach begrifflicher Abgrenzung. Blickt man nicht in die Vergangenheit, sondern in die Zukunft, dann interessieren vor allem die Verhaltensmuster der Jugend.

Die 14. Shell-Jugendstudie aus dem Jahr 2002 (Infratest Sozialforschung, Projektleiter Klaus Hurrelmann/Bielefeld) zeigte für die Bundesrepublik nicht mehr die »ideologisch unterfütterte Null-Bock-Stimmung früherer Generationen«, sondern vielmehr eine verstärkte Aufbruchstimmung. Leistung, Macht, aber auch Sicherheit sind den Jugendlichen wichtiger geworden als gesellschaftsreformerische Anliegen. Diese Orientierung wird durchaus mit alten Werten wie Ordnung und Fleiß verbunden.

Diese Shell-Studie unterscheidet zwischen »pragmatischen Idealisten«, »robusten Materialisten« (eher unter den Jüngeren zu finden, und noch am ehesten bereit, die sozialen und auch die gesetzlichen Normen im eigenen Interesse zu überschreiten), »selbstbewussten Machern« – die sich ausgerechnet durch erhöhtes Sicherheitsbedürfnis auszeichnen – und »zögerlichen Unauffälligen«. Letztere gehören vor allem zur Gruppe der Bildungsverlierer, die auch materiell, statusbezogen und in der mangelnden sozialen Einbindung zu Verlierern zu werden drohen. Rund ein Drittel der Jugendlichen ist nach der Shell-Studie eher passiv und fühlt sich von den Verhältnissen verunsichert.

Lange nach dem Ende des Nationalsozialismus wurde die Gefahr seiner Wiederkehr mit den Worten beschworen: Der Schoß sei fruchtbar noch, aus dem das kroch. Das mag sein. Aber die Ursachen dafür könnten tiefer liegen als in rechtsradikalen Wahnvorstellungen – nämlich in den Einschätzungen ihrer eigenen Situation durch ganz normale Menschen. Je unsicherer, desto anfälliger sind Menschen in Krisensituationen für Ideologien, die Ordnung, Klarheit und Halt versprechen.

Eine weitere Feststellung Schulzes soll wegen ihrer Bedeutung besonders unterstrichen werden: »Gefangen in subjektiven Welten mittlerer Reichweite, stehen soziale Milieus in einer Beziehung gegenseitigen Nichtverstehens – nicht bloß des oberflächlichen, durch Wahrnehmungsverzerrungen verursachten Irrtums, sondern des fundamentalen Nichtverstehens. … Hinter den kleinen Unterschieden tritt die große Gemeinsamkeit zurück. Sie wird nur noch negativ manifest: als symbolischer Konflikt sozialer Milieus in einer Struktur gegenseitigen Nichtverstehens.«[92]

Da ist eben keine gemeinsame Sprache mehr zu finden. Soziale Wahrnehmung ist selektiv und diese Selektivität wird durch die jeweilige Lebenswelt bestimmt. »Einmal etabliert, hat die fundamentale Semantik auch strukturstabilisierende und wahrnehmungssteuernde Wirkungen.«[93] Realität wird zu einem subjektiven Phänomen, zum Ergebnis selektiver Wahrnehmung der Wirklichkeit, die je nach sozialen Kategorien recht verschieden ausfällt. Und zwischen diesen unterschiedlichen sozialen Kategorien gibt es nur noch »fundamentales Nichtverstehen.«

4.2.5 Typologien und soziales Verhalten

4.2.5.1 Konsum als Selbstbehauptungsstrategie

Weiter oben (siehe Kapitel 3.6.3.1) wurde auf die Analyse Ingleharts hingewiesen, der auf der Basis der zwei Dimensionen Überlebenswerte versus Selbstartikulationswerte einerseits und normative versus rationale Autoritäten andererseits eine kulturelle Weltkarte erstellt hat. Diese Typologie kann nicht nur für Kulturen, sie kann ebenso für Individuen Verwendung finden. Selbstartikulation und Freiheit sind nicht nur in politischen Systemen hoch korreliert, sie sind es auch in den Individuen. Das ist nichts anderes als Konsequenz des jeweiligen Weltverständnisses: Normative Gebundenheit verlangt nach Ordnung, Nutzenorientierung will individuelle Freiheit, will Genuss, will Konsum.

Hinter Konsum verbirgt sich ein komplexeres Verhaltensmuster als nur das Ausgeben von Geld für Genuss. In einer nutzenorientierten Gesellschaft ist Konsum ein wichtiger Akt sozialen Tausches. Er reduziert persönliche Interaktion auf den Akt des Einkaufens und kann trotzdem den Status bestimmen. David Riesman hat die Ausrichtung des eigenen Verhaltens am Verhalten und am Standard der anderen statt an normativen Mustern als Ergebnis des Übergangs von innengeleiteten zu außengeleiteten Verhaltensmustern auf den Begriff der Außenorientierung gebracht. »Keeping up with the Jones« bedeute, dass Milieu und Nachbarschaft Norm und Anreizfeld zugleich wird.

Nur kennen heute viele Städter ihre Nachbarn kaum mehr, sehen sie schließlich auch im allgemeinen Berufs- und Konsumstress nur selten und orientieren sich daher mehr am eigenen Bekanntenkreis, an Kollegen und Vorgesetzten am Arbeitsplatz oder auch nach Vorbildern aus Fernsehen oder Modejournalen.[94] Die Außenorientierung hat andere Bezugsgruppen gefunden.

Konsum ist auch ein Mittel, Leistung und Anerkennung voneinander zu entkoppeln. Konsum dient nicht unbedingt der Sicherung sozialer Integration, ist aber in einer marktwirtschaftlichen Gesellschaft faktischer Ersatz dafür. Denn um vermeintlich »dazu«zugehören, muss man richtig angezogen sein, und – in bestimmten Milieus – die richtigen Lokale kennen, die richtige Freizeitgestaltung haben und die richtigen »coolen« Sprüche draufhaben. Nur so reduziert man den »narzisstischen Stress« (Wolfgang Schmidbauer), den der ständige Kampf um Zugehörigkeit auslöst. Der Markt bietet als Alternative zum fehlenden Gemeinschaftsgefühl die Gelegenheit, statt Zugehörigkeit zu leben Symbole von Zugehörigkeit einzukaufen. Er liefert genug »Requisiten zur Selbstdarstellung« (Helene Karmasin).

Norbert Bolz hat in einem Buch mit dem boshaften Titel »Das konsumistische Manifest« der Entfremdung durch den Konsum ein positives Vorzeichen verliehen: Erst auf diese Weise komme man überhaupt zu Lebensformen. Modetrends seien schließlich Lebensformexperimente. Schulze sieht das nicht anders: »Wegen der Auflösung von normativem Konsens ist persönlichem Stil immer mehr die Funktion zugefallen, anderen und sich selbst sowohl distinktive wie lebensphilosophische Inhalte zu signalisieren.«[95] Konsum ist nicht mehr nur Ausleben von Identität, er ist heute bereits Mittel zur Herstellung von Identität geworden. Um das zu sehen, braucht man übrigens nicht einmal mehr Psychologie oder Philosophie zu bemühen. Es genügt der Blick in einen Geschäftsbericht, etwa den der deutschen Euroshop über das Jahr 2005, wo eine Architektin so nebenher feststellt: »Ich shoppe, also bin ich. … Man kauft nicht mehr ein, weil man ein bestimmtes Produkt braucht, sondern weil man sich selbst als individuelle Person über das gekaufte Produkt definiert.« Die alten klassischen Sozialisationsmechanismen wie Staat, Gesellschaft oder Familie haben weitgehend ausgedient. An ihre Stelle treten der eigene kleine Kreis, die »peer group«, ob das nun ein Sportverein, ein Hochschulinstitut oder eine Terrorgruppe ist, und die schöne neue Warenwelt.

Da hat Nietzsche viel vorausgeahnt. Er meinte, die Zeit der Baumeister sei vorbei, nun sei das Zeitalter der Schauspieler gekommen, ausgezeichnet durch Schein, Inszenierung, Nachahmung.

Die Werbung hat ihr Geschäft gelernt und den Mechanismus der Herstellung vermeintlicher Individualität über den Konsum gründlich verinnerlicht. Es geht nicht nur um extreme Fälle, wie etwa den berüchtigt gewordenen Ansatz, Dosensuppe dem Unterbewusstsein als Chance zur Rückkehr in den Mutterleib zu verkaufen. Es geht darum, Produkte in kulturelle Ideen zu übersetzen, von der ebenso Identität wie Zugehörigkeit (darum der manchmal skurrile Drang zur Uniformierung) verleihenden Kleidung über das mit Bedeutung ohnedies vollgeladene Auto bis hin zum Bio-Joghurt, dessen Konsum zum magischen Ritual zur Sicherung der Gesundheit vor bösen Mächten wird.

Und dieser Herstellung des eigenen Ich nicht über authentische Selbstgestaltung, sondern über eine bloße Auswahl aus vorfindbaren Schablonen ist schwer zu entrinnen. Mag sein, dass das eine grobe Verkürzung und Reduktion menschlichen Lebens auf bloße materielle Muster ist, die das Leben des Menschen in Wirklichkeit verfälschen, statt es zu erfüllen. Die christliche Lehre meldet solche Kritik an und Aldous Huxley hat sie in »Brave New World« literarisch ausgearbeitet. Für ihn ist ein authentisches Leben in einer konsumorientierten und konsumdefinierten Gesellschaft konsequenterweise nur mehr als Flucht möglich, weil eine solche Gesellschaft jede Abweichung nur mehr als Krankheit zu qualifizieren vermag. Bloch, Adorno, Marcuse und noch so mancher andere haben sich an der Frage wahrhafter menschlicher Existenz, menschlicher Freiheit und Würde im Kapitalismus abgearbeitet, ohne wirklich befriedigendes Ergebnis.

Selbst der Widerstand gegen die Konsumgesellschaft kann sich kaum als wirkliche Alternative artikulieren. Umberto Eco hat in einem seiner Essays, die über Gott und die Welt handeln und auf Deutsch auch unter diesem Titel herausgegeben wurden, die Beobachtung beigesteuert, dass selbst Protest, negative Antworten oder überhaupt Absagen an die Industriegesellschaft sich nur noch in den Formen eben dieser Gesellschaft artikulieren können: »... natürlich realisieren sich diese (alternativen) Formen nur, indem sie die gegebenen Mittel der technologischen Industriegesellschaft verwenden (Fernsehen, Presse, Diskos ...) und so kommen sie nicht aus dem Zirkel heraus oder gliedern sich ungewollt wieder ein. Revolutionen verenden oft in noch pittoreskeren Formen der Vereinnahmung.«

Autoren wie Joseph Heath und Andrew Potter meinen überhaupt, der ganze Rummel der Gegenkulturen führe nur zu neuen Konsumformen, die den Markt am Laufen hielten, und die gerühmten Subkulturen seien ja selbst nichts anderes als Marken auf den neuen Märkten geworden. Damit werde nur davon abgelenkt, dass die Aufgabe der kritischen Bürger in der aktiven Teilnahme an dieser Gesellschaft (und ihrer Veränderung) liege und nicht in nur anderen Lebensformen.[96]

Die Konzentration auf das eigene Ich hat viele Formen. Seit Faith Popcorn kennt man nicht nur den Begriff des Cocooning, des Einspinnens in das eigene Nest, sondern auch seine Steigerungsform, das Hyper-Nesting, das Clanning, aber auch die aktiveren Formen des Rückzugs, wie das Wildering (mit Symbolen wie Jeep, Mountainbikes und Trekkingschuhen auch in der Stadt, um in dieser die eigene Abenteurerwelt zu konstruieren), sowie den kleinen privaten Luxus der Small Indulgences, bis Casting-Out als Rückzug auf das Land (aber stilgerecht mit Fax und Computer).

Schriftsteller wie Michel Houellebecq beklagen das heutige Fehlen von Werten über den reinen Konsum hinaus, das weitgehende Desinteresse an Mitmenschen und Gesellschaft und als Konsequenz nur mehr eine Kultur der Lust- und der Appetitlosigkeit. Houellebecq hat dafür, und ein wenig pauschal gleich auch für das Ende des humanistischen Zeitalters, letztlich die sexuelle und kapitalistische Selbstverwirklichung der Achtundsechziger-Generation verantwortlich gemacht. Da werden die Meinungen wohl auseinandergehen. Aber dass der extreme Erlebniswahn nur noch tiefer in die Leere führe, ist nicht nur seine Überzeugung. Man orientiert sich lieber an Trends, an Moden welcher Art auch immer, nur um ja »hip« oder »cool« oder »in« oder was auch immer zu sein. Aber der Preis der Orientierung an Trends ist die Anpassung der Realität und der eigenen Identität an die jeweiligen Trends. Die Orientierung des Konsums an Trends, das ist die aktive Mitarbeit an der eigenen Manipulation.

Konsum ist trotzdem in mehrfacher Hinsicht ein zweischneidiges Phänomen. Wirtschaftlich gesehen ist Konsum notwendige Voraussetzung für entsprechenden Absatz der Unternehmen, für ihre wirtschaftliche Stabilität und für die Erhaltung der Arbeitsplätze. Was unter Gesichtspunkten der Identitätsbildung und -stabilisierung problematisch ist, wurde zugleich unter den Bedingungen heutigen Wirtschaftens zu einer wesentlichen Voraussetzung für die wirtschaftliche und damit auch für die soziale Stabilität der Gesellschaft. Nur wird das immer problematischer, wenn die gleichen Unternehmen, die auf den Konsum angewiesen sind, bei ihren Mitarbeitern glauben sparen zu müssen und ihre Anzahl – und deren Einkommen und damit Konsummöglichkeiten – reduzieren, um in Ländern der Dritten Welt kostengünstiger zu produzieren.

Hinter dem Sammelbegriff Konsum verbergen sich letztlich recht unterschiedliche Möglichkeiten und dementsprechend auch unterschiedliche Verhaltensmuster. Für viele Menschen dieser Erde ist ein wenig Konsum, Freude an Mobilität und an materiellen Gütern eine der wenigen Abwechslungen in einem Leben, das ansonsten nur aus Mühe und Plage, allenfalls ein wenig Sonntagsspaziergang und Kinderschreien, besteht. »Il n'est trésor que de vivre à son aise«, hat im Frankreich des Mittelalters François Villon gedichtet und Bert Brecht mit »nur wer im Wohlstand lebt, lebt angenehm« trefflich übersetzt. Für Bessergestellte ist Konsum eine angenehme Form, das Leben zu genießen, lässt aber Raum für Engagement auch für andere. Und wieder andere können nie genug kriegen. Versuchen wir, den unterschiedlichen Effekten so unterschiedlicher Verhaltensmuster nachzuspüren.

4.2.5.2 Das Extrem: die nackte Gier

Individuelle Nutzenorientierung hat eine besondere Steigerungsform: Gier, die durch keine verinnerlichten Normen oder menschlichen Rücksichten mehr gehemmt ist. Bedürfnisse nach Gütern haben eine natürliche Sättigungsgrenze, die Gier nach Geld, Macht oder Ansehen hingegen hat keine.

Hemmungsloser Egoismus ist keine neue Erscheinung. Immer wieder haben Individuen oder ganze Führungsschichten der Gesellschaft, wenn ihnen die bisherigen Normen belanglos geworden sind, keine Rücksicht mehr auf Konventionen, Institutionen oder Mitmenschen genommen. Die frühere Darstellung des alten römischen Staates sollte auch zeigen, wie das Ende jeglicher Rücksichtnahme nicht nur zur Ausbeutung großer Teile der übrigen Welt geführt, sondern ebenso die bisherige soziale Ordnung und letztlich die eigene Klasse zerstört hat. An weiteren Beispielen mangelt es nicht. Der Mensch ist immer wieder des Menschen Wolf.

Solange sich Gier an die Artikulationsformen des sozialen Tausches hielt, wurde sie selbst von der Theorie durchaus als sozial verträglich angesehen. Kant hatte so hohe Vorstellungen von einem Rechtsstaat, dass er meinte, ein solcher könne, gut genug abgesichert, selbst mit einem Volk vernünftiger Teufel funktionieren. Damit folgte auch er dem liberalen Denkmuster der Neuzeit, das die Sozialverträglichkeit des Egoismus zu begründen trachtete. Bestandteil dieses gedanklichen Axioms ist auch die Überzeugung der klassischen ökonomischen Theorie, privater Egoismus, der sich in unternehmerischer Initiative artikuliere, trage über den Markt zum allgemeinen Nutzen bei.

Werfen wir einmal einen kurzen Blick auf heutige Erscheinungsformen von Gier: Ein früherer Leiter des Investmentbankings der Deutschen Bank äußerte – wenn auch nicht öffentlich, so doch öffentlichkeitswirksam –, wer im reifen Alter von 40 Jahren noch nicht 100 Millionen Dollar auf der hohen Kante hätte, sei eigentlich ein Versager. Angesichts von Jahreseinkommen, wie ich sie weiter unten erwähne, ist es schon verständlich, dass man die Latte nicht allzu niedrig legt.

Da muss sich die zweite Reihe schon gehörig anstrengen. Analysten wie etwa Jack Grubman mussten sich mit einem Jahresgehalt von zuhöchst 20 Millionen Dollar schon beeilen, hinter Vorstände und Investmentbanker nicht allzu drastisch zurückzufallen. Wer sollte es da den Wirtschaftsprüfern verdenken, dass sie wie etwa bei Parmalat und Enron zwischen scheinbaren und realen Werten nicht immer zu unterscheiden wussten, den Rechtsanwälten und Sachverständigen, dass sie etwas kräftiger hinlangten (im Falle von Enron, weil man dort ja große Ziffern gewohnt war, noch nach Konkurseröffnung mit täglich mehr als einer halben Million Dollar).

Hohe Gehälter können durchaus mit tatsächlich besonderen Leistungen in Zusammenhang stehen. Allerdings gibt es genug Fälle, in denen die Dynamik der Bezüge die Dynamik der unternehmerischen Gewinnentwicklung denn doch deutlich übertrifft. Die deutsche Personalberatung Interconsilium analysierte etwa die Veränderungsraten von Gewinn einerseits und Vorstandsbezügen andererseits im Zeitraum 1997 bis 2001.[97] In diesem Zeitraum stieg der Jahresgewinn der Deutschen Bank vor Steuern um 33 Prozent, das durchschnittliche Monatseinkommen der Vorstandsmitglieder um 474 Prozent. Auf der Liste finden sich auch die Telekom (Vorstand plus 165 Prozent, Gewinn minus 168 Prozent), die Hypo-Vereinsbank (Vorstand plus 287 Prozent, Gewinn plus 9 Prozent) und Daimler-Chrysler (Vorstand plus 96 Prozent, Gewinn minus 124 Prozent). Solche Ziffern wirken freilich fast wie »peanuts«, wenn man sie mit den Besonderheiten individueller Vermögensbildung der obersten Führungsebenen in den USA vergleicht. Allein bei den 25 größten Unternehmen, die in den USA 1999 bis 2001 Insolvenz angemeldet hatten, machte der Gesamtbetrag der Bezüge der obersten Ebene in diesen Jahren rund 3,3 Milliarden Dollar aus.[98] An weiteren schlechten Beispielen mangelt es nicht. Tyco-Chef Dennis Kozlowski holte sich, bevor er wegen Steuerhinterziehung angeklagt wurde, aus der Firmenkasse 11 Millionen Dollar allein für die Einrichtung seines (natürlich ebenfalls vom Unternehmen bezahlten) New Yorker Appartements. Die brauchte er auch, nachdem er es schaffte, allein Schirmständer und Duschvorhang um jeweils mehr als 5000 Dollar zu finden. Und weil die standesgemäße Feier eines Geburtstages seiner Frau mehr als 2 Millionen Dollar erforderte, übernahm das Unternehmen die Hälfte dieser Kosten.

Damit das Leben im Alter nicht gar zu kümmerlich ausfalle, holten sich die ABB-Chefs Percy Barnevik und Göran Lindahl Pensions- und Abfindungsbeträge in der Höhe von 148 bzw. 85 Millionen Schweizer Franken, von denen sie erst nach öffentlicher Empörung den größeren Teil zurückzahlten. Lindahl war gerade von 1998 bis 2000 Konzernchef gewesen. In dieser Zeit hat er es außerdem zum Sonderberater des UN-Generalsekretärs für Fragen ethischer Unternehmensführung gebracht – was man nach Kenntnis seiner Praxis der individuellen Altersvorsorge dann als doch nicht mehr ganz passend empfand. 2007 erhielten dann gleich drei Chefs großer amerikanischer Unternehmen, die man nicht mehr wollte, ihr Ausscheiden mit jeweils mehr als 200 Millionen Dollar versüßt. Wie schön, dass die Marktwirtschaft nach Leistung zu differenzieren weiß. Stan O'Neil bekam 2007 anlässlich seines Ausscheidens von Merrill Lynch nur mehr 160 Millionen, nachdem er acht Milliarden Dollar Verlust in einem einzigen Quartal zu verantworten hatte.

Wie gut, dass es eine strenge Börsenaufsicht und wachsame Parlamente gibt. Der damalige Chef der US-Börsenaufsicht SEC, Harvey Pitt, musste allerdings Anfang November 2002 zurücktreten, wegen des Verdachtes von zu großer Nähe zu Buchprüfungsfirmen mit Mitverantwortung an den vorangegangenen Bilanzskandalen. Ein Monat vorher war der Senator Phil Gramm, Vorsitzender des Bankenausschusses, ins Lager der Investmentbanker gewechselt. Während er im Senat noch mehr oder minder redlich um die Deregulierung auch der Energiewirtschaft bemüht war, hatte seine Frau als Vorsitzende der Commodity Futures Trading Commission dafür gesorgt, dass Energieunternehmen wie etwa Enron von der Kontrolle von Derivat- und Swap-Transaktionen weitgehend befreit wurden. Fünf Wochen danach saß sie bei Enron im Verwaltungsrat.

Die Reihe der Beispiele ließe sich fortführen. Wenn man von Sozialschmarotzern redet, sollte man nicht allein an das untere Ende der Einkommensskala denken. Wenn immer im sozialen Tausch besondere Leistungen erbracht oder auch nur vorgetäuscht werden können, finden sich hinlänglich satte Verdienstmöglichkeiten. Angesichts der Komplexität und Vielfalt wirtschaftlicher Sachverhalte gibt es mehr als genug Situationen, die ausgenützt werden können. Wer überblickt denn schon Monopolsituationen, Kartellabsprachen, Treuhandverhältnisse, das Verhalten von Stiftungsorganen nach dem Tod des Stifters, vermeintlich großartige Veranlagungsmöglichkeiten, Gebarungen von Vereinen und nicht immer restlos gemeinnützigen Anstalten oder einfach die Bedeutung raschen Gewinnwachstums für die Aktionäre, um objektiv beurteilen zu können, welche Preise und welche persönlichen Vergütungen angemessen sind und welche nicht? Da lauert stets die Versuchung. In einem alten deutschen »Faust«-Fragment heißt es, der schnellste Teufel sei der, der so schnell sei wie der Übergang vom Guten zum Bösen.

All das könnte als bloßer Kollateralschaden des marktwirtschaftlichen Systems abgetan werden, wenn Geiz und Geldgier wenigstens immer zu wirtschaftlichen Mehrleistungen führen würde. Das ist aber nicht der Fall. Es gibt ganz konkrete negative wirtschaftliche Effekte. In den Unternehmen konzentrieren sie sich auf die Verkürzung der Planungshorizonte und auf die Erhöhung der Ansprüche. Je größer die Ungeduld, möglichst rasch möglichst viel zu verdienen, desto ehrgeiziger die Ziele und in umso kürzerer Zeit sollen sie erreicht werden. Es wäre Illusion zu glauben, dass das nicht zulasten der Qualität der langfristigen Entwicklung geht.

Und je größer die Hoffnung auf rasche und hohe Gewinne, desto größer die Bereitschaft, beispielsweise an der Börse auch übersteigerten Erwartungen nachzulaufen. Selbst den größten Spezialisten für komplexe Finanztransaktionen ist es noch nicht wirklich gelungen, den Zusammenhang aufzulösen, der Veranlagungen mit höherem Ertrag nun einmal an höheres Risiko bindet. Aber es gibt einen immer wieder eintretenden Fall, in dem dieser Zusammenhang verdrängt wird und die möglichen Gewinne für das eigene Verhalten eine größere Rolle spielen als die möglichen Risken. Das ist der Fall stetig steigender Preise in einem bestimmten Markt, ob es sich nun um Tulpenzwiebel, Aktien von Südsee- oder Ostindien-Gesellschaften, Hightechunternehmen oder Hypotheken auf amerikanische Einfamilienhäuser handelt. In all diesen konkreten Fällen ist es lange zu anhaltend steigenden Preisen gekommen, die mehr und mehr Investoren angelockt haben, die hofften, dass es immer so weiter geht. Es entsteht eine immer größere Blase, die irgendwann einmal platzt.

Die klassische Nationalökonomie geht davon aus, dass Märkte immer zu einem Ausgleich von Angebot und Nachfrage führen, egal ob Waren- oder Finanzmärkte, und daher Stabilität gleichsam systemimmanent ist.

Es ist eine geradezu simple Überlegung, die zeigt, dass zwischen Waren- und Geldmärkten ein wesentlicher Unterschied besteht: Warenmärkte kennen einen Sättigungspunkt. Unternehmen brauchen nur eine bestimmte Anzahl von Maschinen für die Produktion, man kann nicht mehr als ein Kleid oder einen Anzug gleichzeitig tragen, selbst dann, wenn man einiges an solchen Kleidungsstücken im Schrank hängen hat, und man kann nicht mehr essen, als man hinunterkriegt.

Bei Finanzmärkten ist das völlig anders. Veranlagungen auf diesen Märkten werden stattfinden, solange die Refinanzierungskosten niedriger sind als die tatsächliche oder auch nur erhoffte Rendite des jeweiligen Marktes. Das erhöht die Nachfrage und damit die Preise und damit erneut die Rendite. Hier gibt es keinen Sättigungsgrad, kein Gleichgewicht, sondern nur eine laufende Beschleunigung, bis es irgendwann einer größeren Anzahl von Anlegern unheimlich wird und sie aussteigen. Damit setzen sie einen Prozess der Übertreibung in die Gegenrichtung in Gang, der zu Preisverfall und zu hohen Verlusten all derer führt, die nicht schnell genug ausgestiegen sind.

Der psychologische Aspekt dieser Entwicklung, die Gier nach immer höheren Gewinnen, der Verlust des Gefühls für Risiko und der immer härtere Wettbewerb zwischen den Banken, der sie veranlasst, überall dabei sein zu wollen und immer neue Finanzprodukte zu entwickeln, ist recht anschaulich von Hyman Minsky geschildert worden.[99] Aber solche Verhaltensmuster werden ja von der Struktur der Finanzmärkte und den immer umfangreicher gewordenen Refinanzierungsgelegenheiten überhaupt erst möglich gemacht. Noch im Jahr 2006 konnte selbst ein obdachloser Arbeitsloser einen satten Gewinn einstreichen, wenn er mit geborgtem Geld eine Anzahlung hinlegte und das erworbene Haus binnen Wochen wieder zu einem höheren Preis verkaufen konnte.

Es ist diese Kombination von Gier (»this infectuous greed« hat Alan Greenspan sogar als Chef der Federal Reserve Bank angeprangert) und ausgebauten Finanzmärkten, die immer wieder zwangsläufig zu Übertreibungen und anschließenden schweren Verlusten führt. Die Finanzmärkte sind nicht stabil, sie sind strukturell instabil, und das gerade deshalb, weil sie so leistungsfähig geworden sind.

Die Verluste, die solche Blasen verursachen, sind ungeheuer. Die Investoren haben beim Platzen der Hightechblase nach 2000 rund 8000 Milliarden Dollar verloren und werden nach Schätzungen eines Komitees unter Vorsitz von Senator Charles Schumer vom Herbst 2007 durch das Platzen der amerikanischen Hypothekenblase rund 4000 Milliarden Dollar verlieren. Erwartet wird ferner, dass bis Ende 2009 rund zwei Millionen amerikanische Familien wegen Zahlungsunfähigkeit ihr Heim (und oft auch ihre Existenz) verlieren werden und allein dabei Vermögen im Gegenwert von über 70 Milliarden Dollar vernichtet werden wird.

Rücksichtslose Gier ist eine Form menschlicher Nutzenorientierung, die sich nicht nur im wirtschaftlichen Bereich mit schlimmen Folgen bemerkbar macht. Die Konsequenzen im politischen Leben können noch weit furchtbarer sein. Ich habe den Ersten Weltkrieg als Konsequenz maßloser Überforderung der Voraussicht und der Fähigkeiten der damals herrschenden politischen Elite interpretiert. Man kann ihn als Erinnerung daran verstehen, was geschieht, wenn diese Eliten immer hemmungsloser immer mehr haben wollen, sich zugleich wechselseitig immer weniger gönnen und die Risken ihres Verhaltens einfach negieren. Was damals im Zeitalter des Imperialismus im Großen geschah, ereignet sich im Kleinen und Kleinsten überall und immer wieder.

4.2.5.3 Nutzenmaximierung durch Aufwandsminimierung

Für die klassische ökonomische Theorie war es selbstverständlich, dass Nutzenmaximierung auch Maximierung der eigenen Anstrengung bedeutet. Allerdings hat schon die Wiener Schule mit dem Begriff des abnehmenden Grenznutzens das Phänomen beschrieben, dass häufig zusätzlichen materiellen Gütern (und damit dem für deren Gewinnung erforderlichen Aufwand) ein immer geringerer zusätzlicher Nutzen gegenübersteht. Es macht daher Sinn, die Anstrengung gegen den zusätzlichen Nutzen abzuwägen. Ein optimales Verhältnis zwischen persönlichem Einsatz und Nutzen ergibt sich nicht nur daraus, dass man das Ergebnis zu maximieren trachtet und sich entsprechend anstrengt. Optimierung kann genauso gut darin bestehen, ein bestimmtes Ergebnis anzustreben und die Anstrengung dafür zu minimieren.

Edward Thompson, Alexander Cajanov, Michael Lipton, Dieter Groh und andere haben gezeigt, dass diese theoretischen Überlegungen schon immer gelebte Praxis gewesen sind. Cajanov hat eine Theorie der bäuerlichen Wirtschaft erstellt und als eine der Besonderheiten solchen Wirtschaftens die »Labour-Consumer-Balance« definiert: Die eingesetzte Arbeit diene nicht der Maximierung des Einkommens, sondern beziehe sich auf die gegebenen Bedürfnisse des Hauses bzw. der Familie. Man arbeite eben für die ganze Gruppe, höre allerdings zu arbeiten auf, wenn der Bedarf gedeckt ist.

Groh hat – unter Verweis auf Sahlins und Thompson – die Besonderheiten ursprünglicher Wirtschaftsformen, für die er den Terminus der Subsistenzökonomien verwendet, wie folgt charakterisiert: »Überfluss aufgrund geringer Bedürfnisse, Mußepräferenz aufgrund anderer Vorstellungen davon, was das gute und richtige Leben primitiver bäuerlicher Gesellschaften sei.«[100] Groh zeigt, dass hinter diesem Verhalten auch Strategien zur Minimierung des Risikos stehen. Er verweist auf die umsichtige Art, in der frühe Bauern und auch Jäger mit ihrer Umgebung und ihren Ressourcen, seien es Grund und Boden oder sei es der Wildbestand, umgingen. Risikominimierung spielt in den Verhaltensweisen solcher Kulturen eine große Rolle. Überleben kann man in solchen Kulturen am sichersten, wenn man Risken ausschaltet. Der Feststellung von Lipton: »An optimising peasant seeks survival algorithms, not maximising ones«[101] ist durchaus zuzustimmen.

Bei der Beobachtung ursprünglicher Kulturen zeigte sich, dass »die primitivste Form der Landwirtschaft … gleichwohl die produktivste (ist), wenn man das Verhältnis von Arbeits- und Energieaufwand auf der einen und Ertrag auf der anderen Seite zugrunde legt. Ethnologen haben Eingeborene … genau beobachtet und festgestellt, dass ein moderner Betriebswirt Arbeitsabläufe und … Ertrag kaum genauer berechnen und abschätzen könnte …«.[102] Mehrproduktion durch Mehrarbeit erfolgt im Allgemeinen bei sogenannten primitiven Völkern erst dann, wenn geänderte Verhältnisse, wie zum Beispiel sonst drohende Verarmung durch Bevölkerungszunahme, dazu zwingen.

Schon bei den Römern und Griechen war Arbeit nicht Tugend, sondern die Last der weniger Glücklichen. Das Grundschema ist das gleiche: Das Maß am täglichen Bedarf zu nehmen statt am Ziel der Maximierung eines abstrakt definierten Nutzens, war Jahrhunderte hindurch ein gängiges, keineswegs ein außergewöhnliches Verhaltensmuster. Edward Thompson hat darauf hingewiesen, dass die englische Bevölkerung im Gegensatz zu den Vorstellungen eines Adam Smith oder David Ricardo lange genug an ihren Vorstellungen des »guten und richtigen Lebens« festgehalten habe, am Bild einer »moral economy«, in der ein gerechter Preis einer war, der ein auskömmliches Leben erlaubte. Auch die Preispolitik der deutschen Zünfte orientierte sich an diesem alten Verständnis von vernünftig und gerecht. Und ins Heute transportiert: Warum sich anstrengen, wenn man in unüberschaubaren, komplexen Organisationen erstens damit gar nicht auffällt und zweitens auch anders durchkommt?

Seit Langem gibt es genug Trends, die »das Leistungsprinzip als Leistungsbereitschaft sichernden Mechanismus … zunehmend unwirksam machen«[103]. An Gründen dafür listet Bolte unter anderem auf: fehlende Anerkennung von Leistung, faktische Schwierigkeiten der tatsächlichen Erfolgszurechnung in komplexen Systemen, Solidaritätsverluste und nicht zuletzt andere (z. B. steuer- und sozialrechtliche) Verteilungsmechanismen. Im Klartext: Warum soll man sich eigentlich anstrengen, wenn man Sozialleistungen in fast gleicher Höhe auch ohne Anstrengung erhalten kann?

Deutsche und angelsächsische soziologische Analysen sehen schon seit Längerem bei der Industriearbeiterschaft eine sogenannte »instrumentelle Arbeitsorientierung«[104]. Arbeiter sehen danach ihre Tätigkeit primär unter dem Gesichtspunkt der Minimierung ihrer Anstrengungen und der Maximierung des Einkommens. John Goldthorpe und seine Mitarbeiter sehen diese Einstellung generell und unabhängig von einer spezifisch unbefriedigenden Arbeitssituation als gegeben, während in der deutschen Studie ein direkter Zusammenhang mit konkret unbefriedigenden Arbeitssituationen hergestellt wird. Die Austauschbeziehungen zwischen Unternehmen und Beschäftigten sind für das tatsächliche Verhalten der Arbeitnehmer sehr wichtig. Der Begriff der Gratifikationskrise verdeutlicht, dass Stress nicht entsteht, wenn die Belastung durch die Arbeit hoch ist, sondern erst dann, wenn man dafür zu wenig Gegenleistung erhält, und zwar außer an Gehalt auch an Lob und Anerkennung.

1996 ergab eine Studie der British American Tobacco, dass in Deutschland überhaupt nur noch ein Drittel der Beschäftigten an Selbstverwirklichung in der Arbeitswelt glaube. Für mehr als die Hälfte beginne Selbstverwirklichung erst nach Dienstschluss. Nach dieser Studie wären leitende Angestellte noch relativ am wenigsten freizeitorientiert (»nur« 48 Prozent), Beamte mit 63 Prozent dagegen am stärksten.

Verhaltensmuster der Aufwandsminimierung werden zusätzlich durch das zunehmende Risiko des Arbeitsplatzverlustes in Großunternehmen gefördert, die um permanente Kostensenkung bemüht sind. Wozu sich anstrengen, wenn man trotzdem stets gefeuert werden kann. Der Mensch will Sicherheit und hat daher Angst vor der Kehrseite der Freiheit, dem persönlichen Risiko. Deshalb ist er immer wieder offen für autoritäre Strukturen, in denen wie etwa im Kommunismus Sicherheit und Versorgung gegen Unterordnung eingetauscht wird, auch wenn dabei Freiheit und Leben noch so sehr eingeengt werden.[105]

Andrzej Szczypiorski war schon 1992 recht vorsichtig: »... die Meinung, das kommunistische System sei beim ersten Windhauch der Geschichte wie ein Kartenhaus zusammengebrochen, ... klingt recht pathetisch und zugleich ermutigend, zeugt aber von falschen Vorstellungen von der menschlichen Natur ... um die Gleichheit zu erreichen, sind sie bereit, unter gewissen Umständen auf die Freiheit zu verzichten.« Hannah Arendt hat gemeint, dass »der Hang zur Unterwerfung, der Trieb zum Gehorsam und der Schrei nach dem starken Mann in der menschlichen Psychologie eine mindestens ebenso große Rolle spielt wie der Wille zur Macht, und dass diese Unterwerfungsinstinkte politisch vermutlich erheblich relevanter sind«[106].

Das ist greifbar in die Praxis übersetzbar, wie sich am deutlichsten in Deutschland gezeigt hat. Denn dass sich der Mensch von selbst immer wieder für Freiheit, Anstrengung und politisches Engagement entscheidet, ist eine Erfahrung aus bestimmten historischen Konstellationen in England und den USA, die nicht einfach generalisiert werden kann. Allen politischen Theorien über totalitäre Systeme fehlt Wesentliches, solange sie solche Verhaltensmuster nicht in ihr Modell integrieren können. Statt ständiger Anstrengung, ständiger Unsicherheit ein bescheideneres Leben, aber in Sicherheit, das ist ein Chancen-Risiko-Profil, für das ein Mehr an Bürokratie, ein Mehr an Unterordnung und sogar ein Weniger an Freiheit häufig genug gerne in Kauf genommen wird. Schließlich verbinden sich hier Entlastung und Komplexitätsreduktion in attraktiver Form. Frank Field, unter Tony Blair in England eine Zeit lang Minister für die Reform des Sozialstaates, hat schon vorher in mehreren Arbeiten (z. B. »An Agenda for Britain« oder »Stakeholder Welfare«) sogar die Meinung vertreten, zumindest der englische Sozialstaat habe in seinen Wurzeln viel mit einem totalen Staat Orwell'scher Prägung zu tun.

Sei dem wie auch immer: Wie schön, wenn man ohne Anstrengung auch durchkommt. Olson hat dieses Phänomen auf den Begriff des »sozialen Trittbrettfahrers« gebracht, der möglichst ohne eigene Anstrengung aus dem Sozialstaat möglichst viel an Leistungen herausholt.

Die kognitive Selbstorganisation eines sozialen Trittbrettfahrers ist allerdings in der Regel nicht die eines behaglichen Selbstverständnisses als Parasit. Mit einem solchen Selbstverständnis lebt man nicht gerne. Schon aus Gründen der kognitiven Selbstbehauptung werden empfangene Sozialleistungen nur als spärliche Kompensation für faktische oder angenommene eigene Benachteiligung gesehen, um das eigene Verhalten vor sich selbst zu rechtfertigen. Das geht, wenn entweder die eigene Lage als diskriminiert oder die Gesellschaft als ungerecht empfunden wird oder beides. Die kognitive Interpretation der Gesellschaft fällt so oder so negativ aus.

Der soziale Trittbrettfahrer bewältigt kognitive Dissonanzen nicht mit der Erklärung seines Verhaltens als schlecht gegenüber einer als gerecht empfundenen Gesellschaft, sondern als gerechtfertigt gegenüber einer ungerechten Gesellschaft. Die Vermutung von John Rawls, Schwarzfahrer müssten sich mit psychologischem Aufwand systematisch auf Täuschung und Heuchelei verlegen[107], geht von einer Gemeinsamkeit der Gerechtigkeitsvorstellungen aus, die der radikalen Unterschiedlichkeit von Weltbildern in modernen Gesellschaften kaum mehr entspricht.

Trittbrettfahren ist nicht eine mit schlechtem Gewissen verbundene Randerscheinung, sondern ein im sozialen Wohlfahrtsstaat (zumindest derzeit noch) relativ leicht praktizierbares Verhaltensmuster, das sich selbst mit einer konsistenten Weltsicht der bösen Gesellschaft und daher mit gutem Gewissen ausstattet. Allerdings hat das Folgen. Elisabeth Noelle-Neumann definiert sie wie folgt: »... im geistigen Bereich der Einstellungen, Wertvorstellungen vollzieht sich umgekehrt eine Anpassung an Unterschichtsmentalität, den bürgerlichen Werten entgegengesetzte Haltungen: Arbeitsunlust, Ausweichen vor Anstrengung, auch der Anstrengung des Risikos.«[108] Der zunehmende Eskapismus kostet enormes Geld und reduziert zugleich die Leistungsbereitschaft, und das zu einer Zeit, in der dringend andere Orientierungen gefordert sind.

Bei der heutigen marktwirtschaftlichen Konkurrenz kann soziale Integration in die Arbeitswelt vermutlich nur bei permanenter Anstrengung gewahrt bleiben. Aber das muss man leisten können. Die Frage von Noelle-Neumann: »Ist es denn nicht möglich, auf die Gefahr passiver Lebensweisen bei uns aufmerksam zu machen?«[109], ist vorrangig mit Blick auf die Konkurrenzfähigkeit gestellt, hat aber auch für die soziale Struktur der Gesellschaft Bedeutung. Die Alternativen: aktiv oder passiv sein, Suche nach Geborgenheit in Unterordnung oder Mobilisierung der eigenen Kräfte (und damit auch die Bereitschaft, Schwierigkeiten zu überwinden) sind zu nicht nur wirtschaftlich, sondern auch gesellschaftlich immer kritischeren Grundsatzfragen geworden.

4.2.5.4 Die Flucht aus der Wirklichkeit

Diese Wirklichkeit überwinden zu können, ist eine uralte menschliche Hoffnung. Ekstatische Praktiken bei Naturvölkern und die Bemühungen von Schamanen sollen dazu dienen, das Bewusstsein zu erweitern, und die Religionen haben durch Bezugnahme auf eine höhere Wirklichkeit immer wieder Hoffnung und Orientierung in einer Welt geboten, an der viele ansonsten verzweifelt wären. In der heutigen hoch komplexen Welt, die keine einheitliche Erfahrungswelt mehr bietet, ist die Bewältigung der Wirklichkeit nicht leichter, sondern nur noch schwieriger geworden.

Bereits im 19. Jahrhundert, und in unterentwickelten Regionen der heutigen Welt immer noch, war und ist die häufigste Reaktion auf zunehmende Inkonsistenz und die Auflösung traditioneller Sozialsysteme die Flucht in die kollektive Identität einer Nation, einer Religion, einer Klasse oder einer Rasse, auch wenn diese Vorstellungen zunehmend nur mehr in immer kleineren, dafür immer radikaleren Gruppen vermittelt werden. Die damaligen Folgen sind bekannt, die Zukunft bleibt offen.

Noch einmal sei auf Foucault verwiesen. In seinem Werk »Die Ordnung der Dinge« hat er gemeint, dass das Subjekt der Moderne sich gar nicht mehr auf eine objektive Wirklichkeit beziehe, sondern fast nur noch auf Sprache, Zeichen und die damit subjektiv konstituierte Wirklichkeit. Das hat eine ebenso naheliegende wie schlimme Konsequenz: Hat das Weltbild immer weniger mit der Realität zu tun, dann eben auch das Verhalten.

Wie man die Welt versteht, so sieht man sie auch. »Existenzielle Anschauungsweisen halten subjektive Welten zusammen … Operational umgesetzt wird die stabilisierende Grundorientierung durch defensive Modi kognitiver Assimilation neuer Informationen.«[110] Oder anders: Man flüchtet nicht nur aus einer in früheren Zeiten einmal gemeinsamen Realität, man sichert auch durch selektive Wahrnehmung die Richtigkeit der eigenen subjektiven Weltsicht. Da wird Kant radikalisiert: Die Einheit des Ich sichert die Einheit der Welt.

Die Rolle des Kinos als Traum- und damit Ersatzwelt ist fast schon Geschichte. Hollywood hat sich über Jahrzehnte als nichts anderes denn als reine Traumfabrik verstanden. Auch Literatur erfüllte häufig den gleichen Zweck. Ein Analytiker des Freizeitverhaltens der Arbeiterklasse hat sich einmal damit beschäftigt, was eigentlich Arbeiter in den (selten genug genützten) Gewerkschaftsbibliotheken ausliehen, und hat festgestellt, dass weniger als 10 Prozent aller geborgten Bücher etwas anderes waren als rein eskapistische Literatur.[111] Der zunehmende Anteil von Fantasy und Science-Fiction an modernen Filmen und Computerspielen hat ebenfalls keine andere Funktion.

Computerfreaks (allein schon die Bezeichnung unterstreicht die Verbindung von Fanatismus mit Isolationismus) pflegen den Dialog mit ihrem Computer und als Hacker mit möglichst vielen anderen Computern, mit anderen Menschen aber nur noch eingeschränkt. Bei Computerspielen bewegt man sich ohnedies in einer anderen, fantastischen und häufig genug auch gewalttätigen Welt. Japan kennt den Begriff des »otaku«, am ehesten zu übersetzen mit einem, der zu Hause bleibt und keine sozialen Beziehungen mehr pflegt. Tatsächlich kann man als Computerfreak ja eine eigene Welt auf dem Bildschirm konstruieren, sich mit vielen anderen in eine bereits geschaffene virtuelle Welt flüchten (freilich ist die Werbung von hier auch dort bereits eingezogen) oder mithilfe von »virtual reality« den Eindruck bekommen, selbst eine eigene Welt zu gestalten. Man kann auch bescheidener als Couch-Potato entscheiden, in welchem der zahllosen Fernsehprogramme man gerade seine Träume auslebt. Über das Internet findet man Gleichgesinnte für jede nur denkbare Neigung oder Perversion, und wenn es der Kannibalismus oder das Quälen kleiner Kinder ist – wie genügend schlimme Beispiele bereits gezeigt haben. Psychologen und Sozialhelfer berichten heute bereits von Fällen, in denen Kinder plötzlich traumatisiert erscheinen und sich als Ursache nicht ein schreckliches persönliches Erlebnis herausstellt, sondern das Surfen im Internet mit dem auch bloß zufälligen Hineingeraten in entsprechende Seiten.

Es scheint derzeit kein noch so skurriles oder schauerliches Weltmodell zu geben, für das man nicht Gleichgesinnte findet. Es reicht offenbar für einen kollektiven Selbstmord, wenn genug Leute glauben, dass gleich hinter dem Kometen Hale-Bopp das Raumschiff wartet, das ihre Seelen abholt. Die Flucht aus der Realität mag ins Harmlose führen oder eben in Abgründe.

José Ortega y Gasset hat (in »Triumph des Augenblicks, Glanz der Dauer«) zur Entwicklung der Malerei eine Beobachtung beigesteuert, die verallgemeinerungsfähig sein könnte. Ortega meint, dass sich der Gegenstand des Interesses eines Beobachters immer mehr nach innen verlagert habe: Bis ins 19. Jahrhundert hinein war den Malern das äußere Objekt das Darstellenswerte, der Gegenstand ihrer Aufmerksamkeit. Malkunst war kunstvolle Wiedergabe. Mit den Impressionisten habe sich das Interesse den Phänomenen der Netzhaut zugewandt: Licht und Schatten, und vor allem Farben. Die moderne Malerei konzentriert sich dagegen nach Ortega auf die Vorgänge im Gehirn selbst: Es geht nun um die im Beobachter geweckten Assoziationen und Gedanken, allenfalls auch um das Offenlegen verborgener Ängste. Das Phänomen ist zu universell, um es auf künstlerische Prozesse zu beschränken. Jeder kann so zum autonomen Produzenten seiner (Seh-)Erfahrungen werden.[112]

»Nur die Grundtatsachen des Gehirns bleiben übrig in der wundervollen Krise dieser Gegenwart – diese Krise ist eine nie da gewesene Chance, unseren Geistesplunder loszuwerden.«[113] Man kann mit Sloterdijk von der »Weltrevolution der Seele« träumen (wobei Sloterdijk sogar im anfänglichen philosophischen Denken eine Art Äquivalent zu einem Rausch- oder Suchtgiftphänomen sehen möchte), mit Aldous Huxley eine schöne neue Welt der ausschließlichen Konzentration auf das eigene Glücksgefühl erwarten oder sich mit Christopher Lasch auf die Kultur des Narzissmus zurückziehen. Immer radikaler geht es dabei darum, die Außenwelt nicht als zu bewältigende Herausforderung zu verstehen, sondern das Ich selbst als den Fixpunkt anzusehen, der vor Störungen durch die Außenwelt bewahrt werden soll. Das Ich soll frei werden für Erlebnisse, die nicht mehr von der kärglichen Außenwelt, sondern von einer Fantasie abhängen, die durch mystische Erleuchtungen oder gleich durch chemische Verstärker angeregt wird. »Da der Mensch seine Wahrnehmung und seine Gefühle sowieso selbst konstruiert, scheint der beste und schnellste Weg aus der Misere die Umkonstruktion des Menschen zu sein.«[114]

Die großen Religionen haben zur Weltbewältigung noch Welterklärungen angeboten. Das moderne Bewusstsein fragt nicht mehr nach Erklärungen, es will nur nicht mehr gestört werden bei der Ausschöpfung der eigenen Fülle an Möglichkeiten.

Oswald Wiener hat bereits in den Sechzigerjahren des vergangenen Jahrhunderts in seinem zum Kultbuch gewordenen Werk »Die Verbesserung von Mitteleuropa«, eine beachtliche Mischung aus informationstheoretischen Essays und Analysen bis zu Halluzinationen über die Befindlichkeit der Gesellschaft, das Konzept des Bio-Adapters vorgestellt. Darunter versteht er eine Maschine, die im Wesentlichen die Unabhängigkeit der eigenen Lebenswelt von der tatsächlichen Außenwelt realisieren soll. Während Ver- und Entsorgungsmechanismen für das leibliche Vegetieren und den Blutkreislauf im Gehirn sorgen, wird Letzteres einem ständigen, unbegrenzten und über einen gedachten Lernprozess selbst manipulierbaren Informationsstrom ausgesetzt und damit in eine Scheinwelt versetzt, die es angenommenerweise selbst gestalten kann.

Wiener interessiert die Gesellschaft – anders als etwa in den Utopien von Orwell oder Huxley – überhaupt nicht mehr. Was alles vorgekehrt werden muss, damit der Einzelne in seinem Bio-Adapter seine Traumwelten ungestört durchstreifen kann, interessiert ihn technisch, aber nicht gesellschaftlich. Er analysiert gar nicht mehr die sozialen Voraussetzungen eines derartigen Eskapismus. Dieser wird zur persönlichen Grundhaltung gegenüber einer nicht mehr akzeptierten Gesellschaft.

Für Wiener ist Eskapismus nichts anderes als eine schlicht unsachliche Begriffsprägung für den Sachverhalt der Verweigerung gegenüber einer inakzeptabel gewordenen Welt: »eskapismus ist ein wort, das auf das schlagendste zeigt, wie die autorität einen natürlichen und leicht verständlichen tatbestand brandmarkt … dieses renegatentum ist die flucht aus dem arbeitslager staat, desertion der wirklichkeit, ein abhauen aus der sprache. um die autorität der wirklichkeit ist es schlecht bestellt, wo die wirklichkeit der autorität als alptraum existiert.«[115]

In der Fiktion des Bio-Adapters wird dieser Gedanke radikal umgesetzt: »sein zweck ist es nämlich, die welt zu ersetzen, d. h. die bislang völlig ungenügende funktion der vorgefundenen umwelt ... in eigene regie zu übernehmen ... (weil er) daneben auch dem gesund-heroischen ideal eines den kosmos regierenden homo sapiens erstmalig genügt, und zwar durch trockenlegung des kosmos einerseits, und zum anderen durch liquidation des homo sapiens. der mensch ... wird nach anlegen seines bio-komplements zu einer souveränen einheit, die des kosmos und dessen bewältigung nicht mehr bedarf.«[116] Es geht nur mehr um die »Befreiung des rationalen und autonomen Subjektes für neue, offene, fließende, sich performativ konstruierende Identitäten«[117]. Wirklichkeitsbezug wird aus einem Orientierungspunkt zu einem lästigen Übel.

Wiener ist kein Einzelgänger. Auch manche Soziologen sehen die totale Veränderung des Bezugspunktes: »Im alten Paradigma war die Welt das Gegebene, an das sich das Ich anzupassen hatte. Im neuen Paradigma hat sich das Verhältnis um 180 Grad gedreht – wenn überhaupt noch etwas als gegeben betrachtet wird, dann das Ich. Anzupassen hat sich die Welt ...«[118]

Diese verzweifelte Suche nach dem autonomen Ich hat wohl auch mit zunehmender Überforderung zu tun. Wenn Jean Baudrillard die Konsequenz zieht, dass »einem nichts anderes übrig bleibt, als sich zurückzuziehen vor einer viel zu umfangreichen Erfahrung, die durch ihre unbegrenzte Weite unmenschlich ist«, dann knüpft er nur an Nietzsche an, der schon für seine Zeit festgestellt hat: »Die Summe der Empfindungen, Kenntnisse, Erfahrungen, also die ganze Last der Cultur, ist so groß geworden, dass eine Überreizung der Nerven- und Denkkräfte die allgemeine Gefahr ist.«[119]

Die Flucht aus der Realität hat freilich gesellschaftliche Konsequenzen. Die Stabilität sozialer Beziehungen wird durch Realitätsverlust nicht gefördert. Im Gegenteil werden dadurch die gegenseitigen Verhaltenserwartungen immer unsicherer. Und die Flucht in geborgte Identitäten bringt wenig mehr als rasch wechselnde Moden und immer wieder neue Rollen, die sich gegenüber der Gesellschaft vor allem durch Gleichgültigkeit profilieren und sich jedem sozialen Zusammenhang verweigern.

Manchmal ist die Zunahme der Gleichgültigkeit auch messbar. So gibt es beispielsweise seit DDR-Zeiten eine »Sächsische Längsschnittstudie« über die Lebenssituation und Lebenserwartungen junger Ostdeutscher. Sie ist vor allem deshalb aufschlussreich, weil sie Haltungen und Erwartungen über die Zeit der Wende hinaus erfasst. So konnte 2004 bereits die 17. Studie dieser Art vorgestellt werden, sie stützt sich immerhin auf 1200 Schülerbefragungen. Hier sei eine einzige Ziffer herausgegriffen: 1987 war für 17 Prozent der Befragten aktive Teilnahme am politischen Leben »sehr bedeutsam«. 2003 gilt das gerade noch für 3 Prozent.

»Vor dem Hintergrund der ökonomischen Semantik konstruieren die einen ihr Lebensprojekt offensiv als Aufwärtsstreben, die anderen defensiv als Vermeidung des Unterganges.«[120] Aber selbst eine defensive Grundhaltung kann zur Radikalisierung führen. Denn vor allem Modernisierungsverlierer und persönlich unsichere Charaktere suchen Halt in Gruppen, die ihnen Entscheidungen, und so auch jene zu Aggressivität, abnehmen. Schon Kant hat von der ewigen Angst vor der Mündigkeit gesprochen, und die umfasst schließlich auch Verantwortung, Entscheiden und Teilnahme. Sogar fanatischer Glaube kann Abwehrreaktion gegen eine psychische Realität sein, die das Individuum nicht mehr auszuhalten vermeint. Man sollte nicht davon ausgehen, dass dieser allein in islamischen Ländern zunimmt. Klaus Eder spricht von einem Prozess der »Intensivierung religiöser Kommunikation«. Es gebe derzeit weltweit viele Tausende eigenständige Religionen, und sie würden immer mehr, nicht weniger. Hubert Knoblauch sieht sogar eine »europäische Resakralisierung«[121].

Auch in den Industriestaaten kann bei knappen Mehrheiten die Regierungsfähigkeit selbst traditioneller Parteien gelegentlich nur noch durch Bündnisse mit Parteien hergestellt werden, die eine Umsetzung selektiver Wahrnehmung der Realität in politische Bewegungen bereits realisiert haben. Das kann Bündnisse mit den Kommunisten in Schweden, mit der radikalen Rechten in manchen europäischen Ländern oder mit extremen orthodoxen Religiösen in Israel bedeuten. Man schafft damit genau jene Anerkennung, die solche Bewegungen haben möchten.

Hinter der Katastrophe des Faschismus und hinter der erdrückenden Herrschaft des Kommunismus standen anfangs jedes Mal starke Überzeugungen, die mit der bisherigen Welt nichts zu tun haben wollten. Und es hieße, den gegenwärtigen weltweiten Terrorismus sträflich zu unterschätzen, würde man dahinter nicht ein fest gefügtes Weltbild und starke Überzeugungen annehmen. Ein ehemaliger überzeugter Nationalsozialist überraschte mich einmal mit der Feststellung, er könne die RAF (Rote Armee Fraktion) ja so gut verstehen. Sie wollten eben eine total verkommene Welt von Grund auf erneuern, und genau das Gleiche hätten ja auch die Nationalsozialisten zum Ziel gehabt.

Vor Faschismus und Kommunismus, vor dem Terrorismus der RAF und vor internationalem Terrorismus hat Thomas Mann 1924 in seinem »Zauberberg« den Prototyp eines solchen Menschen skizziert, der sich als Idealist und doch zugleich als Racheengel versteht und so zum Albtraum jeder und besonders der modernen, komplexen und deshalb störungsanfälligen modernen Welt werden muss. Verkörpert wird dieser Menschentyp im Roman von Leo Naphta, den Mann nach dem Vorbild von Georg Lukács gezeichnet haben dürfte, dem damals bereits bekannten kommunistischen Theoretiker. Seine Charakterzüge aber weisen weit über den Kommunismus hinaus.[122] Naphtas Abscheu vor Demokratie und vor allem vor Liberalismus verdichtet sich zum blindwütigen Hass auf die Marktwirtschaft der westlichen Welt. »Alle Gräuel des modernen Händler- und Spekulantentums« verwirklichen sich für ihn in der »Satansherrschaft des Geldes, des Geschäftes«. Seine Abscheu verdichtet sich zu den Phantasmagorien eines Gottesgerichtes auf Erden über diese Welt des Bösen, um so Läuterung und Erlösung zu bringen. Es ist die alte Vorstellung vom bewaffneten Kampf – und von sich selbst als Schwert Gottes –, die sich bis zum fanatischen Eiferer Savonarola im Florenz der Renaissance zurückverfolgen lässt. Tugend und Gewalt gehen in der Vorstellungswelt Naphtas eine enge Verbindung ein (wie ja auch bei Robespierre während der Französischen Revolution). Naphta träumt von der »heiligen Grausamkeit« und verherrlicht den absoluten Befehl, die eiserne Disziplin. Naphta meint, tiefste Lust der Jugend sei gar nicht die Freiheit, sondern der Gehorsam.

Die Geschichte hat seit dem »Zauberberg« genug an schrecklichen und leider auch aktuellen Beispielen für die praktische Bedeutung solchen Weltverständnisses geliefert. Der Weg dorthin ist immer der Gleiche. Er führt zunächst einmal aus der praktischen Lebenswirklichkeit hinaus in die Welt der Illusionen. Aber genau das scheint ja für viele immer einladender zu werden.

4.2.5.5 Der Weg in die Gewalt

Gewalt und Grausamkeit sind bisher nicht überwindbare Konstanten der Geschichte. Und Theorien über die Gründe dafür gibt es reichlich. Eine Gruppe von Erklärungen sucht die Ursachen im Individuum, wie etwa in der genetischen Disposition. Andere Erklärungen machen gesellschaftliche Ursachen verantwortlich und sehen – will man einer konservativen Perspektive folgen – Gewalt als Ergebnis des Zerfalls traditioneller sozialer Strukturen oder aber – in gesellschaftskritischer Perspektive – als Folge von Ausbeutung und Unterdrückung. Ob nun bei Gewalttätigkeit tatsächlich individuelle oder soziale Komponenten die größere Rolle spielen, darüber wird im Zusammenhang mit der Gestaltung des Strafrechtes seit Jahrhunderten debattiert, mit wenig Aussicht auf baldigen Konsens.

Meinem Ansatz entsprechend suche ich nach der hinter der Gewalt stehenden subjektiven Logik. Wenn Bewusstsein und Verhalten konsistent sind, dann muss gewalttätiges Verhalten mit einem bestimmten Bewusstsein einhergehen. Aber wie kann es zu einem Bewusstsein und Selbstverständnis kommen, das gelegentliche oder gar regelmäßige Gewaltanwendung als »richtig« definiert? Für die extreme Situation eines unter dem Einfluss totalitärer Ideologien stehenden und deshalb gewalttätig gewordenen Individuums, einer Gruppe oder gar einer Gesellschaft geben die Konsequenzen des Realitätsverlustes eine nur allzu deutliche Antwort. Aber es geht auch um die quasi alltägliche Gewalt als Phänomen in Gesellschaften, die sich selbst durchaus als zivilisiert verstehen.

Gewalttätigkeit als solche ist keineswegs generell sozial geächtet. Gewalttätigkeit nach außen ist für Menschen, die sich als soziale Gemeinschaft verstehen, je nach Interpretation notwendiges Übel, heilige Pflicht, Beweis der Überlegenheit des eigenen Volkes, am Ende sogar erfreuliche Chance der Durchsetzung und Ausweitung. Gewalttätigkeit nach außen kann daher Ergebnis bewusster Sozialisation sein. Gewalt im Inneren wird dagegen üblicherweise als Ergebnis des Versagens von sozialer Kontrolle in einer Gesellschaft interpretiert, die nach ihrem Selbstverständnis intern auf friedlichem Nebeneinander aufbaut und darin sogar eine ihrer spezifischen Leistungen sieht.

Gewalt in den heutigen westlichen Gesellschaften kann man nicht mehr mit dem Handeln aus bitterer Not noch mit dem Widerstand gegen eine als ungerecht empfundene Gesellschaft rechtfertigen. Selbst die Rote Armee Fraktion in Deutschland hat einmal verstanden, dass Morden nichts ändert. Es gibt außerdem beunruhigende qualitative Veränderungen. Seit den Neunzigerjahren konstatiert das deutsche Bundeskriminalamt ein stetes Ansteigen von Gewaltbereitschaft und Gewaltanwendung. Organisierte Schmuggelbanden und Drogenhändler verfügten in großem Umfang über Schusswaffen und das organisierte Verbrechen verhandle immer weniger, ja übe Gewalt sogar erkennbar demonstrativer aus, zum Beweis der eigenen Stärke und zur Einschüchterung anderer. Und die englische Polizei zählt derzeit, wenige Jahre nach der Jahrtausendwende, jährlich mehr als 60 000 Fälle typisch »asozialen Verhaltens« – und das sind nur die, die der Polizei auch gemeldet werden.

Das »Skinhead-Modell« hat sich unter Jugendlichen der ganzen Welt verbreitet. Kampf und Gewalt werden positiv bewertet und in spezifischen Gruppen als legitim angesehen, vor allem in einem sozialen Umfeld, das sich mit Einwanderern in der Konkurrenz um Wohnraum und Arbeitsplätze sieht. Gewalt ist ein »Modell« im Angebot der Subkulturen, die Jugendlichen das knappe Gut der Anerkennung zuteilen. In den Konflikten, die solche Gruppen austragen, ist damit sogar eine Art »Karriere vom Schläger zum Kämpfer und vielleicht zum Helden« verbunden. »Die Identitätssuche des Jugendlichen führt mit der zunehmenden Schwächung des Familienverbandes … zur wachsenden Bedeutung der Gruppe der Gleichaltrigen«[123], denen gegenüber dann gerne »expressive role behavior« (Alfred Grosser) an den Tag gelegt wird, eine Überbetonung der eigenen Stärke oder Courage.

Gertrud Hardtmann vom Institut für Sozialpädagogik der technischen Universität Berlin, die mit straffällig gewordenen Sechzehn- bis Zwanzigjährigen arbeitet, berichtet[124], in solchen Gruppen würden die Regeln der jeweils eigenen Gruppe streng eingehalten, gegenüber Opfern aber keine soziale Norm anerkannt. Gewalt hätten sie als Ausdruck von Potenz idealisiert. Distanz zu ihren gewaltbereiten Gruppen haben solche jugendlichen Täter erst dann schaffen können, wenn sie Anerkennung erfuhren und andere tragfähige Beziehungen aufbauen konnten. Peter Sitzer vom Institut für Interdisziplinäre Konflikt- und Gewaltforschung der Universität Bielefeld verweist auf die Funktion der Cliquen Gleichaltriger als Ersatzfamilie und betont, der Wegfall von Anerkennung werde durch Machtdemonstrationen ausgeglichen. Gerade junge Gewalttäter litten unter Missachtung, Beleidigung und Entwürdigung.[125] Sie sind, wie es John DiIulio auf einen Nenner gebracht hat, oft »vaterlos, gottlos und arbeitslos«. Gewalt gehört zu den wenigen Artikulationsmöglichkeiten, die Jugendliche der Unterschicht ohne berufliche Perspektive überhaupt kennen. Da hilft nicht gutes Zureden. Da geht es um Selbstbehauptung, die mangels Einbindung in traditionelle soziale Tauschverhältnisse auf andere Weise gesichert werden will, um Akzeptanz, also um »das knappe Gut der Anerkennung«, wie es oft genannt wurde. Selbstachtung kann nur in lohnenden Interaktionsbezügen erworben und erhalten werden. Wenn der Interaktionsbezug des sozialen Tausches zu anderen gesellschaftlichen Bereichen entfällt – und das ist nun einmal bei sozial Ausgegrenzten geradezu ex definitione der Fall –, bleibt nur die Welt der eigenen Peergroup, die mangels alternativer Muster nur Aggression und Gewalt als Muster der Selbstdarstellung zur Verfügung hat. Auf einer solchen Basis kann, wie in den französischen Vorstädten 2005, Gewalt sehr schnell zum Massenphänomen werden.

In manchen südamerikanischen Ländern wie etwa Guatemala, Honduras und in El Salvador sind es bereits jeweils Zehntausende arbeitslose Jugendliche, die sich zu »Maras« genannten gewalttätigen Jugendbanden zusammengeschlossen haben, die bestimmte Reviere klar beherrschen und sich nicht nur mit der Polizei, sondern auch mit privaten »Säuberern« regelrechte Kriege liefern.

Gegen Gewalt gibt es auch keine großflächig wirkenden normativen Hemmungen mehr. Horkheimer hat einmal gefragt, was aus einer Gesellschaft werden solle, »in der die durch die Ansprüche und Sinnlosigkeit des täglichen Lebens aufs Höchste gesteigerten Aggressionen nicht durch eine verinnerlichte Moral im Zaum gehalten werden«? Eine lakonische Antwort könnte lauten: Die heutige Gesellschaft. Welche Sozialisationsmechanismen sind denn heute noch in der Lage, den Heranwachsenden welcher Schichten auch immer welche Moral zu internalisieren? Die Väter, die sich immer häufiger aus der eigenen Verantwortung verabschieden oder – wie zunehmend auch die Mütter – aus beruflichen Gründen nicht mehr anwesend sind? Die Massenmedien? Die Kirchen? Die Lehrer, die zwischen Bürokratien, Utopien, völlig verschiedenen Weltbildern und gewalttätigen Jugendlichen zerrieben werden? Die Politiker, denen immer weniger geglaubt wird? Johannes Schwarte meint sogar, nicht nur zunehmende Gewalt, sondern auch Entwicklungsstörungen und verschlechterte schulische Leistungen müssten als Folge gravierender Sozialisierungsdefizite und langfristig sogar als Entzivilisierungsphänomen gedeutet werden: »Die traditionelle Moral geht und die neue Gewalt kommt.«[126]

Die Reziprozität der Typisierungen in einer Gruppe, die wechselseitig positive Feedbackerlebnisse bereitstellt, verfestigt diese Gruppe weiter und lässt die gemeinsam aufgebauten Vorstellungen von der Welt permanent als richtig erleben. Auch eine auf Hass, Neid und Gewalt verengte Umwelt kann Verhalten steuern.

Gewalt hat eine eigene und in sich klare Logik: Gewalttaten schaffen Anerkennung in der jeweiligen Gruppe und damit das Gefühl von Bedeutung, das einem von der Gesellschaft versagt wird. Eine andere, in sich aber nicht minder schlüssige Logik findet sich bei drogenbedingten Verbrechen: Die amerikanische Drug Enforcement Administration schätzte bereits Ende der Achtzigerjahre, was einen Drogensüchtigen seine Sucht eigentlich kostet. Die Schätzungen beliefen sich bei Kokain auf etwa 200 Dollar und bei Heroin auf ungefähr 500 Dollar die Woche. Wer aber von einer Droge wie Crack abhängig ist, braucht dafür nicht weniger als 1000 Dollar die Woche. Solche Beträge können die wenigsten Abhängigen auf legale Weise finanzieren. Von Crack wird man übrigens viel schneller abhängig als von Kokain. Man wird auch schneller reich damit – wenn man überlebt. Das, was sich manche als sozialen Aufstieg vorstellen: schnelle Autos, teure Uhren, lässt sich als Dealer unendlich rascher erreichen als über die herkömmlichen mühseligen legalen Wege.

Durch Gewalt Karriere machen jene Menschen, die anders keine Karriere machen können. In diesem traurigen Punkt treffen sich Jugendliche und Gangsterbanden. Für jene, die Gewalt subjektiv als einziges Instrument der sozialen Durchsetzung sehen, weil sie keine anderen Möglichkeiten kennen, ist Gewalt ein subjektiv durchaus rationales Ergebnis der Analyse des eigenen Chancen-Risiko-Profils. In Deutschland hat die häufige Übernahme nationalsozialistischer Symbole durch gewalttätige Jugendliche die Fragestellung auf die Thematik der Neonazis fokussiert. In den USA brauchte vor allem die innerstädtische Gewalt keine historischen Symbole. Die Analyse fiel daher frühzeitig anders aus und ist unverändert aktuell: »Too many of these inner-city young people who could otherwise be members of the work force, are without socially acceptable kinds of aspirations to get ahead and with little hope of building self esteem except in criminally related activities. The lack of such reasonable aspirations and hope is frightening. We have seen it breed frustration and violence in the past.«[127]

Das ist, so steht zu fürchten, zu generalisieren: Gewalttätige Gruppen und Subkulturen bilden sich vor allem dort heraus, wo die ansonsten gegebene soziale Chancenlosigkeit den Einzelnen gar keine andere Perspektive mehr bietet, als sich in Organisationen zusammenzuschließen, deren Überleben vom gewalttätigen Durchsetzungsvermögen abhängt. Es ist ein spezifisches Chancen-Risiko-Profil der hohen Risken, aber auch der – gemessen an der Ausgangslage – hohen Chancen, das sich dem Individuum in solchen Gangs bietet. Gewalt als Massenphänomen ist, so bitter diese Diagnose auch sein mag, nichts anderes als subjektive

Verhaltensoptimierung in gesellschaftlichen Teilbereichen, in denen friedliche Durchsetzungsstrategien scheinbar chancenlos geworden sind. »Da Gewalt ihrem Wesen nach instrumental ist, ist sie in dem Maß rational, als sie wirklich dazu dient, den Zweck, der sie rechtfertigen muss, zu erreichen.«[128] Die verkündete Chancengleichheit, eigentlich Grundlage demokratischer Systeme, ist für manche gesellschaftliche Bereiche, wie für die Slums der großen Städte, zur Illusion geworden. Nur wenige schaffen von dort einen Aufstieg zu einem der allseits bewunderten Rollenmuster, sei das nun Model oder Popstar, oder auch nur zu einem Mittelklassejob.

Subjektive Rationalität kann auch für so extreme Fälle von Gewalt zum Tatmotiv werden, wie sie der internationale Terrorismus praktiziert. Eyad Sarraj, ein palästinensischer Psychiater, beschreibt die Psyche der Selbstmordattentäter als Ergebnis einer langen persönlichen Geschichte von Tragödien, Traumata und Erniedrigungen, als deren Ergebnis sie überzeugt sind, ihre Ehre nur im Kampf gegen die als Aggressor gesehenen Israelis wiederherstellen zu können. Im Interview gibt einer dieser Selbstmordattentäter auf eine entsprechende Frage zur Antwort, er würde in seinem Land als tapferer Mann respektiert werden und als Märtyrer in Erinnerung bleiben.[129] Die »Times« brachte als Illustration das Bild einer jugendlichen Selbstmordattentäterin, vor einer grünen Landschaft mit fließendem Wasser und Bäumen. Dieser Hintergrund ist nur gemalt. Grüne Bäume und fließendes Wasser gehörten nicht zur Lebenswelt dieses Mädchens. Sie konnte davon nur träumen. Den Hass verschärft ein armseliges Leben, auf das zu verzichten vielen leicht fällt. Terrorismus wird man auf Dauer nur dann wirksam bekämpfen können, wenn man akzeptable Alternativen anbieten kann. Arbeitslosigkeit und Armut, zerstörte Häuser und kaputte Infrastruktur, wer auch immer dafür verantwortlich ist, und dazu noch ständige Erniedrigungen bieten wenig attraktive Alternativen zur Karriere eines Helden.

Es gibt eine umfangreiche Diskussion darüber, wie weit die Massenmedien an der Verbreitung von Gewalt schuld seien. Penibel wurde berechnet, dass im Alter von 16 Jahren durchschnittliche amerikanische Jugendliche etwa 200 000 Gewaltakte, davon 33 000 Morde, in Fernsehen, Comics oder Internet gesehen haben. Massive Nachwirkungen werden ebenso behauptet wie weitgehende Harmlosigkeit. Zu dieser Diskussion lässt sich schwerlich etwas Neues beitragen. Ein Hinweis ist aber doch anzubringen: Wenn so viel an Gewalttätigkeit angeboten wird, dann werden auch bestimmte Verhaltensmuster so häufig erlebt, dass sie zumindest als extreme Alternative verinnerlicht werden. Ob sie dann auch tatsächlich abgerufen und in der Realität geübt werden, also eine Entgrenzung der ursprünglich nur virtuellen Realität stattfindet, hängt vor allem von der psychischen Disposition ab. Für ein paar Minuten genießt der Täter Macht über Leben und Tod, auf der Basis von Verhaltensmustern, die ihm vorgespielt worden sind.

Über die Gefährlichkeit von Computerspielen bricht mit jedem solchen Amoklauf eine neue Debatte aus. Konstantin Mitgutsch von der Universität Wien argumentiert, dass nur jene Spieler ernsthaft gefährdet seien, bei denen intensive Nutzung mit zusätzlicher sozialer Isolierung oder gar mit einem gewalttätigen Milieu zusammenträfen. 2006 sei das »nur« ungefähr jeder tausendste Spieler. Aber beides, die Zahl der intensiven sowie jene der sozial gefährdeten Spieler, ist nach oben offen.

Wo immer man auf Gewalt stößt, zeigt sich auch ihre Bedeutung für das Selbstverständnis der Akteure. Daniel Buford etwa hat sein eigenes Leben unter Hooligans beschrieben.[130] Für ihn sind Hooligans recht unterschiedliche Männer, die trotzdem alle eines teilen: die Sucht nach Gewalt als eine Form der Selbstbestätigung: »Die Gewalttätigkeit bekommt einen Sinn. Wir sind dann wer ...«, erzählt ihm ein Hooligan. Buford bemerkt selbst, dass Gewalt wie eine aufputschende Droge wirken kann. Die Hooligans begründen ihre Neigung zur Gewalt aber nicht nur mit den damit verbundenen Erlebnissen. Es geht, wie Buford notiert, auch um das eigene, ziemlich verquere Selbstbild: »Eine aufgeblasene Männlichkeitsmoral, ein bis zur Peinlichkeit übersteigerter Patriotismus, ein gewalttätiger Nationalismus. ... Eine männliche Jugendkultur ohne Geheimnis, so abgestumpft, dass sie Gewalt benutzt, um sich wachzurütteln.« Eine archaische Männlichkeitsmoral ist freilich nicht nur bei Unterschichten zu finden. Sie tritt auch in bestimmten Kulturen auf, was in einer multikulturellen Gesellschaft zu Problemen führen kann.[131]

Hier wie dort bringt Gewalt viel auf einmal: die Selbstbestätigung der eigenen Vorstellungen von Männlichkeit, von einem »ganzen Kerl«, den die eigene soziale Umwelt bewundern kann, Gewalt als statussichernden Mechanismus und als Form des Außenverhaltens der Gruppe, das die Selbstbehauptung sichert, Rückversicherung des eigenen Verhaltens in der Anerkennung der eigenen Gruppe und nicht zuletzt ein außerordentliches Erlebnis – quasi die Erlebnisgesellschaft pur und in archaischer Ausprägung, nicht erst in sublimierten Formen von Sport oder Abenteuer. Ferdinand Sutterlüty spricht von irrationalen, »rauschhaft-enthusiasmierenden« Empfindungen bei den Tätern.[132] Tocqueville hatte Erlebnisfixierung als bedrohliche Infantilisierung bezeichnet und sie als Merkmal der Unfähigkeit aufgefasst, erwachsen zu werden. Man verweigert sich aber nicht nur dem Erwachsenwerden, man verweigert sich ganz grundsätzlich den überschaubaren Rollenmustern der Gesellschaft und versteht sich als Held, der mächtig im Zerstören ist und daraus seine Befriedigung zieht. Das ist tatsächliche Entzivilisierung.

Sven Reichardt hat sich mit den faschistischen Kampfbünden der SA in Deutschland und den Squadren Mussolinis auseinandergesetzt.[133] Er beschreibt im Detail, wie die Mitgliedschaft bei Squadra oder SA die Integration in eine persönlich verbundene Gemeinschaft bedeutete, die als proklamierte Ersatzfamilie diente, in der man Anerkennung und sogar Zuwendung erfahren konnte und die zur alltäglichen Lebenswelt wurde. SA-Führer beispielsweise waren verpflichtet, ihre Männer, ihre Wohnungen und Arbeitsstätten genau zu kennen und jeden persönlich zu Hause zu besuchen. Gemeinsam waren den meisten Mitgliedern Deklassierungserfahrungen und -ängste. Umso aufgeschlossener waren sie für eine grundsätzliche Alternative zum leidvoll erfahrenen bisherigen »System«. Unterstützt wurde die Bereitschaft selbst zu rücksichtslosem Vorgehen durch eine Ideologie des Handelns als solchem. Reichardt zitiert Mussolini mit der Bemerkung: »Wir Faschisten haben keine vorgefasste Doktrin, unsere Doktrin ist die Tat.« Kommen dazu noch die Bereitschaft zu Disziplin und Unterordnung sowie eine Führung, die diese Lebensform straff organisiert und für ihre eigenen Zwecke ausbeutet, dann gibt es überhaupt keine Hemmungen mehr – und auch keine Sicherungen und Grenzen, auf die sich die Gesellschaft in ihrer heutigen Verfasstheit mit ruhigem Gewissen verlassen könnte.

5

POLITIK ALS LEBENSWELT

5.1 Grundlagen und handelnde Personen

5.1.1 Die Legitimation staatlichen Handelns

Die Revolutionen in Europa und in den ehemaligen britischen Kolonien in Nordamerika waren getragen von der Überzeugung, mit der Herstellung demokratischer Institutionen auch eine freie und gerechte Gesellschaft schaffen zu können.

Freiheit für alle und Gleichheit vor dem Gesetz als Grundwerte, das Parlament als Repräsentant des Volkes, die Regierung dem Gemeinwohl und die Rechtsprechung nur den Gesetzen verpflichtet, dies sollte den institutionellen Rahmen abgeben, innerhalb dessen jeder, auf den Schutz des Staates und der Gesetze vertrauend, seinen eigenen Vorstellungen vom richtigen Leben nachgehen könne. Politische Macht wird in einer solchen Ordnung nur über freie Wahlen zugeteilt. Wahlen können nun zwar den Anspruch auf Machtausübung legitimieren, nicht jedoch auch Zustimmung, Zusammenhalt und Integrationskraft und damit die Stabilität dieser Ordnung gewährleisten. Es ist daher zunehmend nach einem Legitimationsbegriff gesucht worden, der über formal einwandfreie Wahlverfahren hinausgreift und auch die Voraussetzungen von Stabilität und Akzeptanz umfassen kann.

In Europa hat sich die (von der politischen Selbstorganisation der Arbeiterklasse politisch nachhaltig forcierte) Überzeugung durchgesetzt, soziale Integration und sozialer Friede könnten nur dadurch gesichert werden, dass auch für die unterprivilegierten Schichten der Bevölkerung ein Mindestmaß an sozialer Vorsorge geschaffen werde. Das erfolgte gelegentlich, wie unter Bismarck, nach dem Grundsatz von Zuckerbrot und Peitsche, führte aber im 20. Jahrhundert zunehmend zur sozialen Absicherung auch der ärmsten Schichten der Bevölkerung und damit auch zu deren politischen Integration in die ursprünglich bürgerliche Demokratie.

Ernst Forsthoff, dessen Denken anfangs noch ganz von der konservativen Staatsrechtslehre eines Carl Schmitt geprägt war, sprach schon 1938 davon, dass die Teilhabe der Bürger am Staat sich nicht mehr in politischen Aktivitäten auspräge, sondern in der Inanspruchnahme seiner Leistungen, und verwies seither immer wieder auf die »Entkoppelung staatlicher Legitimationsgrundlagen von repräsentativen Ideen«. Der Staat beziehe seine Integrationskraft nicht mehr aus gemeinsamer Ideologie, sondern aus seinen alltäglichen Leistungen.

Nicht anders liest es sich bei Bernd Guggenberger. Er verweist auf die »für den modernen Staat so typische Verknüpfung von Effektivität und Legitimität: Er rechtfertigt sein Handeln nicht mehr durch gemeinsame Glaubensüberzeugungen, sondern durch die Evidenz seiner Leistungen. Er beansprucht Gehorsam, nicht weil er sich mit einer höheren Wahrheit auf Duzfuß weiß, sondern schlichter, weil er unentbehrlich ist, weil er in umfassender Weise Lebenschancen und Lebensbedürfnisse zuteilt«.[1] Die Veränderung der Legitimationsgrundlagen des Staates entspricht genau jener Änderung des Bewusstseins, deren Grundtendenz ich als Übergang von normativen zu nutzenorientierten Verhaltensmustern zu erfassen versuche. Die Legitimierung von Macht durch Leistung in einem sozialen Tausch statt durch normative Bindung ist unter dieser Perspektive nur konsequent.

Damit ändern sich aber die Mechanismen der Sicherung des sozialen Zusammenhalts von Grund auf. Auf die Steuerung des Verhaltens über gemeinsame Normen ist kein Verlass mehr. Das hat seit Beginn der Moderne zu fundamentalen Ängsten geführt. Bereits Voltaire hatte gemeint, nur die Religion hindere die Menschen daran, übereinander herzufallen. Und aktuell befürchtet Richard Sennett, eine Regierung, die den Menschen keinen Grund gebe, sich umeinander zu kümmern, werde auf Dauer auch ihre Legitimität verlieren.

Man kann die Veränderung mit bitterem Zynismus registrieren, wie es etwa Luhmann getan hat: »Zunächst dienen Werte dazu, zu bestreiten, dass die Politik sich ausschließlich mit sich selbst beschäftigt. Die Semantik der Werte … erzeugt den Eindruck einer Kontinuität, die die Schärfe des Bruches verschleiert, der mit dem Übergang zur modernen Gesellschaft eingetreten war.«[2]

Man kann aber auch aus der Not eine Tugend machen. Schon der nicht gerade als Demokrat berühmt gewordene »Alte Fritz«, Friedrich der Große, wollte jeden »nach seiner Fasson selig werden lassen« – was heute als Wertepluralismus zum Grundverständnis einer gemeinsamen liberal-demokratischen Grundordnung gezählt wird, in der die Menschenrechte als nicht verhandelbar angesehen werden.

Auch wenn Verhalten nicht über Normen gesteuert wird, gibt es trotzdem soziale Tauschprozesse, welche die jeweilige Gesellschaft strukturieren. Deshalb muss sich jede Analyse heutiger politischer Prozesse weniger mit Werten, sondern vielmehr mit den aktuellen Eigentümlichkeiten des sozialen Tausches im Bereich der Politik befassen, die dem aktuellen Stand des Bewusstseins entsprechen.

Die Verknüpfung von Effektivität und Legitimität bedeutet dann nichts anderes, als dass die Machthabenden sich daran zu orientieren haben, was das Volk von ihnen haben möchte.

Aber kann man sich an einem allgemeinen Volkswillen orientieren, wenn so viele so Verschiedenes wollen? So manche Skeptiker meinen, die Rücksichtnahme auf den Volkswillen sei ohnedies nur äußerlich. »Die Herrschaft des Demos ist in bezeichnenden Hinsichten eine Illusion«, meint Michael Walzer[3], und andere Kritiker gehen sogar noch weiter. Danilo Zolo beispielsweise behauptet, in der Politik gälten heute nicht wesentlich andere Spielregeln als für die Auseinandersetzungen zwischen den Potentaten der Renaissance. Neu sei eigentlich nur die

Fassade einer angeblich repräsentativen Demokratie, hinter der sich egoistische Politiker beharrlich über den ohnedies diffusen Volkswillen hinwegsetzten.[4] Auch Jürgen Habermas ist der Meinung, dass »die Fiktion einer Bindung aller politisch folgenreichen Entscheidungsprozesse an die rechtlich verbürgte diskursive Willensbildung des Staatsbürgerpublikums im Laufe des 19. Jahrhunderts ... zerbrochen ist«[5]. Allerdings beharrt er weiterhin auf der Hoffnung, es müsse doch möglich sein, Diskussionsstrategien zu entwickeln, die zu einer Klärung und repräsentativen Begründung des Volkswillens führen könnten.

Aber wie soll das funktionieren? Ich habe versucht, den grundsätzlichen Veränderungen nachzuspüren: In früheren Jahrhunderten lebten die Bürger bei allen Standesunterschieden in einer gemeinsamen Lebenswelt. Wahrnehmbarkeit und Erfahrbarkeit kritischer Entscheidungsnotwendigkeiten waren ihnen gemeinsam. Heute sind die Einzelnen in verschiedenen Lebenswelten zu Hause, aus denen sie nicht nur ihre Erfahrungen, ihre Weltsicht und ihre Überzeugungen ableiten, sondern auch ihr politisches Verhalten und ihre Ansprüche an die Politik. Claus Offe hat das bereits in Theorie übersetzt: Nicht mehr die Herrschaft einer Klasse, sondern die »Disparität der Lebensbereiche« sei für die entwickelten kapitalistischen Gesellschaften charakteristisch.[6] Allzu viele Bürger stehen den jeweiligen Problemen allzu vieler anderer Bürger viel zu verständnislos gegenüber und wollen vor allem eines: nämlich Hilfe bei der Lösung ihrer eigenen Probleme.

Weil es aber so viele Gruppen gibt, die alle etwas anderes wollen, sind die der Politik abverlangten Leistungen recht unterschiedlich. Historisch ist dieses Problem der unterschiedlichen Interessen unterschiedlicher Gruppen durch die Differenzierung in politische Parteien gelöst worden. Offen bleibt, ob das für die heutige Komplexität sozialer und mentaler Ausdifferenzierungen – und für die Ziele der politischen Funktionäre – weiterhin eine adäquate Lösung darstellt.

5.1.2 Der Wandel der politischen Parteien

5.1.2.1 Die Totalität der historischen Veränderungen

Die Wandlungen der Parteien im Lauf der neueren Geschichte, ihr Selbstverständnis, ihre organisatorischen Strukturen und ihre Zielvorstellungen sind von den tief greifenden gesellschaftlichen und wirtschaftlichen Veränderungen nicht zu trennen. Versuchen wir eine knappe Skizze.

In den Klubs der Abgeordneten der französischen Nationalversammlung 1789 suchte man zunächst einmal nach Verbündeten und nach Organisationsstrukturen. Der Dritte Stand versuchte Geistliche und Adelige auf seine Seite zu ziehen und man versammelte sich in Klubs wie denen der Feuillants, der Cordeliers oder

der Jakobiner. Schon deren Name leitete sich nicht von irgendeinem Programm ab, sondern vom Versammlungsort, einem alten Jakobinerkloster.

Folgt man der Strukturierung von Richard S. Katz und Peter Mair[7], so dominierte noch bis tief ins 19. Jahrhundert der Typus der Honoratiorenpartei, auf den ich gleich zurückkomme.

Die Ablöse dieser Honoratiorenparteien durch die neuen Massenparteien im 19. Jahrhundert hängt nicht zuletzt mit der weitgehenden Durchsetzung des allgemeinen Wahlrechtes in Europa zusammen. Jetzt steht allen Bevölkerungsschichten die Teilnahme am politischen Prozess offen. Die gegensätzlichen Interessen verschiedener sozialer Schichten, die durch die Industrialisierung ohnedies eine ganz neue Dimension gewinnen, werden von gesellschaftlichen auch zu politischen Konfliktlinien (wofür sich auch im deutschen Sprachgebrauch der Begriff der »cleavages« eingebürgert hat). Diese Differenzen werden durch neue ideologische Welterklärungen – wie etwa jene von Karl Marx – in völlig neue Vorstellungen von der Ungerechtigkeit der bisherigen und zugleich der Machbarkeit einer neuen Ordnung übersetzt. Parteien dienen den großen gesellschaftlichen Gruppen nunmehr zur Behauptung in einer als grundsätzlich und existenzbestimmend angesehenen Auseinandersetzung. Dem entspricht eine straffere, auf Kampf und Durchsetzung ausgerichtete Organisation der Parteien. So kommt es zur Vorstellung vom Abgeordneten als Frontkämpfer der jeweils eigenen Weltanschauung.

Die Parteienentwicklung nach dem Zweiten Weltkrieg lässt sich erneut als Reaktion auf sozialen Wandel deuten. Die Erosion der starren Klassengegensätze, der Aufstieg einer Mittelschicht, die sich nicht mehr den traditionellen Lagern zuschreiben lässt, und die abnehmende Bedeutung normativer Bindungen haben die Anhängerschaft der großen Parteien sozial heterogener werden lassen. Die Wähler sind weniger zur totalen Identifikation als vielmehr zu einem Wechsel der Parteipräferenzen bereit. Die Konsequenz ist der Aufstieg der um eine möglichst breite Wählerbasis bemühten Volksparteien, mit einem zwar respektlosen, aber präzisen Begriff auch »catch-all parties« genannt.

Katz und Mair sehen darüber hinaus seit etwa den Sechzigerjahren des 20. Jahrhunderts eine weitere Stufe der Parteienformung, nämlich die Herausbildung von sogenannten Kartellparteien. Diese koppeln sich von ihrer ohnedies brüchiger gewordenen ursprünglichen sozialen Basis zunehmend ab, versuchen verstärkt den Zugriff auf staatliche Ressourcen unter gleichzeitiger Erschwerung des Zugriffs lästiger Mitbewerber und tendieren wenigstens dort zur Zusammenarbeit, wo es darum geht, mögliche neue Wettbewerber auszuschließen. Charakteristisch für solche Parteien sei daher »the interpenetration of party and state, and also … a pattern of inter-party collusion«[8]. Politische Macht wird nicht mehr korrekt nach traditionellen demokratischen Verfahren zugeteilt, sondern es werden vielmehr diese Verfahren bereits im Vorfeld beeinflusst, nach Katz und Mair sogar in einem derartigen Umfang, dass »none of the major parties is ever definitely out«[9].

Die Theorie von Katz und Mair über die Herausbildung von Kartellparteien hat eine Reihe von Studien zu ihrer Stichhaltigkeit ausgelöst[10] und ist auf teils heftigen Widerspruch gestoßen. Allerdings ist schwer zu bestreiten, dass diese Theorie Verhaltensmuster beschreibt, die sich regelmäßig herausbilden, wenn neben dem Ziel der Machterhaltung alles andere zweitrangig wird.

5.1.2.2 Veränderte Strategien und die Entstehung der Massenparteien

Klaus von Beyme meint, die Parteienforschung sei in Typologien oder einem »Rational-Choice«-Ansatz stecken geblieben, der sich darauf beschränke, ökonomische Modelle auf doch recht komplexe soziale Zusammenhänge anzuwenden.[11] Beyme verweist insbesondere darauf, dass sich die Prognosefähigkeit der Modelle als begrenzt erwiesen hätte. Nach wie vor fehle die unabhängige Variable, die den permanenten Wandel der Parteien erkläre.

Zumindest eine solche Variable liegt recht nahe: der gesellschaftliche Wandel von normativer zu nutzenorientierter Weltsicht. Setzt sich Nutzenorientierung auch in den Köpfen der Funktionäre durch, dann werden diese ihren eigenen Nutzen auch dann verfolgen, wenn die offiziellen Ziele der jeweiligen Partei noch ganz andere sind – und allenfalls auch im Stillen gegen diese offiziellen Ziele handeln.

In England sind die ersten Parteienbezeichnungen aus Spottnamen für Dissidentenbewegungen entstanden. Die der liberalen Whigs kommt von der Bezeichnung der schottischen Covenants, die sich zum Schutz ihrer Freiheiten 1637 gegen König Karl I. von England verbündeten, die der konservativen Tories von einem irischen Sammelbegriff für Papisten. Die Abgeordneten dieser Parteien verfügten über eine eigenständige Machtbasis in ihren jeweiligen Wahlkreisen und waren daher gar nicht auf eine Parteiorganisation angewiesen. Denn die Grafschaftsvertreter im Unterhaus (»knights of the shire«) mussten über erheblichen, Ertrag bringenden Landbesitz verfügen, womit die Auswahl der Abgeordneten faktisch auf Angehörige der wohlhabenden Gentry begrenzt war.

In kleineren Wahlkreisen war die Vergabe über Patronage gängig. Ein guter Teil der Sitze im Parlament konnte gekauft werden, wobei Schätzungen bis zur Hälfte der Sitze gehen, und rund ein Drittel der Mitglieder des Unterhauses hatte besoldete Posten, die von der Regierung vergeben wurden.[12] Generell sollte man den für diese frühe Phase des Parlamentarismus gern verwendeten Begriff der Honoratiorenpartei nicht zu eng mit dem Adjektiv »honorig« assoziieren.

Die allmähliche Erweiterung des Wahlrechtes hin zum allgemeinen Wahlrecht und die Aufweichung der alten vorindustriellen Strukturen hat in ganz Europa neuen sozialen Bewegungen erstmals legale politische Handlungsräume für die Verwirklichung ihrer Vorstellungen eröffnet. Das gilt gleichermaßen für die konservativen Schichten wie für jene, die sich nunmehr mit sozialistischen oder kommunistischen Parteien identifizieren konnten, und auch für die Sammelbewegungen, die aus sektoralen Krisen hervorgegangen sind, wie etwa Agrarparteien und die christlich-soziale Bewegung.[13] Gemessen an diesen neuen Aufgaben war das bisherige Honoratiorensystem zur Auswahl der Repräsentanten völlig ungeeignet.

Allein die neuen Ziele machten eine Reihe grundlegender Veränderungen erforderlich: Ziel wurde die Erfassung möglichst vieler zu gewinnender Parteimitglieder von der Wiege bis zur Bahre und damit die möglichst umfassende Integration der Lebenswelt der Parteimitglieder in das Parteileben. Das geschah über Spezialorganisationen, die schon die Jugendlichen nach ihren Vorstellungen sozialisieren wollten und die Erwachsenen selbst bei Aktivitäten wie Bergsteigen, Rad- oder Autofahren bis hin zum Briefmarkensammeln politisch einzubinden versuchten. »Eines der herausragendsten Merkmale der Massenparteien war die extensive Involvierung ihrer Mitglieder.«[14]

Für diese Tendenz hat Robert Michels bereits anhand der frühen Geschichte der sozialistischen Bewegung im deutschen Kaiserreich einprägsame Formulierungen gefunden[15]: Er spricht vom »Schrei nach der Zahl« zur Charakterisierung des intensiven Werbens um möglichst viele Mitglieder, von der »Anpassung der praktischen Demokratie an die Anforderungen der Strategie« und als Konsequenz von der »modernen demokratischen Partei als kriegführende Partei«. Verständlich: Militärische Organisationen sind der Prototyp zielorientierter Organisationen, in denen ein Maximum an Disziplin zur Erzielung eines Maximums an Wirkung verlangt wird. Michels »Notwendigkeit des beruflichen Führertums und ihre Konsequenzen« gehören in den gleichen Zusammenhang.

Weitere Konsequenzen sind freilich »die Notwendigkeit eines weitverzweigten Beamtenapparates, entstanden aus dem Selbsterhaltungstrieb der Organisation«, zusätzlich aber auch nach Meinung von Michels »das Verschwinden der kulturellen und der internationalen Charakteristiken des Sozialismus«, ja radikaler noch »das allmähliche Verschwinden der Spuren des Ursprungs mit zunehmender Organisation« und letztlich »die Entwicklung der Partei aus einem Mittel zum Zweck zu einem Selbstzweck«.

Es geschieht immer wieder, dass sich die Führer einer Bewegung nicht mehr selbstlos mit deren Zielen identifizieren, sondern in ihr ein Mittel sehen, den eigenen Nutzen zu verfolgen. Das ist wohl ein generelles Phänomen aller Organisationen, die sich auf ein normatives Weltbild stützen. Allein in der katholischen Kirche, einer normativen Bewegung mit nunmehr bald zweitausendjähriger Geschichte, hat es immer wieder Phasen eines von den eigenen Idealen teils recht kräftig abweichenden Lebensstils der Führungsschichten gegeben. Neue normative Systeme werden immer wieder entstehen, solange neue Interpretationen der Welt Überzeugungskraft entwickeln und damit Anhänger gewinnen. Aber sie werden immer wieder untergehen, wenn ihre Überzeugungskraft schwindet – und das zuerst beim eigenen Führungspersonal.

Nach Beyme war, historisch gesehen, die Bürokratisierung der Parteimaschinen anfangs eher der hilflose und kaum vorbereitete Versuch der Parteien gewesen, dem Ansturm einer Wählerschaft zu entsprechen, die durch die Wahlrechtserweiterung massiv an Umfang gewonnen hatte.[16] Aber das ändert nichts an der individuellen Verlockung für die Funktionäre, die Chancen zu nutzen, die sich aus einem bürokratisierten Parteiapparat ergeben. Die damit verbunden Risken hat Michels bereits klar erkannt, als die absolute Herrschaft Stalins wie auch Hitlers mit all ihren Ungeheuerlichkeiten noch in weiter Ferne lag: »Die Gefahr liegt nahe, dass die soziale Revolution ... anstelle der fassbaren und sichtbaren, als solche offen anerkannten herrschenden Klasse von heute eine geheime, unter dem Deckmantel der Gleichheit auftretende demagogische Oligarchie setzen würde.«[17]

Robert Michels hat damit aus seinen praktischen Erfahrungen heraus zu einer kritischen Frage der Aufklärung klar Stellung bezogen: Der letztlich maßgebliche Politikertyp ist nicht der aufgeklärte Bürger, der seinen Teil zum Finden der gemeinsamen Vernunft beitragen möchte, und auch nicht der Repräsentant solcher Bürger, sondern der nüchterne Maximierer des eigenen Nutzens, der seine Rezepte bei Machiavelli findet.

5.1.2.3 Die Folgen der Entideologisierung

Die Erosion der alten Klassenschranken und die Herausbildung vieler eigenständiger Milieus anstelle weniger Klassen haben dazu geführt, dass die Anhänger aller Parteien heterogener wurden und damit auch weniger bereit, sich für die Parteiziele mobilisieren zu lassen. »Waren im Zeitalter der Massenparteien Wahlen noch Ausdruck der politischen Identität ... so haben mit der Erosion dieser Bindungen ... Wahlen eher mit dem Kauf des besten Artikels zu tun.«[18] Aus normativen Tauschstrukturen werden nutzenorientierte, auch zwischen Wählern und Parteien.

Das bedeutet nicht, dass Emotionen bei der Parteiwahl keine Rolle mehr spielen. Aber es geht nicht mehr um Ideologie, sondern um einen Entlastungsmechanismus angesichts der Schwierigkeiten, mit dieser Welt noch zurechtzukommen. Peter Sloterdijk hat das bei aller Farbenpracht seiner Formulierungen in der Sache treffend beschrieben (in einem Gespräch mit dem »Handelsblatt«): »Die Linke ist in erster Linie keine ideologische Veranstaltung, sondern eine psycho-politische Sammlungsbewegung für Protest und Dissidenz. Ihr Hauptthema ist die Würde der Benachteiligten. … die Linke ist normalerweise eine international operierende Zornbank, in der kleine Leute ihre Spareinlagen an Empörung deponieren können.«

Wenn sich Funktionäre und Parteibürokratie in ihren Mandaten und Funktionen behaupten wollen und die Chance dazu eher in der Gewinnung möglichst vieler als nur der ideologisch passenden Wähler sehen, dann verlangt dieses Ziel der Stimmenmaximierung eine Strategie, die nicht mehr ideologisch eingegrenzt ist. Sich auf vorhandene Empörungen und aktuelle Tagesthemen zu konzentrieren »ist die unvermeidliche Folge einer bürokratisch gerichteten Organisation, die als ihr vornehmstes Objektiv die Gewinnung der größtmöglichen Zahl neuer Mitglieder ansieht«[19].

Angelo Panebianco hat darauf hingewiesen, dass diese zunehmende Bereitschaft der Wähler, auch andere als die früher quasi angestammten Parteien zu wählen, eine Erweiterung der »hunting grounds« und damit eine ganz andere Wettbewerbsorientierung der Parteien bringe.[20] Die neue »electoral professional party« setzt auf professionelle Wahlwerbung und Medienkommunikation und bedient sich dazu einschlägiger Spezialisten. Diese Kombination ist effizient. »Themenwanderung und Themenklau hat gerade bei Umweltfragen gezeigt, dass die etablierten Organisationen sehr wohl auf die Herausforderungen der neuen Umweltparteien reagierten.«[21] Die Parteien reagieren auf abnehmende Parteienidentifikation mit dem Anpassen an wechselnde Meinungen statt mit der früheren Konzentration auf soziale Repräsentanz. Wenn die Programmfraktionen abgewirtschaftet haben, kommen die Macher, so wie ein Gerhard Schröder 1998 nach Rudolf Scharping bzw. Oskar Lafontaine.[22]

Nach Peter Glotz hat nicht zuletzt der Mangel an notwendigen Innovationen zur Krise des Parteiensystems beigetragen. Dazu trage freilich auch die »Erfahrungsverdünnung« in den Parteien bei, die zu einseitigen, relativ geschlossenen Kommunikationszirkeln geworden seien, in denen man die veränderten Bedürfnisse der Gesellschaft nicht mehr richtig wahrnehme.[23]

Diese ungenügenden Reaktionen der etablierten Parteien haben außerparteilichen Bewegungen genutzt. Ihre Stärke beziehen diese freilich auch aus der Radikalität, mit der sie Feindbilder schaffen. Moderne »soziale Bewegungen sehen Gesellschaften zugleich als System und Lebenswelt …«[24], die es gegen »Kolonialisierungsbemühungen durch den administrativ-industriellen Komplex« zu verteidigen gilt.[25] Die Schaffung von Betroffenheit ist überhaupt eines der besten Mittel zur Mobilisierung. »Betroffenheit ist der alltagssprachliche Ausgangspunkt für Opposition gegen Kolonialisierung der Lebenswelt …«[26] Zwar ist dies nichts anderes als der Regress auf das uralte Schema: Sind die Bösen besiegt, dann ist die Welt wieder gut. Aber das funktioniert immer noch ganz gut. So finden die NGOs, die Non-Government-Organisationen, offizielle Anerkennung als Diskussionspartner in Fragen, die von den etablierten Parteien zu wenig berücksichtigt werden. Um den Preis der Polarisierung beziehen sie ihre Stärke aus Schwächen der vorhandenen Parteien, können sich aber anders als diese nicht auf Wählerstimmen berufen. Mit Claus Leggewie könnte man diese Diskrepanz zwischen ihrem Beitrag zur Verbreiterung der Diskussionsthemen in der Demokratie einerseits und der mangelnden Legitimation durch Wählerstimmen als »Demokratisierungsparadox« bezeichnen. Die Analyse des NGO-Phänomens darf aber hier nicht enden. NGOs sind nämlich insofern höchst modern, als sie Betroffenheit und Öffentlichkeitswirksamkeit recht effizient verbinden. Dass sie das ohne Rücksicht auf die Zahl der von ihnen Vertretenen tun können, zeigt die Richtung, in die sich der sogenannte demokratische Diskurs entwickelt: Anerkennung folgt dem gemachten Lärm.

5.1.2.4 Zwischen den Parteien: Kumpanei oder Krieg?

Die Theorie der Kartellparteien von Katz und Mair läuft darauf hinaus, dass die modernen Parteien sich durch die verstärkte Nutzung staatlicher Ressourcen und die Bildung eines Kartells mit dem Ziel des Ausschlusses neuer Wettbewerber zunehmend zu einem Kollektiv von Schmarotzern entwickelt hätten, wo man sich wechselseitig nicht mehr wehtue, um unter sich zu bleiben. Dieser Meinung sind mehr. Danilo Zolo sieht im heutigen Parteiensystem »eine dem Monopol verwandte Situation«. Manfred Zach, als hoher Beamter praxisgestählt, wirft den deutschen Parteien vor: »Als eigenständige Politikgestalter … treten sie kaum mehr in Erscheinung. … (So) verstehen sich deutsche Parteien in erster Linie als propagandistisches Schmiermittel für Verfahrensabläufe zur personalen Machterhaltung oder Machtgewinnung.«[27]

Auch Praktiker sind dieser Meinung. Giuliano Amato, kurze Zeit auch italienischer Ministerpräsident, hat die Art und Weise, wie italienische Abgeordnete regelmäßig den Staat zu ihrem Vorteil zu erpressen versuchen, mit dem in Wildwestfilmen gängigen Überfall auf die Postkutsche verglichen, und Richard von Weizsäcker hat sich geäußert, beim Parteienmonopol handle es sich um eine Annexion, einen Beutezug gegen den Staat. Die Institutionen sind nicht per se schlecht, aber längst erobert.

Peter A. Ulram hat vor dem Hintergrund der österreichischen Praxis unterschiedliche »hegemoniale Strategien« herausgearbeitet. Im österreichischen Koalitionssystem sieht er Machtteilung und konsensuale Einbindung aller wesentlichen Gruppen, aber auch »Übermächtigung«, politisch-bürokratische Penetration, Kontrolle von Teilen der Wirtschaft und der Gesellschaft sowie Marginalisierung der Opposition. Machtpolitisch erfolge die Absicherung durch getrennte Einflusssphären der Koalitionsparteien. Die Strategie der österreichischen Sozialdemokraten wird von Ulram als (erfolgreiches) Bemühen um Dominanz in der

Interpretation des sozialen und kulturellen Wandels und als »überwiegend symbolische Kontrolle« interpretiert.[28] Etwas direkter formuliert: Die Lufthoheit über den Stammtischen der Intellektuellen konnte die Sozialdemokratie erobern.

5.1.3 Politiker und ihre Strategien

5.1.3.1 Simple Ziele und professionelle Mittel

Jede Analyse des Verhaltens der Parteien bleibt wesentlich unvollständig, wenn nicht auch das Verhalten der Politiker als Individuen mit ins Kalkül gezogen wird. Man sollte dabei Politikern keine anderen Absichten und Ziele unterstellen als anderen Menschen. Wie alle anderen handeln auch sie bestmöglich rational im Rahmen ihrer subjektiven »frames«.

Politiker sind in einem nutzenorientierten System ebenfalls Nutzenmaximierer. Die Analyse Michels', dass Politiker weniger die Ziele ihrer Organisation als vielmehr vorrangig ihre eigenen Ziele verfolgten, wurde zwar in der Zeit des Zweiten Deutschen Kaiserreichs als Skandal empfunden, da das Denken in nationalstaatlichen und traditionellen normativen Kategorien damals noch allzu gängig war. Sie entspricht aber dem heutigen Verständnis von den Zielen ganz normaler in einer Organisation handelnden Menschen und der deshalb wirksamen Mechanismen.[29]

Der Nutzen, den Politiker maximieren wollen, ist immer und überall der gleiche: Sicherung der Existenz, Aufstieg, Ressourcengewinn und Verteidigung des eroberten Reviers. In der Welt der Politik bedeutet das Gewinnung und Sicherung eines Mandates oder einer anderen interessanten Funktion, Aufbau einer eigenen Machtposition und deren bestmögliche Verankerung. Diese kann man allein für persönliche Interessen oder aber zur Durchsetzung der eigenen Überzeugungen anstreben. Überhaupt sollte man den guten Willen so mancher Politiker nicht unterschätzen. In der Politik finden sich ebenso aufrechte Idealisten, die hart für ihre Überzeugungen arbeiten. Nur ändert dies nichts daran, dass sie zu den gleichen Strategien gezwungen sind wie alle anderen. Robert Brandom hat schon recht: Der Unterschied zwischen strategisch geschickt getarntem Egoismus und kommunikativer Zusammenarbeit ist in der Sprache nicht zu erkennen. An ihren äußeren Verhaltensmustern und ihrer Rhetorik sind Idealisten von geschickten Heuchlern nicht zu unterscheiden. Der Zwang zur Gewinnung von Anerkennung und Bedeutung eint sie alle.

Konrad Adam hat unter boshaftem Rückgriff auf einen Vers Goethes das Dilemma auf den Punkt gebracht: »Zum Hohen Hause zu gehören, ist ehrenvoll und bringt wohl auch Gewinn, ist aber längst noch nicht mit einem Anteil an der Macht verbunden.«[30] Das Mandat als solches bietet noch keine Sicherheit.

Ein Politiker ist genötigt, sich jahrelang zu engagieren, selbst die Wochenenden allen möglichen mehr oder minder wichtigen, aber vielleicht ja doch öffentlichkeitswirksamen Veranstaltungen zu widmen, und weiß trotzdem bis zum Tag der Wahl nicht wirklich, ob er die bisherige Karriere überhaupt fortsetzen kann. Die Verunsicherung durch die jeweils nächsten Wahlen ist daher ein wesentliches verhaltensbestimmendes Element.

Zumindest in Staaten mit Verhältniswahlrecht wie Deutschland und Österreich sind es zwei verschiedene Welten, in denen sich Politiker zu bewegen haben: in der Welt der Wähler und in jener der eigenen Partei. Bei den Wählern müssen sie bemerkt werden, Anerkennung und Zustimmung finden, in der eigenen Partei brauchen sie zusätzlich Verankerung und Absicherung, um auch bei der nächsten Wahl wieder auf einem möglichst sicheren Listenplatz aufgestellt zu werden. Denn die direkte Vertretung der Wähler ist Illusion: »Die Parteien haben sich die Macht gesichert, ihre Kandidaten für die Wahlen auszusuchen.« (Richard von Weizsäcker.)

Im klassischen Modell der Demokratie sollte sich ein Politiker im Wettbewerb mit anderen aufgrund der besseren Argumente durchsetzen. Diese Vorstellung baut, wie es im gängigen Begriff der Bürgergesellschaft zum Ausdruck kommt, auf den mündigen Bürger, der die unterschiedlichen Argumente vernünftig abwägen kann. Offiziell wird dieses Modell auch eifrig aufrechterhalten. »Die Laudatio auf die Bürgergesellschaft ist mittlerweile zum Gassenhauer erhabener Fest- und Feiertagsansprachen der bundesdeutschen politischen und reflexiven Klasse geworden. … (Aber) … Feiertagsrituale haben mit dem profanen Alltag in der Regel nicht viel zu tun.«[31]

Orientieren sich Politiker den Wählern gegenüber aber überhaupt noch am Bild des mündigen Bürgers? Das Verhalten der Politiker orientiert sich an den Erwartungen, die sie auf Seiten der Wähler vermuten. Was aber die Wähler erwarten, variiert mit deren jeweiligen Interpretation der Welt – und die ist, wie ich zu zeigen versucht habe, je nach subjektiver Lebenswelt und persönlicher Einstellung grundverschieden. Gabriel A. Almond und Sydney Verba leiten aus diesem Unterschied den Begriff der jeweils verhaltensbestimmenden »politischen Kultur« ab. »The political culture of a nation is the particular distribution of patterns of orientation toward political objects.«[32]

In einer nutzenorientierten Gesellschaft wollen die Wähler das für sie auf Basis ihrer subjektiven Nutzenbewertung attraktivste Angebot auswählen können. Der Wähler will Zusagen und Leistungen, ob das nun Förderungen oder Leistungen im Bereich der Sozialversicherung oder der Schutz der Umwelt sind. Dem entspricht das Modell von Anthony Downs, wonach jede Partei ihr Programm so gestalten wird, dass sich deshalb das für sie erreichbare Maximum von Wählern für sie entscheidet.

In die Erwartungen an die Politik geht freilich auch viel an jener Realitätsverweigerung ein, die hier als eigenständiges Verhaltensmuster skizziert wurde. Und sie übersetzt sich zunehmend in die Praxis. Sloterdijk hat von »Meuterern gegen die Politik der Moderne« gesprochen: Deren »Parole ist, latent oder manifest, jener Stopp der Geschichte, das Apokalyptiker, Tragiker, Defätisten und Rentenbezieher zu Verbündeten macht«.[33] Guy Kirsch und Klaus Mackscheidt treffen sich in der Vermutung, dass die Wähler von ihren Politikern weniger eine Lösung der realen Probleme als vielmehr Schutz vor der bedrohlichen Realität wollen. Nach Paul Nolte hat der Schutz vor den Zumutungen der Moderne sogar den Kern des deutschen rot-grünen Regierungsbündnisses ausgemacht. Ihm zufolge gibt es eine große gesellschaftliche Strömung, die in diesem Sinn abgeschirmt werden möchte. Er sieht in der Bundesrepublik zu Beginn des 21. Jahrhunderts einen »ethischen Gesinnungsfundamentalismus, einen Fundamentalismus der Ängstlichkeit, der scheinbaren Geborgenheit«. Andrzej Szczypiorski geht vielleicht noch weiter: Die Wähler wollen eine andere Realität, eine feste, moralische und berechenbare Ordnung mit einem sicheren Platz für sie darin. Sie wollen eine Reduzierung ihrer Ängste und die Illusion der Erfüllbarkeit ihrer Hoffnungen.

Politik kann den Wählern nicht einfach nur konkrete Problemlösungen anbieten, sie muss auch einen allgemeinen Eindruck von Problemlösungsfähigkeit, Verständnis und Interesse für die Sorgen der Wähler vermitteln. Damit wird aber das notwendig, was als »symbolische Politik« bezeichnet wird: An die Stelle von tatsächlichen Reformen und Problemlösungen tritt die Vermittlung des Glaubens an die Fähigkeit dazu, die Vermittlung von Entschlossenheit und Zielsicherheit. Dadurch wird politischer Erfolg zunehmend von der Qualität der eigenen Werbung abhängig. Der deutsche Bundeskanzler Gerhard Schröder scheint das auch so gesehen zu haben. Von ihm stammt der Sager, Politik brauche Darstellung, sie könne nicht nur als Durchsetzung von Inhalten begriffen werden.

Der Marktforscher Wolfgang Bachmayer hat die Transformation von Politik in Marketing auf den Punkt gebracht: »Wichtig sind Marktnähe, Kundenorientierung, Verpackung und mediengerechte Inszenierung. Die Folge ist eine zunehmend entleerte, weitgehend ideologie- und keimfreie Politik.«[34]

Es geht um das, was Luhmann als Reduktion von Komplexität zum gängigen Begriff gemacht hat, um einfache, plakative Formeln. In der modernen Unübersichtlichkeit hat der uralte Bedarf an Erklärung und Orientierung an Bedeutung nicht verloren, sondern gewonnen. Und diese Erklärungen sollen, aller Komplexität der Welt zum Trotz, einfach und verständlich sein. Von Jennifer Laszlo, als Krisenmanagerin von Präsident Clinton durchaus praxisgestählt, stammt die Forderung, jede Partei müsse mit einem Satz, mit acht Worten sagen können, wofür sie stehe. Das Prinzip als solches ist nicht unbedingt neu. Hermann Broch hat bereits in seinem »Tod des Vergil« formuliert, das Volk wolle nicht Wahrheit, sondern starke Bilder.

George W. Bush verdankt seine Wahlsiege zu einem guten Teil seinem Wahlkampfmanager Karl Rove. Der hat wie der Manager einer Produktkampagne die wichtigsten Kunden – eben Wähler – genau analysiert, ihren Lebensstil, die von ihnen gelesenen Zeitungen, die Vereine, in denen sie Mitglieder sind. Er hat »microtargeting« betrieben, genau das, was in einer in unterschiedliche Lebensformen auseinanderfallenden Gesellschaft so wichtig ist: die einzelnen Gruppen auch jeweils gruppenspezifisch anzusprechen. Dabei ging es um möglichst einfache, klare Botschaften und darum, möglichst gründlich von den Schwächen Bushs abzulenken. Genau das hat Rove geschafft.

Nicht um Wahrheit, sondern um die besser verkaufbare Welterklärung geht es. Politische Werbung ist immer auch Werben für die eigene Interpretation der Dinge. Adorno hat gemeint, in der Politik sei der Schein der Sache schon die halbe Sache selbst. Darum ist die »Lufthoheit über den Stammtischen« so wichtig. Einer hat sogar verraten, dass es ihm auf die Lufthoheit über den Kinderbetten ankomme. Das ist das Konzept: Weltbildkontrolle ab der Kindheit.

Die Kehrseite dieser Strategie ist ein ängstliches Bemühen, die Bruchstellen und Unzulänglichkeiten des vorhandenen wirtschaftlichen und sozialen Systems ja nicht zu thematisieren (außer man kann sie dem politischen Gegner in die Schuhe schieben), sondern davon abzulenken oder sie zu beschönigen. Man kann auf die deutschen Diskussionen der Jahre 2002 und 2005 verweisen, wo die Lage der Wirtschaft und vor allem des Budgets nach der Wahl ganz anders aussah als vorher. Die nachfolgende Empörung lässt vermuten, dass man eine solche Schönfärberei als schlimmes Vorkommnis wertete statt als politisches Normalverhalten. Helmut Kramer, als damaliger Leiter des Österreichischen Instituts für Wirtschaftsforschung vom staatlichen Wohlwollen nicht ganz unabhängig, hat trotzdem die Konsequenzen dieser politischen Grundausrichtung offen angesprochen: »Überall die gleiche Beobachtung: Auf der einen Seite werden Dogmen und Tabus einzementiert und öffentliche Ruhestörung polizeilich angezeigt, die notwendigen Vorbereitungen für sachliche Konzepte und für alternative Optionen werden verschoben, auf der anderen Seite tauchen allzu simple Patentrezepte auf, die desto mehr um Zulauf werben, je falscher sie nachweisbar sind. In der milderen (!) Symptomatik dieser gesellschaftlichen Erkrankung umfasst sie reflexhaftes Herumwerfen mit Worthülsen, Totschlagbegriffen und Platitüden.«[35]

Oder noch etwas böser: Man könne »Politik als mehr oder weniger gelungene Kulissenschieberei für die Zurückgebliebenen« betrachten.[36] Hermann Glaser, jahrzehntelang wichtiger Vertreter der SPD-Kulturpolitik, hat das mit schwer zu überbietender Deutlichkeit wie folgt formuliert: »Innerhalb der Sprechblasen-Gaukelei – die jeweils angekündigten Erfolge bei Nichteintreffen durch neue

Versprechungen ersetzend – spielen bekanntlich die litaneihaft zelebrierten Begriffe ›Reform‹ und ›Innovation‹ eine zentrale Rolle; sie sind jedoch bei der gegenwärtigen politischen Klasse inzwischen zu entkernten politischen Worthülsen geworden, in die man jeweils das packt, was man für angemessen hält, um die zusammenhanglos nebeneinander bestehenden selbstreferenziellen Subsysteme am Laufen zu halten.«[37]

5.1.3.2 Die Ritualisierung politischen Verhaltens

Politische Akteure sind – zumindest in Europa, wo der Wechsel zwischen Politik, Universität und Wirtschaft schwieriger und seltener ist als in den USA – von periodischen Wahlen abhängig. Diese Abhängigkeit ist eine psychische wie materielle Belastung, die Entlastungshandlungen auslöst. Entlastung verschafft nicht zuletzt die Ausübung einer Tätigkeit, die man subjektiv für zielführend hält. »Für ein Lebewesen, das der Einsicht in ursächliche Zusammenhänge entbehrt, muss es in hohem Maße nützlich sein, wenn es an einem Verhalten festhält, das sich einmal oder wiederholt als zum Ziele führend und als gefahrlos erwiesen hat.«[38]

Dieser Verlust der Sachlogik des Handelns, gemessen an den eigentlichen Zielen, manifestiert sich dann als Ritualisierung, als Festhalten an einem überkommenen Standardrepertoire politischen Verhaltens. Selbst für die langweiligste Parteiveranstaltung findet sich eine pseudorationale Begründung, sei es Motivierung der Mitarbeiter, Ansprechen neuer Schichten, Praktizieren innerparteilicher Demokratie oder Ähnliches mehr. Nicht eine Veranstaltung mit neuen persönlichen Kontakten, sondern das Abhalten einer Veranstaltung als solche, nicht eine ansprechende Postwurfsendung, sondern eine möglichst bunte Postwurfsendung als solche werden als politische bzw. organisatorische Leistung verstanden. Äußerlichkeiten wie der Teilnahme an Eröffnungen, Ehrungen, Empfängen, Festsitzungen und Veranstaltungen ähnlichen Sinngehaltes wird vorrangige Bedeutung beigemessen. Man bevorzugt schließlich bei Unsicherheit die vertraute soziale Umgebung. »Warum den Schritt wagen in den risikoreichen Wettbewerbsraum Wähler, wenn doch der überblickbare Wettbewerbsraum Funktionäre kontrollier- und organisierbarer ist?«[39]

Auch für politische Organisationen gilt, was die Organisationstheorie seit Langem als generelles Phänomen festgestellt hat. »Das Routineverhalten der Gruppe konzentriert sich auf spezifische Probleme und naheliegende Ziele, die vorwiegend nur eine interne Bedeutung haben. Wenn diese Tätigkeiten einen wachsenden Teil der Arbeitszeit und der Aufmerksamkeit der Mitglieder in Anspruch nehmen, dann treten sie an die Stelle der erklärten Ziele.«[40] Eine Analyse von Peter Gerlich und Helmut Kramer anhand des Wiener Gemeinderates (der aufgrund der Stellung Wiens als Bundesland zugleich als Landtag tätig ist) hat gezeigt, dass aufgrund der von ihnen selbst angegebenen Schwergewichte ihrer

Tätigkeit rund die Hälfte aller Mitglieder dieses Gremiums als Ritualisten (ein auch von Gerlich und Kramer verwendeter Ausdruck) eingestuft werden kann.[41]

5.1.3.3 Archaische Strukturen im Inneren, modernes Marketing nach außen

Ritualisierung ist Reaktion aus Gewöhnung, nicht aus Reflexion. Ein anderes Reaktionsverhalten hat dagegen durchaus strategische Qualität: Reichen die vorhandenen Informationen nicht für ein klares Bild aus, dann wird entschieden, jenen Personen zu vertrauen, denen man am ehesten Entscheidungs- und Führungsqualitäten zutraut. In der Moderne verliert eine solche Strategie nicht an Bedeutung, im Gegenteil. »Jede differenzierte Gesellschaft, die so weit entwickelt ist, dass sie zentral nicht mehr ausreichend koordiniert werden kann, muss sich auf Persönlichkeiten als Knotenpunkt sozialer Anforderungen stützen.«[42] Das gilt umso mehr, je größer die inneren Probleme der Gesellschaft sind. Schon Karl Marx hat gewusst, dass »die gesellschaftlichen Widersprüche nur durch eine charismatische Persönlichkeit und den populistischen Appell an das Volk unterdrückt« werden.

Parteien haben einen ständigen Bedarf an Personen, die nach innen Funktionäre und nach außen Wähler ansprechen können. Wer die richtigen Worte finden, sensibel das jeweilige »sentiment of the day« aufnehmen kann, gewinnt Zuspruch und damit Anerkennung und Gefolgschaft. »Was wirklich erforderlich ist, um bei neuen Problemen Fortschritte zu machen, ist politischer Unternehmergeist, Imagination, Geduld hier, Ungeduld dort und viele andere Varianten von virtus und fortuna.«[43] Ein Kommunikator, der über solche Fähigkeiten verfügt, hält sich nicht mehr an die Programme oder Richtlinien der Parteien, sondern gewinnt seine Bedeutung eben daraus, dass er mit »autoritären Kraftakten« (P. Glotz) die Endlosschleifen der parteiinternen Kommunikation aufbricht, auch wenn er dabei die demokratische Willensbildung innerhalb der jeweiligen Partei konterkariert oder zum belanglosen Ritual werden lässt. Die weltanschauliche Orientierung der jeweiligen Partei wird dann nur noch zu einer Art Hintergrundrauschen des Geschehens.

Das fördert die »Bonapartisierung« der Parteien, die Herausbildung autoritärer Machtverhältnisse in formal demokratischen Strukturen. Diese Macht stützt sich darauf, in der Öffentlichkeit von sich und damit auch von der Partei ein positives Bild herstellen zu können. Der Bonaparte von heute muss sich in einer Talkshow vermarkten können, muss innerhalb und außerhalb der Partei sein Image aufbauen können. Das Image von Kompetenz ist entscheidend, egal ob vorhanden oder nicht. Nicht mehr die Willensbildung innerhalb der Partei ist maßgeblich, sondern die Fähigkeit, Welterklärung und Ich-Verständnis der Wählerschaft miteinander ins Reine zu bringen und das möglichst unter Vermeidung der Ecken und Kanten, die die Realität nun einmal so reichlich zu bieten hat. Wer das kann, macht schnell Karriere, weil er von der Partei dringend gebraucht wird.

»Sincerity is the key to success. If you can fake that, you got it.« Das hat nicht ein Politologe herausgefunden, sondern der Komiker Groucho Marx. Aber die bittersten Wahrheiten unverblümt zu präsentieren, ist ja ohnehin eine besondere Form von Komik. In britischen Medien wurde schon 1998 Oskar Lafontaine, damals deutscher Finanzminister, als Mischung von Rosa Luxemburg und Radio Luxembourg abgestempelt. Das war nicht wirklich als Anerkennung gemeint, ist aber gar kein schlechtes Rezept. Wer das Image eines Revolutionärs mit der Reichweite eines beliebten Radiosenders kombinieren kann, hat in der Politik beste Chancen. Und notfalls geht es auch ohne revolutionären Touch: »Mit Schröder ist die deutsche Politik endlich gottschalkkompatibel geworden«, grantelte der Fernsehkritiker der »FAZ«. Warum nicht, wenn Popularität Macht schafft.

Personalisierung verbindet sich trefflich mit der sogenannten Symbolischen Politik, der es gar nicht mehr darum geht, Probleme zu lösen, sondern durch angekündigte Initiativen, wohlformulierte Sonntagsreden, Gruppenfotos (bei so manchem EU-Gipfel das einzige Ergebnis, das man mit nach Hause nehmen kann), Verkündung von Visionen und diversen Feierlichkeiten Handlungsfähigkeit zu demonstrieren. An Wolfgang Clement wurde in Deutschland kritisiert, das Effektivste an ihm sei die nie erlahmende Kraft, »mit der er großspurig, aber ergebnisarm Zukunftsbilder entwirft, an denen alles irgendwie modern ist«[44]. Das mag auf Herrn Clement zutreffen oder nicht, es trifft jedenfalls ein gar nicht so seltenes politisches Verhaltensmuster. Symbole sind wichtiger als Sachprobleme. Joschka Fischer hat (nachher) seinen grünen Parteikollegen vorgeworfen, nur »maximal 10 bis 20 Prozent ihrer Entscheidungen seien inhaltlich motiviert gewesen«.

5.1.3.4 Personalisierung und Feudalisierung

Personalisierung ist nicht nur ein brauchbarer Begriff, um die häufige Reduktion politischer Auseinandersetzung vom sachlichen Diskurs zur Ebene einer Auseinandersetzung zwischen Personen zu beschreiben. Personalisierung hat auch Konsequenzen für die Methoden und Mechanismen, welche die Machtverhältnisse innerhalb der jeweiligen Parteien regeln. Dazu gehören die Kontrolle und Steuerung jener Gremien, die eigentlich innerbetriebliche Demokratie praktizieren sollten, vornehmlich der Parteitage. Schon um Überraschungen wie etwa Störungen der innerpersonell gefundenen Kompromisse zu vermeiden, werden sie gerne auf Rituale reduziert: In den Vordergrund treten Integrationsappelle und Selbstdarstellungen sowie die Werbefunktion in Bezug auf bevorstehende Wahlkämpfe. Überwiegend werden Zustimmungsrituale absolviert und Bekenntnisse zur Führung abgelegt, Anträge von eigenen Antragsprüfungskommissionen vorsortiert und etwaige unwillkommene Redebeiträge mit Geschäftsordnungstricks erschwert oder in jene Phasen verlegt, in denen, etwa wegen des Wartens auf die Bekanntgabe des Wahlergebnisses, ohnehin keiner zuhört.[45]

Um nach oben zu kommen, braucht man persönliche Beziehungsnetze. Wie das funktioniert, hat ein Praktiker, der zeitweilige grüne Bundestagsabgeordnete Christian Simmert, recht anschaulich beschrieben.[46] Schon um überhaupt für den Bundestag an wählbarer Stelle als Kandidat aufgestellt zu werden, zimmerte er sich ein Netzwerk privater und politischer Freunde, das er geräuschlos in Stellung bringen konnte. In Bonn lernte er dann die »Regierungslobby« kennen, die auch in der grünen Fraktion für das korrekte Abstimmungsverhalten sorgte. »Ohne Lobbying ging nichts.«

Manchmal hilft auch der Nachweis der eigenen Durchsetzungsfähigkeit und damit Bedeutung. Im Sommer 2002 war ich als Geschäftsführer einer Baugesellschaft in Deutschland tätig und kannte daher den täglichen Kampf mit den Problemen der Bauwirtschaft ganz gut. Es war jedermann, auch dem eigenen Betriebsrat, klar, dass die kräftigen Forderungen und die damals veranstalteten Streiks der Bauarbeiter-Gewerkschaft vor allem eine Konsequenz haben würden, nämlich den zusätzlichen Abbau weiterer Mitarbeiter, im eigenen Konzern mehrerer Hundert, in ganz Deutschland Tausender. Ich fragte daher den Betriebsrat, mit dem eine recht gute Gesprächsbasis bestand, was ein Streik ausgerechnet in dieser Lage bezwecke. Die Antwort war klar und deutlich. Ihr oberster Gewerkschaftsboss habe Probleme. Er sei von Schröder zur letzten Sitzung des sogenannten Bündnisses für Arbeit nicht eingeladen worden und habe überhaupt den Eindruck, dass die Führer anderer Gewerkschaften mehr gälten als er. Daher müsse er, wie mir schnörkellos verdeutlicht wurde, »auch mal eine Kerbe in den Kolben schnitzen können«. Ich hatte den Eindruck, mit dieser freundlichen Erklärungshilfe der Wahrheit näher gekommen zu sein als beim Lesen der offiziellen Begründungen.

Und Ellenbogen sind auch recht wichtig. Klaus Wowereit hat das innerparteiliche Klima der Berliner SPD mit Worten wie Grabenkrieg, Stress, Verrat und innerparteilicher Krieg beschrieben. Er sei dabei durch ein »Stahlbad« gegangen. Immerhin seien dabei seine Nerven nur besser geworden.[47]

In seiner salopp geschriebenen, aber um die Verdeutlichung sich wiederholender Ablaufmuster bemühten »Geschichte Europas« beschreibt Dietrich Schwanitz die Prinzipien des Feudalismus durch einen Vergleich mit heutigen politischen Parteien: »Will man verstehen, wie das (der Feudalismus) politisch funktioniert, muss man sich heutige Parteien ansehen. Der Parteivorsitzende verleiht die obersten Parteiämter, die Kandidatenplätze an der Spitze der Wahlliste und die Posten der Landesvorsitzenden und der Ministerpräsidenten: Das sind die Herzöge. Mit ihren Posten sind wieder ganze Netzwerke von Ämtern verbunden, deren Inhaber, die Grafen, Markgrafen, Reichsgrafen, Landgrafen, ebenfalls Posten zu vergeben haben. Wer am ehesten Aussicht hat, einen hohen Posten zu ergattern, hat auch die größte Gefolgschaft.«[48] Das gilt auch umgekehrt: Für Postenbesetzungen ist immer wieder Loyalität entscheidend, nicht Qualifikation. Wer als Machthaber eine Position vergibt, erwartet dafür vom neuen Amtsinhaber jede ihm mögliche Unterstützung.

So übel ist der Vergleich nicht. Im feudalen System des Mittelalters wie in den faktischen (nicht den formellen) Entscheidungsmechanismen politischer Parteien sind die gleichen Strukturen zu finden, personale Systeme mit dem dazugehörigen Tauschmechanismus: Loyalität und Gefolgschaft gegen Versorgung. Im Falle einer politischen Partei sind das eben Funktionen und Mandate und für die Masse der kleinen Parteimitglieder kleine Hilfen – Unterstützung in Behördenverfahren, zuvorkommende Bearbeitung von Pensions- oder Unterstützungsanträgen, Hilfe bei der Erlangung eines Arbeitsplatzes oder einer Wohnung. Der in den USA erfundene Slogan »he cares« trifft die Erwartungen derer, die Loyalität und Gefolgschaft erbringen, auf das Genaueste. Man folgt demjenigen, der Erfolg und damit Macht für die Partei und somit für ihre Anhänger erwarten lässt.

Hinter den Beziehungen zwischen Parteimächtigen und Parteigenossen verbirgt sich das historisch konstante Muster des sozialen Tausches in personalen Systemen, das auf Loyalität aufbaut, auch dem persönlichen Kalkül und Lebensentwurf durchaus Rechnung trägt, nur eben nicht sinnvoll mit Mechanismen des demokratischen Diskurses zu beschreiben ist. Es gibt sogar eine weitere hübsche Parallele zu archaischen Personalverbänden: Bei germanischen Stämmen spielte das »Königsheil« bzw. das Heil der führenden Sippe eine kritische Rolle für die Festigung der Herrschaft. Geht dieses Heil, das sich schließlich nur als Glück oder Erfolg manifestieren kann, verloren, dann geht auch die Herrschaftslegitimation verloren. Einem modernen Parteiführer geht es nicht anders. Siege bedeuten Erfolg, Macht und Gefolgschaft, Niederlagen gefährden auch die Futtertröge der Gefolgschaftsleute und damit die eigene Herrschaft. Nur als Ergebnis demokratischer Kontrolle sollte man die dann irgendwann einmal stattfindende Ablöse nicht schönreden.

5.2 Wie man zu Entscheidungen kommt

5.2.1 Die Theorie demokratischer Prozesse und die Praxis der Manipulation

5.2.1.1 Parteienkonkurrenz und Informationsverzerrung

An Definitionen der Ziele demokratischer Willensbildung und Entscheidungsfindung mangelt es nicht. Da findet sich das größtmögliche Glück der größtmöglichen Zahl, die Sicherung persönlicher Freiheit, der Menschenrechte und des Rechtsstaates, aber auch die laufende Kontrolle der Machthaber zum Zwecke der Sicherung der individuellen Freiräume oder aber der ständig notwendige Ausgleich zwischen hadernden Interessengruppen. Die Liste ist beliebig verlängerbar. In der Praxis geht es dagegen zunächst einmal um Handgreiflicheres, nämlich darum, möglichst viele Wählerstimmen zu gewinnen.

Niklas Luhmann hat darauf hingewiesen, dass Begriffe wie Öffentlichkeit und öffentliche Meinung erst im Laufe des 18. Jahrhunderts dem Staatsbegriff hinzugefügt wurden und öffentliche Meinung eigentlich nur den Platz einnehme, den vordem die Forderung nach Rationalität der staatlichen Entscheidungen eingenommen habe.[49] Man kann diese Beobachtung mit der berühmt gewordenen Analyse von Habermas verbinden, wonach unter den Bedingungen der Moderne Öffentlichkeit ohnedies kein eigenständiges und vor allem kein autonomes Phänomen mehr sei, sondern von den verschiedensten gesellschaftlichen Gruppen jeweils für sich hergestellt werde. Für Orte kritischer Reflexion als Voraussetzung gesellschaftlicher Weiterentwicklung ist da kein Raum. Noch einen Schritt weiter geht die bittere These von Hartmut Böhme (vorgetragen beim Berliner Symposion über »Zerstreute Öffentlichkeit«), die allgemeine Öffentlichkeit sei nur noch die Sphäre zerstreuender Information, die dem Publikum das Erlebnis der Teilnahme simulieren solle. Es gehe um Illusion und nicht um herrschaftsfreie Diskussion. Auch von daher stößt man auf die Frage, ob nicht die systematische Verzerrung von Wahrheit das eigentlich konstitutive Element politischer Geltungsansprüche überhaupt sei. Die American Dialect Society hat das Wort »Truthiness« zum Wort des Jahres 2005 gewählt. Es bedeutet, eine gewünschte Wahrheit oder auch die sich durchsetzende erlogene Wahrheit des öffentlichen Diskurses für die Realität zu halten

Die Notwendigkeit von Inszenierung führt im verbissenen Wettbewerb um Bedeutungsherstellung zunächst einmal geradezu zwingend zur sogenannten Eventpolitik, der »planvollen Erzeugung von Scheinereignissen«, wie es Thomas Meyer und Martina Kampmann genannt haben.[50]

Und immer wieder geht es um die Inszenierung von Persönlichkeiten. Spätestens seit dem Wahlkampf zwischen Kennedy und Nixon ist jede Geste, jede Krawatte, jedes Kleid sorgfältig inszeniert, der Zeitpunkt jeder Erklärung sorgfältig auf den Redaktionsschluss der wichtigsten Nachrichtenmedien abgestimmt. Besonders effektvoll ist, wenn man Anlässe findet, sich als Hüter der Notleidenden und Bedrängten zu präsentieren, am besten verbunden mit Gesten geradezu archaischer Symbolik, wie etwa die Nachahmung der Gestik einer Schutzmantelmadonna durch Präsident Clinton – zwischen beiden stehend und sie umarmend – bei der Vermittlung eines Handschlags zwischen einem Palästinenser und einem Israeli. Konsequenz dieser zunehmenden Bedeutung von symbolischen Gesten und Zeichen ist aber auch der Aufstieg der sogenannten Spindoktoren zu wichtigen Politikberatern, die sich nicht nur um Inhalte kümmern, sondern auch um die Betreuung der Medien, die richtige Beleuchtung bei Interviews und die passenden Fotos aus dem Privatleben.

Da kommt viel auf die rechte Phrase zur rechten Zeit an. Ein routinierter ehemaliger österreichischer Parteiführer hat auf die Minute genau angegeben, wann Stoiber die Wahl des Jahres 2002 in Deutschland gegen Schröder verloren habe. Das sei in dem Augenblick passiert, als Schröder in der Diskussion der beiden Parteiführer ein dezidiertes Nein zum Irak-Krieg aussprach und Stoiber nur unklar herumargumentierte. Entschlossenheit – ob echt oder geheuchelt – gegen Umständlichkeit ausspielen zu können, kann Wahlen entscheiden.

Wenn die Notwendigkeit der eigenen Inszenierung zum Erhalt der Glaubwürdigkeit der eigenen Argumente in Konflikt zu langfristig notwendigen Zielen gerät, dann umso schlimmer für diese. Susanne Cassel spürt diesem grundsätzlichen Problem im konkreten Einzelfeld der Beratung von Politikern bei der Behandlung wirtschaftspolitischer Probleme nach.[51] Ihre Schlussfolgerung ist, dass auf viele Probleme von Wissenschaftlern seit Langem hingewiesen würde (dazu zählen immerhin die Arbeitsmarkt- und die Rentenproblematik), dass aber Wissenschaftler und Politiker aneinander vorbeiredeten, weil die Berater bei ihren Vorschlägen das Wiederwahlinteresse, also die praktische Klientenpolitik der Politiker, zu gering veranschlagten. Ein rationaler Nutzenmaximierer hat eben seine Wahlchancen mehr im Blick als noch so ernste gesamtgesellschaftliche Probleme.

Paul Valéry bezeichnet Politik als die Kunst, die Leute daran zu hindern, sich um das zu kümmern, was sie angeht. Das gilt in einem sehr wörtlichen Sinn. Dietmar Eckert, eine Zeit lang Kommunikationschef der SPÖ, hat die Ziele politischer Argumentation in schwer zu überbietender Deutlichkeit auf den Punkt gebracht: »Die Gesetze von Orwells ›New Speak‹ gelten zum Teil auch für die Politik von heute: Es geht um Komplexitätsreduktion und Reflexionsstopp.«[52] Reflexionsstopp ist das Schlüsselwort. Die Wähler sollen nicht anfangen zu denken, sondern damit aufhören. Immerhin bietet man ihnen dafür als Alternative Unterhaltung. Die sogenannte Irrelevanzhypothese hat das konkretisiert. Demnach soll politische Diskussion zwar eine Art Aura der Beteiligung vermitteln, letztlich aber sowohl den Relevanzverlust der Politik wie die mangelnde Eignung der Öffentlichkeit als Medium rationaler Urteile kaschieren. Politische Kommunikation dient nicht der Aufklärung über die Realität, sondern dem genauen Gegenteil, der Vermittlung einer Illusion der Gestaltbarkeit der Realität durch die jeweilige Partei.

Neil Postman sah sich sogar veranlasst, vom »Zerfall des öffentlichen Diskurses in Amerika und seiner Umwandlung in eine Sparte des Showbusiness«[53] zu sprechen. Er meint, dass »der öffentliche Diskurs zum unterschiedslosen Geplapper wird, … aus Bürgern Zuschauer werden und ihre öffentlichen Angelegenheiten zur Varieté-Nummer verkommen«[54].

Hannah Arendt hat in ihrem Essay »Gewalt und Politik« die Meinung vertreten, die quasi klassische politische Lüge sei der Sphäre der Geheimnisse und der definierten Einzelzwecke vorbehalten gewesen, während Lüge heute sich (und zwar keineswegs nur in totalitären Regimes) mit der Öffentlichkeit verschmolzen habe, dadurch universell geworden sei und sich als Verkehrung eines traditionellen intakten Wahrheitsbegriffs manifestiere. Das Vernichten anderer Meinungen, nicht mehr das Verbergen von Geheimnissen sei das Spezifische moderner politischer Lüge. Da waren wir ja schon. Die Zerstörung des Diskurses durch die Sprache und die manipulativen Strategien der Politik sind als Zwillingsbrüder zu einem der wichtigsten Machtfaktoren der Moderne geworden. Kommunikatives Potenzial ist die nunmehr zentrale Ressource.

Aber weil der Wähler dies manchmal bemerkt, geht es im politischen Konkurrenzkampf zunehmend um Glaubwürdigkeit und darum, zwischen den vielfältigen subjektiven Vorstellungen und Erwartungen der Wähler und den jeweiligen Parteien Anschluss- und Identifikationsfähigkeit herzustellen. Das ist leichter möglich, wenn persönliche Betroffenheit gegeben ist oder wenigstens glaubhaft gemacht werden kann. Wichtig sind Forderungen (wir werden dafür sorgen, dass …), persönliche Identifikations- oder Schutzvermittlungsvorstellungen, (z. B. einer von uns, der richtige Mann für unser Land, »he cares«), oder Eigenschaftsdarstellungen (Mut zur Verantwortung). Entscheidend ist immer die Verknüpfungsfähigkeit zu konkreten Wählerinteressen, die man verdeutlichen will.

Oskar Lafontaine stellte in einer anregenden Schilderung jenes deutschen Wahlkampfes, der zur Ablöse Helmut Kohls durch Gerhard Schröder geführt hat, dar, wie das in der Praxis funktioniert[55]: CDU/CSU hatten ein Modell zur steuerlichen Entlastung vorgestellt, das offenbar seine Qualitäten hatte, weil Lafontaine selbst in diesem Zusammenhang erwähnt, dass es auch zur Grundlage des Konzeptes der SPD genommen wurde. Andererseits hatten die Unionsparteien aber etliche praktische Beispiele durchzurechnen vergessen. Lafontaine kann daher mit Behagen darlegen, wie die SPD die Unionsparteien anhand von unglücklichen Einzelbeispielen »vorführen« und damit sowohl ihre solcherart scheinbar beweisbar gewordene soziale Härte wie auch ihre steuertechnische Inkompetenz angreifen konnte. Und wenn man keine Angriffsflächen findet, erfindet man sie eben. Paul Kirchhof wurde bei den deutschen Wahlen 2005 von Angela Merkel als Fachmann für Steuerrecht ins Spiel gebracht. Seine Erfahrungen mit den von ihm vorgebrachten Ideen hat er (in einem Interview mit der »FAZ« vom 8. 2. 2006) ziemlich klar beschrieben: »Erkennt der Gegner ein Programm als sachlich richtig und wohlbegründet, wird er es nicht anerkennen, sondern mit Desinformation so zuschütten, dass es vom Wähler in seinen Vorzügen nicht mehr erkannt werden kann. … Die klassische Frage Wittgensteins, ob Sprache Kleid oder Verkleidung des Gedankens sei, wird in der Bedrängnis und Hast medienöffentlicher Politik vielfach im Sinne des beschönigenden und verbergenden Kleides beantwortet.«

Einige wollen überhaupt keinen Kontakt zur Realität mehr. »Vergesst die Wirtschaftspolitik«, unter diesem Titel argumentierte ein SPD-Bundestagsabgeordneter[56], alle Konjunkturbelebungsmaßnahmen hätten nichts genutzt, die zielgruppenspezifische Gewährung materieller Vorteile politisch nichts gebracht. Das beste Erfolgsrezept seien ja doch Appelle an die Solidarität und die Vermittlung »eines rot-grünen Lebensgefühls, für Toleranz und Integration, gegen Krieg«.

Auch sonst geht es immer mehr um die subjektiven Vorstellungen und Erwartungen von Personen, statt um Konzepte. In dem internen Bericht eines Sozialwissenschaftlers vom Juli 2002 zu den empirischen und strategischen Grundlagen des nächsten österreichischen Wahlkampfes der SPÖ wurden drei strategische Hauptstoßrichtungen empfohlen: Entmutigung und Einschüchterung, formuliert als »Demobilisierung« von Wählern, die ohnedies nicht die SPÖ wählen würden (was ja als Negativkampagne vier Jahre später noch intensiviert wurde), Mobilisierung von Menschen, die mit Personen oder Massenmedien beeinflussbar sind (»Hauptzielgruppen sind kandidatenorientierte und TV-orientierte Wechselwähler …«), und Aktivierung der eigenen Wähler, vor allem jener, die »Symptome der Parteimüdigkeit zeigen«.

Wahrheit spielt dabei als Thema keine Rolle mehr. »Es wäre ein Rückfall in die längst überwundene, vornominalistische Position einer diffusen Verschmelzung von Wort und Natur, wenn man von der Sprache selbst eine Produktion von oder doch eine Tendenz auf Wahrheit erwartete.«[57] Und somit ergibt sich eine seltsame Doppelstrategie zwischen der geradezu ängstlichen Aufnahme öffentlicher Meinungen und Stimmungen durch die Politiker im Wettbewerb untereinander und ihrer beinahe methodischen Verleugnung der wirklichen Probleme. Vermutlich ist das ein immanentes Phänomen von Prozessen der Machtsicherung schlechthin, nicht unbedingt ein Merkmal der heutigen Parteienlandschaft. Schon Montesquieu ist aufgefallen: »Es ist eigenartig, dass man bei uns alles Erdenkliche tut, um das Volk in Unwissenheit zu halten und ihm … jede Einsicht vorzuenthalten, aber gleichzeitig den Vorurteilen, Eindrücken und belanglosen Reden desselben Volkes Folge leistet.«

Aber die von der politischen Propaganda verursachte Unwissenheit schlägt ja zurück: »Von Leuten, die nicht die leiseste Ahnung haben, was ein Gemeinwesen bzw. die ›res publica‹ ist, zu erwarten, sie sollten, wenn es um ihr persönliches Interesse geht, … vernünftig argumentieren, ist weder realistisch noch vernünftig.«[58] Subjektiv vernünftig sind die beschriebenen Strategien. Und subjektiv vernünftig ist es, damit die Leute überhaupt zuhören, Aufmerksamkeit zu gewinnen. Dafür hat der damalige Bundesgeschäftsführer der FDP, Günter Verheugen, 1977 eine Rangliste der Chancen auf Erfolg bei der Presse aufgestellt. Die sah schon damals wie folgt aus:

1. Kritik an der eigenen Partei: gewaltiges Interesse der Journalisten
2. Kritik am Koalitionspartner: starkes Interesse
3. Wohlwollen für politische Gegner: Interesse
4. Wohlwollen für Koalitionspartner, Kritik am politischen Gegner: laues Interesse
5. Positive Mitteilungen über die eigene Partei: kein Interesse

Kritik bringt Aufmerksamkeit und damit möglichen Erfolg, Lob oder positive Selbstdarstellung interessiert niemanden. Aber auch das hat Konsequenzen. Nach einer deutschen Umfrage vom Dezember 2006 waren nur 18 Prozent der Befragten der Meinung, das Volk habe etwas mitzureden. 36 Prozent bezeichneten sich als mit dem politischen System des Grundgesetzes unzufrieden (im Gebiet der ehemaligen DDR sogar 51 Prozent) und 51 Prozent (Ostdeutschland 79 Prozent) als unzufrieden mit dem tatsächlichen Funktionieren dieses Systems.[59]

Kein Wunder, dass das politische Geschehen immer wieder in einer Art Grabenkampf erstarrt, in dem das Einbetonieren der eigenen Interessen und die aggressive Vorwärtsverteidigung gegen jede Kritik Vorrang vor allem anderen haben. Wie das in der Praxis zugeht, hat ein deutscher Bundespräsident in einer berühmt gewordenen Berliner Rede als immer wieder gleich ablaufenden Mechanismus verdeutlicht: »Solche Debatten führen nicht mehr zu Entscheidungen, sondern sie münden in Rituale, die immer wieder nach dem gleichen Muster ablaufen, nach einer Art Sieben-Stufen-Programm.

1. Am Anfang steht ein Vorschlag, der irgendeiner Interessengruppe Opfer abverlangen wird.
2. Die Medien melden eine Welle kollektiver Empörung.
3. Spätestens jetzt springen die politischen Parteien auf das Thema auf, die einen dafür, die anderen dagegen.
4. Die nächste Phase produziert ein Wirrwarr von Alternativvorschlägen und Aktionismen aller Art, bis hin zu Massendemonstrationen, Unterschriftensammlungen und zweifelhaften Blitzumfragen.
5. Es folgt allgemeine Unübersichtlichkeit, die Bürger werden verunsichert.
6. Nunmehr erschallen von allen Seiten Appelle zur Besonnenheit.
7. Am Ende steht meist die Vertagung des Problems. Der Status quo setzt sich durch. Alle warten auf das nächste Thema.«

Um es richtig zu verstehen. Bei alledem handelt es sich keineswegs um eine Art unerklärlicher Degenerationserscheinung, sondern um eine logische Konsequenz der subjektiv vernünftigen Verlagerung der Strategien aller politischen Parteien hin zu den scheinbar effizientesten Mitteln.

5.2.1.2 Vom Missbrauch der Experten

Politik kann aus Eigenem immer weniger mit dem Gewicht unbestreitbarer Autorität auftreten. Die Heranziehung von ausgewiesenen Experten ist daher zu einem zunehmend beliebten Mittel geworden, eigene Vorstellungen und Ideen mit dem Image strenger Sachlichkeit und bei bevorstehenden unpopulären Entscheidungen mit dem Siegel der Notwendigkeit und Unausweichlichkeit zu versehen. Ohnehin ist der Rekurs auf Experten eine naheliegende Strategie der Reaktion auf Unsicherheit. Sie beschafft Autorität und damit Legitimation.

Bundeskanzler Bruno Kreisky hat in Österreich zu seiner Zeit Experten öffentlichkeitswirksam in ganzen Hundertschaften mobilisiert, Bundeskanzler Gerhard Schröder hat später in Deutschland Kommissionen unter dem Vorsitz von Fachleuten wie Peter Hartz, Bert Rürup oder Florian Gerster zum Instrument einer Politik gemacht, die durch den Verweis auf solchen Expertenrat den Anspruch besonderer Sachlichkeit erhob, aber nach wie vor fiktional blieb, weil von den Vorschlägen der mit diesen Namen verbundenen Fachkommissionen in der partei- und regierungsinternen Debatte selten viel übrig blieb.

Immer noch gibt es genug Bereiche und Fälle, in denen die Objektivierung von Sachverhalten durchaus möglich ist. Aber bei komplexeren Themen, wie etwa dem des Einflusses der Lohnpolitik auf die Beschäftigung oder der Steuerpolitik auf die Investitionen, den Konsequenzen höherer Staatsverschuldung, bei schwierigen Rechtsfragen oder ganz generell dort, wo unterschiedliche Wertvorstellungen miteinander in Konflikt kommen könnten, gibt es selten Formeln, über die man sich einig wäre. Experten können in diesem Fall auch nur eine jeweils eigene Theorie einbringen, aber nicht mehr. Denn je komplexer ein Problem ist, desto vielfältiger sind die Meinungen dazu auch unter den Spezialisten. Desto leichter ist es aber auch, unter den einschlägigen Spezialisten einen zu finden, dessen Auffassung zur jeweils eigenen Meinung passt. Auch und gerade sensible Themen wie Umweltschutz liefern dafür zahlreiche Beispiele. Etwa die Frage, ob Atomenergie eine tödliche Gefahr für die Menschheit darstellt oder aber eine der wenigen Chancen zur Erzeugung von Energie ohne weitere Verschmutzung und Aufheizung der Atmosphäre, spaltet die Experten überall.

Dazu kommt, dass es manche Experten durchaus verstehen, ihre Meinung der des jeweiligen Auftraggebers flexibel anzupassen. Dies verringert ihre Beliebtheit und die Häufigkeit ihrer Inanspruchnahme keineswegs, wenn sie nur ihre jeweilige Meinung sachkundig genug zu begründen wissen. In meinem Besitz befinden sich zwei Gutachten zur Frage der Haftung von Vorstand und Aufsichtsrat einer Aktiengesellschaft. In einem wird schlüssig nachgewiesen, dass die Haftung von Vorstand und Aufsichtsrat einer AG einheitlich und unteilbar sei, im anderen mit nicht geringerer Schlüssigkeit, dass es sich um zwei grundlegend unterschiedliche Formen von Verantwortlichkeit handle und darüber hinaus sogar eine Differenzierung innerhalb der Aufsichtsratsmitglieder je nach dem Grund ihrer Berufung sachlich geboten sei. Beide Gutachten wurden von Auftraggebern veranlasst, denen das jeweilige Ergebnis genau zu ihren Absichten passte. Nur der Sachverständige war in beiden Fällen derselbe. Auch ich habe diese fachlich anerkannte Persönlichkeit einmal im Bedarfsfall mit dem beabsichtigten Erfolg beschäftigt.

Der Anwendungsbereich ist groß, in dem Experten nutzbringend instrumentalisiert werden können. Je komplexer die Thematik, desto leichter die Reduzierung von Experten auf die Rolle reiner Legitimationsbeschaffer. Sloterdijk hat dafür eine noch bösere Begründung geliefert: »Die jüngere Beratungswelle geht von der korrekten Annahme aus, dass Agenten, die nicht allzu viel tun können, am besten unterstützt werden von Konsultanten, die wissen, dass sie nicht allzu viel wissen.«[60]

5.2.2 Sozialer Tausch in der politischen Praxis

5.2.2.1 Sozialer Tausch als Mechanismus der Legitimation und der Machtsicherung

Der Ersatz der alten Vorstellungen formaler Legitimität durch die Effizienz des sozialen Tausches im modernen Sozialstaat bedeutet für viele nichts anderes als das mehr oder minder behagliche Einrichten in einer uralten Form von sozialem Tausch: Anerkennung von Herrschaft gegen Gewährung von Schutz und Versorgung – nichts Neues zwischen denen oben und denen unten, ob man Letztere nun im alten Rom Klienten, im Mittelalter Lehensnehmer oder im modernen Sozialstaat Leistungsempfänger nennt. Das demokratietheoretische Konzept der Auswahl der besten Regierung durch den Wahlakt wird in den archaischen Tausch von Leistung gegen persönliche Loyalität rückverwandelt, ein Vorgang, für den der Begriff der Antimoderne wohl eher geeignet wäre als der ohnedies in anderen als politischen Gefilden angesiedelte Begriff der Postmoderne.

Das moderne Staatswesen der Neuzeit sollte eigentlich jene mittelalterliche Form der Staatlichkeit verdrängen, die auf wechselseitigen persönlichen Treue- und Beistandspflichten aufgebaut war. Aber diese mittelalterliche Struktur kommt wieder – nicht als offizielle Politik, sondern als ihre Unterwanderung. Der gedanklich von der Aufklärung konzipierte soziale Tausch zwischen dem Staat und seinen Bürgern beschränkte sich auf die Herstellung von Ordnung, Sicherheit, Gerechtigkeit und Freiheit gegen Loyalität. Das war auch die Grundidee des »Gesellschaftsvertrages«. Soziale Absicherung war damals noch den personalen Strukturen der Gesellschaft zugeordnet, sie wurde nicht als politische Aufgabe thematisiert. Erst die anhaltende Armut in Deutschland nach dem Dreißigjährigen Krieg und danach die Auflösung der traditionellen personalen Systeme der vorindustriellen Zeit haben strukturelle Versorgungslücken entstehen lassen, die zunehmend der Staat auszufüllen begann, ob es sich um die »gute Policey« der alten deutschen Staaten oder um die Bismarck'sche Sozialgesetzgebung handelte. Erst mit der zunehmenden Leistungsfähigkeit der modernen staatlichen Systeme der Existenzsicherung konnten diese ja überhaupt zu brauchbaren Ersatzstücken für die traditionellen personellen Systeme auf Mikroebene werden.

Mit seinem quasioffiziellen Programm des sozialen Ausgleichs durch Umverteilung leistet der Sozialstaat die Stabilisierung einer sonst in Teile zerfallenden Gesellschaft. Denn er sorgt für eine Basisexistenz auch jener, die in die Mechanismen des sozialen Tausches der Marktwirtschaft nur unzulänglich oder gar nicht eingebunden sind und für die es das frühere Auffangnetz personeller Bindungen nicht mehr gibt.

Auch Bedeutung und Konsequenzen der Einbeziehung der Medien in die Mechanik des Gebens und Nehmens sollte nicht unterschätzt werden. Denn das geschieht ja regelmäßig nicht über primitive Methoden des Drucks oder der Bezahlung (ein Schelm, wer schlecht über gängige Incentives wie Preisverleihungen oder Einladungen zur Teilnahme an Auslandsreisen denkt), sondern durch die sparsame und vor allem selektive Weitergabe interessanter Informationen. Wer mehr und Spannenderes zu erzählen hat, und das gezielt einzelnen Journalisten, kann früher oder später mit der Gegenleistung einer lobenden Erwähnung in der Öffentlichkeit rechnen. Holger Rust spricht vom »System der Nutznießerschaft von Journalisten, Politikern, Prominenten, die sich wechselseitig hochschaukeln«. Mir ist aus meiner früheren Banktätigkeit ein Gespräch mit einem bekannten österreichischen Journalisten in lebhafter Erinnerung, bei dem ich mich über eine meiner Meinung nach reichlich ungerechte Behandlung beschwerte. Seine Begründung war einfach und klar. Ich versorge ihn zu wenig mit interessanten Informationen und sei daher selbst schuld. Mein Gegenargument, dass es ja schließlich ein Bankgeheimnis gebe, brachte mir die Antwort ein, dass solche Bedenken bei manchen meiner Kollegen eher selten seien. Wieder etwas dazugelernt.

Sozialer Tausch kann die unterschiedlichsten Formen annehmen. Kurz nach der Bildung der ersten Regierung Schröder 1998 erfolgte eine Steuerreform, die die Belastung der Großunternehmen und damit die Einnahmen aus der Körperschaftssteuer massiv reduzierte und die sich nachträglich als erhebliche Belastung für die Staatsfinanzen herausstellte. Nun war damals der neuen Regierung an der wohlwollenden Duldung der Hochfinanz und der Großindustrie sehr gelegen. Es bedarf schon einer recht hohen Bereitschaft zur selektiven Wahrnehmung, um hier keinen Zusammenhang zu sehen.

5.2.2.2 Die Ambivalenz der Konsequenzen: Integration und Unmündigkeit

Die historische Leistung des Sozialstaates ist die Existenzsicherung auch und gerade der Teile der Bevölkerung, die im marktwirtschaftlichen System aus welchen Gründen auch immer keinen Platz finden.

Trotzdem gibt der Ausbau des Sozialstaates immer wieder Anlass zu galligen Bemerkungen. Eine Richtung der Kritik betont, »dass das marktwirtschaftliche System sich nur durch kompensierende und substituierende Korrektivmaßnahmen der Politik aufrechterhalten lässt«[61], eine andere, dass sich das ganze System des Sozialstaates ja nur aufgrund der enormen Belastungen aufrechterhalten lasse, denen die Wirtschaft in Form von vielfältigen Steuern, Abgaben und Lohnnebenkosten bis an die Grenze ihrer Belastungsfähigkeit unterworfen werde.

Beides sind aber wohl nur verschiedene Seiten derselben Münze. Der Sozialstaat fängt die Drop-outs des marktwirtschaftlichen Systems auf. Täte er das nicht, dann würde die politische Basis der Marktwirtschaft, relativer Wohlstand anstelle einer tiefen Spaltung der Gesellschaft, verloren gehen und könnte anderen, weit radikaleren Orientierungen Platz machen.

Eine alte Tradition der Emanzipation hat vom Bewusstwerden der eigenen Lage, von der Erkenntnis der Interessengebundenheit herrschaftssichernder Ideologien die anschließende Selbstbefreiung der ausgebeuteten Klassen erwartet und deshalb in der kritischen Reflexion ein zivilisierendes Projekt der Moderne gesehen. Die Ironie der Geschichte hat das genaue Gegenteil gebracht: Weil der Unterschicht die drängendsten Sorgen der Existenzsicherung genommen werden, fällt der Druck zur kritischen Reflexion weg und es verbreitet sich genau das, was wir als Verhaltensmuster der Anstrengungsminimierung bezeichnet haben. Nicht die Reflexion führt zur sozialen Besserstellung, sondern die soziale Besserstellung lässt auf kritische Reflexion verzichten.

Damit ist freilich eine Entwicklung in Gang gesetzt worden, die eine unkontrollierte Eigendynamik gewonnen hat. Joachim Fest hat es – ausgerechnet in der Frankfurter Paulskirche – auf den Punkt gebracht: »Was sich da vor aller Augen ereignet, stellt sich dem genaueren Blick als ein umfassender Entmündigungsprozess dar. Zum Vorschein kommt der alte paternalistische Obrigkeitsstaat, der, demokratisch konstituiert, zu wissen vorgibt, was dem Einzelnen zum Besten gereicht.«[62]

Die Aushöhlung der Freiheitsansprüche der Menschen durch die »Herrschaftsformen des Belehrens, Betreuens und Beplanens«[63] ist bisher kaum ins allgemeine Bewusstsein gedrungen, obwohl die Soziologen immer deutlicher werden: »Am subtilsten ist Herrschaft dann, wenn sie in der Vorgabe von Möglichkeiten besteht: Programme, Subventionen, Einrichtungen, Planstellen, Jahresetats.«[64]

Politiker verhelfen nicht nur zu allgemeinen Leistungen im Rahmen der sozialen Sicherung, sondern wo möglich auch zu recht individuellen Benefizien – Verschaffung einer Lehrstelle, eines Arbeitsplatzes, einer Wohnung, einer Subvention –, wenngleich alles aus Steuergeldern, daher aus fremdem Geld. Dieser soziale Tausch zwischen Individuen und Politikern ist umso intensiver, je mehr sich Politiker um ihre Wähler kümmern. Da wird jene Loyalität begründet, die dem Staat als abstrakter Institution immer mehr vorenthalten wird.

M. Fraser[65] meinte, der Staat habe mit leistungsfeindlichen hohen Steuerbelastungen einerseits, mit seinen großzügigen Leistungen andererseits »Mündel des Staates« geschaffen, für die keine Anreize mehr bestünden, Verantwortung für das eigene Wohl zu übernehmen. Wolfgang Kersting hat vom Staat als »Entmündigungsunternehmen« gesprochen, Hannah Arendt von der Atomisierung der Gesellschaft, und darunter einen Zustand der allgemeinen Wehrlosigkeit gegenüber dem Staat verstanden, der ansonsten durch den Terror der Tyrannis herbeigeführt werde. Aber im modernen Staat bedürfe es weder Terrors noch der Tyrannei, um Atomisierung durch Individualisierung und den permanenten Ersatz traditioneller Sozialnetze voranzutreiben.

Für Habermas ist (seit seinem Werk über »Faktizität und Geltung«) ein Sozialstaat vernunfts- und rechtswidrig, wenn er seinen Bürgern Sicherheit, Arbeit und Wohnung verspricht, sie dafür aber kontrolliert und entmündigt. Der damalige tschechische Ministerpräsident Vaclav Klaus erklärte Mitte September 1996 in Wien, er rechne es zu seinen Aufgaben, »uns nicht zu verirren in dem interventionistischen und paternalistischen Sozialdemokratismus, den wir in vielen freien Gesellschaften westlich von uns sehen«. Nach Leszek Kolakowski haben wir uns freilich schon längst verirrt: »Allseits in der zivilisierten Welt beobachtet man einen Rückgang zur selbst verschuldeten Unmündigkeit … und die Verheißung der Sicherheit als Preis für die vollkommene Unterordnung.«[66]

Aber wer soll sich darüber noch aufregen? Soziale Leistungsempfänger sind für Leistungen dankbar, die Elite kann gegebenenfalls mit den Füßen abstimmen, der Mittelstand hat andere und größere Sorgen, als den kritischen Bürger abzugeben, und die Intellektuellen finden außerhalb des eigenen Milieus wenig Aufmerksamkeit. Aktiver Protest kommt am ehesten von nicht Integrierten am Rande des Systems, wie etwa von arbeitslosen Jugendlichen oder Immigranten in den französischen Banlieus.

Selbstständigkeit und Eigenverantwortung werden als mögliche Ziele an den Rand gedrängt. »Die alte, den Erwachsenen definierende Einheit von Mündigkeit und Selbstreproduktion ist aufgegeben worden. Stattdessen wird Mündigkeit unter dem Namen Emanzipation ideologisch und politisch, also von anderen, verlangt, und die Zumutung, dies durch Selbstreproduktion zu erreichen, ist aufgegeben. … Vielmehr hat sich ein traditionelles Merkmal des Erwachsenseins aufgelöst. Das mag miterklären, weshalb so viele, die man früher für erwachsen gehalten hätte, nach ihrer Identität suchen.«[67]

Luhmann steht damit nicht alleine. So meint etwa A. Häfner: »Der Einzelne darf sich weitgehend frei von jener Verantwortung fühlen, die dem bürgerlichen Individuum im Umgang mit den Dimensionen der realen Welt abverlangt wird.«[68] Keine Verantwortung, keine Schuld. »Die alte liberale Welt, jene Welt des moralischen Individualismus, kannte keine Opfer. Jeder war für sein Sein und Werken selbst verantwortlich, Armut kein Unrecht, sondern eine Verhaltensweise, persönliche Schuld. Die neue soziale Welt kennt nur noch Opfer; Opfer des Milieus, der Verhältnisse.«

Das zunehmende Interesse an Sicherheit und zugleich an Lebensgenuss mit möglichst wenig Eigenverantwortung, weil der Staat die Verantwortung für seine Bürger tragen soll, lässt sich auch in Umfragen als artikulierte Meinung festmachen. Das Institut für Demoskopie Allensbach von Elisabeth Noelle-Neumann ist für seine Umfragen bekannt, die es regelmäßig zu recht unterschiedlichen Themen veranstaltet. Nach Umfrageergebnissen dieses Instituts bevorzugten in Ostdeutschland im März 1990, also nicht lange nach dem Ende der DDR, immer noch 43 Prozent die Gleichheit gegenüber der Freiheit. Aber die Befürworter der Freiheit wurden nicht mehr, sondern immer weniger. Im Februar und März 1999 antworteten gerade 27 Prozent, dass sie die Freiheit der Gleichheit vorzögen. Konkret erklärten 31 Prozent der Westdeutschen, aber 57 Prozent der Ostdeutschen damals auf eine entsprechende Fragestellung, sie fänden eine Gesellschaft besser, »in der der Staat für seine Bürger verantwortlich ist«. Eine Gesellschaft, »in der die Bürger versuchen, so viel wie möglich für sich selbst zu lösen«, fand gerade 54 Prozent Befürworter im Westen und nur 27 Prozent im Osten Deutschlands. Bei den ostdeutschen Jugendlichen unter 30 Jahren sank von Februar 1990 bis Juni 1998 der Anteil derer, die ihr »Leben als Aufgabe« betrachteten, von 50 auf 42 Prozent. Von 22 auf 43 Prozent nahm der Anteil derer zu, die »das Leben genießen wollen«. Der Anteil derer, die genauso denken, es aber nicht zugeben, ist in Umfragen schwer auszumachen. Es passt in das Bild, dass unter ostdeutschen Jugendlichen gemäß der bereits erwähnten sächsischen Längsschnittstudie der Satz: »Ein reformierter humanistischer Sozialismus wäre mir lieber als die gegenwärtige politische Ordnung« im Jahr 1992 von 37 Prozent dieser Jugendlichen abgelehnt wurde, 2003 dagegen nur mehr von 20 Prozent. Das ist zahlenmäßig ziemlich genau die komplementäre Ergänzung zu den 79 Prozent, die nach der oben zitierten FORSA-Umfrage in Ostdeutschland mit dem Funktionieren des Systems unzufrieden sind.

Auch innerhalb der Sozialdemokratie gibt es Stimmen, die vor dieser Entwicklung warnen. Anthony Giddens hat seine Bedenken vielfach geäußert, am knappsten und entschiedensten vielleicht sogar in einem Zeitungsinterview:

»Eine moderne Sozialdemokratie darf sich nicht an ein traditionelles Menschenbild klammern, das von paternalistischen Vorstellungen geprägt ist, wobei die Gesellschaft den Einzelnen so beschützt, dass dieser, etwa durch Sozialleistungen, sich passiv verhält.«[69]

Die Praxis scheint von dieser Warnung wenig zu halten. Noch 2002 hat die Grundwertekommission beim Parteivorstand der SPD unter dem Vorsitz von Bundestagspräsident Wolfgang Thierse ausdrücklich vor »der Ausrichtung des Wohlfahrtsstaates auf die wirklich Bedürftigen« gewarnt. Wenn nämlich »die Mittelschichten nicht mehr von den sozialstaatlichen Transfers und Dienstleistungen profitieren, verlieren sie ihr Interesse am Sozialstaat und werden rationalerweise für dessen weiteren Abbau plädieren, da dieser vor allem von ihren Steuergeldern finanziert wird«. Mit anderen Worten: Weil man darauf ja so schön den eigenen Machtanspruch aufbauen kann, sollte man alles tun, weiterhin auch der Mittelschicht die Umverteilung aus der linken in die rechte Tasche als Vorteil zu verkaufen. Und wenn aus dieser linken Tasche immer weniger herausgezogen werden kann, um es in die rechte Tasche zu stopfen, dann ist es nur konsequent, auf Gefühle des Zorns zu setzen, auf Angst vor der Moderne oder auf ein archaisches Schutzbedürfnis. Es ist nur logisch, um die Lufthoheit über den Stammtischen zu kämpfen, wenn man ständig darüber hinwegtäuschen muss, dass man für viel Macht recht wenig weiterbringt.

5.2.2.3 Die Eigendynamik der Überforderung

Leistung gegen Loyalität ist ein uraltes Tauschprinzip. Daher ist in der Politik seit alters die Bevorzugung von eigenen Anhängern selbstverständlich, wo immer man dazu Gelegenheit hat. Das gilt unverändert für Beschäftigungsverhältnisse bei der öffentlichen Hand und das hat in vielen Städten und Gemeinden lange auch für die Beschaffung einer Wohnung gegolten. In Wien, das seit dem Ende des Ersten Weltkriegs sozialistisch regiert wird, hat die Stadt eine lebhafte Bautätigkeit entfaltet, die sozialpolitisch wie auch architektonisch beachtliche Leistungen hervorbrachte. Allerdings betrugen die Mieten in Gemeindebauten »etwa ein Achtel des Vorkriegszinses und ein Zwölftel dessen, was in Anbetracht der tatsächlichen Baukosten zu berechnen gewesen wäre«.[70] Das Wohnungsamt führte zwecks Objektivierung ein eigenes Punktesystem zur Beurteilung der Bewerber. Ganz so arg war es aber doch nicht mit der Objektivität, schließlich war sozialistische Parteizugehörigkeit offizieller Bestandteil dieser Punkteliste.[71] Man sollte dies nicht als Besonderheit der Wiener Geschichte verstehen, sondern eher als repräsentatives Beispiel für eine gängige Form der Betreuung der eigenen Leute.

Das ständige Werben um Loyalität hat in der politischen Praxis zu einem nicht minder beständigen Ausbau staatlicher Leistungen geführt. Ansprüche, die laut genug vorgetragen und intensiv genug unterstützt worden sind, werden irgendwann einmal verrechtlicht, soll heißen: in einen gesetzlichen Anspruch umgewandelt. Luhmann hat diesen Prozess recht anschaulich geschildert: »Im Prinzip des Wohlfahrtsstaates liegt es, jeden Anspruch an öffentliche Ordnungsmittel oder an öffentliche Kassen ernst zu nehmen, sofern er nur auf der Tastatur der öffentlichen Meinung, der politisch erheblichen Persönlichkeiten oder des Rechts angemeldet werden kann. Zugleich speichert das System befriedigte Ansprüche in der Form von Daueransprüchen.«[72]

Dieser Ausbau staatlicher Leistungen hat einen Sperrklinkeneffekt gegen einen etwaigen Rückbau. Vom einmal Erreichten wieder abzugehen, wäre Rückschritt, Sozialabbau oder zumindest Qualitätsverschlechterung. Als Verteidiger des Rechtes, auch wenn es noch recht frisch sein sollte, kann man sich daher hervorragend profilieren und auf Dankesschuld bei den Betroffenen hoffen. Auch deshalb »löst jede Überlegung einer Umschichtung und Positionsverschlechterung ein bedrohliches Knurren und Bellen aus«[73].

Ohnedies suchen die Parteien angesichts des begrenzten Vorrates an Dankbarkeit ständig nach neuen unterstützungswürdigen Themen oder Personen. Besonders beliebt sind Ausgaben, für die der zuständige Politiker in Anspruch nehmen kann, sie persönlich veranlasst zu haben. In Österreich wurde wie in Deutschland nach dem Zweiten Weltkrieg im Interesse des Wiederaufbaues eine umfangreiche Wohnbauförderung durch begünstigte Kredite ins Leben gerufen. Die Vergabe solcher Kredite wurde als besondere Leistung verkauft. Die Namen der Politiker, unter deren Regentschaft die Kredite gewährt wurden, hat man in Wien noch Jahrzehnte nach Ende des Krieges in Tafeln aus Stein oder Bronze auf dem jeweiligen Gebäude verewigt. Unerwähnt bleibt darauf lediglich der Steuerzahler, aus dessen Taschen das Geld kommt. Und obwohl die gröbsten Kriegsschäden heute leidlich beseitigt sind, wird an der – ziemlich aufwendigen – Wohnbauförderung in allen Bundesländern weiter festgehalten. Schließlich bietet sie die rare Möglichkeit, alle Bewerber persönlich anzuschreiben, wenn ihr Antrag genehmigt ist, und das Verdienst für die Zuerkennung persönlich in Anspruch zu nehmen. Die Bewerber sollen wissen, wem sie – scheinbar – die Förderung verdanken. Förderungen sind ein treffliches Thema, politische Leistung zu präsentieren. In einem österreichischen Bundesland wurde längere Zeit hindurch die Vergrößerung von Fenstern ebenso gefördert wie deren Verkleinerung – Ersteres unter dem Titel der Modernisierung, das Zweite unter dem Titel der Dorfbilderhaltung.

Das Ziel der Mehrheitssicherung macht es erforderlich, sich immer wieder bei größeren Wählergruppen bemerkbar zu machen. »Demokratie und Parteienkonkurrenz führen dazu, dass immer mehr ›Notlagen‹ und immer mehr sinnvolle Wünsche entdeckt und formuliert werden, die dann in Forderungen an das politische System umgemünzt werden. … Die Forderung selbst ist schon durch Politik ausgelöste politische Kommunikation.«[74] Immer findet sich jemand, der sich zum Anwalt dieser oder jener Sache macht, damit Anhänger und Stimmen gewinnt oder dieses zumindest erhofft.

»Das Gesamtbild, das sich damit abzeichnet, lässt sich als Selbstüberforderung des politischen Systems charakterisieren.«[75] Nach Habermas kann zwar eine Legitimationskrise entstehen, »sobald die Ansprüche an systemkonforme Entschädigungen schneller steigen als die disponible Wertmasse«[76]. Die geschilderte politische Dynamik führt aber dazu, dass genau das geschieht.

Wie betont, wird gesellschaftlicher Machtkampf nicht nur über die Erbringung von Leistungen, sondern auch über die Konstruktion und versuchte Durchsetzung von Wirklichkeiten geführt. Und die Möglichkeiten dafür sind geradezu unbegrenzt. Bei jedem Staatsbesuch kann man die bloße Einigung auf ein gemeinsames Kommuniqué als bedeutsamen Fortschritt in den Beziehungen beider Länder verkaufen und einen etwaigen Fortschritt als Durchbruch. Kein Betrieb und kein Bau, bei deren Eröffnung nicht auch die eigene bedeutsame Unterstützung des jeweiligen Vorhabens erwähnt wird, kein Gesetz, das nicht als Meilenstein auf dem Weg zu einer besseren oder wenigstens schadstoffärmeren Gesellschaft bezeichnet und verkauft wird, egal ob Vorschriften über Servietten und Toiletten in Wirtshäusern, über Dosenpfand oder die Behandlung von Hühnern und Schlachtvieh, über Lehrplan und Schulunterricht oder die Pausenregelung von Lkw-Fahrern.

Wenn nötig, kann man auch die eigenen Unzulänglichkeiten in der Realität durch besondere Leistungen etwas außerhalb der Realität eindrucksvoll überspielen. Die belgische Justiz beispielsweise war acht Jahre lang unfähig, einem vielfachen Kinderschänder und -mörder den Prozess zu machen. Im Lande selbst verbreitete sich die Meinung, dass der Betreffende wohl allzu viel hochgestellten Personen bei der Befriedigung pädophiler Neigungen behilflich gewesen sein dürfte. Davon musste man ablenken. Man erklärte die eigene Justiz zuständig für die Verfolgung von Menschenrechtsverletzungen, wo immer in der Welt sie sich ereignet haben mögen. Was sind schon kleinere Versäumnisse gegen eine derartige, der Verbesserung dieser Welt so trefflich dienende Bedeutungserhöhung.

5.2.3 Rolle und Instrumentalisierung der Moral

5.2.3.1 Die zunehmenden Schwierigkeiten ihrer Begründung

Moralische Normen haben, ihrer Herkunft aus normativen Systemen entsprechend, immer ein Ziel: ein bestimmtes Verhalten dadurch zu sichern, dass es als gut, als richtig, als notwendig verstanden wird. Was aber richtig und notwendig ist, hängt vom jeweiligen Welt- und Selbstverständnis ab. In allen personalen Systemen findet sich in dieser oder jener Form der Begriff der Loyalität und oft ein Verständnis von Treue bis in den Tod, sei es in der kriegerischen Auseinandersetzung, sei es in Familie oder Sippe. Normative Systeme entwickeln darüber hinaus Begründungen aus religiösen Überzeugungen oder aus Identifikationen (etwa mit der eigenen Nation), die im Eventualfall zur Übernahme umfangreicher Verpflichtungen und zu hoher Opferbereitschaft (»Das Leben ist der Güter höchstes nicht«) führen können. Die jeweils geforderten Verhaltensmuster entsprechen den Geboten der subjektiven Vernunft einer Gemeinschaft, mit deren Weltsicht man sich identifiziert. Und weil man das tut, hält man auch ihre Gebote für richtig. Die Moral entsteht aus der Vernunft, verstanden als Einsicht in eine bestimmte Ordnung der Welt.

John Rawls hat das nicht anders gesehen. Er betont, »dass der Erwerb einer gruppenbedingten Moralität (die aus einem Gefüge von Idealen besteht) von der Entwicklung der intellektuellen Fähigkeiten abhängt«[77]. Hier schließt sich der Kreis: »Wie wir unser Leben führen, ist mehr oder weniger dadurch bestimmt, wie wir uns selbst verstehen.«[78] Und das jeweils eigene Verhalten bestimmt ja auch das Zusammenleben. Bereits Durkheim hat die soziale Bindewirkung der Moral betont, auch Weber bezeichnete die Sittlichkeit als integrierendes Band der Gesellschaft und für Parsons erfolgt ohnedies die Steuerung des Verhaltens der Individuen über die gesellschaftlichen Werte, die aufeinander abgestimmt seien und damit integrierende Funktion hätten.

Aber mit dem Verzicht der Aufklärung auf die Fundierung des Zusammenlebens in metaphysischen Weltbildern wurde es notwendig, eine Moral als Lehre vom richtigen Verhalten zu entwickeln, deren Bestimmungsgrund nicht mehr außerhalb des Menschen liegt. Genau das hat Immanuel Kant versucht. Er hat seinen Kategorischen Imperativ für richtiges persönliches Verhalten eben nicht aus einer traditionellen Metaphysik abgeleitet, sondern aus den Geboten der praktischen Vernunft.

Von da ab entwickeln sich durchaus unterschiedliche Denkrichtungen. Die eine betont, dass mit dem Verlust jeder metaphysischen Ordnung der in die Welt geworfene Einzelne frei sei, seinen individuellen Nutzen zu verfolgen. Weil in früheren Ansätzen »der Konflikt zwischen individuellen Interessen und dem Gemeinwohl harmonistisch überspielt, die historische Irrealität eines sittlichen Staates nicht gesehen … und nicht zuletzt ein auf Gruppenmoralen positivistisch verengtes Ethikkonzept propagiert wird«, konzentriert sich beispielsweise Hans Krämer bei der Formulierung seines Konzeptes von Moral auf den »gelingenden Zusammenhang von Selbst und Welt«[79]. Der hat freilich eine nicht zu komplizierte Grundlage: »Wir stellen … nicht mehr die Ethik über das Leben, sondern, in gesunder Skepsis gegen Absolutheitsansprüche jeder Art, das Leben über die Ethik.«[80]

Ein solcher Vorrang des Individuums muss nicht unbedingt gleich für eine moralisch bedenkliche Angelegenheit gehalten werden. Schließlich könnten ja die Individuen Gesellschaftsverträge untereinander abschließen, die das Zusammenleben auch unter dieser Grundannahme vernünftig regeln. Hilfreich ist auch das von der Nationalökonomie errichtete theoretische Gebäude, das nachweisen möchte, eine solche rationale Nutzenverfolgung durch die Einzelnen führe ohnedies zum allgemeinen Besten.

Andere sehen das bedeutend skeptischer. Denn die Einhaltung der gesellschaftlichen Spielregeln sei keineswegs selbstverständlich. Individuelle Rationalität kann auch die Versuchung nahelegen, Gewinn daraus zu ziehen, sich nicht an die Regeln zu halten. Allein schon die Hoffnung, nicht erwischt zu werden, kann zu subjektiv durchaus rationalen Verhaltensmustern[81] führen, die nur eben mit Moral nichts mehr zu tun haben. Der Dumme ist dann, wer sich an die Regeln hält. Regeln werden ohnedies viel schwerer akzeptiert, wenn sich die Wertvorstellungen innerhalb der Gesellschaft so weit auseinanderentwickeln, dass von einem Fortbestand übergreifender und allgemein verbindlicher Wertordnungen nicht mehr gesprochen werden kann. Wer völlig andere Wertvorstellungen hat oder gar überzeugt ist, die Gesellschaft sei grundsätzlich schlecht, oder aber, sein gesunder Egoismus ändere ohnedies nichts an der bestehenden Gesellschaft, wird sich sogar mit relativ gutem Gewissen wie Olsons »Trittbrettfahrer« verhalten. So oder so könnte das, was man historisch als Gemeinschaft verstanden hat, dabei auf der Strecke bleiben. Nach Meinung Olsons, die ja deutlich skeptischer ist als die alte Auffassung von der Verwandlung privater Laster in öffentliche Tugenden durch die besonderen Vorteile der Marktwirtschaft, kommt ein optimales, allen nützliches Kollektiv eben nicht mehr zustande, wenn alle Mitglieder rational handeln, für sich und auf sich selbst bezogen.[82]

Leben wir heute am Ende in einer glücklichen, aber vielleicht nur kurzen Phase, in der die alten Werte noch leidlich funktionieren und nur deshalb der wirtschaftlichen Dynamik unserer Epoche so etwas wie Ordnung und sozialen Zusammenhalt geben können?[83] Und wenn diese alten Werte endgültig verschwinden sollten, gibt es dann noch irgendetwas, das Politik und Wirtschaft daran hindert, zum Schauplatz ungehemmter Gier und Unterdrückung der Schwächeren, zum Tummelplatz der Wölfe zu werden?

Es gibt einen weiteren Traditionsstrang, der diese Gefahr sieht. Sartre geht davon aus, dass ja nunmehr der Mensch selbst zu entscheiden hat, was er will und was er sein will. Aber anders als Kant betont er weniger die moralische Verpflichtung des Einzelnen als vielmehr die Konsequenzen seines Handelns. Sartre hat daher gemeint, Moral sei die Gesamtheit der Handlungen, durch die der Mensch sich für die anderen in der Geschichte und durch sie über das Wesen des Menschen entscheide. Von uns hängt ab, was wir sind und ob wir auf dieser Erde Himmel oder Hölle finden.

5.2.3.2 Wie aus Verpflichtungen Ansprüche werden

Das aktuell dominierende Denkmuster ist aber doch ein anderes. Die sich durchsetzende Überzeugung, nur hier auf dieser Welt zu sein und nur ein Leben zu haben, liefert die stärkste Begründung für den Anspruch, schon auf dieser Welt jedem Menschen gleiche Rechte und gleiche Ansprüche auf Leben einzuräumen.

Denn wenn auf Gerechtigkeit in einer künftigen Welt nicht mehr gehofft wird, dann soll sie in dieser Welt hergestellt werden. Was in früheren Lebensformen mit anderem Weltverständnis günstigstenfalls als Zumutung gegenüber der Gemeinschaft oder gegenüber den gemeinsamen Normen verstanden wurde, ist nach heutigem Weltverständnis nichts anderes als elementarer, moralisch gerechtfertigter Anspruch. Die Einmaligkeit (in jedem Sinn) menschlichen Lebens hat vorrangige Bedeutung gegenüber allen anderen möglicherweise wertstiftenden Phänomenen. Was immer es sonst an subjektiven ideologischen und moralischen Vorstellungen auch nur in Teilbereichen der Gesellschaft geben mag, ihre Akzeptanz in heutigen Gesellschaften hängt davon ab, dass sie Freiheit und Gleichheit als Grundvoraussetzung anerkennen. Nichts ist heute besser in Argumente übersetzbar als die Forderung, dieses eine Leben müsste frei ausgelebt werden können und mit nicht geringeren Chancen ausgestattet sein als das Leben anderer Menschen auch.

Und man sollte die Reaktion der vielen nicht unterschätzen, die glauben, auf der Schattenseite des Lebens gelandet zu sein: Die Verzweiflung, nur ein Leben zu haben, die Angst, es zu versäumen, und der Zorn, wenn man meint, davon weniger zu haben als die anderen. Die Konsequenz ist die Übersetzung des Anspruchs auf Gleichheit in einen Anspruch darauf, nicht schlechter leben zu müssen als die anderen auch. Dieser Anspruch richtet sich nicht mehr auf das eigene Verhalten, wie es dem traditionellen Verständnis von Moral entspräche, sondern er richtet sich gegen andere – aber eben mit dem besten Gewissen der Welt. François Villon hat noch geträumt, François-Noël Babeuf hat schon gefordert: »Das Glück für alle, gleichmäßig verteilt unter alle.«

Arnold Gehlen hat 1969 in seinem Buch über »Moral und Hypermoral« – damals noch mit Erstaunen – registriert, dass allein das Verlangen nach dem guten Leben eine eigene Ethik des »Massenlebenswertes« begründen könne, in der das eigene Leben das höchste Gut und das Recht darauf das wichtigste Recht sei. Da eine solche Forderung ihrer Natur nach politisch ist, wird der Staat zum Adressaten aller damit verbundenen Erwartungen. Er soll sich um die Verteilung und Beschaffung von Glück kümmern. Freiheit und Gleichheit werden nach Gehlen zu »Glückspostulaten«, politischen Forderungen, die vor allem der Durchsetzung eigener Ansprüche dienen.

Hinter diesem Wandel steht freilich nicht nur Egoismus. Die schlimmen Ereignisse des 20. Jahrhunderts haben in Europa Millionen das Leben oder die

Existenzgrundlage genommen. Hunger und Verzweiflung haben die Menschen mehr denn je nach Sicherheit suchen lassen. Und dafür haben sie niemand anderen gefunden als den Staat – dessen Parteien ihnen ja genau das versprochen haben. Auf den Staat wurden die Ansprüche übertragen, die bisher in personalen Strukturen wechselseitig bestanden haben und auf dieser Ebene als Gruppenmoral internalisiert worden waren.

Bei dieser Übertragung auf einen Dritten verändern sich Funktion und praktische Bedeutung der Moral aber nicht ins Positive. Für Anthony Quinton liegt der wesentliche Unterschied zwischen der Moral des 20. Jahrhunderts und der früherer Zeiten zunächst einmal im Niedergang traditionellen Vorstellungen von Wille und Charakter. Moral sollte doch ein Kriterium der eigenen Charakterbildung sein und nicht ein Nachschlagewerk zur Unterscheidung von Gut und Böse.[84]

Aber genau in diese Richtung hat sich das Verständnis von Moral und damit von Werten verschoben. Anders, als Luhmann etwas boshaft gemeint hat, dienen Werte daher nicht nur dazu, zu verschleiern, dass Politik sich vor allem mit sich selbst befasst. Moral ist zu einer Summe von Vorstellungen von einer besseren Welt geworden. Und weil Politik ja nicht zuletzt dazu dienen soll, solche Vorstellungen zu verwirklichen, ist Moral auch in westlichen Demokratien in den Institutionen, den Parteiprogrammen und – natürlich – im öffentlichen Diskurs verankert.

Immer illusorischer wird es dagegen, Moral im traditionellen Sinn für eine Menge bindender Verhaltensvorschriften zu halten. Die Auseinanderentwicklung der Gesellschaft bedeutet ja auch, dass man sich nicht mit Lebensformen und Formen des sozialen Tausches identifizieren wird, die man nicht schätzt oder auch gar nicht kennt.

5.2.3.3 Verlust von Moral: Nicht gleich Sieg des Bösen, aber Verlust von Lebensformen

Noch gibt es genug Menschen, die sich im persönlichen Zusammenleben an personalen oder normativen Wertvorstellungen orientieren, ja sogar einen guten Teil ihres Lebens in den Dienst einer guten Sache stellen. Aber solche Lebensformen und damit zugleich Formen des sozialen Tausches sind nicht mehr die Norm, sondern bestehen nur noch in kleiner werdenden Teilbereichen weiter. Lebenslanger Zusammenhalt der traditionellen bürgerlichen Familie mit wechselseitiger Treue- und Fürsorgeverpflichtung war wohl stets als Ideal weiter verbreitet denn als Realität, ist aber lange ein allgemeines Ideal geblieben (und fällt heute noch in Amerika unter die »family values«), bis es unter immer massiverer Kritik der Moderne nur mehr eine mögliche, als konservativ etikettierte und zugleich abqualifizierte Lebensform unter anderen darstellt. Solidarität war das Ergebnis eines Netzes von Rechten und Pflichten, kein autonomer Anspruch gegen die Gesellschaft.

Sowohl personale als auch normative Systeme haben Tauschstrukturen möglich gemacht, die es in rein nutzenorientierten Systemen nicht mehr gibt. Solche Systeme ermöglichen durch ein anderes Verständnis von Nutzen, durch Identifikation oder Akzeptanz nicht materieller Gegenleistungen wie soziale Anerkennung oder Kompensation im Jenseits die Übernahme von umfangreichen Pflichten und hohe Opferbereitschaft für die Gemeinschaft. Der konkrete Umfang der Verpflichtungen wird nicht bemessen – schon gar nicht in Geld –, er richtet sich nach Bedarf und Möglichkeiten, kann aber natürlich auch zu enormen Belastungen führen. Die moderne Welt ist anders. In ihr geht der soziale Austausch in Richtung messbarer und möglichst vergleichbarer Leistung und Gegenleistung, um das Risiko zu minimieren, mehr geben zu müssen, als man bekommt.

Die heutige Ideologie von der multikulturellen Vielfalt der Lebensformen stammt nicht aus einer generellen Anerkennung der Ergebnisse der Erweiterung und Differenzierung bisheriger Lebensformen, sondern vielmehr aus dem sich selbst als Aufklärung verstehenden Aufstand gegen alte Lebensformen, die als fremdbestimmter Zwang, als reaktionär und individualismusfeindlich verurteilt worden sind. Der Multikulturalismus ist von seinen Ursprüngen und seinem Selbstverständnis her emanzipatorisch – damit aber zwangsläufig negativ eingestellt gegenüber jenen Lebensformen, die zu überwinden er für notwendig hält. Nur gehört dazu eben alles, was traditionelle Formen der Bindung, Zurückstellung eigener Interessen und Verpflichtung ohne unmittelbare Gegenleistung betrifft. Die Perspektive, dass dahinter nicht nur Zwang, sondern auch langfristige Kooperationsgewinne für die Gemeinschaft stehen könnten, ob diese Gemeinschaft nun als Familie, als Gemeinde, als Gesamtheit aller Bürger oder wie auch immer verstanden werden kann, ist einer solchen emanzipatorischen Kritik fremd.

Der Verfassungsrichter Udo di Fabio hat der modernen Kultur der Freiheit – wie sie sich selbst versteht – die Orientierung an den Leitbildern eines Kulturbetriebes vorgeworfen, deren Wortführer grundsätzlich jede Institution und Tradition zerstören wollen. Di Fabio sieht dadurch die Voraussetzungen wohlverstandener Freiheit nicht gestärkt, sondern untergraben.[85]

Man kann Tauschstrukturen, denen das Weltbild des eigenständigen Individuums zugrunde liegt, nicht die Wertvorstellungen einer Gemeinschaft aufzwingen, in denen das Individuum nur eines von vielen ist, und auch nicht die Vorstellungen von normativen Verpflichtungen, die den Einzelnen konkret in die Pflicht nehmen. Mehr Moral im persönlichen Umgang, mehr Moral in der Wirtschaft, mehr Moral in den internationalen Beziehungen, mehr Moral wo auch immer wird ständig gefordert. Ich bin wesentlich skeptischer. Die immanente Logik des sozialen Tausches zwischen nutzenorientierten Individuen ist nicht durch moralische Appelle außer Kraft zu setzen, wenn man die Freiheit der Gebundenheit, das Individuum der Gemeinschaft vorzieht.

Der zunehmenden Bedeutung von Moral als Anspruch an die anderen, vor allem an die Politik im öffentlichen Raum, steht die abnehmende Bedeutung der Moral als Verpflichtung des eigenen Ich im persönlichen Lebensbereich gegenüber. Es wäre auch illusorisch, in heutigen zwischenmenschlichen Beziehungen zwischen nutzenorientierten Individuen generell jene Moral zu erwarten, die aus einem ganz anderen Verständnis von Gemeinschaft stammt. An der wäre Bedarf, aber sie verliert an Bedeutung und das hat Folgen. Jean Genet hat das auf den Punkt gebracht: Das moralische Problem besteht darin, dass Moral für uns zugleich unvermeidbar und unmöglich ist.

5.2.3.4 Moral als Argumentationshilfe und Mittel der Wirklichkeitsverdrängung

Luhmann hat all diese Veränderungen konstatiert, ohne sich für sie zu begeistern: »Aus einer Verhaltenslehre wurde eine Theorie der Begründung moralischer Urteile … Mit Moral immunisiert man sich gegen die Evidenz des Nichtwissens, weil die moralisch bessere Meinung sich mit ihren eigenen Argumenten bestätigen kann.«[86] Das ist leichter und attraktiver: »Die Position, Gewissen zu sein, statt Gewissen zu haben, ist eine ziemlich unwiderstehliche unseres Alltags.«[87]

Beim ersten (sich selbst so nennenden) Welt-Ethik-Gipfel im Herbst 1999 in Kühlungsborn hat Joachim Heinrich das Kind beim Namen genannt. Ethik werde heute zur Ideologie, die nur mehr von dem ablenke, was wirklich nottue, und außerdem den Blick auf die wirklichen Probleme verstelle. Aber sie gebe dem Einzelnen das gute Bewusstsein des Tugendhaften. Der Weg in den kollektiven Abgrund sei mit Ethiktheorien und Appellen gepflastert. Michels hat dieses Umfunktionieren der Moral vorausgeahnt: »Im Zeitalter der Demokratie ist die Ethik eine Waffe, der sich jedermann bedienen kann. … Heute sprechen und kämpfen alle Faktoren des öffentlichen Lebens im Namen des Volkes und der Gesamtheit … wild gewordene Idealisten wie berechnende Ehrgeizlinge, alle … geben an, mit ihrer Aktion nur den Willen des Volkes zur Durchführung zu bringen. … Jede neue Gesellschaftsschicht, die das Signal zur Attacke auf die Vorrechte einer bereits im Besitze der ökonomischen wie politischen Macht befindlichen Klasse gibt, schreibt auf ihre Fahnen das Losungswort: Erlösung des Menschengeschlechtes!«[88]

Michels sieht deutlich nicht nur das Illusionäre, sondern auch das Gefährliche solcher großen Gesten. Die Worte Liberté, Egalité, Fraternité, schreibt er gleich anschließend, stünden heute höchstens noch über den Eingangstoren französischer Gefängnisse.

Manche Kommentare fallen etwas gallig aus: »Menschenrechting, die Extremsportart der neuen Epoche«, hat Jürgen Küpperbusch gelästert. Nur in einem Punkt hat er sich dabei geirrt. Denn es geht schon lange nicht mehr um einen Extremsport, sondern um eine ausgesprochene Massensportart. Moral und Ethik werden, ganz im Sinne der Bemerkungen von Michels, zum ebenso massenhaft wie ständig missbrauchten Instrument der Argumentation und der Agitation, nicht zuletzt dort, wo es an Sachargumenten mangelt oder die tatsächlichen Begründungen ohnedies besser im Dunkeln bleiben sollen. Die schärfste Waffe im Konkurrenzkampf sei die Moral, hat auch Heiner Müller herausgefunden. Der Rechtsphilosoph Norbert Hoerster hat 2001 im Zusammenhang mit dem Streit um Ethik und Biopolitik darauf hingewiesen, dass bei der Politikberatung in der modernen Mediendemokratie Ethik zu nichts anderem mehr diene als zur Pseudolegitimation der auf populistischem Weg ermittelten Ergebnisse. Das lässt sich ergänzen: Moralische Betroffenheit ist auch ein immer beliebteres Mittel zur Blockade lästiger Argumente, die sich ausgerechnet auf die Realität berufen wollen, wie etwa auf fehlende Mittel, auf ausufernde Defizite und auch darauf, dass sich die Wirtschaft gemäß ihren Eigengesetzlichkeiten entwickelt und nicht gemäß den eigenen Hoffnungen und darauf aufbauenden Prognosen.

Zugleich führt der ständige Rückgriff auf moralische Begründungen zu einer Verschärfung des Stils der politischen Auseinandersetzung, in der es statt um Sachfragen auf einmal um Gut oder Böse geht. Der Soziologe Pawel Spiewak hat für die polnische Diskussion festgestellt, dass es auch in den reputierlichen Zeitschriften des Landes selten um Sachfragen gehe, sondern vor allem darum, den Gegner zu verteufeln und aus der Gemeinschaft der Guten auszuschließen.[89] Spiewak spricht von den »Moralaggressoren«, die sich als Stimme des guten Gewissens Geltung verschaffen wollen, nicht zuletzt, um das eigene Gruppenbewusstsein zu stärken. Dieser aggressive Moralist sei einem Inquisitor nicht unähnlich. Könne er den Gegner nicht überzeugen, dann werde dieser eben zum Feind erklärt, dem man das Wort verbieten müsse.

Moralische Argumente laden gerade wegen ihres Gewichtes unweigerlich zum Missbrauch ein. Die Rechtfertigung der jeweils eigenen Ansprüche wird von anderen eher akzeptiert, wenn sie statt mit Sachargumenten mit moralischen Argumenten untermauert werden kann. Wer auf seiner Seite die Moral ins Treffen führen kann, glaubt die besseren Karten in der gesellschaftlichen Auseinandersetzung zu haben und lässt sich von seinen Vorstellungen nicht durch Verweise auf Fakten abbringen. Wer – beispielsweise – 2003 die Debatte innerhalb der Sozialistischen Partei Deutschlands über die Agenda 2010 verfolgt hat, in einer tiefen wirtschaftlichen Krise, konnte ja feststellen, wie auf die Argumente des Kanzlers und des Finanzministers, die Deutschen lebten über ihre Verhältnisse, Schulden von heute seien Steuern von morgen und die Konkurrenzfähigkeit Deutschlands als Wirtschaftsstandort müsse erhalten bleiben, reagiert wurde. Die Standardantworten auf alle Sachargumente konzentrierten sich darauf, es dürfe zu keinem Sozialabbau kommen, die Reichen sollten eben mehr zahlen und im Übrigen komme es nicht in Frage, die Kompetenz des Parlaments durch externe Experten auszuhöhlen. François Furet hat es ebenso knapp wie treffend formuliert: »Man denkt nicht mehr in den politischen Kategorien von Mitteln und Zwecken, sondern der öffentliche Diskurs ist einzig und allein von ökonomischen und abstrakten moralischen Erörterungen geprägt.«[90]

Man darf und muss differenzieren. Moralbegriffe, die von der eigenen Verantwortung für das jeweils eigene Verhalten ablenken, sind in einem vielleicht kritischen Punkt unvollständig. Aber moralische Vorstellungen darüber, was nicht zugelassen werden darf, wovor der Staat unbedingt zu schützen hat, sind auch dann unerlässlich, wenn sie sich allein als Forderung artikulieren. André Glucksmann hat es vielleicht am deutlichsten formuliert: Die traditionellen Moralvorstellungen von der besseren Welt, der traditionelle Humanismus – in der hier vorgeschlagenen Terminologie die Ambivalenz normativer Systeme – haben in die Konzentrationslager und die Militärdiktaturen geführt. Der Menschenrechtsbegriff müsse sich heute verändern, die Schutzfunktion müsse in den Vordergrund gestellt werden. »Das Recht auf Freiheit steht über dem Recht auf Brot.« Wer seinem Volk nur Brot und keine Freiheit gewähre, behandle es wie Vieh. Die Philosophie von 1789, die den Kampf gegen Despotie in den Vordergrund gestellt habe, sei heute wichtiger als die Fortschrittsphilosophie, die der Menschenrechtserklärung von 1948 zugrunde liege. Moral sei notwendig als Staudamm gegen das Unmenschliche. »Wir müssen nicht wissen, was der Mensch ist, wir müssen nur wissen, was unmenschlich ist.«[91] Wenn die Moral in die Utopie führt und die Utopie in die Unmenschlichkeit, sind Menschenrechte vor allem negativ zu formulieren – als Schutz vor Herrschaft, auch und gerade vor der, die sich auf moralische Grundsätze beruft. Wenn man verfolgen muss, wie schnell selbst Folter aus der Tabuzone in den Bereich der nüchternen Abwägung herübergeholt wird, und das nicht nur in den USA, sondern selbst in dem damit überreich erfahrungsgesättigten Deutschland, kann man nur unterstreichen, wie wichtig die Unverfügbarkeit von elementaren Menschenrechten auf dieser Erde wäre.

5.2.3.5 Moral: Elementares Verhaltensmuster oder historisches Überbleibsel?

Moral ist trotzdem nicht nur Heuchelei, bloß weil sie so trefflich dafür missbraucht werden kann. Und sie ist auch mehr als Motiv für das Eintreten zugunsten der Rechte und der Existenzbedürfnisse der Schwächeren. Sie ist ebenso Ausdruck einer tief gehenden Sehnsucht nach alten Formen menschlicher Beziehungen und nach intensiveren Formen sozialen Tausches.

In der von mir verwendeten Terminologie lässt sich eine viel diskutierte alte

Unterscheidung neu und vielleicht besser verstehen: Systemintegration ist sinnvoll zu verstehen als die Einbeziehung von Individuen in die Tauschstrukturen einer Gesellschaft, Sozialintegration als ihre Einbeziehung in Tauschstrukturen, die der eigenen Weltsicht entsprechen. Wer noch in Kategorien personaler oder normativer Systeme denkt oder Sehnsucht nach festen Bindungen hat, wird sich persönlich um Integration in solche selbst gewählte Teilwelten bemühen. Man sucht nach Gleichgesinnten, denen man vertraut und mit denen man daher andere, intensivere Formen des sozialen Tausches lebt. Die moralischen Normen personaler oder normativer Systeme werden nur eben nicht mehr auf der Ebene der Gesamtgesellschaft realisiert, sondern in den Netzwerken von Subsystemen.

Nutzenorientiertes Denken will sozialen Tausch nur dann, wenn die Gegenleistung rasch, sicher und ausreichend ist. Die zunehmende Verbreitung solcher moderner Tauschstrukturen wird immer wieder als Durchsetzung kapitalistischer Verwertungsinteressen qualifiziert und abgelehnt. Aber das ist unserer Analyse nach nicht nur schlichter Irrtum, sondern die Suche nach Schuldigen, weil man die Logik des modernen Bewusstseins nicht akzeptieren möchte und stattdessen lieber den alten Kampf des Guten gegen das Böse führen möchte. Der Feind der erträumten Harmonie sitzt in unseren Köpfen, in unseren eigenen Vorstellungen von der Welt.

Aber das Bedürfnis nach Gemeinschaft bleibt nach wie vor elementar. Philippa Foot spricht – freilich auch, weil ihr alle anderen Begründungen von Moral nicht mehr gefallen – von »natural goodness«, und das lässt sich präzisieren.[92] Denn es gibt eine Begründung von moralischen Verhaltensmustern, die weder aus dem Selbstverständnis personaler oder normativer Systeme und auch nicht reflexiv gewonnen werden kann, sondern an eine spezifisch menschliche Eigenschaft gebunden zu sein scheint, nämlich das Mitleid.

Mitleid hat elementare Wurzeln, und es bedarf dazu nicht unbedingt der »Spiegelneuronen«, die es uns Menschen möglich machen, uns mittels einer Art »innerer Imitation« in die Innenwelt anderer Menschen zu versetzen und für sie Empathie, Mitgefühl und auch Mitleid zu empfinden. Nach dem griechischen Text des Lukasevangeliums regt sich Mitleid in den »splagchna«, das sind die inneren Organe. Der barmherzige Samariter wurde von Mitleid bewegt, »esplagchniste«. Wenn im Alten Testament die Rede von den Organen ist, in denen sich Mitleid regt, wie etwa bei der wirklichen Mutter angesichts des salomonischen Urteils, steht »rachamim«. Das kommt von »rechem«, der Gebärmutter. Mitleid kommt in diesen Texten aus dem elementaren Empfinden, wie es eine Mutter hat. Das wird es geben, solange es Menschen gibt. »Rachamim« meint im Hebräischen letztlich das Verwandtschaftsgefühl, die Solidarität personaler Gruppen. Diese Solidarität kann inhaltlich grenzenlos sein, ist aber an identifikationsfähige Gruppen gebunden und nicht an die ganze Menschheit.

5.2.4 Die Rolle der Intellektuellen

5.2.4.1 Die Bedeutung der Rolle und die Macht der Verführung

Soweit wir schriftliche Überlieferungen zurückverfolgen können, finden sich Denker, die zu Gott und der Welt, Tod und Leben jeweils eigene Vorstellungen entwickelt und damit das Denken auch vieler anderer Menschen beeinflusst haben. Frühzeitig, ob im Osten oder im antiken Griechenland, gehörten zu diesen Vorstellungen von der Welt stets auch solche von bestimmten angemessenen Formen individuellen Verhaltens und menschlichen Zusammenlebens.

Das Verhältnis zu den jeweils Herrschenden war unterschiedlich. Manche Denker wurden zu Propheten oder gar Religionsstiftern, denen die politische Macht nacheiferte oder auf die sie sich berief. Andere wiederum wurden als lästig empfunden oder gar umgebracht, in Athen wie in Jerusalem. Regelmäßig aber haben sich Machthaber, die mehr sein wollten als Gewaltherrscher, auf eine bestimmte Sicht der Welt und ihrer Ordnung gestützt. Bei den Azteken hat man der Sonne Menschenopfer dargebracht, damit sie am nächsten Tag wieder aufgehe. In manchen Kulturen wurde der Herrscher als Sohn der Sonne oder Abkömmling eines anderen göttlichen Wesens verehrt. Auch im römischen Weltreich wurden Opfer für den Genius des Kaisers eingefordert und noch zu Beginn der europäischen Neuzeit führten selbst absolute Herrscher ihre Machtstellung auf die Gnade Gottes zurück. Stets ist es darum gegangen, einen logischen und möglichst auch moralischen Zusammenhang zwischen politischer Macht und Ordnung der Welt herzustellen. Und selbst als die allmähliche Säkularisierung den religiösen Legitimierungen bereits den Boden entzogen hatte, wollten Ideologien wie Nationalsozialismus oder Kommunismus diesen Zusammenhang bewahren. Andersdenkende hatten stets mit Repressionen der eher rabiateren Art zu rechnen, ob dafür nun die Inquisition, die Gestapo oder der KGB zuständig waren.

Aber auch und gerade dann, wenn Weltanschauung zur Privatangelegenheit wird, bedürfen Herrschaftsverhältnisse der Rechtfertigung. Fehlt es an unhinterfragbaren religiösen oder ideologischen Begründungen, dann wird die Rechtfertigung durch Leistung und damit die Darstellung und Verdeutlichung echter oder vermeintlicher Leistungen zur immer wichtigeren und auch recht anspruchsvollen Aufgabe. Dafür sind Spezialisten hilfreich.

Zugleich ist mit dem Zerfall einheitlicher Weltanschauungen das Auftreten von Kritik untrennbar verbunden – an den bestehenden Überzeugungen, den gegebenen Verhältnissen, an den dafür verantwortlich gemachten Herrschenden und auch an den Mechanismen, die den bestehenden Machtverhältnissen ihre Legitimation verschaffen.

Für Marx gehörte die Macht der Klasse, die die Verfügungsmacht über die Produktionsmittel hat. Für ihn war aber klar, dass diese Klasse auch den »Überbau«

produziert, die Summe der Ideen und Werte, die ein Bild der Welt vermitteln, das zugleich die eigene Herrschaft begründet und absichert. Veblen hat diese Art der Herrschaftssicherung bereits konzeptuell von den Produktionsverhältnissen getrennt. Wer den Überbau an Ideen und Weltanschauungen produzieren und seine sozialen Wertungen auch der übrigen Gesellschaft einprägen könne, der übe auch die politische Herrschaft aus.

Radikalisiert wird dieser Ansatz dann bei Helmut Schelsky. Er spricht von der »Bildung einer neuen Herrschaftsgruppe der Intellektuellen, die sowohl als Priesterherrschaft als auch als Klassenherrschaft verstanden werden kann«[93]. Schelskys Ansatz gründet sich auf die enorm gestiegene Bedeutung von Kommunikation, Information und Neuen Medien, die er in ihrer politischen Bedeutung als Äquivalent der traditionellen Produktionsmittel versteht. Er sieht die Gefahr einer bewusstseinsbestimmenden Kontrolle dieser modernen Kommunikations- und damit auch Herrschaftsmittel und auf dieser Basis eine »neue Klasse der politisch und ökonomisch sich durchsetzenden Sinn-Vermittler und Heilslehrer, … die sich im interessehaften Klassengegensatz zu all denen befinden, die der Produktion von Gütern im Sinne der Lebensbefriedigung, des Wohlstandes und des Funktionierens eines gesellschaftlichen Systems dienen«[94].

Schelskys böse Analyse ist ein wenig auch vor dem Hintergrund seiner eigenen persönlichen Erlebnisse zu verstehen. Er und seine Familie haben einiges von der »fröhlichen Grausamkeit« und dem »Psychoterror« zu spüren bekommen, dem konservative Professoren in Deutschland seitens der 68er-Generation ausgesetzt wurden.[95] Aber in der heutigen Realität nehmen die Intellektuellen in der Gesellschaft recht unterschiedliche Rollen ein und die lassen sich keineswegs über einen Leisten schlagen.

Foucault hat einmal etwas kokett gemeint, er kenne keine Intellektuellen, sondern nur Künstler, Schriftsteller, Journalisten, Universitätslehrer und dergleichen. Bleiben wir trotzdem bei diesem Begriff, er ist auch nicht unschärfer als mögliche andere. Intellektuelle spielen zunächst einmal eine gewichtige Rolle bei der »Herstellung von Öffentlichkeit«, die erstmals Habermas als eigenständiges Phänomen verdeutlicht hat. Schließlich geht es nicht nur darum, sich zu Wort zu melden, sondern darum, auch gehört zu werden. Da geht es um die richtige Platzierung und die richtige Sendezeit. Und dorthin führen verschiedene Wege. Der angenehmste und direkteste ist bereits vorhandene Berühmtheit. Ersatzweise hilfreich sind gute Kontakte zu den Medien, am mühseligsten das ständige Networking und das fallbezogene Werben um Aufmerksamkeit. Deshalb gehen manche »prompt und forsch auf die Suche nach einer Barrikade«, wie es Marcel Reich-Ranicki formuliert hat, manche spielen die »Klageweiber, die über alle sozialen Leiden lamentieren« (Jacques Juillard), andere versuchen es direkter. Reich-Ranicki hat nicht ohne Häme, aber mit Namensnennung erzählt, was passierte, als er einmal einen Gedichtband von Günther Grass lobend rezensierte. Gleich rief ein anderer an, verwahrte sich gegen diese Art von Personenkult und gab zugleich der Erwartung Ausdruck, nunmehr seine eigene Lyrik nicht minder gewürdigt sehen zu können.

Vielleicht darf man das nicht allzu kritisch sehen. Intellektuelle erfahren ihr Selbstwertgefühl und ihre Würde aus der Kraft der Ideen, die sie vertreten, und aus ihrem eigenen Engagement. Dafür brauchen sie freilich auch Anerkennung, und dafür ist wieder die allgemeine Aufmerksamkeit Voraussetzung. Sie müssen Beachtung finden. Je wichtiger ihnen ihre eigenen Überzeugungen sind, desto intensiver werden auch ihre Bemühungen sein, Aufmerksamkeit zu finden.

Es ist bedauerlich, dass Intellektuelle häufig auf solche Strategien angewiesen sind. Schließlich bilden sie manchmal tatsächlich jenes »Immunsystem freier Gesellschaften«, als das Ralf Dahrendorf sie bezeichnet hat. Selbst Luhmann hat ihnen die »Alarmfunktion der Moral« zuerkannt. Missstände werden erst bewusst, wenn sie als Bilder mächtig werden oder jemand ihnen Stimme verleiht.

Genau das zu tun, sehen auch die Intellektuellen in den Medien als eine ihrer vornehmsten Aufgaben. Und unter ihnen gibt es eine Führungsgruppe, für die in den Vereinigten Staaten der Begriff des »anchorman« geprägt wurde. Anchormen sind nicht bloß Nachrichtensprecher, sie sind zugleich Kommentatoren, Gestalter und Redakteure ihrer eigenen Sendungen. Inhaltlich haben weibliche Nachrichtensprecherinnen bereits gleichgezogen, den Titel hat man ihnen bisher verweigert. Der klassische Anchorman ist immer noch weiß und reiferen Jahrganges, ob er nun Walter Cronkite oder David Letterman oder Peter Jennings oder sonstwie heißen mag.

An diesem Phänomen der Anchormen zeigt sich exemplarisch die Möglichkeit und die Bedeutung der Erklärung und der Ordnung der Welt. Es ist das, was der durch unzählige isolierte Einzelnachrichten verwirrte Nachrichtenkonsument so dringend braucht. Die gängige Aufgabe der Anchormen wird in diesem Sinn recht treffend charakterisiert: Perspektiven herstellen und Zusammenhänge erklären, oder auch: Making sense of it all. Walter Cronkite hat seine Sendungen gerne mit dem Satz beendet: »And that's the way it is.« Er war es auch, der seinerzeit noch während des Vietnamkrieges nach der Tet-Offensive im Fernsehen erklärte, dieser Krieg sei nicht mehr zu gewinnen. Der damalige Präsident Lyndon B. Johnson soll daraufhin im Kreis seiner Berater erklärt haben, mit Cronkite habe er den amerikanischen Mittelstand verloren.

Das ist die vielleicht wichtigste Rolle, die der Intellektuelle annehmen kann: Erklären, was wirklich los ist, Sicherheit des Standpunktes und damit Stabilität und Orientierungshilfe bieten.

Allein schon für ein öffentliches Auftreten gegen die herrschende Meinung können die Motive durchaus unterschiedlich sein. Ganz ohne Zynismus kann man als Erstes der Motive Redlichkeit und Überzeugung anführen. Falschen Götzen, irrigen Weltbildern und ungerechter Herrschaft die Überzeugung von einer anderen, gemeinsam erreichbaren Wahrheit entgegenzusetzen, war seit jeher Motor der Veränderung und vornehmste Aufgabe der Intellektuellen, als sie noch Schamanen hießen, Besessene, Propheten, Philosophen oder auch Ketzer. Das zwingt gegenüber der Gesellschaft häufig in eine Außenseiterrolle. Nur von den Rändern der Gesellschaft her könne der Intellektuelle seine Botschaft von Gerechtigkeit und Fairness glaubwürdig verkünden, meint Edward Said[96]. Damit spiegelt er nicht nur seine eigenen persönlichen Erfahrungen als Palästinenser, sondern wohl auch das Dilemma vieler heutiger Intellektueller.

Man kann umgekehrt freilich auch nur deshalb gegen diese Gesellschaft auftreten, weil man damit auffallen oder weil man für die eigenen Aussagen Einfluss gewinnen will. In einer berühmt gewordenen Debatte des Jahres 1998 in der BRD hat Martin Walser ausgerechnet am Beispiel Auschwitz den Missbrauch der Geschichte für den Aufbau intellektueller Machtpositionen kritisiert. Die Vergangenheit würde instrumentalisiert, um sie als »Moralkeule«, als »jederzeit einsetzbares Einschüchterungsmittel« zur »Drohroutine« zu verwenden.

Es kann sein, »dass die kritische Haltung zum Statussymbol gerät, als Signet der Zugehörigkeit zur jungen linksliberalen Generation gewertet wird, die Reputation verleiht. Wer jung ist und auf sich hält, muss diese Gesellschaft kritisieren. ... Diese eigentümliche Umkehrung der Verhältnisse, dass nicht die Verteidigung, sondern die Kritik des Gemeinwesens Ansehen verleiht, führt dann leicht zu einem Kritizismus, der nicht mehr intellektuellem Bemühen entspricht, sondern der affektiv-egozentrischen Auflehnung oder einfach der sozialen Anpassung.«[97] Allerdings hat bei manchen Intellektuellen der Kapitalismus oder der Neoliberalismus die Gesellschaft als Hauptschurken abgelöst, nachdem die Linke (sofern man die europäischen Sozialisten da noch dazuzählen kann) den Marsch durch die Institutionen bis in die Regierungsverantwortlichkeit geschafft hat.

François Furet hat sich in seinem breit angelegten Werk über die Geschichte des Kommunismus[98] mit dem Bewusstsein der bürgerlichen Schichten befasst, unter denen der Kommunismus überhaupt erst entstanden ist. Furet meint, es sei Charakteristikum dieser Moderne, dass sie Menschen hervorbringe, die das politische System verabscheuen, in das sie hineingeboren wurden. Sowohl Kommunismus als auch Faschismus haben von Intellektuellen profitiert, die diese Weltanschauungen nicht nur propagiert und verteidigt haben. Pavel Kohout, der die Praxis des tschechischen Kommunismus reichlich kennengelernt hat, brachte (in einer Dialogstelle eines Romans, der auch vom deutsch-tschechischen Verhältnis handelt) den üblichen Gang der Dinge auf einen zwar recht kurzen Nenner, der trotzdem das handelnde Personal brauchbar charakterisiert: »Ein paar Leute denken sich ein Rezept für eine glückliche Zukunft aus und trompeten damit so lange herum, bis sich ihnen alle Verzweifelten anschließen. Es folgen die Karrieristen. Und auf einmal steht hier eine Kraft und Macht, die nicht mehr anbietet, sondern fordert und befiehlt.«[99]

5.2.4.2 Der gelegentliche soziale Tausch mit der Macht

Manche Intellektuelle bevorzugen einen etwas kürzeren Weg zur Macht. Um überhaupt gehört zu werden, kann man ja Kompromisse mit den Mächtigen eingehen und für entsprechende Gegenleistungen notfalls auch in Vorlage treten. Günther Nenning, unter Österreichs Intellektuellen einer der Originelleren, hat bei der Beschreibung der Verhaltensmuster seiner eigenen Kaste auf übertriebene Umständlichkeit verzichtet: »Die Kunst-, Kultur- und Kitschschaffenden schnaufen. Da haben sie mit großer Tapferkeit gegen Jörg Haider gekämpft ... und das Ergebnis? Die in Geburt begriffene rot-schwarze Koalition will angeblich die Kultursubventionen um die Hälfte zusammenstutzen. Ist das der Dank an Kunst, Kultur, Kitsch?«[100]

Leicht ist das Arrangement mit der Macht nicht. Angeboten wird ja selten die Rolle eines Goethe in Weimar, gelegentlich die dekorative, aber etwas prekärere eines Torquato Tasso, und am beliebtesten sind wohl die Dienste eines sogenannten kritischen Beobachters – aber auch nur dann, wenn dieser seine Beißreflexe selektiv einzusetzen versteht. Dieser Prozess der marktwirtschaftlichen Instrumentalisierung ist nicht unbedingt neu. Zahlreiche großartige Werke der Kunst sind im Dienste der Kirche entstanden. Neu ist eher, wie unverblümt statt Qualität nur mehr Meinung produziert wird. Immerhin sichert gerade das den Intellektuellen eine Rolle in der Selbstdarstellung eines politischen Systems, das seine Legitimierer, Leistungsverherrlicher, Rechtfertigungsapostel und Bedeutungsverleiher (»Statthalter der Autorität« nennt sie Edward Said) braucht und meist auch mit Bedacht einzusetzen weiß. Der Weg vom Helfer eines Politikers hin zum »Meinungssoldaten mit vorgehaltener Moralpistole« (Copyright Martin Walser) ist kurz.

Umso eifersüchtiger bewahrt man die Rolle eines Vorkämpfers moralischer Ansprüche auch dort, wo die Gestik allmählich ziemlich hohl wird: »Die heutigen Jungtürken sind gar keine, sondern Biederbuben. ... Die wissen, wo ihr (lukrativer) Platz ist, ... dass die Behauptung von Wildheit, Aggressivität und Provokation längst zum Sinn-Design gerade der spießigsten unter den jungen Theatermachern gehört.«[101] Robert Menasse hat die praktischen Ergebnisse staatlicher Kunstförderung nicht viel freundlicher beschrieben: Geliefert werde von den Intellektuellen vor allem Überzeugungsarbeit für bereits Überzeugte. Man nähre damit zwar Familie und Selbstgefühl, tendiere aber letztlich viel stärker zur eigenen Pragmatisierung als Kritiker denn zur Veränderung der kritisierten Gesellschaft.

Die Rolle der Intellektuellen bei der Entstehung der vielen, letztlich mörderischen Nationalismen im Europa des 19. Jahrhunderts und bei ihrem Umschlag in zerstörerischen Wahnsinn im 20. war keine rühmliche. Und auch noch nach dem Zweiten Weltkrieg fehlt es nicht an beschämenden Beispielen. Nach dem 17. Juni 1953 haben eine Reihe von Intellektuellen Ergebenheitsadressen an die SED-Spitze gerichtet. Da hieß es, die SED sei am 17. Juni »von faschistischem und kriegstreiberischem Gesindel angegriffen« worden. Der Sowjetarmee wurde gedankt, die durch ihr »entschlossenes Durchgreifen gegen die faschistischen Brandstifter in Berlin die Freiheit für das deutsche Volk gesichert« hätte, und es wurde begrüßt, dass die Armee »gegen die faschistischen Rowdys jetzt mit unerbittlicher Strenge vorgeht und Todesurteile gegen sie fällt. Das ist die einzige Sprache, die diese Banditen verstehen«.[102] Die Verfasser dieser Grußbotschaften waren alle recht bekannte, auch heute noch als solche etikettierte Intellektuelle.

In seinem Gedicht »An die Nachgeborenen« hat Bert Brecht verschlüsselt um Entschuldigung gebeten, wohl nicht nur für sich: »Gedenkt, wenn ihr von unseren Schwächen sprecht, auch der finsteren Zeit, der ihr entronnen seid.« Das Argument hat Gewicht. Aber hat jeder die Entschuldigung finsterer Zeiten?

Die Eroberung der geistigen Hegemonie durch die ökonomische Einbindung der kulturellen Meinungsführer ist eine beliebte Strategie jeder Herrschaft geworden. Ihre Aufgabe ist es dann, den Tauschwert der von den Machthabern erbrachten Leistungen möglichst hochzureden. Das macht man ihnen auch klar. Im Foyer des sowjetischen Schriftverbandes stand: »Die Schriftsteller sind die Gehilfen der Partei.« Das waren dann ja auch die meisten – aber nicht alle. So manche versuchten dabei immerhin, ein gutes Gewissen zu haben, weil man ja damit eine gesellschaftlich sinnvolle Aufgabe erfülle. Gilt das auch heute noch? »Die Auffassung, dass die Intelligenz eine Mission gegenüber der Gesellschaft zu erfüllen habe, nährt sich von romantischen Vorbildern. … Der heute zur Intelligenz Gehörende ist offensichtlich vielmehr ein Mensch im ständigen Rausch – rundum mit der eigenen Karriere, dem materiellen Wohlergehen und dem Bestreben befasst, sich den allgegenwärtigen Marktinteressen der europäischen Mittelschicht anzuschließen.«[103] Damit hat Bohdan Cywinski zwar nur die polnische Intelligenz gemeint, ihr aber nichts anderes vorgeworfen als Anpassung an die bereits gegebenen westlichen Verhältnisse. Susan Sontag hat sogar provozierend gemeint, Intellektuellentum beschränke sich heute auf Podiumsdiskussionen und Fernsehinterviews.[104] Da ist es nicht mehr weit zu Bourdieu, der – wohl wissend, welchen Klang das Wort Kollaborateur in Frankreich seit der deutschen Besetzung hat – einige der bekanntesten französischen Intellektuellen einmal als »Kollaborateure des Mediengeschwätzes« bezeichnet hat.

Unter den unterschiedlichen sozialen Milieus sind solche mit hoher Sensibilität und Interesse für politische Fragen anzutreffen und wieder andere mit totalem

Desinteresse. Für die Letzteren mag die Feststellung Postmans zutreffen, dass der öffentliche Diskurs zum unterschiedslosen Geplapper wird. Aber ebenso gibt es Milieus und soziale Gruppen, die im politischen Diskurs nach wie vor Orientierung suchen, die ihre Überzeugung haben und diese gern bestätigt wissen wollen. Für diese haben zumindest die öffentlichkeitswirksamen Intellektuellen noch Bedeutung und gelegentlich sogar Meinungsführerschaft.

Das kann man so kritisch sehen wie etwa Peter Sloterdijk. Er kritisiert »... ihre exklusiven Zugänge zum moralischen Sichbesserfühlen und zu den Kommandohöhen, von denen herab es so bequem ist, die Unbequemen abzuurteilen. Mehr oder weniger blindlings tragen sie heute das Ihre dazu bei, die Mentalitätsparalyse in diesem Land um nahezu jeden Preis aufrechtzuerhalten, sie verfestigen jene aus den Tagen der abflauenden 68er-Bewegung überkommene Grundstimmung aus Passivität und Larmoyanz, aus Unternehmensverweigerung und Allesbedenklichfinden ...«[105]

Dieser radikalen Aburteilung mag man zustimmen oder nicht. Die totale Rat- und Perspektivenlosigkeit von Regierung und Intellektuellen Deutschlands in der schweren Wirtschafts- und Budgetkrise nach 2002 lässt allerdings Sloterdijks Diagnose der Mentalitätsparalyse geradezu prophetisch erscheinen. Auch »Überzeugungsarbeit für Überzeugte« hat politische Konsequenzen. Gelingt es nämlich, ein auch nur verschwommenes Gefühl zu vermitteln, mit bestimmten Überzeugungen auf der richtigen Seite zu sein, dann kann man sich klare Konzepte und Ordnungsvorstellungen sparen. Denn Stimmung und Solidarisierung reichen ja schon: »Das gute Gefühl, grundsätzlich dagegen und beim gemeinsamen Dagegensein dabei zu sein, ersetzt jegliche programmatische Aussage. Links sein ist wieder und jetzt vollständig zu einem sinnstiftenden Lebensgefühl geworden, das man sich durch zu kleinteilige Beschäftigung mit komplexen Realitäten nicht vermiesen lassen will. ... Wenn wir schon nicht wissen, wie es weitergehen soll, dann wollen wir uns dabei wenigstens wohlfühlen.«[106]

Auch das kann eine Funktion der sogenannten kritischen Intellektuellen sein: In trautem Zusammenwirken mit der politischen Macht dafür sorgen, dass ein gutes Gemeinschaftsgewissen erzeugt wird, das weitere kritische Diskussion und Reflexion erübrigt.

5.2.4.3 Die Intellektuellen und die Wahrheit

Nicht nur im Umfeld der großen Ideologien, sondern auch in den kleinräumigeren Gefilden moderner Industriestaaten kann es daher geschehen, dass Intellektuelle in ihrem Bündnis mit der Macht genau das Gegenteil von dem tun, was ihre historisch vielleicht wichtigste Aufgabe gewesen ist: gegenüber alten Ideen und alten Machtverhältnissen der Wirklichkeit, der Wahrheit zum Durchbruch zu verhelfen. Stattdessen helfen so manche von ihnen den Machthabern bei der

Legitimation ihrer Herrschaft, indem sie sie mit den höheren Weihen der Moral versehen.

Mit ein wenig semantischer Flexibilität geht das locker. Wenn der eigene Brötchengeber sozialpolitische Leistungen zurücknimmt, zollt man seinem Mut zu notwendigen Reformen zwecks Erhaltung des Systems gebührenden Respekt. Kommen gleiche Vorschläge von der falschen Seite, dann zeugen sie vom verderblichen Neoliberalismus, von der Scheinkonstruktion vermeintlicher Sachzwänge und vom Sozialabbau. Da finden sich stets rasch die Ausreden einer Semantik, die sich selbst nicht als Reflex des Tatsächlichen, sondern als Bauplan des Möglichen gegen die Realität immunisiert und auf diesen Notausgang aus der Wirklichkeit auch noch stolz ist.

Dabei wäre heute die Fähigkeit wichtiger denn je, die Wirklichkeit zu analysieren, diese Analyse immer wieder zu verbessern und aus der Analyse durchsetzungsfähige und daher erfolgreiche Handlungsmuster abzuleiten.

Aber genau diese Realitätsbezogenheit geht in der Debatte über Moral und die zukünftige Ordnung der Welt immer mehr verloren. Das kann auch damit zusammenhängen, dass der Erfolg als Intellektueller in manchen Milieus des Kultur-, des Polit- und gelegentlich sogar des Wissenschaftsbetriebes ja weniger von der Auseinandersetzung mit der Außenwelt, sondern von der Zustimmung geschlossener Zirkel oder der Medien und von der darauf folgenden Subventionsbereitschaft der Regierenden abhängt. Der Rekurs auf moralische Kriterien reicht als Ersatz für sachliche Präzision, Schlagworte genügen als Ersatz für die Analyse von Zusammenhängen. Dass die gestiegene Komplexität der modernen Welt die Falsifizierung selbst der gewagtesten Thesen enorm erschwert, ist eine zusätzliche Erleichterung. Nur für die Fähigkeit eines demokratischen Systems zur Selbstbeobachtung und zur Problemlösung kann es kritisch werden, wenn die Kontrolle von Argumenten der Intellektuellen durch die Realität eine immer geringere Rolle spielt.

Nach Luhmann »fehlt diesen neuen maiores et meliores partes die Rückversicherung in der Differenzierungsstruktur der Gesellschaft. Und eben deshalb kann ihre Semantik sehr direkt aus paradoxen und utopischen Zielen abgeleitet sein«.[107] In einer Vorlesung hat Luhmann einmal erwähnt, manche deutschen Sozialwissenschaftler seien »dem Begriffsspiel verfallen … die Gesellschaft sozusagen als durch Wirtschaft infiziert zu denken und dann auf Erlösung in einer oder anderer Form zu hoffen, auf Erlösung durch einen ethisch fundierten Staat, durch Aufhebung der Klassen, durch eine neue Form sozialer Solidarität oder wie immer …«.

Das Phänomen scheint in Deutschland und Österreich besonders ausgeprägt zu sein. Thomas Mann hat bereits 1945 romantische Tiefe und hysterische Barbarei als spezifisch deutsches Gespann ausgemacht. Andre Gorz hat Anfang der

Achtzigerjahre in einem »Spiegel«-Gespräch zwischen Nationen unterschieden, deren Schicksal mit der Freiheit verbunden sei, und solchen, bei denen das nicht der Fall sei. Deutschland hat er zur zweiten Gruppe gerechnet und gemeint, den Deutschen fehle der »kulturelle Bezug zur Freiheit«. Sie setzten die Gewichte anders.

Michael Fleischhacker hat in einem Kommentar zum Standort der Intellektuellen zwischen Realität und Wirklichkeit[108] zusammengetragen, wie österreichische Intellektuelle sich wechselseitig selbst sehen: »Sie schreiben mit bleierner Miene gegen die Wirklichkeit an« (Christian Ortner), Realitätserzeugung durch Sprechakte sei überhaupt das neue Paradigma mediatisierter Politik (Peter Weibel). Der typische Intellektuelle fühle sich der Zukunft, der Utopie, den alternativen und besseren Lebensentwürfen verpflichtet (Thomas Macho), allerdings könne »die mit großer moralischer Geste inszenierte Ablehnung des Bestehenden … auf Dauer die eigenen programmatischen Schwächen nicht überdecken«[109].

Aber es kommt noch dicker: Joachim Fest wurde einmal gefragt, woher seine Aversion gegen die 68er herrühre. Seine Antwort war, ihn habe vieles gestört, »diese ganze lärmende Dialogunfähigkeit, der Größenwahn dieser Bewegung mitsamt ihrer moralischen Hysterie, die Realitätsverachtung, ihr Hass auf die Liberalität und anderes mehr«[110]. Die Vorbehalte, die er und andere gerade nach einer ausführlichen Beschäftigung mit dem Nationalsozialismus gegenüber der Apo, der außerparlamentarischen Opposition, äußerten, hätten »nicht zuletzt damit zu tun, dass wir zu vieles daran wiedererkannten, was eine teilweise spiegelverkehrte, aber mehr noch unverhohlene Rückkehr zu gerade Gewesenem war«. Und Dietrich Schwanitz hat 1997 in seinem Buch »Das Shylock-Syndrom« Ähnlichkeiten zwischen den deutschen romantischen Nationalisten und ihren radikalen Antagonisten festgestellt, so dieselben antikapitalistisch verbrämten Vorwürfe gegen niedrige Wirtschaftsgesinnung, gleichen Anspruch auf moralische Überlegenheit und idealistische Motive, dieselbe Projektion archaischer Gemeinschaftssehnsüchte auf die ökologische Naturharmonie, dieselbe Unfähigkeit zu gebremstem Konflikt, dieselbe Verbissenheit und Humorlosigkeit.

Nicht nur diesen beiden sind Ähnlichkeiten aufgefallen. Roland Baader hat den Intellektuellen ein Buch gewidmet, die ihre alten Ideen dieser modernen Welt aufprägen wollten und dabei gegen jede praktische Erfahrung resistent seien.[111] Schon Martin Heidegger hat 1939/1940 in unveröffentlichen Abhandlungen (öffentlich hat er ja damals eine andere Linie vertreten) seine tiefe Skepsis gegenüber den alternativen Ideologien der damaligen Zeit festgehalten:[112] Rasserettung hier und Schutz der Freiheit dort seien die Vorwände, hinter denen die reine Macht sich austobe. Zielsetzungen wie etwa die Sicherung der Moralität einerseits, die Rettung der völkischen Substanz andererseits zeichnen sich seiner Meinung nach durch »metaphysische Selbigkeit« aus.

Hans-Ulrich Wehler sieht hinter so manchen intellektuellen Positionen schlichte Flucht aus der Wirklichkeit, den »Rückzug in die elitären Gesinnungszirkel der postmodernen Gläubigen mit ihrem hermetischen Sprachduktus, der Bekehrte zulässt, andere aber nicht mit Argumenten zu überzeugen versucht, sondern mit einer rigorosen Exklusionspraxis ausschließt«[113].

Freilich nützt die intellektuelle und moralische Verbrämung des jeweils eigenen Standpunktes selten der Qualität. Schon Schiller hat in seinen kunsthistorischen Schriften kritisch angemerkt: »Die wohlgemeinte Absicht, das moralisch Gute überall als höchsten Zweck zu verfolgen, die in der Kunst schon manches Mittelmäßige erzeugte und in Schutz nahm, hat auch in der Theorie einen ähnlichen Schaden angerichtet.« Die moralische Überzeugung Intellektueller, recht zu haben, sagt wenig über die Realitätsnähe ihrer Ideologie aus.

Immer wieder besteht Bedarf an Intellektuellen, die vorhandene Probleme stringent zu analysieren verstehen, die Auswege, neue Perspektiven und Chancen aufzeigen, die Impulse geben und Hoffnung vermitteln können. Seit Ferdinand Lassalle glaubte man zu wissen, dass politische Bewegungen mit dem Aussprechen dessen beginnen, was wahr und richtig ist. Der Bedarf an klugen Formulierern, die die Interessen der Mächtigen gewandt zu legitimieren verstehen oder überhaupt die ewig gleichen Täuschungen und Ungerechtigkeiten zuzudecken wissen, ist dagegen durchaus gedeckt.

5.2.5 Der Rückgriff auf die alten Konzepte

Nach wie vor stehen zur Selbstbeschreibung der komplexen Strukturen, die sich in den Industriegesellschaften herausgebildet haben, nur Vorstellungen zur Verfügung, die größtenteils bereits im 19. Jahrhundert ausformuliert gewesen sind. Diese Gesellschaft gießt zumindest begrifflich ständig neuen Wein in alte Schläuche. Das System hat nicht nur das Vertrauen in die eigene Selbstbeschreibung verloren, wie Luhmann meinte, sondern auch die Fähigkeit dazu.

Jean-François Lyotard wird gerne mit dem Satz vom Ende der großen Erzählungen zitiert. Nun ist die kognitive Basis der großen Erklärungen und damit Weltbilder – die Verstehbarkeit der modernen Komplexität – vielleicht tatsächlich verschwunden. Aber der Bedarf ist ja weiter da. Man braucht Weltbilder sowohl für die eigene Orientierung als auch für die Sinngebung des Geschehens. Und das umso mehr, je öfter und je drängender die moderne Welt als sinnentleert empfunden wird und je schwieriger es für viele wird, einen akzeptierten Platz in ihr zu finden.

Und so halten sich gerade jene Erklärungsmuster besonders hartnäckig, die auf die ältesten Muster menschlicher Orientierung zurückgreifen. Dazu gehört die Personalisierung des Weltgeschehens. Man räumt mit der Unübersichtlichkeit der Welt auf, indem man Ereignisse und vor allem Fehlentwicklungen konkreten Personen, oder noch besser: irgendwelchen finsteren Verschwörungen, zurechnet. Schuldige reduzieren die Komplexität der Welt ungeheuer. Daher liebt man Welterklärungen, die Schuldige ausmachen. Besonders beliebt ist die Kombination der Enttarnung eines Universalschurken – beispielsweise des Kapitalismus oder neuerdings der Globalisierung – mit einem Erlösungsmythos. Patentrezept für die Herstellung einer besseren und gerechteren Welt war einmal die Vergesellschaftung der Produktionsmittel, ein anderes Mal der Sieg im Kampf der Rassen und ist heute die Hoffnung auf Menschenrechte und Zivilgesellschaft, die beschworen wird wie in ältesten Zeiten die Götter.

Selbst anspruchsvolle theoretische Überlegungen enden gelegentlich in solchen Schematisierungen. Die Frankfurter Schule der kritischen Theorie, die im vergangenen Jahrhundert viele der besten Denker Deutschlands versammeln konnte, hat 1997 ihr aktuelles Arbeitsprogramm publiziert[114] und die Phänomene, von denen es ausgeht, entsprechend dem aktuellen Wissensstand beschrieben. Bei der Ursachenforschung dafür kennt das Arbeitsprogramm allerdings auch nur die üblichen Verdächtigen: Politische Teilhabe und soziale Integration würden der kapitalistischen Weltökonomie untergeordnet. Die moralischen Grundlagen individueller und kollektiver Identität würden durch die warenförmige Zurichtung der Weltgesellschaft aufgezehrt. Durch diese Auflösung traditioneller Ordnungen verlören die Einzelnen Selbstvertrauen und Selbstgefühl, es komme zur Schwächung des demokratischen Persönlichkeitstypus, verschärft dadurch, dass auch die demokratische Öffentlichkeit dem Regime des Marktes unterworfen werde.

Angesichts der Abstinenz dieser Analyse gegenüber jeglicher Wirtschaftstheorie tat sich die Kritik nicht allzu schwer. Andreas Gruschka bemerkte, dass mit einem solchen Programm – das immerhin Anspruch auf Mitgestaltung der Zukunft erhebt – die Analyse kausaler Abläufe durch Hoffnungen auf neue Solidaritäten und demokratische Kultur ersetzt werde, also Forschung durch Visionen[115]. Nur eine Spur freundlicher hat einmal Robert Schindel das Abmelden der Achtundsechziger aus der Wirklichkeit begründet: »Wir überantworteten das Geschick der Welt den alten Ideologien, weil wir mit unserer modernen Weltsicht nicht weiterkamen.«[116]

Die Distanz der Linken zur Realität veranlasste übrigens Flores d'Arcais, italienischer Linker und Zeitschriftherausgeber, zum Versuch einer inhaltlichen Selbstkritik. Die Linke werde schwerlich als Hüterin der Demokratie auftreten können, solange sie sich nicht bewusst und konsequent von ihrer dreifachen Skepsis verabschiede: der gegenüber dem Individuum, das nicht einfach in Kollektiven aufgehen kann, gegenüber einem Verständnis von Legalität, das dahinter nur die Interessen der herrschenden Klasse erkennen könne, und drittens gegenüber dem

Markt, weil es schließlich darum gehe, irgendwann die Vorteile des Konkurrenzmechanismus zu begreifen.[117]

Und so bleibt es bei den alten Denkmustern von Böse und Gut. Sie sind nur gelegentlich nicht einmal in sich selbst stimmig. Das Forschungsinstitut für Ordnungspolitik in Köln hat im Jahr 2002 eine Umfrage durchgeführt, nach der innerhalb eines Samples von 1000 Personen den Unternehmern eine wirtschaftliche Schlüsselrolle zugeordnet wird, aber auch eine politische. 88 Prozent der Ostdeutschen und 72 Prozent der Westdeutschen glauben, dass die Unternehmer die eigentliche Macht im Staate hätten. Dass die Unternehmer die Arbeitnehmer ausbeuten, glauben im Westen 54 Prozent, im Osten sind es mit 75 Prozent deutlich mehr. Nur passt diese breite Überzeugung überhaupt nicht zu einer anderen nicht minder breiten Überzeugung. Denn 19 Prozent aller 2002 Befragten sehen allein den Staat für den Erhalt der Arbeitsplätze zuständig, 30 Prozent vor allem den Staat und 43 Prozent sowohl den Staat als auch Private. Für die finanzielle Absicherung im Alter ist nach Meinung von 13 Prozent nur der Staat, für 27 Prozent vor allem der Staat und für 54 Prozent sind sowohl der Staat als auch Private zuständig. Der deutsche Bundesbürger sieht die Unternehmer als die eigentlichen Machthaber und hofft trotzdem zugleich auf die umfassende Problemlösungskapazität des Staates.[118]

Wirklichkeitsferne ist übrigens keineswegs nur links angesiedelt. Das liberale Modell des sich selbst regulierenden Marktmechanismus führt annahmegemäß immer wieder zu neuen Gleichgewichten zwischen Angebot und Nachfrage und damit zu stabilen Verhältnissen. Das ist so realistisch wie eine Physik, in der ein einmal aus dem Gleichgewicht geratenes Pendel immer nur bis zur Mitte schwingen würde. Ich möchte darauf noch näher zurückkommen.

Das Festhalten an Konzepten aus dem 19. Jahrhundert zeigt sich rechts wie links. Verständlich, dass Eric Voegelin einmal böse von der Frontlinie zwischen Dummköpfen der Tradition und Dummköpfen der Revolution gesprochen hat.

Aber eigentliche Ursache des Beharrens auf alten Konzepten ist nicht Dummheit, sondern das Fehlen einsichtiger Erklärungen für die Phänomene der Moderne. Und weil die Welterklärungen auch der Orientierung und dem eigenen Selbstverständnis dienen, hält man zähe an den vorhandenen fest, solange es keine besseren gibt. Es ist nicht allein die Vorstellung von sich selbst, die man dadurch stützt, dass man selbst auf der Seite des Wahren und Guten steht und mithilft, die Welt vor dem Bösen zu retten. Es ist ebenso die Angst, mit der eigenen Überzeugung auch die eigene Identität zu verlieren. Martin Walser hat mit Verwunderung registriert, dass nach dem Niedergang der letzten »Erlösungsutopie«, des Marxismus, sich ja nicht weltanschauliche Offenheit und Toleranz durchgesetzt habe, sondern eher »Ratlosigkeit und Panikmache«[119]. Aber kann das verwundern, wenn mit der Weltanschauung auch das eigene Selbstverständnis auf dem Spiel steht?

Und so versandet der Austausch von Argumenten zur Klärung von Problemen und zur Lösung gesellschaftlicher Konflikte immer wieder in einer Art von Nebeneinanderhängen von verschiedenen Meinungen wie bei den Bildern einer Ausstellung. Trotzdem nennt man das unverdrossen weiterhin öffentlichen Diskurs. Und weil man ja den eigenen Standpunkt nicht wirklich diskursiv zur Disposition stellen will, sondern auf ihn geradezu im Wortsinn wesentlich angewiesen ist, greift man lieber in das immer gleiche Arsenal an alten Vereinfachungen und Heilsversprechungen, permanenten Rechtfertigungen und Immunisierungen des eigenen Standpunktes. Es geht schon lange nicht mehr um Wirklichkeitsbeschreibungen und Weltmodelle, sondern um Kirchen mit jeweils eigener Hierarchie und Unfehlbarkeitsdogmen (und manchmal auch Inquisition), die alle ihre eigenen Weltvorstellungen als einzigen Kanon kollektiver Weltdeutung durchsetzen wollen, die kaum jemals ihren Glauben verlieren, sondern allenfalls ihre Anhänger.

Auf der Strecke bleibt nur der angeblich gewünschte mündige Bürger. Da wurde eine alte chinesische Weisheit elegant auf die Höhe der Gegenwart gebracht: Wozu Leuten das Fischen lehren, wo es doch viel erhebender ist, stattdessen für sie mit den gängig gewordenen moralischen Argumenten den täglichen Fisch einzufordern. Damit stellt man sich ins rechte Licht und macht sich zusätzlich verdienstlich bei denen, die ihre Macht mit der täglichen Fischversorgung rechtfertigen.

5.3 Die Mechanismen der Gestaltung der Gesellschaft

5.3.1 Die Bürokratie

5.3.1.1 Die Ambivalenz der Semantik und der Beurteilung

Im Wort Bürokratie klingt noch der griechische Wortstamm des »Herrschens« nach. Im deutschen Wort Verwaltung steckt dagegen ein semantischer Doppelsinn: »Walten« heißt altdeutsch nicht nur herrschen (und ist daher im Wort »Gewalt« durchaus am rechten Platz), sondern auch hüten.

Die Meinungen zur Bürokratie könnten unterschiedlicher kaum sein. Kurt Tucholsky hat gespottet, es sei das Schicksal jedes Deutschen, vor dem Schalter zu stehen, und seine Sehnsucht, dahinter zu sitzen. Cyril Northcote Parkinson hat die Degeneration der Bürokratie zu einem ständig wuchernden und völlig ineffizienten Selbstbedienungsladen der Beamten auf Kosten der Steuerzahler gegeißelt.

Max Weber dagegen hat in der Bürokratie eine ebenso notwendige wie ideale Organisationsform rationaler Herrschaft gesehen. Die beruhe schließlich auf dem Fachbeamtentum und dem rationalen Recht.[120] Damit geht Weber noch von einem unkritisch optimistischen Verständnis von objektivierungsfähiger Rationalität aus. Er sah sogar einen der Vorzüge bürokratischer Organisation in der »Beschleunigung des Reaktionstempos«[121]. So ziemlich am anderen Ende des Spektrums möglicher Beurteilungen steht die Meinung von Karl Marx. Für ihn ist Bürokratie die parasitäre Kaste, neben Armee und Polizei Instrument des Staates und damit der herrschenden Klasse. Er meint, Ziel jeder Bürokratie sei es, sich selbst vom Mittel des Staates in den eigentlichen Zweck des Staates zu verwandeln: »Die Bürokratie hat das Staatswesen, das spirituelle Wesen der Gesellschaft in ihrem Besitze, es ist ihr Privateigentum.«[122]

Die Auseinandersetzung lässt sich übrigens bis ins Literarische verfolgen. Eine gut begründete Meinung sieht in manchen Arbeiten Franz Kafkas vor allem eine minutiöse Schilderung bürokratischer Organisationsformen, die nur wegen ihrer Genauigkeit in Dämonisierung ausarte.[123]

Die historische Ausgangsbasis der heutigen Bürokratie war nicht das Interesse der Bürger, sondern das des modernen Staates. Ihm ging es vor allem darum, den Bürger besser zu kontrollieren und seine Ressourcen besser erfassen zu können, nicht zuletzt um Soldaten zu rekrutieren und die vielen Kriege finanzieren zu können. Grundbücher dienten nicht allein der Klärung der Eigentumsverhältnisse, sondern ebenso der Feststellung steuerlicher Bemessungsgrundlagen, und die Erfassung von Personaldaten zur Aufstellung der Landwehren. »Die Erhaltung der Fähigkeit zur Kriegsführung war daher das herausragende Problem. … Die hiefür gefundenen organisatorischen Lösungen bildeten das Fundament, von dem aus sich später der Territorialstaat entwickelte.«[124] Die Modernisierung der Verwaltung in Österreich und Preußen war nicht zuletzt den Kriegen der beiden gegeneinander geschuldet und in Preußen später der napoleonischen Herausforderung.

5.3.1.2 Gemeinnutz und Eigennutz

Joseph Schumpeter und Anthony Downs haben beide darauf hingewiesen, dass ein Beamter, der schließlich Gehalt gegen Leistung eintausche, wie jeder andere Arbeitnehmer auch daran interessiert sein werde, dieses Tauschverhältnis so günstig wie möglich für sich selbst zu gestalten. Und anders als in wirtschaftlichen Produktionsprozessen mit klar definierten und daher auch präzis kontrollierbaren Output-Zielen ist bürokratische Leistung nur sehr schwer zu überprüfen. Die Motivationsstrukturen der Beamten sind nicht anders als die anderer Menschen, artikulieren sich aber aufgrund der anderen Zielsetzungen notgedrungen in anderen Formen, wie etwa in einem positiven Zusammenhang zwischen Leistungsbereitschaft und budgetärer Alimentierung.[125]

Der einzelne Verwaltungsbeamte passt sich wie jeder andere nur seiner jeweiligen Umwelt an: Er erfüllt im Allgemeinen seine Pflichten und bemüht sich, dabei selbst nicht zu kurz zu kommen. In der Praxis wird es daher immer nur um eine für beide Seiten akzeptable Balance zwischen den Zielen der Verwaltung und dem Nutzen der in ihr Tätigen gehen.

Auch in einer Bürokratie wirken die Mechanismen personaler und normativer Strukturen. Loyalität ist ein Ergebnis persönlicher Verbundenheit und Normen können hohe Motivationskraft haben. So konnte etwa die katholische Kirche über viele Jahrhunderte hinweg eine komplexe und trotzdem enorm effiziente Bürokratie aufrechterhalten. Die historische Effizienz der preußischen Bürokratie ist unbestritten und ebenso gilt der josephinische Beamte der Habsburgermonarchie heute noch als vorbildlich. Sogar die später zum Prototyp für Schwerfälligkeit und Ineffizienz gewordene sowjetische Bürokratie hat während des Zweiten Weltkriegs außerordentliche Leistungen vollbracht.

Immer wieder gab es in der Geschichte aber auch das Umkippen einer durchaus leistungsfähigen Bürokratie in einen Moloch, der für den jeweiligen Staat zur immer größeren Belastung wurde und ihm letztlich seine Handlungsfähigkeit nahm. Robert Michels hat anhand der Entwicklung des Parteiapparates der deutschen Sozialdemokratie den Übergang von normenorientiertem zu nutzenorientiertem Verhalten in einer Bürokratie im Detail geschildert. Auch für ihn war das Phänomen keineswegs auf diesen historischen Spezialfall beschränkt. Michels spricht vielmehr von einem »ehernen Gesetz der Oligarchie«. »Wer Organisation sagt, sagt ohnedies Tendenz zur Oligarchie«[126], und dieser Tendenz folgt das »Gesetz der Vertauschung der Zwecke«[127].

5.3.1.3 Der soziale Tausch zwischen Politik und Verwaltung

Im klassischen demokratischen Modell gibt es eine Gewaltentrennung zwischen Exekutive, Legislative und Rechtsprechung und damit Kontrolle und Machtausgleich. Im Gegensatz dazu hat, ausgehend von marxistischen Vorstellungen von der herrschaftssichernden Funktion der Bürokratie, Claus Offe die Einheit von Politik und Verwaltung in einem sogenannten »politisch-administrativen System« betont.[128]

In der Realität gibt es freilich weder saubere Gewaltentrennung noch eine Einheit von Politik und Verwaltung. Der Normalfall sind politische Machthaber, die vor allem auf Loyalität setzen, daher die Ministerposten und den engsten Mitarbeiterstab nach entsprechenden Kriterien besetzen, sodass allein schon daher ein Interessenkonflikt mit der auf Kontinuität ausgelegten Verwaltung und ihren Mitarbeitern entstehen kann. John Kenneth Galbraith, als guter Engländer dem Modell der »checks and balances« vertrauend, hat angenommen, dass die Machtposition der Bürokratie durch eine entsprechende Machtposition der

Politiker kompensiert werde. Daher werde es letztlich zu permanenten Kompromisslösungen unter Berücksichtigung der Interessen beider Seiten kommen.[129] In ziemlichem Gegensatz dazu hat William A. Niskanen die Hypothese vorgetragen, Bürokraten würden ihre Entscheidungen stets nur daran ausrichten, ihre eigenen Budgets zu maximieren – weil fast alle individuellen Vorteile der Bürokraten mit dem jeweiligen Budget positiv korreliert sind.[130]

Luhmann hat das Verhältnis zwischen Politik und Verwaltung in einen etwas breiteren Zusammenhang gestellt: »Eine Arbeitsteilung spielt sich ein: Die Parteien saugen neue Probleme an, politisieren den Meinungsmarkt, die Staatsorganisation versucht, mit einer juristisch und finanziell haltbaren Ordnung nachzukommen. … Alles in allem gleicht der Wohlfahrtsstaat dem Versuch, die Kühe aufzublasen, um mehr Milch zu bekommen. … Mit der Redefinition von unlösbaren Problemen in politisch lösbare Probleme sichert der Wohlfahrtsstaat seine eigene Autopoiesis.«[131]

Noch etwas pessimistischer hat Edwin Czerwick betont, Gegensätze und Konflikte zwischen dem demokratischen System und der öffentlichen Verwaltung seien »keine Abweichungen von einem durch Übereinstimmung geprägten Normalzustand, sondern eine notwendige Bedingung dafür, dass die Systeme ihre gesellschaftlichen Funktionen erfüllen und sich ihre Eigenständigkeit erhalten«[132]. Czerwick richtet seine Aufmerksamkeit auf die jeweiligen subjektiven Rationalitätskriterien und sieht die sich ergebenden Wechselwirkungen mit großer Skepsis: »Der Anschluss bürokratischer Rationalitätskriterien an die des demokratischen Systems bedeutet also keine Anpassung der öffentlichen Verwaltung, sondern, ganz im Gegenteil, die Reproduktion der bürokratischen Rationalität mit und durch die demokratischen Rationalitätskriterien … unabhängig davon, mit welchen sozialen Systemen die Bürokratie interagiert, der Tatbestand bleibt immer der gleiche: Sie benutzt die sozialen Systeme, um sich als Verwaltung zu reproduzieren.«[133]

Czerwick kommt zu der Überzeugung, »dass die öffentliche Verwaltung mit dazu beiträgt, die innerhalb des demokratischen Systems auftretenden Defekte zu verstärken«[134]. Im Konflikt zwischen demokratischen Kriterien und der bürokratischen Rationalität gewinne Letztere. »Das ist auch die zentrale Ursache, weshalb die öffentliche Verwaltung in der Bundesrepublik Deutschland nach wie vor bürokratisiert ist und warum sie niemals eine demokratische Verwaltung werden kann.«[135]

Ganz so ist es wohl doch nicht. Statt eines einseitigen Abhängigkeitsverhältnisses gibt es, entsprechend den Prinzipien sozialen Tausches, eine Logik beobachtbarer Wechselbeziehungen. Schließlich braucht die Politik die Verwaltung, und die Beamtenschaft, also der konkrete Handlungsträger der Verwaltung, muss die Politik für sich einnehmen. Beide Ziele erreicht man nur durch Leistungen, für die man Gegenleistungen erwartet – und bekommt.

Die Politik braucht die Hilfe der Verwaltung bereits beim Prozess der Gesetzgebung. Dafür ist ein Fachwissen erforderlich, das in allen Gegenständen der Verwaltung bei den Praktikern eben dieser Verwaltung am konzentriertesten vorhanden ist. »Die politischen Parteien müssen … sich Vorstellungen über Kosten und weitere Belastungen verschaffen und Begünstigte und Belastete auseinanderdividieren können. Dazu sind Sachkenntnisse und Folgenabschätzungen erforderlich, die man am besten aus der Verwaltung holt, die aber dazu tendieren wird, ihre eigenen Ideen zu verkaufen und ihre eigene Belastung mit einzurechnen.«[136]

Genauso abhängig ist die Politik von der Verwaltung in allen Gegenständen der Vollziehung. Minister handeln nicht direkt, sondern über ihr Ministerium und damit über die Verwaltung. So »generiert das System informale Macht, nämlich die Möglichkeit, Angewiesenheiten des Machthabers zu nutzen«. Schließlich »kann die Verwaltung ihren rechtlich konzedierten Ermessensspielraum, die Unbestimmtheit von Gesetzesbegriffen oder auch einfach die Disposition über Zeit und die ihr eigene Trägheit benutzen …«.[137] Das kann die Verwaltung bestens, und sie kann es für oder gegen die Interessen der jeweiligen Minister einsetzen. Gesetze müssen formuliert und Maßnahmen müssen legitimiert und letztlich durchgesetzt werden. Dazu braucht die Politik die Verwaltung. Und wenn die Politik einmal einem Beamten zu viel zumutet und der an die Öffentlichkeit geht, kann das für die Politik – wie zuletzt in Österreich geschehen – recht unangenehm werden.

Umgekehrt braucht die Verwaltung ein gutes Verhältnis zur Politik: Der spätere Präsident des österreichischen Verfassungsgerichtshofes Ludwig Adamovich war zuvor lange Leiter des Österreichischen Verfassungsdienstes. Das ist eine Dienststelle von kritischer Bedeutung, weil sie im Rahmen des Begutachtungsverfahrens von Gesetzen deren Verfassungsmäßigkeit beurteilt. Er hat das Dilemma auf den Punkt gebracht: »Als leitender Beamter hat man unter einer andersfärbigen Ressortführung zwei Möglichkeiten: Entweder man macht nur das Notwendigste – dann ist man bald weg vom Fenster. Oder man kooperiert – dann ist man für die eigenen Leute der Verräter.«[138]

Kooperation hat ihren Wert – und auch ihren Preis. Der »Preis«, den die Politik zahlen muss, ist das Eingehen auf die Zielvorstellungen der Bürokratie, und die sind strukturell anders als in der Wirtschaft. Unter der im Staatsdienst gegebenen Bedingung relativ starrer Gehaltsschemata einerseits und eines zu erfüllenden Gesetzesauftrages andererseits ist Nutzenmaximierung über Anstrengungsminimierung, aber auch über Bedeutungsgewinn durch Ausweitung der zu erfüllenden Aufgaben zu erreichen. Schließlich vergrößert das Ausmaß zu erfüllender Aufgaben auch die Zahl der Planposten und damit ebenso die Zahl der gehobenen Positionen. Niskanens Ziel der Budgetmaximierung ist unter dieser Perspektive nichts als ein nützliches Zwischenziel, hinter dem, wie er selbst ja auch deutlich macht[139], recht persönlichen Ziele stehen.

Man sollte daher die Tendenz zur ständigen Ausweitung der Staatsausgaben nicht allein der gestiegenen Komplexität der Moderne in die Schuhe schieben. Stefan Titscher zitiert die Erinnerungen eines österreichischen »fröhlichen Präsidialisten«, der in heiterer Form einen Sachverhalt schildert, den man leider bitter ernst nehmen muss: »Jedes Departement hat die natürliche Tendenz, sich zu vergrößern, denn je größer sein Umfang wird, desto mehr Beamte werden ihm zugeteilt, desto gehobener ist die Stellung seines Vorstandes. Kommt es zur Teilung, so hat der Stellvertreter des Vorstandes die Chance, Vorstand des abgespaltenen Departements und damit früher Ministerialrat zu werden. ... Das geht dann so gradatim herunter bis zum Rangjüngsten, sodass in dieser Beziehung alle Angehörigen des Departements ein Herz und eine Seele sind. Um das Anwachsen, und damit die Teilungsaussicht ... zu erreichen, zieht man möglichst neue Agenden an sich, sucht die vorhandenen auszuweiten, bis schließlich die Geburtsstunde schlägt und das Departement in zwei Hälften zerplatzt.«[140] Bürokratie vermehrt sich durch Zellteilung und Auslösemechanismus dafür ist die von Politik und von Bürokratie gemeinsam geförderte Aufgabenvermehrung.

5.3.1.4 Die sinnentleerte Überregulierung

Regelungsbedarf sehen Politik und Verwaltung wohl überall. Man hält es für notwendig, nicht nur wie sattsam bekannt die maximale Krümmung von Gurken (höchstens 1 cm Krümmung je 10 cm Länge), sondern auch die notwendige Wärmedämmung von Baustoffen (wobei in Österreich für Ziegel in den einzelnen Bundesländern verschiedene Vorschriften bestehen) oder die Art der Inhaltsangabe auf Etiketten zu regeln, eine eigene Marktordnung für Zichorienwurzeln zu schaffen, die Hersteller von Spielzeugeisenbahnen zu zwingen, in der Statistik (wahrscheinlich wegen der gesamtwirtschaftlichen Bedeutung) die Produktionswerte der einzelnen Bestandteile wie Waggons und Signalanlagen gesondert auszuweisen, für die umsatzsteuerliche Behandlung getrockneter Schweineohren eine eigene detaillierte Arbeitsanweisung zu erlassen oder EU-weit zu regeln, dass Leitern nur standfest aufgestellt werden dürften. Die armen Benutzer wären wohl kaum selbst auf diese Idee gekommen. Es gibt für jeden Lebensbereich eine mehr oder minder gut gemeinte Fülle von vermeintlich notwendigen Regelungen und Verfahrensbestimmungen.

Nur werden auf diese Weise die Handlungsspielräume der Betroffenen zwangsläufig stärker eingeschränkt. Besonders offenkundig werden die Nachteile dieser Komplexität bei Investitionsvorhaben, ob es sich nun um private Produktionsanlagen oder um öffentliche Projekte handelt. Die Genehmigung eines Kraftwerkes dauert in Österreich – unabhängig von der jeweiligen Produktionstechnologie –

derzeit im Schnitt acht Jahre, und da müssen alle Beteiligten mitspielen. Kommt es zu keiner Einigung mit den Anrainern, dann kann es zu einem mehrjährigen Baustopp sogar für Bauvorhaben kommen, die ohnedies zum größten Teil unter der Erde verlaufen, wie etwa bei einem Verbindungstunnel zwischen West- und Südbahn in Wien. Zu baurechtlichen und widmungsrechtlichen Fragen kommen Umweltschutzbelange inklusive Lärm und Inmissionsproblemen sowie umfangreiche nachbarschaftsrechtliche Klärungsprozesse. Bei Produktionsanlagen kommen eine Reihe technischer Genehmigungsverfahren hinzu, und die können recht umfangreich sein. Weil die wirtschaftliche Untragbarkeit solcher Verfahren längst offenkundig geworden ist, wird verschiedentlich versucht, all diese Verfahren bei einer einzigen Behörde zusammenzufassen. Für den Antragsteller hat das den Vorteil eines einzigen Gegenübers. Da dahinter aber die gleichen Abklärungen stattfinden, bleibt der Effekt beschränkt.

Im September 2003 hat die Fraport AG (nach sieben Jahren Mediations- und Raumordnungsverfahren) das Planfeststellungsverfahren für eine vierte Landebahn des Frankfurter Flughafens beantragt. Der damit bewirkte Ausbau des Flughafens könnte unbestritten bis zu 60 000 Arbeitsplätze schaffen. Für die vorgeschriebene Auslegung der Unterlagen in den angrenzenden Gemeinden waren nach Angabe der Fraport AG 39 000 Ordner mit 520 000 Karten und satten 11 Millionen Seiten erforderlich. Auch das war eine Art von Arbeitsbeschaffung. Allein an der Zusammenstellung der Ordner haben 50 Mitarbeiter eines eigens damit beauftragten Unternehmens im Drei-Schicht-Betrieb wochenlang gearbeitet.

Umständlichkeit ist aber nicht nur auf große Vorhaben beschränkt. Der bloße Austausch von Fenstern in einem alten Gebäude macht in einer schönen österreichischen Stadt eine Befassung der Baupolizei, des Denkmalamtes und der Altstadterhaltungskommission notwendig. Dazu kommt die Feuerpolizei und die Überprüfung einer allenfalls nötigen Absturzsicherung nach dem Bautechnikgesetz. Und wer dort neu bauen möchte, braucht natürlich Prüfungen durch Sachverständige. Dazu gehören aber nicht nur, was einsichtig wäre, Statiker oder Sachverständige für die Baugrubensicherung. Vorgeschrieben sind – unter anderem – Sachverständige auch schon für die Beurteilung der Dimensionierung der Glasscheiben für Geländer und Balkonbrüstungen sowie für die Abnahme eines elektrisch betriebenen Garagentores (welches überdies, damit das Zubrot für diese Sachverständigen nicht gar zu kärglich ausfällt, jedes Jahr aufs Neue zu überprüfen ist).

Beachtlich ist auch der Effekt der direkten Beschäftigungsverhinderung durch die Bürokratie. Eine EU-Studie[141] auf der Basis einer Umfrage bei 4000 Ein-Personen-Unternehmen (solche machen immerhin fast 10 Prozent der in der EU Beschäftigten aus) hat ergeben, dass 36 Prozent dieser Kleinunternehmer auf

Mitarbeiter verzichten, weil sie Sozialabgaben und sonstige Lohnnebenkosten für zu hoch ansehen. Außerdem scheuen sie den Verwaltungsaufwand, nach dieser Studie im Schnitt immerhin vier Stunden pro Monat. Und bereits bei einer ersten Einstellung beginnt der Formularkrieg, nach dieser Studie in Deutschland mit 89 Eintragungen in verschiedenen Formularen. Das Institut für Mittelstandsforschung hat 2002 für Deutschland allein die Verwaltungskosten je Mitarbeiter bei kleinen Firmen auf jährlich 3500 Euro geschätzt.

Aber behindert werden ja nicht nur die Bürger. Die Überregulierung schadet auch Vorhaben, denen die Politik (zumindest offiziell) Vorrang einräumt. So möchte man beispielsweise den Verkehr per Eisenbahn fördern, hat aber für die Zulassung grenzüberschreitender Schienenfahrzeuge enorm aufwendige und teure Zulassungsverfahren ersonnen. Diese allein werden laut einer gemeinsamen Mitteilung des Verbands der Bahnindustrie in Deutschland und der Deutschen Bahn aus dem Jahr 2007 die Bahnindustrie in den Jahren bis 2015 satte 400 Millionen Euro kosten. Die bloße Zulassung der deutschen ICE-Züge, die seit Juni 2007 bis Paris fahren dürfen, hat 28 Millionen Euro gekostet, der Aufwand für die technischen Änderungen ist darin gar nicht enthalten.

5.3.1.5 Komplexität, Entscheidungsfindung und Effizienzverlust

Für die entscheidende Behörde bedeutet zunehmende Reglementierung die Berücksichtigung von immer mehr Rechtsnormen und zugleich die Berücksichtigung von unscharfen Kriterien wie etwa dem »pflichtgemäßen Ermessen«. Interessenabwägung und damit Interpretationserfordernisse nehmen nicht ab, sondern zu. »Keine abstrakt gefasste Regel kann so eindeutig sein, dass sie nicht der Auslegung zugänglich wäre.«[142] Je vielfältiger und komplexer die zu berücksichtigenden Zusammenhänge, desto leichter wird ein subjektives Urteil scheinbar objektiv begründbar. Der immer größere Umfang der zu berücksichtigenden Gesichtspunkte kann umfunktioniert werden in eine scheinbar unanfechtbare Begründung der jeweiligen Entscheidung vom gewünschten Ergebnis her. Für erfahrene Verwaltungspraktiker gehört das längst zur Routine. Je sachkundiger die jeweiligen Experten, desto eher entziehen sich ihre Entscheidungen der Nachvollziehbarkeit.[143]

Die zunehmende Komplexität heutiger Regelungen macht Missbrauch nicht schwerer, sondern leichter. Der Verfassungsrechtler Heinz Mayer hat das auf die plakative Formel gebracht, wenn Politiker etwas wollten, sei ihnen das Gesetz egal. Wie unelegant. Wenn sie etwas wollen, finden sie immer eine Gesetzesbestimmung, die ihr Verhalten mehr oder weniger eindrucksvoll begründet. Und wenn man Freunde hat, denen man helfen will, genauso. Ich möchte den Wert der Demokratie nicht herabsetzen, sondern unterstreichen. Winston Churchills Meinung, sie sei eine schlechte Regierungsform, aber besser als alle anderen, ist mehr als nur Zynismus. Aber trotzdem muss man sehen, dass – unter anderem – die Komplexität der Rechtsordnung und die dadurch nicht verringerten, sondern erweiterten Möglichkeiten der Bürokratie dazu führen, dass alle gleich, andere aber noch viel gleicher sind als alle anderen – wenn sie es verstehen, sich mit der Bürokratie zu arrangieren.

Das nur scheinbar so entfernte Sachgebiet der Chaostheorie basiert im Wesentlichen auf der Nichtlinearität komplexer Funktionen, weniger abstrakt formuliert, auf dem Phänomen, dass Ursache und Wirkung in ihrem Verhältnis nicht der Plausibilität gradliniger Zusammenhänge folgen, wonach große Ursachen große, kleine Ursachen nur kleine Folgen haben. Es kann auch ganz anders sein. Die Eigenlogik hochkomplexer Systeme funktioniert nicht mehr nach den Regeln traditioneller Logik. Das gilt auch für den komplexen Mechanismus heutiger Rechtssysteme, der Verwaltung steuern soll und in Wirklichkeit deren Steuerbarkeit ad absurdum führt.

Wer die Nützlichkeit der Chaostheorie für die Erklärung von Verwaltungsabläufen für übertrieben hält, sollte um den bereits stattgefundenen Versuch wissen, sogar die Radikalisierung des NS-Staates durch Anwendung von Prämissen der Chaostheorie zu erklären.[144] Ludolf Herbst argumentiert, das größte Chaospotenzial bestehe dort, wo die Strukturen am komplexesten seien. Und das seien sie nun einmal in modernen, rechtsstaatlich organisierten und zugleich industrialisierten Gesellschaften. Das hat wohl nicht nur historische Relevanz.

Nicht nur die Grenzen der Steuerbarkeit, sondern schon die Grenzen der Überschaubarkeit sind deutlich überschritten. Dafür nur wenige Beispiele. In Deutschland wollte man die private Altersvorsorge besonders fördern und hat zu diesem Zweck die sogenannte Riester-Rente eingeführt. Bei der Vorstellung der praktischen Ergebnisse durch die AMB-Versicherungsgruppe, die 2003 etwa ein Fünftel aller einschlägigen Verträge verwaltete, wurde zugestanden, dass trotz seitenlanger Erläuterungen rund 70 Prozent aller Anträge falsch oder lückenhaft ausgefüllt werden. Die Mehrheit der Zielgruppe ist nicht mehr imstande, die ihnen zugedachten Begünstigungen auch nur richtig zu beantragen. Das deutsche Projekt »Hartz IV« sollte unter anderem die Leistungen für Langzeitarbeitslose straffen und vereinheitlichen. Das Ergebnis war ein finanzielles Debakel. Deutschland gab 2004 insgesamt rund 26 Milliarden Euro für Langzeitarbeitslose aus. Nach Inkrafttreten des Sparpakets explodierten die Leistungen 2005 auf 36 Milliarden Euro. Man hatte die Folgen dessen, was man beschließen ließ, einfach nicht mehr überschauen können.

In Österreich hat 2003 das Wirtschaftsforschungsinstitut allein im Bereich der Technologieförderung 73 verschiedene Förderungen festgestellt und angemerkt, dass es gar nicht in der Lage war, alle Aktionen zu erfassen. Niemand hat mehr einen Überblick. In solchen Fällen ist die Bürokratie um Hilfe bemüht – auf ihre Weise. EU-Kommissar Günter Verheugen hat im März 2005 ein Beispiel gebracht, wonach zum Ausfüllen eines zweiseitigen EU-Formulars ein Erläuterungsformular erstellt wurde – mit 200 Seiten Umfang. Ob das hilft, sei dahingestellt. Denn wie in der EU-Haushaltsdebatte im Jänner 2006 von der zuständigen Berichterstatterin verlautet wurde, müssen manche Projekte von bis zu hundert Personen unterschrieben werden.

Einer der Grundsätze bisherigen Verwaltungsrechtes war, dass jede Verwaltung nur aufgrund der bestehenden Gesetze ausgeübt werden dürfe. Mit dem Gemeinschaftsrecht der EU ist nunmehr aus einer unübersichtlichen Rechtsgrundlage ein Gemenge zweier unübersichtlicher Rechtsgrundlagen geworden. Gemeinschaftsrecht ist nach ständiger Rechtsprechung des Europäischen Gerichtshofes (EuGH) mit einem sogenannten Anwendungsvorrang ausgestattet. Das zwingt die Verwaltungsbehörden der Mitgliedsstaaten, nationales Recht nicht mehr anzuwenden, wenn es dem Europarecht widerspricht. Selbst Förderungen müssten theoretisch von den dafür zuständigen Beamten verweigert werden, wenn sie darin einen Verstoß gegen die – sehr restriktiven – Beihilfevorschriften des EG-Rechtes erkennen sollten. Der Reformvertrag aus dem Jahr 2007 (der faktische Ersatz für den gescheiterten EU-Verfassungsvertrag) sieht zwar ausdrücklich das Subsidiaritätsprinzip vor. Die diesbezügliche Regelung ist aber so kompliziert, dass das praktische Funktionieren abzuwarten bleibt.

Diese Praxis ist freilich schon bisher kompliziert genug, nachdem einzelne Staaten Vorbehalte haben bestehen lassen. In Österreich bestehen sie nicht etwa zugunsten der eigenen Verfassung – die wäre ja noch nachlesbar, obwohl selbst der Präsident des Verfassungsgerichtshofes Karl Korinek gemeint hat, dieses Recht sei mit nunmehr 2000 Seiten Umfang nicht mehr überschaubar –, sondern zugunsten »leitender Grundsätze« der eigenen Bundesverfassung. Was darunter zu verstehen ist, darüber lässt sich im Einzelfall über Jahre hinweg streiten. Man kann dabei aber auch rascher auf Probleme stoßen. In Österreich hat der Oberste Gerichtshof (OGH) den Schutz der Grundrechte der Bürger in einem Strafverfahren eingefordert – allerdings ohne vorherige Entscheidung des Europäischen Gerichtshofes für Menschenrechte, die in der österreichischen Strafprozessordnung ausdrücklich zur Voraussetzung dafür normiert worden ist. Seither streiten die Juristen, ob der OGH die Grundrechte überhaupt aus eigenem Antrieb schützen darf.[145] Wen eine solche Situation an Kafkas »Prozess« erinnert, ist damit nicht allein. Eben diesen Vergleich hat der deutsche Verfassungsrichter Udo di Fabio verwendet, als er[146] von der »Unbegreifbarkeit des Rechts im mehrdimensionalen Herrschaftssystem unserer Tage« gesprochen hat.

Der frühere deutsche Bundespräsident Roman Herzog ist überzeugt[147], dass das hinter der zunehmenden Regelungsflut stehende Bemühen um bessere Lösungen sich selbst immer mehr konterkariere. »Es kommt nicht mehr Einzelfallgerechtigkeit zustande, weil aus jeder neuen Vorschrift eine neue Abgrenzung und neue Zweifel auftauchen – die dann wieder von Gerichten und weiteren Verordnungen behoben werden. Das Absurde ist, dass wir lauter gut gemeinte Vorschriften haben, die sich in der Addition in Unsinn verwandeln. … Da hilft nur der Rasenmäher.«

Der Rasenmäher wird nicht so bald in Aktion treten. Die Zahl der Bemühungen um Verwaltungsvereinfachung ist längst Legion, der Effekt regelmäßig bescheiden. In Österreich waren sich die Unterhändler von ÖVP und SPÖ vor etlichen Jahren einmal schon viel einiger über die Grundsätze einer wirklich weitreichenden Steuerreform, als je an die Öffentlichkeit gedrungen ist. Nachdem die Beamtenschaft rasch erkannte, was das an Einsparungen bedeuten würde, beendeten ein paar klärende Gespräche ihrer Gewerkschaft bei beiden Parteien das Vorhaben bereits am Tag nach der politischen Einigung. Die Einsparungen wären denn auch zu groß gewesen.

Luhmann hat diese Eigendynamik zweier gekoppelter Systeme – Politik und Verwaltung – recht plastisch beschrieben: »Jede Aufgabe kann gut begründet werden. … Die Umwelt wird mit den Effekten dieses Sichbeschäftigens überflutet und kann sich nicht wehren, weil immer gute Gründe bereitliegen, aus denen dies oder das geschehen muss …«[148] Das politische System nutzt die Anspruchsinflation der Bürger für die Sicherung der eigenen Macht und fördert sie daher selbst noch nach Kräften, weist aber die Erfüllung aller Versprechungen einem administrativen System zu, dem dieser ständige Aufgaben- und Machtzuwachs nicht gerade ungelegen kommt. Dieser Mechanik stehen heute keine bremsenden Gegenkräfte mehr gegenüber: »Die Handlungsspielräume, die die Bürokratie nun ausfüllen muss, werden dann unkontrolliert und deshalb oft sachwidrig ausgefüllt, meist indem die Bürokratie zur Stärkung ihrer eigenen Position weitere Aktivitäten für sich selbst erfindet.«[149]

Ein Charles Simic hat recht böse Schlussfolgerungen gezogen, nachdem er in jungen Jahren als Flüchtling nicht zu knapp die Erfahrungen eines Machtlosen gegenüber der mächtigeren Bürokratie sammeln konnte: »Die Lust, die Machtlosen zu demütigen, darf man nie unterschätzen. Schon als Junge konnte ich das sehen. Überall wo es Bürokraten gibt, ist der Polizeistaat ein latentes Ideal.« So weit will ich nicht gehen. Eine Zusammenfassung der bisherigen Ergebnisse genügt auch: Die Bürokratie wächst ständig und ihr Wachstum wird von der Politik ebenso unvermeidlich wie unaufhaltsam ständig weiter forciert. Aber die damit stetig steigende Komplexität schafft nicht mehr Ordnung, sondern erleichtert vielmehr jegliche Willkür. Und dieses Wachstum ist nicht mehr kontrollierbar, seine Folgen sind nicht überschaubar und die Kosten dafür werden immer höher.

Selbst wo die Politik um Besserung bemüht ist, ist sie oft hilflos. »Die Universitäten im deutschsprachigen Hochschulraum sind heute nicht mehr als intelligente Organisationen anzusehen, sie haben für sie wichtige Veränderungen ihrer Umwelten nicht nachvollzogen.«[150] Die Österreichische Universitätsreform 2002 war nicht nur von den besten Absichten zur Veränderung dieses Zustandes getragen, sondern auch von einer detaillierten und beachtlich präzisen Analyse, wie man anhand des gerade zitierten Buches recht gut nachvollziehen kann. Das Ergebnis entsprach, nicht zuletzt wegen des konsequenten Widerstandes der Betroffenen, die ihre Anliegen auch politisch recht gut zu verkaufen wussten, ziemlich genau dem Ausgangszustand, der diese Reform ausgelöst hat: »Die große Menge von Vorschriften (zur Universitätsorganisation) … erfüllt immer weniger wirkungsvoll die vorgesehenen Steuerungsfunktionen, sondern entwickelt sich zunehmend zum Schutz individueller Interessen der Angehörigen der Universitäten vor der Leitung der Universität und vor dem Ministerium. … Die staatlichen Instanzen sind vielfach gewissermaßen zu Vollzugsorganen der Binneninteressen der Bildungseinrichtungen geworden. Die Verantwortung aber bleibt beim Staat.«[151] Die Bürokratie hat auf allen Linien gewonnen.

5.3.1.6 Bürokratie: Ihre Kosten und ihr Einfluss auf die wirtschaftliche Dynamik

Weltweit gibt es natürlich besonders drastische Beispiele praktischer Ineffizienz. Bleiben wir in Europa. In England hat es (nach dem Bericht der Philips-Kommission) achtzig Todesfälle gebraucht, um einen möglichen Zusammenhang zwischen Rinderwahnsinn und einer Variante der Creutzfeldt-Jakob-Krankheit überhaupt nur zuzugeben, und zweieinhalb Jahre, um einer Empfehlung von Experten zu folgen, die vorgeschlagen hatten, wenigstens das Sezieren von Rinderaugen im Schulunterricht zu verbieten.

In Österreich hat in einem Kommentar zum Budget 2000 der damalige Chef des Wirtschaftsforschungsinstituts Helmut Kramer darauf hingewiesen, dass die Kosten der österreichischen Verwaltung in Bund, Ländern und Gemeinden um zwei Prozentpunkte des Bruttonationalproduktes höher seien als in Deutschland – obwohl in Deutschland beispielsweise die Verteidigungsausgaben viel höher seien. Die Differenz von fast 4 Milliarden Euro hätte damals das österreichische Budget ausgleichen können. Man sollte an diese Größenordnungen denken, wenn man von fehlenden Mitteln für soziale Zwecke redet.

Demnach wäre es angebracht, der Effizienz der deutschen Verwaltung nachzueifern. Die ist freilich auch nicht gerade unbestritten. Der deutsche Bundesrechnungshof hat in seinen Ergebnisberichten in den letzten Jahren fast ständig festgehalten, dass aus den von ihm getroffenen Feststellungen sinnlose Ausgaben oder zumindest ein Ersparnispotenzial in der Größenordnung von jeweils rund 2 Milliarden Euro erkennbar seien. Damit definiert er eine Untergrenze, während der deutsche Bund der Steuerzahler das jährliche Einsparpotenzial ebenso regelmäßig mit einem zweistelligen Milliardenbetrag beziffert.

Die Regierung der Niederlande hat mit einem neuen Messverfahren, dem sogenannten Standardkostenmodell, die bürokratische Belastung der dortigen Wirtschaft allein für 2005 mit 16,4 Milliarden ermittelt. Das deutsche Statistische Bundesamt ermittelte 2007, dass es in Deutschland rund 10 900 (zehntausendneunhundert) Regelungen zur Informationserfassung mit 20 000 bis 25 000 einzelnen Informationsverpflichtungen gibt. Allein die damit verbundenen Kosten wurden auf 31,2 Milliarden Euro geschätzt. Und für das kleinere Österreich gab Finanzminister Wilhelm Molterer im November 2007 vergleichbare Kosten in Höhe von 7,5 Milliarden Euro bekannt. Die Regierungen in den Niederlanden, in Deutschland und Österreich wollen in den nächsten Jahren wenigstens ein Viertel dieser Kosten abbauen. Deutschland hat zur Erreichung dieses Ziels bereits einen eigenen Normenkontrollrat geschaffen, der nicht nur mit der Analyse solcher alten Regelungen, sondern auch mit der Begutachtung vorgesehener neuer befasst ist. Zu tun wäre genug. Die Bertelsmann-Stiftung hat ausgerechnet, dass nicht nur Unternehmen massiv belastet werden, sondern dass sogar die Eltern behinderter Kinder jährlich 40 Stunden allein für Formularkrieg aufwenden müssen.

Ineffizienz ist nun einmal teuer. Nach Berechnungen des wissenschaftlichen Beirats beim deutschen Bundesministerium hat sich allein bei landwirtschaftlichen Subventionen gezeigt, dass der bloße Prozess der Umverteilung als solcher bis zu 30 Prozent der dafür erhobenen Mittel verschlingt.

Und wenn immer eine konkrete bürokratische Institution nähere Aufmerksamkeit findet, wird rasch deutlich, dass das Potenzial zur Verbesserung der Effizienz nicht zu kärglich ist. Der deutsche Bundesrechnungshof hat beispielsweise aufgedeckt, dass die deutsche Bundesanstalt für Arbeit ihre Statistiken über die erfolgreiche Vermittlung von Arbeitsplätzen geschönt hatte. Bei dieser Gelegenheit wurden noch ganz andere Ziffern publik (bezogen auf 2002): Diese Bundesanstalt für Arbeit, zu der neben der Zentrale zehn Landesarbeitsämter, 181 Arbeitsämter und damals 93 000 Beschäftigte gehörten, verwaltete damals für Arbeitslose und für die Förderung der beruflichen Weiterbildung ein Budget von 52 Milliarden Euro (1950 waren es gerade einmal 850 Millionen Euro). Von den 93 000 Angestellten dieser Bundesanstalt waren damals bescheidene 10 Prozent mit der ursprünglichen Aufgabe, der Vermittlung von Arbeitsplätzen, befasst. Genauso viele waren allein mit der internen Verwaltung des Apparates befasst und noch einmal rund 10 Prozent der Mitarbeiter waren durchschnittlich im Krankenstand. Der Rest verwaltete Karteien und betreute Umschulungs- und Arbeitsbeschaffungsprogramme. Zu deren Effizienz gibt es eine ziemlich klare Stellungnahme des nach der Aufdeckung dieser Verhältnisse neu ins Amt berufenen Vorstandsvorsitzenden dieser Behörde, Florian Gerstner: »Wir müssen verhindern, dass Menschen Maßnahmekarrieren durchlaufen, von denen man genau weiß, dass sie nicht in Beschäftigung führen.«[152]

Im zitierten Interview hat Herr Gerstner auch Folgendes gesagt: »In ihrer heutigen Struktur ist die Bundesanstalt für Arbeit nicht erfolgsfähig und führungsfähig. Wir müssen die Strukturen, die Prozesse und die ganze Führungsphilosophie ändern.« Es passt ins Bild, dass bereits im Sommer 2003 nicht von irgendwelchen Witzbolden, sondern von den verantwortlichen Politikern ernsthaft diskutiert wurde, die Effizienz dieser Behörde zunächst einmal durch Aufnahme weiterer 12 000 (zwölftausend) Mitarbeiter zu erhöhen.

Und diese Art von Effizienz findet sich in einem für seine organisatorischen Qualitäten bekannten Staat, für den die Arbeitslosigkeit und damit eigentlich auch die Bundesanstalt für Arbeit kritischen Stellenwert hat und in dem die Höhe der Staatsverschuldung so ernst genommen wird, dass Kürzungen der Sozialleistungen scheinbar unausweichlich geworden sind. Auch dazu ist eine statistische Kennzahl des bundesdeutschen Gesundheitsministeriums von Interesse. Demnach haben die Nettoverwaltungskosten der deutschen Krankenkassen je Kassenmitglied 1991 noch umgerechnet 94 Euro je Kassenmitglied betragen, 2002 dagegen bereits 154 Euro. Viele private Unternehmen konnten in dieser Zeit ihre Verwaltungskosten nicht erhöhen, sondern mussten sie teils drastisch reduzieren.

Wenn sich Politiker und Bürokratie einig sind, dann verfügen sie über genügend Sachkunde, um jede Diskussion über Sinn und Notwendigkeit solcher von ihnen aufgebauten Strukturen rasch abzuwürgen. Oder, wie das einmal Anton Pelinka treffend formuliert hat: »Wenn sich die Autoritätsträger in einem bestimmten System … einig sind, kann Demokratie nicht stattfinden.«[153] Da ist keine Falsifizierung mehr möglich: »… wie bei einer Medizin, die nicht hilft, kann man immer noch sagen: Es wäre ohne sie viel schlimmer geworden.«[154]

Bringen wir zum Thema Sparsamkeit und Effizienz ein weiteres kleines Beispiel. Wenn in Wien etwa ein Unternehmen eine Filiale schließen will (das Beispiel einer Eröffnung wollen wir uns wegen zu großen Umfangs versagen), dann stellt man einen Antrag. Wird dieser genehmigt, dann wird von der Löschung einer Filiale verständigt (Stand 2002):

a) das Unternehmen, das den Antrag gestellt hat;
b) die Geschäftsführung des Unternehmens, das den Antrag gestellt hat (warum sollte man sich auch darauf verlassen, dass die Verständigung gemäß Pkt. a die richtigen Leute erreicht?);
c) die Magistratsabteilung 63 (Zentralgewerberegister);
d) die Wirtschaftskammer Wien, Mitgliederdaten-Service;
e) die Bundespolizeidirektion Wien (warum soll die schließlich neben dem Zentralgewerberegister keine eigene Kartei führen dürfen);

f) die Stadtkasse für den zuständigen Bezirk (warum soll ...);
g) das Arbeitsinspektorat (warum soll ...);
h) die Marktamtsabteilung für den jeweiligen Bezirk (auch wenn das Marktamt mit dem jeweiligen Gewerbe überhaupt nichts zu tun hat, aber man kann ja nie wissen ...);
i) das Bezirkspolizeikommissariat (trotz der Verständigung gemäß Pkt. e, offenbar kann man als Behörde nicht davon ausgehen, dass innerhalb der Polizei Kommunikation stattfindet);
j) das Betriebsanlagenreferat (warum soll ...);
k) zum Akt;
l) ein Kontrollblatt (wie vorausschauend, nicht einmal den eigenen Akten zu trauen).

Versucht man, die Reaktion von Bürokratie und Politik auf das Phänomen der Überbürokratisierung auf einen einheitlichen Nenner zu bringen, dann landet man letztlich bei jener Beschreibung, wie sie etwa Rudolf Bahro für die Bürokratie der DDR gefunden hat: »Der Apparat ist – weit über die individuelle Beschränktheit seiner Träger hinaus – blind gegen alle Reaktion der Gesellschaft auf seine eigene lastende und provozierende Existenz.«[155]

Aber die Reaktionen der Bürger halten sich ohnedies in engen Grenzen. Denn in der Praxis werden die Machtstrukturen der wuchernden Bürokratie mit all ihren Schwächen aus mehreren Gründen akzeptiert: Erstens, und das gilt vor allem für den sozial schwächeren und daher auch machtlosen Teil der Bevölkerung, weil die Bürokratie bei der Arbeits- und Existenzsicherung behilflich ist. Der Weg zu Leistungen des Staates führt nun einmal über die Bürokratie. Die Akzeptanz der Bürokratie als Weg zu Leistungen findet sich zumindest in Österreich auch bei den Anhängern eher konservativer Parteien: »Diese Grundhaltung des sozialen Garantismus ... zieht sich – mit nur relativ geringen Unterschieden – durch alle Alters- und Sozialgruppen; sie ist auch unter den Anhängern, Mitgliedern und Kerngruppen der ÖVP stärker verankert als die Orientierung an individueller Selbsthilfe.«[156]

Zweitens wird, und das spielt auch eine Rolle, in so manchen Ämtern der Regelungsunfug durch persönliches Bemühen der Beamten kommunikativ gemildert.

Drittens, und das gilt vor allem für die besser vernetzten Führungsschichten, empfindet man eine Bürokratie nicht als störend, wenn man es sich selbst über Interventionen bei den richtigen Leuten ohnedies regelmäßig richten kann. In Österreich wurde 2007 bekannt, wer aller wegen einfacher Strafmandate einen bestimmten Polizeigeneral um »Rat« gefragt hat. Das war schon nicht mehr skurril, sondern nur noch beschämend. Aber solange man persönlich bekommt, was man möchte, sind den einzelnen Bürgern Deformationen des politischen Systems, der Bürokratie und damit der Demokratie relativ egal. Hoffentlich spielt in Deutschland (und in Österreich) ein vierter Grund nur eine geringe Rolle, den wir schon bei der Behandlung historischer deutscher Mentalitäten kennengelernt haben und den Walther Rathenau schon 1914 kurz und drastisch umschrieben hat: »Dieses … Volk hat keinen Freiheitssinn. Es gibt sich hin und will gehorchen.«

Wer mit der Bürokratie auf gutem Fuß ist, wird sie nicht kritisieren, wenn sie beim Verdienen hilft und dafür gelegentlich sogar horrende Kosten (zulasten des Steuerzahlers) in Kauf nimmt. Ein österreichisches Kulturinstitut in New York, um ein durch einen Rechnungshofbericht detailliert dargestelltes Beispiel zu bringen, hat 31 statt wie ursprünglich kalkuliert 6 Millionen Dollar gekostet (ohne Grundstück), und das nach Abzug von 40 Prozent Verkehrsflächen für eine reine Nettonutzfläche von 1219 Quadratmetern. Davon benötigt man allein für die Residenz des Kulturamtsleiters 290 Quadratmeter.

Für dieses Ergebnis wurde der Architekt kräftig gescholten. Aber einer der Gründe für das Ergebnis ist auch, dass man auf einem gerade einmal 6 Meter breiten Grundstück nicht ein Hochhaus ökonomisch bauen kann. Als zuerst die Idee kursierte, ein derartiges Grundstück anzukaufen, hielt das jeder, der je entfernt ins Bauen hineingerochen hat, für einen Witz. Dann erfuhr ich allerdings, wer aller der Lobby für den Ankauf dieses Grundstücks angehörte und daran verdiente. Da waren sie alle. Somit war klar, dass das Grundstück auch dann gekauft werden würde, wenn es nur halb so breit wäre. Wie hilfreich kann doch eine effiziente Bürokratie sein.

Eine massive Beeinträchtigung der gesellschaftlichen Weiterentwicklung durch die Bürokratie ist historisch nichts Neues. Ein Beispiel von vielleicht besonderer historischer Tragweite ist die Neuorientierung der chinesischen Politik nach der neuerlichen Machtergreifung der Konfuzianer. Zu Beginn der Herrschaft der Ming-Dynastie gab es eine Phase der Orientierung nach außen, mit einer ausgeprägten Großmachtpolitik auf den Ozeanen. Technologisch waren die Chinesen damals vielfach schon weiter als der Westen. Das dauerte aber nicht lange. Der Ming-Kaiser Hung-hsi setzte die konfuzianischen Amtsinhaber wieder ein, kurz danach, 1429, wurden die öffentlichen Mittel für den Schiffsbau gestrichen. Die Ablehnung einer Expansion nach Übersee, die Geringschätzung wirtschaftlicher Gesichtspunkte ergänzten diese Politik. Im 20. Jahrhundert haben etliche europäische Historiker darüber philosophiert, ob die Eroberung der Meere statt von Spanien und Portugal nicht auch von China hätte ausgehen können. China hat diese Chance nicht nur nicht genutzt, die dortige Bürokratie ließ sogar das Archivmaterial über frühere Seereisen vernichten, um jede Erinnerung daran auszulöschen.

Bürokratische Mittel können schließlich nicht nur eingesetzt werden, um Ziele zu erreichen, sondern auch um der Politik unerwünschte Ziele zu verhindern. Das kann nur leider ebenfalls Schaden anrichten. Dazu ein Beispiel, erfreulicherweise in wesentlich kleineren Dimensionen. In einer schönen deutschen Stadt waren sich beide um die Macht konkurrierenden Parteien einig, dass ein zentraler Platz saniert werden müsse, der durch ein leer stehendes Kaufhaus und ansonsten durch gähnende Leere gekennzeichnet und daher ein beliebter Treffpunkt von Leuten geworden war, die bei den übrigen Bürgern dieser Stadt nicht ganz so beliebt waren. Daher hofften unsere Unternehmen, mit unserer Projektentwicklung (auf unsere eigenen Kosten und Risiko) ein Sanierungskonzept realisieren zu können, zumindest nachdem es beiden Parteien gut gefallen hatte. Was wir allerdings maßlos unterschätzten, war der Umstand, dass jede Partei nur unter der Bedingung dafür war, dass sie sich den Erfolg allein auf die eigenen Fahnen heften konnte, und daher gegen alle Schritte zur Realisierung war, die von der jeweils anderen Seite unterstützt wurden. Es war wirklich eindrucksvoll, welche bürokratischen Kniffe wechselseitig zur Verhinderung des offiziell immer von allen Seiten geförderten Projektes eingesetzt wurden. Taktischer Meisterzug war dann, dass das gesamte Areal zum Sanierungsgebiet erklärt wurde. Da damit theoretisch Mittel des Landes locker gemacht würden, konnte niemand dagegen sein. Intern war allen Beteiligten klar und wurde auch unter vier oder sechs Augen zugegeben, dass mit dem dafür vorgesehenen Verfahren wegen seiner Kompliziertheit mit Sicherheit eine Verzögerung um Jahre und damit über die nächste Wahl hinaus verbunden war. Auch Verhinderung durch angebliche Förderung kann offenbar eine Strategie sein.

Man sollte nur nicht annehmen, dass in anderen Städten und Ländern nicht genügend ähnliche Beispiele vorhanden wären. Meist kann man davon ausgehen, dass die Begründungen jeder Maßnahme legistisch sauber und trefflich formuliert sind. Luhmann hat darauf hingewiesen, wie flexibel die Behörde »ihren rechtlich konzedierten Ermessensspielraum, die Unbestimmtheit von Rechtsbegriffen oder auch einfach ihre Disposition über Zeit und die ihr eigene Trägheit« benutzen und damit »lokale Kooperationssysteme, die System und Umwelt übergreifen … mit der Folge hierarchischer Unlenkbarkeit« schaffen kann.[157] Und was man nicht kontrollieren kann, will man nicht. Beispielsweise helfen Public-Private-Partnership-Konstruktionen Investitionen in die Zukunft zu finanzieren, von Verkehrswegen über Kläranlagen, aber auch komplette Wasserver- und -entsorgungssysteme bis zu Schulen. Ich habe jahrelang hautnah miterlebt, wie so manche öffentlichen Körperschaften über Jahrzehnte eine Reihe von Gründen gefunden haben, solche Vorhaben trotz dringenden Bedarfes abzulehnen. In den Begründungen findet sich nie, dass die Interessengemeinschaft von Politik und Bürokratie gerne Konstruktionen hintertreibt, bei der ihr dominierender Einfluss auf Planung, Vergabe und Betrieb beeinträchtigt werden könnte.

PricewaterhouseCoopers stellt jährlich in Davos ihren »Global CEO Survey« vor, der auf der Befragung von mehr als 1300 Vorstandsvorsitzenden weltweit beruht. Eines der auffallendsten Ergebnisse ist, dass sich die Hauptsorge der Unternehmensführer verschoben hat. 2004 nannten 63 Prozent den sich verschärfenden Wettbewerb als Hauptsorge. 2005 ging dieser Wert bereits auf 54 Prozent zurück. Für 60 Prozent der Unternehmensführer ist seither die zunehmende Überregulierung die Hauptsorge, wobei die regionalen Unterschiede augenfällig sind. In den USA sind es 54 Prozent, in Europa 61 Prozent und in Südamerika 71 Prozent.

Versuche zu einer Quantifizierung der anfallenden Kosten kann man auch vom Produkt her vornehmen. Das Bild wird dadurch nicht besser. Seitens der Interessenvertretung der europäischen Automobilindustrie wurde bereits 2004 darauf hingewiesen, dass bei einem Anhalten des bisherigen Regulierungstempos in fünf Jahren schon die Hälfte der Gesamtkosten eines Autos auf EU-Vorschriften entfällt, die nur zu einem geringeren Teil einsichtig sind – während die Personalkosten selbst in Europa im Schnitt nur noch etwa 20 Prozent des Herstellungsaufwandes eines Autos ausmachen.

Im Übrigen ist es nicht nur die Wirtschaft, die von der immer ärgeren Reglementierung behindert wird. Ein Arzt hat vorgerechnet, dass er – kurz nach der Einführung eines neuen Gesetzes zum Zwecke der Verwaltungsvereinfachung – mehr als die Hälfte seiner Zeit in der Arztpraxis für reinen »Verwaltungskram« aufwenden musste.[158]

Ist es wirklich so unverständlich, wenn gelegentlich die Meinung geäußert wird, der Staat sei zum Feind geworden (so Charles Baird von der kalifornischen Hayward-Universität), oder wenn, wie etwa von Gerard Radnitzky aus Trier, vermutet wird, dass Wohlfahrtsdemokratien schon deshalb zur Krise tendieren, weil sie auf lange Sicht die Marktordnung zerstören, auf der sie eigentlich basieren? Er steht damit nicht allein. Die Vorschläge nicht weniger Wirtschaftswissenschaftler laufen darauf hinaus, wirtschaftliche Dynamik müsse in Europa vor allem durch den Abbau staatlicher Zwänge und bürokratischer Überregulierungen wiederhergestellt werden.

5.3.1.7 Kontrolle und Bürgernähe

Natürlich werden auch Bürokratien und bürokratische Abläufe kontrolliert. Aber die Kontrollzwecke sind andere. Im Vordergrund steht, verständlich und berechtigt, die Einhaltung der Gesetze. Erst dann kommt der Grundsatz der Sparsamkeit und Zweckmäßigkeit. Das ist eine Kontrolle auf unnötige Ausgaben (die freilich nicht einmal ausreicht, das alljährliche »Dezemberfieber« zu verhindern, das Geldausgeben zu dem alleinigen Zweck, der Gefahr einer etwaigen Kürzung des Budgets für das nächste Jahr vorzubeugen und es heuer jedenfalls voll auszuschöpfen), aber sie ist keine Kontrolle der Effizienz der Abläufe. Das geschieht immer und überall nur auf Druck – schon deshalb, weil damit ja meist auch Arbeitsplatzverluste verbunden sind. Einen solchen Druck erzeugt die Gefahr des Unterganges, wie es in Konkurrenzwirtschaften gängig ist. Die Bürokratie hat für ihre Agenden ein Monopol, das Konkurrenzdruck ausschaltet. »Die Effizienz der Organisation ist nicht mehr Bedingung für ihren Bestand, für ihr Überleben, da die bürokratische Organisation ihren Ausschließlichkeitsanspruch verwirklicht hat.«[159] Das ist nicht bloß Theorie. Der deutsche Bundesrechnungshof hat dem Bund noch 2007 vorgeworfen, seine Ausgaben gar nicht oder nur mangelhaft auf Wirtschaftlichkeit zu überprüfen. Die Durchleuchtung von 40 000 Ausgaben ergab, dass in 85 Prozent der Fälle gar keine Berechnungen stattfanden – »und wenn doch, waren viele methodisch mangelhaft«.

Eine Politik, die im sozialen Tausch die Beamten immer wieder braucht, kann keine konsequente Ablaufoptimierung durchsetzen. Roschmann führt daher zu Recht unter den Gründen für die »Kontrollvereitelungsmacht« der Bürokratie sowohl die begrenzten technischen Möglichkeiten der Kontrolle als auch den »geringen Kontrollwillen der Auftraggeber« an. Die Ursache dafür sieht er in der »Nachfrageintensität« der Politik, eine hübsche Umschreibung für die kontrollhemmende Abhängigkeit im sozialen Tausch.[160]

Zur mangelnden Effizienz der Kontrolle trägt auch die Folgenlosigkeit von Verstößen gegen die Grundsätze der Sparsamkeit und Zweckmäßigkeit bei. Eine Analyse zur Frage der Strafbarkeit von solchen Verstößen brachte für die deutsche Rechtsordnung folgendes Ergebnis: »Die Grundsätze der Wirtschaftlichkeit und Sparsamkeit sind zu allgemein, um als solche dem rechtsstaatlichen Bestimmtheitsgebot des Art. 103 Abs. 2 Grundgesetz zu genügen … Der Gesetzgeber hat einen Straftatbestand, der die Grundsätze der Wirtschaftlichkeit und Sparsamkeit als solche zum Maßstab von kriminellem Unrecht macht, ausdrücklich nicht gewollt. … Die Praxis der Rechnungshöfe erweist, dass selbst für sie der Begriff Wirtschaftlichkeit nicht operationabel ist …«[161]

Sachgerechte Auseinandersetzung mit dem Problem der bürokratischen Überkomplexität bleibt damit ein ungelöstes strukturelles Problem. Roschmann meint[162], »die prozedurale Rationalität des deutschen Verwaltungsrechtes lässt aufgrund ihrer Inflexibilität zu viele Möglichkeiten sachwidriger Entscheidungen zu und beeinträchtigt damit die materielle (inhaltliche) Rationalität, oder, um mit Fritz Scharpf zu sprechen, nicht nur die politischen, auch die materiell rechtsstaatlichen Kosten sind … zu hoch. Die Probleme, die das deutsche Verfassungs- und Verwaltungsrecht schafft und die tendenziell bis zur Unregierbarkeit führen können, sind eher vermeidbar, wenn demokratische Kontrolle und Partizipation in die Entscheidungskörper vor Ort verlagert werden«.

Bei diesen nur begrenzten Möglichkeiten der Kontrolle ist es kein Wunder, dass selbst Gesetzesverletzungen häufig im Dunkeln bleiben. Nicht zuletzt deshalb wurde in den USA ein »Whistleblowers Act« verabschiedet, der Beamte vor Disziplinarstrafen schützt, wenn sie gesetzwidrige oder illegale Handlungen ihrer Behörde an die Öffentlichkeit bringen. In Mitteleuropa hält man so etwas nicht für notwendig. Dafür hat sich von Schweden ausgehend eine Ergänzung der institutionalisierten formalen Kontrolle herausgebildet, nämlich die Wahrung der Bürgerinteressen durch sogenannte Ombudsmänner. Und wer geschickt genug ist, der mobilisiert gleich nach besten Kräften die Öffentlichkeit. Denn diese Art von Protest gegen Verwaltungsentscheidungen ist schlicht effizienter. Ein Verwaltungsverfahren kann Jahre dauern, mit ungewissem Ausgang. Die Öffentlichkeit zu mobilisieren kann viel rascher zum Ziel führen. Schließlich sieht sich die Politik selbst für Verwaltungsakte zuständig und damit auch verantwortlich. Auch deshalb ist sie gegenüber Vorwürfen der Rechtsverweigerung oder auch nur der Schlamperei recht sensibel geworden. Mangelnde Berücksichtigung von Bürgerinteressen ist ein schwerer Vorwurf. Mit dem Gang in die Öffentlichkeit wird daher ein manchmal hilfreiches Druckmittel gewonnen, die Chance auf Objektivierung der jeweiligen Sachverhalte ist bei der gängigen Mechanik öffentlicher Meinungsbildung damit selten verbunden.

In der einschlägigen Literatur wird vorgeschlagen, das Kontrollproblem dadurch zu entschärfen, dass die Bürger von vornherein stärker mit eingebunden werden. »Verwaltungshandeln ist unter den Bedingungen der heutigen Demokratie somit weniger hoheitlich-anordnendes, sondern zunehmend informelles und vermittelndes Handeln. Es ist geprägt durch Anhören, Verhandeln, Initiieren, Kooperieren, Moderieren im Rahmen von interaktiven Netzwerken.«[163]

Das braucht seine Zeit. Verwaltungsrecht ist bisher immer strukturell als Hoheitsrecht verstanden und auch strukturiert worden. Daher gibt es Widerstand zunächst einmal von der juristischen Seite. Gegenüber derartigen juristischen Bedenken gibt es freilich Gegenargumente. Vermutlich hat Roschmann recht: »Zu den juristischen Argumenten, Vergleichslösungen seien dem deutschen Verwaltungsrecht fremd, Paketlösungen seien nach deutschem Recht verboten, die Möglichkeit von Kompensationslösungen fehle in der Rechtsordnung, ist anzumerken, dass es wahrscheinlich kostengünstiger ist, die institutionellen Voraussetzungen zu schaffen, als in Zukunft ohne sie zu verwalten.«[164] Ein zweiter Grund für die Behinderung einer bürgernahen Verwaltung liegt allerdings bei der Politik selbst. Politik wird als Dienstleistung weniger gebraucht und hat daher weniger an Leistung zu verkaufen, wenn die Bürger selbst engen Kontakt zur Verwaltung haben.

Die Bürgernähe der Verwaltung ist daher zwar offiziell, aber nicht wirklich gewollt, weder von den Juristen, die die alte hoheitsrechtliche Konstruktion aufgeben müssten, noch von der Verwaltung, die sich direkter Verantwortung und Leistungskontrolle zu stellen hätte, noch von der Politik.

5.3.1.8 Korruption

In einem nutzenorientierten System kümmert man sich um die Maximierung des eigenen Vorteils. Die (stillschweigende) Annahme der klassischen Theorie, dass diese Nutzenorientierung nur im Rahmen der bestehenden Gesetze verfolgt wird, ist eher als Nachhall einer einmal für selbstverständlich gehaltenen normativen Orientierung zu verstehen denn als angemessene Beschreibung der Wirklichkeit. Die ökonomische Institutionentheorie hat den regel- und rücksichtslosen Egoismus als »opportunistisches« Verhalten denn auch in die offizielle Theorie eingeführt.

Korruption kann daher schlicht als Ergebnis individueller Nutzenorientierung verstanden werden. Ergibt ein Vergleich der Chancen und Risken, dass man bei geringem Risiko viel zu gewinnen hat, dann wird die Neigung zur illegalen Bereicherung unter Ausnutzung der eigenen Möglichkeiten hoch sein. Korruption, das Ausnutzen von Machtpositionen zur persönlichen Bereicherung, ist keine Randerscheinung, sie ist die leider nur allzu naheliegende Konsequenz eines geänderten Welt- und Selbstverständnisses. Und das Risiko, erwischt zu werden, ist gelegentlich recht überschaubar. Es hängt vom Umfang und der Qualität der Kontrolle und davon ab, ob sich anhand der getroffenen Entscheidung unkorrektes Verhalten nachweisen lässt. Wie geschildert, macht es die Komplexität gesetzlicher Regelungen nicht schwerer, sondern leichter, eine Entscheidung als sachlich richtig zu begründen. Desto schwerer sind subjektive Momente, und damit auch Korruption, nachzuweisen. Je komplexer eine Rechtsordnung wird, desto anfälliger wird sie.

Je schlechter die Bezahlung, je unsicherer die Position, je geringer die Angst, erwischt zu werden, desto höher wird die Chance alternativer Einkommensmöglichkeiten bewertet. Darum ist ja mehr Korruption in armen Ländern kein Beweis für Rückständigkeit, sondern lediglich für ein noch eindeutigeres Chancen-Risiko-Profil. Im Kongo beispielsweise war bereits vor 20 Jahren Bakschisch notwendig, um überhaupt an die auszufüllenden Einreiseformulare zu kommen. Auch war es zweckmäßig, zur Vermeidung längerer Verzögerungen bei der Einreise einen Geldschein im Pass zu vergessen. Vorsichtige Mitarbeiter meines damaligen Unternehmens bedachten bei Dienstreisen dorthin auch den Hotelportier, damit dieser nicht den Zimmerschlüssel an eine Räuberbande verkaufte, und nahmen sich trotzdem für diesen Fall Kette und Zweitschloss mit.

Das Moskauer Indem-Institut hat errechnet, dass Korruption Russland die Hälfte seiner Wirtschaftskraft koste.[165] Bemerkenswert ist in Russland vor allem die erreichte hohe Effizienz in der Zusammenarbeit krimineller Organisationen mit staatlichen Stellen. Ein Beispiel für diese Effizienz konnte ich selbst aus nicht allzu großer Entfernung erleben: Der Direktor eines führenden Moskauer Hotels erhielt eines Tages von etlichen einschlägig tätigen Herren das aus deren Sicht unwiderstehliche Anbot, gegen eine prozentuelle Beteiligung am Umsatz das Hotel gegen Fährnisse so mancherlei Art zu schützen. Der Direktor bat um Bedenkfrist. Wenige Tage später erschien die Steuerfahndung, die das Hotel im Allgemeinen, die Buchhaltung im Besonderen auf den Kopf stellte und dabei auch den aktuellen Jahresumsatz ermittelte. Der Steuerfahndung folgten nach Kurzem wieder die bereits erwähnten Herren, die ihre Dienstleistung erneut anboten und den Preis dafür auf der Basis des von der Steuerfahndung gerade erhobenen, ihnen schon bekannten Umsatzes aktualisierten. Überzeugender kann man kaum argumentieren. Nicht unoriginell auch die Praktiken einer allerdings schon 2003 ausgehobenen Bande, die aus Polizisten bestand und sich sinnigerweise »Organisation zum Schutz der Veteranen der Kriminalpolizei« nannte. Die Praxis dieser Leutchen bestand darin, in Firmen oder Privathäusern bei einer völlig unerwarteten Durchsuchung Waffen oder Rauschgift zu finden, das vorher nicht dort war, und dann Schutz vor den Unannehmlichkeiten zu bieten, die der Fund halt so mit sich bringen könne – natürlich gegen angemessenen Unkostenersatz.

In Mitteleuropa geht es nach allgemeiner Überzeugung gesitteter zu. Der Leiter der ersten Schwerpunkt-Staatsanwaltschaft für Korruptionsbekämpfung in Deutschland, Wolfgang Schaupensteiner, scheint sich da nicht so sicher zu sein. Er hat bereits 2003 die Meinung vertreten, Korruption sei »zum selbstverständlichen Teil unseres Wirtschaftslebens geworden«. Was Deutschland zu einer Bananenrepublik fehle, sei das Klima.[166] 2006 hat Schaupensteiner in einem weiteren Interview[167] erklärt, zwar habe man für 2005 bereits 8300 Tatverdächtige registriert, aber seiner Schätzung nach blieben 95 Prozent aller Fälle unentdeckt. Korruption sei in Deutschland zu einem strukturellen Problem geworden. Die Usancen bei VW und Siemens haben Aufsehen erregt. Aber kann man wirklich annehmen, dass nur bei diesen beiden Konzernen Korruption vorgekommen sei?

Glaubt man Organisationen wie den NGOs »Transparency International« oder »Control Risk Group«, dann schaut es in manch anderen Industriestaaten auch nicht viel besser aus. Bei einer von der Control Risk Group im Jahr 2002 veranstalteten Umfrage unter 250 internationalen Gesellschaften beklagten sich in Deutschland 36 Prozent über Geschäftsverluste, weil ein Konkurrent bestochen habe – aber auch in den USA 32 Prozent, und in Holland sogar 40 Prozent.

Ist Österreich besser? Selbst wenn ich mich hier aus vielleicht verständlichen Gründen auf Fälle beschränke, die längst verjährt sind, bleibt allerhand übrig: Ein bedeutender Politiker, der vergaß, sein Privathaus zu bezahlen, das ihm eine Firma baute, die mit seiner Hilfe bedeutende öffentliche Aufträge bekommen hat. Oder das große Projekt, das zu einem guten Teil an die öffentliche Hand vermietet ist und das trotzdem kein Geschäft wird, weil die Vermietung nur aufgrund besonders hoher, nicht näher belegbarer nützlicher Aufwendungen möglich war. Oder der Fußballfunktionär, der ausländische Spieler ohne deutsche Sprachkenntnisse dem inländischen Nachwuchs einfach deshalb bevorzugt, weil er diese leichter um Teile von Handgeld und laufendem Salär betrügen kann. Oder der bemerkenswerte Dialog zwischen einem führenden Stadtpolitiker und dem Magistratsdirektor, der ihn bat, irgendwann mit dem ständigen Abkassieren für Interventionen aufzuhören, und darauf die Antwort bekam, er solle den Mund halten (im O-Ton noch etwas deftiger), schließlich liefere er von diesen Geldern ohnedies immer Maut an die Partei ab. Oder die Erinnerungen mehrerer Bankbeamter, die nach einer Großinvestition der öffentlichen Hand eine Reihe von Überweisungen sahen, die nicht einmal mehr von Tarnversuchen gekennzeichnet waren. Oder der sibirische Tiger, der länger leben durfte, weil der leitende Mitarbeiter einer Gesellschaft, die teils Gebietskörperschaften, teils Privaten gehört und viel zu investieren hat, frühzeitig verstarb. Der Zusammenhang ist schnell erzählt. Die übliche Wunschliste fürs Großformat, Auto, Haus, Häuschen am Meer, kleines Boot dazu, hatte der Betreffende kraft seines Vergabepotenzials bereits abgehakt und wünschte sich daher immer exklusivere Jagderlebnisse. Ihm fehlte nur noch besagter Tiger, als der Tod sein nimmermüdes Schaffen beendete.

Geradezu elegant fand ich den Anruf des zuständigen Herrn einer Behörde, die für bestimmte Schutzzwecke zuständig war und bei der wir daher einen Antrag zu stellen hatten. Er fragte rundheraus, »ob er die Angelegenheit auf dem Dienstweg erledigen solle oder ob wir darüber reden« wollten. Decodiert man diese bezaubernde Formulierung, so verband sie die gefährliche Drohung gesetzeskonformer Vorgangsweise – nur besonders naive Gemüter mögen das vielleicht nicht für eine Drohung halten – mit dem freundlichen Anbot einer verfahrensbeschleunigenden Form des sozialen Tausches. Nachher waren denn auch alle zufrieden, außer dass bei mir eine leichte Allergie gegen angebliche Schutzbestimmungen zurückblieb, obwohl ich deren einkommensvermehrende Bedeutung bei diesem Anlass erst richtig zu würdigen lernte.

Persönlich hatte ich Gelegenheit, in einer schönen deutschen Stadt den Unterschied zwischen österreichischer Umständlichkeit und deutscher Direktheit kennenzulernen. Erstens wurde mir dringlich von verschiedenen Seiten die Aufnahme eines bedeutenden Funktionärs einer Karnevalsgesellschaft als Mitarbeiter empfohlen, der uns enorm hilfreich sein könne, und zweitens teilte ich nach recht kurzer Zeit das so ziemlich allgemeine Wissen, wie das in der Stadt so laufe und wer daher als zentrale Verteilungsstelle eingebunden werden müsse. Ich weigerte mich, Ersteren aufzunehmen und mit dem Zweiten auch nur zu reden. Wir waren dann in einer Reihe anderer deutscher Städte recht erfolgreich, in dieser überhaupt nicht. Einmal wären wir als klare Bestbieter einer Sanierungsmaßnahme von den zuständigen Gremien beim besten Willen nicht mehr zu verhindern gewesen – wenn denn das Gesetz irgendwie von Bedeutung wäre. Aber da kam ein bedeutendes Mitglied der Stadtregierung in die Vergabesitzung, erzählte, wie wunderbar doch eine andere Gesellschaft arbeite – die bis dahin nicht einmal aufgetaucht war –, und erhielt von dem Gremium, das ja aus seinen Beamten bestand, den letztlich seinen Wünschen entsprechenden Beschluss. In der gleichen Stadt hat ein Richter mit einschlägiger Prozesserfahrung die Äußerung getan – die dann auch den Weg in die Zeitungen gefunden hat –, wer in eine Bananenrepublik wolle, brauche ja nur die örtliche Straßenbahn zu nehmen.

Manchmal wird die Frage gestellt, warum man sich so etwas bieten lasse. Antworten gibt es mehrere. Erstens möchte man nicht dauernd streiten. Zweitens bräuchte man Beweissicherungsmethoden, die das Gesetz in seiner Weisheit Privaten verbietet. Drittens sollte man nicht davon ausgehen, von der öffentlichen Hand und allen dort Tätigen für das Aufdecken solcher Fälle besondere Dankbarkeit zu ernten. Für Aufdecker verbessern sich die Chancen für künftige Aufträge nicht wirklich. Viertens herrscht eine ziemlich unklare Informationslage. Die verdankt sich der Neigung so mancher Unternehmer, Beamte als besonders integer und (zur Abschreckung der Konkurrenz) als absolut unbestechlich zu bezeichnen, die sie in Wirklichkeit schon in der Tasche haben, und dafür umgekehrt genau jene Beamten anzuschwärzen, an denen sie sich die Zähne ausgebissen haben. Und letztlich kann man erfreulicherweise ohne korrupte Verhaltensmuster vielleicht nicht ganz so gut wie manche, aber immer noch ganz gut vorankommen.

Und Korruption hat ja nicht nur die einfache Erscheinungsform des Kassierens für die eigene Tasche. Korruption beginnt dort, wo statt korrekten Entscheidungen andere Formen der Entscheidungsfindung endemisch werden. Che Guevara wurde nach einer hübschen, aber gut bestätigten Geschichte Gouverneur der kubanischen Nationalbank, weil er sich auf Anfrage Fidel Castros als Experte dafür deklariert hat. Castro hat im kleinen Kreis nach einem »economista«, Ökonomen, gefragt. Che Guevara hatte gedöst und sich gemeldet, weil er im Halbschlaf den Ruf nach einem »communista« verstanden hatte. Man sollte nur nicht der Illusion anhängen, dass ähnliche Entscheidungen in Europa nie vorkommen.

In Österreich sind, damit das Volk hinsichtlich der Objektivität von Personalentscheidungen beruhigt sei, bei der Besetzung von Positionen im öffentlichen Bereich öffentliche Ausschreibungen verpflichtend vorgeschrieben. Das Gesetz wird befolgt. Sobald die Entscheidungsträger sich im Klaren sind, wer eine bestimmte Funktion bekommen soll, wird die öffentliche Ausschreibung auch tatsächlich veranstaltet, die zu diesem Zeitpunkt ja bereits maßgeschneidert werden kann. In Österreich wurden auch, im Zuge der Durchflutung aller Lebensbereiche mit Demokratie, von den Universitäten bis zur Sozialversicherung eine Fülle von Gremien und Kommissionen (manche mit, manche ohne Sitzungsgelder und sonstige Handsalben) in die Entscheidungsfindungen aller Art eingebunden, mit denen sich daher jeder zu arrangieren hat, der da etwas weiterbringen will. Sonderformen des sozialen Tausches (Missgünstige verwenden dafür Begriffe wie etwa Kuhhandel) gedeihen in einem solchen Klima besonders gut. Und Studenten, die aufgrund ihrer Aktivitäten frühzeitig in solche Gremien gelangen, werden von Prüfern, die gelegentlich auf deren Wohlwollen angewiesen sein könnten, ja doch eher wohlwollend als erbarmungslos geprüft.

Auch sonst mangelt es nicht an Praktiken, die die Überkomplexität gesetzlicher Regelungen effizient reduzieren. Die Vielfalt intelligenter Lösungen nimmt fast im gleichen Tempo zu wie die Undurchschaubarkeit der bürokratischen Strukturen. Und nachdem bürokratische Strukturen ja auch auf gesamteuropäischem Level mehr und mehr zunehmen, war es nur logisch, dass von der Cresson-Affäre des Jahres 1999 bis hin zur Eurostat-Affäre die Glaubwürdigkeit der EU-Kommission schwer gelitten hat. 1999 war die Kommission in neuer Besetzung angetreten, um gründlich aufzuräumen, drei Jahre später wurde aus Anlass der Kritik an der Eurostat zunächst einmal die kritisierende Chefbuchhalterin abberufen.

Man ist versucht, von einer tertiären Umverteilung zu sprechen, deren Bedeutung neben der offiziellen Umverteilung über Steuern hier, sozialstaatliche Leistungen dort an Bedeutung ständig zunimmt. Schätzungen belaufen sich allein für das Baugewerbe auf weltweit über 220 Milliarden Euro.[168] Die Control Risk Group erwähnt daneben an anderen nicht weniger infizierten Bereichen Pharma, Telekom, Öl- und Gasförderung (vor allem die Lizenzen dafür), Energieversorgung und den Verteidigungsbereich.[169] Transparency International schätzte damals, allein im deutschen Gesundheitswesen gingen jährlich rund acht Milliarden Euro durch Korruption verloren, weltweit allerdings rund 300 Milliarden Dollar, womit zumindest nach damaligen Wechselkursen die Bauwirtschaft locker übertroffen wurde. Manche internationalen Pharmakonzerne teilen (natürlich nie offiziell) Europa in drei Zonen: den »evidence belt«, die Region, in der erzielte Ergebnisse für den Absatz entscheidend sind (vor allem nordische Länder), den »eminence belt«, in dem die Meinung von Autoritäten für den Absatz maßgeblich ist, und den »garlic belt«, was sich ja jeder selbst übersetzen kann.

Wer auch nur über ein wenig Einfluss und/oder Kontakte verfügt, neigt dazu, seinen Einfluss geltend zu machen, es »sich zu richten«. Das System läuft auch damit beinahe wie geschmiert. Das Ergebnis von Meinungsumfragen sollte zu denken geben, wonach immerhin 91 Prozent der Österreicher glauben, wenn man bei der Behörde einen Bekannten habe, tue man sich leichter.[170] Da existiert eine umfangreiche Grauzone, die gar nicht als Korruption empfunden wird.

Über das Verhältnis zwischen Korruption und Moral lässt sich trefflich argumentieren. Manchmal geben auch praktische Beispiele Anlass, darüber nachzudenken. Gemeinsam mit meiner Frau traf ich einmal in der Wiener Innenstadt einen Spastiker, der bettelte, noch spätabends und bei eiskalter Witterung. Meine in der Caritas-Bewegung aktive Frau kannte ihn von dort und lud ihn ein, wieder einmal vorbeizukommen, um sich warme Kleidung und etwas Geld zum Essen zu holen. Er zögerte, denn er habe sich in letzter Zeit schon zweimal etwas geholt und schließlich sollten auch andere etwas bekommen. Mir ist in diesem Augenblick ein bedeutender Generaldirektor eines österreichischen Unternehmens eingefallen, der bei Aufträgen seines Unternehmens gerne mitkassiert und sogar von der Fotografin, die Bilder für den Geschäftsbericht gemacht hatte, zehn Prozent verlangte. Korruption ist umso leichter möglich, je höher der eigene Einfluss ist. Moral dagegen ist offenbar keine Frage der sozialen Schichtzugehörigkeit.

5.3.2 Recht und Gesetz

5.3.2.1 Recht und Weltverständnis

Historisch sind Begründung und Ausgestaltung der Rechtsordnung von der jeweiligen Weltsicht nicht zu trennen. Die Sicht der Welt bestimmt auch die jeweils für richtig gehaltenen Verhaltensmuster und damit die Regeln. Wenn aber die historische Selbstverständlichkeit der Einheit von Recht und Weltordnung zerfällt, weil Menschen mit verschiedenen Wertvorstellungen in einer einheitlichen Gesellschaftsordnung zusammenleben sollen, dann kann die Rechtsordnung nicht mehr aus einer einheitlichen Weltvorstellung abgeleitet werden, sondern dann wird zwischen Recht und individuellen Vorstellungen von Ordnung ein Widerspruch möglich und mit zunehmendem Ordnungsanspruch des Staates unvermeidlich.

Hegel hat das Grundmuster dieses Widerspruchs in einem Kapitel seiner »Phänomenologie des Geistes« behandelt, das sich mit der klassischen Antigone-Tragödie auseinandersetzt. Der Konflikt zwischen der Familienpietät, die die Bestattung des Bruders verlangt, und der Staatsräson, die den Staatsfeind öffentlich verfaulen lassen will, bezieht seine allgemeine Gültigkeit aus dem Gegensatz zwischen individueller Moral und Autonomie einerseits und dem Ordnungsanspruch des Staates andererseits. Das Thema ist unverändert aktuell. Es spiegelt die immer wieder mögliche »tragische Erfahrung einer immanenten Gewalt des Rechtes«[171].

Die Rechtsphilosophie war daher seit der Aufklärung gefordert, den Geltungsanspruch einer Rechtsordnung zu begründen, die ihre Geltung nicht mehr aus der Selbstverständlichkeit der Weltordnung herleiten kann. Da finden sich nunmehr die Hinweise auf die allgemeine Gültigkeit einer einheitlichen Vernunft, auf einen angenommenen Gesellschaftsvertrag, auf die Bedeutung natürlicher Rechte und sogar der kategorische Imperativ ethischer Grundlagen, aus denen die Gültigkeit der Rechtsordnung abgeleitet wird.[172] Voraussetzung der Gültigkeit des

Rechtes ist außerdem seine gesellschaftliche Anerkennung.[173] Wegen der Vielfalt der möglichen Begründungen »ist eine Rechtsphilosophie heute nicht mehr, wie noch zu Hegels Zeiten, aus einem Guss zu haben«[174].

In gut aufklärerischer Tradition wird es als wesentliches, aus dem Grundprinzip persönlicher Freiheit abzuleitendes Menschenrecht angesehen, ein seinen eigenen Vorstellungen entsprechendes Leben führen zu können. Dann aber dürfen die einzelnen Rechte nicht nur defensive Schutzrechte gegenüber der Willkür der anderen sein, sondern sollten es vielmehr dem einzelnen Bürger ermöglichen, seinen Vorstellungen entsprechend zu leben. Man kann die Meinung vertreten, dass dazu auch soziale Rechte gehören und damit die Notwendigkeit einer Solidargemeinschaft. In diesem Sinn lassen sich »die sozialstaatlichen Korrekturen als die Verwirklichung desselben Prinzips der Gleichverteilung subjektiver Handlungsfreiheiten verstehen, das auch dem liberalen Rechtsverständnis zugrunde gelegen hatte«[175] (ein Gedanke, der sich schon bei dem 1790 geborenen Philosophen Karl Christian Friedrich Krause findet).

Das Ergebnis der Verrechtlichung immer neuer sozialer Ansprüche ist freilich keineswegs nur höhere soziale Harmonie. Die Selbstverständlichkeit, auch für seine sozialen Rechte eintreten zu können, hat zum sozialen Fortschritt der Moderne wesentlich beigetragen, macht es aber umgekehrt immer schwerer, der damit ausgelösten Dynamik des permanenten Forderns noch irgendwie durch demokratische Prozeduren Grenzen zu setzen.

Aber nicht nur soziale Rechte machen den Bürger aus. Nach Habermas hängt gleiche subjektive Handlungsfreiheit zusätzlich davon ab, »dass sich die Betroffenen in ihrer Rolle als Staatsbürger, und das heißt: durch den öffentlichen Gebrauch ihrer kommunikativen Freiheiten, über die angemessene Interpretation der jeweils berührten Bedürfnisse und über die relevanten Gesichtspunkte des Vergleichs typischer Lebenslagen klar werden und nach demokratischen Verfahren einigen«[176]. Ich habe ausführlich dargelegt, warum ich die Hoffnung auf einen vernünftigen Diskurs, der das leisten könnte, für Illusion halte. Luhmann hat solche Zweifel noch radikalisiert. Es gehe bei derartigen Erwartungen nur noch darum, die Grundannahmen des demokratischen Systems nicht als Illusion erscheinen zu lassen, um das Bewahren der »Hoffnung, dass Öffentlichkeit oder jedenfalls kommunikatives Handeln etwas ausrichten könne – oder jedenfalls den Anspruch festhalten müsse, etwas ausrichten zu können«[177].

In der Praxis wird die von Habermas konzipierte vernünftige Verständigung über den Gebrauch der eigenen kommunikativen Fähigkeiten durch die Wahl jener politischen Vertreter ersetzt (Optimisten könnten sagen, realisiert), von denen man die beste Vertretung der eigenen Interessen erwartet. Parlament und Regierung sind sodann gefordert, die formalen Legitimationsmechanismen mit der praktischen Legitimation im sozialen Tausch zu verketten. Selbst bei einer kritischen Analyse des Parlamentes ist es daher verfehlt, das Parlament nur als »funktionslosen Appendix der Herrschaftsordnung«[178] zu verstehen. Wer aus den Wahlen als Sieger hervorgegangen ist, der kann in Verwaltung und Gesetzgebung genau jenen sozialen Tausch in Praxis übersetzen, der Macht in einem demokratischen System überhaupt erst legitimiert – die Erbringung von Leistungen, um wiedergewählt zu werden. Und hier kommt das Recht ins Spiel.

Gesetze sollen im sozialen Tausch den Machthabern die Akzeptanz ihrer Wähler sichern. Parteien, die allein oder gemeinsam den formalen Legitimationsmechanismus des Gewählt-Werdens mit ausreichender Mehrheit erfüllen, entscheiden darüber, welche Bestimmungen Gesetz werden und welche nicht. Die Einheit des Staates wird damit freilich weder durch gemeinsame Grundüberzeugungen noch durch ein gemeinsames Bewusstsein hergestellter Gerechtigkeit (etwa im Sinne John Rawls) gesichert, sondern allein durch die Einheit der Rechtsordnung.

Genauso hat es schon Hans Kelsen formuliert. Seien wir uns aber bewusst, welche Abgründe unter einem solchen Fundament lauern könnten. So manche Aussagen Kelsens (etwa: »Jeder beliebige Inhalt kann Recht sein, es gibt kein menschliches Verhalten, das als solches … ausgeschlossen wäre, zum Inhalt einer Rechtsnorm zu werden.«)[179] sind aus heutiger Sicht, mit dem Wissen um die Geschichte des 20. Jahrhunderts, zutiefst beunruhigend. Aber das positive, das tatsächlich geltende Recht, ist angesichts der fundamentalen Auseinanderentwicklung der Lebensformen das Einzige, was als Fundament der staatlichen Ordnung übrig bleibt.

Das bedeutet freilich, dass westliche pluralistische Gesellschaften mit dem Grundproblem einer »ethisch defizitären Erhaltungsordnung« (Ernst-Wolfgang Böckenförde) zurande kommen müssen. Eben deshalb wird ja immer wieder versucht, dieses Defizit durch die Berufung auf gemeinsam anerkannte elementare Menschenrechte auszugleichen.

Aber diesem Anspruch widerspricht schon die tägliche Praxis: Nicht gemeinsame Wertvorstellungen gehen in die jeweiligen Gesetze ein, sondern die der jeweiligen Mehrheit. Politiker sehen sich jeder Menge von Forderungen gegenüber, die von den unterschiedlichsten Gruppen, Parteigängern, Massenmedien und NGOs an sie herangetragen werden. Moralvorstellungen oder Werte werden dabei nicht umgesetzt, sondern eher für die jeweils eigenen Zwecke instrumentalisiert. Und weil dabei jede organisierte und politisch relevante Gruppe nach Kräften ihre eigenen Vorstellungen zu verwirklichen trachtet, ist das Ergebnis letztlich ein Auseinandertreten von Recht und Moral und der Ersatz von Moral durch die Verflechtung von Recht und Politik, wie es Uwe Wesel diagnostiziert hat[180].

5.3.2.2 Die Praxis der Entstehung von Gesetzen

Bismarck hat einmal gesagt, je weniger die Leute wüssten, wie Wurst und Gesetze gemacht würden, desto ruhiger könnten sie schlafen. Nun ist Bismarck nicht gerade als begeisterter Parlamentarier bekannt. Aber auch überzeugte Parlamentarier sehen sich den laufend an sie gestellten Anforderungen kaum gewachsen. »Für mich ist eine gewisse Resignation im Kreis der Parlamentarier charakteristisch. Weil das eine unheimliche Arbeit ist, wenn man Gesetze auf ihre Anwendbarkeit und Verständlichkeit analysieren muss. Das verlangt eine Auseinandersetzung mit dem Problem, und ich glaube, dieser Herausforderung stellen sich die wenigsten Parlamentarier.«[181]

Damit steht Heinrich Neisser nicht allein. In Österreich haben mehrere Abgeordnete zum Nationalrat bereits 1993 öffentlich zugegeben, dass sie gar nicht mehr in der Lage sind, die Konsequenzen auch nur der wichtigsten von ihnen beschlossenen Gesetze zu überblicken.

Parlamentarier sind mit einer Fülle von Arbeit konfrontiert, die sich unter immer höherem Zeitdruck abspielen muss (ein Parlamentarier beklagte sich mir gegenüber über den hohen Anteil an »Fensterbrettgesetzen«: Initiativ- oder Änderungsanträge, die er im Sitzungssaal der vorbereitenden Ausschüsse nach Sitzungsende wegen besonderer Dringlichkeit noch am Fensterbrett unterschreiben müsse, ohne sie auch nur zu lesen). Und je härter der politische Wettbewerb der Parteien, desto größer auch der jeweils notwendige materielle Legitimationsbedarf. Das geschieht zunehmend durch das Delegieren von Entscheidungen an Experten, die einzeln oder in größeren Kommissionen auftreten, ob diese nun Hartz- oder Rürup-Kommission oder wie auch immer heißen. Hier geht es letztlich um eine bewusste und faktische Überlassung der Sachkompetenz, nicht zuletzt, um die Verantwortung für unpopuläre Maßnahmen nicht alleine tragen zu müssen. Genau darauf zielt die Kritik des damaligen Präsidenten des deutschen Bundesverfassungsgerichtes Hans-Jürgen Papier, der 2003 die Verlagerung von wesentlichen Teilen der Politik in Kommissionen und Verbändeabsprachen als »Selbstentmachtung des Parlaments«, mit einem entsprechenden »Gefährdungspotenzial für die parlamentarische Demokratie«, gesehen hat.

Es ist üblich, Gesetze nach Materien (z. B. Handelsrecht, bürgerliches Recht, Verwaltungsrecht, Strafrecht, Verfahrensrecht usw.) zu strukturieren. Aber auch zynischere Einteilungen (etwa mit Josef Isensee Situations- und Anlassgesetze, Zeit- und Experimentiergesetze, Eintags- und Einweggesetze) hätten durchaus ihre Berechtigung. Nach der verfolgten Absicht könnte man jedenfalls vier Haupttypen von Gesetzen unterscheiden:

Da wären erstens die Grundrechte der Bürger, deren Formulierung und Ausgestaltung jeder demokratische Rechtsstaat auf seine Fahnen geschrieben hat, zweitens Anlassgesetze, die immer dann beschlossen werden, wenn konkrete Ereignisse auf Reparaturnotwendigkeiten der Rechtsordnung aufmerksam machen, drittens die weder praktisch noch theoretisch zu vernachlässigende Klientengesetzgebung und schließlich die als Begriff ohnedies bereits gängige symbolische Gesetzgebung, der es primär um Selbstdarstellung geht.

5.3.2.3 Grund- und Freiheitsrechte

Nicht erst die Aufklärung der Neuzeit hat Gleichheit und Würde des Menschen betont. Bereits Thomas von Aquin begründete die Gleichheit der Menschen damit, dass Gott sich in gleicher Weise aller Menschen annehme. Die aufständischen Bauern des Mittelalters haben darauf verwiesen, dass Jesus für jeden einzelnen Menschen am Kreuz gestorben sei, um ihn zu erlösen.

Der Beitrag der Aufklärung zum neuen Verständnis vom Menschen hat somit seine Vorläufer. Uns soll es hier aber nicht um die ohnedies nicht ganz so geradlinige geistesgeschichtliche Entstehung und Begründung der Rechte der Bürger gehen, sondern um ihre praktische rechtliche Ausgestaltung. Die sagt ja auch einiges über den tatsächlich beigemessenen Wert.

Die europäischen Staaten haben derzeit genau genommen drei verschiedene Grundrechtskataloge: Die der eigenen Verfassung, die Grundrechts-Charta der Europäischen Union und die Straßburger Menschenrechtskonvention. Die jüngste Entwicklung lässt allerdings zweifeln, ob die tägliche Praxis der Staaten bereit ist, die formulierte Fülle von Grundrechten allzu wörtlich zu nehmen. Sobald staatliche Organe den Lauschangriff oder weitreichendere Maßnahmen zur Bekämpfung des organisierten Verbrechens oder aber des Terrorismus für notwendig halten, werden nicht nur solche Grundrechte ungeachtet ihrer mehrfachen Verankerung rasch in Frage gestellt, sondern es wird ja auch über die Anwendung eindeutig grundrechtswidriger Methoden ernsthaft nachgedacht. Die Art und Weise, wie die Anwendung von Folter in Deutschland nach einem Entführungsfall diskutiert wurde, oder die Behandlung von Gefangenen durch Vertreter der USA nicht nur in einem rechtsfreien Raum, sondern auch in einem irakischen Gefängnis ist erschreckend. Das deutsche Bundesverfassungsgericht hat festgestellt, dass auch Sicherheit einen Verfassungswert darstelle. Das hat gute Gründe, aber damit wird Abwägung möglich.

Nach den Erfahrungen des Zweiten Weltkrieges wurde Artikel 1, Abs. 1 des deutschen Grundgesetzes wie folgt formuliert: »Die Würde des Menschen ist unantastbar. Sie zu achten und zu schützen ist Verpflichtung aller staatlicher Gewalt.« In dieser Formulierung ist die Unterordnung aller staatlichen Gewalt unter diesen obersten Grundsatz klar ausgesprochen: Dieser Grundsatz sei »oberstes Konstitutionsprinzip allen objektiven Rechtes«. So hieß es auch im Standardkommentar zum deutschen Grundgesetz von Theodor Maunz und Günter Dürig seit 1958. Seit 2003 gibt es eine neue Fassung dieses Kommentars zu Artikel 1,

Abs. 1. Auch in dieser heißt es, der Schutz der Menschenwürde gelte absolut und ohne die Möglichkeit eines Güterausgleichs. Aber bei der Konkretisierung bleibe die Berücksichtigung anderer hochrangiger Verfassungsbelange möglich. Das liest sich dann in der Neufassung so: »Trotz des kategorialen Würdeanspruchs aller Menschen sind Art und Maß des Würdeschutzes für Differenzierungen durchaus offen, die den konkreten Umständen Rechnung tragen.«

Das ist eine Formulierung, die über den in diesem Kommentar unter anderem diskutierten Problemfall – wann nämlich der Schutz menschlichen Lebens beginne – weit hinausgeht. Nicht über den – nach Ansicht vieler diskutablen und jedenfalls heftig diskutierten – Zeitpunkt dieses Beginns wird eine Aussage getroffen, sondern der Schutz der Menschenwürde selbst wird der Differenzierung anheimgestellt. Dabei wird nicht nur das Kind mit dem Bade ausgeschüttet, sondern – ausdrücklich ausgesprochen – zugleich alles, was an europäischen Errungenschaften zu diesem Thema je gesagt worden ist. Es gehe, so in der Neufassung des Kommentars hinsichtlich des Schutzes frühen und frühesten Lebens, »um eine Dimension des Würdeschutzes, zu welcher der Diskurs über Gottesebenbildlichkeit, den Beginn der Beseeltheit menschlichen Lebens, sittliche Autonomie und Selbstzweckhaftigkeit der individuellen Existenz in der Geistesgeschichte der letzten zweieinhalb Jahrtausende ebenso wenig einen verlässlichen Zugang bietet wie das schwach konturierte Menschenbild des Grundgesetzes«. Die Errungenschaften eines jahrhundertelangen Prozesses der vorbehaltlosen Sicherung persönlicher Freiheitsrechte des Bürgers gegenüber dem Staat bieten demnach keine Orientierung.

Ob es angebracht ist, die angeblich mangelnde Brauchbarkeit dieser Traditionen für heutige Juristen ausgerechnet in einem Kommentar zum deutschen Grundgesetz und damit vor dem Hintergrund der deutschen Geschichte zu verkünden, ist nicht nur eine Geschmacksfrage, sondern auch eine Frage der Hierarchie menschlicher und staatlicher Ansprüche. Natürlich kann man auch den gegenteiligen Standpunkt einnehmen und meinen, jeder Mensch habe sich dem Staat unterzuordnen. So hat schon Robespierre gegen Danton argumentiert und der Nationalsozialismus gegen den Verfassungsstaat.

Die Praxis ist jedenfalls flexibel. Eine Eizelle nach der Befruchtung in den ersten Phasen der Teilung genießt zumindest derzeit den mächtigen Schutz des Staates gegen die weniger mächtigen Stammzellenforscher. In einem etwas späteren Stadium der Entwicklung unterliegt sein Überleben bis zum Ablauf einer kritischen Frist der Güterabwägung. Man mag zu all dem stehen, wie man will. Man soll nur nicht so tun, als ob heute noch eine einheitliche und klare Dominanz historischer Grundrechte in der gegenwärtigen Rechtsordnung bestünde. Dass die Rechte des österreichischen Obersten Gerichtshofs, diese zu schützen, wegen einer verfahrensrechtlichen Bestimmung in Zweifel gezogen werden, habe ich schon erwähnt.

Niklas Luhmann hat davon gesprochen, dass man so manche vermeintlichen Modernisierungen der Verfassung »als Kondensate symbolischer Politik ohne fassbare juristische Relevanz, als Notation gleichsam für politische Gesänge«[182] verstehen müsse. Die Betonung der prinzipiellen Gleichrangigkeit wichtiger staatlicher Interessen mit menschlichen Grundrechten ist ein bedeutsamer Schritt in die Richtung, die grundsätzlichen Freiheitsrechte der Bürger auf den Stellenwert politischer Gesänge zu reduzieren.

Wer das für eine Übertreibung hält, sollte das Interview des damaligen Präsidenten des österreichischen Verfassungsgerichtshofes Adamovich zur europäischen Grundrechtscharta kennen: »Das Risiko solcher Unternehmungen besteht darin, dass man sehr schön klingende Sätze hat, aber nicht genau weiß, was das im Tatsächlichen bedeutet. … Überspitzt formuliert könnte man sagen, dass es bei den klassischen Grundrechten fast einen Rückschritt gibt.«[183]

5.3.2.4 Anlassgesetze

Oft sind es ganz konkrete Anlässe, die den Ruf nach dem Gesetzgeber laut werden lassen, Fälle, die bestehende Missstände plötzlich ins Bewusstsein rücken. Ob es Lücken im sozialen Netz sind, die anhand eines Einzelfalles manifest werden, oder aber umgekehrt Übertreibungen – wenn etwa das Sozialamt die Kosten einer Wohnung in Miami übernimmt, weil der Bedürftige einen Aufenthalt in Deutschland psychisch nicht aushält – oder etwa der Bedarf nach Regelungen für gentechnisch veränderte Lebensmittel, all dies ist üblicherweise Anlass für Forderungen nach gesetzlicher Regelung. Die Erfüllung von Forderungen ist Leistung im sozialen Tausch und damit politisch von Interesse.

Alle Forderungen an den Gesetzgeber haben freilich eines gemeinsam: »Politik produziert eine Flut von Entscheidungen, die in ihrer Folge weitere Entscheidungen notwendig machen. Der Entscheidungsbedarf wächst und wächst ständig mit der Notwendigkeit, frühere Entscheidungen zu korrigieren.«[184] Die Regelungen werden immer mehr und immer unübersichtlicher. Gesetzliche Regelungen lösen nicht nur heutige Probleme, sie vergrößern zugleich den Umfang der morgen erneut und dann bereits unter anderer Perspektive zu lösenden Probleme.

Das lässt sich an einer Fülle von Beispielen festmachen. Seit 1984 wird in Deutschland an einer Reform des Bürgerlichen Gesetzbuches gearbeitet. Die mit dieser Tätigkeit betrauten Spezialisten haben seither in diesem Basiswerk des Zivilrechtes rund 130 nicht aufeinander abgestimmte Verjährungsvorschriften gefunden. So manche Regeln, die einfach nicht zusammenpassen, wie etwa die über Rücktritt vom Vertrag und die über Schadenersatz, haben bisher nur deshalb wenig Probleme bereitet, weil die Rechtsprechung entweder selbst praktikable Grundsätze erarbeitet hat (z. B. den Wegfall der Geschäftsgrundlage) oder aber bis auf das römische Recht zurückgegriffen hat, um eine vernünftige Lösung zu finden (z. B. die »culpa in contrahendo«).

In Spezialbereichen sind die Unklarheiten oft noch viel ausgeprägter. In der Bundesrepublik Deutschland gab es 1997 (also vor der Hartz'schen Regelung) nicht weniger als 153 staatliche Sozialleistungen, die von 37 verschiedenen Sozialbürokratien erbracht wurden. Zumindest die damalige Sachverständigenkommission »Schlanker Staat« war nicht in der Lage, zwischen diesen Leistungen und diesen Bürokratien »hinlängliche Koordinierungen« zu erkennen.[185] Das ist in der Praxis noch schlimmer, als es sich anhört. So werden etwa in Österreich Wohlfahrtseinrichtungen, die Heime für Behinderte unterhalten und dazu (auch) öffentliche Mittel einsetzen, doppelt kontrolliert. Eine Instanz kontrolliert die allseits einzuhaltende Sparsamkeit, eine andere die Einhaltung der gesundheitsrechtlichen Vorschriften. Beide passen nur nicht zusammen. Wer sich an die Regeln der sparsamsten Mittelverwendung hält, kann den verlangten Betreuungsaufwand nicht leisten, wer den erfüllt, kommt nicht aus. Versuche, bei einer Instanz mit Hinweisen auf die Regeln der anderen zu argumentieren, stoßen, wie in der Praxis erlebt, auf völliges Desinteresse.

Auch in anderen Bereichen nimmt die Rechtssicherheit nicht im gleichen Umfang zu wie die Regelungsdichte. In Österreich hat der Oberste Gerichtshof in einer Entscheidung vom 28. 1. 1997 zum Mietrecht festgehalten, dass sich dem Mietrecht kaum einheitliche Regelungsprinzipien entnehmen ließen. Schließlich seien Rechtsänderungen »meist mühevoll zustande gekommene Kompromisse mit den sich daraus nahezu notwendig ergebenden Unzulänglichkeiten und Ungereimtheiten«. Damit sei eine Auslegung nach dem Gesetzeszweck nicht mehr sinnvoll möglich, dem Rechtsanwender bliebe nur übrig, sich an den reinen Wortlaut zu halten.[186] Und wenn sich der Gesetzgeber selbst nicht mehr auskennt, kann es beispielsweise wie in Deutschland im Herbst 1994 passieren, dass er Vorschriften der Gewerbeordnung ändert, die im Juni des gleichen Jahres außer Kraft getreten waren.[187]

Das föderale Nebeneinander von Landes- und Bundesrecht macht die Sache auch nicht einfacher. Theo Öhlinger hat darauf verwiesen, allein die Antwort auf die Frage, ob neben dem Schloss Schönbrunn eine Plakatwand aufgestellt werden dürfe, hänge davon ab, ob das Thema zum Baurecht gehöre und damit Landessache sei, oder zum Denkmalschutzrecht und damit Bundesrecht sei. Und das sei wohl nur in einem mehrjährigen Verfahren zu klären.

Unkenntnis des Gesetzes schützt nicht vor Strafe und Schaden. Das wird allmählich zum ernsten Risiko. In Deutschland ist das Steuerrecht in einem einzigen Jahr nicht allein durch neue steuerrechtliche Vorschriften, sondern außerdem durch Sonderbestimmungen in folgenden Gesetzesmaterien geändert worden: Sozialgesetzbuch, Rentenfinanzierung, Finanzmarktförderung, Stückaktiengesetz, Seeschifffahrt, Insolvenzrecht, geringfügige Beschäftigungsverhältnisse, Familienförderung, Seuchenrecht, Versicherungsaufsichtsgesetz, Altersvermögensgesetz, Gesetz zur Eindämmung illegaler Beschäftigung im Baugewerbe, Wohnungsbaurecht und sogar im Steuerbeamtenausbildungsgesetz. Paul Kirchhof, auch Professor für Steuerrecht, von dem diese Aufzählung stammt, kommentiert das wie folgt: »Diese Gesetzgebungstechnik der zufälligen Bündelung oder auch des Versteckens ist inzwischen zu einer häufigen Praxis geworden. … Eine form- und stillose Gesetzgebung wirkt wie ein Vagabund, der die Kultur respektvoller Begegnung und gepflegter Sprache nicht beherrscht. Er wird Autorität nicht gewinnen und Beachtung nicht beanspruchen können.«[188]

Mit dieser Kritik steht Kirchhof nicht alleine da. Der Generalsekretär der Österreichischen Juristenkommission Gerhart Holzinger hat festgestellt, Gesetzeskultur sei in Österreich schlicht nicht mehr vorhanden, und der Vorsitzende des deutschen Richterbundes hat zugestanden, die Justizlandschaft sei »zerklüftet und unübersichtlich«. Die bereits zitierte Aussage des deutschen Bundespräsidenten Herzog vom notwendigen Rasenmäher passt in diesem Zusammenhang. Auch sonst fehlt es nicht an warnenden, um nicht zu sagen verzweifelten Äußerungen so mancher Höchstrichter.

Die Problematik des »zerklüfteten und unübersichtlich« gewordenen Rechtes gilt für die EU in nicht geringerem Maße. Beispielsweise wurde EU-Frächterrecht ein Lehrbeispiel symbolischer Rechtsanwendung, »die mehr darauf gerichtet ist, dem Markt zu zeigen, dass der kontrollierende Staat sich doch noch nicht ganz abgemeldet hat … (hat aber zur Folge, dass) der Rechtsbruch nicht aus befindlichkeitsabhängiger, personentypusbedingter Rechtsbruchbereitschaft heraus passiert, sondern das Ergebnis rechtsfreundlich gestützter und betriebswirtschaftlich gut abgesicherter Kosten-Risiko-Kalkulation … ist«[189]. Ein Praktiker weiß schließlich »besser als alle Vollzugsorgane zusammen, wie die Fahrer- und Fahrtendokumentation auf einer Route minutengenau und routenkonform so à jour zu halten ist, dass der Kontrollversuch verlässlich ins Leere läuft, weiß darum, wie vorrätige Urlaubsbestätigungen rasch zu datieren sind, damit die Dokumentation unterlaufen werden kann, weiß, wie durch doppelte Frachtbegleitpapiere das Transitpunkterecht zum Comic wird, weiß, wie ein fliegender Fahrerwechsel die Nachforschungen lahmlegt …«.[190]

Der laufende Ausbau des Rechtes in Richtung immer höherer Komplexität vereitelt die angestrebten Zwecke und lädt zum Missbrauch geradezu ein. Je ausgefeilter die Überregulierung, desto vielfältiger die Umgehungsmöglichkeiten. Dabei ist die Überregulierung oft gar nicht nötig. Die Verurteilung der ehemaligen Manager des Unternehmens EM.TV erfolgte nicht nach dem Straftatbestand der Kursmanipulation – der war wegen angeblichen Bedarfs eingeführt, aber gleich wieder so geändert worden, dass er praktisch unanwendbar geworden war –, sondern nach einer Strafvorschrift für die unrichtige Darstellung des Vermögensstandes einer Aktiengesellschaft, die aus dem Jahr 1897 stammt und sich auch nach mehr als 100 Jahren als praktikabler erwiesen hat als die neuere Anlassgesetzgebung. Und Schadenersatz für geprellte Aktionäre der Firma Informatec wurde aufgrund einer Klausel über »vorsätzliche sittenwidrige Schädigung« zugesprochen – aus dem Bürgerlichen Gesetzbuch von 1896.

Der Verwaltung bleibt die Chance, sich aus der Unzahl der Regelungen die jeweils nützlichen herauszusuchen. Der Wirtschaft bleibt ein Regelungsdickicht, das Risikobereitschaft und Investitionsabsichten beschädigt und zur Umgehung einlädt. Und den Bürgern bleibt je nach Mentalität Resignation, Aggression, Distanzierung oder die Flucht in die Schattenwirtschaft.

Unübersichtlichkeit, Überforderung und Schlamperei haben Konsequenzen, die auch den Ordnungsanspruch des Strafrechtes relativieren. Der Grundsatz des »nulla poena sine lege«, keine Strafe ohne entsprechende Norm, ist eine Errungenschaft der Moderne gegen die Willkürherrschaft der Mächtigen. Die Praxis nimmt es damit nicht immer so genau. Der sogenannte Codex Alimentarius des österreichischen Lebensmittelrechtes, Basis für eine Reihe von Verurteilungen, hat beispielsweise gar keinen Gesetzescharakter, sondern nur den »Status eines kodifizierten, objektivierten, qualifizierten und widerlegbaren Sachverständigengutachtens«[191]. Daher sollte klar sein, dass eine Bestrafung »nicht wegen eines Verstoßes gegen das österreichische Lebensmittelbuch (Anm: das ist der Codex Alimentarius) erfolgen darf, sondern dass das Zuwiderhandeln nur dann strafbar ist, wenn es unter einen Straftatbestand des Lebensmittelgesetzes subsumierbar ist. In der Praxis wurde diese Unterscheidung nicht immer genau vorgenommen«.[192]

Solche Ungenauigkeiten sind nicht zuletzt deshalb bedenklich, weil aus der Strafrechtspflege auch in den westlichen Industriestaaten ein autonomes Subsystem im Sinne Luhmanns geworden ist. Es soll – zumindest offiziell – nach heutigem Verständnis Menschen resozialisieren. In der Praxis werden die der Strafrechtspflege Überantworteten in Anstalten weggesperrt, die nicht mehr von der Justiz, sondern von den dort Eingesperrten beherrscht werden und wo daher allzu häufig nicht Resozialisierung, sondern vielmehr Brutalisierung und neue Kriminalität produziert wird. Reden wir gar nicht von amerikanischen Gefängnissen. Auf die provokante Frage, ob es denn in Österreich gar keinen geordneten Strafvollzug mehr gebe, hat der zuständige Sektionschef des Justizministeriums wörtlich erwidert: »Leider muss man das so sagen.«[193] Das ist auch deshalb besonders problematisch, weil selbst nach dem neuen Strafprozessreformgesetz 2004 in Österreich »weiterhin die vorgesehenen Bestimmungen über den Vollzug der Untersuchungshaft in manchen Punkten nicht einmal den Mindestgrundsätzen für die Behandlung von Gefangenen aufgrund der Resolution 73/5 des Ministerkomitees des Europarates vom 19. 10. 1973 (!) entsprechen«[194].

Der Versuch, Strafvollzug als Bemühen um Besserung aufzufassen, stößt weltweit auf praktische Probleme. »Je größer die Anstalt, desto eher erweist sich die Mühe als vergeblich.«[195]

Verdeckt durch eine ziemlich drastische Realitätsverweigerung, die den Anspruch ursprünglicher Ziele und die traurige Realität der Praxis nicht als unerträglichen Widerspruch wahrnehmen möchte, haben die modernen Gesellschaften eine Maschinerie installiert, die genau das produziert, was sie eigentlich sanktionieren sollte, und die zwar nicht offiziell, aber im praktischen Umgang Gefangener untereinander genau jene Brutalität und Grausamkeit produziert, die abzuschaffen Ziel des modernen Strafvollzugs sein sollte. Der Begriff der Autopoiesis, der Selbstreproduktion sozialer Systeme, passt selten besser als hier. Wie traurig und wie wahr: Auch »selbsterhaltende Systeme können Systeme ohne Hirn sein«[196].

5.3.2.5 Klientengesetzgebung

Wesentliches Merkmal der Demokratie sollte sein, den Interessenausgleich in geordnete Bahnen zu lenken. Insoweit sollte der alte Spruch vom Parlament als Clearinghaus der Interessen nicht nur abwertend verstanden werden.

Da bei Spezialmaterien viele Abgeordnete nicht überblicken können, worum es überhaupt geht, wird die Ausarbeitung von Gesetzesentwürfen meistens den Ressortministern und ihrer Beamtenschaft überlassen. Häufig werden zusätzlich anerkannte Experten von außen beigezogen, die entsprechenden Einfluss gewinnen. Der ehemalige Generaldirektor einer österreichischen Großbank hat in seinen Memoiren mit mehr Stolz als Distanz auf die Fachleute seines Hauses verwiesen, »Spezialisten des Bank-, Börsen- und Steuerwesens, ohne deren Rat und Meinung kaum ein einschlägiges Gesetz im Finanzministerium erarbeitet wurde«[197]. So anheimelnd kann man faktische Machtverhältnisse beschreiben.

Die Undurchschaubarkeit von Regelungen, die nur noch wenigen Spezialisten zu erkennen erlaubt, wer da überhaupt welche Vorteile eingeräumt bekommt, macht es möglich, mit Gesetzen viel mehr Politik zu machen als zunächst erkennbar. Kluge Leute können aus Gesetzen sogar strategische Instrumente in innerparteilichen Auseinandersetzungen machen, wenn etwa der Verfasser des Gesetzes sich damit Unterstützung und sogar Rückendeckung gegen den eigenen Parteivorsitzenden holt. Heinrich Treichl hat bestimmte Inhalte des österreichischen Kreditwesengesetzes 1979, das ein wichtiges Wiener Kreditinstitut nicht gerade benachteiligte, vom Zweck her wie folgt interpretiert: »Dem eigentlichen Urheber des Gesetzes, Hannes Androsch, sicherte dies die schützende Hand der Wiener SPÖ gegen den wachsenden Unmut Kreiskys.«[198]

Offene Bemühungen um Durchsetzung seiner Interessen sind legitim. Das Ausnützen der Komplexität zum unauffälligen Abstecken von Claims ist effizienter.

Als Kreditchef einer Bank hatte ich jahrelang notgedrungen mit dem Insolvenzrecht zu tun. Vielleicht entspricht es dieser subjektiven Perspektive, wenn ich die Sanierung von Unternehmen auch zum Zweck der Sicherung von Arbeitsplätzen immer für ein besonders wichtiges Anliegen gehalten habe. Dem wäre am besten durch eine Annäherung des deutschen und österreichischen Konkurs- und Ausgleichsrechtes an das amerikanische Chapter-Eleven-Verfahren gedient, das auf Schutz eines Unternehmens vor den Gläubigern statt auf Verwertung durch die Gläubiger hinausläuft. Bei allen von mir miterlebten Änderungen dieser Rechtsmaterie wurde dieses Ziel semantisch beschworen und faktisch hintertrieben. Stattdessen kam es zur Sicherung der Ansprüche der Arbeitnehmer durch ein eigenes Insolvenzentgeltsicherungsgesetz, in dem die Abdeckung dieser Ansprüche durch einen eigenen Fonds eingeführt wurde. Dieses Gesetz konnte erstens als sozialpolitische Errungenschaft verkauft werden. Zweitens brachte der neu geschaffene Fonds neue, politisch zu besetzende Funktionen mit sich. Drittens wurde damit ein weiteres Instrument direkter Machtpolitik geschaffen. Denn bei sanierten Unternehmen kann der Fonds seine Zahlungen wieder eintreiben, muss aber nicht. Ein Schelm, wer schlecht darüber denkt, nach welchen Kriterien darüber entschieden wird. Wen soll dann noch stören, dass alle damit verbundenen Kosten in Form einer Abgabe von Arbeitgebern und Arbeitnehmern wieder einmal auf die Allgemeinheit umgelegt wurden.

Rechtsanwälte haben seither wiederholt darauf hingewiesen, »dass ein Ausgleichsverfahren, welches als Sanierungsinstrument ausgestaltet ist, zu wesentlich besseren Ergebnissen geführt hätte«[199]. Der Präsident der Kammer der Wirtschaftstreuhänder hat sich im Februar 2005 – weil Österreich inzwischen die höchste Insolvenzrate der ganzen EU hatte – schon recht verzweifelt für eine Anpassung des Insolvenzrechtes an das amerikanische Chapter-Eleven-Verfahren ausgesprochen – weil das aktuelle Insolvenzrecht »ein Zerstörungsrecht und kein Sanierungsrecht« sei. Gegen die bestehenden Interessengruppen, die bei der gegenwärtigen Form der Insolvenzverfahren ganz gut verdienen, wird das wenig nützen. Und wer das Ganze für eine uninteressante Spezialmaterie hält, sei auf die Schätzung des ehemaligen Justizministers Dieter Böhmdorfer verwiesen, der anlässlich einer Aussage vor einem später auffallend rasch eingestellten parlamentarischen Untersuchungsausschuss speziell zu einem besonders merkwürdigen Konkursverfahren befragt wurde und meinte, dass bei Konkursverfahren mit bescheidenen Verbesserungen des Gesetzes regelmäßig sehr hohe Beträge (Böhmdorfer sprach von einer Milliarde Euro) eingespart werden könnten.[200]

Manchmal geben die verantwortlichen Politiker selbst zu, die Konsequenzen ihrer Gesetzesvorschläge nicht wirklich zu überblicken. Im Fall des Entwurfs eines Antidiskriminierungsgesetzes mit einer schlichten Umkehrung der Beweislast hatte die deutsche Familienministerin Renate Schmidt die Idee, von einem

»lernenden Gesetz« zu sprechen. Im Klartext: Wenn wir merken, dass wir Mist gebaut haben, können wir das ja nachträglich korrigieren.

Klientengesetzgebung und Anlassgesetzgebung fallen gelegentlich auch zusammen, etwa dann, wenn die bisherigen gesetzlichen Regelungen nicht ausreichen, um die eigenen Interessen durchzusetzen. In Deutschland liefert die Fusion der Ruhrgas mit dem Eon-Konzern dafür ein gutes Beispiel. Diese Fusion wurde vom Bundeskartellamt untersagt. Daraufhin gab es eine Ministererlaubnis, die die Fusion gestattete. Wegen der offenbar gebotenen Eile gab es dabei Formfehler, die aber mit einer zweiten Ministererlaubnis behoben wurden. Weil sich die Betroffenen wehrten, kam die Angelegenheit vor Gericht. Dieses (konkret das OLG Düsseldorf) beurteilte beide Ministerentscheidungen als materiell rechtswidrig. Die Fusion kam trotzdem zustande. Denn die Beschwerdeführer wurden alle in dieser oder jener Form abgefunden. Bei einem finnischen Unternehmen wurde da durch Interventionen des deutschen Bundeskanzlers und des Außenministers bei der finnischen Regierung kräftig nachgeholfen. Der anfangs befasste Minister wurde anschließend Vorstandsvorsitzender eines Konzernunternehmens, und sein Nachfolger nahm das Ganze zum Anlass, eine Änderung des Kartellgesetzes anzukündigen, weil das Verfahren der Ministererlaubnis »gestärkt« werden müsse. Im Klartext: Wenn das Gesetz einem Minister im Wege steht, dann muss eben das Gesetz geändert werden. »Gesetze dienen zunehmend als Mittel zur Durchsetzung partikulärer Interessen. Es fehlt ihnen das Fundament einer in der Gesellschaft fest verankerten Wertbasis. Darunter leidet das Rechtsbewusstsein.«[201]

Und wenn man die eigenen Interessen gut genug mit edleren Motiven kaschieren kann, finden sich schnell willige Mittäter. Ein österreichisches Gesetz erhöhte die minimale Wandstärke jener kleineren Öltanks, in denen Haushalten ihr Heizöl zugestellt wird. Das Gesetz ging glatt durch. Wer ist schließlich schon gegen verbesserten Umweltschutz? Rein zufällig wurden die Tanks damit so schwer, dass sie nicht mehr mit den bisher allgemein verwendeten VW-Pritschenwagen transportiert werden konnten. So manchen Kleinhändlern waren die neuerlichen Investitionen zu hoch. Sie haben aufgegeben und ihre Marktanteile sind Großhändlern zugefallen. Welch subtile Nebenwirkungen der Umweltschutz doch haben kann.

5.3.2.6 Symbolische Gesetzgebung

Symbolische Gesetzgebung, also die Verabschiedung von Gesetzen, nur um den Eindruck zu erwecken, der Gesetzgeber handle entschlossen und zielbewusst, ist eine uralte Methode, tatsächliche durch scheinbare Leistung zu ersetzen. Die Römer hatten dafür einen passenden Ausdruck: »ut aliquid fieri videatur«, wörtlich: damit es so aussieht, als ob etwas geschähe.

Für den Staat der frühen Moderne war, um sich als gute Obrigkeit darzustellen, symbolische Gesetzgebung ein wichtiges Element der Selbstdarstellung. Souveränität und Fürsorge wurden nicht unbedingt faktisch, sondern zunächst einmal durch einschlägige Gesetze dokumentiert.[202] Das kann man als Betonung der kommunikativen gegenüber der instrumentellen Ebene werten, wie eine gängige Form der Analyse lautet. Ich werte es einfach als Ersatz tatsächlicher durch vorgetäuschte Leistung im Prozess sozialen Tausches zwischen Herrschenden und Beherrschten, wenn allein schon ein neues Gesetz als besondere Leistung dargestellt wird. Und wenn man nicht weiterweiß oder besonderen Unfug produziert hat, dann wechselt man eben das Thema. Hermann Glaser, in der BRD jahrelang einer der Protagonisten der SPD-Kulturpolitik, spricht von »Sprechblasengaukelei, die jeweils angekündigten Erfolge bei Nichteintreffen durch neue Versprechungen ersetzend«[203]. Semantisch wird notfalls auch das Gegenteil der tatsächlich verfolgten Ziele beschworen, wenn es nur dem Zweck der Machtbehauptung dient. Das Mindeste ist eine Verpackung, die etwas anderes verspricht als den tatsächlichen Inhalt. Steuererhöhungen werden dann beispielsweise als Abbau von Steuerbegünstigungen verkauft, die Schwächung oder Zerschlagung von Institutionen, die der eigenen Macht lästig sind, als Modernisierung oder gar als Demokratisierung. Hauptsache, möglichst wenig merken, worum es überhaupt geht.

Die Darstellung irgendeiner Art von Leistung hängt nicht unbedingt davon ab, ob man sie erbringt oder überhaupt erbringen kann. Das kann auf unterschiedlichste Weise geschehen. Der damalige Wirtschaftsminister der rot-grünen Bundesregierung Wolfgang Clement war als gelernter Journalist mit semantischer Wirklichkeitsgestaltung bestens vertraut. In einem einzigen Interview hat er Folgendes gesagt: »Die Sozialdemokraten … haben gelernt, dass Strukturen, die der Verteilungs- oder der Beschäftigungsgerechtigkeit dienen sollten, sich am Ende als kontraproduktiv herausstellen können. … Volkswirtschaften müssen rascher anpassungsfähig sein. Deshalb sind flexible Märkte ein zentrales Ziel moderner sozialdemokratischer Wirtschaftspolitik. … Die Staatsquote muss sinken und sie wird auch sinken. … Hauptaufgabe des Sozialstaates ist, die Menschen in die Lage zu versetzen, aus eigener Kraft ihr Leben zu gestalten und den Widrigkeiten des Lebens standzuhalten … die Höhe und Dynamik der Sozialausgaben ist nur ein bescheidener Indikator für soziale Gerechtigkeit … moderne Sozialpolitik heißt vor allem Bildungspolitik. … Wir brauchen wieder eine größere Bereitschaft zur Eigenverantwortung.«[204] Offenbar lässt sich auch eine umfassende Kapitulationserklärung traditionell sozialistischer Politik in den Anspruch verwandeln, an der Spitze der Moderne zu stehen.

In Wien hat der Gesetzgeber seine Fürsorglichkeit für die Umwelt schon vor Jahren damit bekundet, dass er ein Salzstreuverbot erlassen hat. Leider herrscht manchmal Glatteis, wo nichts anderes hilft, aber auch für diesen Fall ist vorgesorgt. In einem solchen Fall wurde das Gesetz stets sofort befristet außer Kraft gesetzt. Es dauerte Jahre, bis man sich zu einer vernünftigeren Regelung, der Einrichtung von Schutzzonen um Bäume und Grünflächen, entschloss.

Oberflächliche Beobachter könnten so ein periodisches Hin und Her für groben Unfug halten. Weit gefehlt. Es ist ein eindrucksvoller Nachweis für die Fürsorglichkeit des Gesetzgebers. Beim Erlassen des Gesetzes zeigt er seine Fürsorge für die Umwelt, beim Aufheben seine Fürsorge für die Autofahrer. Rationaler kann man – zumindest bei der hier unterstellten Subjektivität des Rationalitätsbegriffes – gar nicht operieren.

Die symbolische Förderung der Umwelt kann auch gefährlichere Formen annehmen. Transformatoren und Hydraulikleitungen enthielten früher unbrennbare, aber giftige Polychlorierte Biphenyle (PCB). Da war natürlich die Umstellung auf ungiftige Stoffe gefordert. Leider sind solche biologisch abbaubaren Öle brennbar, wie etwa das tragische Unglück der Kapruner Standseilbahn mit 155 Toten im November 2000 gezeigt hat. Tote aufgrund des Trinkens von Hydrauliköl sind dagegen bisher nicht bekannt geworden.

Lao Tse hat bereits vor mehr als 2000 Jahren aus der Beobachtung der Praxis den Schluss gezogen, je mehr Vorschriften es gebe, desto ärmer sei ein Volk. Wie wahr. Schließlich hat er vom Volk gesprochen und nicht von denen, die die Gesetze machen. Für die Auffassung von Offe, dass so manche maßgeblich an der Ausübung politischer Herrschaft beteiligten Akteure gar nicht mehr unter der letztinstanzlichen Kontrolle des Volkes stehen, finden sich heute reichlich Beispiele.[205]

Ein hübsches Beispiel symbolischer Politik fand ich in der Bauwirtschaft. Das Baugeschäft bringt leider gelegentlich Gesetzesverstöße mit sich – wie beispielsweise die ungenügende Beleuchtung von Baustellen bei Nacht oder ungebührliche Staub- oder Lärmentwicklung. Die Arbeitnehmervertreter haben in Österreich durchgesetzt, dass in solchen Fällen zwecks Verwirklichung höherer Gerechtigkeit nicht die jeweiligen tatsächlichen Verursacher, sondern der Vorstand selbst mit einer Verwaltungsstrafe belegt werden sollte. Da die an der Gesetzwerdung beteiligten Juristen alte Begriffe wie Schuld, Zurechenbarkeit und Kausalität doch noch nicht ganz über Bord werfen wollten, wurde im endgültigen Gesetzestext vorgesehen, dass der Vorstand straffrei blieb, wenn er nachweisen konnte, für den jeweiligen Aufgabenbereich einen verantwortlichen Beauftragten bestellt zu haben. Nach Inkrafttreten des Gesetzes wurden so manche Vorstände eines Bauunternehmens mit einer Fülle von Verwaltungsstrafen eingedeckt. Aber das war ja nur der erste Zug. Als Gegenzug gaben die Rechtsabteilungen jedes Mal bekannt, dass ohnedies ein verantwortlicher Beauftragter bestellt sei. Der zeitliche Ablauf konnte dabei so gestaltet werden, dass sich deren Verurteilung wegen der relativ kurzen Fristen eines Verwaltungsverfahrens dann gar nicht mehr ausging. Und während die Urheber des Gesetzes ihren gläubigen Anhängern vom Vollzug von Gerechtigkeit endlich auch für den Vorstand und nicht nur für die kleinen Leute erzählten, gingen überhaupt alle straffrei aus.

All das ist nur konsequent. Die Selbstdarstellung des Gesetzgebers ist wichtiger als die praktische Durchsetzung der Gesetze. Und solange es sich semantisch eindrucksvoll genug begründen lässt, ist der Selbstdarstellung genauso wie der heimlichen Interessenpolitik keine Grenze gesetzt.

Diese Chance und der Druck, mit immer neuen Gesetzen vorzeigbare Leistung produzieren zu müssen, sind erkennbar größer als das Interesse, mit dem Rasenmäher das Gesetz wieder auf überschaubare Dimensionen zurechtzuschneiden. Und so bleibt man halt bei der ständigen Produktion von Gesetzen als Nachweis von Leistung und von Problemlösungskompetenz.

5.3.2.7 Rechtsprechung unter den Bedingungen der Komplexität

Die Rechtsprechung in den Industriestaaten hat sich einen hohen Grad an Kompetenz, Unabhängigkeit und Objektivität bewahren können. Aber auch diese Rechtsprechung muss die enorm gestiegene Komplexität des anzuwendenden Rechtes erst einmal bewältigen. Und viele jüngere Entwicklungen der Rechtsprechung sind auch nicht anders zu verstehen denn als unterschiedliche Verhaltensmuster bei der Annäherung an genau diese Aufgabe.

Eine mögliche Form des Bewältigungsversuchs haben wir gerade im Zusammenhang mit dem österreichischen Mietrecht kennengelernt. Er läuft darauf hinaus, sich bei Entscheidungen so eng wie möglich an den Wortlaut des Gesetzes zu halten, weil ihm kein Sinn mehr zu entnehmen ist, der bei der Interpretation und Anwendung des Gesetzes auf konkrete Einzelfälle hilfreich sein könnte. Bei bestimmten Rechtsmaterien ist aber auch eine geradezu entgegengesetzte Reaktion zu beobachten, das schlichte Abweichen von einem überkomplex gewordenen Recht. Der damalige Präsident des deutschen Arbeitsgerichtsverbandes Peter Hanau hat aufgrund seiner Erfahrungen festgestellt, der eigentliche Herr des Arbeitsrechtes sei der Richter. Es sei daher für das Urteil wichtiger, wer im Bundesgericht sitze, als was im jeweiligen Paragraphen stehe.[206] Die Unübersichtlichkeit des Arbeitsrechtes hat die private Bertelsmann-Stiftung veranlasst, die Universitätsprofessoren Ulrich Preis und Martin Henssler um einen Entwurf für ein Arbeitsvertragsrecht zu ersuchen. Preis hat in diesem Zusammenhang festgestellt, Deutschland sei derzeit in der dramatischen Situation, dass viele Reformvorhaben schlicht an der mangelnden Sorgfalt bei der rechtstechnischen Umsetzung scheiterten.

Da hatte es vergleichsweise noch leichter, wer in Ostdeutschland Schrottimmobilien kaufte, weil ihm für die Anschaffung ein Kredit vermittelt wurde. Die so Geschädigten konnten zwar nicht dem Gesetz entnehmen, ob sie von

Kauf und Kredit zurücktreten und die jeweilige Bank auf die mit dem Kredit angeschafften Immobilien verweisen könnten. Aber sie wussten es, sobald sie im Berufungsweg bis zum deutschen Bundesgerichtshof vorgedrungen waren: Gelangten sie an den zweiten Senat, so würden sie gewinnen, gelangten sie an den elften Senat, so würden sie verlieren. Auch eine Art von Rechtssicherheit, die erst nach einigen Jahren beseitigt wurde. Bei einem anderen aktuellen Thema besteht diese Rechtssicherheit noch nicht: Wer Musik aus dem Internet herunterlädt und an einer Tauschbörse teilnimmt, kann je nach Region mit einem Staatsanwalt rechnen, der erklärt, dringlichere Sorgen zu haben, als diesbezüglichen Anzeigen nachzugehen, oder aber mit einem, der mit Hausdurchsuchung und Beschlagnahmen operiert.

Eine weitere, gerade bei komplexen Sachproblemen naheliegende Strategie der Reduktion von Komplexität ist der Rekurs auf Sachverständige. Die Qualität darauf aufbauender Urteile hängt von der Qualität der jeweiligen Sachverständigen ab. In Deutschland ist die schlimme Conterganaffäre strafrechtlich ohne Klärung zu Ende gegangen, in Österreich ist die strafrechtliche Aufarbeitung des Unglücks der Kapruner Standseilbahn durch ungenügende Sachverständigenarbeit über Jahre hinweg verzögert worden. Dazu kommen gelegentlich weitere Schönheitsfehler. Ein in Wien besonders beliebter psychiatrischer Sachverständiger wurde erst nach vielen Jahren als treibende Kraft bei der Ermordung Behinderter in der Nazizeit enttarnt. Das bisher härteste Urteil gegen einen österreichischen Bankdirektor besteht zu einem guten Teil aus der seitenlangen Wiedergabe eines Gutachtens eines Sachverständigen, der (wie es an sich unerlässlich wäre) gar nicht in der Liste der Sachverständigen eingetragen war und es darüber hinaus mit seinem akademischen Grad nicht übertrieben genau genommen hatte. Das Problem wird nicht geringer dadurch, dass einerseits besonders qualifizierte Fachleute die Bezahlung als Gerichtssachverständiger für zu gering halten, um solche Aufträge anzunehmen, andererseits die österreichische Strafprozessordnung, dem guten alten Obrigkeitsdenken verhaftet, dem vom Gericht bestellten Sachverständigen eine prozessuale Sonderstellung einräumt. Der angelsächsische Brauch, Richter und Geschworene selbst kritisch die von Ankläger- wie von Verteidigerseite aufgebotenen sachkundigen Meinungen vergleichen zu lassen, hat gute Gründe.

Eine noch ganz andere Form der Reaktion auf Komplexität droht vor allem dann, wenn für die Bewältigung der ständig zunehmenden Anforderungen keine ausreichenden Ressourcen mehr zur Verfügung stehen: die faktische Lähmung. So hat sich in Italien – völlig unabhängig von allen anderen bekannten Problemen im Zusammenhang mit Mafia und mit Politikern, oder mit beiden im trauten Verein – aufgrund des Ressourcenmangels eine immer schleppendere Behandlung aller Klagen auch in Zivilprozessen ergeben. Das hat sich herumgesprochen und zu einer allgemeinen Verschlechterung der Zahlungsmoral geführt, weil mit einer Verurteilung so bald ohnedies nicht zu rechnen ist. Bereits Anfang 1995 hat der italienische Generalstaatsanwalt wörtlich von einem Kollaps der Ziviljustiz gesprochen, von einer dramatischen Situation, in der die Rechte des Bürgers aufgegeben werden und der Rechtsschutz verweigert wird.

Die Beeinträchtigung der Rechtsfindung kann freilich auch einfachere und keineswegs nur landesspezifische Ursachen haben. Bei der zunehmenden Komplexität des Rechtes bedeuten lange oder auch bloß schwierige Verfahren zunächst einmal massive Mehrkosten für die Prozessparteien. Prozessführen ist immer teurer geworden, oder noch drastischer, Rechtssuche muss man sich leisten können. Viele Staaten haben deshalb einen Mechanismus des Kostenersatzes für mittellose Kläger oder Beklagte geschaffen. Formal wird damit Abhilfe geschaffen. Aber weil der Ersatz gering ist, fühlen sich manche Rechtsanwälte dadurch nicht ausreichend motiviert. Die Konsequenzen daraus fallen der Öffentlichkeit leider nur bei Strafprozessen auf, wie etwa die teils unglaublichen Nachlässigkeiten von Pflichtverteidigern bei Todesurteilen in den USA, die ja oft erst im Zuge einer Wiederaufnahme eines Verfahrens bekannt geworden sind. Versäumnisse aus Geldmangel in Zivilprozessen haben zwar keine Hinrichtung zur Folge, aber häufig genug zerstörte Existenzen. Unter der Bedingung hoher Komplexität hängt der eigene Erfolg immer mehr davon ab, dass man sich nicht irgendwelche, sondern die besten Anwälte und die besten Gutachter leisten kann. Und das sind selten die billigsten.

Ein französischer Poet hat es einst so schön formuliert: Das Gesetz in seiner erhabenen Gleichheit verbiete es Armen wie Reichen gleichermaßen, unter Brücken zu schlafen und Brot zu stehlen. Das lässt sich aktualisieren: Das Gesetz erlaubt Armen wie Reichen gleichermaßen, aufwendige Prozesse zu führen und dafür die besten und teuersten Spezialisten zu beschäftigen.

Darüber hinaus gibt es zumindest zwei Formen von Rechtsbehinderung, die dem Einfluss der Politik auf die Justiz anzulasten sind. Das eine Problem ist allgemein bekannt, das andere kaum.

Das bekannte Thema ist die Weisungsgebundenheit der Staatsanwälte. Gerne wird sie als Konsequenz des Gewaltmonopols des modernen Staates interpretiert, als Emanzipation aus dem Inquisitionsprozess mit seiner Personeneinheit von Ankläger und Richter, und sogar mit der parlamentarischen Verantwortung des Justizministers für das Handeln der Anklagebehörde wurde argumentiert. Ebenso könnte man eine Weisungsbefugnis des Ministers gegenüber den Richtern mit seiner Verantwortung für eine ordentliche Rechtsprechung begründen.

Die Politik will auf das Weisungsrecht nicht verzichten. Sie hat dafür manchmal etwas dunklere Motive. In Österreich ist es im »Fall Lucona« (so auch der Titel einer von Hans Pretterebner 1987 herausgegebenen Dokumentation) dem durchaus originellen, aber mit erheblicher krimineller Energie ausgestatteten Udo

Proksch gelungen, tief in jene Kreise einzudringen, die man in Österreich halt so gerne Spitzen der Gesellschaft nennt, vor allem in deren sozialistischen Teil. Sein Beziehungsnetz nahm allmählich geradezu sagenhaften Umfang an. Das freute nicht nur die ostdeutsche Stasi, die von Proksch laufend über alle Details des Geschehens in Österreich informiert wurde. Es hat sich auch bewährt, nachdem ein Schiff mit sechs Matrosen und mit einer Proksch gehörenden angeblich kostbaren Ladung auf dem Meeresgrund gelandet war und nach massiven Vorwürfen des Versicherungsbetruges allmählich – mit Ausnahme der Staatsanwaltschaft – ganz Österreich wissen wollte, was da wirklich passiert war. Jahrelang blieb Proksch vor staatsanwaltschaftlichen Bemühungen um Wahrheitsfindung auffällig verschont.

Dafür »fand« der Außenminister Dokumente, die Proksch entlasten konnten. Dummerweise stellten sich diese später als Fälschung des rumänischen Geheimdienstes heraus. Der Beitrag des Innenministers zur Wahrheitsfindung war die Weisung, sämtliche Ermittlungen einzustellen. Die musste er unter einem Sturm der Entrüstung dann doch wieder zurücknehmen. Zwischendurch wurde der Verteidigungsminister erschossen aufgefunden. Nach dem Ergebnis der gewohnt gründlichen Untersuchung schoss er sich selbst in den Kopf, und das durch die geschlossenen Zähne.

Man kann allerdings der Staatsanwaltschaft nicht vorwerfen, in dieser Causa völlig untätig geblieben zu sein. Sie berichtete regelmäßig an das Justizministerium über alle Details der Ermittlungen. Wundersamerweise fanden diese Informationen immer schnell den Weg zu den Anwälten von Udo Proksch. Außerdem konnte die Staatsanwaltschaft zuweilen auch sehr rasch reagieren. Als Pretterebner Strafanzeige gegen Innen- und Außenminister erstattete, reagierte sie umgehend – mit Ermittlungen gegen Pretterebner wegen Verleumdung. Man sollte allerdings auch nicht verschweigen, dass gelegentlich ein Staatsanwalt Pretterebner zwecks Vernehmung in sein Büro einlud und dabei zufällig besonders heikle Unterlagen so auf dem Tisch liegen hatte, dass Letzterer sie ausführlicher studieren konnte.

Manchmal gelingt es der Staatsanwaltschaft, sich vom politischen Einfluss weniger abhängig zu machen und ihrer eigentlichen Aufgabe zuzuwenden, die immer noch heißt, ohne Ansehen der Person zu handeln. Die Rache der Politik kann dann manchmal recht subtil sein. In Italien hat eine mutige Staatsanwältin sich nicht nur mit den Machenschaften der Mafia beschäftigt, sondern auch mit merkwürdigen Vorgängen im Wirtschaftsimperium des Ministerpräsidenten. Dieser entzog ihr darauf den Personenschutz, den sie wegen ihres Kampfes mit der Mafia bekommen hatte.

Das sind Beispiele für die eine, bekanntere Seite der Beeinflussung der Rechtsprechung durch die Politik. Daneben gibt es noch eine unsichtbare, nicht minder gefährliche. In Österreich gab es mehrere große Prozesse aufgrund von Skandalen im Nahbereich der Politik. Dabei ging es unter anderem um Bankskandale, um Wohnbaugenossenschaften, um das Allgemeine Krankenhaus, den Bauring und die damalige Bundesländer-Versicherung. Bei vielen dieser Prozesse gab es eine Reihe von Personen, die mehr und deutlich anderes erzählten, als der offiziellen Version entsprach, aber offenbar ihr Wissen nicht mit dem Staatsanwalt teilen wollten. Vor Gericht kamen meist nur die jeweiligen Manager, und die wurden auch regelmäßig verurteilt. Kaum einer von ihnen hat je die ganze Wahrheit gesagt und die Politik ist meist draußen geblieben. Der Grund dafür war freilich nicht, dass es nie politische Verstrickungen gegeben hätte, sondern ein einfacherer: Nach Urteil und Gefängnisstrafe ging das Leben ja weiter. Wer sich durch Stillschweigen Verdienste erwarb, konnte von seinem alten Netzwerk nach der Haftentlassung Unterstützung erwarten, aber niemals einer, der ausgepackt hat. Die Wahrheit wird so zu einem recht knappen Gut. Und Richter können nur verurteilen, wenn sie Aussagen und Beweise haben.

Das ist nur eine der Konsequenzen genau jener Refeudalisierung, die heutige politische Strukturen wieder durchsetzt. Persönliche Loyalität ist Voraussetzung für die Zugehörigkeit und für den Aufstieg innerhalb der Hierarchie, die sich um die jeweilige Führungsperson bildet. Und diese Loyalität hat sich auch darin zu bewähren, für den jeweiligen Clan-Chef den Kopf hinzuhalten. Unter den besonderen Verhältnissen aktueller politischer Mechanismen kann man dafür wenigstens nachträglich mit Gegenleistungen rechnen.

Das kann manchmal recht komplizierte Formen annehmen. Dem Direktor eines politnahen Unternehmens wurde von seinem obersten Brotgeber dringend nahegelegt, bei einem bestimmten Bau dafür Sorge zu tragen, dass diesen Auftrag auch ein bestimmtes Unternehmen bekäme. Auf eine solche Bitte kann man üblicherweise nicht »Nein« sagen und das geschah auch nicht. Der nächste Wunsch ging dann noch um einiges weiter und wurde daher abgelehnt. Daraufhin wurde der gleiche Direktor von seinem obersten Brotgeber genau wegen jenes Deliktes angezeigt, zu dem er selbst ihn angestiftet hatte. Auch in diesem Fall hielt der Direktor den Kopf hin und wurde prompt verurteilt. Da aber seine Belastbarkeit und irgendwann auch seine Geduld dadurch allerdings ziemlich strapaziert worden waren, wurde er nach seiner Bestrafung wieder zum alten Gehalt beschäftigt, diesmal eben nur als Konsulent. Abgesehen von ein paar Leutchen, denen in ihrer Ahnungslosigkeit die Weiterbeschäftigung eines Vorbestraften merkwürdig vorkam, hatte jeder halbwegs Informierte Verständnis für die Logik des Geschehens.

Man sollte aus den skizzierten Problemen nicht gleich pauschal ein Versagen oder ein Ende des Rechtsstaates ableiten. Aber all diese Beispiele machen eines deutlich, ja unübersehbar: Die immer weitere Steigerung der Komplexität der Rechtsordnung geht zulasten nicht der formalen, wohl aber der faktischen

Gleichheit vor dem Gesetz. Sie erhöht den Aufwand für die Rechtsfindung und sie vergrößert die Spielräume für Willkür und für Rechtsmissbrauch. Und nachdem dieser Umstand so manchen Mitgliedern der Gesellschaft bewusst wird, ändert sich deren Verhalten. Recht wird nicht mehr als Ordnung der Gesellschaft verstanden, sondern als Technologie, die man instrumentalisieren und mit der man allerhand erreichen kann, wenn man diese Technik beherrscht oder die nötigen Spezialisten dafür hat – oder das richtige Netzwerk. Denn genau das ist einer der wichtigsten Vorteile der Oberschicht auch in modernen Demokratien geworden. Hier sei nicht auch noch Oberschicht-Soziologie betrieben, obwohl eine Gliederung nach tüchtigen Machern, Vasallen, Erbhofbauern, Netzwerkspezialisten, Stars und Clowns nicht so schlecht hinkommt. Wesentlich ist das Netzwerk der Oberschicht im Abgabenbereich, im Subventionswesen, bei Umwidmungen und Baugenehmigungen, bei Betriebsanlagengenehmigungen, beim Umweltschutz und nicht zuletzt im Strafrecht. Wer da Verfahrensabläufe im Vorfeld abklären kann, hat die Chance, vor dem Gesetz noch etwas gleicher zu sein als alle anderen.

Manche mittelalterlichen italienischen Stadtstaaten verfolgten einen radikal netzwerkfeindlichen Kurs. Sie sorgten dafür, dass sich das Ämterkarussell schnell drehte, und stellten Richter, Steuerpächter und Säckelwarte unter besonders intensive Beobachtung.[207] Tempi passati.

Bereits Thukydides und Aristoteles haben übereinstimmend gemeint, dass die Qualität, aber auch die Stabilität einer politischen Gemeinschaft außer von der Qualität der Elite und von der Tugend der Bürger vor allem von der Autorität der Institutionen abhängt. Bürokratie und Recht sind wesentliche Institutionen der Gesellschaft. Beider Autorität hat unter der geschilderten Entwicklung ziemlich gelitten.

Steht es um die praktische Tagespolitik um so viel besser?

5.4 Die Illusion von der Machbarkeit der Verhältnisse

5.4.1 Die Nährung der Ansprüche durch die Erfahrungen der letzten Jahrzehnte

Jeweils nach ihrer spezifischen Situation haben die einzelnen gesellschaftlichen Gruppen und Schichten recht unterschiedliche Erwartungen an die Politik. Daniel Bell hielt es gar nicht mehr für möglich, dass zwischen den wichtigsten Gruppen noch vernünftige Kompromisse gefunden werden können. Er hat 1976 in seinen »Cultural Contradictions of Capitalism« auf den seiner Meinung nach unaufhebbaren Widerspruch zwischen den Effizienzzielen der Wirtschaft, den Gleichheitszielen der Politik und der neuen hedonistischen Kultur der individuellen Nutzenmaximierung hingewiesen. Das ist ein Gegensatz zwischen unterschiedlichen Vorstellungen von der Welt, der nicht einfach auf alte Klassengegensätze reduziert werden kann. Die Gegensätze sind tiefer geworden. Und manche Intellektuelle meinen sogar, dass es um nicht weniger gehe als darum, die Lebenswelt »gegen Kolonialisierungsbemühungen des administrativ-industriellen Komplexes« zu verteidigen.[208]

In der Praxis dominiert freilich eine einfachere Erwartungshaltung an die Politik. Die Praxis ist der zunehmende Hilferuf an die Politik, bei der Bewältigung der eigenen Lebenswelt zu helfen. Im Vordergrund steht dabei das Problem, dass die individuellen Erwartungen auf ein auskömmliches Leben und auf soziale Sicherheit zwar von der Politik ständig genährt werden, aber nicht mit den Erwartungen und Eigengesetzlichkeiten eines wirtschaftlichen Systems zusammenpassen, das eben nicht wie ein personales oder ein normatives System aufgrund von Zugehörigkeit integriert, sondern grundsätzlich nur nach den vom Markt honorierten Leistungen.

Von der Politik wird das erwartet, was sie verspricht, nämlich sich um den Ausgleich der Fehlstellen des wirtschaftlichen Systems zu kümmern. Damit aber, so meint nicht nur Luhmann, sondern ebenso eine lange liberale Tradition, sei die Politik schlicht überfordert. Bei Luhmann hängt das mit seiner Vorstellung von ausdifferenzierten Subsystemen zusammen. Ein einzelnes Teilsystem – und mehr sei die Politik ja nicht – wäre mit den spezifischen Problemen der anderen Teilbereiche schlicht überfordert. Für den Anspruch des Staates, die soziale Inkompetenz des wirtschaftlichen Systems durch seine Sozialpolitik zu kompensieren, hat Luhmann sogar den artigen Begriff der »Inkompetenz-Kompensationskompetenz« aus der Philosophie herübergeholt.[209] Für eine alte liberale Tradition war der Sachverhalt ohnedies immer ein anderer: Um das eigene Leben habe sich jeder selbst zu kümmern.

Die historische Praxis hat sich über solche Bedenken hinweggesetzt. In den meisten europäischen Ländern findet sich nach dem Zweiten Weltkrieg trotz aller Unterschiede in der politischen Etikettierung der jeweiligen Regierungsparteien jene Kombination aus Marktwirtschaft und korrigierenden und umverteilenden Maßnahmen, für die der Begriff der »sozialen Marktwirtschaft« gängig geworden ist.

Das Grundkonzept dieser sozialen Marktwirtschaft beruht auf der Überzeugung, dass reine Marktwirtschaft genau das nicht erreicht, was ihre eifrigsten Verfechter behaupten, nämlich Vollbeschäftigung und Wohlstand für alle, sondern im Gegenteil viele Menschen an den Rand der Gesellschaft drängt, weil sie aus den Tauschmechanismen des Marktes ausgeschlossen werden – mit den schlimmen Konsequenzen einer Spaltung der Gesellschaft. Die Vertreter dieses Konzeptes der sozialen Marktwirtschaft haben daher, wie beispielsweise Alfred Müller-Armack, einer der Gründungsväter, immer wieder eines betont, nämlich die »irenische«, soll heißen: friedensstiftende, Bedeutung materieller Ausgleichsmechanismen. Anders lasse sich nämlich das friedliche Zusammenleben in der Gesellschaft gar nicht absichern. Tatsächlich sehen die meisten Menschen Gerechtigkeit nicht allein schon durch faire Spielregeln im gesellschaftlichen Zusammenleben verwirklicht. Ihre Vorstellungen von Gerechtigkeit umfassen kaum je die mögliche Rolle eines Verlierers, sondern durchwegs auch eine Art von Teilhabe, wie unterschiedlich auch immer diese verstanden werden mag.

Dieses Konzept der sozialen Marktwirtschaft hat sich in der Zeit nach dem Zweiten Weltkrieg in allen Ländern Westeuropas in dieser oder jener Form durchgesetzt. Zugleich hat der Wohlstand überall dort fast ständig zugenommen. Durch relative Vollbeschäftigung und den Ausbau der sozialen Sicherungssysteme zugunsten der Ärmeren kam ein Teil des Wohlstandes auch diesen zugute, auch wenn das in einer Art »Fahrstuhleffekt« vor sich ging, wie es Ulrich Beck genannt hat: Für alle ging es nach oben, aber die Unterschiede innerhalb des Aufzugs bleiben die gleichen. Dabei wurde die soziale Marktwirtschaft immer weiter ausgebaut, in Richtung einer umfassenden Planungs-, Entwicklungs- und Serviceagentur.[210]

Die heute aktuelle Form der Frage nach der Leistungsfähigkeit der Politik läuft darauf hinaus, ob ein solcher weiterer Ausbau oder auch nur die Erhaltung des bisherigen unter dem Druck der ökonomischen und demographischen Veränderungen zu Beginn des dritten Jahrtausends überhaupt noch möglich ist oder ob nicht die Gestaltungsmöglichkeiten der Politik immer drastischer hinter den Vorstellungen zurückbleiben, die die Politik selbst genährt hat.

Zu diesem Problem gibt es in der aktuellen wirtschafts- und gesellschaftspolitischen Debatte drei hauptsächliche Positionen. Da wird zum Ersten die notwendige Absicherung der erreichten sozialen Standards gegen die vermeintlich zerstörerischen Kräfte des Marktes beschworen und von der Politik umso drängender eingefordert, je schwieriger diese Aufgabe geworden ist. Diesen Standpunkt vertreten gleichermaßen ernsthaft Betroffene wie Interessengruppen, die ihre Claims abgesteckt haben und jede Veränderung lautstark zu sabotieren trachten. »Ihre Parole ist, latent oder manifest, jenes stoppt die Geschichte!, das Apokalyptiker, Tragiker, Defaitisten und Rentenbezieher zu Verbündeten macht.«[211] Von der Gegenposition aus werden das Aufbrechen der erstarrten Strukturen, die Reduzierung der Soziallasten und die stärkere Berücksichtigung marktwirtschaftlicher Mechanismen als unbedingt notwendig erachtet, um die Konkurrenzfähigkeit der eigenen Wirtschaft zu erhalten und um den Anschluss an die Weltwirtschaft nicht zu verlieren. Und der dritte, nicht minder häufig vertretene Standpunkt ist der moralische: In einer Welt, in der es bereits unvorstellbaren Reichtum gibt, könne und müsse auch dafür gesorgt werden, dass die Armen nicht auf der Strecke bleiben.

Die Argumente werden hier wie dort zu häufig geradezu gebetsmühlenartig wiederholt, um sie hier erneut breittreten zu wollen. Eine Antwort auf die hier gestellte Frage nach der Leistungsfähigkeit der Politik bieten sie nicht.

5.4.2 Was kann Politik überhaupt?

5.4.2.1 Politik, Lebenswelt und Wertvorstellungen

Ich möchte dieser Frage entlang zweier Überlegungen nachgehen. Erstens kann meiner Meinung nach Politik die Lebenswelt weder vor dem vermeintlichen administrativ-industriellen Komplex noch vor dem sehr realen ökonomischen System nachhaltig in Schutz nehmen. Sie kann es schon deshalb nicht, weil eine säuberliche Trennung zwischen Lebenswelt und Ökonomie gar nicht mehr möglich ist.

Die Hoffnung, dass sich »die sozialintegrative Gewalt der Solidarität ... gegen die systemintegrativen Steuerungsmedien Geld und Macht behaupten könne«[212], geht von Unterscheidungen aus, die so schwerlich zu halten sind. Macht und Geld kann man nicht allein dem »System« statt der Lebenswelt zuordnen. Vielleicht passt Geld, verstanden als Tauschpotenzial, das von sozialen Beziehungen abstrahiert, in nutzenorientierte Systeme besser als in andere. Aber Macht ist in allen Arten von Strukturen essenzieller Bestandteil der Lebenswelt, man kann sie weder gedanklich noch praktisch davon separieren. Umgekehrt ist Solidarität ein Mechanismus des Zusammenhaltes in personalen und normativen Strukturen, kaum je in nutzenorientierten Tauschbeziehungen.

Die Ausdifferenzierungen der Moderne haben das Wirtschaftsleben aus den historisch üblichen Bindungen an familiäre Verhältnisse gelöst und den früheren Ausnahmefall der spezialisierten Massenproduktion zum Normalfall werden lassen. Für die darin Tätigen ist sie nicht nur Existenzbasis, sondern auch – wichtiger –Teil ihrer praktischen Lebenswelt. Sie können nicht vor den Verteilungsmechanismen und den Ausschließungsdrohungen des wirtschaftlichen Systems in eine Lebenswelt flüchten, die es nicht mehr gibt. Was es gibt, das sind soziale Beziehungen außerhalb der marktwirtschaftlichen Mechanismen, personale oder normative Strukturen wie etwa Freundschaft, Familie oder Glaubensgemeinschaft. In solchen Beziehungen kann man Verhaltensmuster wie Solidarität oder Loyalität lernen und üben. Erst aufgrund solcher Lernprozesse werden sie auch in marktwirtschaftlichen Beziehungen verfügbar. Insofern ist es richtig, dass manche Formen der kapitalistischen Wirtschaft »ihren ökonomischen Erfolg nicht einer Abgrenzung gegenüber, sondern einer Einbeziehung von Handlungselementen der Lebenswelt«[213] verdanken. Noch Mitte der Neunzigerjahre des vergangenen Jahrhunderts wurde in einem Sammelband gleich mehrfach betont, der freie Markt funktioniere ja nur deshalb, weil er sich auf ein komplexes System von Organisationen und Institutionen stützen könne, die ihr Verhalten an ethischen Prinzipien orientierten.[214]

Vermutlich tragen noch vorhandene personale und normative Verhaltensmuster der Individuen nicht nur zur Funktionsfähigkeit des marktwirtschaftlichen Systems, sondern auch zur Linderung seiner Schwachstellen nicht weniger bei als staatliche Korrekturmaßnahmen. Robert Ruthnow hat darauf hingewiesen, dass sich in den USA immer noch fast die Hälfte aller erwachsenen Amerikaner wöchentlich mehrere Stunden sozial engagiert. Man darf annehmen, dass soziales Engagement in Europa nicht so viel niedriger ist. In kleinen Gruppen und in überschaubaren Bereichen werden familiäre und normative Verhaltensmuster nach wie vor gelebt.

Politik ist für ihren Erfolg auf ganz bestimmte, sehr grundsätzliche Voraussetzungen angewiesen. Diese Voraussetzungen hat Wolfgang Böckenförde mit seiner berühmt gewordenen Formulierung auf den Punkt gebracht, der moderne säkularisierte Staat lebe von Voraussetzungen, die er selbst nicht garantieren könne. Als freiheitlicher Staat könne er nur bestehen, wenn sich die Freiheit, die er seinen Bürgern gewähre, von innen her, aus der moralischen Substanz des Einzelnen und aus der Homogenität der Gesellschaft reguliere.

Beide Voraussetzungen sind nicht mehr gegeben. Die von Böckenförde vorausgesetzte Homogenität der Gesellschaft gibt es nicht mehr. Das ist nicht nur meine Meinung, das ist allgemeiner Sachstand. Die sogenannte multikulturelle Gesellschaft ist zumindest in Sonntagsreden zum allgemeinen Ideal geworden, homogen ist sie schon lange nicht mehr. Auch für Carl Schmitt war soziale Homogenität eine Vorraussetzung für die Funktionsfähigkeit der Demokratie. Umso schlimmer für die Demokratie.

Und die moralische Substanz der Einzelnen? Moral, als Orientierung an normativen Grundsätzen, ist, zurückhaltend formuliert, unter den Menschen ungleich verteilt. Und mit der zunehmenden Dominanz eines mechanistischen Weltbildes nimmt sie weiter ab, nicht zu.

Das wirtschaftliche System profitiert nach wie vor von solchen Einflüssen personaler oder normativer Steuerungsmechanismen. Aber es funktioniert nicht nach solchen Grundsätzen. Gerade im Bereich der Wirtschaft werden die akuten Differenzen zwischen dem, was Politik nach den an sie gerichteten Erwartungen (und gemäß den eigenen Versprechungen) können soll, und was sie wirklich kann, besonders deutlich.

5.4.2.2 Theoretische Ziele und praktische Möglichkeiten der Wirtschaftspolitik

Immanuel Wallerstein hat genörgelt, der Liberalismus sei nach dem Ende des Kommunismus nicht strahlender Sieger, sondern liege selbst auf dem Totenbett. Das ist wohl etwas übertrieben. Die Marktwirtschaft hat sich weltweit als Instrument der Produktivitäts- und der Effizienzsteigerung bewährt. Aber Marktwirtschaft ist wenig geeignet zur Herstellung jener Form von Gerechtigkeit, die mit dem alten Gedanken der »moral economy« verbunden war.

Ich glaube nicht, dass wir Bedarf an einer neuen theoretischen Ökonomie haben, sondern dass die Wissenschaft der Nationalökonomie die realen Verhältnisse recht gut beschreibt, dass aber die offizielle Lesart und bestimmte Meinungen diese Beschreibungen ziemlich verharmlosen. Die elementaren Prinzipien sind seit mehr als zwei Jahrhunderten richtig beschrieben: Solange Güter knapp sind, werden die Preise dafür steigen, werden sich aber eben deshalb auch Unternehmer finden, die von diesen Gütern so lange mehr produzieren, bis die (kaufkräftige) Nachfrage gesättigt ist. Wird mehr an solchen Gütern produziert als benötigt, dann sinken die Preise und werden die relativ teuersten Produzenten aus dem Wettbewerb ausscheiden. Technische Neuerungen können die Kosten senken, dann werden die neuen moderneren und billigeren Produzenten eben jene verdrängen, die vorher mit ausreichendem Gewinn produzieren konnten.

Das bedeutet einen ständigen Kampf um Märkte, ständige Verdrängung und ständige Zerstörung. Wenn Schumpeter diese ständige Zerstörung »schöpferisch« genannt hat, dann nur deshalb, weil es stets die Entstehung des Neueren, Moderneren ist, welche das Ältere verdrängt. Und wenn diese gerade skizzierten Prinzipien als Gleichgewichtsökonomie verkauft werden, dann nur deshalb, weil es zwischen Unterproduktion und Überproduktion eine hauchdünne Linie gibt, in der von Gleichgewicht zwischen Angebot und Nachfrage gesprochen werden kann. Dabei handelt es sich in Wirklichkeit um einen Grenzwert, der meist auch zeitlich wegen der permanenten Veränderung von Angebot und Nachfrage nicht lange anhält. Daraus eine ganze neoliberale Ideologie abzuleiten, ist skurril, aber offizieller Standpunkt in einer breit geführten Debatte. Schon John Maynard Keynes hat diese Schönfärberei kritisiert: »Ökonomen machen es sich zu leicht, wenn sie uns in stürmischen Zeiten nicht mehr zu erzählen haben, als dass der Ozean wieder ruhig ist, wenn der Sturm sich gelegt hat.«

Entscheidendes Merkmal des marktwirtschaftlichen Systems ist die Eröffnung von Gewinnchancen für Unternehmer, die glauben, kostendeckend und mit Gewinn produzieren zu können. Keine andere bekannte Ordnung der Welt hat je Investitionen effizienter gefördert. Aber das gilt nur unter bestimmten Bedingungen. Zu diesen gehören unabhängige und risikofreudige Unternehmer sowie ein funktionierender Rechtsstaat, der der Wirtschaft stabile Rahmenbedingungen sichert, Gewinne zulässt, Kapitalbildung möglich macht – und vor personalen Strukturen schützt, die als Patriarchat oder als Mafia oder als Kombination aus beidem jede Wertschöpfung für sich selbst vereinnahmen wollen. Nach wie vor gibt es nicht zu viele Länder auf dieser Welt, die diesen Voraussetzungen durchgängig entsprechen. Freie Marktwirtschaft ist eher Ergebnis solcher Voraussetzungen als Instrument zu ihrer Durchsetzung. Je korrupter ein Staat, desto höher das Risiko, dass die Anreize zum Knüpfen von Beziehungsnetzen größer sind als die zur Vornahme von Investitionen oder zum Erwerb von Bildung.

Obwohl das Wesen des marktwirtschaftlichen Prozesses in seiner Eigendynamik liegt, wurde noch vor wenigen Jahrzehnten die Wirtschaftspolitik in Europa von reichlich optimistischen Vorstellungen über die Machbarkeit des wirtschaftlichen Prozesses bestimmt. Man glaubte durch die Gestaltung entsprechender Anreize die Investitionen, die Nachfrage und auch die Beschäftigung steuern zu können. Da gab es das Schlagwort vom »magischen Dreieck«, womit die Gleichzeitigkeit und Unbedingtheit der drei Ziele Wirtschaftswachstum, Geldwertstabilität und Vollbeschäftigung gemeint war. Besondere Optimisten haben daraus magische Vier-, Fünf- und sogar Sechsecke gemacht.

5.4.2.3 Die Erhaltung der Vollbeschäftigung als größte Herausforderung

Ich habe oben unter 4.2.3 versucht, die totale Veränderung der Arbeitswelt unter den Bedingungen der Globalisierung und des arbeitssparenden technischen Fortschrittes zu skizzieren. Man kann die dadurch eingeleiteten Trends weiter fortschreiben. Die Ergebnisse sind nicht erfreulich. Die Boston Consulting Group veröffentlichte im Oktober 2004 eine Studie, wonach aus Deutschland bis zum Jahr 2015 bis zu weitere 2 Millionen Arbeitsplätze allein in der Industrie ins Ausland abwandern könnten – das wäre jeder vierte der heutigen deutschen Industriearbeitsplätze. Die Sekundäreffekte auf Arbeitsplätze in der Konsum- und Dienstleistungsbranche, die auf zahlungskräftige Konsumenten angewiesen sind, sind dabei noch gar nicht mit eingerechnet. Unter dem Titel »Capturing Global Advantage« hat die Boston Consulting Group damals geschildert, wie ein international tätiger deutscher Konzern um 2015 voraussichtlich aufgestellt sein dürfte: Grundlagenforschung und Anwendungstechnik in den USA, IT-Programmierung in Polen, Produktion in China. Gerade noch Marketing und Vertriebsleitung würden in Deutschland verbleiben. Das Ganze war durchaus ernst gemeint, keineswegs als Horrorszenario.

Es ist derzeit die wohl wichtigste Aufgabe der europäischen Wirtschaftspolitik, die eigene Bevölkerung in Arbeit und Brot zu halten, um damit nicht nur ihr Auskommen zu sichern, sondern schlicht auch, um weiterhin genügend Beitragszahler allein für die Aufrechterhaltung der bestehenden Sozialsysteme zu haben.

Im quasi klassischen Modell der freien Marktwirtschaft ist das nicht notwendig, denn da herrscht ohnehin grundsätzlich Vollbeschäftigung. Bevor man sich angesichts solcher Frohbotschaft entspannt zurücklehnt, sollte man allerdings in den Lehrbüchern weiterlesen. Denn in diesem Modell wird der Preis der Arbeitskraft, also die Lohnhöhe, bei Vollbeschäftigung vom Markt bestimmt, und der fragt nicht nach den Lebenshaltungskosten. Ja noch mehr: Bei Überkapazitäten, wenn es also mehr Arbeitskräfte gibt, als beschäftigt werden können, gibt es einen Anpassungsprozess. Wie der abläuft, hat Karl Marx eindringlich genug geschildert: Die ständige Anpassung erfolgt in der Form, dass die überzähligen Arbeitskräfte eben verhungern. Daher werde sich der Lohn ständig am Existenzminimum bewegen. Denn steige er darüber hinaus, dann würde es mehr Kinder und damit mehr Arbeitskräfte geben. Diese Bewegung in Richtung »Gleichgewicht« führe aber erneut zu einem Überangebot, das durch neuerlichen Lohndruck und Verhungern der Überzähligen »ausgeglichen« werde. Es ist wichtig, festzuhalten, dass Marx in diesem besonderen Fall und mit dieser Interpretation völlig im Rahmen der klassischen Theorie bleibt und sie nur konsequent zu Ende denkt. Gewerkschaften mit Verhandlungsmacht kommen in diesen Überlegungen allerdings noch nicht vor.

Erst Keynes hat gezeigt, dass es anders als im klassischen Modell sehr wohl Unterbeschäftigung geben kann, während die Gütermärkte sonst im Gleichgewicht sind. Dies gilt völlig unabhängig von seinen sonstigen Vorschlägen für eine Politik, die später untrennbar mit seinem Namen verbunden worden ist. Die Erfahrungen mit der großen Depression der Zwischenkriegszeit waren wohl auch zu eindringlich, um nicht irgendwann die von allseitigen Gleichgewichten schwärmende Theorie denn doch der Praxis ein klein wenig anzunähern.

Und deshalb geht es in der Praxis sehr wohl darum, die Beschäftigung zu fördern. So komplex das Thema auch immer sein mag, so einfach ist das Grundprinzip: Investitionen hängen von Signalen des Marktes ab. Es geht daher darum, zusätzliche Incentives (das gute alte deutsche Wort »Anreiz« ist in dieser Debatte eher selten geworden) zu schaffen, die die Gesamtsumme der Entscheidungskriterien zugunsten der Vornahme von Investitionen am gewünschten Standort beeinflussen. Das können steuerliche Begünstigungen sein, das können Förderungen und Subventionen sein und das kann auch »expansive Fiskalpolitik«, also vermehrte Nachfrage, durch die öffentliche Hand sein.

Theorie und Praxis sind stets auf der Suche nach den unterschiedlichsten Möglichkeiten der Investitionsförderung. Lange hat man zwischen Konjunkturpolitik und Inflationsbekämpfung einen engen Zusammenhang gesehen und daher gehofft, das Tolerieren von Inflation würde wenigstens die Beschäftigung fördern. Das Modell der Phillips-Kurve hat einen solchen engen Zusammenhang zumindest theoretisch plausibel gemacht. In der Praxis ist dieses Modell allerdings durch das Phänomen der Stagflation, soll heißen: die Gleichzeitigkeit von Inflation und Arbeitslosigkeit, widerlegt worden, in der Theorie vor allem durch die Arbeiten von Edmund Phelps, Nobelpreisträger für Ökonomie des Jahres 2006. Er hat gezeigt, dass der Zusammenhang zwischen Inflation und Arbeitslosigkeit nicht formelhaft starr ist, sondern durch Erwartungen beeinflusst wird, die sich im Zeitablauf ändern können. Der Zusammenhang zwischen der Höhe der Inflation und der Höhe der Beschäftigung ist nicht stabil und daher keine brauchbare Basis für die Wirtschaftspolitik.

Eines der aktuell größten Probleme der Praxis ist die Verlagerung von Produktionen ins Ausland. Die Globalisierung macht solche Verlagerungen leichter und die in weniger entwickelten Ländern viel niedrigeren Lohnkosten sind ein gewichtiges Entscheidungskriterium.

Die ökonomische Theorie hat das nicht als Problem, sondern als nützliche Leistung gesehen und damit der Politik wie den Investoren ein gutes Gewissen gesichert. Denn nach der altehrwürdigen Lehre von den komparativen Kosten bekämen auf diese Weise auch Produzenten – und damit Länder – eine Chance, die aufgrund der Kostenstrukturen im internationalen Vergleich in allen Bereichen unterlegen sind. Schließlich werde, wer durchwegs günstiger produzieren könne, sich ohnedies auf das konzentrieren, was ihm den meisten Ertrag bringe. Somit verbliebe auch den anderen Produzenten genug zu tun, wenngleich mit geringeren Erträgen. Eine weltweite Öffnung der Märkte und der Abbau der Handelsschranken sei daher das beste Mittel zur Verringerung der enormen Einkommensunterschiede in dieser Welt.

Zunächst einmal sprechen die Daten dafür. Von 1970 bis 2000 betrug das jährliche Wachstum der Länder, die sich dem Welthandel öffneten, durchschnittlich 4,5 Prozent, das der protektionistischen Länder nur 1 Prozent.[215] Die World Trade Organisation WTO dokumentierte im Juni 2000 ausführlich, dass intensiver Warenaustausch zwischen Ländern regelmäßig auch zur Verringerung der Einkommensunterschiede führt. Und Handelsliberalisierung trägt nicht nur dazu bei, dass Menschen ihr produktives Potenzial besser (oder überhaupt) einsetzen können, sie ermöglicht ihnen letztlich auch, sich besser gegen politische Bevormundung zu wehren. Der »Economist« hat das einmal auf die kurze Formel gebracht, Globalisierung sei der Unterschied zwischen Nord- und Südkorea.

Zum weltweiten Aufschwung der früheren Entwicklungsländer hat die Verlagerung von Produktionen (und damit von Beschäftigungsmöglichkeiten) aus den Industriestaaten in diese Länder wesentlich beigetragen. Aber war der Effekt für die Industriestaaten wirklich nur der, dass sich diese auf die höherwertigen Produktionen konzentrieren konnten? Diesbezüglich sind heutige Ökonomen schon weit weniger optimistisch. Paul A. Samuelson, Nobelpreisträger und Verfasser eines der wichtigsten Standardwerke zur Wirtschaftstheorie – und im Übrigen relativ frei von Selbstzweifeln (»wenn wir wirklich eine neue Theorie für den internationalen Handel bräuchten, würde ich sie selbst schreiben«) –, stellt sogar die Grundannahme der Theorie von der allgemeinen Wohlstandsvermehrung durch Freihandel in Frage. Seiner Meinung nach ist die Annahme der im Kern vor 200 Jahren von David Ricardo entwickelten Freihandelstheorie, dass aus intensiveren Handelsbeziehungen letztlich alle gewinnen, axiomatisch, also in den Grundannahmen der Theorie enthalten und nicht ihr Ergebnis.

Die Annahme eines quasiautomatischen Ausgleichs der Verluste durch die mit den Verlagerungen verbundene Erhöhung der Effizienz des Gesamtsystems ist zwar ein schönes und optimistisches Bild, stimmt aber nicht mit der Wirklichkeit überein. Die Verbreitung von Wissen und besserer Ausbildung in Ländern mit niedrigerem Lohnniveau kann – wie Samuelson seit den Siebzigerjahren wiederholt betont hat – das Gleichgewicht auf den Arbeitsmärkten in den Ländern mit höheren Löhnen dramatisch verändern.

Die aktuelle Praxis zeigt genau dieses Bild. Die asiatischen Länder haben es ja nicht dabei belassen, sich auf einfachere Produktionen zu beschränken, sondern in den letzten Jahrzehnten in großem Stil Beschäftigung in Hightechindustrien geschaffen. Und sie verteidigen diese Errungenschaften ungeachtet teils massiver Handelsbilanzüberschüsse damit, dass sie die Wechselkurse ihrer Währung künstlich niedrig halten. Je später in diesen Staaten der Modernisierungsprozess eingesetzt hat, desto moderner die Anlagen. Japan brauchte Jahrzehnte, um gegenüber den USA einen Handelsbilanzüberschuss aufzubauen, der sich in den ersten Jahren des dritten Jahrtausends bei rund 100 Milliarden Dollar im Jahr bewegt, China hat mit seiner späteren Modernisierung und seinen extrem niedrigen Löhnen binnen weniger Jahre einen Überschuss gegenüber den USA aufgebaut, der sich 2007 in der Größenordnung von rund 200 Milliarden Dollar bewegte. Zugleich wurde das Handelsbilanzdefizit der USA in den ersten Jahren des neuen Jahrtausends immer größer, 2007 lag es deutlich über 700 Milliarden Dollar.

Aber dieses Handelsbilanzdefizit wurde, anders als von der Theorie erwartet, nicht durch eine Absenkung des Wechselkurses des Dollars ausgeglichen. In der Praxis verhindern seit Jahren die Überschussländer China und Japan Anpassungen, die einen steigenden Außenwert ihrer Währungen zur Folge hätten, durch massive Interventionen auf den Devisenmärkten, wie etwa den Ankauf von Dollarwertpapieren. Die chinesische wie die japanische Notenbank lassen Aufwertungen ihrer Währung gegenüber dem Dollar stets nur in einem Umfang zu, bei welchem sie keine Gefährdung der Konkurrenzfähigkeit ihrer Betriebe befürchten. Angesichts der Größenordnungen, um die es dabei geht, hat Merrill Lynch bereits 2003 von der »Mutter aller Absatzfinanzierungen« gesprochen.

Und auch dabei ist es nicht geblieben. Die aus den enormen Exporterfolgen zufließenden Mittel werden zunehmend dazu verwendet, sich weltweit einzukaufen, in Rohstoff- und Ölvorkommen nicht minder als in Hightechunternehmen. Das könnte auf Dauer darauf hinauslaufen, einen freien und offenen Wettbewerb durch die Schaffung von Machtpositionen etwas weniger frei und offen zu gestalten.

Welche Folgen die zunehmende Veränderung der internationalen Arbeitsteilung noch haben wird, darüber sind sich die Ökonomen zutiefst uneinig. Die Meinungen reichen vom tiefsten Pessimismus, der den Zusammenbruch der europäischen Löhne und des Niveaus der sozialen Leistungen bereits in 15 bis 20 Jahren erwartet, bis hin zu vorsichtigem Optimismus.[216] Der gründet sich unter anderem darauf, dass die Löhne in den bisher noch rückständigen Ländern ebenfalls allmählich steigen werden. Aber in einem sind sich Optimisten und Pessimisten völlig einig. Eine Chance haben die westlichen Industriestaaten nur dann, wenn sie die Herausforderungen annehmen und sich aufs Äußerste anstrengen – was heißt, dass sie auch breiten Schichten der Bevölkerung vermitteln können, dass Leistung und Anstrengung völlig unverzichtbar sind. Denn was auf uns alle zukommt, das sind Anpassungsprozesse, deren Umfang derzeit niemand wirklich abschätzen kann.

Die EU hat zumindest bisher die Größe der Herausforderung kräftig unterschätzt. Gemäß Beschlüssen aus dem Jahr 2000 wollte sie unter dem Titel der damals sogenannten Lissabon-Strategie mittels massiver Förderung der Hochtechnologie binnen 10 Jahren zur wettbewerbsfähigsten Region der Welt aufsteigen. Diese Illusion konnte sie vier Jahre später wieder begraben. Als Vorsitzender einer eigens dafür eingesetzten Kommission berichtete der frühere niederländische Ministerpräsident Wim Kok den europäischen Ministerpräsidenten, dass der Abstand der EU zu den USA und zu Asien seit 2000 nicht kleiner, sondern größer geworden sei. Mittel- bis langfristig sei sogar die Zukunft der europäischen Gesellschaft gefährdet, weil die materielle Basis wegbreche. Die Ziele der Lissabon-Strategie seien nur mehr Illusion.

Die Verlagerung von Produktionen aus Industriestaaten in Entwicklungsländer wurde durch die Globalisierung und durch die Liberalisierung des internationalen Kapitalverkehrs massiv erleichtert. Aber der eigentlich auslösende Faktor waren die riesigen Unterschiede in den Lohnkosten. Deshalb bemühen sich ja die in Europa produzierenden Unternehmen auch in Zeiten recht ordentlicher Gewinne um Reduktion der Lohnkosten, sei es durch permanente Rationalisierung oder durch Bemühungen um direkte Lohnsenkungen. Allerdings sind die Unterschiede in den Lohnkosten zu vielen Ländern der Dritten Welt so krass, dass eine tatsächliche Anpassung der hiesigen Lohnkosten an deren Niveau unabhängig von allen wirtschaftlichen Kalkulationen sozial nicht vertretbar, politisch nicht ertragbar wäre. Es gibt hier keine taugliche »Demarkationslinie«, wie Gabor Steingart zu Recht bemerkt hat, an der die Grenzen von Lohn- und Sozialabbau festgemacht werden könnten. Das neoliberale Konzept führt hier zu keinem Gleichgewicht, das Stabilität versprechen könnte.

Aber die Fixierung auf die Lohnkosten muss ohnedies nicht der Weisheit letzter Schluss sein. Indische Unternehmen, die weltweit Bedeutung erlangt haben, setzen beispielsweise keineswegs nur auf ihre Lohnkostenvorteile, sondern bemühen sich vielmehr um technologische Führerschaft in ihren jeweiligen Branchen und ordnen dieser größere Bedeutung zu als ihren Lohnkosten. Richtig daran ist zumindest, dass die Bedeutung der Lohnkosten mit zunehmender Modernisierung der Produktionsstrukturen im Verhältnis zu anderen Kostenfaktoren an Bedeutung abnimmt. Bei den Turnschuhen bestimmter Modemarken beträgt der Anteil der Lohnkosten nur noch acht Prozent und liegt damit bereits niedriger als der Anteil der Marketingaufwendungen. In Europa wird der Anteil der Bürokratiekosten ohnedies bald größer als die Differenz hiesiger Lohnkosten zu denen von internationalen Billigproduzenten.

Außerdem lässt sich der neueren Wachstumstheorie seit ihrer Weiterentwicklung durch Paul Romer und Robert Lucas entnehmen, dass die Produktivität des Faktoreinsatzes einen höheren Erklärungsbeitrag zum Wachstum leisten kann als der Faktoreinsatz (Kapital und Arbeit) selbst. Das heißt im Klartext, dass mit besser ausgebildeten Arbeitskräften mehr zu erreichen ist als mit dem vermehrten Einsatz billiger Arbeitskräfte. Sonderlich neu ist das nicht, aber die Konsequenzen für das Bildungssystem halten sich bisher in überschaubaren Grenzen. Eine wichtige mögliche Strategie zur Erhaltung der Wettbewerbsfähigkeit europäischer Betriebe wird rhetorisch viel energischer verfolgt als in der Praxis.

Was in der Praxis nach wie vor eine große Rolle spielt, das ist die alte, auf Keynes zurückreichende Tradition der Nachfragepolitik. Gedacht war damit die Steuerung der gesamtwirtschaftlichen Nachfrage in der Form, dass ungenügende privatwirtschaftliche Nachfrage durch erhöhte staatliche Ausgaben ersetzt oder umgekehrt überschüssige Nachfrage durch eine restriktive Budgetpolitik abgeschöpft wird. In der Praxis ist davon übrig geblieben, dass in schlechten Zeiten die Ausgaben des Staates höher sind als die Einnahmen.

Allerdings gibt es dabei ein Problem: Ausgaben, die in der Rezession ausgeweitet und in Zeiten der Hochkonjunktur wieder zurückgefahren werden können, sollten ja nicht auf – praktisch kaum mehr rückgängig zu machenden – gesetzlichen Leistungsverpflichtungen beruhen, sondern sollten idealerweise Investitionsausgaben sein, die zugleich die staatliche Infrastruktur verbessern. Im wichtigen Bereich der Bautätigkeit ist ein solches keynesianisches und damit antizyklisches Programm gar nicht mehr durchführbar. Denn egal ob Kraftwerke, Straßen, Bahnen, Bahnhöfe oder Spitäler, überall muss man mit einer endlosen Verlängerung sowohl des Planungs- als auch des Genehmigungsprozesses rechnen. Will man die Investitionsausgaben ausweiten, sind meist weder Planung noch Genehmigungsverfahren rasch genug abgeschlossen. Eine antizyklische Investitionspolitik des Staates scheitert schlicht an den immer umfangreicheren Voraussetzungen, die zwecks Berücksichtigung von immer mehr Interessen und Sekundärzielen für die Genehmigung von Investitionsvorhaben aufgestellt worden sind. Eine flexible Handhabung von Investitionsbudgets hat sich die Politik in Europa selbst unmöglich gemacht.

Verschärft wird das Problem in der Praxis noch durch die zunehmende Unkalkulierbarkeit von Investitionen. Ob ein Allgemeines Krankenhaus in Wien oder ein Lehrter Bahnhof in Berlin oder ein Palais Berlaymont in Brüssel, in diesen wie in zahllosen anderen Fällen haben Umplanungen während der Bauzeit die Kosten explodieren lassen. Und diese tatsächlichen Kosten versucht man gerne zu verstecken. Bei einer der üblichen Verkündigungen der Bereitstellung zusätzlicher Investitionsgelder für den Ausbau der Infrastruktur in den letzten Jahren (damals handelte es sich um eine satte Milliarde für die Bahn in Deutschland) konnten diverse an verschiedenen Eisenbahnbauten beteiligte Baufirmen intern ganz gut ausrechnen, wie viel davon tatsächlich für Neuinvestitionen verwendet werden konnte und wie viel davon nur zur (heimlichen) Begleichung massiver Kostensteigerungen bei Altinvestitionen. Letzterer Zweck überwog bei Weitem. Das angebliche Investitionsprogramm hätte ehrlicherweise nur Zusatzbelastung des Steuerzahlers zur Verschleierung von Fehl- und Umplanungen heißen dürfen.

Luhmann meint lakonisch, »dass das, was die Politik sich als Zweck vorstellt (etwa Beseitigung von Arbeitslosigkeit), ohnehin außerhalb ihrer Möglichkeiten liegt. Es handelt sich nur noch um rhetorische Leistungen …«.[217] Luhmann steht mit dieser Meinung nicht allein. Auch maßgebliche Praktiker der Wirtschaftspolitik, wie etwa der damalige Chairman der amerikanischen Federal Reserve Bank Alan Greenspan, lassen manchmal tiefen Pessimismus durchblicken. Die Wirtschaft sei zu wenig im Voraus einzuschätzen und ökonomische Modelle seien zu unzuverlässig, als dass die Fed mit ihrer Politik auf Statistiken reagieren könne, meinte er bei einer Veranstaltung in Jackson Hole im Herbst 2003. Dies trifft sich mit der Argumentation von Mark Blaug, der 2002 ausführlich dargelegt hat[218], dass theoretischer und empirischer Fortschritt immer weiter auseinanderfallen. Während es in der Theorie immer ausgefeiltere Modelle gebe, sei das Verständnis praktischer Prozesse eher schlechter als besser geworden. Blaug spricht von einer Krankheit des Formalismus und meint damit immerhin so berühmte Arbeiten wie die von Kenneth Arrow oder Gerard Debreus »Theory of Value«, ja sogar die Spieltheorie. Die Begeisterung für das Ideal mathematischer Präzision habe zur Konzentration auf Beschreibungen einer rein virtuellen Wirtschaft geführt, die für kein einziges real existierendes Wirtschaftssystem repräsentativ seien. Und Ökonomen wie etwa Clive Granger, Nobelpreisträger des Jahres 2003, fragen sich (und damit ihre Zunft) in aller Öffentlichkeit, ob wir heute in der Makroökonomie wirklich so viel mehr wissen als vor 25 oder vor 50 Jahren.

Die Praxis scheint diese skeptische These zu bestätigen. Die Theorie zeigt gerade dann, wenn sie einmal ganz besonders gefordert ist, wie etwa bei der Transformation der Sowjetunion, bedrückende Realitätsferne. Und wenn die ökonomische Theorie einmal nicht bloß wieder das Marktmodell anpreist, ergeht sie sich in tiefem Pessimismus. Robert Lucas hat 1995 den Wirtschaftsnobelpreis für den Nachweis erhalten, dass (unter den bisherigen theoretischen Annahmen für Geld- und Beschäftigungspolitik) die rationalen Verhaltensmuster der Wirtschaftstreibenden die beabsichtigten Effekte wirtschaftspolitischer Maßnahmen weitgehend wirkungslos machen können.

Im Juni 2002 beschäftigte sich die alljährliche Kieler Woche, eine Konferenz des angesehenen Instituts für Weltwirtschaft (IfW), mit dem Thema der Konjunktursteuerung. Deutsche Besonderheiten, so meinte dort der frühere Präsident des IfW Horst Siebert, lägen nicht zuletzt darin, dass bereits bei geringen konjunkturellen Ausschlägen massive Strukturprobleme deutlich würden. Und über die Budgetpolitik waren sich die Experten ziemlich einig: Die einzige Aufgabe der Budgetpolitik im Gesamtgefüge der Konjunktursteuerung sei es, die sogenannten automatischen Stabilisatoren wirksam werden zu lassen. Das klingt eindrucksvoller, als es ist. Es bedeutet lediglich, nicht einzugreifen, wenn durch eine Rezession die gesetzlichen Ausgaben – wie beispielsweise für Arbeitslose und Frühpensionierte – steigen und die Einnahmen sinken und damit das Defizit von selbst größer wird, während es in der Konjunktur umgekehrt wieder zurückgehen sollte. Was somit nach dieser Expertenmeinung von budgetärer Konjunkturpolitik übrig geblieben ist, ist nur eine schönfärberische Beschreibung für den Verzicht auf sie.

Es gibt keine Patentrezepte zur Lösung all dieser hier nur angeschnittenen, reichlich komplexen Themen. Aber vielleicht machen die obigen Skizzen deutlich, wie groß die Herausforderung ist und wie notwendig es wäre, gängige Denkmuster und Rezepte kritisch zu überprüfen, statt ständig zu tun, als hätte man die Entwicklung im Griff. Und neue Gesetze machen meist nur alles komplizierter, statt die grundsätzlichen Probleme anzugehen. Wenn man, wie Sloterdijk so hübsch gespottet hat, für das Einschlagen eines Nagels bald die Zustimmung einer eigenen Kommission samt Frauenbeauftragter und Einschaltung des regionalen Ethikrates für Technikfolgenabschätzung und Umweltschutz braucht, wird die Politik das Problem der Arbeitslosigkeit in Europa nicht in den Griff bekommen.

5.4.2.4 Geld- und Währungspolitik

Anders als die Budgetpolitik ist die Geldpolitik in den demokratischen Staaten dieser Welt fast durchwegs jeglichem staatlichen Einfluss entzogen. Das hat historische, aber gute Gründe. Wann immer Staaten in der Vergangenheit die Chance hatten, das umlaufende Geldvolumen selbst zu steuern – was im Effekt der Möglichkeit zum Gelddrucken gleichkam –, führte das mit beeindruckender Regelmäßigkeit früher oder später zu massiver Inflation und zur Vernichtung aller Ersparnisse, die in Geld angelegt waren.[219] Deshalb die heute übliche Unabhängigkeit der jeweiligen Währungsbehörden von der Regierung und damit auch von den besonderen Formen tagespolitischer Entscheidungsfindung.

Die Unabhängigkeit von der Politik hat freilich ein grundsätzliches Dilemma der Geldpolitik nicht zu lösen vermocht. Mit niedrigen Zinsen können Investitionen und private Konsumausgaben gefördert, mit hohen Zinsen dagegen gebremst werden. Niedrige Zinsen sind prinzipiell gut für die Konjunktur – auch wenn man davon keine Wunder erwarten darf, wie das japanische Beispiel gezeigt hat –, aber schlecht für die Geldwertstabilität, und hohe Zinsen vice versa. Im Konfliktfall macht das die Entscheidungen nicht leichter, selbst wenn, wie konkret im Fall der Europäischen Zentralbank, ihre Statuten die Bank nur auf Geldwertstabilität und nicht auch (wie etwa die amerikanische Federal Reserve) auf Konjunktursteuerung verpflichten. Schließlich kann sich aufgrund der vielfältigen Wirkungen ihres Instrumentariums keine Zentralbank der gesamtwirtschaftlichen Verantwortung entziehen. Unter Theoretikern gibt es eine intensive Debatte darüber, ob und inwieweit die umlaufende Geldmenge ein zuverlässiger Indikator oder gar eine Ursache für inflationäre Tendenzen sei, freilich auch, ob sie überhaupt zuverlässig gemessen werden könne.

Zu jeder Meinung gibt es gute Begründungen in Form empirischer Studien. Eine davon hat den Zusammenhang zwischen Geldmenge und Inflation recht gut unterstrichen – soferne die Geldmenge rascher wächst als der Finanzierungsbedarf der Unternehmen. Mit gleicher Gründlichkeit haben andere den Nachweis geführt, dass die Geldnachfrage instabil sei, somit eine mechanische Steuerung der Geldmenge nichts bringe und sich die EZB daher vor einer zu starken Berücksichtigung dieser Größe eher hüten müsse.[220]

Vor etlichen Jahren hat Roger Bootle in seinem Buch »Das Ende der Inflation« sogar argumentiert, dass auf den Gütermärkten mit dem Wachsen Chinas und Indiens und dem technischen Fortschritt eine strukturelle Überproduktion entstanden sei, die permanenten Druck auf die Preise ausübe. Nicht monetäre Faktoren, sondern diese grundsätzlichen Veränderungen auf den Gütermärkten könnten die Inflation wirksam bremsen. Das ist durchaus plausibel. Die Diskussion darüber war lebhaft, führte zu keinerlei einvernehmlichem Ergebnis und hat deshalb irgendwann wieder aufgehört.

Dazu kommt ein aktueller Streit der Theoretiker über das sogenannte Potenzialwachstum. Darunter versteht man jenes Wachstum, das allein durch bessere Ausnutzung vorhandener freier Produktionskapazitäten erzielbar und daher annahmegemäß inflationsfrei möglich sein sollte. Solche Berechnungen haben sich nachträglich als reichlich korrekturbedürftig erwiesen, 2007 haben sowohl Gustav Horn vom Institut für Konjunkturforschung als auch Friedrich Heinemann vom Zentrum für Europäische Wirtschaftsforschung von angreifbaren Methoden, ja sogar von »notorischer Unzuverlässigkeit« dieser Berechnungen gesprochen.

Die Federal Reserve hat in den letzten Konjunkturphasen auf Abschwächungen mit raschen und massiven Zinssenkungen reagiert, die Europäische Zentralbank stets langsamer und zögerlicher. Der EZB hat diese restriktive Linie vor allem in der mehrjährigen Wachstumsschwäche nach der Jahrtausendwende massive Kritik eingetragen. Die lief darauf hinaus, der Ölpreis und öffentlich geregelte Preise wie etwa Tarife seien die Hauptursache von Preissteigerungen, ansonsten zeige sich nirgends übersteigerte Nachfrage, die Inflation verursachen hätte können.

Die EZB konzedierte später, dass tatsächlich ihr Instrumentarium gegen externe Preisschocks wie etwa Preissteigerungen von Energie und Rohstoffen nichts auszurichten vermöge. Sie nimmt aber in Anspruch, wenigstens sogenannte Zweitrundeneffekte eindämmen zu können. Das wären etwa Lohnerhöhungen, die auf solche Preiserhöhungen reagieren. Ob Gewerkschaften und Arbeitgeber in der Lohnpolitik auf die Währungspolitik wirklich reagieren oder überhaupt nur Rücksicht auf sie nehmen, ist die eine Frage, die sich in diesem Zusammenhang stellt. Die andere ist, ob mit solchen Zielsetzungen die Währungspolitik nicht die ohnedies schon recht drastisch gewordenen Ungleichheiten in der Einkommensverteilung noch weiter verschärft.

Die Fixierung der EZB auf die Geldwertstabilität hat im Übrigen außer theoretischen auch historische Gründe. Die Einführung des Euro ist der Bundesrepublik Deutschland als Teil des Preises für die Zustimmung zur Wiedervereinigung abverlangt worden. Im Austausch dafür hat Deutschland eine klare Betonung der Geldwertstabilität in der Politik der EZB verlangt und zugestanden bekommen, schließlich konnte Deutschland eine weltweit anerkannte »harte D-Mark« vorweisen. Ob diese tatsächlich einer gelungenen Stabilitätspolitik der Deutschen Bundesbank oder nicht vielmehr den nachhaltigen Exporterfolgen der deutschen Wirtschaft zu verdanken war, sei hier nicht weiter verfolgt.

Verzichten wir hier auf weitere theoretische Erwägungen. Gezeigt werden soll lediglich, dass auch Geldpolitik weder eine exakte noch eine unstrittige Wissenschaft darstellt. Aus der Skepsis gegenüber allen angeblichen Möglichkeiten der Steuerung des wirtschaftlichen Geschehens kann man die Geldpolitik nicht ausschließen. Alan Blinder, in den Neunzigerjahren selbst einige Zeit Mitglied des Direktoriums der Fed, hat die Möglichkeiten einer begrenzten Einflussnahme auf die Konjunkturentwicklung durch die Geldpolitik grundsätzlich bejaht, aber vor übertriebenem Optimismus gewarnt: »Jede Notenbank sollte ein gutes Maß an Demut in dieser Hinsicht an den Tag legen.«[221] Dem ist wenig hinzuzufügen.

Ohnedies hat sich für die Notenbanken eine ganz andere Front aufgetan. Die Politik der asiatischen Notenbanken, die die Wechselkurse ihrer eigenen Währungen wie geschildert niedrig halten, hat die doppelte Konsequenz, dass erstens ein zu hoher Außenwert des Euro die Konkurrenzfähigkeit der hiesigen Industrie und damit ihrer Arbeitsplätze gefährdet und zweitens Unternehmen bei künftigen Investitionen verstärkt nach Standorten außerhalb des Euro-Raumes Ausschau halten. Trotzdem ist es zumindest bisher nicht einmal ansatzweise zur stärkeren Berücksichtigung der gegebenen außenwirtschaftlichen Problematik gekommen. Aktuell besteht sogar die Gefahr, dass letztlich Europa durch Aufwertung der eigenen Währung und Verlust eigener Exporte und damit eigener Arbeitsplätze die Last der Ungleichgewichte trägt, die zwischen den USA einerseits, China, Südkorea und Japan andererseits entstanden sind.

5.4.2.5 Kredit- und Kapitalmärkte

Märkte, auf denen Angebot und Nachfrage zusammentreffen, gibt es nicht nur für Waren, sondern auch für Aktien, Anleihen, alle möglichen sonstigen Veranlagungen und für Kredite. Auch auf ihnen gilt das Gesetz von Angebot und Nachfrage: Knappe Güter steigen im Preis, reichlich angebotene sinken. Wollen mehr Investoren Aktien kaufen als verkaufen, steigen die Kurse und sinken im umgekehrten Fall. Manche Ökonomen halten daher auch diese Märkte für ein effizientes Instrument zur Steuerung von Angebot und Nachfrage.

Ich habe oben unter 4.2.5.2 versucht darzulegen, dass und warum die Finanzmärkte grundsätzlich instabil sind und es daher immer wieder zu Spekulationsblasen kommen wird.

Es gibt eine Fülle dramatischer Beispiele für solche Spekulationsblasen, deren Platzen ja nicht mehr nur die Spekulanten trifft, sondern auch die Geldgeber. Vor gut dreihundert Jahren wurde in Amsterdam mit Tulpenzwiebeln spekuliert, bis einzelne so viel kosteten wie ein Haus. Gleiches geschah mit Aktien mehr oder weniger dubioser Fernost-Handelsgesellschaften. Von 1924 bis 1929 erlebte die New Yorker Börse eine Verdreifachung des Kursniveaus, nicht zuletzt deshalb, weil die Aktienkäufe zunehmend auf Kredit erfolgten. Die Käufer glaubten bis zuletzt an ständig steigende Kurse. Am 24. Oktober 1929 begannen die Kurse dramatisch zu fallen. Viele Spekulanten verloren ihre Existenz, aber auch viele Kreditgeber erhielten ihre Gelder nicht zurück und mussten Konkurs anmelden. In der Folge traute keiner mehr dem anderen, Kredite wurden zum knappen Gut – letztlich mit der Konsequenz, dass die ganze Weltwirtschaft in eine tiefe Depression stürzte. Das dadurch weltweit verursachte Elend hat, wie oben geschildert, in Deutschland zum Aufstieg des Nationalsozialismus nicht wenig beigetragen.

Die Liste der von den Kapitalmärkten ausgegangenen Krisen lässt sich erweitern, sei es um den »Black Monday« des 19. Oktober 1987, der vor allem deshalb bemerkenswert ist, weil zum Absturz der Kurse um mehr als 20 Prozent an einem einzigen Tag nicht zuletzt der Umstand beigetragen hat, dass viele sich bereits damals auf Handelssysteme verließen, die zwar vollautomatisch handelten, aber mit einer unbrauchbaren Strategie, um die Asienkrise der Jahre 1997/1998 oder um die Internetblase 2000.

In den Jahren vor 2007 entstand in den USA eine neue Blase dadurch, dass Hauseigentümern oder potenziellen Käufern scheinbar immer günstigere Hypotheken angeboten wurden, die, oft auch nachrangig, von immer optimistischeren Werten der Häuser ausgingen und als »subprime« bekannt wurden. Selbst Menschen ohne Einkommen wurden sie angeboten, weil die Geldgeber damit rechneten, das belehnte Haus könne ja ohnedies bei den damals ständig steigenden Preisen gewinnbringend wiederverkauft werden. Und die Kreditvergabe wurde den darauf spezialisierten Instituten immer leichter gemacht, weil in der Zwischenzeit ja ein neuer Mechanismus entdeckt worden war: Viele einzelne solcher Hypotheken werden zur Besicherung von Schuldverschreibungen zusammengefasst. Diese Schuldverschreibungen können dann wegen ihrer vermeintlichen Sicherheit als Asset Backed Securities auf den weltweiten Kapitalmärkten weiterverkauft werden. An die Solidität dieses Mechanismus haben nur leider auch die großen Ratingagenturen geglaubt, die Unternehmen, die die Ausfallswahrscheinlichkeit und damit die Bonität von Schuldverschreibungen beurteilen.

Es kam, wie es kommen musste und wie es in ähnlicher Form ja immer wieder gekommen ist. 2007 platzte die Blase. Mit niedrigen Anfangszinsen wurde nur zugedeckt, dass dafür in der Folge immer höhere Zinsen zu zahlen sind. Und der Verkauf des Hauses ist auch kein Ausweg mehr, weil die Hauspreise wieder zu sinken begonnen haben. Betroffen sind aber nicht nur Private (und ihr Konsum, was Fernwirkungen für die amerikanische Konjunktur befürchten lässt), betroffen sind auch die Kreditinstitute, die die Hypotheken vergeben haben, und alle, die solche Asset Backed Securities gekauft haben. Wegen der guten Handelbarkeit dieser Papiere verteilen sich die Verluste rund um den Globus, und es gibt kaum noch Schätzungen, die den Schaden allein für Banken und Investmentfonds mit weniger als 260 Milliarden Dollar beziffern. Auch jetzt leiden die Geld- und Kreditmärkte zusätzlich darunter, dass in der nunmehr ausgebrochenen Vertrauenskrise niemand mehr Geld herborgen möchte. Und es mehren sich die Stimmen, die als Folge erneut massive Auswirkungen auf die Gesamtwirtschaft befürchten. Aber genau das ist das eigentliche Problem: Die grundsätzliche Instabilität der Kapitalmärkte wird immer wieder zu schweren Störungen der Realwirtschaft führen. Auch unter dieser Perspektive wird Gleichgewichtsökonomie zum realitätsfernen Glasperlenspiel.

Es wäre eine weitere ausführliche Schilderung wert, wie sehr die Aufsichtsbehörden, die weltweit für solide Veranlagungen von Banken und anderen Kapitalsammelstellen sorgen sollen, von dieser Krise auf dem falschen Fuß erwischt wurden. In Europa haben sie die traditionellen Kredite an mittelständische Unternehmen mit einem Regelwerk, das unter dem Namen »Basel II« bekannt geworden ist, gegen alle Mahnungen substanziell erschwert, aber dafür bei Veranlagungen generell die Beurteilungen durch Ratingagenturen zum Dogma und zur Richtschnur gemacht. Der begrenzte Wert solcher Ratings zeigt sich gerade mit erschütternder Eindringlichkeit. Eine zusätzliche Pikanterie liegt darin, dass diese Verschärfungen unter amerikanischem Druck entstanden, die USA selbst sie aber bisher nicht für nötig hielten und die Fed erst im Dezember 2007 den Banken so einschneidende Neuerungen vorschrieb wie die, dass sie Kreditnehmer darauf prüfen müssen, ob sie die Kredite auch zurückzahlen können.

Geld-, Währungs- und Kreditpolitik haben leider alle eines gemeinsam: Sie sind von eminenter Bedeutung für die Zukunft und sie interessieren außerhalb kleiner Kreise von Spezialisten niemanden. Und so verstehen die letztlich Betroffenen oft gar nicht, wodurch sie da eigentlich zu Betroffenen werden.

5.4.2.6 Ist Ordnungspolitik überhaupt noch machbar?

Stellen wir ein paar der bisherigen Ergebnisse nebeneinander: Das starre Revierdenken der Interessengruppen, der ständige Rekurs auf Moral als Universalargument, die permanente Realitätsverdrängung in Tateinheit mit umfänglicher Reflexionsbehinderung und die zunehmende Unfähigkeit, hochkomplexe Systeme überhaupt noch zu steuern. Die Konsequenzen dieser Gemengelage aus zunehmendem Problemdruck und erstarrten Mechanismen politischer Willensbildung sind nicht mehr Systemverbesserungen, sondern nur noch ein immer höherer semantischer Aufwand zum Verdecken eigener Unzulänglichkeiten.

Nehmen wir für den immer skurrileren semantischen Aufwand nur ein Beispiel, die Debatte über die Vorschläge der Hartz-Kommission zum deutschen Arbeitsmarkt, die eine Flexibilisierung des Arbeitsmarktes mit der Verringerung staatlicher Leistungen an Arbeitslose verbinden wollte. Dazu verlautete etwa auf der theoretischen Ebene: »Solche monokausalen Modelle sind in fast allen Fällen signifikant unterkomplex, da sie zumeist nur einen minimalen Anteil der tatsächlich vorfindbaren Varianzen des Problems erfassen können.«[222] Oder: »Zuerst wird das bisherige Instrumentarium der Arbeitsmarkt- und Sozialhilfepolitik abqualifiziert, um dann der ökonomisch monotheistischen Glaubensgemeinschaft die Wege der Erlösung zu verheißen.«[223] Oder, zur Rettung des Abendlandes: »Der Funktionswandel der Arbeitslosenversicherung trägt somit dazu bei, die Grundlagen einer lebendigen, partizipatorisch orientierten Demokratie auszuhöhlen.«[224] Von Zeit zu Zeit wird wenigstens daran erinnert, dass die eigentlichen Probleme anderswo liegen. Friedhelm Hengsbach hat zur Arbeit der Hartz-Kommission gemeint, sie wirke »wie Reparaturarbeiten an einem Feldlazarett, während die Kriegshandlungen unvermindert weiterlaufen«[225].

Immer mehr Ökonomen befürworten derart drastische Formulierungen. Sie meinen damit, dass die Wirtschaft der alten Industriestaaten heute in einem erbitterten weltweiten Wirtschaftskrieg um Marktanteile und damit ebenso um die Bewahrung von Arbeitsplätzen stehe, während viele Politiker und Repräsentanten der öffentlichen Meinung glauben machen wollten, die Herstellung möglichst komfortabler Feldlazarette sei auch in dieser Lage – deren Ernst ja ohnehin von den meisten gar nicht erkannt wird – die vordringlichste Aufgabe. Im Frühjahrsgutachten 2003 der deutschen Wirtschaftsforschungsinstitute hieß es, schon seit Jahren sei keine konsistente Wirtschaftspolitik erkennbar. Man sollte dafür nicht allein die damals tätige Regierung verantwortlich machen. Es ist für jede Regierung schwierig, bei der gegenwärtig üblichen Form des öffentlichen Diskurses auch mit noch so notwendigen Reformen voranzukommen.

Peter Glotz hat seiner Partei, der SPD, angesichts all dieser Probleme der Wirtschaftspolitik immer wieder geraten: »Heraushalten, nur ja heraushalten.« Sachlich hat er damit ja nur allzu recht. Aber die Mechanik des sozialen Tausches verlangt von der Politik immer wieder Leistungen für die Wähler. Politiker sind daher veranlasst, auch und gerade dort sich durch Leistungsnachweise zu legitimieren, wo ihnen die Orientierungen brauchbarer Konzepte fehlen (oder noch schlimmer: wenn man längst kapiert hat, dass die eigenen offiziellen Konzepte nichts mehr taugen, aber gerade damit viele Wähler für sich gewinnen konnten).

Gelegentlich mag es – zumindest politisch – helfen, so zu tun, als ob man etwas täte. Sogar die alte Ankündigungspolitik ist noch immer gängig. Noch billiger sind Erklärungen der Art, sich nachhaltig für irgendetwas einzusetzen, alle verfügbaren Möglichkeiten auszuschöpfen, mit aller Entschiedenheit diese oder jene Interessen vertreten zu wollen und dergleichen. Beliebt ist auch Reisediplomatie, die den Eindruck von Aktivität vermittelt. EU-Insider sind sich (im kleinen Kreis) einig, dass die regelmäßigen Treffen der Regierungschefs eigentlich nur noch zwei Funktionen haben: erstens die kollektive Realitätsverdrängung (die ja noch besser funktioniert als die individuelle) und zweitens eine Menge Aufmerksamkeit in den Medien.

Selbst für das nicht gerade belanglose Thema des internationalen Umweltschutzes sehen manche Beobachter in internationaler Zusammenarbeit vor allem »eine Bühne, auf der Regierungen und andere Akteure besonders dem heimischen Publikum ihr umweltpolitisches Engagement und ihre guten Absichten vorführen können«[226].

Als Mitglied der Wirtschaftsdelegation, die den damaligen Bundeskanzler Bruno Kreisky 1981 nach Saudi-Arabien begleitete, konnte ich einen Eindruck von solcher Reisediplomatie gewinnen. Das war zwei Jahre nach einem großen Ölpreisschock und Saudi-Arabien zählte zu den reichsten Ländern der Erde. Dieser Reichtum wurde von der SAMA, der Saudi Arabian Monetary Agency, verwaltet. Ein Mann wie Kreisky, der damals über enormes auch internationales Prestige verfügte, hatte eine gute Chance, Investitionsgelder für Österreich zu gewinnen. Beim Termin mit der SAMA, an dem auch ich teilnehmen konnte, hat Kreisky das nicht einmal versucht. Die ziemlich verblüfften Saudis, die erkennbar mit einer langen Liste von Vorschlägen gerechnet hatten, wurden mit einem Small Talk konfrontiert, wie er bei keinem beliebigen Diplomatenempfang belangloser hätte ablaufen können. Umso eindrucksvoller dagegen die Schilderung der Begegnung in der Pressekonferenz zum Ende der Reise. Die Journalisten waren wie üblich von Kreisky begeistert, da kam es auf einen deprimierten Augenzeugen seines geradezu provokanten Desinteresses an Sachfragen nicht weiter an.

5.4.3 Der Verlust von Zusammenhang und von Zusammenhalt

5.4.3.1 Der Verlust des Regelvertrauens

Vertrauen ist für den Zusammenhalt einer Gesellschaft von kritischer Bedeutung. Niklas Luhmann hat versucht, die Funktion von Vertrauen im sozialen Tausch näher zu klären und zur Definition gefunden, Vertrauen sei eine riskante Vorleistung gegenüber anderen.[227] Vertrauen ist demnach eine subjektive Erwartungshaltung, die von einem anderen ein bestimmtes künftiges Verhalten mit so großer Sicherheit erwartet, dass sie ihr eigenes Verhalten darauf abstellt. Man traut einer Bank oder auch einem Notar, dass sie hinterlegtes Geld ordnungsgemäß verwenden. Täte man das nicht, wäre es nicht rational, es ihnen anzuvertrauen. Man vertraut in Organisationen vom Militär bis zur Post darauf, dass Mitarbeiter erteilte Aufträge ausführen. In einem Fall kann Sieg oder Niederlage davon abhängen, im anderen Fall die Verlässlichkeit der Postzustellung. Selbst das Gottvertrauen in normativen Systemen gehört hierher: Wer Opfer bringt oder ein gottgefälliges Leben führt, hofft auf Gegenleistung, und sei es erst im erwarteten nächsten Leben. Auch die historischen Institutionen der Vasallentreue oder des Patronats wären ohne ein solches Vertrauensverhältnis nicht funktionsfähig gewesen.

Vertrauen ist daher ein Bestandteil sozialer Verhaltensmuster, der bestimmte Formen sozialen Tausches überhaupt erst ermöglicht. Tausch ist grundsätzlich auch ohne Vertrauen möglich, aber dann gibt es eben keine risikobehafteten Vorleistungen. Das zeigt sich deutlich in nüchternen marktwirtschaftlichen Zusammenhängen. Wer einem anderen etwas verkauft und ihm vertraut, dass dieser zahlen kann und will, wird liefern und die Rechnung mit- oder nachschicken. Traut er ihm nicht, dann will er Barzahlung. In größeren Fällen geht man entweder eine Warenkreditversicherung ein oder liefert gegen Akkreditiv, das Zahlungsversprechen einer Bank. Für sozialen Tausch ohne Vertrauen wurden ausgefeilte Instrumente entwickelt. Die Ökonomie definiert den zusätzlichen Aufwand dafür als Transaktionskosten. Wenn das Vertrauen fehlt, muss man sich eben dagegen absichern, nicht übervorteilt zu werden. Wenn man einander vertrauen kann, sind diese Kosten niedrig oder entfallen überhaupt.

Aber in personalen und normativen Systemen geht es um weit mehr als nur um Kosten. Anthony Giddens unterstreicht das in seinen »Konsequenzen der Moderne« und bemüht dazu sogar den Begriff der ontologischen Sicherheit.[228] Diese »bezieht sich auf das Zutrauen der meisten Menschen zur Kontinuität ihrer Selbstidentität und zur Konstanz der sie umgebenden sozialen und materiellen Handlungswelt. Grundlegend für die Empfindungen der ontologischen Sicherheit ist ein Gefühl der Zuverlässigkeit von Personen und Dingen, wie es auch für den Vertrauensbegriff maßgeblich ist.«[229] Ein solches »Vertrauen in andere ist ein psychisches Bedürfnis anhaltender Art … (Dabei aber) impliziert Vertrauen schon von früh auf eine gewisse Wechselseitigkeit der Erfahrung … bleibt das Vertrauen unausgebildet … stellen sich anhaltende Existenzängste ein. Der Gegensatz zu Vertrauen ist also im eigentlichsten Sinn ein Bewusstseinzustand, der sich am ehesten durch den Begriff der existenziellen Angst oder Furcht resümieren ließe.«[230]

»Urvertrauen« ist nach ziemlich einhelliger Meinung der Psychologen für die gesunde soziale Entwicklung von Kindern in der frühesten Lebensphase unerlässlich. Es geht dabei um elementare Muster personaler Beziehungen, die sich durch die Bereitschaft auszeichnen, heute Leistungen zu erbringen, für die man erst in Zukunft mit – allfälligen – Gegenleistungen rechnen kann. Genau das aber ist eine spezifische Besonderheit personaler und normativer Systeme.

Man kann daher uneingeschränkt Luhmann folgen, wenn er meint: »Wo es Vertrauen gibt, gibt es mehr Möglichkeiten des Erlebens und Handelns, steigt die Komplexität des sozialen Systems, also die Zahl der Möglichkeiten, die es mit seiner Struktur vereinbaren kann.«[231] Eine komplexe und doch strukturierte Weltordnung sei ohne eine komplexe Sozialordnung und diese wiederum ohne Vertrauen nicht zu konstituieren.[232]

Es gibt ein anregendes Buch von Matt Ridley, das dem Phänomen der Selbstlosigkeit nachgeht.[233] Er will darin zeigen, dass hinter vermeintlicher Selbstlosigkeit in normativen Systemen ein anderer Gegenwert (z. B. der Lohn im Himmel) stecke bzw. in personalen Systemen der Egoismus der Gene. Was den komplexen Gegenwert in normativen Systemen betrifft, schließe ich mich gerne an. Auch andere spezifische Leistungen normativer Systeme als der Lohn im Himmel, wie Respekt und Anerkennung, sozialer Status und Verbleiben im Gedächtnis der Gemeinschaft, setzen eigene Leistungen voraus, die ohne Vertrauen in die künftige Gegenleistung wohl kärglicher ausfallen würden.

Leistungen in personalen Systemen zugunsten anderer Mitglieder der Gruppe erklärt Ridley mit dem gängigen Egoismus der Gene. Das schließt an William D. Hamiltons Theorie der »kin selection« an, wonach es sich genetisch auszahlen könne, eigene Interessen zurückzustellen, wenn dadurch enge Verwandte mit entsprechender genetischer Ausstattung umso mehr Fortpflanzungserfolg haben könnten. Diese Theorie, die für die Entwicklung der Soziobiologie eine große Rolle gespielt hat, konnte allerdings, wie Jürgen Tautz und Heidi Keller anhand einer Vielzahl von Experimenten gezeigt haben, nicht wirklich bestätigt werden. Braucht man aber diese Theorie überhaupt?

Wer sich als Teil eines gemeinsamen Ganzen versteht, handelt auch für das Ganze. Das beginnt bei der Rudelbildung der Wölfe und gilt ebenso für menschliche Vergemeinschaftungen. Und in vielen Fällen braucht man nicht einmal die Annahme kollektiver Identität. Das zeigt sich sogar an dem von Ridley selbst gebrachten Beispiel der Hautpflege in Affengesellschaften: Blutsverwandte säubern einander das Fell nach Bedarf. Genetisch Fremde müssen eine Gegenleistung fürs Läusesuchen sofort erbringen. Das lässt sich aber auch einfacher interpretieren als mit genetischer Übereinstimmung: Wenn die Erwartung gesichert ist, dass der jeweils andere beim nächsten Mal genauso hilft, wie man jetzt zu helfen bereit ist, wird man nicht lange zögern. Bei Fremden, die man nicht kennt, kann man dagegen nicht auf künftigen Ausgleich vertrauen.

Vertrauen in personalen Systemen schafft Risikogemeinschaften mit Versicherungseffekt. Eine Fülle verschiedenster menschlicher Gemeinschaften hat sich so konstituiert und in der Geschichte immer wieder bewährt, von Familien bis zu Eidgenossenschaften. In solchen Gemeinschaften hilft man sich wechselseitig, weil man weiß, dass es einmal diesen, einmal jenen treffen kann, und weil man darauf vertraut, dass der andere im gegebenen Fall genauso handeln würde.[234] Die genetische Verwandtschaft ist dabei hilfreich, kann aber auch bloß fingiert sein. 2000 Jahre Vertreibung haben die Juden überstanden, weil sie eng zusammengehalten und sich auch in den Großfamilien immer wieder wechselseitig geholfen haben. Eine interessante Theorie besagt auch, dass der relativ rasche Aufstieg von Chinesen in anderen Ländern und Ethnien vor allem der Intensität ihres familiären Zusammenhaltes zu verdanken sei.

Und daher sind die Verhaltensmuster personaler und normativer Systeme in ihrem jeweiligen sozialen Zusammenhang sehr wohl rational, solange man den Nutzenbegriff nicht materiell einengt und zugleich individualisiert. Das Aufbringen und ebenso die Honorierung von Vertrauen können dann sehr wohl als rationales Verhalten verstanden werden.[235] Sogar die Computersimulationen etwa von Robert Axelrod zeigen[236], dass Programme am erfolgreichsten sind, die lernen, nach dem Prinzip »tit for tat« vertrauenswürdig zu agieren und Vereinbarungen einzuhalten. Auf der Basis von Vertrauen, und nur auf dieser, sind einseitige Vorleistungen rational. Sie führen, wenn das Vertrauen nicht enttäuscht wird, zu einem entsprechenden Verhalten auch des Leistungsempfängers und konstituieren damit qualitativ andere und zugleich komplexere Verhaltensmuster wie etwa generationenübergreifenden Tausch, Engagement für die Gemeinschaft ohne unmittelbare Gegenleistung und damit letztlich die Orientierung des eigenen Verhaltens am gemeinsamen Nutzen, nicht allein am eigenen. Die Bedeutung des Vertrauens für die Herausbildung von Verhaltensmustern wie Solidarität und Loyalität kann daher gar nicht hoch genug eingeschätzt werden. Die Stabilität und die Effizienz solcher traditionellen Systeme wird durch Gefühle der Zuneigung, in normativen Systemen auch durch solche der Überzeugung und der Begeisterung noch kräftig unterstützt.

Erik H. Erikson hat eine Theorie der psychosozialen Entwicklungsstufen vorgelegt, die im Standardwerk von Zimbardo und Gerrig wie folgt beurteilt wird. Sie »nimmt in mehrfacher Hinsicht eine herausragende Stellung ein (und) … zeigt in genialer Weise auf, wie qualitative Veränderungen in den zentralen Lebensthemen durchaus mit einem kontinuierlichen Entwicklungsprozess vereinbar sind«[237]. Nach dieser Theorie sind Vertrauen und auch Bindungsfähigkeit sogar Voraussetzungen für eine gelungene Entwicklung der Persönlichkeit. Denn demnach bedarf es dafür bereits in den ersten eineinhalb Lebensjahren der Herausbildung eines stabilen Sicherheitsbewusstseins, eben jenes Urvertrauens zu den ersten Bezugspersonen. Zwischen 3 und 6 Jahren braucht man Vertrauen in eigene Initiative und Kreativität, von 6 Jahren bis zur Pubertät Vertrauen in eigene angemessene soziale und intellektuelle Fähigkeiten, das sich später zu Vertrauen in die eigene Person abrunden soll, im jungen Erwachsenenalter Fähigkeit zur Bindung an jemanden anderen und danach Interesse an Familie, Gesellschaft und künftigen Generationen, das über unmittelbar persönliche Belange hinausgeht.[238]

Die Einbindung in personale oder normative Strukturen ist daher nicht allein an Kriterien der Zugehörigkeit gebunden, sondern auch an bestimmte Verhaltensmuster. Und dazu gehören eben auch Vorleistungen auf erst spätere Gegenleistungen.

Wenn mehr und mehr Menschen keine ausreichende Sozialisation erfahren, sind ihre Chancen auf eine zufriedenstellende psychosoziale Entwicklung, die auch die Ausbildung von Vertrauen und Bindungsbereitschaft beinhaltet, gering. Nur bei einem sehr engen Verständnis von Individualität und Freiheit wird man dies nicht als Verlust ansehen. Vielmehr gibt es eine Reihe von sozialen Phänomenen, die sich recht direkt aus abnehmender Bereitschaft, ja Unfähigkeit zur

Bindung ableiten: Kriminalstatistik und Medizin registrieren die Konsequenzen als Wohlstandsverwahrlosung oder umgekehrt als direkte Verwahrlosung der eigenen Kinder, als zunehmenden Suchtmittelmissbrauch und als Gefühlsarmut und Verrohung mit immer unglaublicheren Verhaltensmustern von Einzeltätern bis hin zur Gewalt gegen Kleinstkinder. Verglichen damit handelt es sich um geradezu harmlose Fälle des Mangels an Sozialisation, wenn die Wirtschaft bei Lehrlingen immer häufiger mit fehlendem Basiswissen und Ahnungslosigkeit selbst hinsichtlich der einfachsten Umgangsformen konfrontiert wird.

Oft genug zeigt sich ein Circulus vitiosus, der sich von Generation zu Generation aufschaukeln kann: Am Anfang stehen die unterschiedlichsten Faktoren: der ökonomische Ausschluss aus dem Arbeitsprozess, Armut oder Arbeitsbelastung beider Eltern, die Zunahme alleinerziehender Elternteile, die der Dreifachbelastung mit Beruf, Haushalt und Kindern nicht mehr entsprechen können, dazu selbst in scheinbar intakten Familien immer öfter krasser Egoismus und Vernachlässigung oder Alleinlassen des Nachwuchses. Je geringer aber in der Folge die Sozialisation, desto weniger kann auch die nächste Generation an Bindungsfähigkeit und an Bereitschaft, Vertrauen zu investieren, mit auf den Weg bekommen.

Francis Fukuyama hat 1995, drei Jahre nach seinem Werk über das Ende der Geschichte, auch über »Trust: The Social Virtues and the Creation of Prosperity« geschrieben. Fukuyama unterstreicht ebenfalls die Bedeutung von Vertrauen als kulturprägender Faktor. In der Wirtschaft habe Vertrauen nicht nur kostensenkende, sondern auch unmittelbar effizienzsteigernde Wirkung. Vertrauensschwache Gesellschaften sind nach Fukuyamas Meinung deshalb im Nachteil, weil sie sich bei der Entwicklung großer, komplexer sozialer Institutionen schwerer tun. Man darf diese Überlegung zu Ende führen: Die Konsequenz von fehlendem Vertrauen ist eine Gesellschaft, in der komplexe personale und normativ begründete Tauschbeziehungen von der Norm zur Ausnahme werden.

Vertrauensverlust hat natürlich auch und in besonderem Maße Konsequenzen für die breiteste Form organisierten sozialen Zusammenhaltes, für das politische System. Robert Putnam[239] hat – genauso wie Fukuyama für die Wirtschaft – betont, in der Politik seien horizontale, lokal kontrollierte Institutionen dem zwischenmenschlichen Vertrauen förderlich. Die Herrschaft großer, hierarchisch und zentral organisierter Bürokratien untergrabe es dagegen. Er unterlegt diese Überlegungen mit den unterschiedlichen Entwicklungsprozessen in Nord- und Süditalien. Die Bürokratisierung der EU war damals ja auch noch nicht so fortgeschritten wie heute.

Hansjörg Siegenthaler hält den Verlust des Vertrauens in die bisher geltenden Regeln sogar für eine entscheidende Ursache gesellschaftlichen Niedergangs.[240] Denn das Vertrauen in die Richtigkeit und Gerechtigkeit der Tauschregeln der Gesellschaft gehe verloren, wenn diese Sieger und Verlierer schaffen, wenn sie also, in unserer Terminologie, über Ausbeutung zu einseitiger Akkumulation führen oder wenn sie als ungerecht empfunden werden.

Genau das ist aber wieder der Fall. Nach einer im Dezember 2007 vorgestellten Umfrage des Allensbacher Instituts für Demoskopie im Auftrag mehrerer Stiftungen ist die Zahl der Bürger, die das in der Bundesrepublik Deutschland real existierende marktwirtschaftliche Modell subjektiv für gerecht halten, auf einen absoluten Tiefpunkt gesunken. Nur mehr 15 Prozent halten dieses Modell für sozial gerecht, nach 35 Prozent im Jahr 2000 und nicht weniger als 50 Prozent im Jahr 1979 (damals konnte diese Frage allerdings nur in Westdeutschland gestellt werden).

Es geht mir hier nicht darum, eine Objektivierung des Begriffs sozialer Gerechtigkeit zu versuchen. Hier wird sich kaum je eine gemeinsame Auffassung finden lassen. Aber das kritische Phänomen ist ja, dass auch subjektiv empfundene Ungerechtigkeit zu einer Änderung der Verhaltensmuster führen kann. Siegenthaler meint, dass in jeder Gesellschaft irgendwann die Verlierer aufhören würden, den Regeln zu folgen, die sie – ihrer subjektiven Einschätzung zufolge – zu Verlierern gemacht haben. Je weniger sie sich aber an die alten Regeln halten, desto tiefer gerät die Gesellschaft in die Krise.

Vertrauen in die Gerechtigkeit der Regeln, um bei Siegenthalers Perspektive anzuknüpfen, wird außerdem deshalb schwinden, weil es zu den Mobilisierungsstrategien politischer Parteien gehört, Gefolgschaft dadurch zu gewinnen, dass man Menschen bewusst macht (oder auch nur einredet), zu den Verlierern zu gehören – für die man sich ja eben deshalb einsetzen wolle.

Vertrauensverlust übersetzt sich dann nicht nur in das jeweils suggerierte Wahlverhalten (oder überhaupt gleich in Wahlabstinenz), sondern ebenso in das subjektiv durchaus rationale Verhalten eines Anstrengungsminimierers oder eben eines Olson'schen Trittbrettfahrers. Man reduziert die eigenen Leistungen so weit wie möglich und holt an Leistungen aus dem System heraus, was immer möglich ist. Das geht umso besser, je komplexer die Systeme der sozialen Sicherung oder auch bloß der Besteuerung werden. Statt auf den Rechtsstaat verlässt man sich darauf, es sich richten zu können.

Max Weber hat das nicht anders gesehen: »... sobald freilich alle beteiligten Spieler voneinander gegenseitig wissen, dass die vereinbarten Spielregeln überhaupt nicht mehr eingehalten werden, ist die empirische Evidenz (der Ordnung) nicht mehr gegeben und besteht auch die betreffende Vergesellschaftung nicht mehr. Sie besteht so lange und insoweit, als ein an ihren Ordnungen irgendwie dem durchschnittlich gemeinten Sinn nach orientiertes Handeln noch in einem praktisch relevanten Umfang abläuft.«[241] Autoritätsverlust des Staates, zunehmende Gewalt und der Zusammenbruch traditioneller Mechanismen des Vertrauens gehen Hand in Hand.[242]

Auch von anderen Perspektiven her kann man zum gleichen Ergebnis kommen. Claus Offe spricht von der »Erwartungs-Überlastung«, der die Staatsgewalt unter den Bedingungen von Parteienkonkurrenz, Verbandspluralismus und relativ freien Massenmedien ausgesetzt sei.[243]

Offe verweist auf die Sprengkraft akkumulierter Enttäuschungen und erwartet als Konsequenz einen Polarisierungsprozess, der entweder zwischen den Parteien zu einer Verschärfung der Auseinandersetzung und damit zu einer neuerlichen Reideologisierung führt, oder aber zu einem Verlust der Kanalisierungsfähigkeit der etablierten Parteien, die neue soziale Bewegungen immer weniger kontrollieren können. Die gegenwärtig zu beobachtende Dynamik des Auftretens immer neuer Non-Government-Organisationen, die auf politische Entscheidungen Einfluss nehmen wollen, deutet vornehmlich in die zweite Richtung. Beide Entwicklungen führen so oder so dazu, die Ausgangssituation zu verschärfen.

Raymond Tanter und Manus Midlarsky haben die zunehmende Diskrepanz zwischen den theoretischen Ansprüchen an die Gesellschaft einerseits und den tatsächlichen Ergebnissen andererseits und die dadurch in der Folge entsprechend reduzierten Erwartungen gegenüber der Gesellschaft in ein komplexes Modell gebracht, an dessen Ende ebenfalls ein zunehmendes Protest- oder sogar revolutionäres Potenzial steht.[244] Ob man in einer freundlicheren Variante vom ständigen Verkauf von Illusionen reden will oder skeptischer von einer strukturellen Verfälschung der Wirklichkeit, die Wähler reagieren darauf mit zunehmender Skepsis. Anlässlich des World Economic Forum in Davos im Jänner 2005 präsentierte die amerikanische PR-Firma Edelmann die Ergebnisse einer Umfrage (1500 Befragungen aus acht Ländern, allerdings eingeschränkt auf Angehörige der A-Schicht), wonach Non-Government-Organisationen nicht nur bereits mehr geglaubt wird als der Politik, sondern auch mehr als den Aussagen der Wirtschaft oder Meldungen der Massenmedien.

In den letzten 60 Jahren hat sich viel verändert: Die Nachkriegszeit in Deutschland und Österreich kannte einen gemeinsamen Willen zum Wiederaufbau, der in Österreich sogar als »Sozialpartnerschaft« faktisch institutionalisiert worden ist. Mit kräftiger Hilfe durch den Marshall-Plan konnten in wenigen Jahren die schweren kriegsbedingten Zerstörungen beseitigt werden. Die enge Kooperation der Interessenvertretungen von Arbeitnehmern und Arbeitgebern hat da sehr geholfen. Aber »der Gesellschaftsvertrag der Nachkriegszeit ist aufgekündigt«, wie es Hengsbach genannt hat.[245] Wenn das Vertrauen fort ist, dann schwindet auch der gute Wille.

Nicht minder drastisch als der Verlust des Vertrauens in das System ist der Verlust des Vertrauens in die Politiker. Noelle-Neumann zeigt in einer Analyse des Ergebnisses der deutschen Bundestagswahl vom September 2002, welchen Grund der Wankelmut der Wähler hat, der noch in den letzten Wochen vor dieser Wahl zu geradezu dramatischen Verschiebungen in den Wählerpräferenzen führte: Die Deutschen hätten »den Glauben daran verloren, dass die Volksparteien überhaupt willens und in der Lage seien, die für die Zukunft Deutschlands notwendigen Entscheidungen zu treffen«.

Noelle-Neumann erhärtete diese Aussage anhand der Antworten auf eine Reihe von Einzelfragen, die ihr Allensbacher Institut in diesem Zusammenhang gestellt hatte. Unter anderem wurde abgefragt, bei welchen Berufsgruppen man alles in allem vertrauen würde, dass sie die Wahrheit sagten. Ärzte, Pfarrer und Richter stehen da an der Spitze, den Politikern trauen das gerade noch vier Prozent der Befragten zu. Die jahrzehntelange Aufklärungsarbeit der Politiker, die sich wechselseitig ständig als korrupt und unfähig hingestellt hatten, hatte allmählich Erfolg. 52 Prozent stimmen der Aussage zu: »Wie auch immer die Wahl ausgeht, die Politiker werden so und so nicht mit den Problemen bei uns fertig«[246]. Nur allzu wahr: »Politisches Vertrauen wird auch dann erschüttert, wenn ebenso ratwie erfolglose Regierungsakteure aufgestaute ... Problemlagen nur noch vor sich herzuschieben scheinen.«[247]

Ich habe versucht, politisches Verhalten nicht als Ausdruck von Versagen oder Unfähigkeit zu verstehen, sondern als jene Optimierungsstrategie, die übrig bleibt, nachdem Sachpolitik unter den gegenwärtigen Mechanismen des öffentlichen Diskurses immer weniger Chancen hat. Und dieser Zwang zu bestimmten strategischen Verhaltensmustern hat viel mit fehlendem Vertrauen zu tun. Diese erzwungene Einengung politischen Verhaltens hat wohl am knappsten Paul Kirchhof auf den Punkt gebracht: »Wenn sich Desinformation, Argwohn und Misstrauen so ausweiten und verfestigen, dass der Politiker unter stetigem Unrechtsverdacht steht, verändert sich seine Entscheidungssituation grundlegend. Die klassische Frage Wittgensteins, ob Sprache Kleid oder Verkleidung des Gedankens sei, wird in der Bedrängnis und Hast Medien-öffentlicher Politik vielfach im Sinne des verbergenden und beschönigenden Kleides beantwortet.«[248]

Da waren wir ja schon: Der Wettbewerb von Programmen, von Bemühungen um sachgerechte Lösungen, der Wettbewerb von Argumenten wird wegen fehlenden Vertrauens, wegen mangelnder Glaubwürdigkeit ersetzt durch den persönlichen Eindruck, den die Spitzenkandidaten zu vermitteln vermögen. So kann das fehlende Vertrauen in Ordnung und Argumente letztlich dazu führen, immer mehr archaischen Mechanismen wie Patronat und Gefolgschaft zu vertrauen. Der starke Mann ist auch ein Modell der Zukunft, nicht nur der Vergangenheit. Die große Chance für die Herrschaft der Wölfe besteht darin, dass viele sich lieber einem starken Leitwolf anvertrauen als einem System, dem sie nicht mehr trauen.

5.4.3.2 Realitätsverdrängung als politisches Basisphänomen

Ich möchte an dieser Stelle an ein früheres Ergebnis anknüpfen: Vernunft ist subjektabhängig und wird deshalb vor allem als instrumentelle Vernunft manifest. Bourdieu meinte in seinen »Méditations pascaliennes« sogar, dass Theorien des sozialen Handelns, die die Universalität der Vernunft voraussetzen, nur in die intellektuelle Isolation führen.

Die instrumentelle Vernunft wird in Tauschbeziehungen nach der ihr eigenen Logik stets dazu verwendet, eine möglichst hohe Bewertung der eigenen Leistung durchzusetzen. Das kann in den unterschiedlichsten Zusammenhängen geschehen – von der schlichten Überredung bis hin zur Schaffung von Ideologien, die Herrschaft und Ausbeutung begründen. Und immer geht es dabei um das genaue Gegenteil dessen, was Platon in sein Verständnis der Wahrheit als »aleteia«, als Unverborgenheit, hineingenommen hat. Es geht stattdessen um die Herstellung einer subjektiven Wahrheit mit dem Zweck der Täuschung des sozialen Gegenübers.

Die Politik kann gar nicht mehr anders. Ein anregendes Buch verdeutlicht anhand der nach allgemeiner Meinung doch stets so rationalen englischen Politik, wie es im 19. Jahrhundert dazu gekommen ist.[249] Angesichts der umfassenden Veränderungen, die die Industrialisierung mit allen guten und schlechten Begleiterscheinungen und die Entstehung des britischen Weltreiches mit sich brachten, haben die Wähler von ihren Repräsentanten Entschlossenheit, Tatkraft und eben auch Erfolge verlangt. Dazu muss der Politiker aber – wie geschildert – seine Leistungsfähigkeit und seine Reformfreude und auch die Dringlichkeit der von ihm veranlassten oder zumindest vorgeschlagenen Maßnahmen der Öffentlichkeit einsichtig machen. Willibald Steinmetz zeigt nun im Detail, wie in dieser Epoche die Politiker zunächst in ihrer Sprache einen mühseligen Kleinkrieg um die Besetzung oder Neu-Einführung von Begriffen und von neuen Mustern politischer Argumentation beginnen. Der »Sachzwang« und das »Unabdingbare«, aber auch die »öffentliche Meinung« und nicht zuletzt der universelle Machbarkeitsanspruch der Politik wurden bereits damals zu gängigen Mustern politischer Argumentation gemacht.

Auf der Strecke bleibt dabei nur die Wirklichkeit. Realitätsverdrängung ist nicht mehr nur ein psychologischer Prozess, sondern logische Folge der Herausbildung der beschriebenen Form des sozialen Tausches in der Politik. Luhmann hat diesen zentralen Stellenwert der Verdrängung der Wirklichkeit klar erkannt: »Die Utopie wird nicht mehr von außen an die Politik herangetragen. Sie ist in das politische System eingezogen und unter den Bedingungen funktionaler Differenzierung die Form, mit der das System sich selbst erklärt, dass es steuernd die Umwelt gestalten kann, ohne doch in ihr operieren zu können.«[250]

Politiker verstehen sich selbst nicht einfach nur als Manipulatoren. Ihr Selbstverständnis ist im Allgemeinen selbst dann eher das des bloßen Interessenvertreters, wenn sie Strategien der Bedeutungserhöhung der eigenen Leistungen mit größter Selbstverständlichkeit einsetzen. Ihrem Verständnis nach handelt es sich dabei lediglich um die notwendige Vermarktung richtiger und fortschrittlicher Konzepte. Und daher ist Luhmann auch dann zuzustimmen, wenn er betont, »Utopismus zeigt sich auf beiden Seiten des politischen Spektrums: bei denen, die handeln, und bei denen, die fordern. Er ist eine Form, die das System sich selbst gibt und die unabhängig ist von der Art seiner Programme.«[251]

Nicht nur im marktwirtschaftlichen System ist der Abstand zwischen Konzepten und Erwartungshaltungen einerseits und den tatsächlichen Steuerungsmöglichkeiten andererseits riesengroß. Je sensibler das Thema, desto radikaler die Wirklichkeitsverdrängung. Stefan Luft sieht beispielsweise die Praxis deutscher Ausländerpolitik durch Realitätsverweigerung, durch eine Tendenz zur wirklichkeitsfremden Abstraktion, durch den – dank hoher Medienresonanz noch verstärkten – Moralismus von Lobbyisten und durch eine ausgeprägte Hilflosigkeit der Politiker geprägt.[252] Aber ist die europäische Außenpolitik so viel besser? Diese bestand etwa im Falle Bosniens nicht zuletzt darin, bei scheinbarer Schadensbegrenzung gesehen zu werden, ohne wirklich etwas zu unternehmen. Sogar ein (britischer) Regierungsvertreter hat da »Pseudoankündigungen von Pseudoaktionen« zugegeben.[253] Das ist nichts anderes als das alte »ut aliquid fieri videatur«. Ein ehemals hochrangiger Insider der EU schilderte mir unter vier Augen die verbliebenen tatsächlichen Funktionen der regelmäßigen Treffen der EU-Ministerpräsidenten: die Sicherung eines gewichtigen Fernsehauftrittes, die Möglichkeit, eine Botschaft so vorzutragen, dass der irrige Eindruck entsteht, die übrigen Europäer hörten aufmerksam zu, und last but not least die kollektive Wirklichkeitsverdrängung.

In der Öffentlichkeit ist die Attraktivität, die werbetechnische Ausgestaltung der Argumentation und die Bedachtnahme auf die Rezeptionsmöglichkeiten der Anzusprechenden im Rahmen und nach Maßgabe ihrer Wahrnehmungskategorien entscheidend, nicht die Richtigkeit der Argumente. Es ist schon so oft gesagt worden: Wer Macht über die Bilder hat, hat auch Macht über die Menschen. Adorno hat das recht drastisch formuliert: »Der Satz, die Welt wolle betrogen sein, ist wahrer geworden, als wohl je damit gemeint war.« Und Politikern bleibt gar nichts anderes übrig, als ihre Strategien an diesen Gegebenheiten zu orientieren.

Und weil immer wieder das Gewünschte nur allzu gerne auch geglaubt wird, manifestiert sich Realitätsverlust nicht zuletzt als das zunehmende Imaginieren, aber auch Einfordern alternativer Lebensformen zum tatsächlich gelebten eigenen Leben. »Im heutigen Leben hat die Imagination eine eigentümliche … Wirkung erhalten. Mehr Menschen als je zuvor. … ziehen heute mehr Varianten möglicher

Leben in Betracht als je zuvor … Bis vor Kurzem konnte man noch die These vertreten, dass Traditionen eine mehr oder weniger begrenzte Zahl möglicher Leben vermittelten. … Fantasie ist heute eine soziale Praxis geworden, sie ist in ungezählten Varianten Motor für die Gestaltung des gesellschaftlichen Lebens vieler Menschen in vielerlei Gesellschaften. Ich sollte an dieser Stelle einfügen, dass es sich hier durchaus nicht um einen erfreulichen Sachverhalt handelt …«[254] Ist es auch wirklich nicht: Denn die immerwährende Hoffnung nach einer besseren Welt ist zugleich Ausgangspunkt aller Utopien.

Große Utopien wollen hier auf Erden schon das Himmelreich errichten. Und daher können sie unheimliche Anziehungskraft entwickeln und sogar mit Erfolg absolute Disziplin und bedingungslose Opferbereitschaft einfordern und missbrauchen. Aber man muss ja nicht immer nur auf die beiden Paradebeispiele Faschismus und Kommunismus Bezug nehmen. Utopie wird in den Köpfen schon dann mächtig, wenn Menschen ständig, sei es durch die Politik, sei es durch die Werbewirtschaft, mit Varianten möglichen Lebens konfrontiert werden, die sie sich nicht leisten können, die sie zur Ablehnung der vorhandenen gesellschaftlichen Realität veranlassen. Die Folge sind dann wieder die beschriebenen Verhaltensmuster, von der Resignation bis hin zur Regelverletzung.

Das Problem wird verschärft durch die laufend zunehmende Komplexität der Welt, hinter der die Verstehbarkeit der Welt immer weiter zurückbleibt. Günther Anders hat vor Jahren am Beispiel der Atombombe beklagt, dass unser aller Fantasie hoffnungslos hinter dem heute Machbaren herhinke und wir daher mit unserem moralischen Bewusstsein und Gewissen außerstande seien, die ständige rasche Weiterentwicklung der Technik und ihres sich ständig vergrößernden Bedrohungspotenzials zu kontrollieren oder auch nur zu überblicken. Im gesellschaftlichen Bereich ist es nicht anders. Auch hier ist das Zurückbleiben des Verstehens hinter dem Gewünschten hier, dem Drohenden dort zum kritischen Problem geworden.

Der Zusammenhang zwischen Vertrauensverlust und Realitätsverlust kann manchmal noch direkter sein. Hier nur eine einzige Erkenntnis aus der Praxis des alltäglichen Lebens, die sich leider auf viele andere Bereiche des menschlichen Zusammenlebens übertragen lässt. So hat die Betriebsklimaforschung als eines ihrer wenigen handgreiflichen Resultate ergeben, dass Vertrauen und Misstrauen Wirklichkeiten in einer Weise potenzieren, die schwer auf bestimmte Ursachen zurückzuführen ist.[255] Wo Vertrauen fehlt, wächst nicht nur das Misstrauen, sondern werden auch Realitäten »potenziert« – soll heißen, werden wechselseitige negative Erwartungshaltungen, ja Schreckensszenarien und Feindbilder überhaupt erst geschaffen, die das Miteinander noch viel schwieriger machen.

5.4.3.3 Das Aufhören der Verständigungsbereitschaft

Vertrauensverlust und Realitätsverlust potenzieren sich tatsächlich wechselseitig: Wo Vertrauen fehlt, werden die wechselseitigen Verhaltenserwartungen – in diesem Fall dann schon eher Verhaltensbefürchtungen – von gelegentlich noch weit schlimmeren Vorstellungen geprägt, als es der Realität entspräche. Denn die Konsequenz ist ja, dass Tauschformen nicht mehr stattfinden, die an Vertrauen gebunden sind. Kooperationsbereitschaft wird durch negative Vorstellungen und Erwartungen hinsichtlich der Absichten der jeweils anderen nachhaltig eingeschränkt.

Die grundlegenden Veränderungen im Bereich des persönlichen Lebens sind unstrittig: Seit Georg Simmel werden Individualisierungsprozesse, und damit die Auflösung traditioneller persönlicher oder normativer Bindungen, als Charakteristikum der Moderne verstanden. Dieser Prozess wird gelegentlich durchaus positiv gesehen, weil damit vermeintlich »die Biografie der Menschen aus vorgegebenen Fixierungen herausgelöst, offen, … und als Aufgabe in das Handeln jedes Einzelnen gelegt wird«[256]. Goethes dazu gestellte Frage, was dann noch bliebe, was den Menschen schütze, ist allerdings bis heute nicht beantwortet.

Die Moderne steckt im Dilemma, gesellschaftliche Abläufe und Sozialisationsprozesse zunehmend oberhalb des ehemaligen Familienverbandes organisieren zu wollen, aber dabei auf genau jene Verhaltensmuster und auf jene Kooperationsbereitschaft angewiesen zu sein, die nun einmal an normative und personale Systeme gebunden sind, aber nicht an nutzenorientierte.

Helmut Dubiel meinte, dass »das eigentliche Problem einer demokratischen Bürgergesellschaft darin besteht, dass die längst vorhandene Solidaritätsbereitschaft der Bürger durch die vorhandenen Institutionen nicht erschlossen werde«[257]. Da dürfte er recht haben. Die Voraussetzungen für Solidarität sind immer die gleichen. Es geht stets um erlebbare personelle oder normative Strukturen, um Vertrauen und das praktische Erleben von Gemeinschaft. Wenn beides fehlt, dann helfen staatliche Appelle zur Solidarität wenig, vor allem, wenn dahinter erkennbar vor allem die Diktatur der leeren Kassen steht. Die noch vorhandenen Formen von Solidarität auch in modernen Gesellschaften finden sich vor allem in Familien, in kirchlichen und karitativen Vereinigungen, in traditionellen oder modernen Formen von kleinen Gemeinschaften, die Stabilität und damit Vertrauen schaffen und überschaubar genug sind, um sozialen Tausch in vielfältiger Form und das Bewusstsein von Gemeinschaft erlebbar zu machen.

Man mag Michael Walzers Idee einer kommunitaristischen Gesellschaft nicht unbedingt teilen. Seine These, dass auch der soziale Wohlfahrtsstaat nicht funktioniere, wenn er sich nicht auf entsprechende gesellschaftliche Voraussetzungen stützen könne, entspricht menschlichen Verhaltensmustern jedenfalls besser als abstrakte Hoffnungen. Walzer ist der Überzeugung – der ich mich anschließe –, der Staat sei darauf angewiesen, dass die Bürger auch in ihrem alltäglichen Leben die Erfahrung von Engagement und Solidarität machen können.

Integration in die Arbeitswelt hat einmal historisch ebenfalls so etwas wie Solidarität und Zugehörigkeit und damit nicht zuletzt soziale Identität vermittelt. Auch das wird immer seltener. Mit dem immer häufigeren Verlust eines stabilen Arbeitsplatzes geht außer Einkommen auch eine Form von Identität verloren, die viele nur schwer ersetzen können. Aufseiten der Betroffenen dominiert die Überzeugung, ihren Job ohne eigene Schuld verloren zu haben, damit irgendwelche Raubtierkapitalisten noch mehr verdienen. Und wer jahrzehntelang ordentlich gearbeitet hat, geht davon aus, sich damit auch Anspruch auf einen ordentlichen Lebensabend erworben zu haben. Beide Selbstverständlichkeiten sind verloren gegangen – damit aber auch konstituierende Elemente unserer Vorstellungen von Gesellschaft.

Wo will man denn Solidarität auf gesamtgesellschaftlicher Ebene finden? Die führenden Manager großer Gesellschaften sehen sich heute in erster Linie nicht den Arbeitnehmern, sondern den Kapitalgebern gegenüber verantwortlich. Und diese konzentrieren sich darauf, dort zu investieren, wo ihr Kapital die meiste Rendite bringt. Die Bereitschaft der obersten Schicht schwindet, alten normativen Verpflichtungen etwa der Art nationalen oder sozialen Zusammengehörigkeitsgefühls mit der Mehrheit der Bevölkerung, von den üblichen Lippenbekenntnissen einmal abgesehen, auch tatsächlich zu entsprechen. José Ortega y Gasset hat die Übernahme von gesellschaftlichen Führungsaufgaben oder zumindest von Verantwortung noch als wesentliche Funktion der Eliten angesehen. Christopher Lasch hat schon in den Sechzigerjahren des vergangenen Jahrhunderts in seinem »Aufstand der Eliten« darauf hingewiesen, dass sich die Eliten nicht nur in ihrem Lebensstil von den Massen des eigenen Landes entfernen, sondern auch ihre Sozialkontakte immer mehr auf Angehörige der gleichen Schicht in anderen Ländern ausrichten. Sie werden nicht zuletzt aufgrund der schrumpfenden Entfernungen und der damit verbundenen ständigen Intensivierung internationaler wirtschaftlicher, aber auch kultureller Beziehungen zunehmend zu Weltbürgern. Diese Elite separiert sich auch optisch immer mehr vom Rest der Bevölkerung, mit exklusiven Wohnvierteln, exklusiven Freizeitclubs, speziellen Hotelsuiten und getrennten Lounges auf Flughäfen, und schickt ihre Kinder in Schulen, die schon aufgrund der damit verbundenen Kosten exklusiv bleiben. Robert B. Reich, immerhin seinerzeit Mitglied der Clinton-Administration, spricht von der »Sezession« der Eliten aus dem Einkommens- und Risikoverbund der Nation.[258]

Wenn wenigstens noch die Gemeinsamkeit der Welt erhalten bliebe, in der Arm und Reich leben. Aber das ist nicht mehr der Fall. Die Auseinanderentwicklung der Einkommen führt auch zu einer Auseinanderentwicklung der Lebensformen und der täglichen Sorgen. Die einen sorgen sich um die Wettbewerbsfähigkeit ihrer Betriebe und die Höhe der Kosten, die anderen wissen oft nicht, wie sie ihre Miete zahlen sollen, haben Angst um ihre Rente und können durch Krankheit oder durch einen simplen Autounfall in ihrer Existenz gefährdet werden. Verständigung ist schwer, wenn die sozial Schwächeren in den Kategorien sozialer Gerechtigkeit argumentieren, die Intellektuellen in den Elfenbeintürmen der Feuilletons ihre Rangordnungskämpfe entlang der Messlatte der »political correctness« austragen, die Wirtschaft vor allem in den Kategorien unbedingt zu reduzierender Kosten denkt, um konkurrenzfähig zu bleiben und überleben zu können, und die Politik tendenziell mehr verspricht, als sie halten kann.

Das bereits von Gerhard Schulze diagnostizierte Zurücktreten der angenommenen großen Gemeinsamkeit hinter den Unterschieden, das »fundamentale Missverstehen« allein schon zwischen verschiedenen Milieus, gilt besonders zwischen Eliten und dem Rest der Bevölkerung. Nicht mehr der Staat ist der gemeinsame Risikoverbund, sondern das jeweilige Unternehmen oder die jeweilige Pensionskasse oder, so vorhanden, das jeweilige Familienvermögen. Die »Annahme, dass in differenzierten demokratischen Gesellschaften … demokratische Eliten sowohl vertikale als auch horizontale Integrationsleistungen zu erbringen haben«[259], ist Wunschvorstellung. Für die Praxis hat der damalige deutsche Bundespräsident Herzog in seiner Berliner Rede 1997 eine Antwort gegeben: »Ich vermisse bei unseren Eliten in Politik, Wirtschaft, Medien und gesellschaftliche Gruppen die Fähigkeit und den Willen, das als richtig Erkannte auch durchzusetzen.« Man wird sie auch weiterhin vermissen.

Ralf Dahrendorf hat von einem für die Demokratie notwendigen »sense of belonging« gesprochen, von dem Bewusstsein und dem Willen, zusammenzugehören, eine Gemeinschaft zu bilden. Das ist schon etwas weniger als die alte Überzeugung von der Notwendigkeit einheitlicher Weltbilder für die Herausbildung von Gemeinschaft. Aber selbst gemeinsame Werte sind zu wenig, wenn die Situation auch gemeinsame Anstrengung erfordert. »Zur Herstellung von gesamtgesellschaftlicher Verbindlichkeit bedarf es in Zukunft immer mehr einer dauernden Anstrengung. Adressaten einer solchen Anstrengung sind inzwischen Bürger, die sich nicht nur in ihrer lebenspraktischen Sinnfindung zunehmend auf sich selbst beziehen, sondern dies auch von sehr unterschiedlichen Grundpositionen aus tun.«[260] Wer soll diese dauernde Anstrengung noch leisten?

Dabei ist es vielleicht genau diese vorhandene oder eben nicht vorhandene Bereitschaft zur Anstrengung, die über das Schicksal ganzer Gesellschaften entscheiden kann. Amartya Sen hat bereits in einer seiner frühen Arbeiten versucht herauszufinden, welche Kombinationen von verschiedenen Verhaltensmustern welche gesellschaftlichen Konsequenzen haben. Sen ging von einem einfachen Modell aus, in dem einem Individuum im Wesentlichen zwei Möglichkeiten des Verhaltens offenstehen, nämlich:

i 0: Ich arbeite nicht viel: das Verhaltensmuster der Anstrengungsminimierung.
i 1: Ich strenge mich an.

Für jedes dieser Verhaltensmuster gibt es nun entsprechende Reaktionen der jeweils anderen:
r 0: Die anderen arbeiten auch nicht viel.
r 1: Die anderen strengen sich an.

Man kann nun Beziehungen zwischen eigenen und fremden Verhaltensmustern herstellen und von diesen Beziehungen jeweils ganz bestimmte den anderen vorziehen, also theoretisch gesprochen Präferenzen entwickeln. Damit wird die Reihenfolge definiert, welche man persönlich gegenüber anderen Reihungen bevorzugen würde. Dabei gibt es insgesamt vier verschiedene mögliche Konstellationen zwischen eigenem und fremdem Verhalten und dazu die Möglichkeit einer gesamtgesellschaftlichen Reihung dieser Konstellationen jeweils nach den eigenen Präferenzen. Sen weist nun darauf hin, dass eine Reihung der Präferenzen nach dem Muster i 1, r 1, dann i 0, r 1, als nächstes i 1, r 0 und zuletzt erst i 0, r 0, zu einer leistungsfähigen Gesellschaft führen sollte. Ergeben die vorhandenen Präferenzen dagegen eine Reihung, in der die Anstrengungsminimierung eine größere Rolle spielt – so bei einer Reihung i 0, r 1, dann erst i 1, r 1, weiter i 0, r 0 und erst ganz zuletzt i 1, r 0 –, dann rechnet Sen mit einem ebenso sozialen wie wirtschaftlichen Desaster.[261]

Kein Modell bietet eine exakte Wiedergabe der Wirklichkeit. Aber die in diesem Modell betonte Bedeutung der Einstellung zu persönlicher Anstrengung für die Funktionsfähigkeit eines gesellschaftlichen Systems, ohne sie immer nur von der Anstrengung anderer abhängig zu machen, geht zwischen Modell und Wirklichkeit wohl kaum verloren.

Demokratie wird nicht funktionieren, wenn keine Kooperation auf der Basis eigener Leistungsbereitschaft zustande kommt: »Die Debatte um den kooperativen Staat stellt die Alternativlosigkeit von Kooperation für zukünftiges Staatshandeln in den Vordergrund.«[262] Kooperation wird nur eben schwieriger, wenn Vertrauen fehlt, durch verzerrte Wahrnehmung Feindbilder geschaffen und diese durch zusätzliche Aggressivität noch verstärkt werden.

Ein Grund für zunehmende Aggressivität ist schlicht, dass heute weniger zum Verteilen da ist als in der Wachstumsperiode der Nachkriegszeit. Damals ist aufgrund des kräftigen Wirtschaftswachstums auch der zu verteilende Kuchen stets gewachsen. Zu Beginn des dritten Jahrtausends geht es dagegen vor allem um die Verteilung von Belastungen. Das würde aber genau jenes wechselseitige Verstehen und Anerkennen voraussetzen, das im Zuge der geschilderten Entwicklung der

Gesellschaft immer mehr verloren geht. Und so tritt sogar die uralte Funktion von Aggressivität wieder in ihr altes Recht, die Verteidigung von Reviergrenzen.

So manche heutige Theorien sind bemerkenswerterweise recht optimistisch, was die Lösbarkeit wechselseitiger Blockaden in der Politik betrifft. Sie sollen sich durch die Erarbeitung funktional äquivalenter Lösungen für Systemprobleme (so der Standpunkt der funktionalen Theorie) oder aber durch evolutionäre Lernprozesse (so verschiedene Entwicklungstheorien und die Diskurstheorie) lösen lassen. Zur Fähigkeit heutiger politischer Systeme, funktional äquivalente Lösungen zu erarbeiten, habe ich oben praktische Beispiele gebracht. Was die Praxis kommunistischer Systeme bisher an Alternativen geboten hat, lässt sich auch nicht gerade unter den Sammelbegriff funktional äquivalenter Lösungen zusammenfassen. Und an der Voraussetzung, die Habermas für evolutionäre Lernvorgänge ins Treffen führt, nämlich »neue Lernniveaus, die auf der Ebene der Weltbilder schon erreicht sind und latent bereitstehen, die aber den Handlungssystemen noch nicht einverleibt sind«[263], fehlt es derzeit ganz besonders.

Ein weiterer Grund für die Verschärfung politischer Auseinandersetzungen liegt in der Dynamik des politischen Prozesses selbst. Dabei geht es oft gar nicht mehr um die Auseinandersetzung zwischen rational agierenden Interessengruppen mit unterschiedlichen strategischen Zielsetzungen, sondern gerade bei neuen sozialen Bewegungen zunächst einmal um die schlichte Anerkennung als neue Bewegung, ob sich diese nun für den Umweltschutz, gegen die Globalisierung wendet oder sich wofür oder wogegen auch immer richten mag. Daher »haben die Forderungen von erst noch zu konstituierenden Akteuren vornehmlich die symbolische Funktion, die eigene Identität nach innen zu festigen. Sie sind ein Vehikel, um Binnenlegitimität und Gruppensolidarität zu produzieren.«[264] Das bedeutet nur eben, dass Konflikt, die Gewinnung von Aufmerksamkeit durch Originalität und auch Radikalität, sowie Durchsetzung die primären Ziele sind, weil nur sie diese Funktion erfüllen, nicht aber Kompromisse. Es geht, wenn Machtinteressen (und man kann ergänzen: oder Ideologien) im Spiel sind, nur mehr um Durchsetzung, nicht mehr um Verständigung.

Ein Beispiel für eine Aktion, die nicht zuletzt der Schaffung von Identität und Gruppensolidarität einer neu entstehenden Bewegung gedient hat, habe ich selbst aus relativer Nähe erlebt. Die Verhinderung des Donaukraftwerkes Hainburg durch die damals sich erst als Massenbewegung formierenden Grünen war ein verständliches Ziel. Der Auwald am Standort Hainburg verdiente wirklich besonderen Schutz. Ich hatte damals als Eigentümervertreter bei einer der größten Baufirmen Österreichs bescheidenen Einfluss und versuchte auf die Errichtung des Kraftwerkes in Nassbauweise statt der bisher üblichen Trockenbauweise hinzuwirken. Der Unterschied liegt darin, dass das Kraftwerk dabei unmittelbar im Flussbett errichtet wird, ohne den Fluss umzuleiten und nach dieser Umleitung das Kraftwerk sodann quasi im Trockenen zu errichten. Die Nassbauweise ist aufwendiger und auch anspruchsvoller, aber sie spart Grund und hätte daher den Auwald unberührt gelassen. In Wien-Freudenau wurde diese Bautechnik wenige Jahre später völlig klaglos auch praktisch vorgeführt.

Ich musste rasch merken, dass auf keiner Seite Bereitschaft zu einem solchen Kompromiss bestand. Die Baufirmen hatten den alten Auftrag praktisch schon in der Tasche und wollten keine Neuverhandlungen mit dem Auftraggeber. Die Grünen gingen erst gar nicht auf diese Möglichkeit der Schonung des Auwaldes ein. Außerdem wurde das Argument vorgebracht, dass durch das Kraftwerk die Heilquellen bei Deutsch-Altenburg gefährdet würden. Dieses Argument stellte sich für mich Jahre später als vorgeschoben heraus. Von der Eigentümerin der Heilquellen erfuhr ich damals, dass sich bei ihr nie jemand nach der tatsächlichen Beschaffenheit der Heilquellen auch nur erkundigt hatte. Den Grünen ging es um einen Sieg, nicht um einen Kompromiss. Gewonnen haben sie. Erst nachträglich wurde öffentlich diskutiert, dass wegen des Fehlens eines Kraftwerkes an dieser Stelle der Auwald ohnedies austrocknen werde, weil das oberhalb gelegene Kraftwerk das natürliche Gerölle aufhalte und sich daher das Flussbett ohne Ausgleich durch nachfolgenden Schotter immer mehr eintiefe. Heute wird erwogen, dieses Problem entweder durch ständige massive (und kostenaufwendige) Einbringung von Schotter oder aber durch einen Damm quer über die Donau zu lösen. Die Logik des konsequenten Gegeneinanders wird vermutlich in einigen Jahren zu einem Damm führen, der nur eben keine Turbinen beinhalten darf.

Das Grundprinzip der heutigen demokratischen Systeme ist die Freiheit zum eigenen Lebensentwurf, aber damit notwendigerweise auch der Respekt vor anderen Meinungen. Dieser Respekt, und damit die Bereitschaft zum Konsens – im Bewusstsein, dass dieser immer nur über Kompromisse zu gewinnen ist –, nimmt umso mehr ab, je weniger aufgrund des zunehmenden fundamentalen Missverstehens zwischen den einzelnen, sich immer stärker ausdifferenzierenden Milieus andere Lebensformen außer der eigenen geschätzt, akzeptiert oder auch überhaupt nur verstanden werden.

Erinnern wir uns an das Schema öffentlicher Debatten, das Herzog in seiner Berliner Rede dargestellt hat. Phase drei, der Phase des »empörten Aufheulens der Betroffenen« folgend, lautet bei ihm »rasche Radikalisierung der Debatte«. Dafür gibt es leider Beispiele ohne Ende. Nehmen wir dafür nur zwei.

In Österreich hatte ein Unterrichtsminister 1998 die Idee, man könne doch wie in anderen Ländern die Qualität der Vorlesungen von Universitätsprofessoren kontrollieren. Die prompt anschließende Debatte artete sofort aus. Auf der einen Seite wurde von »bezahlten Spitzeln«, »Kontrollwahn« und »linkem Blockwartdenken« gesprochen, auf der anderen Seite wurde nicht minder mundfaul zurückgeschossen und wurden diese eher skurrilen Formulierungen »haarscharf an die Verhetzungsformulierungen von Goebbels und Epigonen« gereiht. Aus einer Mücke Elefanten zu machen ist ohnedies allgemeine Übung. Wer aus einer solchen aber auch gleich die alten Dämonen des vergangenen Jahrhunderts machen will, riskiert, irgendwann die Geister nicht mehr loszuwerden, die er so schnell selbst bei solchen Anlässen beschwört.

Die Radikalisierung der öffentlichen Debatte wird aber auch dort völlig ohne Hemmungen gefördert, wo das Thema eigentlich zu besonderer Verantwortung und Zurückhaltung mahnen würde. Michael Cullen hat die Debatte um das Berliner Holocaust-Mahnmal dokumentiert.[265] Deutlich wird dabei vor allem eines: wie schnell Missverständnis in Denunziation umschlagen kann, und wie wenige Hemmungen bestehen, Auschwitz zum Instrument des wechselseitigen Rufmordes umzufunktionieren. Das ist so ziemlich das Allerletzte, was der Erinnerung an Auschwitz passieren dürfte.

Aber Skandalisierung und Rufmord finden sich ja überall. Hans M. Kepplinger[266] hat gezeigt, dass Skandalisierung und moralische Verurteilung ganz generell zum Tagesgeschäft in einer mit Informationen überfluteten Gesellschaft geworden ist, bei dem es nicht auf Wahrheit, sondern nur mehr auf Wirkung ankommt. Wenn etwas noch stärker zugenommen habe als die Verwahrlosung der Sitten in Politik und Gesellschaft, dann der Krach, der dabei gemacht werde.

Der französische Philosoph Alain Finkielkraut schließt ein sehr skeptisches Interview[267] über moderne Radikalisierungen und Diabolisierungen wie folgt: »Ich wollte dem Druck der Gemeinschaften und Minderheiten – aller Minderheiten – widerstehen und die Gedankenfreiheit verteidigen. Aber die Welt ist zu einem einzigen Tribunal geworden.« Behält am Ende Foucault recht, der den permanenten Kriegszustand als die Grundlage der Moderne bezeichnet hat?

Thomas Hobbes hat den Krieg aller gegen alle gefürchtet und gemeint, der permanente Krieg aller gegen alle müsse durch einen starken Herrscher verhindert werden. Die Verhinderung des Kampfes von jedem gegen jeden erfolgt in demokratischen Systemen stattdessen durch Spielregeln – aber nur, solange der Staat fähig und auch willens ist, ihre Einhaltung zu erzwingen.

Diese Spielregeln haben die heutigen Formen des Kampfes mit fast allen Mitteln um das Bewusstsein und um die Überzeugungen der Menschen nicht vorhersehen können. Und das demokratische System wird auf eine harte Probe gestellt, wenn seine angebliche ständige Förderung und Verbesserung vor allem der Verschleierung von Machtprozessen, wenn nicht überhaupt direkt seiner Aushöhlung dient – und wenn die Bürger, die das zu spüren bekommen, zunehmend mit Verweigerung reagieren.

6

SCHLUSSBEMERKUNGEN

6.1 Die Wirtschaft

6.1.1 Soziale Marktwirtschaft und der Wohlstand der Nachkriegszeit

Mein Ausgangspunkt war der enge Zusammenhang zwischen dem jeweiligen Niveau des menschlichen Erkenntnispotenzials, dem jeweiligen Weltbild, der Struktur des sozialen Tausches und der Organisation der Gesellschaft.

Das gilt auch für die Wirtschaft. Natürlich war für die Herausbildung der heutigen Marktwirtschaft der Ersatz des früher dominierenden Produktionsfaktors Grund und Boden durch das Kapital und die Entstehung völlig neuer Technologien eine unerlässliche Voraussetzung. Aber dazu kam das erst bei verbreiteter Nutzenorientierung legitim gewordene Ziel, nicht das jeweils Benötigte, sondern so viel wie möglich zu produzieren, und nicht einfach den Lebensunterhalt zu verdienen, sondern so viel wie irgend möglich – dafür aber auch Risken einzugehen und immer neue Produkte und Produktionsmethoden zu schaffen. Tocqueville ist diese neue Sicht der Welt schon aufgefallen, als man in Teilen Europas noch im Biedermeier lebte: »In Europa sind wir gewohnt, die Unruhe des Geistes und die maßlose Gier nach Reichtum als große soziale Gefahr anzusehen. Doch diese Dinge verbürgen Amerika eine lange und friedliche Zukunft. Glückliches Land, wo der Gesellschaft die Laster des Menschen fast ebenso nutzen wie seine Tugenden.«

Das so entstandene marktwirtschaftliche Tauschsystem mit seinem anfänglich so großen Bedarf an Arbeitskräften hat sich vor allem deshalb durchgesetzt, weil es dank seiner ständigen Innovationen Wachstum und Beschäftigung und damit nach Überwindung so mancher Krisen Wohlstand auch für die Massen gebracht hat.

Allerdings hatte die Effizienz und Innovationskraft des Systems in Zeiten allgemeinen Mangels ungleich mehr Bedeutung als in heutigen Zeiten einer tendenziellen Überproduktion von so ziemlich allem, was sich industriell herstellen lässt. Gleichzeitig aber wird die verteilungspolitische Blindheit des Systems immer deutlicher. Ich habe sowohl die vielfältigen Ursachen für den steigenden Druck auf die Löhne als auch für die Auseinanderentwicklung der Einkommen zu schildern versucht. Nicht die jeweilige Anstrengung oder subjektive Leistung entscheidet über das Einkommen, sondern die jeweilige Funktion. Ein schlauer Deal-Maker kann bei einem einzigen Geschäft mehr verdienen als viele andere in einem ganzen Arbeitsleben. Und zugleich schließt das marktwirtschaftliche System immer wieder Menschen aus dem Arbeitsprozess aus, für die es keine Verwendung (mehr) hat. So entstehen immer wieder Randschichten, für die im sozialen Tausch des wirtschaftlichen Systems nichts mehr übrig bleibt und die daher auf das jeweilige soziale Fangnetz angewiesen sind.

Zwischen den Vorstellungen von in der sozialen Marktwirtschaft lebenden Menschen, die an Gerechtigkeit und am Ende auch an die Steuerbarkeit des Systems glauben, und den tatsächlichen Mechanismen des marktwirtschaftlichen Systems klafft eine tiefe Lücke. Selbst Friedrich von Hayek, meist nur als Apologet der freien Marktwirtschaft bekannt, hat in »The Fatal Conceit« die unternehmerische Marktwirtschaft als unnatürlich, der Natur und den Instinkten des Menschen zuwiderlaufend bezeichnet. Nach Hayek ist der Mensch aber dazu aufgerufen, entgegen seiner Natur zu erkennen, dass es sich dabei doch um das beste System handle, um auch in komplexen Gesellschaften der Wohlfahrt der Menschen zu dienen.

Lange Zeit wurde das tatsächlich so gesehen. Zumindest in der zweiten Hälfte des 20. Jahrhunderts wurde in den Industriestaaten aufgrund des stetigen Wirtschaftswachstums relative Vollbeschäftigung, Massenwohlstand und außerdem ein mehr oder weniger dichtes Netz sozialer Absicherung erreicht. Die meisten westeuropäischen Staaten konnten in dieser Zeit die Dynamik des wirtschaftlichen Systems mit einer Ideologie der Solidarität und der sozialen Absicherung verbinden, wofür man – mit unterschiedlichen Nuancen – den Titel Soziale Marktwirtschaft in Anspruch nahm.

6.1.2 Das Ende der Harmonie und die übergroße Herausforderung

Wie geschildert, war nicht nur in den USA, sondern auch in Europa der zunehmende Wohlstand von zunehmender Ungleichheit begleitet. Dazu nur noch wenige Hinweise, zwei für Statistiker und zwei, die die emotionalen Aspekte des Dilemmas verdeutlichen helfen. In Deutschland verschärft sich die Ungleichheit ziemlich rasch. Nach Schätzungen des Deutschen Instituts für Wirtschaftsforschung ist der Gini-Koeffizient, ein gängiges Maß für Gleichmäßigkeit oder Ungleichmäßigkeit der Verteilung (je niedriger, desto gleicher), in Westdeutschland von 1992 bis 2006 um 6 Prozentpunkte gestiegen und damit stärker als der Anstieg in den USA in den Achtzigerjahren. Dabei hat in den USA bereits seit den Siebzigerjahren die Auseinanderentwicklung der Einkommen dazu geführt, dass das Durchschnittseinkommen, dessen Höhe ja auch von den Spitzeneinkommen abhängt, dreimal so stark gestiegen ist wie das Medianeinkommen (das dadurch definiert wird, dass genau die Hälfte der Einkommen höher liegt und die andere Hälfte niedriger, sodass sich bei einer Steigerung allein der Spitzeneinkommen an ihm überhaupt nichts ändert). Und man sollte auch wissen, wen die Ungleichheit besonders trifft. Nach einem Armutsbericht der Bundesregierung (der lag im Entwurf schon 2004 vor, der offizielle Bericht wurde erst nach wichtigen Wahlgängen 2005 publiziert) trifft die Armut in Deutschland vor allem Familien. Jede siebente Familie (13,9 Prozent) muss mit einem Einkommen unterhalb der Armutsgrenze auskommen. Betroffen sind vor allem die Kinder. 1965 war nur jedes 75. Kind unter sieben Jahren in Deutschland dauerhaft oder vorübergehend auf Sozialhilfe angewiesen, 2006 bereits jedes sechste. Kein einziges Land, weder in Europa noch anderswo, hat ein Rezept gegen die Folgewirkungen der gegenwärtigen Auseinanderentwicklung der Einkommen und Vermögen finden können. Die Masseneinkommen stagnieren, die Spitzeneinkommen steigen ungebremst.

Adair Turner hat im Jahr 2000 festgestellt, die letzten 25 Jahre hätten in fast allen entwickelten Industriegesellschaften entweder – wo die Arbeitsmärkte relativ frei sind – eine starke Tendenz zu wachsender Ungleichheit oder aber – wo die Arbeitsmärkte aufgrund der rechtlichen Durchgestaltung inflexibel sind – ein stetiges Anwachsen der Arbeitslosigkeit gebracht. Das liberale Marktmodell kann in deregulierten Arbeitsmärkten für einen hohen Beschäftigungsgrad sorgen, aber nicht für ausreichende Löhne. Das schadet nicht nur der Akzeptanz, das schadet der Leistungsfähigkeit des Systems. Eine Folge der Marktwirtschaft ist die Gefährdung ihrer eigenen Voraussetzungen. Ulrich Beck hat das auf folgenden Nenner gebracht: Die industrielle Nachfolgegesellschaft konterkariert die alte industrielle Ordnung.

Mit der steigenden Arbeitslosigkeit und der demografischen Entwicklung, durch die das Verhältnis zwischen Menschen im erwerbsfähigen Alter und Älteren immer ungünstiger wird, brechen dem bisherigen System sozialer Sicherung außerdem die Beitragsgrundlagen weg. Das Weltwirtschaftsforum (World Economic Forum), das alljährlich im Jänner in Davos eine öffentlichkeitswirksame Veranstaltung abhält, hat anlässlich seiner Tagung 2004 eine Studie vorgestellt, die (bei Anhalten der gegenwärtigen demografischen Trends) bis zur Mitte des Jahrhunderts einen Zusammenbruch der Altersversorgung in den europäischen Demokratien voraussagt. Die Studie stellt dieses Ergebnis zwar unter den Vorbehalt, es trete nur dann ein, wenn keine drastischen Maßnahmen getroffen würden, aber sie kann diese notwendigen Maßnahmen selbst nicht präzisieren oder auch nur definieren.

Zu den Ungleichgewichten in der Verteilung und auf dem Arbeitsmarkt kommen die Krise auf den Kapitalmärkten, die durch die Subprime-Krise 2007 ausgelöst worden ist, und ein weiteres aktuelles Ungleichgewicht auf den Weltmärkten, dessen Folgewirkungen noch nicht wirklich überblickt werden können. Das ist der Einsatz der Handelsbilanzüberschüsse Chinas, der Ölproduzenten des Nahen Ostens und Russlands zum weltweiten Einkauf von Rohstoffressourcen, aber auch von Beteiligungen an Banken und anderen Unternehmen. Abgesichert werden die Handelsbilanzüberschüsse durch eine Wechselkurspolitik, die anders als die der EZB nicht auf Geldwertstabilität, sondern auf Erhaltung der eigenen

Konkurrenzfähigkeit abstellt. Die Theorie vom Ausgleich von Zahlungsbilanzungleichgewichten über die Wechselkurse ist derzeit tatsächlich nichts als reine Theorie.

Die Wirtschaftspolitik hat gegenüber diesen Herausforderungen keine Konzepte. Und die Probleme werden mehr, nicht weniger. Zur Währungspolitik habe ich unter 5.4.2.4 bereits Stellung genommen. Die Subprime-Krise ist zu einem guten Teil auf den unkritischen Ankauf von Asset Backed Securities zurückzuführen, die von den Rating-Agenturen als erstklassige Anlage mit niedrigem Ausfallsrisiko eingestuft worden waren. Nachdem das Desaster offenkundig geworden war, gelobten die Agenturen Besserung. Sie würden, so der Deutschlandchef einer dieser ganz großen Agenturen, in Zukunft »schon auf der Kreditebene mehr Daten für mit US-Hypotheken besicherte Wohnbauhypotheken erheben«. Eigentlich dürfte ein Bewerber für einen gehobenen Bankjob das Vorstellungsgespräch nicht überstehen, wenn ihm das nicht gleich einfällt. Die Rating-Agenturen werden von den Verkäufern von Wertpapieren bezahlt, aber sie sollen den Käufern Orientierung bieten. Und auf den Bewertungen solcher Rating-Agenturen bauen die Gesetze und Aufsichtsbehörden der europäischen Industriestaaten auf, wenn sie sich um die Sicherheit von Veranlagungen sorgen.

Die Käufe von Beteiligungen an westlichen Unternehmen durch chinesische und russische Unternehmen sollten nach Meinung so mancher Regierungen sorgfältig kontrolliert werden. Nachdem aber manche weltweit operierenden Investmentbanken in der geschilderten Subprime-Krise schwere Verluste erlitten haben, war der Erwerb von Bankbeteiligungen auf einmal kein Problem mehr. Lenin hat noch gespottet, die Kapitalisten würden den Kommunisten den Strick verkaufen, an dem man sie aufhängen werde. Die noch immer existierenden kommunistischen Regime hätten dafür schlicht kein Geld. Aber die autoritären kapitalistischen Systeme, die in China und Russland an die Stelle des kommunistischen Systems getreten sind, kaufen keine Stricke, sie kaufen ganze Fabriken und sogar Beteiligungen an großen westlichen Banken. Die Hilflosigkeit der wirtschaftlichen Praxis ist in jedem der zuletzt angeführten Beispiele erschreckend.

Ich habe zu zeigen versucht, dass marktwirtschaftliches Verhalten als logisches Ergebnis einer bestimmten Phase des historischen Prozesses zu sehen ist. Den Kapitalismus als böse Gegengewalt zu personalisieren, ist nichts anderes als die Externalisierung der Konsequenzen aus der Orientierung moderner Verhaltensmuster am eigenen Nutzen. Man bleibt schön moralisch, wenn sich moderne Marktwirtschaft als von außen aufgezwungene Ungeheuerlichkeit darstellen lässt. Aber genau das ist sie nicht, sondern vielmehr Konsequenz des ganz normalen Verhaltens ganz normaler Menschen. Hinter den marktwirtschaftlichen Mechanismen steht nicht die Durchsetzung eines bösen Prinzips, dessen Abschaffung eine bessere Welt sichern würde, sondern eine Weltsicht mit Verhaltensmustern, die der Marktwirtschaft ihre Stärke verleihen und die Politik ihr gegenüber so machtlos machen.

Aber das ist nur einer der Gründe, warum die Alternativen zur Marktwirtschaft nirgends funktionieren. In der heute dominierenden Form der Nutzenorientierung der Individuen ist ein System, in dem der individuelle Nutzen verfolgt werden kann, effizienter als jedes andere. Vor allem ist eine zentrale Lenkung in einem komplexen System genau das nicht, was in einschlägigen sozialistischen und kommunistischen Vorstellungen automatisch unterstellt wird. Sie ist nicht objektiv. Die Investitionsentscheidungen werden nach den Präferenzen der dazu befugten Funktionäre getroffen. Und die sind eben nur subjektiv rational: Sicherung von Gefolgschaft, Sicherung von Machtpositionen und Vermeidung von Risken. Geschieht das in einem marktwirtschaftlichen System, dann geht ein solches Unternehmen unter. Geschieht das in verstaatlichten oder gar zentralwirtschaftlich verwalteten Unternehmen, dann zahlt die Folgekosten die Allgemeinheit. Der Sozialismus hat, wie auch seine glühendsten Vertreter inzwischen zugeben, die Natur des Menschen falsch eingeschätzt. Das allein war es nicht. Er hat vor allem die Natur seiner eigenen Funktionäre falsch eingeschätzt. Wolf Biermann hat 2006 bekundet, ihn »erschüttert bis ins Mark die Erfahrung, dass offensichtlich jeder Versuch, irgendein messianisches, christliches, muslimisches oder kommunistisches Himmelreich zu errichten, uns in nur immer modernere Kreise der Hölle zwingt«.

Wenn die Marktwirtschaft die anstehenden Probleme nicht lösen kann und auch kein anderes Konzept Lösungen bietet, dann verdüstern sich die Perspektiven: Der Historiker und Ökonom Andrej Furssow[1] erwartet für die Zukunft einen Rückzug geordneter Verhältnisse auf zwei- bis dreihundert über die Welt verstreute Wohlstandsinseln. Im großen Rest der Welt zerfallen seiner Befürchtung nach staatliche Strukturen und die Zivilisation selbst, die Herrschaft übernehmen Clans oder gleich das organisierte Verbrechen, wie heute in manchen Regionen Afrikas, aber auch schon – seiner Meinung nach – in einzelnen russischen Teilrepubliken.

Eine ähnliche Erwartung findet man bei Mike Davis, der sich selbst als »Überlebenden der neuen Linken« sieht. Er unternimmt es in mehreren Büchern (von denen etliche auf Deutsch beim Verlag »Assoziation A« erschienen sind), die Auseinanderentwicklung der Gesellschaft in wenige Reiche und immer mehr Arme in konkrete räumliche Modelle zu übersetzen. Nur kann man dann seiner Meinung nach als künftige Wohlstandsinseln dieser Erde nur mehr ummauerte und bewachte Wohnbezirke der Reichen in den großen Städten erwarten, während der öffentliche Raum zerfällt und der Großteil des künftigen Wachstums der Weltbevölkerung in den Städten der ärmeren Länder stattfindet, und dort wieder vor allem in den Slums.

Das Beunruhigende an solchen Modellen ist, dass in ihnen gar keine Revolution nach dem Muster erwartet wird, wie in früheren Jahrhunderten die unteren Schichten auf Entrechtung und Ausbeutung reagiert haben, sondern nur Trends fortgeschrieben werden. Revolutionen bräuchten Alternativen und Konzepte. Davon ist weit und breit nichts zu sehen, was über irreale Utopien hinausführen würde. Vielleicht kommt es zu vermehrten lokalen Revolten nach dem Modell der französischen Banlieus. Die zu erwartende Änderung der Verhaltensmuster aufgrund von Resignation und Ablehnung des Systems ist folgenreich genug.

Für Fukuyama war die allgemeine Durchsetzung der Marktwirtschaft gleichbedeutend mit dem Ende der Geschichte, denn ab da würde nicht mehr viel passieren. Das könnte stimmen, wenn das alte Modell zuträfe, dass mit der Marktwirtschaft auch Vollbeschäftigung und allgemeiner Wohlstand verbunden seien. So sieht es die klassische Ökonomie. In der modernen Weltwirtschaft mit ihren Instabilitäten und ihren Verteilungsproblemen stimmt diese Meinung weder theoretisch noch praktisch.

Lässt sich überhaupt noch ein wirtschaftspolitisches Konzept denken, wenn man der Marktwirtschaft ihre Effizienz glaubt und ihrer Stabilität und ihren Verteilungseffekten misstraut, wenn man von den alternativen Konzepten noch weniger erwartet und die Möglichkeiten aktueller Wirtschaftspolitik für recht bescheiden hält?

Ich glaube schon. Aber sie müsste sich auf wenige Schwerpunkte konzentrieren, denn mehr ist nicht zu schaffen: Förderung des Wachstums, weil es derzeit kein besseres Konzept zur Erhaltung geordneter Budgets und zur Sicherung von Beschäftigung gibt (und weil im Übrigen Wachstum auch ohne Schädigung der Umwelt möglich ist), Abbau unnötiger Bürokratie – um einerseits individueller Initiative mehr Spielraum zu geben und weil andererseits die eingesparten Mittel für das Erhalten der sozialen Sicherungsmechanismen dringend genug benötigt werden –, Verbreitung des Bewusstseins der Dringlichkeit eigener Anstrengung, Förderung der heute zur Melkkuh gewordenen Mittelschicht, nicht zuletzt bei der Bildung eigenen Vermögens, eine Währungspolitik, die hilft, die Ungleichgewichte abzubauen statt sie zu verewigen, und ebenso Unterstützung der neuen Unterschicht, um ihre Integration in der Marktwirtschaft zu fördern. Wenn wir dabei versagen, vergrößert sich die Unterschicht und auch die Ungleichheit weiter. Und dann könnte tatsächlich geschehen, was Jacob Burckhardt schon 1878 befürchtete: »Einmal werden der entsetzliche Kapitalismus von oben und das begehrliche Treiben von unten wie zwei Schnellzüge auf den gleichen Geleisen gegeneinanderprallen.«

Alternativen zur Marktwirtschaft, die auch funktionieren, sind nur bei einem erheblichen Aufwand an Wirklichkeitsverdrängung erkennbar. Die Marktwirtschaft selbst kann aber nur dann den Vorstellungen der in ihr lebenden Menschen entsprechen, wenn (unter anderem) zwei wesentliche Voraussetzungen erfüllt werden: Die Politik verzichtet darauf, die Probleme mit Illusionen zuzudecken, und den Menschen wird die Größe der Anforderungen an sie selbst bewusst, die Notwendigkeit ständigen Lernens und dauernder Anstrengung.

6.2 Die Politik

6.2.1 Die Reaktionen des politischen Systems auf seine Überforderung

Nach einer großen europäischen Denktradition beruht das Projekt der Moderne auf der Annahme einer gemeinsamen Vernunft der Mitglieder der Gesellschaft, die im Diskurs herstellbar wäre. Dahinter steht eine weitere Annahme, die eines autonomen Subjektes und seiner Vernünftigkeit. Sloterdijk fürchtet sogar die »Herrschaft der Wölfe«, wenn dieses Projekt der Moderne scheitert und sich eine andere alte Denktradition durchsetzt, die seit Machiavelli von der skeptischen Überzeugung geleitet wird, dass Vernunft vor allem als subjektive Rationalität manifest wird, die den eigenen Nutzen maximieren möchte.

Zumindest versuchen die Mächtigen subjektiv rational alles, um einmal eroberte Macht auch zu behalten. Die internen Strukturen moderner Parteiorganisationen bauen auf dem Kriterium der persönlichen Loyalität auf. Danach selektieren die jeweiligen Akteure auch, soweit sie nur können, die Mitglieder ihres inneren Kreises. Zusätzlich ist den politischen Parteien durchwegs gelungen, die Besetzung von Führungspositionen im Staat über die Hürden von Verfassungs- und Rechtsstaat hinweg nach den Kriterien alter Feudalsysteme durchzusetzen. Auch hier ist Loyalität das Allerwichtigste. Dafür bekommt man Pfründe und für die hat man erneut dankbar zu sein.

Habermas hat im Detail zu begründen versucht, dass die Evolution eine kontinuierliche Verbesserung der kognitiven und in Verbindung damit auch der sozialen Fähigkeiten des Menschen mit sich gebracht habe. Ich habe dem gegenüber versucht zu zeigen, dass der für menschliches Verhalten kritische Faktor der Evolution nicht die kognitiven Fähigkeiten, sondern die Weltbilder sind, die die Menschen neu entwickelt haben, sei dies nun mit oder ohne neues kognitives Potenzial. Das derzeit gängige Modell eines materiellen Weltbildes führt zur Orientierung am individuellen Nutzen. Aber die Vorstellungen davon, was das eigentlich sei, entwickeln sich derzeit rasch auseinander. Und das hat weitreichende Folgen für die Praxis der Demokratie.

Erstens gibt es keine Verständigung auf der Basis von Argumenten mehr. Zwischen den einzelnen Gruppen gibt es nur noch, wie es Schulze formuliert hat, »fundamentales gegenseitiges Missverstehen«. Lyotard hat es schon in seiner Studie »La condition postmoderne« ausgesprochen: Wahrheit und Gerechtigkeit seien nicht mehr im Konsens fundierbar. Deshalb wird nicht mehr auf der Basis einer gemeinsamen Wahrheit um die Macht gekämpft, sondern um die Durchsetzung der eigenen Wahrheit. Deshalb sind aber auch die Praktiken des Kampfes um die Lufthoheit über den Stammtischen so erbarmungslos. Dafür braucht man Öffentlichkeit, wird aber diese Öffentlichkeit nicht für die Verbreitung von Sachargumenten nutzen, sondern im Gegenteil zur Komplexitätsreduktion durch einfache Bilder, ja sogar zur bestmöglichen Erschwerung jeder kritischen und daher potenziell gefährlichen Reflexion. Bemühungen um eine unabhängigere Form der öffentlichen Diskussion werden daher nach bestem Können eingegrenzt und gegängelt: »Eine Reihe von Versuchen, den politisch-öffentlichen Raum wieder gesellschaftlich breiter zu gestalten und seine Mediendominanz zu relativieren – man denke nur an die Optionen öffentlicher Anhörungsverfahren, Bürgerbegehren oder Volksentscheide –, bleiben von Anfang an weitgehend in staatlicher Definitionsgewalt. Hier werden sie im politisch-institutionellen Prozess in der Regel bürokratisch vermessen, verwässert, entschärft und damit ihres potenziell aktivierenden Momentums bereits in der Genese ein Stück entkleidet.«[2]

Schließlich hängt die vermeintlich »objektive Beschaffenheit der sozialen Wirklichkeit entscheidend davon ab, welche Wirklichkeitskontrollen im Kollektiv verbreitet sind«.[3] Zu oft ist die heutige Öffentlichkeit das, was Chomsky schlicht als »Institutionalisierung der Lüge« bezeichnet hat.[4]

Eines der Hauptziele der Aufklärung war es, sich gegen den Missbrauch zu wenden, mit dem die alten Werte, die die Gesellschaft zusammenhalten sollten, nur noch zur Täuschung verwendet worden sind. Stattdessen sollte die gemeinsam hergestellte Vernunft über Interessen und ihre Realisierung entscheiden. Die Werte der Französischen Revolution, Freiheit, Gleichheit und Brüderlichkeit, waren daher auch als Gegenprogramm gedacht, mit welchem die Gesellschaft die Rechte und die Bedeutung des Individuums anerkennen und schützen sollte. Heute ist von der gemeinsam herzustellenden Vernunft in der Praxis nicht mehr übrig geblieben als ein Legitimationsmechanismus unter Missbrauch der schönen Worte. Die neuen Werte lassen sich nicht minder missbrauchen als die alten. Aber sie klingen ja so schön. 2007 hat Angela Merkel Freiheit, Gerechtigkeit und Solidarität für ihre »Partei der Mitte« beansprucht. Und Kurt Beck für seine »Partei der linken Mitte«? Freiheit, Gerechtigkeit und Solidarität. Nichts geht über ein klares Profil.

Zweitens läuft die heutige Praxis der Politik nicht auf Aufklärung, sondern schlicht auf Gegenaufklärung hinaus. Und der immerwährende Rekurs auf die Moral hat, weil man auf uralte Muster zurückgreift, als Nebeneffekt vor allem die Schaffung von Feindbildern. Man beschwört das traditionelle moralische Schema von Gut und Böse und erwartet von der Vernichtung des Bösen eine bessere Welt – unabhängig davon, ob man das Böse in fremden Nationen, fremden Rassen, im Kapitalismus oder in der Globalisierung sucht. So hat man schon immer die Komplexität der Welt auf einfache Vorstellungen reduziert. Auf allen Pylonen der ägyptischen Tempel findet sich die Darstellung des Pharaos, wie er die Feinde Ägyptens mit der Keule niederschlägt. Schon damals wurde diese Handlung als Symbol für die Wahrung der Ordnung verstanden. Auf nichts anderes hoffen heutige Utopien: Sind die Feinde geschlagen, dann ist die bessere Welt gesichert.

Wenn man die Macht hat und sich die versprochene bessere Welt trotzdem nicht einstellen will, muss man glaubhaft machen, dass daran jemand ganz anderer Schuld trägt. Damit lenkt man nicht nur von eigener Unfähigkeit und eigener Mitschuld an den Verhältnissen ab, sondern lenkt außerdem die durch zunehmende Frustration entstehenden Aggressionen in die gewünschte Richtung. Die Schuld für Probleme soll nicht bei den Herrschenden, sondern bei irgendwelchen personalisierten bösen Mächten gesucht werden. An diesen, nicht an den versagenden Führungsschichten, soll der aufgestaute Ärger abgearbeitet werden. Wo man nicht versteht, kann man immer noch moralisieren. Sogenannte kritische Reflexion »saugt … ihren Nektar aus der Gegenüberstellung zwischen geschundenen Leibern und schändlichen Halsabschneidern«[5], erklärt damit sich und anderen die Welt nach dem bekannten Schema von Gut und Böse und kann sich zusätzlich noch selbst zu den Guten rechnen.

6.2.2 Die konsequente Verdrängung der Realität

Ich habe versucht, die Tendenzen festzumachen, die in Richtung einer Verdrängung der Realität laufen. Die eine ist die persönliche Reaktion auf eine komplex und undurchschaubar gewordene Welt. Die andere ist der permanente Versuch, im sozialen Tausch die eigene Leistung möglichst hoch zu bewerten. Das ist die notwendige Konsequenz, wenn Macht durch Leistung legitimiert werden soll, und wird dadurch erleichtert, dass das Verständnis für die Zusammenhänge weithin fehlt. Wirtschaftsfragen sind für einen großen Teil der Bevölkerung »bis weit hinein in die Bildungsschichten ein blinder Fleck« (so Imma Palme vom Institut für empirische Sozialforschung für Österreich) oder von vereinfachenden Fixierungen geprägt: Das Deutsche Institut für Wirtschaftsforschung (DIW) veranstaltet regelmäßig ein sogenanntes sozio-ökonomisches Panel, eine Umfrage bei mehr als 5300 Deutschen über ihre Einstellung zu verschiedenen Staatsaufgaben. Noch 2002 erklärten 40 Prozent der Befragten, nur oder vor allem der Staat könne finanzielle Absicherung im Alter gewährleisten, 54 Prozent schrieben diese Möglichkeit sowohl dem Staat als auch Privaten zu. Für die Betreuung von

Vorschulkindern ist nach Meinung von 41 Prozent nur oder vor allem der Staat zuständig. 49 Prozent der Befragten waren überzeugt, nur oder vor allem der Staat könne Arbeitsplätze erhalten, 43 Prozent sahen diese Funktion sowohl beim Staat als auch bei Privaten, 7 Prozent vor allem bei Privaten und ein einziges Prozent nur bei Privaten. Oder, wie der Forschungsdirektor am DIW Gert Wagner kommentierte: Das Vertrauen der Bürger in staatliche Sozialpolitik sei »unglaublich groß«, die Problemlösungsmöglichkeiten des Staates würden »systematisch« überschätzt.

Politische Themenbehandlung und Wahrheit haben unter den Bedingungen der Komplexität nichts mehr miteinander zu tun. Ein Reporter hat 2006 über eine Fernsehdiskussion berichtet, in der er einem (ziemlich bedeutenden) Politiker alle möglichen ungelösten Probleme vorhielt. Im öffentlichen Teil der Diskussion erhielt er die Antwort, er übertreibe maßlos. Gleich nach Ausschalten der Kameras bekam er dafür vom gleichen Herrn zu hören, die Probleme seien noch weit ernster, als er sich vorstellen könne.

6.2.3 Die Grenzen des Machbaren

Marktwirtschaftliche Anpassungsprozesse werden selten den Vorstellungen der Betroffenen entsprechen. Veränderungen des wirtschaftlichen Umfeldes aufgrund von Ungleichgewichten zwischen Angebot und Nachfrage kümmern sich nicht um politische Ziele, sie überrollen sie.

Schumpeter hat von der »schöpferischen Zerstörung« gesprochen, die der marktwirtschaftliche Prozess mit sich bringe. Diese Formulierung bündelt die Problematik wie in einem Brennpunkt. Denn jede wirtschaftliche Innovation, ob neues Produkt oder neue Technologie, kann tatsächlich neue Beschäftigung und neuen Wohlstand schaffen, bringt aber gleichzeitig die Zerstörung bisheriger Strukturen mit sich. Die kritische Frage ist immer, ob diese Schaffung neuer Strukturen ausreicht, die verlorenen alten Beschäftigungsmöglichkeiten zu ersetzen. Gelingt es, ausreichend Ersatz zu schaffen, dann kann man die Zerstörung mit Recht als schöpferisch bezeichnen. Wenn nicht, dann überwiegen die Elemente der Zerstörung und des Unterganges bisheriger Strukturen. Je radikaler im Übrigen Umstrukturierungsprozesse vorgenommen werden – etwa durch sogenannte Heuschrecken –, desto höher ist die gesamtwirtschaftliche Wachstumsrate, die man braucht, um die zerstörerischen Folgen, vor allem die Arbeitsplatzverluste, auszugleichen.

Das aktuelle politische System der westlichen Industriestaaten mit seiner Kombination von Marktwirtschaft und Demokratie hat eindrucksvolle Leistungen zur Sicherung eines menschenwürdigen Lebens vieler Bürger erbracht, die ansonsten unter den gegenwärtigen wirtschaftlichen Tauschmechanismen nicht genug zum Leben hätten. Das legitimiert das System aus historischer Perspektive, beantwortet aber nicht die Frage nach seiner Leistungsfähigkeit gegenüber den heutigen Problemen.

Man kann unsere Ergebnisse zu dieser Frage in der Terminologie Luhmanns zusammenfassen: Das politische System hat die enorm gestiegene Außenkomplexität seiner wirtschaftlichen und sozialen Umwelt durch Steigerung seiner eigenen Komplexität aufzufangen versucht – eine nach der Systemtheorie quasi klassische Reaktion zur Sicherung des eigenen Überlebens. Aber diese eigene Komplexität ist über das Notwendige hinaus ausgebaut worden – nämlich als Versuch, mit zusätzlicher Bürokratie und zusätzlichen Regeln Prozesse einzufangen, die nach anderen Regeln ablaufen. Man hat damit sowohl die Voraussetzungen eigenen Handelns als auch die Rahmenbedingungen wirtschaftlicher Prozesse enorm verkompliziert, ohne an diesen Prozessen etwas ändern zu können.

Und manchmal setzt man schlicht auf die Hoffnung, mit alten Verhaltensmustern auch neue Probleme bewältigen zu können. Die einfachste und lange Zeit beliebteste Reaktion der Wirtschaftspolitik auf eine der unmittelbarsten Folgen von sinkender Kontrolle über steigende Komplexität, nämlich die zunehmende Diskrepanz zwischen staatlichen Ausgaben und Einnahmen, war eine weitere Erhöhung der Staatsverschuldung. Je geringer die Fähigkeit, Alternativen zu schaffen, desto größer die Überzeugung, dass es dafür immer noch Spielräume gibt. Noch der zweite österreichische Bundeskanzler nach Bruno Kreisky, Franz Vranitzky, schildert in seinen Erinnerungen, wie sehr die Kreisky'sche Schuldenmacherpolitik bei Parteifunktionären und Gewerkschaftern weiterhin als eine »Art Heilslehre« verklärt wurde.

Und nach wie vor wird die Illusion gehegt, die verloren gegangene Steuerungsfähigkeit sei nicht das Ergebnis administrativer Selbstfesselung und struktureller Überforderung der Leistungsfähigkeit, sondern die Folge immer noch zu geringer staatlicher Machtmittel, oder wie Offe es ausdrückt: »Die Eingriffsbefugnisse und die Steuerungskapazität des staatlichen Apparates sind prinzipiell zu knapp bemessen, als dass er die Last jener Erwartungen und Forderungen wirksam abarbeiten könnte.«[6] Das ist die Hoffnung auf Lösung des Problems der zu hohen Systemkomplexität und der zu großen eigenen Versprechungen durch weitere Steigerung der Systemkomplexität. Eine solche Illusion kann man als eine Art »credo quia absurdum« nach dem Muster der versteckten Skepsis der Scholastik oder als Fortwirken absolutistischer oder preußischer Herrschaftsideologie verstehen, aber nicht als brauchbares Konzept. Offes weiterer Hinweis, dass »Teile der von ihren theoretischen Gewissheiten im Stich gelassenen Linken die Entzugserscheinungen des neuen Irrationalismus aufweisen«[7], zeigt nur, dass Realitätsverlust auch eine Reaktion auf versagende eigene Rezepte sein kann.

Das Überleben in der realen Marktwirtschaft – nicht in den illusionären Vorstellungen von ihr – bedarf ständiger Anstrengung, Innovation und Initiative. Marktwirtschaft braucht daher ein Umfeld, das unternehmerischen Initiativen Raum lässt und sie weder in Korruption noch in Bürokratie noch in der Steuergesetzgebung noch in der Allmacht der Clans ersticken lässt. Und sie braucht eine positive mentale Grundhaltung, Mut, Hoffnung, Risikobereitschaft und möglichst viel Freiheit für Eigeninitiative. Das würde auch die soziale Anerkennung derartiger Verhaltensmuster voraussetzen. Die ist eher selten geworden.

Die Frage nach der Machbarkeit der Verhältnisse hat aber noch eine weitere, grundsätzlichere Dimension. Die viel beschworene Zivilgesellschaft ist ohne den aktiven Bürger schwer vorstellbar. »Gemeinschaft innerhalb gesellschaftlicher Verhältnisse ist aufgrund der emotionalen Komplexität ihrer Mitglieder notwendig.«[8] Michael Walzer hat (vielleicht nicht unabsichtlich bei einem Kongress des deutschen »Kulturforums der Sozialdemokratie«) betont, dass in einer hochgradig fragmentierten Welt der Staat darauf angewiesen sei, dass seine Bürger in sozialen Kleingruppen die alltägliche Erfahrung von Solidarität und Engagement machen können. Nicht viel anders hat es Böckenförde formuliert, wie oben bereits geschildert.

6.2.4 Der Verlust an Akzeptanz

Politik ist heute in einem magischen Dreieck gefangen. Sie muss die wichtigsten Interessengruppen und die Journalisten bei Laune halten, der Masse der Wähler Problemlösungskompetenz und das Vorhandensein klarer Konzepte vorgaukeln und darf trotzdem die privaten Investoren nicht vergraulen. Und sie bringt das alles nicht auf einen Nenner.

Die Politik schafft sich selbst zusätzliche Probleme dadurch, dass die Frage des sozialen Ausgleichs weniger als Problem der Ressourcen, sondern zunehmend als eine der Moral definiert wird. Denn mangelnder Erfolg wird eben deshalb auf Dauer in der Wahrnehmung der Betroffenen – die man ja darauf konditioniert – nicht als Ergebnis fehlender Ressourcen, sondern als moralisches Versagen wahrgenommen.

Viele Politiker verstehen nicht, wieso sie trotz ihrer ständigen Bemühungen so wenig Anerkennung finden. Sie sehen ihre eigene Anstrengung, nicht den erlittenen Kontrollverlust. Erwin und Ute Scheuch haben von einem Selbstverständnis mancher Politiker als »der neue Adel, dem bisher die volle Anerkennung vorenthalten wird«, gesprochen und fortgesetzt: »Allerdings sollte die neue, noch illegitime Feudalkaste daran denken, wie es dem Ancien Régime erging, als die Führungsschicht nur noch aufwendig und nicht nützlich war.«[9]

Napoleon meinte, die Politik sei unser Schicksal. Lässt man die letzten Jahrhunderte in Europa gedanklich Revue passieren, könnte man so manche Argumente dafür finden, dass Politik eher unser Unglück sei und die Wirtschaft unser aller Schicksal.

Man braucht aber nicht bei so allgemeinen Formulierungen stehen zu bleiben. Gelingt es nicht, das bisherige System sozialer Sicherheit im Wesentlichen aufrechtzuerhalten, dann fällt auch die für moderne Politik so wesentliche legitimationssichernde Bedeutung des Tausches von Leistung gegen Loyalität weg. Die für die Erhaltung des Sozialsystems unerlässlichen Ressourcen sind nur heute nicht mehr so leicht verfügbar wie in der langen Wachstumsphase nach dem Zweiten Weltkrieg. Und sie werden von einem wirtschaftlichen System erarbeitet, von dessen Leistungsfähigkeit der Staat existenziell abhängig ist. Er kann zwar Steuern und Abgaben nach seinen Spielregeln einfordern, bekommt sie aber nur, wenn die Unternehmen auch entsprechend verdienen. Und er braucht sie immer dringender, weil die ständige Ausweitung der staatlichen Tätigkeit immer mehr von den Ressourcen verschlingt.

Luhmann hat aus all diesen Veränderungen den Schluss gezogen, dass das, was die Politik als ihren Zweck darstelle, wie etwa die Bekämpfung von Arbeitslosigkeit, ohnedies außerhalb ihrer Möglichkeiten liege. Die wesentlichen Versprechungen, auf die Politik ihre Legitimation gründe, seien nicht erfüllbar. Das liege am Mangel an Mitteln, aber auch an der Komplexität der Zusammenhänge und nicht zuletzt an dem fehlenden Wissen darüber.

Der ständigen Überforderung wird immer häufiger durch Appelle an die Solidarität aller Bürger begegnet. Woher aber soll diese kommen? Die Appelle zur Solidarität richten sich an eine Gesellschaft, die für sich selbst die Zerstörung des Bindungscharakters alter Solidarsysteme wie der Familie als Befreiung aus Zwängen interpretiert und für die vielmehr der Genuss des einen Lebens, über das man verfügt, Vorrang hat. Aber Solidarität war, wie ich zu zeigen versucht habe, in der bisherigen Menschheitsgeschichte immer nur in erkenn- und verstehbaren Zusammenhängen personaler oder normativer Art zu haben. Solidarität funktioniert vermutlich immer nur in Zugehörigkeiten, die plausible Gründe für Gruppensolidarität und -loyalität anbieten können. Die Zukunft des Staates könnte auch davon abhängen, ob es ihm in Zukunft gelingen wird, über den reinen Tausch von Leistung und Gegenleistung hinaus ebenso gute Gründe für ein Bewusstsein der Zugehörigkeit zu schaffen.

6.3 Internationale Aspekte

6.3.1 Das totale wechselseitige Missverstehen

Ich wollte zeigen, dass die Veränderung der Weltbilder von personalen über normativen zu nutzenorientierten Denkmustern weltweit in ähnlicher Form, aber mit unterschiedlicher Geschwindigkeit stattgefunden hat und diese Entwicklung nicht nur regional, sondern auch schichtspezifisch recht unterschiedlich verlaufen ist. Dabei konnte es zu eigenen regionalen Sonderentwicklungen kommen, wie etwa zur Verabsolutierung des Loyalitätsprinzips bei den japanischen Samurai. Aber die evolutionäre Richtung war und ist stets die gleiche. Japan hat es geschafft, im Rahmen eines doch deutlich anderen kulturellen Rahmens zu einem modernen Industriestaat zu werden – und ist zugleich ein Beispiel dafür, dass trotzdem nunmehr auch in die japanische Unternehmenskultur ein modernes nutzenorientiertes Verständnis einwandert. Die Besonderheiten personaler und normativer Systeme passen nur eben nicht bruchlos zu den aktuellen westlichen Vorstellungen von Demokratie. Die daraus erwachsenden Probleme beeinflussen, wie geschildert, in vielfältiger Weise den Aufholprozess jener Länder, die nach westlichen Kriterien noch als unterentwickelt bezeichnet werden.

Auch in internationalen Beziehungen gibt es ein fundamentales gegenseitiges Missverstehen aufgrund des Verlustes einheitlicher und gemeinsamer Weltbilder und damit jeglichen gemeinsamen Bezugssystems. Die Bedeutung dieses Problems auch und gerade für internationale Beziehungen hat schon Henry Kissinger klar auf den Punkt gebracht. Früher »sprachen die Diplomaten dieselbe Sprache nicht nur in dem Sinne, dass Französisch Weltsprache war, sondern – was noch wichtiger war – auch deshalb, weil sie bei der Beurteilung dessen übereinstimmten, was möglich war und was nicht«[10]. Das ist wohl vorbei. Und Samuel Huntington sieht die Lage nicht minder skeptisch. Er hat das Phänomen in seinem »Clash of Civilizations« auf die Formel gebracht, jede Kultur habe ihre eigenen Stilgesetze des Denkens, Empfindens und Erlebens und keine verstehe ein Wort von dem, was die andere sage und meine.

Ob ein solcher Clash of Civilizations wirklich immer unvermeidlich sei, mag hier offenbleiben. Derzeit findet er jedenfalls im Weltmaßstab zwischen der islamischen und der westlichen Welt statt, manifest geworden im Kleinkrieg zwischen Israelis und Palästinensern, im Terror der Al Kaida, in Afghanistan und nicht zuletzt im Irakkrieg. Ich möchte hier der Unzahl von bereits abgegebenen Kommentaren zur Frage nach Ursachen, Motiven, Sinn oder Unsinn des Kleinkriegs, des Terrors und dieses Krieges nicht noch einen weiteren Kommentar hinzufügen. Mir geht es darum, zu verdeutlichen, in welch hohem Maß der (zumindest bisher) schreckliche Misserfolg der USA und damit, ob wir es wollen oder nicht, des Westens von elementaren handwerklichen Fehlern verursacht worden ist. Auch amerikanische Präsidenten kommen und gehen. Aber die Handwerkskunst der Diplomatie und auch des Krieges sollte nicht von einzelnen Präsidenten abhängen. Nur hängt leider viel an Zukunft des Westens und der Kräfteverhältnisse auf dieser Erde vom Beherrschen des Handwerks ab. Schon zum Ersten Weltkrieg und seinem katastrophalen Verlauf hat der Mangel daran kräftig beigetragen. Läuft es diesmal so viel besser?

Das eingetretene Desaster hat mehrere Ursachen. Verteidigungsminister Donald Rumsfeld wollte mit dem Einsatz begrenzter Kräfte beim Feldzug gegen den Irak erstens dem damaligen Außenminister Colin Powell zeigen, dass dessen Doktrin, solche Kriege sollte man nur mit überwältigendem Kräfteeinsatz führen, völlig falsch sei, und zweitens den eigenen Generälen beweisen, dass man keine großen Armeen brauche, sondern kleinere mobile Hightechtruppen völlig ausreichten. (Powell und die Militärs hatten übereinstimmend 450 000 Mann für eine erfolgreiche Besetzung des Irak als notwendig erachtet.) Drittens reduzierte das Weiße Haus die Einberufung von Reservisten auf ein Minimum, um wahlstrategisch nachteilige Belastungen der Amerikaner zu Hause möglichst zu vermeiden.

Was sich dann nach der Besetzung abspielte, hatte vor allem zwei Effekte. Erstens förderte die Vorgangsweise, nicht zuletzt die Behandlung von Gefangenen und die massive Zerstörung der Infrastruktur, Hass und Abneigung gegen die Amerikaner und in einem Aufwaschen gegen die ganze westliche Welt in weiten Kreisen der muslimischen Welt. Würde man Spezialisten von Al Kaida fragen, wie man Araber am sichersten und nachhaltigsten gegen sich aufbringen kann, wäre ihnen vermutlich auch nichts Drastischeres eingefallen als die Demütigung nackter Gefangener durch Frauen mit Hunden. Und zweitens bekommen die iranischen Militärs auf diese Weise einen von den USA bezahlten Intensivkurs laufend frei Haus geliefert, wie man sich am besten auf einen eventuellen Guerillakrieg gegen die USA vorbereiten könne. Es ist keine wirkliche Beruhigung, dass die amerikanischen Streitkräfte erst ab 2007 vergleichende Kulturwissenschaftler und Anthropologen einsetzen (übrigens mit beachtlichem Erfolg), um besser zu verstehen, wie die Menschen denken, mit denen sie es zu tun haben. Vorher hatte man beispielsweise in Afghanistan einfach nicht registriert, dass Afghanen gerne bei Hochzeiten aus Begeisterung in die Luft schießen, und deshalb wiederholt solche Hochzeitsgesellschaften bombardiert, mit den entsprechend nachhaltigen Konsequenzen für den Grad der eigenen Beliebtheit. Die Amerikaner haben es geschafft, die gesamte islamische Welt gegen sich aufzubringen.[11] Francis Fukuyama sieht in seinem neuesten Werk sogar den nahezu vollständigen Verlust der USA an Glaubwürdigkeit und moralischer Autorität.[12] Kann man für all das nur einen offenbar überforderten Präsidenten verantwortlich machen? Auf der anderen Seite wird der Widerstand gegen die USA maßgeblich dadurch verstärkt, dass der Islam als normatives System seinen Anhängern dazu verhelfen kann, die eigene Ehre und Würde höher zu schätzen als das eigene Leben, persönlichen Halt und Sinnstiftung auf andere Weise zu finden als durch Maximierung des eigenen Nutzens. Selbst dem Römischen Reich half auf Dauer alle seine Macht nichts gegen Menschen, für die der Märtyrertod die Krönung ihrer irdischen Laufbahn darstellte.

Wie immer die Auseinandersetzungen im Nahen Osten auch ausgehen: Auf Dauer wird Friede und Kooperation nur dann möglich sein, wenn eine der Grundvoraussetzungen jeder menschlichen Kommunikation auch gegenüber der – ganzen – arabischen Welt hergestellt wird. Denn heute dominiert auf beiden Seiten das Misstrauen. Gesellschaften, die noch stärker von personalen und normativen Strukturen bestimmt sind, interpretieren die Werte der Aufklärung zunächst einmal als Herausforderung. Edward Said hat anhand literarischer Beispiele untersucht, wie Kultur zur Begründung, Rechtfertigung und Erhaltung der Herrschaft des Westens verwendet worden ist, und findet dabei eine verbreitete »Gestik der zivilisatorischen Domestizierung«. Man mag seine (umfänglich begründeten und bedächtig formulierten) Thesen teilen oder nicht. So oder so belegen sie das tiefe Misstrauen der Araber gegenüber westlichen Ideen und ihre Qualifizierung als kultureller Imperialismus.[13]

Ein amerikanischer Diplomat hat die bisherige Haltung der USA auf die saloppe Formel gebracht, wer einen schönen großen Hammer habe, sehe eben überall nur Nägel. Die Probleme der heutigen Welt löst man nur kaum mit dem Hammer, sondern nur mit dem bedächtigen Drehen an vielen verschiedenen Schrauben. Und egal ob man die Forschungen von Andrea Talentino und Frederic Pearson über die Ergebnisse bewaffneter Auseinandersetzungen seit 1945 heranzieht, die Darlegungen von Edward S. Walker (Staatssekretär unter Madeleine Albright und auch unter Colin Powell) oder die Arbeiten von immer mehr Autoren über den Irakkrieg oder andere kriegerische Auseinandersetzungen der letzten Jahrzehnte, der Tenor ist immer der gleiche: Demokratie kann man nicht herbeibomben. Unerlässlich für den Frieden ist auf Dauer ein Verhältnis wechselseitiger Anerkennung und Respektes, wirtschaftlich und politisch. Aber der Wille zu politischen, wirtschaftlichen und gesellschaftlichen Reformen muss aus der jeweiligen Gesellschaft selbst kommen, wenn sich der Erfolg einstellen soll. Und dieser Wille ist, um wieder auf unsere Analyse zu verweisen, nur dann zu erwarten, wenn die angestrebten Reformen den Denkmustern, den Mustern des sozialen Tausches und den Vorstellungen von gesellschaftlicher Ordnung der jeweiligen Gesellschaft entsprechen.

John Rawls ist in einer eigens den internationalen Beziehungen gewidmeten Vorlesung dafür eingetreten, auch gegenüber nicht-liberalen Gesellschaften weitestgehende Toleranz zu üben.[14] Der Theoretiker Rawls findet einen gewichtigen Verbündeten in dem ausgewiesenen Praktiker Henry Kissinger. Auch dieser hält Maßhalten und Gleichgewicht für wichtiger als je zuvor. Wenn sich die Doktrin der universellen Intervention einmal durchsetze, könnte die Tugend Amok laufen. Kissinger plädiert in seinen Schriften immer wieder eindringlich dafür, der praktischen Diplomatie mehr zu vertrauen als der Moral des Zeitgeistes, Selbstbeschränkung zu üben und eher maßvoll zu sein als tugendhaft.

Madeleine Albright hat 1996 mit Bezug auf Kuba wörtlich festgestellt: »Tyrannen machen einen Fehler. Sie verwechseln die Macht, über Heere zu gebieten, mit der Macht, die Herzen der Menschen zu erobern.«[15] Wie schön, würden sich amerikanische Politiker dieser Weisheit auch in aktuellen Zusammenhängen erinnern.

6.3.2 Das Thema der Zukunft: Die Verteilung der Ressourcen

Das hohe Interesse der Amerikaner am Nahen Osten hängt natürlich auch mit den dort vorhandenen Ölreserven zusammen. In den nächsten zwei bis drei Jahrzehnten wird Öl seine zentrale Rolle als wichtigster Energieträger auch nicht verlieren. Weder sind die Reserven so schnell zu Ende noch werden alternative Energieträger in dieser Zeitspanne imstande sein, es zu verdrängen. Für den Westen ergibt sich dabei das Problem, dass rund drei Viertel der heute bekannten Reserven in Regionen mit nicht unbedingt demokratischen Strukturen liegen.

Im Kampf um die Ressourcen wenden die einzelnen großen Staaten unterschiedliche Strategien an. China hat in der ersten Phase seiner industriellen Entwicklung nicht zuletzt davon profitiert, dass westliche Unternehmen ihre eigene Produktion wegen der niedrigen Lohnkosten dorthin ausgelagert haben. Über diese Phase ist es längst hinaus. Heute werden Produktionen vor allem deshalb nach China verlagert, weil man anders keine Chance sieht, den chinesischen Binnenmarkt zu erobern. China ist selbst zu einem wichtigen Exportland geworden, sichert, wie geschildert, seine starke Position durch eine entsprechende Wechselkurspolitik ab und kauft Beteiligungen in aller Welt ein. Hinzu kommt, dass die chinesische Börse in den letzten Jahren bei allen Schwankungen hohe Gewinne bieten konnte. Chinesische Neuemissionen von Aktien sind daher regelmäßig vielfach überzeichnet. Den Chinesen gelingt es auf diese Weise, auch immer mehr internationales Kapital einzusammeln.

Den Chinesen kommt dabei außer ihrer rasch steigenden Finanzkraft auch zugute, dass sie anders als die USA und so manche europäischen Staaten ihre Kontakte nicht mit Fragen von Demokratie und Menschenrechten belasten. Die Chinesen sind damit ein idealer Partner für so manche afrikanischen Regime.

Chinas Handelsvolumen mit Afrika lag 1999 noch bei rund 2 Milliarden Dollar. Seither wächst es geradezu atemberaubend rasch. 2006 lag es bereits bei rund 50 Milliarden Dollar und soll bis 2010 auf rund 100 Milliarden Dollar anwachsen. Chinesische Ölfirmen verfolgen Investitionsprojekte in aller Welt. Allein bis 2005 wurden vom amerikanischen National Bureau of Asian Research 139 solcher Projekte mit konkreten Investitionen gezählt, davon 37 oder mehr als ein Viertel in Afrika. Zählt man auch andere und kleinere Firmen als die chinesischen Ölkonzerne dazu, dann sind bereits rund 800 chinesische Firmen in Afrika tätig. Seit den Neunzigerjahren haben sich rund 100 000 Chinesen auf Dauer oder vorübergehend in Afrika niedergelassen. Aus Afrika bezieht China derzeit rund 30 Prozent seiner Erdölimporte. Gut 20 Prozent der gezählten Investitionen allein der chinesischen Erdölindustrie fanden übrigens im südostasiatischen Raum statt und zehn Prozent in Südamerika.

Westlicher Kritik, dass dabei oft korrupte, undemokratische und brutale Regime unterstützt würden, begegnen die Chinesen mit dem nicht uninteressanten Gegenargument, die europäische Kritik an diesen Regimen sei nichts als ein Nachhall alter kolonialer Herrschaftsträume der Besserwisser. China dagegen sei nie Kolonialmacht gewesen und habe auch in Zukunft nicht vor, sich in die inneren Angelegenheiten anderer Staaten einzumischen.

So oder so, die weltweite Verankerung chinesischer Unternehmen in aller Welt geht in hohem Tempo vor sich. Was gegenwärtig der Sicherung der Rohstoffversorgung (und im Bankensektor wohl nicht zuletzt der umfassenden Informationsgewinnung) dient, kann morgen auch der Absatzsicherung dienen und im Wettbewerb um die Märkte der Entwicklungsländer völlig neue Verhältnisse schaffen, bevor der Westen überhaupt registriert hat, was da alles los ist. Es ist leider nicht nur Zynismus, wenn man diese Entwicklung, die schon mittelfristig zu massiven Machtverschiebungen führen kann und weltweit auf Dauer viel größere Bedeutung hat als der Nahe Osten, auf die kurze Formel bringt, dass China (und mit etwas Abstand auch Russland) seine Milliarden aus Exportüberschüssen konsequent zum weiteren Ausbau seiner wirtschaftlichen Positionen verwendet, während die Vereinigten Staaten, die derzeit unter einem gigantischen Handelsbilanzdefizit von rund 700 Milliarden Dollar im Jahr leiden, die daher letztlich geborgten Gelder zu einem guten Teil im Wüstensand vergraben.

Einige Reaktionen der USA auf die chinesischen Investitionen in Afrika sind auch eher kontraproduktiv. Im Oktober 2007 hat das Pentagon ein neues Afrika-Kommando, kurz genannt Africom, geschaffen und sucht jetzt dafür einen Standort in Afrika. Die Begeisterung der afrikanischen Staaten für diese Idee war enden wollend. Überhaupt ist es schwer, die amerikanische Erdölpolitik zu verstehen. Die USA beziehen bereits derzeit 20 Prozent ihrer Ölimporte aus Afrika und damit nicht viel weniger als aus dem Nahen Osten. Etwas mehr Sensibilität gegenüber Afrika wäre daher ja auch denkbar. Die nach Saudi-Arabien größten Erdölreserven der Welt liegen übrigens in den Ölschiefern der kanadischen Provinz Alberta, gleich hinter der Grenze der USA. Der hohe Ölpreis hat den Abbau dieser Vorräte längst rentabel gemacht. Außerdem wird bereits ab einem Preis von etwa 50 Dollar je Barrel Öl das alte Fischer-Tropsch-Verfahren der Gewinnung von Treibstoff aus Kohle rentabel, wie es etwa Deutschland in großem Umfang während des Zweiten Weltkriegs angewandt hat. Und über Kohle verfügen die Vereinigten Staaten in fast unbegrenztem Ausmaß. Es gäbe also durchaus Ansätze für eine Energiepolitik, die nicht das Pentagon in den Mittelpunkt stellt. Allerdings müssten dafür auch die großen amerikanischen Ölkonzerne gewonnen werden, denen (und deren Lobbys) eine Verteidigung ihrer erworbenen oder wenigstens vertraglich gesicherten Rohstoffquellen durch ihren Staat natürlich lieber ist, wo immer diese Quellen liegen mögen.

6.3.3 Europa und die Welt

Die Region mit den vergleichsweise geringsten Vorräten an Erdöl und Erdgas ist Europa. Die noch vorhandenen Vorräte in der Nordsee gehen rasch zu Ende. Allein im kanadischen Alberta wird bereits heute täglich so viel gefördert wie in der Nordsee. Die Abhängigkeit von anderen Energielieferanten nimmt daher rasch zu, nicht nur bei Öl, sondern auch bei Erdgas. 60 Prozent der Importe der EU kommen derzeit aus Algerien, Russland und, mit schwindender Bedeutung, aus Norwegen. Sogar Staaten, über deren Gebiet die Pipelines aus Russland nach Europa führen, haben mittlerweile gelernt, dass sie allein schon deshalb Druck ausüben können. Und europäische Ölkonzerne, die auf russischem Gebiet fördern wollen, haben bereits zur Kenntnis nehmen müssen, dass sie dabei gerne gesehen sind – aber nur als Juniorpartner russischer Unternehmen.

Um die Sicherung der Versorgung bemühen sich intensiv alle europäischen Energiekonzerne, politisch gibt es dagegen keine gemeinsame Linie der EU. Der Chef des italienischen Öl- und Gaskonzerns ENI erklärte im November 2007, Europa begebe sich bei Erdgas wie ein Schlafwandler in eine erschreckende Abhängigkeit von Importen.[16]

Kurz danach machte die deutsche Bundeskanzlerin bei einem Kongress, der eigentlich der Vertiefung der Zusammenarbeit zwischen Afrika und Europa dienen sollte, mit ihrem Appell für Demokratie und Menschenrechte den Unterschied zwischen europäischer und chinesischer Weltpolitik so richtig klar. Da sie viel zu schlau ist, um die Konsequenzen nicht zu verstehen, kann man daraus nur schließen, dass ihr die heimische Öffentlichkeit wichtiger ist.

Europa hätte so viele Chancen. Selbst die Vielfalt der europäischen Traditionen sollte kein Hindernis für eine weitere Integration sein, sondern eine unglaubliche Bereicherung der eigenen Basis. Ich glaube allerdings, dass ein einheitliches und kluges Auftreten in dieser Welt unerlässlich ist, um sich zu behaupten und den Bürgern dieses Europas auch in Zukunft Beschäftigung und Verdienst zu sichern. Nur bemerkt man davon nichts. Es ist bedauerlich, dass eine gemeinsame europäische Außenpolitik nur dann erkennbar wird, wenn es um moralische Appelle gegenüber wem auch immer geht. Ein Freund mit langjähriger Erfahrung als Diplomat in Brüssel hat mir das damit erklärt, dass dies schließlich der einzige Bereich sei, in dem man immer wieder zu einer gemeinsamen Linie finden könne.

Das Schlimme ist nur, dass diese gemeinsame Linie bei Demokratie und Menschenrechten in erster Linie Fassade ist. Der Historiker Perry Anderson hat dagegen die Praxis geschildert.[17] Die eigene Linie im Irakkrieg war Propaganda, während hinter den Kulissen die Europäer brav mitmachten, und das nicht nur in Bereichen wie Fluglogistik oder Bereitstellung von Geheimdienstmaterial, sondern sogar nicht zu knapp bei den Menschenrechtsverletzungen. Der Flugverkehr zwischen Afghanistan und Guantánamo wurde über Europa abgewickelt, die Zusammenarbeit zwischen den USA und osteuropäischen Staaten umfasst nicht nur gemeinsame Manöver und Radarprojekte, sondern auch Geheimgefängnisse, und die Überstellung von Gefangenen an Staaten mit Folterpraxis war zumindest nach Anderson auch der rot-grünen Regierung in Deutschland recht geläufig. Anderson schließt mit einem an Ibsen erinnernden Zitat: Die Europäer seien offiziell Stützen der besseren Gesellschaft, im Geheimen dagegen Kuppler der Folterer.

Die Geschichte kennt viele Beispiele dafür, dass mächtige Reiche letztlich eine mächtige Bürokratie hervorgebracht haben. Die EU ist das bisher erste Beispiel dafür, dass eine mächtige Bürokratie geschaffen worden ist, noch bevor dieses Gebilde auch eigenständige Macht erlangt hat. Das Ergebnis dieses Experiments bleibt abzuwarten.

Es wäre dabei hilfreich, wollte sich Brüssel bewusst sein, dass das Prinzip von Leistung und Gegenleistung als Grundvoraussetzung politischer Legitimation auch für die EU gilt. Die ständigen Eingriffe der Brüsseler Bürokratie bräuchten im Bewusstsein ihrer Bürger so etwas wie eine Gegenleistung der EU. Genau die ist aber nicht erkennbar, weil die vielfachen Leistungen der EU zwar umfangreich sind, aber überhaupt nicht wahrnehmungswirksam »verkauft« werden. So braucht einen die mangelnde Beliebtheit der EU bei ihren Bürgern nicht zu verwundern. Sie ist nichts anderes als logische Konsequenz der Verletzung eines elementaren Zusammenhanges. Es ist verblüffend, dass man die Verbesserung der Akzeptanz von allen möglichen Vertragswerken erwartet und nicht davon, endlich den elementaren Notwendigkeiten politischer Akzeptanz Rechnung zu tragen.

6.4 Das Individuum in einer fremd gewordenen Umwelt

6.4.1 Die Entstehung einer neuen Unkultur der Armut

Wie geschildert, gehen die aktuellen Trends der Einkommensverteilung in den Industriestaaten in Richtung einer Vergrößerung der Unterschiede zwischen unten und oben. Alle geschilderten Versuche zur zahlenmäßigen Quantifizierung des Anteils der Armen bzw. von Armut Betroffenen (ob man sie jetzt so nennt oder Prekaristen, weil das schöner klingt und die Existenz einer Unterschicht zumindest semantisch verdrängt) zeigen das gleiche Bild.

In einer nutzenorientierten Gesellschaft ist die Selbstverwirklichung in der Arbeitswelt oder wenigstens im Konsum zu einem der wichtigsten Lebensziele geworden. Aber zu viele müssen sich mit bescheidenen Jobs zufriedengeben und mit einem Einkommen, das ihnen nur sehr wenig von der durch die Medien ständig vorgeführten Konsumwelt zu genießen gestattet, die man gerne mit einem scheinbar allgemeinen Wohlstand gleichsetzt. Für den unteren Rand der Gesellschaft ist die Herausbildung einer Identität, die über den Konsum hergestellt wird, schwer zu schaffen. Wer keine herzeigbare Rolle in der Welt spielt und auch kein seinen Status sicherndes Einkommen hat, hat auch wenig Chancen auf Anerkennung.

Und kann man Identität aus seiner Arbeit gewinnen, wenn man von einem minimalen Einkommen leben muss? »You load sixteen tons, and what do you get? Another day older, and deeper in debt«, heißt es, schwerlich besser zusammenzufassen, in einem amerikanischen Folksong. Auf den Umfang der so gerne betonten Selbstverwirklichungsmöglichkeiten bezogen bleibt dann gerade »das bisschen Sonntagsspaziergang und Kinderschreien«.

Ein Leben auf der Schattenseite hat aber immer seltener Solidarisierung, Entwicklung eines Klassenbewusstseins und politische Aktivität zur Folge, und stattdessen häufiger Resignation und politische Apathie. Aber dabei bleibt es ja nicht. Unterschichten und solche, die sich selbst als Verlierer in einer unverstandenen Welt sehen, zeigen noch ganz andere Reaktionen. Sie sehen in Veränderungen nicht mehr Chancen, sondern nur mehr das Risiko weiterer Verluste. Weitere Folge sind Reaktionen der Verunsicherung und der Ängstlichkeit, nicht die erhoffte Offenheit für Multikulturalismus, sondern im Gegenteil Abgrenzung gegenüber allem Fremden und Unbekannten und hohe Anfälligkeit dafür, sich auf jede Hoffnung zu werfen, von der sie eine Besserung ihrer Lebensverhältnisse erwarten, und sei sie noch so irreal. Im Politischen läuft das auf die Bereitschaft hinaus, extremen Ideologen nachzulaufen, die hier auf Erden schon das Himmelreich errichten wollen – oder zumindest mehr Sicherheit oder mehr Unterstützung versprechen. Ob solche Orientierungshilfen und Schutzerwartungen rechts oder links zu finden sind, ist den Betroffenen ziemlich egal.

Wegen dieser Neigung zum Radikalismus und nicht zu traditionellen politischen Bewegungen wissen Politiker und Intellektuelle mit dem unteren Rand der Gesellschaft nichts mehr anzufangen. Als Armut noch ein Klassenproblem war, konnten sie noch zum besseren Bewusstsein der Problemlage, zur politischen Aktivierung und letztlich zur Durchsetzung so mancher Hoffnungen beitragen. Aber das ist vorbei. Die Reaktion vieler Intellektueller auf das Desinteresse an ihnen ist Unverständnis und manchmal eine beleidigte Trotzreaktion in Form der Abqualifizierung. Da wird dann daran erinnert, dass schon Marx zwischen Proletariat und Lumpenproletariat unterschieden habe, da ist im Norden Deutschlands von der Gosse die Rede und in einzelnen unerquicklichen Wiener Wortmeldungen vom »Ruass« (Ruß), an den man nicht seine Zeit verschwenden solle. Sibylle Tönnies hat am Beispiel Habermas frühzeitig die Formel gefunden: »Die Linken verlassen die sinkenden Massen«[18], und das ist wohl die griffigste Beschreibung des Phänomens.

Niedriges Einkommen ist aber leider mit noch weiteren spezifischen Charakteristika und auch Verhaltensmustern hoch korreliert, obwohl dabei Ursache und Wirkung immer schwerer zu unterscheiden sind. Dazu gehören einerseits ungenügende Bildung (und damit anhaltende Chancenlosigkeit auf dem Arbeitsmarkt), andererseits häufig Inaktivität und fehlende Motivation, die sich auch in so banalen Verhaltensmustern wie wenig Sport, aber umso mehr Fernsehkonsum niederschlägt. Zusätzlich scheinen schlechte Gesundheit und Übergewicht zu einem Spezifikum der Unterschicht zu werden. Und nicht zuletzt fehlt es an Selbstdisziplin beim Geldausgeben, beim Essen, bei Suchtmitteln, in Partnerschaften und bei den seltenen Versuchen, aus der Apathie auszubrechen.

6.4.2 Der Abbau traditioneller Sozialisation und Bildung

Sozialer Zusammenhalt bedarf des Einübens in die Formen und Regeln des Zusammenleben, der Sozialisation. Aber genau bei diesem für das Gelingen von Zusammenleben entscheidenden Punkt stößt man auf eine kritische Schwachstelle moderner Sozialsysteme.

Viel Kritik wird heute an der traditionellen Familie geübt, weil sie Gehorsam, Disziplin, Unterordnung und Bescheidenheit lehre statt individueller Entfaltung. Die bürgerliche Familie war und ist nach Meinung so mancher Repräsentanten des Zeitgeistes eine Brutstätte von Repression und Autorität. Aber gerade bei der Vermittlung solcher Wertvorstellungen waren die Familien in der Regel Adressaten einer massiven Beeinflussung durch Staat und Religion, nicht die Urheber. Die Familie wird besonders von denen kritisiert, die neue Werte durchsetzen wollen, und gerne übersehen, dass es die Durchsetzung früherer gesellschaftlicher Werte war, die (manche) Familien so geformt hat, wie man sie heute nicht mehr haben möchte.

Wenn ausgerechnet fundamentale Kritiker des Marktmodells in einem Aufwaschen auch die Familie als patriarchalische Herrschaftsform denunzieren, zeigen sie sich damit nicht nur auf eine bestimmte historische Ausprägung fixiert. Sie attackieren eine Gegenform zum marktwirtschaftlichen System, weil sie es für eine seiner Ausdrucksformen halten. Meiner Meinung nach ist eine solche Sichtweise nur dann möglich, wenn man für den elementaren Gegensatz zwischen der Organisationsform personaler Systeme und den Mechanismen eines letztlich auf Marktwirtschaft hinauslaufenden Individualismus keinen Blick und auch kein begriffliches Repertoire hat.

Geben und Nehmen in personalen Bindungen erfordert Vertrauen. Daher musste sich in der Familie das Urvertrauen des Neugeborenen in seine Eltern als primäre Bezugspersonen entfalten können, sollten stabile personale Beziehungen erlernt und ausgeübt werden können. Mit dem Rückgang solcher stabiler Beziehungen entstehen Sozialisationsdefizite mit vielfältigen Symptomen und Folgen, von Entwicklungsstörungen über Lernschwäche bis hin zur zunehmenden Jugendkriminalität. Neugeborene werden bereits in den ersten Wochen und Monaten durch Bindungserfahrungen (oder eben durch deren Fehlen) mit Vater und Mutter konditioniert, also lange bevor man sie in einer Kinderkrippe unterbringen kann. Und auch heute noch ist die Qualität der Betreuung durch die Eltern der wichtigste Indikator sowohl für die späteren schulischen Leistungen als auch für das Sozialverhalten. Einzelne Autoren sehen die heutige Entwicklung sogar als Schritt in eine allmähliche Entzivilisierung[19]. Die geistig-seelische Entwicklung wird entscheidend in den ersten Jahren nach der Geburt geprägt. Man kann dazu aus dem Bereich der Bindungsforschung auf die übereinstimmenden Ergebnisse von Forschern wie John Bowlby, René Spitz, Margaret Mahler und Bernhard Hassenstein verweisen, auch auf die Hirnforschung, die – so wie es auch meiner Perspektive entspricht – einen ganz engen Zusammenhang zwischen Herausbildung der persönlichen Identität mit der jeweiligen Form der sozialen Interaktion nachgewiesen hat.[20]

Die traditionelle Form der Sozialisation in Familien nimmt laufend ab. Nach dem Deutschen Statistischen Bundesamt ist die Zahl der Familien mit mindestens einem Kind unter 18 Jahren innerhalb der zehn Jahre von 1996 bis 2006 in Deutschland um fast 700 000 auf knapp 8,8 Millionen gesunken. Gleichzeitig steigt ständig die Zahl der Alleinerziehenden und der Scheidungswaisen. Im Endeffekt ersetzen moderne Gesellschaften eine effiziente Form der Sozialisation von Kindern durch weniger effiziente Formen.[21] Die Lebensumstände von Scheidungswaisen und ihren durch Beruf, Haushalt und Kinder mehrfach belasteten

Müttern sind ziemlich desillusionierend.[22] Bis zum Beweis des Gegenteils hätte auch der Schreiber dieser Zeilen es nicht für möglich gehalten, dass Kinder mit Wiener Eltern, die in Wien leben, ein klares Bundesdeutsch sprechen – weil zu Hause überhaupt nicht mehr mit ihnen geredet wird und sie ihre eigene Sprache nur mehr aus dem Fernsehen lernen.

Wenn es nur das wäre. Immer häufiger werden Berichte über unglaubliche Konsequenzen fehlender Sozialisation, von der schlichten Unfähigkeit, aus einer Wohnung auch nur den Müll hinauszutragen, über das Fehlen jeglicher emotionalen Bindung zu den Kindern bis hin zu deren totaler Vernachlässigung, wenn nicht Misshandlung. Und häufig findet sich gerade bei den Ärmsten eine überdurchschnittliche Anzahl von Kindern, aber mangelnde Bereitschaft der Väter, Verantwortung zu übernehmen, Überforderung der Mütter und damit Vernachlässigung der Kinder. Für das Jahr 2007 geht der Wissenschaftliche Dienst des Deutschen Bundestags davon aus, dass bereits rund zehn Prozent eines Jahrganges verwahrlost sind.

Fehlende Sozialisation bedeutet auch den Nichterwerb von sozialer Kompetenz und Souveränität im Umgang mit anderen. Das Beherrschen sozialer Umgangscodes zählt freilich neben Bildungsniveau und Fachkompetenz zu den wichtigsten Aufstiegskriterien überhaupt. Aber diese Souveränität wird am besten dort erworben, wo sie bereits zu Hause ist, in gehobenen sozialen Schichten und kultivierten Milieus. Unterschichtkinder haben diese Chance nicht, sie sind damit bereits am Anfang einer Berufskarriere massiv benachteiligt. Ihre Sozialisation findet in den jeweiligen Peer-Gruppen, in Computerspielen (mit einem hohen Anteil von Gewaltspielen) und durch eine sogenannte Kulturindustrie statt, deren Beurteilung durch Adorno leider unverändert Gültigkeit haben dürfte: »Der Gesamteffekt der Kulturindustrie ist der einer Antiaufklärung. … Sie verhindert die Bildung autonomer, selbstständiger, bewusst urteilender und sich entscheidender Individuen.«

Es sieht derzeit nicht so aus, als könne die Schulbildung bei Kindern der unteren Schichten die fehlende Sozialisation ersetzen oder auch nur die heute im Wettbewerb um Arbeitsplätze unbedingt nötige Qualifikation vermitteln. Noch im Herbst 2001 konnten die deutschen Unternehmen laut einer Untersuchung der DIHK (Deutsche Industrie- und Handelskammer) vom Dezember des gleichen Jahres vier von zehn offenen Stellen nicht besetzen. Denn selbst für Positionen der niedrigsten Qualifikationsstufe fehlten den Bewerbern oft elementare Voraussetzungen. Ihr Mangel an Basiskenntnissen ist erschütternd und benachteiligt sie beim Bemühen um einen ordentlichen Arbeitsplatz von Anfang an.

Die Kinder verlassen die Grundschulen mit immer geringeren Kenntnissen. Die Direktorin einer Realschule aus Berlin-Friedrichshain[23] hat aus ihren Erfahrungen wie folgt berichtet: »… es wird von Jahr zu Jahr schlimmer. … Wir machen seit über zehn Jahren unverändert denselben Eignungstest. Bei der Rechtschreibung hatten wir 1994 in einem 150-Wörter-Diktat eine Höchstfehlerzahl von 26, die Durchschnittsnote lag bei 2,6. Zehn Jahre später hatten wir eine Höchstfehlerzahl von 67 und einen Notendurchschnitt von 4,5.« Wenn noch im Hochkonjunkturjahr 2006 von 51 Absolventen der Kepler-Hauptschule in Berlin nur ein Einziger einen Ausbildungsplatz bekommt, ist nicht nur die Wirtschaft schuld. Selbst die deutsche Bildungsministerin Edelgard Buhlmann hat schon 2003[24] unter anderem erklärt, jeder vierte Jugendliche habe erhebliche Probleme, einfache Texte zu verstehen oder Rechenaufgaben zu lösen.

Die Unterschichten sind nicht nur von der geschilderten weltwirtschaftlichen Entwicklung betroffen. Zunehmend schwinden auch ihre Chancen, sich persönlich aus desolaten Verhältnissen herauszuarbeiten. Lehrer, die von den Eltern der Schüler immer häufiger im Stich gelassen und durch immer mehr und immer widersprüchlichere Anforderungen überfordert werden, während zugleich die verfügbaren Mittel immer knapper werden, können nicht ersetzen, was traditionelle Sozialisationsmechanismen nicht mehr schaffen. Dort, wo es um die größte Verantwortung schlechthin geht, um die gegenüber der nachfolgenden Generation, ist die gegenwärtige Gesellschaft völlig außerstande, dem offiziell so hochgehaltenen Gleichheitsanspruch auch nur grundsätzlich zu entsprechen. Und noch mehr: Wir nehmen immer größeren Teilen der nächsten Generation die Chance zur persönlichen Entwicklung und zur Selbstbehauptung.

Johann Heinrich Pestalozzi hat es wohl allgemeingültig formuliert: »Schulunterricht ohne Umfassung des ganzen Geistes, dessen die Menschenerziehung bedarf, und ohne auf das Leben der häuslichen Verhältnisse gebaut, führt in meinen Augen zu nichts weiter als zu einer künstlichen Verschrumpfungsmethode unseres Geschlechtes.« Bildung, das war für Pestalozzi noch Formung eines Menschen und seines Charakters und die Öffnung von Perspektiven für ein erfülltes Leben. Noch Goethe hat Bildung als Teilhabe am Gedächtnis der Menschheit verstanden. Diese Teilhabe ist heute genauso ein Minderheitenprogramm wie zur damaligen Zeit. Was eigentlich Ideal und Ziel einer freien Gesellschaft sein sollte, ist unverändert das Privileg einer Minderheit geblieben: Selbstständigkeit und Unabhängigkeit des Denkens, Kenntnis der Welt und ihrer Probleme sowie der Art und Weise, wie man sich in ihr behaupten und durchsetzen kann. Der Ruf nach der einheitlichen Schule für alle Acht- bis Vierzehnjährigen ist leider sehr stark von ideologischen Gesichtspunkten geprägt, aus meiner Sicht trotzdem durchaus vernünftig – wenn diese Schule das skizzierte Programm auch leisten kann. Wenn nicht, ist sie nur ein weiterer Teil der allgemeinen Schönfärberei. In England führte sie jedenfalls nur zu einer Nivellierung nach unten. Selbst der (damals schon ehemalige) Pressesprecher Tony Blairs, Alastair Campbell, sprach dort von »Gesamtschulsumpf«. Im scharfen Konkurrenzkampf der heutigen Weltwirtschaft kann das verheerende Folgen haben.

Was nützt der im Prinzip für alle gewährleistete Zugang zu den Hochschulen, wenn die kritischen Selektions- und Differenzierungsprozesse schon vorher stattfinden?

Im Talmud heißt es, wer seinem Sohn kein ordentliches Handwerk beibringe, der bringe ihm damit letztlich das Räuberhandwerk bei. Machen wir heute mit vielen unserer Kinder nicht etwas Ähnliches? Keine Sozialkompetenz, keine Fachkenntnisse und kein Wissen um die Welt, das bedeutet einen weitreichenden sozialen Ausschluss aus tragfähigen Bindungen und damit aus leistungsfähigen sozialen Systemen sowie zugleich den Ausschluss aus den Tauschmechanismen des marktwirtschaftlichen Systems. Wer glaubt, das sei – trotz der bereits erwähnten 10 Prozent Verwahrlosten je Jahrgang – nur ein Randschichtenproblem, sei auf den Bericht der deutschen Integrationsministerin Maria Böhmer an den Innenausschuss von Anfang 2006 verwiesen. Danach wird schon 2010 die Hälfte der Bevölkerung unter vierzig Jahren in deutschen Großstädten aus Einwandererfamilien stammen, zugleich werden 40 Prozent der Einwandererkinder ohne Schulabschluss bleiben. Kann man das noch als Randschichtenproblem bezeichnen?

Die Verdrängung dieses Problems hilft spätestens dann nicht mehr, wenn sich die Betroffenen politisch organisieren. In Frankreich war die vorangegangene Generation muslimischer Einwanderer politisch unauffällig. Kein Wunder, sie konnte sich, und sei es auch meist in den unteren Rängen, in das marktwirtschaftliche System noch integrieren. Die nächste Generation hat diese Chance kaum noch. Sie hat nichts zu verlieren, auch wenn sie massenhaft Autos anzündet. Und sie wird gemeinsam mit der Unterschicht ohne Migrationshintergrund anfällig für Prediger, die immer radikalere Weltentwürfe anbieten. Europa hat etwas Ähnliches schon einmal erlebt und es ist nicht gut ausgegangen.

6.4.3 Der Verlust von Sinn und Weltverständnis

Sozialisation ist mehr als nur das Einüben von Gegenseitigkeit. Es ist auch das Bewahren von Traditionen des persönlichen Umgangs, der Weltsicht und des Bewusstseins um Verantwortung, die damit verbunden ist. Sozialisationsverlust ist daher auch Traditionsverlust. Aber Traditionsverlust bedeutet, und damit bin ich bei einem zentralen und nie wirklich bestrittenen Argument Helmut Schelskys, auch Realitätsverlust – genau genommen nur eine weitere der vielen Ursachen dafür.

Das ist ein nicht belangloser Teil unserer heutigen Gesellschaft: Mangelhaft sozialisierte, kaum erzogene und noch weniger gebildete Individuen haben zusätzlich in einer strukturell auf Unwahrheit aufgebauten Realität zu leben, in einer Wirklichkeitskonstruktion der mächtigen Interessen, die vorgeben, die einzig wahre und wirkliche Welt zu repräsentieren. Mit eigenen Traditionen geht auch der letzte eigenständige Zugang zur Wirklichkeit verloren.

Die von Werbung und Politik verkauften Vorstellungen vom Glück durch Konsum und von der Machbarkeit der Verhältnisse, verbunden mit dem Anspruch, Leid und Schicksal als bloße Betriebsunfälle bei Bedarf zu reparieren, sind zur großen Lebenslüge unserer Gesellschaft geworden. Eigene Anstrengungen kommen da weder als Notwendigkeit noch als Chance vor.

Peter Berger glaubt, weltweit eine De-Säkularisierung, eine verstärkte Rückkehr religiöser Vorstellungen festzustellen. Als Reaktion auf den Verlust von Sinn und Ordnung ist das nur allzu verständlich. Aber auch die Flucht in Utopien und – immer häufiger, immer leichter und immer verführerischer – die Flucht in die virtuellen Welten immer komplexerer Computerspiele, in denen man Bedeutung und Anerkennung einfach deshalb gewinnen kann, weil die Programmierer dieser Spiele dafür sorgen, spielen heute eine zunehmende Rolle – bald nicht weniger als die Bereitschaft, die vorhandenen Herausforderungen anzunehmen.

Lionel Trilling sah sowohl die Herausbildung eines Über-Ichs als auch die Erfahrung von Not als notwendige Voraussetzungen einer Konstituierung der Persönlichkeit.[25] Aber es geht ja um mehr: »Ohne einen Sinn für Zeit und Wandel, Leben und Tod hört die Geschichte überhaupt auf, Geschichte zu sein.«[26] Nicht viel anders sieht es Sloterdijk. In der Moderne werde aufgrund der umfassenden Versorgungsmentalität darauf verzichtet, ein Schicksal und damit eine Verbindung zum Absoluten zu haben. Botho Strauß stellt in seinem »Anschwellenden Bocksgesang« die Fülle des Verlustes der Leere des Gewonnenen gegenüber: »Es ist schade, ganz einfach schade um die verdorbene Überlieferung. Ja, sie verdirbt draußen vor den Toren wie eine Fracht kostbarer Nahrung, auf die die Bevölkerung wegen irgendwelcher Zollstreitigkeiten verzichten muss.«

Die Industriegesellschaft glaubt, die Vergangenheit nicht mehr zu brauchen. Sie ist ihrer ganzen Orientierung nach nicht auf Bewahrung, sondern auf Veränderung und Konsum gerichtet. Natürlich ist die Geschichte nicht zu Ende, und schon gar nicht aufgrund des Sieges der Vernunft, wie Fukuyama gemeint hatte. Aber was in der modernen Welt immer mehr zugrunde geht, das ist die Geschichte als Geschichte eines Sinns dieser Welt, die auch eine historische Aufgabe oder Verpflichtung beinhaltet. Die »strukturelle Amnesie«, das bewusste Verdrängen der Vergangenheit und so mancher Probleme der Gegenwart, ist nicht nur ein Phänomen des individuellen oder nationalen Selbstverständnisses, sie ist eine Grundtendenz der modernen Welt.

Stattdessen wird Vergnügen zum obersten Ziel. Arnold Gehlen stand dem relativ locker, aber doch auch kritisch gegenüber: Genuss sei zwar, wenn man nicht allzu puritanisch denke, eine mögliche Kraftquelle, aber kein mögliches Programm.[27] Aldous Huxley hat Sex als Ventil ansonsten entmündigter Menschen interpretiert. Sexuelle Freiheit vergrößere sich in dem Maße, in dem sich persönliche und politische Freiheit verringere: Sex als Opium für das Volk. Michel Houellebecq geht noch weiter. Er sieht in seinem Roman »Elementarteilchen« in der sexuellen Befreiung den Auslöser für die Zerstörung aller Gemeinschaftsformen, die das Individuum noch vom Markt getrennt hätten.

6.4.4 Die möglichen Alternativen

6.4.4.1 Abhängigkeit oder Eigenverantwortung

Angesichts der Komplexität der Moderne kann man dieser Welt entweder aktiv oder passiv gegenübertreten. So eine passive Grundhaltung ist wieder möglich geworden, weil der uralte soziale Tausch von Anerkennung der Herrschaft gegen Versorgung in modernen Systemen der sozialen Grundsicherung wieder nachvollzogen wird. Man ist leidlich versorgt und braucht daher nicht sonderlich aktiv zu werden.

Der Historiker Paul Nolte hat dafür[28] starke Worte gefunden: »Wir haben uns in eine Bewegungsstarre hineinbegeben, die es uns erschwert, Innovationen, Belastungen und Zumutungen in Kauf zu nehmen.« Zugedeckt wird die Ängstlichkeit nach der Meinung Noltes von einem »ethischen Gesinnungsfundamentalismus, einem Fundamentalismus der Ängstlichkeit, der scheinbaren Geborgenheit«. Das ist freilich eine Haltung, »die eine pragmatische Sicht auf die Probleme und ihre Lösungen erschwert«. Mangelnde Suche nach und mangelnde Nutzung von Chancen verbindet sich mit einer Angststarre, die verhindert, dass die Zukunft selbstbewusst als zu bewältigende Herausforderung angenommen wird.

Eine bekannte Metapher Hegels unterscheidet zwischen Herren und Knechten. Herr wird, wer im Kampf sein Leben aufs Spiel setzt und gewinnt, Knecht, wer sich unterwirft, um sein Leben zu retten. Hegel lässt am Ende den Knecht über den Herrn siegen, aber nur, weil der Herr untätig wird und deshalb vom arbeitenden Knecht überwunden wird. Man sieht darin gerne eine Vorwegnahme marxistischer Gesellschaftsvorstellungen. Man könnte aber auch etwas ganz anderes herauslesen: Der gewinnt, der mehr riskiert und härter arbeitet.

In einem Gespräch, das sich anfänglich um Albert Speer dreht, sagt Joachim Fest am Ende über Deutschland: »Was immer man über dieses Land sagen mag: Diese Blindheit, dieses sich in die Tasche Lügen und diese Mutlosigkeit, aus denen erfahrungsgemäß die größten Gefahren für die demokratische Ordnung erwachsen – dies alles hat das Land nicht verdient. Es ist wohl zu Anstrengungen bereit. Aber seine führenden Klassen: die Politiker im Bund, die Verwalter der Medien und die geschwätzsüchtigen Intellektuellen, sind es nicht.«[29]

Dabei gibt es doch so viele praktische Beispiele für Initiative und Innovationsbereitschaft ganz gewöhnlicher Bürger. Zahllose, meist von Kirchen, gemeinnützigen Vereinigungen oder auch Privatpersonen ins Leben gerufene Initiativen sind entstanden, um den Exklusionsmechanismen des marktwirtschaftlichen Systems, aber auch den Lücken einer immer aufwendigeren staatlichen Verwaltung entgegenzuwirken. Die inzwischen recht verbreiteten Obdachlosenzeitungen (es gibt bereits rund vierzig allein in Deutschland) überlassen nicht nur den Verkauf, sondern einen Teil der redaktionellen Gestaltung Obdachlosen, um so einer Randschicht Beschäftigung und Integration näherzubringen.

In Hamburg und in Berlin sind »lokale Netzwerke« geschaffen worden. Seit 1998 ist viel Wasser die Elbe hinabgeflossen und viel in den Gesetzen geändert worden, aber immer noch aktuell ist die damalige Feststellung des sozialdemokratischen Hamburger Wirtschaftssenators Thomas Mirow, mit diesem »Quartier-Management« gelte es, ein »Surrogat zu bilden für nicht mehr funktionsfähige administrative und soziale Strukturen«. Das Management sollte unternehmerischen Sachverstand mit sozialem Gewissen verbinden, denn die klassische Sozialarbeiter-Ausbildung genüge nicht. Die Beispiele für eine gelungene Kombination von Hilfe und Selbsthilfe ließen sich für die ganze Welt nach Belieben erweitern.

In manchen nordeuropäischen Ländern hat sich ein Modell der Unterstützung von Arbeitslosen entwickelt, das unter dem Schlagwort »Flexicurity« bekannt geworden ist. Es sieht Hilfe und Unterstützung vor, aber nur, wenn sich die Arbeitslosen selbst auch kräftig anstrengen. Die Erfahrungen damit sind durchwegs positiv.

Und selbst im wirtschaftlichen Wettbewerb behaupten sich nicht nur kapitalistisch organisierte Unternehmen. Manche Sperrholzarbeiter in Oregon und Washington besitzen seit Generationen ihre Unternehmen selbst und wählen sich ihre eigenen Manager. Vergleichende Studien haben gezeigt, dass das Führungsteam dort wesentlich kleiner und die Produktivität deutlich höher ist. Auch die Anpassungsmechanismen an Auslastungsschwankungen sind andere. Variabel sind sowohl die Arbeitszeiten als auch die Löhne, dafür wird niemand entlassen.

Auch der Übergang vom Kommunismus zum Postkommunismus in Russland hat nur deshalb funktioniert, weil Menschen, die lange vom Staat ausgebeutet und dafür auch bescheiden versorgt worden waren, auf einmal auf sich selbst gestellt waren und sich angesichts dieser Herausforderung auch bewährt haben. »Es war die Selbsthilfe und Selbstorganisation – sei es auf dem Schwarzmarkt, in den Basaren, im Anbau von Kartoffeln auf der Datscha –, die den östlichen Ländern die Konvulsionen erspart haben, mit denen alle gerechnet hatten.«[30] Initiative und Eigenverantwortung sind erlernbar. Sie können durch soziale Sicherungssysteme erleichtert, aber nicht ersetzt werden.

6.4.4.2 Personale Systeme als Gegenentwurf

Personale Systeme können die unterschiedlichsten Formen annehmen. Selbst wenn man in der Gegenwart und nahe am traditionellen Familienbegriff bleibt, kann darunter eine Zweierbeziehung mit Kindern verstanden werden oder ein Patchwork aus unterschiedlichen Verbindungen. Die Definitionsversuche der deutschen Grünen, die sie viel breiter als »auf Dauer angelegte Verantwortungsübernahme« verstehen, treffen den Kern gar nicht so schlecht. Wann immer Menschen ein System wechselseitiger Beziehungen mit festen Verpflichtungen bilden, das auch in schlechten Zeiten belastbar ist, schaffen sie ein personales System, mit dem das Leben gemeinsam geführt und auch bewältigt werden soll. Und in so manchen Kulturen ging es zugleich um die Erweiterung dieses Lebens in die Zeit, rückwärts durch Wahrung der Tradition und Erinnerung an die Vorfahren bis hin zu einem ausgeprägten Ahnenkult, vorwärts durch die Kinder, die der Tradition auch Zukunft verleihen sollten.

Personale Systeme haben zunächst einmal alle elementaren Vorteile kooperativen Verhaltens in sozialer Interaktion. Zusätzlich bringt Vertrautheit bessere Kenntnis der wechselseitigen Erwartungshaltungen mit sich, und damit genau jene Stabilität der wechselseitigen Verhaltensmuster, die für menschliches Zusammenleben so wichtig ist. Aber natürlich gibt es nicht nur Vorteile. »Das zentrale Problem und die große Chance«[31] familiärer Arbeitsteilung liegt darin, dass zwar die Versorgung eines jeden Mitglieds bestmöglich sichergestellt ist, dass aber der individuelle Beitrag an Arbeit und Mühe recht unterschiedlich verteilt sein kann, sei es wegen traditioneller Rollenzuweisungen, sei es aber auch wegen Krankheiten oder anderer Schicksalsschläge, die ein Mitglied treffen und die anderen zu Hilfe und Versorgung verpflichten. Das sind Belastungen, die man nicht unbedingt auf unbemessene Zeit auf sich nehmen möchte, wenn man das nur eine Leben genießen möchte, das man hat. Diese immer schon gegebene Ambivalenz solcher familiärer Systeme trifft heute auf moderne Weltbilder, von denen her das Risiko höher eingeschätzt wird als früher, und auf materielle Verhältnisse, die die gegebenen Versorgungsmöglichkeiten niedriger bewerten lassen als früher.

Das historisch eher nüchterne Konzept der Familie als Überlebensgemeinschaft ist während der letzten Jahrhunderte in den westlichen Gesellschaften durch eine viel romantischere Vorstellung von Ehe und Familie überlagert worden. Der Familienrechtler Dieter Schwab vertritt die Meinung, die »Entdeckung der romantischen Ehe« verdanke man erst Johann Gottlieb Fichte und den Jenaer Romantikern, die ihre Kritik an der materiell motivierten Standesehe mit dem Hinweis auf einen neuen attraktiven Sinn der Ehe, die Liebe eben, ergänzt hätten. Diese sei in der Folge zur quasi einzigen legitimen Basis einer Familiengründung avanciert. Um Karl Otto Hondrich zu zitieren, »nur im Westen wurde die Liebesromantik fest verkettet mit der Basis-Institution der Familie. … Während sich die westlichen Gesellschaften in der Sphäre ihrer Produktion höchsten Ansprüchen verschrieben haben, geben sie ihre Reproduktion ganz der Emotionalität anheim«.[32] Zyniker meinen sogar, die Begründung langfristig angelegter Beziehungen auf eine meist vorübergehende Aufwallung des Hormonhaushaltes sei eigentlich eine ziemliche soziale Fehlentwicklung.

Die Ambivalenz der Ehe als menschliche Institution mit all ihren Vorzügen und Schwächen zeigt sich auch darin, dass sie vor allem das ist, was die Beteiligten selbst daraus machen. Sie kann glücklich machen, Kinder zu Persönlichkeiten formen, einen Ort der Stabilität und der Zuflucht darstellen und ein erfülltes Leben sichern, aber sie kann auch krank und unglücklich machen und Persönlichkeiten deformieren. Vermutlich hängt ihr Gelingen ebenfalls von dem ab, was Goethe eigentlich als Voraussetzung der Kultur definiert hat, von ununterbrochener Anstrengung. Früher wurde der Bestand der Ehe vom Gesetzgeber in den Industriestaaten massiv unterstützt, heute nicht mehr. In manchen europäischen Ländern ist es heute leichter, einen Ehepartner loszuwerden als einen Angestellten.

Erst allmählich entsteht ein Bewusstsein dafür, dass mit der Auflösung der Familien nur der totalen Dominanz der nutzenorientierten Marktwirtschaft Schützenhilfe geleistet wird. Und wohl zu Recht wird moniert, »dass 68 vor allem Fehlentwicklungen produziert hat, zum Beispiel die ideologische Zerstörung der Familie, die im Kursbuch 17 propagiert wurde. Da ging es darum, die Bindung zwischen Eltern und Kindern zu kappen und die Familie als Keimzelle des autoritären Charakters zu entlarven. … In dieser Hinsicht sind die 68er eine eigenartige Allianz mit dem Kapitalismus eingegangen. Sie haben ideologisch legitimiert, was der Kapitalismus gefordert hat, nämlich die Frau aus der Familie rauszunehmen und dem Verwertungsprozess verfügbar zu machen«.[33]

Natürlich ist die Attraktivität der Familie auch eine Frage der Perspektive. Eine amerikanische Psychologin, die erst spät Mutter wurde[34], hat das sehr deutlich zum Ausdruck gebracht. Statt zu fragen, was es für Frauen bedeute, auf Erwerbsarbeit zu verzichten, um für ihre Kinder zu sorgen, sollte man eher danach fragen, warum Frauen auf die persönliche Versorgung ihrer Kinder verzichten sollten, nur um zu arbeiten. Daphne de Marneffe, lange genug im Berufsleben stehend, war überrascht, wie wenig ihre frühere Welt von der komplexen Realität, die sich ihr als Mutter erschloss, verstand oder verstehen wollte. Für sie geht es eher darum, wie sich personal organisierte Gemeinschaften den Gesetzen des Marktes entziehen könnten. Vermutlich werden sie sich damit schwer tun, solange eine Gesellschaft, die dringender denn je auf Kinder angewiesen ist, gesellschaftlichen Status vorzugsweise nach der Stellung im Berufsleben vergibt.

Was geschieht, wenn das marktwirtschaftliche Modell immer weniger gut funktionieren sollte, die Chancen auf einen Arbeitsplatz immer geringer werden und die sozialen Netze zerfallen, die die Sicherungsmechanismen der Familie ersetzt haben? Es ist nicht auszuschließen, dass dann die personalen Systeme der Familie wieder an Bedeutung gewinnen – nicht unbedingt aufgrund der Durchsetzung ihrer Werte in den Denk- und Verhaltensmustern der Menschen, sondern aus ökonomischen Zwängen, weil dann eben ökonomische Chancen knapp verteilt sind und sich daher personale Systeme um die Träger solcher Chancen herum bilden werden. Das wäre dann die Wiederkehr des alten Modells des Versorgers – oder der Versorgerin – einer ganzen Familie, diesmal nicht wegen eines neuerlich geänderten Weltbildes, sondern aus wirtschaftlichem Kalkül.

Allerdings sind es auch Verhaltensmuster des Egoismus, der Isolation und der Abkoppelung von der Gesellschaft, die solche traditionellen Formen des Zusammenlebens nicht gerade begünstigen. Horst Opaschowski hat aus diversen Umfragen den Schluss gezogen, dass 2007 mehr als 40 Prozent der unter 40-jährigen deutschen Männer ihre Freizeitinteressen für wichtiger halten als Ehe und Familie. Das schon erwähnte »Cocooning«, das Abkapseln von der Außenwelt, ist ja nur ein Aspekt weiterer problematisch gewordener Verhaltensmuster. Andere Interpretationen sind noch etwas radikaler. Folgt man Christian Pfeiffer, Direktor des Kriminologischen Institutes Niedersachsen, dann lässt sich zwar kein unmittelbarer Zusammenhang zwischen brutalen Computerspielen und persönlicher Brutalität nachweisen, sehr wohl aber eine Abnahme der Empathie und damit eine emotionale Abstumpfung, eine verringerte Sensibilität für die Leiden Dritter. Und Andreas Kilb[35] meint, die »autistische Asozialität, jene Unempfindlichkeit für die Wünsche und Schmerzen anderer, jene Kompromiss- und Kommunikationsunfähigkeit, von der immer mehr Grundschullehrer berichten, ist kein individuelles, sondern ein allgemeines, schichtübergreifendes Problem«. Paul Nolte spricht von »Hyper-Individualisierung«, die sich in ewiger Pubertät und sozialer Bindungsangst niederschlage, und hat zusätzlich den Begriff der »Aufschubmentalität« geprägt, ein Verhalten des Zögerns und des Nicht-Entscheidens. In Japan wurde der Begriff des »hikkomori« für einen Menschen geprägt, der in seinen eigenen Gedanken und Selbstgesprächen lebt und sich von der Umwelt fast völlig abkapselt. Im deutschen Sprachraum und in den USA hat das sogenannte Asperger-Syndrom, faktisch eine leichte Form des Autismus, schon Eingang in die Bestsellerliteratur gefunden.

Das passt alles nur allzu gut zusammen: die zunehmende, an Autismus grenzende Hyperindividualisierung, wachsende Bindungsangst, die fehlende Bereitschaft zur Übernahme von Verantwortung, ja zum Geben und Nehmen in persönlichen Beziehungen überhaupt.

6.4.4.3 Vergemeinschaftung als schöne Illusion und Bedrohung in der Praxis

Manche gängige Formen moderner Vergesellschaftung außerhalb der Familie zeigen eher problematische Symptome. Ob beim harten Kern der Terroristen der 68er-Bewegung, ob in der Großkommune eines Otto Mühl, dort wie anderswo hat sich dabei eine Form von Gemeinschaft herauskristallisiert, in denen eines oder einige wenige Alpha-Tiere alle anderen beherrscht haben – genauso wie in der äffischen Urhorde vor der Herausbildung des autonomen Subsystems Familie. Das ist nicht Fortschritt, sondern Rückfall in die Vorzeit.

Strukturen, die auf direkte Beziehungen zwischen einer größeren Menschenmenge und ihren Machthabern hinauslaufen, waren nicht zufällig vor allem bei totalitären Parteien besonders beliebt. Sie alle enden irgendwann bei mehr oder weniger endlosen Diskussionsveranstaltungen, bei Massenaufmärschen und auch in Arbeitslagern. Giorgio Agambens düstere Perspektive von der Tendenz der abendländischen Staatsentwicklung in Richtung des Lagers ist etwas pauschal. Aber man sollte sie stets als drohendes Endergebnis vor Augen haben, wenn wieder einmal von der notwendigen Politisierung aller Bürger gesprochen wird.

Schon Lévi-Strauss hat betont, dass die Fantastereien von Gemeinsamkeit auf gesamtgesellschaftlicher Ebene nicht nur gefährlich seien, sondern letztlich auch bloßer Ersatz.[36] Sozialer Tausch und konkretes Zusammenleben brauchen Überschaubarkeit und, ein Erbe aus ältesten Zeiten, ein persönliches Gegenüber. Nicht die Masse, sondern die überschaubare Kleinform ist Grundvoraussetzung und Grundbedürfnis menschlichen Lebens. Sloterdijk hat zur gleichen Warnung wie Goethe gefunden, als er bei seiner Suche nach »Sphären« zu dem Schluss kam, der Mensch habe mithilfe seiner »unnachgiebig weitersuchenden Intelligenz« letztlich nur »das Dach seines alten Hauses von innen her abgerissen. An der Moderne teilhaben bedeutet evolutionär gewachsene Immunsysteme aufs Spiel setzen«.

6.4.5 Mögliche Szenarien der Entwicklung

6.4.5.1 Die Errungenschaften der Moderne – und ihre ungleiche Verteilung

Peter Sloterdijk hat eine verbreitete Hoffnung recht elegant formuliert: Das Projekt der Moderne beruhe darauf, dass die Beurlaubung des Göttlichen möglich sei, ohne gleich die Herrschaft der Wölfe zu provozieren. Das könnte sich als schwacher Trost herausstellen. Es gibt wohl auch in Zukunft keine manifeste Herrschaft der Wölfe. Die Institutionen der westlichen Demokratien dürften eine solche wohl doch recht schwer machen. Was es aber gibt, sind Menschen mit rücksichtslosem Ehrgeiz, beachtlicher Gier und der nötigen Intelligenz, ihre

Ziele ebenso energisch wie unauffällig zu verfolgen. Wenn sie damit Erfolg haben, können sie Mitglied einer Oberschicht werden, die nicht nur über enorme Mittel verfügt, sondern mithilfe dieser Gelder auch über bessere Chancen, nicht nur noch viel mehr dazu zu bekommen, sondern ebenso die Politik und die Medien zu beeinflussen.

Eine solche Entwicklung führt unter anderem dazu, dass eine wachsende Schicht von Neureichen sich ungehemmt so benehmen kann, wie sie sich eben gerne benimmt. Aber das ist nicht das hauptsächliche Problem. Das Problem ist ja vielmehr, dass die ohnehin ungleiche Verteilung laufend noch ungleicher wird und auf der Schattenseite der Gesellschaft die Chancen, auf die Sonnenseite zu kommen, kleiner statt größer werden. In der russischen »Literaturzeitung« erklärte Ende der Neunzigerjahre ein Kommentator seine Landsleute für mitschuldig daran, dass es in Russland nur noch zwei Typen von Menschen gebe, Plünderer und Invalide. Diese Formulierung ist treffend, gilt aber nicht ausschließlich für Russland. Eine politische Ordnung, die vor allem aus Plünderern und Invaliden besteht, ist historisch nichts Neues. Und sie ist angesichts der befürchteten ökonomischen Entwicklung nicht einmal unwahrscheinlich.

Eine solche Entwicklung ist nicht zwangsläufig. Aber ich wollte zeigen, dass weder Überbürokratisierung und politische Eingriffe in alles und jedes noch das Gegenteil, die neoliberale Marktwirtschaft, in der Lage sind, ihre jeweiligen Versprechungen zu halten. Das Dringendste wären wohl zwei große Schritte: In den Bereichen Wirtschaft und Politik eine Rückkehr in die Wirklichkeit, soll heißen: Bloßlegen der Strukturen und Prozesse, die heute mehr versprechen statt halten und mehr vernebeln statt verdeutlichen – weil auf Dauer nur so sachlichere politische Entscheidungen machbar sein werden. Und im persönlichen Bereich das Bewusstsein der Abhängigkeit von der eigenen Anstrengung – und ein wenig Optimismus und Zuversicht, dass man es doch selbst schaffen könne, in dieser Welt seinen Platz zu finden. Gar so häufig ist eine solche Einstellung nicht mehr. Das österreichische Marktforschungsinstitut Fessel GfK hat 2007 eine Lifestyle-Studie unternommen. Eines der Ergebnisse war, dass der Feststellung »Nur durch Leistung bringt man es wirklich zu etwas« nur noch 24 Prozent uneingeschränkt zustimmen. 37 Prozent stimmen wenigstens eingeschränkt zu und der Rest ist eher skeptisch.

Wenn Menschen sich selbst Ziele setzen, Entscheidungen treffen, Herausforderungen annehmen und meistern, ihre Kräfte einsetzen und dabei den Erfolg ihrer Anstrengung erleben, wachsen Selbstbewusstsein und Zufriedenheit, ja sogar so etwas wie Glück. Steingart hat mit Recht betont, die wichtigste Produktivkraft, die im internationalen Wettbewerb zähle, sei die Willenskraft. In konkreten Lebenszusammenhängen etwas zu leisten, bringt auch die traditionellen Gegenleistungen, mit denen die Gesellschaft Wertschätzung zum Ausdruck bringt, Respekt und Anerkennung. Die so gepriesenen autonomen Lebensformen finden sich heute weniger im Bereich ihrer Propagandisten, sondern eher bei Bauern und Selbstständigen wie Ärzten, Anwälten oder bei Sozialarbeitern.

6.4.5.2 Ein alternatives Horrorszenario: Stabilisierung von Ungleichheit und Ungerechtigkeit

Es gibt viele recht direkte Wege zur Flucht aus der Wirklichkeit. Die alte Weisheit, Realität sei ohnedies nur jene Illusion, die durch Abwesenheit von Alkohol entstehe, hat mit den modernen Drogen, denen immer mehr Jugendliche zum Opfer fallen, ihre bisherige ironische Leichtigkeit verloren. Doch Hasch, Koks und selbst Crack sind ja schon lange nicht mehr der letzte Schrei. Die Modedroge Crystal Meth ist einfach herzustellen, macht euphorisch und stimuliert sexuell, schaltet Hunger und Müdigkeit aus, ist deutlich billiger als Kokain und auch bei der weißen Unterschicht der Vereinigten Staaten schon recht beliebt. Der republikanische Kongressabgeordnete Tom Osborne nannte sie bereits »die größte Bedrohung Amerikas, selbst wenn man Al Kaida mit einschließt«.

Die Suche nach Ersatzglück wird aber nicht mehr nur von Drogendealern organisiert. Ganze Heerscharen von Neurobiologen und Pharmakologen bemühen sich darum, die neuronalen und chemischen Prozesse des Gehirns immer besser zu verstehen. Nebenprodukte dieser Forschung sind unter anderem immer leistungsfähigere Medikamente, darunter solche gegen Depressionen, die zugleich zu einer Verbesserung der Stimmung und damit des körperlichen Wohlbefindens beitragen können – wie etwa Prozac. Kein Wunder, dass sich dieses Mittel rasch steigender Beliebtheit erfreut. Francis Fukuyama hat bereits vor einem »Super-Prozac« gewarnt, das auch bei Gesunden Stimmungsaufhellung, allenfalls sogar Glücksgefühle auslösen könnte. Vielleicht entsteht Glück, um an einen von Robin Dunbar geprägten Begriff anzuschließen, ohnedies am ehesten durch »Schließen der Endorphin-Lücke«. Wird man ein Medikament auf Dauer Gesunden verweigern können, wenn es sie scheinbar glücklich macht, am Ende gar ohne die Nebenwirkungen, die kurz- oder langfristig mit traditionellen Drogen oder mit Alkoholkonsum verbunden sind? Und wird man es überhaupt verweigern wollen, wenn eine glückliche Bevölkerung dem politischen Frieden so sehr entgegenkommt?

Selbst solche Spekulationen könnten rasch durch noch viel weiter reichende Entwicklungen überholt werden. Roger Pitman experimentiert in Harvard mit Propanolol – eigentlich ein Betablocker –, das den Adrenalinausstoß senkt. Adrenalin spielt aber auch eine Rolle bei der Verankerung von Erinnerungen im Gedächtnis. Am Max-Planck-Institut in München fand Beat Lutz heraus, dass cannabisähnliche Stoffe wie auch D-Cycloserin, eigentlich ein Wirkstoff gegen Tuberkulose, im Gehirn Erinnerungen verblassen lassen. Bei Mäusen, aber auch schon bei Menschen – wenngleich bisher nur in Fällen von Höhenangst und bei Unfall- und Vergewaltigungsopfern – wurde bereits ein gezieltes Vergessen traumatischer Erlebnisse gefördert. Weiterentwicklungen auf dem Gebiet sind wohl nur eine Frage der Zeit. So käme man zu einer wunderbaren Lösung: Unangenehme Erlebnisse werden aus der Erinnerung gelöscht. Wie schön muss doch eine Welt sein, in der sich die Menschen nur an die glücklichen Ereignisse ihres Lebens erinnern können und auch sonst mithilfe der Chemie von einem Glücksempfinden ins andere verfallen.

Und das ist noch lange nicht alles. Bei Ratten kann man schon heute mithilfe von ins Gehirn gepflanzten Elektroden bestimmte Verhaltensmuster provozieren. Wer glaubt, dass das höchstens schlimme Diktaturen irgendwann in ferner Zukunft auch bei Menschen versuchen könnten, übersieht die Subtilität moderner Technik. Denn die neue Technologie tritt ja zunächst nicht als Manipulation, sondern als Hilfe auf. Die Firma Cyberonics hat ein Gerät vorgestellt, das mithilfe von Stromstößen direkt ins Gehirn – fast wie bei einem Schrittmacher – Patienten mit schwerer Depression helfen soll, die auf Medikamente nicht mehr ansprechen. Cyberonics erwartet, dass als nächstes Angst und Schmerz ähnlich behandelt werden können. Das Empfehlungsgremium der FDA, der amerikanischen Food and Drug Administration, hat das Gerät bereits zur Zulassung empfohlen. Die Einschätzung, dass dieser Entwicklung enorme Bedeutung zukommt, wird zumindest an der Börse geteilt. Am Tag nach der Ankündigung dieser Empfehlung stiegen die Aktien von Cyberonics um 78 Prozent.

Werden Begriffe wie Authentizität, Würde, Eigenständigkeit, Schicksal oder auch nur Persönlichkeit dann überhaupt noch irgendeine Bedeutung haben? Die Zukunft birgt völlig unüberschaubare Möglichkeiten und Risiken. Der Bioethiker Arthur Kaplan hat gute Gründe für seine Vermutung, Gehirnforschung werde eine größere Herausforderung als die Genetik.

6.4.5.3 Die genetische und dafür endgültige Stabilisierung

Die schlimmste aller möglichen Benachteiligungen der ohnedies bereits Benachteiligten liegt möglicherweise in etwas fernerer Zukunft. Molekularbiologen wie Gregory Stock, der von den Zukunftsperspektiven begeistert ist, oder Lee Silver, der vor den Folgen warnt und eine genetische Zweiklassengesellschaft heraufziehen sieht, sind sich mit manch anderen Spezialisten in einem einig: Sie erwarten, dass spätestens in drei bis vier Jahrhunderten der Mensch zwischen Zeugung und Geburt genetisch weitgehend vor- und umprogrammiert werden kann. In diesem Zusammenhang stellt sich die bekannte alte Frage: Kann das, was technisch machbar ist, gesellschaftlich kontrolliert werden (was noch lange nicht eine wirklich gute Lösung bedeuten muss) oder wird der Umfang der möglichen Eingriffe letztlich nur von den jeweiligen materiellen Möglichkeiten abhängen?

Lee Silver befürchtet, dass sich die Gesellschaft in genetisch Privilegierte, die über genügend Geld für Genmanipulationen verfügen, und genetische Habenichtse so lange und so drastisch aufspalten wird, bis zwei getrennte Spezies entstehen, die sich nicht einmal mehr gemeinsam fortpflanzen können. Heute ist das noch Spekulation. Aber es geht ja nicht nur um biologische, sondern ebenso um konkrete gesellschaftliche, vielleicht verheerende Konsequenzen. Sollte es eine Geldfrage werden, seinen Nachwuchs genetisch aufzubessern, so würden bestehende Differenzen, möglicherweise binnen weniger Generationen, so sehr verstärkt, dass sie sich im wirtschaftlichen Wettbewerb in immer größere Überlegenheit und früher oder später in unüberbrückbare Dominanz übersetzen würden. Schließlich ist nicht zu erwarten, dass genetische Einflussmöglichkeiten, wenn sie denn einmal gegeben sind, auf Aussehen oder edle Charakterzüge beschränkt werden. Wer sich hart und erfolgreich genug in der Wirtschaft durchgesetzt hat, um es sich leisten zu können, der wird seinen Nachwuchs, wenn irgendwie möglich, nicht mit Humanismus, sondern mit jenen Eigenschaften ausstatten, die ihm selbst den Aufstieg ermöglichten: nicht nur Fleiß und Intelligenz, sondern ebenso Härte und Gerissenheit, von ganz anderen Charaktereigenschaften einmal abgesehen.

Aldous Huxley hat in seiner »Brave New World« eine genetisch fixierte Klassengesellschaft literarisch vorweggenommen. Er erwartet eine totale Reglementierung, die durch klassenspezifische Konsummöglichkeiten die Illusion einer längst nicht mehr vorhandenen Freiheit erzeugt. Nur ein authentisches eigenes Leben ist in dieser Gesellschaft nicht mehr möglich.

Alle Unterschiede zwischen Menschen wurden in der Geschichte bisher dadurch relativiert, dass vor Krankheit und Tod ja doch alle gleich waren. Wenn selbst das sich ändern sollte, ist jede Illusion von Gleichheit am Ende.

Montesquieu hat im »Esprit des Lois« festgehalten, es sei eine ewige Erfahrung, dass jeder, der Macht habe, ihrem Missbrauch zuneige und so weit gehe, bis er auf Grenzen stoße. Auf welche Grenzen stößt eine Klasse, die nicht nur hinsichtlich ihrer Ressourcen, sondern sogar genetisch überlegen ist? Das Ergebnis könnte eine Einseitigkeit der Verteilung sein, die die Klassenunterschiede vergangener Zeiten ebenso wiederholt wie die Abgehobenheit einer Oberschicht, deren Ehrgeiz – diesmal aus genetischen Gründen – keine Grenzen kennt.

Schon heute gibt es eine Oberschicht, die sich durch enormen Reichtum auszeichnet, in der Öffentlichkeit aber kaum bekannt ist, weil sie sich unauffällig benimmt und oft erfolgreich verhindert, in den diversen Listen der reichsten Menschen dieses oder jenes Landes oder gar der ganzen Erde aufzuscheinen. In der Regel handelt es sich dabei um die Angehörigen von Familien, die einfach dadurch reich wurden, dass mehrere Generationen hintereinander wirtschaftlich erfolgreich waren und ihren Reichtum weitergaben. In dieser Oberschicht sind Disziplin und Verzicht zumindest häufig genug, um einen stabilen und generationenübergreifenden Zusammenhalt zu sichern und damit auch die Wahrung und Vergrößerung des Familienvermögens. Ab einer gewissen Größenordnung fällt dann sogar das Verschleudern recht schwer, sodass häufig immer mehr zusammenkommt. Das Herumhopsen in der Öffentlichkeit überlässt man gerne der ohnedies darauf erpichten Schickimicki-Gesellschaft, man selbst konzentriert sich auf die Geschäfte. Und wenn notwendig, hat man ja auch Möglichkeiten, auf Politik und Massenmedien ein wenig Einfluss zu nehmen.

Das verfestigt unauffällige, aber folgenreiche Klassengrenzen. Hier ein bisschen Konsum, Anstrengungsminimierung oder sogar Flucht aus der Wirklichkeit, dort Geld und Macht und zusätzlich das gute Gewissen, moralischer zu leben als die Masse, auch wenn eine solche Überzeugung gelegentlich der selektiven Wahrnehmung bedarf. Eine solche Differenzierung zwischen verschiedenen Schichten und ihren recht unterschiedlichen Einkommen ist darüber hinaus auch eine solche zwischen Dauerhaftigkeit und Vergänglichkeit, zwischen generationenübergreifender Perspektive und Beschränkung auf das eine Leben, zwischen bloßer Konsumfreiheit und weitreichender Gestaltungsmöglichkeit. Und es ist noch mehr. Es ist das Ende dessen, was die einheitliche kulturelle Evolution des Menschen insgesamt bewirkt hat. Solche verschiedenen Klassen sind in völlig unterschiedlichen Lebenswelten zu Hause. Für beide wird es immer schwieriger, sich in andere Problemlagen und Intentionen hineinzudenken.

Was heute als eher seltene Lebensform einiger weniger reicher Familien zu beobachten ist, könnte zum Charakteristikum einer genetisch abgegrenzten – und zugleich genetisch abgesicherten – Oberklasse werden. Brot und Spiele für die einen, Ruhm, Geld und Macht für die anderen. Das war schon der harte Kern der sozialen Differenzierung im alten Rom und so weit könnten wir zurückfallen.

6.4.5.4 Der kaum bedauerte Verlust und die Tabuisierung des Todes

Die Entwicklung hin zur individuellen Nutzenmaximierung entspricht aus meiner Sicht nur der geschilderten Logik der Evolution der Weltbilder und mentalen Muster, die wie Kategorien wirken, innerhalb der menschliches Denken stattfindet. Jede Kritik daran, ob von einem moralischen Standpunkt aus oder unter Hinweis auf alles, was dabei verloren geht, ist daher, vielleicht mit Bedauern, aber illusionslos gesehen, nichts anderes als Kritik aus der Perspektive der Evolutionsverlierer.

Das ändert nichts an der Größe des Verlustes. Ich möchte hier nicht noch einmal die historischen Errungenschaften, von der Qualität zwischenmenschlicher Beziehungen wie Liebe, Vertrauen und Opferbereitschaft über die Bindung von Freiheit an Verantwortung statt an Konsum bis hin zu normativen Glaubensüberzeugungen und ethischen Weltbildern, und die zunehmende Auslieferung all dieser Werte an die abstrakten Kräfte von Angebot und Nachfrage in einer nutzenorientierten Gesellschaft vorführen. Was aber doch etwas überrascht, ist der Umstand, dass diese Konzentration auf eigenen Nutzen und eigenes Wohlergehen immer weniger mit einem Anspruch auf eigene nachhaltige Bedeutung verbunden ist. Sobald sie nicht mehr genießen können, ist es immer mehr Menschen völlig gleichgültig, was mit ihnen geschieht.

Die Tabuisierung des Todes in der heutigen Gesellschaft hat wohl auch die Funktion, die Sinnfrage gar nicht erst zu stellen. Wer sich mit dem Tod auseinandersetzt, ist veranlasst, ihm gegenüber irgendeine Haltung einzunehmen, ob nihilistisch oder religiös. Dieser Entscheidung weicht man aus. Der Tod ist für manche nur noch ein Kostenfaktor, den man minimiert, um ja nicht weniger zum Leben zu haben.

In einer Zeit personaler Weltbilder verstanden sich die Individuen als Glieder einer Kette von Generationen. In vielen Kulturen wurde durch Rituale, bei der Namensgebung und bei der Wahl des jeweiligen Totemtieres versucht, zumindest symbolisch die Verbindung zu früheren Generationen aufrechtzuerhalten. Der Tod war Anlass, sich zu seinen Ahnen zu gesellen und nunmehr auch selbst von den noch Lebenden rühmend erinnert und mit Gebeten und Opfern versorgt zu werden. Im Gilgamesch-Epos, dem ältesten erhaltenen Epos der Welt, hängt die Qualität des Lebens in der Unterwelt nicht vom guten oder schlechten Verhalten in diesem Leben ab, sondern von der Anzahl der in die Welt gesetzten Nachkommen.

Noch in der bürgerlichen Gesellschaft des 19. Jahrhunderts war der Tod im Kreise der Familie die angestrebte, als normal empfundene Form des Abschieds. Heute werden Sterbende möglichst rechtzeitig in Krankenhäuser abgeschoben. Bereits beim Begräbnis wird zunehmend darauf verzichtet, so etwas wie Erinnerung zu pflegen. Die anonymen Begräbnisse nehmen zu und auch die anonymen Massengräber. Die New Yorker Insel Hart Island dient der Entsorgung vieler Toter, die nur mehr eingeteilt werden in »unclaimed« – keiner weiß, wo die Leiche hingehört – und »unwanted« – keiner der Verwandten ist in der Lage oder bereit, für die Begräbniskosten aufzukommen. In Holland und Deutschland gibt es bereits »Streuwiesen«, auf denen die Asche der Toten verstreut werden kann, um die Kosten eines Grabes einzusparen. Kontinuität über den Tod hinaus ist in immer weniger Weltvorstellungen enthalten, auch nicht in denen, die man von sich selbst hat.

Ich habe versucht zu zeigen, dass die traditionellen Werte auch Ordnung und Halt boten, dass Ehre mehr war als nur ein Duellgrund, vielmehr Ergebnis der Erfüllung der jeweiligen Verpflichtungen, und Disziplin und Verzicht Mittel zur Sicherung von Gemeinschaft. Die Aufklärung hat sich gegen deren Missbrauch gewandt, als die alten Werte, die Gesellschaften zusammenhalten sollten, nur noch zur Täuschung verwendet wurden. Die Werte der Französischen Revolution, Freiheit, Gleichheit und Brüderlichkeit, waren daher auch als Gegenprogramm gedacht und markierten den Übergang von gesellschaftsbezogenen Werten zu Werten im Dienste des Individuums – oder, wie man es heute nennt, von Pflicht- und Akzeptanzwerten zu Selbstverwirklichungswerten. Freiheit als Befreiung aus schlimmen Hörigkeiten, Gleichheit, um nicht mehr in den alten Klassenunterschieden leben zu müssen, und Brüderlichkeit als Chance für alle, an diesem neuen besseren Leben teilzuhaben. Die Geschichte hat nur leider gezeigt, dass sich die neuen Werte angesichts der verfeinerten Methoden und Möglichkeiten der Massenkommunikation genauso missbrauchen lassen wie die alten. Und gelegentlich dienen sie nur noch der schlichten Revierabgrenzung von Egoisten.

Vielleicht legen deshalb vor allem Menschen, die praktische Erfahrung mit dem Kommunismus haben, nicht nur gegen diesen, sondern auch gegen die neuen Werte generell tiefe Skepsis an den Tag. Wir brauchen »unauslöschlichen Argwohn gegen die uns umgebende Menge politischer Urteile«, meinte György Konrád. Jan Patocka zeigt den gleichen Argwohn gegenüber fast allen politischen Ideen. Fortschritt, Gerechtigkeit oder Friede, sie alle, so sagt er in seinen »Ketzerischen Ideen zur Geschichte«, wollen den Menschen nur für Machtziele instrumentalisieren, die sich dahinter verbergen.

6.4.5.5 Ein Szenario – und eine Chance – außerhalb der Trendextrapolation

Ich gehe davon aus, dass kein Weg hinter die individuelle Nutzenorientierung zurückführt. Und die viel beschworene Durchdringung aller Lebensbereiche durch den Kapitalismus kann tatsächlich auch das Innerste des Individuums erfassen. Aber das muss in einer rationalen Welt nicht das Ende der Entwicklung sein. Denn was man unter Nutzen versteht, könnte sich sehr wohl ändern, so wie es sich ja schon öfters in dieser Welt verändert hat. Immer noch ist Raum für eine Weiterentwicklung menschlicher Verhaltensmuster. Das Modell der Maslow'schen Bedürfnispyramide verdient Respekt. Aber es konzentriert sich auf die Weiterentwicklung der individuellen Wertvorstellungen und vernachlässigt die dafür nötige Änderung auch des zugrunde liegenden mentalen Modells.

Ein Wertewandel dagegen, der von neuen kollektiven Überzeugungen unterstützt wird, fällt dem Individuum wesentlich leichter. Hinter dem sogenannten Wertewandel hin zu postmaterialistischen Werten, hinter der Suche nach alternativen Lebensformen (auch wenn es dabei meist nur um die Wiederbelebung historischer Lebensformen geht) stehen ja kollektive Bemühungen und ein zunehmendes Bewusstsein für die Relativität der Konsumwelt. Eine solche Ausbreitung postmaterialistischer Werte, die zunehmende Differenzierung der individuellen

Lebensvorstellungen und die verstärkte Suche nach alternativen Lebensformen, all das hilft bei der Aufbereitung des Feldes für eine allmähliche Änderung der Definition des eigenen Nutzens. Denn traditionelle Verhaltensmuster der Nutzenmaximierung, die sich in unbegrenzter Gier und dem Streben nach immer mehr materiellen Gütern artikulieren, sind ja nicht allein auf Statusstreben zurückzuführen, sondern auf die historischen Gegebenheiten eines Lebens mit knappen Ressourcen. Nun wird es immer knappe Güter geben. Aber zumindest im Bereich der Produktion verwandelt sich diese Welt aus einer Mangel- in eine Überflussgesellschaft. Es ist nicht anzunehmen, dass diese Entwicklung auf Dauer ohne Konsequenzen für menschliche Verhaltensmuster bleiben wird. Denn wenn einmal produzierte Güter im Überfluss vorhanden sind, besteht auch die Chance, dass sich Individualität auf Dauer schon deshalb nicht mehr über den Konsum definieren will, weil dieser banal wird und sich daher totläuft. Dann bleiben andere Perspektiven zumindest offen.

Nicht ein alternativer Träumer, sondern der Ökonom Keynes hat (in seinen »Essais on Persuasion«) die Hoffnung ausgedrückt, man werde sich irgendwann von der Herrschaft materieller Werte befreien können: »Wenn einmal die Ansammlung von Reichtum ihre soziale Bedeutung verliert, wird es im Kodex der Moral große Änderungen geben. Wir werden uns von pseudomoralischen Grundsätzen befreien können, die uns zweihundert Jahre lang beherrschten, Grundsätze, die einige der unangenehmsten menschlichen Eigenschaften zur höchsten Tugend machten. Wir werden es uns leisten können, das Geldmotiv nach seinem wahren Wert einzuschätzen. Doch Vorsicht! Die Zeit dafür ist noch nicht gekommen. Mindestens weitere hundert Jahre werden wir uns vormachen müssen, dass das Gute schlecht und das Schlechte gut ist – denn das Schlechte ist möglich und das Gute nicht. Geiz und Wucher und Vorsorge müssen noch für eine Weile unsere Götter bleiben. Nur sie können uns aus dem Dunkel der wirtschaftlichen Notwendigkeit ans Licht führen.«

Schon in der Frühzeit abendländischen Denkens ging es übrigens nicht nur um eine rein quantitative Nutzenmaximierung, sondern um die Qualität dieses Nutzens. Auch für einen Aristoteles ist höchstes Gut die persönliche Glückseligkeit, das individuell Beste. Aber das ergibt sich bei ihm nicht aus einem rein materialistischen Nutzenbegriff, sondern aus der möglichst vollkommenen Ausbildung der dem Menschen eigenen Fähigkeiten. Diese Entfaltung der Möglichkeiten des Menschen, die Fülle des Lebens, das sei Glück. »Das Gute für den Menschen ist die Tätigkeit der Seele aufgrund ihrer besonderen Befähigung«, so sah es Aristoteles in seiner »Nikomachischen Ethik«.

Nun verstand man unter »Seele« zu Aristoteles' Zeiten etwas anderes als heute, wo man nach dem aktuellen Stand der Wissenschaft Seele nüchterner als eine bloße Konstruktion ansieht, eine sogenannte mentale »Repräsentation« zum Zweck der Strukturierung und Herstellung von Kontinuität in unseren Erfahrungen. Wenn die Seele auf neurologische Funktionen reduziert wird, bleibt vom Individuum rein biologisch auch nicht viel mehr übrig als ein Verdauungsschlauch mit ergänzendem Fortpflanzungs-, Bewegungs- und Steuerungsmechanismus. Aber mit einer solchen Perspektive muss man nicht am Ende aller Weisheit angelangt sein. Es gibt verschiedene Ebenen der Wahrheit, und am wichtigsten für uns Menschen ist wohl die, auf der unser Selbstverständnis angesiedelt ist. Auf dieser Ebene besitzt der Mensch die einzigartige Fähigkeit zur Selbstherstellung. Um mit Sartre zu sprechen: Der Mensch ist zunächst einmal nichts. Aber er kann sich zu dem machen, was er sein will, weil er frei ist, sich gleichsam in beständiger Selbstschöpfung der fortwährenden Drohung des Nichts zu erwehren. Der Mensch ist das sich selbst herstellende Wesen. In diesem Punkt treffen sich existenzialistische Philosophie, Anthropologie (und sogar Marxismus, auch wenn dieser unter der Selbstherstellung etwas anderes versteht).

Man kann sich heutigen wirtschaftlichen Notwendigkeiten der Selbstbehauptung in einer härter gewordenen Gesellschaft nicht verschließen. Umso wichtiger ist es, die große Chance wahrzunehmen, die jeder Mensch hat. Genau genommen ist es seine einzige: das Wirken in die Welt hinein, um auf diese Weise seinen eigenen Platz, ja sogar so etwas wie Heimat in dieser Welt zu finden.

Unter den Bildern aus dem Warschauer Getto gibt es ein stilles, auf dem der Schrecken nur im Hintergrund lauert. Es ist das Bild eines kleinen Jungen, der Hunger hat ihn ausgezehrt und lässt sein Alter schwer schätzen. Er spielt auf der Straße Geige, in der Hoffnung, dafür ein paar Münzen oder sogar etwas zum Essen zu bekommen. Niemand weiß heute, wie es ihm ergangen ist, ob er eine Zeit lang Erfolg hatte, ob und wann er verhungert ist oder umgebracht wurde oder ob er am Ende gegen alle Wahrscheinlichkeit überlebte. Er hat sich selbst in dieser extremen Situation bemüht, etwas zu geben, um etwas zu bekommen. Er hatte wohl kaum eine Chance, aber er hat es trotzdem versucht.

Wir alle sind heute in einer unvergleichlich besseren Lage. Aber auch wir kommen trotz aller noch so eindrucksvollen Heilsversprechungen nicht um die uralte und elementare Grundregel menschlichen Zusammenlebens herum, etwas zu leisten, um sich Gegenleistungen zu sichern. Nur so entsteht Gesellschaft, nur so kann auf Dauer eine stabile Gesellschaft bewahrt werden. Und die Gesellschaft wird sich um die kümmern müssen, die gerne etwas leisten möchten, aber keine Chance dazu haben.

Anmerkungen

Kapitel 1

1 Thomas Morus, Utopia, S. 108 (nach der Ausgabe von K. Heinisch, Hamburg 1960)
2 Bei Hans Thomae (Hg.), Handbuch der Psychologie, Band 3, Entwicklungspsychologie, Göttingen 1954, findet sich eine tabellarische Zusammenstellung, wer aller welche positiven Verhaltensweisen bei welcher ethnischen Gruppierung und damit auch das Fehlen korrespondierender Frustrationen entdeckt hat.
3 I. Eibl-Eibesfeldt, Grundriss der vergleichenden Verhaltensforschung – Ethologie, 7. Aufl., München und Zürich 1987, S. 743
4 Siehe z. B. N. Elias, Engagement und Distanzierung, Frankfurt/Main 1990, S. 96
5 Die allgemeine menschliche Neigung, möglichst überall mit freiem Blick nach vorne und mit dem Rücken zur Wand zu sitzen, muss nicht unbedingt auf jene kleine Minderheit unserer Vorfahren zurückzuführen sein, die das Glück hatten, über eine Höhle (ohne Höhlenbären) zu verfügen. Es war wohl zielführender, mit dem Rücken zu einem Baum zu sitzen als mit dem Rücken zur Wand.
6 V. a. in K. Lorenz, Das sogenannte Böse, München 1974
7 L.Tiger/R. Fox, The Imperial Animal, deutsch unter dem Titel: Das Herrentier – Steinzeitjäger im Spätkapitalismus, o. J., DTV Band 1183
8 Siehe z. B. einerseits J. M. Reinisch, Prenatal exposure to synthetic progestions increases potential for aggression in humans, Science 1981, S. 1171 f., und J. P. Rushton u. a., Altruism and Aggression, Journal of Personality and Social Psychology 1986/50, S. 283 f., andererseits A. Bandura, Aggression: A social learning analysis, Englewood Cliffs 1973, und L. E. Horton, Generalization of aggressive behavior in adolescent delinquent boys. Journal of Applied Behavior Analysis 3/1970, S. 205 f.
9 M. D. Sahlins, The Origin of Society, in: Scientific American Nr. 204/1960, S. 76 ff.
10 I. Eibl-Eibesfeldt, Die Biologie des menschlichen Verhaltens. Grundriss der Humanethologie, 2. Aufl. München und Zürich 1986, S. 215
11 Ebd., S. 185, mit diversen Quellenverweisen
12 Ebd., S. 186
13 Ebd., S. 610 ff.
14 Dazu im Detail etwa H. Fisher, Anatomie der Liebe, Droemer Knaur 1993
15 K. Grammer, Signale der Liebe/Die biologischen Gesetze der Partnerschaft, Hamburg 1993
16 R. Thurnwald, Grundfragen menschlicher Gesellung, Berlin 1957, S. 86
17 M. Tomasello, Die kulturelle Entwicklung des menschlichen Denkens, dt. Ausgabe Frankfurt/Main 2002, S. 35
18 Siehe hiezu insbes. H. Nowak/K. Sigmund, The evolution of reciprocity through image scoring, in: Nature Bd. 393, VI/1998 (Image scoring ist dabei der Mechanismus, der die Hilfsbereitschaft Dritter festzustellen erlaubt). M. E. ist dieser Arbeit der Vorzug vor jenen Analysen zu geben, die wie z. B. die von Robert Axelrod auf dem spieltheoretischen Modell des Gefangenendilemmas aufbauen. Bei diesem sind nämlich die Vorteile der Kooperation schon so massiv in den Prämissen verankert, dass die Ergebnisse nicht bedeutsam, sondern nur tautologisch sind.
19 U. Sommer, Lob der Lüge, München 1993
20 F. de Waal, in: Agression and Peacefulness in Humans and other Primates, Hg. J. Silverberg/J. P. Gray, New York 1993
21 R. Dunbar, Klatsch und Tratsch. Wie der Mensch zur Sprache fand, dt. Übers. München 1998.
22 J. Goodall, The Chimpanzees of Gombe – Patterns of Behavior, Harvard University Press 1986, S. 813
23 Lewis R. Binford, Die Vorzeit war ganz anders, Methoden und Ergebnisse der neuen Archäologie, München 1984, S. 32 (engl. Originaltitel: In Pursuit of the Past, London 1983)
24 R. J. Blumenschine/G. A. Cavallo, Frühe Hominiden – Aasfresser, in: Spektrum der Wissenschaft, Dez. 1992, S. 88 f.

25 Binford, Die Vorzeit, S. 57
26 Ebd.
27 P. F. Weber, Der domestizierte Affe, Die Evolution des menschlichen Gehirns, Düsseldorf und Zürich 2005
28 J. H. Reichholf, Das Rätsel der Menschwerdung – Die Entstehung des Menschen im Wechselspiel mit der Natur, DVA Stuttgart 1990
29 In seinem Vortrag: Werkzeug, Bild und Grab, anlässlich der Salzburger Humanismusgespräche 1984
30 A. Honneth, Soziales Handeln und menschliche Natur, Frankfurt und New York 1980, S. 71
31 Tomasello, Die kulturelle Entwicklung, S. 35
32 K. Eder, Die Entstehung staatlich organisierter Gesellschaften, Frankfurt/Main 1980, S. 52. Analog dazu übrigens N. Elias, Engagement und Distanzierung, Frankfurt/Main, 2. Aufl. 1990, S. 103
33 A. Denzau/D. C. North, Shared Mental Models. Ideologies and Institutions, Kyklos 47/1993, S. 3
34 G. Spittler, Arbeit – Transformation von Objekten oder Interaktion mit Subjekten?, in: Peripherie, Zeitschrift für Politik und Ökonomie in der Dritten Welt, Heft 85/86, Münster 2002
35 C. Lévi-Strauss, Das wilde Denken, dt. Übers. Frankfurt/Main 1989, 7. Aufl., S. 57
36 J. Herbig, Nahrung für die Götter, Die kulturelle Neuerschaffung der Welt durch den Menschen, München und Wien 1988, S.188
37 Thurnwald, Grundfragen, S. 89
38 Eder, Die Entstehung, S. 45
39 M. Mauss, Die Gabe, Form und Funktion des Austausches in archaischen Gesellschaften (Essai sur le Don, franz. Orig., 1925), dt. Übers. 1968
40 Eibl-Eibesfeldt, Die Biologie, S. 637
41 Ebd., S. 452
42 Ebd., S. 398. In diesem Zusammenhang folgt Eibl-Eibesfeldt übrigens seiner Neigung zu etwas weitreichenden Schlussfolgerungen und meint, den Egalisierungsmechanismen der Maori entspreche in modernen Staaten der Egalisierungsmechanismus der Besteuerung. Thomas von Aquin, der die Steuer noch als »strudis legitima« zu den Fällen des erlaubten Raubes zählte, hatte da noch eine etwas andere Perspektive.
43 R. B. Lee, Eating Christmas in the Calahari, in: Natural History, Dez. 1969
44 Eibl-Eibesfeldt, Die Biologie, S. 461
45 Eibl-Eibesfeldt, Die Biologie, S. 341
46 Siehe z. B. E. Aronson, The Social Animal, 4th Edition New York 1983, S. 286 ff.
47 Siehe hiezu M. Mitterauer, Warum Europa, Mittelalterliche Grundlagen eines Sonderwegs, München 2003, S. 134
48 M. D. Sahlins, The Sociology of Primitive Exchange, in: Stone Age Economics, Chicago 1972, S. 199
49 Th. Adorno, Zu Subjekt und Objekt, in: Stichworte/Kritische Modelle, Frankfurt/Main 1969, S. 155
50 P. Bourdieu, Entwurf einer Theorie der Praxis auf der ethnologischen Grundlage der kabylischen Gesellschaft, Frankfurt 1976, S. 375
51 Zit. nach H. P. Duerr, Sedna oder die Liebe zum Leben, Suhrkamp 1985, S. 312
52 E. Linden, Lost Tribes, Lost Knowledge, in: Time International, Nr. 12/1991, S. 54
53 Mauss, Die Gabe, S. 120 f.
54 F. Schwind, Römisches Recht, Wien 1955, S. 106
55 Siehe z. B. P. Lazarsfeld zu Ostpakistan, in: P. Lazarsfeld, Soziologie, Internationaler Überblick im Auftrag der UNESCO, Berlin 1972, S. 135 ff.
56 So ausführlich in P. Sloterdijk, Sphären I. Blasen, Frankfurt/Main 1999
57 Hiezu ausführlich etwa A. Cajanov, Die Lehre von der bäuerlichen Wirtschaft, Berlin 1923, M. Godelier, Natur, Arbeit, Geschichte, Hamburg 1990, D. Groh, Anthropologische Dimensionen der Geschichte, Suhrkamp 1992
58 Siehe z. B. H. Mitteis, Deutsche Rechtsgeschichte, 5. Aufl., München und Berlin 1958, S. 11

59 Hiezu siehe R. Girtler, Kulturanthropologie, dtv Wissenschaft 1979, S. 17
60 Groh, Anthropologische Dimensionen, insbes. S. 91

Kapitel 2

1 Eder, Die Entstehung, S. 63
2 P. G. Zimbardo/R. J. Gerrig, Psychologie, 7. Aufl. 1999, Berlin, Heidelberg und New York, S. 426
3 Siehe hiezu z. B. G. A. Kelly, A theory of personality: The psychology of personal constructs, New York 1955, und A. Bandura, Sozial-kognitive Lerntheorie, Stuttgart 1979
4 J. Jaynes, Der Ursprung des Bewusstseins durch den Zusammenbruch der bikameralen Psyche, dt. Reinbek 1988
5 W. Burkert, Kulte des Altertums, Biologische Grundlagen der Religion, München 1998
6 M. Eliade, Das Heilige und das Profane, Suhrkamp 1990, S. 88/89, mit einem Verweis auf einen Forschungsbericht von F. E. Williams
7 Zu dieser Differenzierung als Entstehungsgrund von Hochreligionen siehe z. B. Duerr, Sedna, insbes. S. 229 f.
8 Zur Abgrenzung des Ritus gegenüber der Magie siehe ebd., insbes. S. 233
9 Mythos und Kulthandlung »sind im Grund ein und dasselbe …«, W. F. Otto, Theophania, Der Geist der altgriechischen Religion, Hamburg 1956, S. 25
10 Ebd., S. 25
11 Eliade, Das Heilige, S. 83
12 Lévi-Strauss, Das wilde Denken, S. 308
13 Eliade, Das Heilige, S. 151
14 Ebd., S. 149
15 Lévi-Strauss, Das wilde Denken, S. 195
16 Ebd., S. 286
17 Siehe hiezu insbes. M. Schmid/A. Maurer, Ökonomischer und soziologischer Institutionalismus, Marburg 2003
18 J.-L. Flandrin, Familien: Soziologie, Ökonomie, Sexualität, Frankfurt 1978
19 J. Assmann, Herrschaft und Heil, Politische Theologie in Altägypten, Israel und Europa, München und Wien 2000, S. 151
20 Siehe z. B. H. Krämer, Integrative Ethik, Frankfurt/Main 1992, S. 295/296
21 Siehe hiezu Takeo Doi, Amae. Freiheit in Geborgenheit, Frankfurt/Main 1982
22 Eibl-Eibesfeldt, Die Biologie, S. 369/370
23 Duerr, Sedna, S. 233
24 Hiezu siehe z. B. Groh, Anthropologische Dimensionen, insbes. das Kapitel: Strategien, Zeit und Ressourcen, Risikominimierung, Unterproduktion und Mußepräferenz – die zentralen Kategorien von Subsistenzökonomien, S. 54 ff.
25 J. Diamond, Arm und Reich, Die Schicksale menschlicher Gemeinschaften, dt. Übers. Frankfurt 1998
26 Ebd., S. 32
27 M. D. Sahlins, Tribesmen, Englewood Cliffs 1968
28 Zit. nach K. Kerenyi, Prometheus, Die menschliche Existenz in griechischer Deutung, Hamburg 1959, S. 54
29 Siehe z. B. H. J. Nissen, Geschichte Alt-Vorderasiens, Oldenbourg, Grundriss der Geschichte, Band 25, München 1999
30 Details hiezu bei Duerr, Sedna, S. 17 ff.
31 Eliade, Das Heilige, S. 28
32 Siehe dazu A. Wadler, Germanische Urzeit, Quellen zur Vorgeschichte der deutschen Sprache, Basel 1936, Neuauflage o. J., S. 324. Das Buch musste in der Emigration geschrieben werden, nachdem der Autor zu viele Ähnlichkeiten zwischen indogermanischen und semitischen Sprachen entdeckt hatte. So spekulierte er u. a. über die Ähnlichkeit der Namen Kelten und Chaldäer.
33 Siehe hiezu im Einzelnen Duerr, Sedna, S. 45, 80, 312 und 320
34 M. Eliade, Schamanismus und archaische Ekstasetechnik, Zürich und Stuttgart 1957

35 Ebd., S. 148 f.
36 Ebd., S. 182 und 236
37 Siehe hiezu F. Drexel, Über den Silberkessel von Gundestrup, Jahrbuch Dt. Arch. Inst. 30, 1915
38 Auf diesen Aspekt verweist besonders Eric de Rosny, Die Augen meiner Ziege, Auf den Spuren afrikanischer Hexer und Heiler, dt. Übers. Wuppertal 1999
39 Siehe hiezu E. Strouhal, Ich schlüge nach der Sonne: Fogg, Odysseus, Ahab – Drei Variationen zum technischen Charakter, in: Forum, April/Juni 1990, Wien, S. 16 ff.
40 Kerenyi, Prometheus, S. 124
41 J. Campbell, Historical Atlas of World Mythology, Vol. I, New York 1988, S. 93
42 J. Scheid, Der Priester, in: A. Giardina (Hg.), der Mensch in der römischen Antike, Ausgabe Essen 2004, S. 81
43 Diamond, Arm und Reich, S. 348 ff.
44 B. Gladigow, Der Sinn der Götter, Zum kognitiven Potential der persönlichen Gottesvorstellung, in: P. Eicher (Hg.), Gottesvorstellung und Gesellschaftsentwicklung, München 1979, S. 48/49
45 Besonders ausführlich etwa Nissen, Geschichte Alt-Vorderasiens
46 J. Herbig, Nahrung für die Götter, Die kulturelle Neuerschaffung der Welt durch den Menschen, München und Wien 1988, S. 289 f.
47 Siehe die Detailstudie von R. Firth aus den Dreißigerjahren: We, the Tikopia: A sociological Study of Kinship in Primitive Polynesia, Neuauflage London 1957
48 Gladigow, Der Sinn der Götter, S. 46
49 Siehe hiezu Assmann, Herrschaft und Heil, S. 53
50 J. Berger, Neoinstitutionalismus und Wirtschaftssoziologie, in: Schmid/Maurer, Ökonomischer und Soziologischer Institutionalismus, S. 86/87
51 T. Geiger, Vorstudien zu einer Soziologie des Rechtes, Neuwied 1964, S. 104
52 Assmann, Herrschaft und Heil, S. 202, 203 u. 81
53 Nach der Textsammlung Assmanns »Ägyptische Hymnen und Gebete« u. a. zitiert bei Assmann, Herrschaft und Heil, S. 36
54 Thurnwald, Grundfragen, S. 93
55 Detaillierte Zusammenstellungen finden sich bei Assmann, Herrschaft und Heil, insbes. S. 210 ff.
56 Ebd., S. 63
57 J. Habermas, Theorie des kommunikativen Handelns, Bd. 1, Handlungsrationalität und gesellschaftliche Rationalisierung, 1981, S. 235
58 J. Habermas, Zur Rekonstruktion des historischen Materialismus, Suhrkamp 1976, insbes. S. 157 ff.
59 Assmann, Herrschaft und Heil, S. 119 ff.
60 S. Freud, Die Zukunft einer Illusion, zit. nach der Studienausgabe Frankfurt 1969, Bd. IX, S. 145
61 M. Weinfeld, The Loyality Oath in the Ancient Near East, in: Ugaritische Forschungen 8/1976, S. 379 ff.
62 Assmann, Herrschaft und Heil, S. 132
63 Siehe hiezu J. S. Wiggins/A. L. Pincus, Personality structure and assessment, Annual Review of Psychology Nr. 43/1992, S. 473
64 Ausführlich etwa bei Zimbardo/Gerrig, Psychologie, S. 551 f.
65 A. Schütz/Th. Luckmann, Strukturen der Lebenswelt, Bd. I, Frankfurt 1984, S. 296 u. 297
66 So die Definition von Arnold M. Rose, zit. Nach H. Hartmann, Moderne amerikanische Soziologie, Stuttgart 1973, S. 272
67 Habermas, Theorie und Praxis, 4. Aufl., Frankfurt/Main 1971, insbes. S. 17, 26 und 30
68 G. H. Mead, Geist, Identität und Gesellschaft, dt. Übers. Frankfurt 1968, S. 168
69 N. Luhmann, Funktion der Religion, Frankfurt/Main 1977, S. 21
70 Th. Schwinn, Wieviel Subjekt benötigt die soziologische Theorie, in: Soziologica Internationalis, Heft 1/1995, S. 63
71 R. Dahrendorf, Homo sociologicus, Köln – Opladen 1965, S. 45

72 Von der Skepsis mancher Neurologen sehen wir hier ab, für die Eigenmächtigkeit des Handelns nur eine Selbsttäuschung des Bewusstseins darstellt. Auch für viele Philosophen ist die Welt seit Plato nur Schein, ohne dass wir diesen Schein deshalb weniger spüren als die vermeintlich höhere, aber jedenfalls unzugängliche Wirklichkeit.
73 Siehe hiezu etwa H. P. Dreitzel, Die gesellschaftlichen Leiden und das Leiden an der Gesellschaft, Vorstudien zu einer Pathologie des Rollenverhaltens, Stuttgart 1980, insbes. S. 132 ff.
74 E. Durkheim, De la division du travail social, Paris 1892
75 E. H. Erikson, Identität und Lebenszyklus, Frankfurt 1966, S. 140
76 Ein darauf aufbauendes Konzept wird von Dieter Geulen als Individuationsmodell bezeichnet, siehe D. Geulen, Das vergesellschaftete Subjekt. Zur Grundlegung der Sozialisationstheorie, 1. Aufl., Frankfurt/Main 1989, S. 108
77 So A. Honneth unter Berufung auf Richard Rorty in: A. Honneth, Desintegration, Bruchstücke einer soziologischen Zeitdiagnose, Frankfurt/Main 1994, S. 16
78 D. Riesman, Die einsame Masse, dt. Übers. Hamburg 1958, S. 45
79 E. Beck, Identität der Person: Sozialphilosophische Studien zu Kierkegaard, Adorno und Habermas, Würzburg 1991, S. 136
80 Odo Marquard hat in seinen »Schwierigkeiten mit der Geschichtsphilosophie« die Attraktivität der kritischen Theorie in den 1960er-Jahren sogar mit der daraus ableitbaren Verantwortungsfreiheit für die jeweilige politische Realität begründet.
81 K. E. Jeismann, Geschichte und Bildung, in: Beiträge zur Geschichtsdidaktik und zur Historischen Bildungsforschung, Hg. W. Jacobmeyer und B. Schönemann, Paderborn 2000
82 Th. Lipowatz, Seele und Ethik bei Aristoteles, in: T. Kamper/Ch. Wulf (Hg.), Die erloschene Seele, Berlin 1988, S. 179
83 T. Todorov, Abenteuer des Zusammenlebens. Versuch einer allgemeinen Anthropologie, Berlin 1996, S. 71
84 L. Vogt, Zur Logik der Ehre in der Gegenwartsgesellschaft, Frankfurt/Main 1997
85 Siehe dazu Mitteis, Dt. Rechtsgeschichte, S. 22
86 Ebd., S. 26
87 E. Cassin, Babylonien unter den Kassiten und das mittlere Assyrische Reich, in: Fischer Weltgeschichte Bd. 3, Frankfurt/Main 1966, S. 28/29
88 W. Best, Die geheime Staatspolizei, in: Zeitschrift für deutsches Recht, Jg. 1936, S. 125 ff.
89 K. Eder, Geschichte als Lernprozess? Zur Pathogenese politischer Modernität in Deutschland, Frankfurt/Main 1985, S. 10
90 N. Panajotis, Der Niedergang der bürgerlichen Denk- und Lebensform: Die liberale Moderne und die massendemokratische Postmoderne, Weinheim 1991, S. 25
91 A. Gehlen, Die Seele im technischen Zeitalter, Hamburg 1957, S. 52
92 G. Rohrmoser, Marxismus und Menschlichkeit, Freiburg im Breisgau 1974, S. 116
93 M. Nierlich, Abenteuer oder das verlorene Selbstverständnis der Moderne, München 1997
94 M. D. Sahlins, The Native Anthropology of Western Cosmology, in: Current Anthropology, Bd. 37/1996
95 L. Bauer/H. Matis: Geburt der Neuzeit, München 1988, S. 479
96 W. Hennis, Die protestantische Ethik – ein überdeterminierter Text?, in Sociologica internationalis 1/1995, S. 1 ff.
97 Bauer/Matis, Geburt der Neuzeit, S. 368
98 Bauer/Matis, Geburt der Neuzeit, S. 372
99 Panajotis, Der Niedergang, S. 25
100 Habermas, Theorie und Praxis, S. 100/101
101 Siehe z. B. E. Waibl, Ökonomie und Ethik, 2 Bände, Suttgart und Bad Caubstatt 1988/89
102 M. Endreß (Hg.), Zur Grundlegung einer integrativen Ethik, Frankfurt/Main 1995, S. 10
103 Ebd., S. 7
104 Deutsche Ausgabe: M. Horkheimer, Eclipse of Reason, dt. Zur Kritik der instrumentellen Vernunft, Frankfurt a. Main 1974
105 Z. B. von E. P. Lazear, Economic Imperialism, Quarterly Journal of Economics, Nr. 115/2000, S. 99 f.

106 A. Maslow, Toward a Psychology of being, dt. Übers. Psychologie des Seins, Frankfurt/Main 1985, S. 21
107 Vgl. Zimbardo/Gerrig, Psychologie, S. 325
108 B. P. Priddat, Rational Choice, Hermeneutik und Systemtheorie. Ein Beitrag zur Subjektivierung des Akteurs auf Null, in: Sociologica Internationalis, Bd. 33/1995, Heft 2, S. 133
109 M. Friedmann, in: The Wallstreet Journal, 29. 7. 1994
110 M. Costa-Gomez/V. P. Crawford/B. Boseta, Cognition and Behavior in Normal-Form Games, An Experimental Study, in: Econometrica, Vol. 69/2001, S. 1193 f.
111 Ebd., S. 1196 u. 1197
112 G. Schulze, Die Erlebnisgesellschaft: Kultursoziologie der Gegenwart, Frankfurt/Main und New York 1992, S. 86
113 A. T. Denzau/D. C. North, Shared Mental Models. Ideologies and Institutions, Kyklos 47/1994, S. 3 ff.
114 H. Esser, Institutionen als Modelle, in: M. Schmid/A. Maurer, Ökonomischer und Soziologischer Institutionalismus, Marburg 2003 S. 51/52
115 H. Esser, In guten wie in schlechten Tagen. Das »Framing« der Ehe und das Risiko der Scheidung, in: Kölner Zeitschrift für Soziologie und Sozialpsychologie, Nr. 1/2002
116 M. Horkheimer, Zur Kritik der instrumentellen Vernunft, S. 174

Kapitel 3

1 So Cato, zitiert bei Gellius, 5/13, 4
2 J. Bleicken, Augustus, Berlin 2000, S. 60
3 H. Heftner, Der Aufstieg Roms, Vom Pyrrhuskrieg bis zum Fall von Karthago, Regensburg 1997, S. 79. Allerdings gibt es auch Stimmen, die vor einer Überbetonung der Klientenbindung insbesondere bei den Abstimmungen in den Volksversammlungen warnen und dies für einen »Mythos der modernen deutschen Forschung« halten, wie z. B. Fergus Millar in: The Crowd in Rome in the late Republic, Ann Arbor 1998
4 Bleicken, Augustus, S. 412
5 Th. Mommsen, Römische Geschichte, Leipzig und Wien 1932, S. 69
6 Heftner, Aufstieg Roms, S. 19
7 Bleicken, Augustus, S. 544
8 Heftner, Aufstieg Roms, S. 399
9 Mommsen, Römische Geschichte, S. 226
10 In einem der ohnedies nicht allzu häufigen Missbrauchsprozesse gegen einen Statthalter wurde offen ausgesprochen, wofür man die Einkünfte von drei Jahren brauchte: ein Jahr für sich selbst, ein zweites für die Anwälte und ein drittes für die Bestechung der Richter.
11 Mommsen, Römische Geschichte, S. 449/450
12 H. Bengtson, Römische Geschichte, Republik und Kaiserzeit bis 284 n. Chr., München 1973, S. 165
13 Cicero, Officiis I, 25
14 Bleicken, Augustus, S. 151
15 Bleicken, Augustus, S. 145
16 Den relativen Wohlstand und das Ausmaß der Arbeitsteilung, verdeutlicht anhand von Dachziegeln und Qualitätskeramik, beschreibt ausführlich B. Ward-Perkins, Der Untergang des Römischen Reiches und das Ende der Zivilisation, dt. Übers. Darmstadt 2007, insbes. S. 97 ff.
17 M. Grant, Das Römische Reich am Wendepunkt, dt. Übers. München 1972, S. 74
18 Diesen Aspekt betont besonders Peter Heather, Der Untergang des römischen Weltreiches, dt. Übers. Stuttgart 2007, S. 112 f.
19 Grant, Das Römische Reich, S. 79
20 Heather, Untergang, S. 47, verweist darauf, dass es noch 249 im ganzen Reich nur 250 leitende Beamte gab, eineinhalb Jahrhunderte später dagegen bereits 6000. Nach Grant, Das Römische Reich, S. 91, umfasste unter Diokletian die Beamtenschaft »einen beträchtlichen Teil der Mittelklasse des gesamten Reiches«.

21 W. Seston, Verfall des Römischen Reichs im Westen. Die Völkerwanderung, in: Propyläen Weltgeschichte, Bd. IV/2, Frankfurt und Berlin 1963, S. 548
22 Grant, Das Römische Reich, S. 73
23 Codex Theodosianus 14/3/11
24 Codex Theodosianus 12/1/146
25 Archiv der Akademie der Wissenschaften zu Berlin, Nachlass Mommsen, S. 6 ff.
26 A. H. N. Jones, Überbesteuerung und Reichsniedergang, in: H. Schneider, Sozial- und Wirtschaftsgeschichte der römischen Kaiserzeit, Darmstadt 1981, S. 108
27 Codex Theodosianus 5/17/1
28 Siehe dazu etwa die ausführliche Darstellung bei Heather, Untergang, insbes. S. 141 ff.
29 Seston, Verfall des Römischen Reiches im Westen, S. 546
30 Ebd., S. 551
31 Diesen Aspekt, insbesondere die dadurch ermöglichte bessere Kontrolle der unruhigen städtischen Massen, betont besonders P. Brown, Macht und Rhetorik der Spätantike – auf dem Weg zu einem christlichen Imperium, dt. Übersetzung München 1995.
32 Dass selbst in der Kaiserzeit die Kultbilder der Götter nach wie vor verehrt und nur von einer kleinen Minderheit abgelehnt wurden, zeigt T. S. Scheer, Die Gottheit und ihr Bild. Untersuchungen zur Funktion griechischer Kultbilder in Religion und Politik, München 2000.
33 Ward-Perkins, Der Untergang des Römischen Reiches, S. 69
34 Mitterauer, Warum Europa, S. 110 und 134.
35 E. Stein, Studien zur Verwaltungsgeschichte des oströmischen Reiches, Wien 1928, insbes. S. 33 f.
36 Siehe hiezu etwa S. Esders, Römische Rechtstradition und merowingisches Königtum, Zum Rechtscharakter politischer Herrschaft im 6. und 7. Jahrhundert in Burgund, Veröffentlichungen des Max-Planck-Institutes für Geschichte Bd. 134, Göttingen 1997
37 Ward-Perkins, Der Untergang des Römischen Reiches, S. 178
38 Ebd., S. 130
39 Mitterauer, Warum Europa, S. 228
40 R. Konetzke, Überseeische Entdeckungen und Eroberungen, in: Propyläen Weltgeschichte Bd. VI/2, Frankfurt, Berlin und Wien 1964, S. 553
41 Ebd., S. 557
42 L. Pfandl, Philipp II., 8. Aufl., München 1979, S. 488
43 P. Kennedy, Aufstieg und Fall der großen Mächte, dt. Übers. Frankfurt/Main 1989, S. 90
44 Kennedy, Aufstieg und Fall, S. 96
45 Francisco de Quevedo hat bitter kommentiert, Geld sei ein im neuen Indien geborener mächtiger Herr. Aber dieser komme nach Spanien zum Sterben und begraben werde er in Genua.
46 Nach dem Zitat bei E. L. Jones, The European Miracle, Environments, Economies and Geopolitics in the History of Europe and Asia, Cambridge 1981, S. 235
47 H. Schilling, Nationale Identität und Konfession in der europäischen Neuzeit, in: Nationale und kulturelle Identität, Studien zur Entwicklung des kollektiven Bewußtseins in der Neuzeit, Hg. Bernhard Giesen, Frankfurt/Main 1991, S. 222
48 Kennedy, Aufstieg und Fall, S. 103
49 Pfandl, Philipp II., S. 600/601
50 T. H. Marshall, Citizenship and Social Class, Cambridge 1950, S. 14
51 H. Grabes, England oder die Königin? Öffentlicher Meinungsstreit und nationale Identität unter Mary Tudor, in: B. Giesen (Hg.), Nationale und kulturelle Identität, Studien zur Entwicklung des kollektiven Bewusstseins in der Neuzeit, S. 145
52 Ebd., S. 141
53 So Thomas Smyth im Jahr 1583, zit. nach D. Sternberger, Herrschaft und Vereinbarung, Frankfurt/Main 1986, S. 48
54 B. Tuchman, Die Torheit der Regierenden, dt. Übers. Frankfurt/Main 1984, S. 163 und 186
55 P. Mathias, The First Industrial Nation. An Economic History of Britain 1700–1914, London 1969, S. 170
56 Schilling, Nationale Identität und Konfession, S. 223

57 Egon Friedell hat die Übereinstimmung zwischen Religion und Gewinnstreben in England mit recht boshaften Anmerkungen versehen. Er zitiert in seiner »Kulturgeschichte der Neuzeit« (hier nach der Ausgabe DTV, München 1976, S. 625) Paine, der zum Thema Religion in England gesagt haben soll: »Ein Prediger ist hier nur Nationalökonom im Priesterkleid, der die Gewissen wie Mehl traktiert und die Laster wie Einfuhrverbote bekämpft.«
58 L. Trilling, Das Ende der Aufrichtigkeit, dt. Übers. München und Wien, S. 112
59 Habermas, Theorie und Praxis, S. 101
60 I. Gilmour, Riots, Risings and Revolutions – Governance and Violence in 18th Century, England, Hutchinson 1992
61 Zit. nach R. Bendix, Strukturgeschichtliche Voraussetzungen der nationalen und kulturellen Identität in der Neuzeit, in: Nationale und kulturelle Identität, S. 45/46
62 Kennedy, Aufstieg und Fall, S. 46
63 E. P. Thompson, The Making of the English Working Class, 2. Aufl., Harmondsworth 1968
64 P. Münch (Hg.), Ordnung, Fleiß und Sparsamkeit – Texte und Dokumente zur Entstehung der »bürgerlichen Tugenden«, München 1984, S. 14
65 Liutprandi relatio de delegatione constantinopolitana, in: J. Becker, Die Werke Liutprands von Cremona, Hannover und Leipzig 1915
66 J. Rovan, Geschichte der Deutschen. Von den Ursprüngen bis heute, München und Wien 1995
67 Siehe z. B. S. H. Steinberg, Der Dreißigjährige Krieg und der Kampf um die Vorherrschaft in Europa 1600–1660, Göttingen 1967
68 N. Boyle, Goethe, der Dichter in seiner Zeit, dt. Übers. München 1999, 2. Aufl., Bd. 1, S. 26. Es mag überraschen, hier wiederholt einen englischen Goethe-Biografen zitiert zu finden, aber Boyle zeigt auf (bisher) mehr als 1700 Seiten, dass der Blick eines Engländers auf deutsche Geschichte – nicht nur Kulturgeschichte – gegenüber manch traditionellen Erklärungsmustern allerhand erfrischende Perspektiven zu bieten vermag.
69 Münch, Ordnung, Fleiß und Sparsamkeit, S. 37
70 J. L. Erwald: Über Volksaufklärung, ihre Gränzen und Vortheile. Dem menschlichsten Fürsten gewidmet 1790, zit. bei Münch, Ordnung, Fleiß und Sparsamkeit, S. 279 f.
71 H. James, Deutsche Identität 1770–1990, Frankfurt/Main und New York 1991, S. 76
72 A. J. P. Taylor, The Course of German History, 2. Aufl., London 1961, S. 9
73 Siehe hiezu A. Dörfer-Dierken, Luthertum und Demokratie, Deutsche und amerikanische Theologen des 19. Jahrhunderts zu Staat, Gesellschaft und Kirche, Göttingen 2001
74 Schilling, Nationale Identität, S. 239
75 Ebd., S. 241
76 R. Dahrendorf, Gesellschaft und Demokratie in Deutschland, hier zit. nach der Ausgabe dtv München 1971, S. 69
77 D. Bonhoeffer, Widerstand und Ergebung, Briefe und Aufzeichnungen aus der Haft, Hg. E. Bethge, Gütersloh 1985, S. 12 f.
78 Boyle, Goethe, Bd. I, S. 35 u. 34
79 Habermas, Theorie und Praxis, S. 144
80 S. Tönnies, Wer hat Angst vorm Leviathan, *FAZ*, 6. 8. 1998, S. 33
81 Habermas, Theorie und Praxis, S. 168
82 Aus Boehlendorffs Tagebuch, in: Hölderlin, Werke Bd. II, S. 456, Wiesbaden (o. J.)
83 P. Joachimsen, Vom deutschen Volk zum deutschen Staat. Eine Geschichte des deutschen Nationalbewusstseins, 3. Aufl. Göttingen 1956, S. 59
84 Ebd., S. 60
85 R. Safranski, Romantik. Eine deutsche Affäre, München 2007
86 Diese Interpretation findet sich bei J. Patocka, Kunst und Zeit, Klett-Cotta 1987, S. 218 und 245
87 B. Giesen/K. Junge, Vom Patriotismus zum Nationalismus. Zur Evolution der Deutschen Kulturnation, in: Nationale und kulturelle Identität, S. 289
88 Boyle, Goethe, Bd. II, S. 38
89 M. Jeismann, Das Vaterland der Feinde. Studien zum nationalen Selbstverständnis in Deutschland und Frankreich 1792–1918, 1992

90 Siehe hiezu U. Frevert, Das jakobinische Modell, Allgemeine Wehrpflicht und Nationsbildung im Pressen – Deutschland, in: Militär und Gesellschaft im 19. und 20. Jahrhundert, Stuttgart 1997
91 Franz Grillparzer, Tagebücher, 25. 6. 1810
92 M. Levinger, Enlighted Nationalism. The Transformation of Prussian Political Culture 1806–1848, New York 2000
93 B. Simms, The Struggle for Mastery in Germany 1779–1850, Macmillan 1998
94 D. Langewiesche, War da was vor 1871?, in: *FAZ* 12. 12. 2000, S. 54
95 H. A. Winkler, Der lange Weg nach Westen, Bd. 1, Deutsche Geschichte vom Ende des alten Reiches bis zum Untergang der Weimarer Republik, München 2000
96 N. Boyle, Who are we now? Christian Humanism and the Global Market from Hegel to Heaney, Edinburgh 1998
97 H. U. Wehler, Deutsche Gesellschaftsgeschichte Bd. 3, Von der deutschen Doppelrevolution bis zum Beginn des Weltkriegs, 1849–1914, München 1998
98 V. Ullrich, Die nervöse Großmacht. Aufstieg und Untergang des deutschen Kaiserreichs 1871–1918, Frankfurt/Main 1997
99 Dahrendorf, Gesellschaft und Demokratie, S. 63
100 J. Habermas, Können komplexe Gesellschaften eine vernünftige Identität ausbilden?, in: J. Habermas, Zur Rekonstruktion des historischen Materialismus, Suhrkamp 1976, S. 93
101 F. Nietzsche, Völker und Vaterländer, zit. nach der Studienausgabe Fischer 1968, Bd. III, S. 140/141
102 Dies ist eines der Ergebnisse der Studie von G. A. Ritter/K. Tenfelde, Arbeiter im deutschen Kaiserreich 1871 bis 1914 (Geschichte der Arbeiter und der Arbeiterbewegung in Deutschland seit dem Ende des 18. Jahrhunderts, Band 5), Bonn 1992
103 M. Stürmer, Das ruhelose Reich, Deutschland 1866–1918, 2. Aufl. Berlin 1985, S. 43
104 Zit. nach ebd., S. 249
105 M. Vester, Kapitalistische Modernisierung und gesellschaftliche (Des-)Integration, in: Was hält die Gesellschaft zusammen? Hg. W. Heitmeyer, Frankfurt/Main 1997, S. 180
106 Otto v. Bismarck, Gedanken und Erinnerungen, zit. nach der Ausgabe Cotta 1895, Stuttgart und Berlin, S. 194
107 Kronprinz Rudolf, Aufzeichnungen über sein Gespräch mit Bismarck vom 19. 3. 1887, vollständige Wiedergabe in: O. Jäger/W. Schaefer/A. Reimann/P. Schmidthenn, Weltgeschichte in fünf Bänden, Bd. 5: Geschichte der Zeit seit 1871, Bielefeld und Leipzig 1933, S. 240
108 K. Canis, Von Bismarck zur Weltpolitik, Deutsche Außenpolitik 1890 bis 1902. Studien zur Internationalen Geschichte Band 3, Berlin 1997, ist sogar der Meinung, dass das Kaiserreich allein in diesen zwölf Jahren so viele Fehler machte, dass es 1902 keine vernünftige Option mehr offen hatte.
109 Im Detail ist die Verbreitung dieser Lehre und der Umfang ihrer Konsequenzen auf die Politik beschrieben bei: S. Neitzel, Weltmacht oder Untergang. Die Weltreichslehre im Zeitalter des Imperialismus, Paderborn 2000
110 Am 20. 11. 1906 an Reichskanzler Bülow
111 H. Afflerbach, Der Dreibund. Europäische Großmacht- und Allianzpolitik vor dem Ersten Weltkrieg, Wien 2002
112 D. Stevenson, Der Erste Weltkrieg, dt. Übers. Düsseldorf 2006, S. 59
113 Siehe hiezu P. Broucek, Erkenntnisse aus dem russisch-japanischen Krieg und deren Beachtung in Österreich, Mitteilungen des Österr. Staatsarchivs 30, Ergänzungsband 1977, S. 191 ff.
114 L. Sondhaus, Franz Conrad von Hötzendorf, Architekt der Apokalypse (Hg. Heeresgeschichtliches Museum u. Militärhistorisches Institut in Wien), Wien und Graz 2003, S. 109
115 Ebd., S. 108, 157
116 Ebd., S. 161
117 Ebd., S. 163, 164
118 In einem Interview, das Bestandteil der Fernseh-Dokumentation zur Seligsprechung von Kaiser Karl 2004 wurde

119 Stevenson, Der Erste Weltkrieg, S. 66
120 J. Keegan, Der Erste Weltkrieg. Eine europäische Tragödie, dt. Übers. Reinbek bei Hamburg 2001, S. 60 u. 61
121 B. Tuchman, August 1914, 2. Aufl., Frankfurt/Main 2004, S. 345
122 Ebd., S. 46
123 Dazu im Detail etwa M. Salewski, Der Erste Weltkrieg, Paderborn 2003
124 S. Neitzel, Blut und Eisen. Deutschland und der Erste Weltkrieg, Zürich 2003
125 Siehe hiezu etwa die Ergebnisse der Tagung Berkeley 1994, publiziert als »The Treaty of Versailles, Hg. M. F. Boemeke/G. D. Feldmann/E. Glaser, sowie der Tagung Düsseldorf 1999, publ. als »Versailles 1919«, Hg. G. Krumreich
126 P. Sloterdijk, Kritik der zynischen Vernunft, Frankfurt/Main 1983, S. 742/743
127 Joachimsen, Vom deutschen Volk zum deutschen Staat, S. 110
128 R. Seligmann, Hitler. Die Deutschen und ihr Führer, München 2004
129 L. Gall/G. D. Friedman/H. James/C. L. Holtfrerich/H. E. Büschgen, Die Deutsche Bank 1870–1995, München 1995, S. 280
130 Ebd., S. 288
131 Ebd., S. 314
132 H. U. Wehler, Geschichtswissenschaft und Psychohistorie, Innsbrucker historische Studien 1/1978, S. 201 f.
133 Dazu ausführlich M. Koch-Hillebrecht, Homo Hitler, Psychogramm des deutschen Diktators, München 1999
134 W. Rathenau, Zur Kritik der Zeit, 1912, Zit. Nach der Gesamtausgabe 1977 Bd. II, S. 93
135 A. Bullock, Hitler und Stalin, Parallele Leben, dt. Übers. Berlin 1991, S. 13
136 Hiezu siehe ausführlich F. Heer, der Glaube des Adolf Hitler, Anatomie einer politischen Religiosität, München und Esslingen 1968
137 S. Haffner, Germany, Jekyll & Hyde. 1939 – Deutschland von innen betrachtet, Rückübersetzung Berlin 1996
138 B. Zehnpfennig, Hitlers »Mein Kampf«. Eine Interpretation, München 2000
139 A. Hitler, Mein Kampf, zit. nach der 389. Auflage München 1938, S. 66/67
140 M. Koch-Hillebrecht, Hitler, ein Sohn des Krieges. Fronterlebnis und Weltbild, München 2003
141 Bullock, Hitler und Stalin, S. 74
142 Ebd., S. 491
143 Siehe z. B. Hitler, Mein Kampf, S. 200/201
144 J. Fest, Hitler, Frankfurt/Main und Berlin 1973, S. 1022
145 Ebd., S. 1024
146 J. Fest, Die Zentralfigur des Geschehens, Buchbesprechung zu: Hitler. Reden, Schriften, Anordnungen. Februar 1925–1933, in der *FAZ* vom 7. 7. 1992
147 Bericht des britischen Botschafters Sir Horace Rumbold an seine Regierung, vom 22. 2. 1933, zit. nach J. u. R. Becker (Hg.), Hitlers Machtergreifung 1933, Dokumente vom Machtantritt, München 1983, S. 88 ff.
148 I. Kershaw, Der NS-Staat, Reinbek bei Hamburg 1999, S. 210, als Zusammenfassung derartiger Interpretationen
149 Im Folgenden wiedergegeben nach E. v. Manstein, Verlorene Siege, München 1976, S. 305 f.
150 M. Broszat, Der Staat Hitlers, München 1969, unterstreicht allerdings, dass in der Frühzeit der Bewegung einzelne Hoheitsträger noch über eine relativ starke plebiszitäre und organisatorische Hausmacht verfügen konnten (S. 55)
151 H. U. Thamer, Die nationalsozialistische Massenbewegung in der Staats- und Wirtschaftskrise, in: Nationalsozialismus I, Informationen zur politischen Bildung, München 1996, S. 22
152 Kershaw, Der NS-Staat, S. 128
153 R. Koehl, so zit. bei Kershaw, Der NS-Staat, S. 133
154 B. Kreisky, Der Mensch im Mittelpunkt, Der Memoiren dritter Teil, Wien 1986, S. 230
155 Siehe dazu im Detail R. Gebel, Heim ins Reich, Konrad Henlein und der Reichsgau Sudetenland, München 1999
156 Bullock, Hitler und Stalin, S. 489

157 P. Wulf, Die Mittelschichten in der Krise der Weimarer Republik, in: K. Holl (Hg.), Wirtschaftskrise und liberale Demokratie, Göttingen 1978, S. 92
158 So die mit umfangreichem Material gestützte These von P. Reichel, Der schöne Schein des Dritten Reiches, Faszination und Gewalt des Faschismus, München 1991
159 Y. Karow, Deutsches Opfer. Kultische Selbstauslöschung auf den Reichsparteitagen der NSDAP, Berlin 1997
160 G. Brockhaus, Schauder und Idylle. Faschismus als Erlebnisangebot, München 1997
161 Broszat, Der Staat Hitlers, S. 47
162 A. Hillgruber, Die Last der Nation, 5 Beiträge über Deutschland, Düsseldorf 1984, S. 93
163 A. Mohler, Die konservative Revolution in Deutschland 1918–1932, Dissertation Basel 1950
164 St. Mentzos, Pseudostabilisierung des Ich durch Nationalismus und Krieg, in: Ch. Rohde-Dachser (Hg.), Über Liebe und Krieg. Psychoanalytische Zeitdiagnose, Göttingen und Zürich 1995, S. 82
165 Ebd., S. 83
166 Interview mit Axel von dem Bussche, *Salzburger Nachrichten*, 6. 2. 1993
167 In: *Der Spiegel*, 19/2001, S. 80
168 A. L. Hinton, Why did You Kill, The Cambodian Genocide and the dark Side of Face and Honor, Journal of Asian Studies, Jg. 57, Heft 1
169 Rede vom 24. 3. 1946 als Vorsitzender der CDU für die britische Zone in der Universität Köln
170 Studie des Foreign Office unter Anthony Eden für das britische Kabinett, 10. 1. 1945
171 Hier zit. nach der Buchbesprechung von K. Hildebrand in der *FAZ* zu A. C. Mierzejewski, A History of the German National Railway
172 Ein deutscher Wissenschaftler ist noch knapp zur Jahrtausendwende den übelsten Traditionen seiner Zunft zur Abwertung des ohne Staatsauftrag handelnden Individuums gefolgt und hat Elser die »moralische Beurteilungskompetenz« für seine Tat abgesprochen.
173 Nach heutigem Wissensstand ist das Attentat am 20. 7. 1944 letztlich deshalb gescheitert, weil ein nervöser Mitverschwörer Stauffenberg noch unmittelbar vor seinem Eintritt in die Lagebesprechung bei Hitler dringend telefonisch sprechen wollte und ihn dadurch hinderte, eine zweite Sprengstoffrolle scharf zu machen, die dann wohl ausgereicht hätte.
174 B. Dörner, Die Deutschen und der Holocaust. Was niemand wissen wollte, aber jeder wissen konnte, Berlin 2007
175 D. J. Goldhagen, Hitlers willige Vollstrecker. Ganz gewöhnliche Deutsche und der Holocaust, dt. Übers. Berlin 1996, S. 479
176 Chr. R. Browning, Ganz normale Männer. Das Reserve-Polizeibataillon 101 und die »Endlösung« in Polen, dt. Übers. Reinbek bei Hamburg 1996 (hier zit. nach der Auflage 1998 mit einem Nachwort aus 1998), S. 274
177 Ebd., S. 283
178 Hiezu siehe etwa B. Dörner, »Heimtücke«. Das Gesetz als Waffe. Kontrolle, Abschreckung und Verfolgung in Deutschland 1933–1945, Paderborn 1998
179 Eine detaillierte Schilderung findet sich bei K. Orth, Die Konzentrationslager-SS, Sozialstrukturelle Analysen und biographische Studien, Göttingen 2000
180 Zimbardo/Gerrig, Psychologie, S. 421
181 Th. Streuli, Die Mitleidsspirale, *Neue Zürcher Zeitung* 21. 6. 1997
182 Zimbardo/Gerrig, Pschologie, S. 411
183 Chr. Browning, Ganz normale Männer, S. 220
184 Ebd., S. 242
185 S. Frederick/G. Loewenstein, in: Well-Being, The Foundations of Hedonistic Psychology, (Hg. D. Kahneman), New York 2001
186 G. Harman, Moral Philosophy meets Social Psychology. Virtue Ethics and the Fundamental Attribution Error, in: Proceedings of the Aristotelian Society, Bd. 99, Heft 2, London 1999
187 Siehe dazu etwa S. Drakulic, Keiner war dabei. Kriegsverbrechen auf dem Balkan vor Gericht, dt. Übers. Wien 2004
188 Siehe z. B. T. v. Rahden, Die Beziehungen zwischen Juden, Protestanten und Katholiken in einer deutschen Großstadt von 1860 bis 1925, Göttingen und Zürich 2000

189 O. Binder, Wien – retour, Wien, Köln und Weimar 1997, S. 26 u. 27
190 W. M. Blumenthal, Die unsichtbare Mauer – die dreihundertjährige Geschichte einer deutsch-jüdischen Familie, München 1999
191 Siehe dazu auch R. Sandgruber, Österr. Wirtschaftspolitik vom Mittelalter bis zur Gegenwart, Wien 2005, S. 44
192 Siehe hiezu etwa M. Stürmer/G. Teichmann/W. Treue, Wägen und Wagen, Sal. Oppenheim jr & Cie, Geschichte einer Bank und einer Familie, München und Zürich 1989, S. 16
193 Stürmer/Teichmann/Treue, Wägen und Wagen, S. 27 und 15
194 F. Stern, Gold und Eisen – Bismarck und sein Bankier Bleichröder, Frankfurt/Main und Berlin 1978, S. 605
195 F. Bajohr, »Arisierung« in Hamburg. Die Verdrängung der jüdischen Unternehmer 1933–1945, Hamburger Beiträge zur Sozial- und Zeitgeschichte Bd. 35, Hamburg 1997
196 R. Overy, Die Wurzeln des Sieges. Warum die Alliierten den 2. Weltkrieg gewannen, dt. Übers. Stuttgart und München 2000
197 Hiezu im Detail etwa D. Petzina, Autarkiepolitik im Dritten Reich. Der Nationalsozialistische Vierjahresplan, Stuttgart 1968
198 Zit. nach Bullock, Hitler und Stalin, S. 973, Bullock beruft sich hier auf die Nürnberger Dokumente.
199 Ebd., S. 727
200 Ebd., S. 729
201 Ebd., S. 1005
202 Ebd., S. 732
203 G. L. Weinberg, Eine Welt in Waffen, Die globale Geschichte des Zweiten Weltkriegs, dt. Übers. Stuttgart 1995, S. 459
204 Manstein, Verlorene Siege, S. 203
205 Ebd., S. 323
206 O. Bartov, Hitlers Wehrmacht. Soldaten, Fanatismus und die Brutalisierung des Krieges, dt. Übers. Reinbek 1995
207 Alexis de Tocqueville, Über die Demokratie in Amerika, hier zit. nach der Ausgabe dtv Klassik, München 1984, S. 631
208 W. Appleman Williams, in: F. Unger (Hg.), Amerikanische Mythen, Zur inneren Verfassung der Vereinigten Staaten, Frankfurt und New York 1988, S. 269
209 R. Capelleveen, Rassismus und American Dream, Zur Lebenswirklichkeit der afro-amerikanischen Bevölkerung in den USA, in: F. Unger (Hg.), Amerikanische Mythen, Zur inneren Verfassung der Vereinigten Staaten, 1988, S. 81 ff.
210 B. Tuchman, Die Torheit der Regierenden, (engl.: The March of Folly. From Troy to Vietnam), Frankfurt/Main 1984
211 P. Maier, American Scripture. Making the Declaration of Independence, New York 1997
212 J. Bryce, The American Commonwealth, New York 1910, Vol. II, S. 9
213 Ebd., S. 811
214 H. Ford, My Life and Work, zit. nach der Ausgabe Kingswood 1931, S. 208
215 H. R. Guggisberg, Geschichte der USA, Stuttgart 1975, S. 182
216 Ebd., S. 187
217 Ebd., S. 195
218 Die nachstehenden Daten stammen, wo nicht gesondert vermerkt, aus den im Internet unter www.fedstats.gov sehr übersichtlich zusammengefassten und laufend aktualisierten Statistiken der amerikanischen Bundesbehörden. Die Einkommensverteilung findet sich konkret in der dort abrufbaren Studie von C. Denavas-Walt/B. D. Proctor/J. Smith, Income, Poverty and Health Insurance Coverage in the United States 2006, Washington 2007
219 L. Thurow, Decoupling the US Locomotive, in: World Link, London, März/April 1993, S. 24
220 F. W. Gluck, Recreating the American Dream, in: The McKinsey Quarterly 4/1992, S. 38 ff.
221 Zur näheren Darstellung dieser Theorie siehe z. B. M. Bolle, Arbeitsmarkttheorie und Arbeitsmarktpolitik, Opladen 1976, S. 73 ff.

222 A. S. Walleck/H. P. Elstrodt/D. C. Robertson, How competitive are US manufacturers? The McKinsey Quarterly 2/1992, S. 105 f.
223 D. E. Meen/M. Keough, Creating the Learning Organisation, Interview mit Peter Senge, The McKinsey Quarterly 1/1992, S. 71
224 Th. Veblen, Theory of the Leisure Class, 1. Aufl., New York 1899
225 F. Modigliani/M. Miller, The Cost of Capital, Corporation Finance and the Theory of Investment, in: Am. Economic Review 1958
226 Einen guten Überblick sowohl über diverse Theorien als auch über ihre Auswirkungen auf die Praxis bietet T. L. Bernstein, Capital Ideas; The Improbable Origins of Modern Wall Street, New York 1991
227 Ford, My Life and Work, S. 42
228 Eine sehr übersichtliche Darstellung verschiedener Kommentare und Theorien findet sich bei: R. Teitelman, The Revolt against free-market Finance, in: Institutional Investor, Juni 1992, S. 163 ff.
229 L. Mishel/J. Bernstein/S. Allegretto, The State of Working America, Economic Policy Institute, Washington D. C. 2004
230 Daten nach Merrill Lynch, Global Research Highlights 9. 11. 2000
231 So J. Kornblum, damals Botschafter der USA in der BRD, in einem Interview mit der *FAZ* am 30.1.1999. Das Interview wurde aus einem wenig ernsten Anlass geführt, nämlich der Verleihung des Ordens wider den tierischen Ernst. Aber genau solche Anlässe sind es, die manchmal die Zunge lockern und Aussagen deutlicher werden lassen als vielleicht beabsichtigt.
232 Eine genauere Analyse der Überleitung politischer in wirtschaftliche Macht findet sich bereits bei C. E. Lindblom, Power and the Markets, New York 1977
233 Daten lt. American Management Association, zit. in *Fortune*, 18. 11. 1991, S. 71
234 Zu den »amerikanischen Werten« gibt es eine kaum mehr überschaubare Literatur. Die hier verwendeten Formulierungen sind hauptsächlich von B. und D. Wentzel (Hg.), Wirtschaftlicher Systemvergleich Deutschland/USA, Stuttgart 2000, und von S. M. Lipset, American Exceptionalism, A double-edged Sword, New York 1996, übernommen, die beide um kritische Vergleiche bemüht sind. Lipset hat im Übrigen schon fünf Jahre vor dem 11. 9. 2001 die hohe Bereitschaft der Amerikaner zur »Ausrottung des Bösen« betont.
235 M. Walzer, Zivile Gesellschaft und amerikanische Demokratie, dt. Übers. Frankfurt/Main 1996, S. 13
236 J. Appleby/L. Hunt/M. Jacob, Telling the Truth about History, New York 1994, S. 122 und 119, eigene Übersetzung
237 Wer eine – ganz schön um Reichhaltigkeit bemühte – Aufzählung der schlechten und bösen Seiten Amerikas haben will, sei verwiesen auf N. Chomsky, Der gescheiterte Staat, dt. Übers. München 2006
238 So Markus Wolf, ehemaliger Spionagechef der DDR, in seinen Erinnerungen: M. Wolf, Spionagechef im geheimen Krieg, München 1997, S. 84
239 Bullock, Hitler und Stalin, S. 373
240 K. Segbers, Der sowjetische Systemwandel, Frankfurt/Main 1989, S. 335, 336
241 R. Lorenz, Sozialgeschichte der Sowjetunion, Bd. 1 (1917–1945), Frankfurt/Main 1976, S. 123
242 C. Merydale, The 1937 Census and the Limits of Stalinist Rule, in: The Historical Journal, Heft 1/1996
243 Segbers, Systemwandel, S. 304
244 Ebd., S. 34
245 A. Nove, An Economic History of the USSR, Harmondsworth 1984, S. 362
246 Segbers, Systemwandel, S. 182
247 F. Haffner, Systemkonträre Beziehungen in der sowjetischen Planwirtschaft, Ein Beitrag zur Theorie der Mixed Economy, Berlin 1978, S. 164/165
248 M. Gorbatschow, zit. nach *Pravda* vom 29. 9. 1988
249 Nove, An Economic History, S. 344
250 K. Tschernenko, Rede vom 2. 3. 1984, in: Sowjetunion heute, Nr. 4/1984
251 K. Ryavec, The Implementation of Soviet Economic Reforms, London 1975, S. 289

252 Ebd., S. 175
253 So wörtlich Gerhard Schürer, vormals Chef der staatlichen Planungskommission, in: E. Kurth/H. F. Buck/G. Holzweißig (Hg.), Die Endzeit der DDR-Wirtschaft (4. Band der Reihe: Am Ende des realen Sozialismus), Opladen 1999
254 A. Kaminsky, Wohlstand, Schönheit, Glück. Kleine Konsumgeschichte der DDR, München 2001
255 F. Dieckmann, in: Neue deutsche Literatur, Nr. 3/1997
256 Nach K. Schröder, Der SED-Staat, Bayrische Landeszentrale für politische Bildung, München 1998
257 Daten nach O. Schwarzer, Sozialistische Zentralplanwirtschaft in der SBZ/DDR, Stuttgart 1999
258 Ch. Wilkenig, Staat im Staate, Auskünfte ehemaliger Stasi-Mitarbeiter, Berlin und Weimar 1990, S. 45
259 N. Vollertsen, Hell and Madness, A Prison Country, in: *The Wall Street Journal Europe*, 19. 4. 2001
260 M. S. Voslensky, Nomenklatura – die herrschende Klasse der Sowjetunion, Wien, München, Zürich und Innsbruck 1980, S. 98, nach ausführlicher Berufung auf Lenins These vom falschen Bewusstsein auch der Arbeiterklasse
261 Zimbardo/Gerrig, Psychologie, S. 534
262 In: D. Beyrau (Hg.), Im Dschungel der Macht. Intellektuelle Professionen unter Stalin und Hitler, Göttingen und Zürich 2000
263 A. Hegedüs, Sozialismus und Bürokratie, Reinbek 1981, S. 150
264 Segbers, Systemwandel, S. 34
265 Die Verwendung des Begriffes »Datscha«, eigentlich Landhäuschen, hat Lenin ein für allemal sanktioniert, als er bereits im Oktober 1918 einen eher protzigen Gutshof für sich beschlagnahmen ließ und ihn bei der Erstbesichtigung mit dem Wort Datscha als sein kleines Landhäuschen bezeichnete (Voslensky, Nomenklatura, S. 326).
266 Ebd., S. 304
267 W. I. Lenin, Sämtliche Werke (2., ergänzte u. revidierte Ausg., Wien, Berlin und Moskau 1929–1940), Bd. 33, S. 482
268 »Die Herrschaft der Arbeiterklasse ist in der Verfassung, in den Besitzverhältnissen verkörpert ... Die Verwaltung aber ist eine andere Sache, eine Sache der Geschicklichkeit, ...«, so W. I. Lenin, in: Werke, Bd. 36, S. 54
269 So nach Voslensky, Nomenklatura, S. 38
270 Segbers, Systemwandel, a. a. O., S. 182
271 P. Hübner, Konsens, Konflikt und Kompromiss. Soziale Arbeiterinteressen und Sozialpolitik in der SBZ/DDR 1945 bis 1970, Zeithistorische Studien Potsdam Bd. 3, Berlin 1995
272 B. T. Kuraschvili, zit. nach Segbers, Systemwandel, S. 174
273 A. Bovin, zit. nach Segbers, Systemwandel, S. 197
274 Aus den »Richtlinien des Präsidenten für die Stabilisierung der Wirtschaft und den Übergang zu einer Marktwirtschaft« vom 19. 10. 1990
275 Voslensky, Nomenklatura, S. 447/448
276 So die Beschreibung des »homo sovieticus«, in: J. Lewada, Die Sowjetmenschen 1989–1991. Soziogramm eines Zerfalls, dt. Übers. Berlin 1992
277 A. Simon, In Sachen Erich Honecker, in, Kursbuch, Februar 92
278 Hiezu siehe insbes. W. Engler, Aushandlungsgesellschaft DDR, in: U. Beck, P. Sopp (Hg.), Individualisierung und Integration, Opladen 1997
279 H. P. Krüger, Eine Krake im Kampf mit sich selbst, *FAZ* v. 13. 6. 1991, S. 35
280 In: Deutschlandarchiv Nr. 1/1991
281 H. Stadtland, Herrschaft nach Plan und Macht der Gewohnheit. Sozialgeschichte der Gewerkschaften in der SBZ/DDR, Essen 2001
282 A. Boeckh, in: D. Nohlen/F. Nuscheler (Hg.), Handbuch der Dritten Welt, 3. Aufl., Bonn 1962, Bd. 1, Grundprobleme, Theorien, Strategien, S. 111
283 Daten nach dem Statistikjahrbuch der Weltbank 2005, dem Bericht zu Hunger und Unterernährung der FAO (The State of Food Insecurity in the World) vom November 2005 und dem Weltbankbericht zur Lage in Afrika vom Oktober 2006

284 G. Dimenstein, A Guerra dos Meninos, São Paulo 1990
285 Die Publikation des International Monetary Fund: Health and Development, Washington 2004, hat einen Untertitel, der das Ergebnis klipp und klar zusammenfasst: »Why investing in Health is critical for achieving Economic Development Goals.«
286 A. Sen, Ökonomie für den Menschen. Wege zu Gerechtigkeit und Solidarität in der Marktwirtschaft, dt. Übers. München 2000
287 U. Beck (Hg.), Perspektiven der Weltgesellschaft, Frankfurt/Main 1998
288 V. Hösle, Soll Entwicklung sein, in: K. M. Leisinger/V. Hösle (Hg.), Entwicklung mit menschlichem Antlitz, Die Dritte und die Erste Welt im Dialog, München 1995, S. 12
289 R. Meyers, Metatheoretische und methodologische Betrachtungen zur Theorie der internationalen Beziehungen, in: Theorie der Internationalen Beziehungen (Hg. V. Rittberger), Sonderheft 21/1990 der Politischen Vierteljahresschrift, S. 49
290 G. Junne/S. Nour, Internationale Abhängigkeiten, Fremdbestimmung und Ausbeutung als Regelfall internationaler Beziehungen, Frankfurt/Main 1974, S. 13
291 J. Bellers/E. Häckel, Theorien internationaler Integration und inernationaler Organisationen, in: Theorie der Internationalen Beziehungen (Hg. V. Rittberger), Sonderheft 21/1990 der Politischen Vierteljahresschrift, S. 291
292 Zit. nach W. J. Mommsen, Max Weber und die Deutsche Politik 1890–1920, Tübingen 1959, S. 87
293 H. Elsenhans, Abhängiger Kapitalismus oder Bürokratische Entwicklungsgesellschaft, Versuch über den Staat in der Dritten Welt, Frankfurt und New York 1981, S. 78
294 H. Elsenhans, Abhängiger Kapitalismus, S. 80
295 P. Ekins, A New World Order: Grassroots Movements for Global Change, London 1992, S. 206
296 P. Bendel/F. Grotz, Parteiensysteme in jungen Demokratien der jungen Welt, in: Jahrbuch der Dritten Welt 2000, Daten, Übersichten, Analysen, München 2001, S. 47 f.
297 Ebd., S. 47
298 Ebd., S. 58
299 Ebd., S. 63
300 R. Inglehart, Kultur und Demokratie, in: S. P. Huntington/L. E. Harrison (Hg.), Streit um Werte: Wie Kulturen den Fortschritt prägen, dt. Übers. Hamburg 2002, S. 123 ff.
301 Ebd., S. 140
302 Ebd., S. 143
303 V. Hösle, The Third World as a Philosophical Problem, in: Social Research 2/1992, S. 227
304 E. W. Said, Kultur und Imperialismus, dt. Übers. Frankfurt/Main 1994
305 Siehe z. B. Nohlen/Nuscheler, Handbuch, S. 256
306 K. Bales, Die neue Sklaverei, dt. Übers. München 2001
307 D. Senghaas, Die Konstitution der Welt – eine Analyse aus friedenspolitischer Absicht, *Leviathan*, März 2003, S. 130
308 N. Margolis, Brazil's bad Dreams, in: Best of Business International, London 1990, S. 64 ff.
309 S. M. Lipset/G. S. Lenz, Korruption, Kultur, Märkte, in: S. P. Huntington/L. E. Harrison (Hg.), Streit um Werte: Wie Kulturen den Fortschritt prägen, dt. Übers. Hamburg 2002, S. 153
310 Interview der *Neuen Zürcher Zeitung* mit Luciano Violante, *NZZ-Folio* April 1993, S. 47 f.
311 E. Banfield, The Moral Basis of a Backward Society, Chicago 1958
312 M. Lipton, The Theory of the Optimizing Peasant, in: Journal of Development Studies, Nr. 4/1968, S. 329
313 L. E. Harrison, Underdevelopment is a State of Mind: The Latin-American Case, Cambride (Mass.) 1985, S. 7
314 H. Elsenhans, Abhängiger Kapitalismus, S. 170
315 IBRD/Weltbank, World Bank Policy Research Report, New York 2002, S. 156
316 H. Elsenhans, Abhängiger Kapitalismus, S. 214
317 A. Kabou, Weder arm noch ohnmächtig, eine Streitschrift gegen schwarze Eliten und weiße Helfer, Basel 1993
318 J. F. Bayart/S. Ellis/B. Hibou, The Criminalisation of the State in Africa, Oxford 1999

319 IBRD/Weltbank, World Bank Policy Report 2002, S. 128
320 Senghaas, Die Konstitution der Welt, S. 133
321 Zit. nach U. Ulfkotte, Hollywood-Diplomatie, *FAZ* vom 8. 10. 1999
322 R. Klitgaard, Tropical Gangsters: One man's Experience with Development and Decadence in deepest Africa, New York 1990
323 Siehe z. B. J. Galtung, Cultural Conflict an Ecomomic Growth, in: P. Atteslander (Hg.), Kulturelle Eigenentwicklung, Perspektiven einer neuen Entwicklungspolitik, Frankfurt 1993, S. 53 f.
324 In: Leisinger/Hösle, Entwicklung mit menschlichem Antlitz, S. 25
325 M. Vargas Llosa, Selbstmörderische Fiktion, *FAZ* v. 9. 1. 2002
326 World Development Report 2000/2001, S. 103
327 World Development Report 2001/2002, S. 102
328 »Ein Gutmensch geht«, *FAZ* 13.12.1999
329 World Economic Outlook, Spillovers and Cycles in the global Economy, A Survey by the Staff, Washington 2007, S. 9
330 IBRD/Weltbank, World Bank Policy Research Report 2002, S. 154
331 T. Larsson, The Race to the Top, The real Story of Globalisation, Washington 2001
332 A. Giddens, Konsequenzen der Moderne, dt. Übers. Frankfurt/Main 1996, S. 85
333 Berechnung der Deutschen Bank, lt. Vortrag von Hilmar Kopper am 16. 4. 2002
334 Hiezu siehe z. B. M. Balser/M. Bauchmüller, Die 10 Irrtümer der Globalisierungsgegner. Wie man Ideologie mit Fakten widerlegt, Frankfurt/Main 2003, J. Norberg, in Defense of Global Capitalism, Stockholm 2001, J. B. Donges/K. Menzel/P. Paulus, Globalisierungskritik auf dem Prüfstand. Ein Almanach aus ökonomischer Sicht, Stuttgart 2003
335 IBRD/Weltbank, World Bank Policy Research Report 2002, S. 153 u. 156
336 Daten nach der Studie des *Economist* zur Globalisierung: The new Titans, A survey of the world economy, vom 16. 9. 2006
337 So wörtlich noch im Jahresbericht (World Development Report) 1989 der Weltbank, dt. Ausgabe Frankfurt/Main 1989, S. 97
338 Im Detail hat Stiglitz diese seine Überzeugung in einer Reihe von Büchern dargelegt und begründet, so insbesondere in: On the Impossibility of informationally effcient Markets, 1980; Markets, Market Failure and Development, 1989; und The Efficiency Wage Hypothesis, Surplus Labour and the Distribution of Income in Low Developed Countries, 1996
339 The World Bank, Index of Publications 1989, Edition Washington D. C. 1989
340 So das Ergebnis einer gemeinsamen Untersuchung des IFO-Institutes Deutschland, ILADES Santiago de Chile und FIEL Buenos Aires, zit. nach IFO-Schnelldienst Nr. 24 1993, S. 28
341 Leisinger/Hösle, Entwicklung mit menschlichem Antlitz, S. 115/116
342 J. Stiglitz, Die Chancen der Globalisierung, dt. Übersetzung München 2006
343 Hernando de Soto ist bisher als gefragter Politikberater für mehr als 20 Präsidenten von Entwicklungsländern tätig gewesen. Sein Buch »The Mystery of Capital« ist für den deutschen Sprachraum ausgerechnet mit »Freiheit für das Kapital« übersetzt worden. Daraufhin hat de Soto viel Kritik auch von linker Seite einstecken müssen. Er hat darauf mit der Bemerkung reagiert, dass es in Deutschland wohl noch eine Weile dauern werde, bis man bemerke, dass er nicht rechts sei, sondern nur an die Marktwirtschaft glaube.
344 Lt. *FAZ* vom 13. 10. 1998 konnten auf diese Weise 290 000 vorher »inoffizielle« Unternehmen in die peruanische Wirtschaft integriert werden.
345 Siehe hiezu etwa die Darstellung für Ecuador im World Development Report 2000/2001, S. 102
346 World Development Report 2000/2001, S. 103
347 World Economic Outlook, Washington 2007, S. xviii
348 G. Braun/J. Rösel, Kultur und Entwicklung, in: Nohlen/Nuscheler (Hg.), Handbuch der Dritten Welt, 3. Aufl., Bonn 1962, S. 259
349 Zum Transformationsprozess der japanischen Wirtschaft und Gesellschaft im 19. Jahrhundert siehe etwa W. Schwentker, Die Samurai im Zeitalter der Meiji-Restauration. Elitenwandel und Modernisierung in Japan 1830–1890, in: Geschichte und Gesellschaft Jg. 28, Heft 1, Göttingen 2002

350 D. Bell, Modelle und Realität im wirtschaftlichen Denken, in: D. Bell/I. Kristol, Krise in der Wirtschaftstheorie, dt. Übers. 1984
351 S. N. Eisenstadt, Japanese Civilisation. A Comparative View, Chicago und London 1996
352 Siehe hiezu die Darstellung von N. Adami/C. Kotalek, Lebenslust statt Arbeitswut, Moderne Phänomene und geisteshistorische Grundlagen, München 1991, S. 188 f.
353 Interview in der *FAZ* vom 19. 10. 1998
354 Z. B. H. Stevenson/E. Stiegler, The Learning Gap, New York 1992, oder R. Leestma/H. J. Walberg, Japanese Educational Productivity, Ann Arbor 1992
355 Adami/Kotalek, Lebenslust, S. 124
356 Ebd.
357 Ebd., S. 204
358 Zit. nach *Die Presse*, Wien, 5. 12. 1989, S. 3
359 G. Redding, The Spirit of Chinese Capitalism, Berlin und New York 1990
360 A. Ernst/G. Wiesner, Japans technische Intelligenz, Personalstrukturen und Personalmanagement in Forschung und Entwicklung, IFO-Schnelldienst Nr. 5/1994, S. 18
361 Ch. Deutschmann, Der Clan als Lebensmodell der Zukunft?, in: *Leviathan* Nr. 1/1989

Kapitel 4

1 M. Olson, The Role of Morales and Incentives in Society, in J. E. Earle (Hg.), Individuality and Cooperative Ation, Washington D. C. 1991
2 H. Popitz, Prozesse der Machtbildung, Tübingen 1968, S. 33
3 Ebd., 35
4 Ebd.
5 Ebd., S. 35/36
6 Ebd., S. 31
7 H. Arendt, Macht und Gewalt, dt. Übers. München 1974, 9. Aufl. 1994, S. 51
8 G. Agamben, Homo Sacer, Die souveräne Macht und das nackte Leben, dt. Übers. Frankfurt/Main 2002
9 J. Habermas, Vorstudien und Ergänzungen zur Theorie des kommunikativen Handelns, Frankfurt/Main 1984, S. 238
10 Habermas, Zur Rekonstruktion, S. 27
11 Thurnwald, Grundfragen, S. 86
12 G. C. Homans, Social Behavior; its Elementary Forms, New York 1961, S. 227 und 307
13 H. Haferkamp, Soziologie der Herrschaft, Opladen 1983, S. 75
14 Thurnwald, Grundfragen, S. 89
15 Ebd., S. 93
16 K. W. Deutsch, The Nerves of Government, New York 1963, insbes. S. 124 f.
17 E. C. Banfield, Political Influence, Glencoe, Illinois 1961, S. 4
18 St. Breuer, Der Staat. Entstehung, Typen, Organisationsstadien, Reinbek bei Hamburg 1998
19 Thurnwald, Grundfragen, S. 92
20 Arendt, Macht und Gewalt, S. 37
21 W. Blockmans, Geschichte der Macht in Europa, Völker, Märkte, Staaten, Frankfurt/Main 1998
22 M. Foucault, Dispositive der Macht, dt. Übers. Berlin 1978, S. 71
23 Ebd., S. 39
24 A. Honneth, Kritik der Macht, Frankfurt/Main 1985, S. 180
25 B. Giesen, Code und Situation, in: H. P. Müller/M. Schmid (Hg.), Sozialer Wandel, Frankfurt/Main 1995, S. 230
26 Eine übersichtsweise Darstellung der Konzepte und der wichtigsten Annahmen der kognitiven Psychologie findet sich bei Zimbardo/Gerrig, Psychologie, S. 540 ff.
27 Habermas, Zur Rekonstruktion, S. 17
28 Schulze, Erlebnisgesellschaft, S. 164
29 G. H. Mead, Mind, Self, Society, Chicago 1934, S. 76
30 So die Interpretation des Philosophen Donald Davidson durch Sybille Krämer, Sprache,

Sprechakt, Kommunikation, Sprachtheoretische Positionen des 20. Jahrhunderts, Frankfurt/Main 2001, S. 186 und 184
31 J. Habermas, in: J. Habermas/N. Luhmann, Theorie der Gesellschaft oder Sozialtechnologie, Frankfurt/Main 1971, S. 281
32 J. Habermas, Was heißt Universalpragmatik, in: ders., Vorstudien und Ergänzungen zur Theorie des kommunikativen Handelns, Frankfurt/Main 1984, S. 353 f., hier insbes. S 370 f.
33 Krämer, Sprache, Sprechakt, Kommunikation, S. 82
34 Habermas, Vorstudien und Ergänzungen, S. 161 und 176
35 Ebd., S. 180
36 Th. Kuhn, in I. Lakatos/A. Musgrave, Criticism and the Growth of Knowledge, 3. Aufl., Cambridge 1974, S. 226
37 Dazu ausführlich Habermas/Luhmann, Theorie der Gesellschaft, S. 332
38 L. Wittgenstein, Philosophische Untersuchungen, § 19, in: L. Wittgenstein, Schriften, Band I, Hg. G. E. Anscombe/R. Rhees, Frankfurt/Main 1960, S. 279 ff.
39 B. L. Whorf, Sprache, Denken, Wirklichkeit, Reinbek 1963, S. 74
40 Zit. nach P. Veyne, Foucault, Die Revolutionierung der Geschichte, dt. Übers. Frankfurt/Main 1992, S. 35
41 T. R. Burns/T. Dietz, Kulturelle Evolution: Institution, Selektion und menschliches Handeln, in: H. P. Müller/M. Schmid (Hg.), Sozialer Wandel, Frankfurt/Main 1995, insbes. S. 357 f.
42 Habermas, Theorie des kommunikativen Handelns, Bd. 2, Frankfurt/Main 1981, S. 393
43 H. Karmasin, Institut für Motivforschung, Referat anlässlich der Werbewirtschaftlichen Tagung, Villach, Sept. 1994
44 H. Schelsky, Die Arbeit tun die anderen – Klassenkampf und Priesterherrschaft der Intellektuellen, Opladen 1975, S. 210
45 Ebd., S.172
46 In einem Interview mit *Die Presse*, Wien, 20. 7. 2002
47 Wittgenstein, Philosophische Untersuchungen, § 109
48 H. Planitz, Die deutsche Stadt im Mittelalter, Wiesbaden 1996 (Nachdruck der 5. Auflage), S. 111
49 N. Luhmann, Die Politik der Gesellschaft, Frankfurt/Main 2000, S. 359
50 So die Beschreibung des funktionalen Ansatzes bei G. Kirsch, Neue politische Ökonomie, 3. Aufl., Düsseldorf 1993, S. 10
51 Luhmann, Die Politik der Gesellschaft, S. 265
52 H. J. Aretz, Ökonomischer Imperialismus? Homo economicus und soziologische Theorie, in: Zeitschrift für Soziologie, Stuttgart, Nr. 2/1997
53 H. Esser, In guten wie in schlechten Tagen. Das »Framing« der Ehe und das Risiko zur Scheidung, in: Kölner Zeitschrift für Soziologie und Sozialpsychologie Nr. 1/2002
54 R. Dahrendorf, Anmerkungen zur Globalisierung, in: U. Beck (Hg.), Perspektiven der Weltgesellschaft, Frankfurt/Main 1998, S. 48
55 K. Marx/F. Engels, Kommunistisches Manifest, London 1848
56 Siehe hiezu z. B. N. Porter, The Competitive Advantage of Nations, New York 1990, oder die Debatte über endogene statt exogener Wachstumsfaktoren bei Lucas, Romer und Solow. Zu den Fragen der Stabilisierung von Wohlstandsgefälle zwischen einzelnen Regionen auch bei gleichen Bedingungen hat übrigens W. Stützel in seiner »Volkswirtschaftlichen Saldenmechanik« bereits in den Sechzigerjahren des vergangenen Jahrhunderts Vorarbeiten geleistet, die ziemlich beunruhigende Ergebnisse bringen und in Deutschland nach der Wiedervereinigung wie in der ganzen EU viel mehr Aufmerksamkeit verdienen.
57 R. Dahrendorf, Anmerkungen zur Globalisierung, S. 46
58 J. N. Pieterse, Der Melange-Effekt, Globalisierung im Plural, in: U. Beck (Hg.), Perspektiven der Weltgesellschaft, S. 88
59 Ford, My Life and Work, S. 92
60 U. Beck, Jenseits von Stand und Klasse? Soziale Ungleichheiten, gesellschaftliche Individualisierungsprozesse und die Entwicklung neuer Formen und Identitäten, in: Soziale Welt, Sonderband 2, Göttingen 1983, S. 53
61 In einem Interview mit *Focus*, Heft 12/1996, S. 170

62 R. Zoll, Alltagssolidarität und Individualismus, Thesen zum soziokulturellen Wandel, Frankfurt/Main 1993, S. 69
63 A. Radley, Making Sense of Illness, The Social Psychology of Health and Disease, London, Thousand Oaks und Neu-Delhi, o. J. (1986?), S. 186
64 D. Eckardstein/G. Lueger/H. Niedt/B. Schuster, Psychische Gesundheitsbeeinträchtigungen und Gesundheit im Betrieb, München und Mering 1995
65 Ebd., S. 245
66 Ebd., S. 99
67 Ebd., S. 235
68 Th. Schwinn, Wieviel Subjekt benötigt die soziologische Theorie?, in: Sociologica Internationalis, Heft 1/1995, S. 62
69 Beck, Jenseits von Stand und Klasse, S. 35 ff.
70 Ebd., S. 62
71 Schulze, Erlebnisgesellschaft, S. 87
72 R. Löwenthal, Gesellschaftswandel und Kulturkrise. Zukunftsprobleme der westlichen Demokratien, Frankfurt/Main 1979, S. 11
73 N. Birnbaum, Social Theory in the United States, The Legacy of the decades 1960/1970, in: G. H. Lenz/K. L. Shell (Hg.), Crisis of Modernity, Boulder/Colorado und Frankfurt/Main 1986, S. 55
74 N. Postman, Wir amüsieren uns zu Tode, dt. Übers. Frankfurt/Main S. 99 und 136
75 Groh, Anthropologische Dimensionen, S. 22
76 Habermas, Zur Rekonstruktion, S. 114/115
77 Diese Überzeugung findet sich beispielsweise völlig gleichlautend bei W. Singer, Der Beobachter im Gehirn, Essays zur Gehirnforschung, Frankfurt/Main 2002, und G. Roth, Fühlen, Denken, Handeln – Wie das Gehirn unser Verhalten steuert, Frankfurt/Main 2001
78 Schulze, Erlebnisgesellschaft, S. 71
79 Maslow, Psychologie des Seins, S. 205 und 28
80 Schulze, Erlebnisgesellschaft, S. 71
81 E. v. Thadden, auf vielen Füssen leben, in: Kursbuch Nr. 121/1995
82 Habermas, Zur Rekonstruktion, S. 93/94
83 H. Schelsky, Wandlungen der deutschen Familie in der Gegenwart, Dortmund 1953, S. 354
84 Schulze, Erlebnisgesellschaft, S. 249
85 Ch. Restall, Using Psychographics for Marketing to Women, in: The International Management Development Review, Hg. Manegement Center Europe, 1987, S. 133 ff.
86 Diese Unterscheidungen finden sich in der Studie »Brand Power Marketing«, Roland Berger Unternehmensberatung, Eigenverlag 2005
87 Mafo – Instrumente des Euro-Marketing, *Absatzwirtschaft* Heft 5/1989, S. 86
88 Schulze, Erlebnisgesellschaft, S. 123 und 88
89 Ebd., S. 151
90 Ebd., S. 175
91 Ebd., S. 738, 739 und 294
92 Ebd., S. 365 u. 413
93 Ebd., S. 359
94 Diese Veränderung betont J. B. Schor, The Overspent American, New York 1998
95 Schulze, Erlebnisgesellschaft, S. 96
96 J. Heath/A. Potter, Konsumrebellen. Der Mythos der Gegenkultur, dt. Übers. Berlin 2005
97 Siehe hiezu: *WELT am SONNTAG*, 1. 9. 2002
98 *Financial Times Deutschland*, 23./24./25. 8. 2002
99 H. P. Minsky, Stabilizing an unstable Economy, St. Louis 1986
100 Groh, Anthropologische Dimensionen, S. 63
101 M. Lipton, »The Theory of the optimising Peasant«, siehe Groh, Anthropologische Dimensionen, S. 97
102 Groh, Anthropologische Dimensionen, S. 81/82
103 So K. M. Bolte immer sind die Werte schuld. Sozialwissenschaftliche Argumente zur Diskussion um die Leistungsbereitschaft, in: M. Kaase/M. Küchler, (Hg.), Herausforderungen der empirischen Sozialforschung, Mannheim 1984, S. 33 f.

104 So für Deutschland z. B. H. Kern/N. Schumann, Industriearbeit und Arbeiterbewusstsein, Frankfurt/Main 1970, und für England J. H. Goldthorpe/D. Lockwood/F. Bechhofer/J. Platter, The affluent worker; Industrial Attitudes and Behavior, Cambridge 1968
105 Diese Argumentation findet sich ausführlich bei A. Gruen, Der Kampf um die Demokratie – Der Extremismus, die Gewalt und der Terror, Stuttgart 2001
106 Arendt, Macht und Gewalt, S. 40
107 J. Rawls, Eine Theorie der Gerechtigkeit, dt. Übers. Frankfurt/Main 1979, S. 618
108 E. Noelle-Neumann, Werden wir alle Proletarier? Wertewandel in unserer Gesellschaft, Zürich und Osnabrück 1978, S. 20 und 98
109 E. Noelle-Neumann/B. Strümpel: Macht Arbeit krank? Macht Arbeit glücklich? Eine aktuelle Kontroverse, München und Zürich 1986, S. 264
110 Schulze, Erlebnisgesellschaft, S. 220
111 P. Stearns, Lives of Labour: Work in a Maturing Industrial Society, New York 1975, S. 8
112 J. Crary, Techniken des Beobachtens. Sehen und Moderne im 19. Jahrhundert, dt. Übers. Dresden und Basel 1996, versucht in diesem Werk eine »Archäologie der Wahrnehmung«, in welcher er das Autonomwerden des Betrachters als historischen Prozess darlegt.
113 O. Wiener, *Die Presse*, 12./13. 10. 1991
114 Th. Bauriedl, Von der Relativität der eigenen Überzeugung, in: P. Kutter (Hg.), Weltanschauung und Menschenbild, Einflüsse auf die psychoanalytische Praxis, Göttingen 1998, S. 122
115 O. Wiener, Die Verbesserung von Mitteleuropa, Reinbek bei Hamburg 1969, S. CXLVII
116 Ebd., S. CLXXV
117 E. List/E. Fiala (Hg.), Leib, Maschine, Bild. Körperdiskurse der Moderne und Postmoderne, Wien 1997
118 G. Schulze, in: Beilage zum Parlament: Aus Politik und Zeitgeschichte Nr. 12/2000
119 F. Nietzsche, Sämtliche Werke, Hg. Colli/Montanari, München 1980, Bd. 2, S. 204
120 Schulze, Erlebnisgesellschaft, S. 295
121 Beide Autoren in: Berliner Journal für Soziologie, Band 12, Heft 3, Leverkusen 2002
122 Die nachstehende Darstellung folgt im Wesentlichen der Analyse des amerikanischen Germanisten Frederick A. Lubich.
123 Dreitzel, Die gesellschaftlichen Leiden und das Leiden an der Gesellschaftr, Stuttgart 1980, S. 179
124 In: R. Stein, Ohne Anerkennung zur Macht, *FAZ* vom 9. 5. 2002
125 Ebd.
126 J. Schwarte, in: Neue Ordnung, Heft 1/2000
127 Human Ressources Outlook 1989, The Conference Board (Hg.), New York, S. 14
128 Arendt, Macht und Gewalt, S. 76
129 E. Sarraj, Why We Blow Ourselves Up, *Time*, 8. 4. 2002
130 D. Buford, dt. Übers. Geil auf Gewalt – unter Hooligans, München und Wien 1992
131 D. Enzmann/K. Brettfeld/P. Wetzels, Männlichkeitsnormen und die Kultur der Ehre. Empirische Prüfungen eines theoretischen Modells zur Erklärung erhöhter Delinquenzraten jugendlicher Migranten, in: Kölner Zeitschrift für Soziologie und Sozialpsychologie, Sonderheft Soziologie der Kriminalität, Wiesbaden 2004
132 F. Sutterlüty, Ist Gewalt rational, in: West-End, Neue Zeitschrift für Sozialforschung, Jg. 1, Heft 1, Frankfurt/Main 2004
133 S. Reichardt, Faschistische Kampfbünde. Gewalt und Gemeinschaft im italienischen Squadrismus und in der deutschen SA, Köln 2002

Kapitel 5

1 M. Greven/B. Guggenberger/J. Strasser, Krise des Staates, zur Funktionsbestimmung des Staates im Spätkapitalismus, Darmstadt und Neuwied 1975, S. 14
2 Luhmann, Politik der Gesellschaft, S. 360 u. 359
3 M. Walzer, Zivile Gesellschaft und amerikanische Demokratie, dt. Übersetzung Frankfurt/Main 1996, S. 69

4 D. Zolo, Die demokratische Fürstenherrschaft. Für eine realistische Theorie der Politik, dt. Übers. Göttingen 1997
5 Habermas, Theorie und Praxis, S. 32
6 C. Offe, Politische Herrschaft und Klassenstrukturen. Zur Analyse spätkapitalistischer Gesellschaftssysteme, in: G. Kress/D. Senghaas (Hg.), Politikwissenschaft, eine Einführung in ihre Probleme, Frankfurt 1969, S. 155 f. Später ist Offe übrigens wieder zu orthodoxeren Positionen zurückgekehrt.
7 R. S. Katz/P. Mair, Changing Models of Party Oganisations and Party Democracy, the Emergence of the Cartel Party, in: Party Politics 1/1995
8 Katz/Mair, Changing Models, S. 17
9 Ebd., S. 22
10 Besonders ausführlich etwa K. Detterbeck, Der Wandel politischer Parteien in Westeuropa, Opladen 2002
11 K. v. Beyme, Parteien im Wandel, Wiesbaden 2000, S. 14
12 Siehe hiezu etwa Tuchmann, Die Torheit der Regierenden, S. 174/175
13 Diesen Faktor betont Beyme, Parteien im Wandel, S. 20
14 Detterbeck, Der Wandel, S. 145
15 Die folgenden Zitate stammen alle aus R. Michels, Zur Soziologie des Parteiwesens in der modernen Demokratie, Untersuchungen über die oligarchischen Tendenzen des Gruppenlebens, zit. nach dem Neudruck Stuttgart 1925
16 Beyme, Parteien im Wandel, S. 192
17 Michels, Zur Soziologie des Parteiwesens, S. 361
18 Detterbeck, Der Wandel politischer Parteien, S. 122
19 Michels, Zur Soziologie des Parteiwesens, S. 343
20 A. Panebianco, Political Parties: Organization and Power, Cambridge 1988
21 Beyme, Parteien im Wandel, S. 207
22 Dieses Beispiel bringt Beyme, Parteien im Wandel, S. 206
23 P. Glotz, in: Beilage zum Parlament, *Aus Politik und Zeitgeschichte*, Nr. 36/37/1997
24 J. Halfmann, Soziologie als Wissenschaft, in: *Sociologica Internationalis*, Heft 2/1995, S. 174
25 Habermas, Theorie des kommunikativen Handelns, Bd. 2, S. 180
26 Halfmann, Soziologie, S. 74, 75
27 M. Zach, Ist die Politik noch zu retten, in: *Mut*, Heft 1/1998
28 P. A. Ulram, Hegemonie und Erosion, Politische Kultur und politischer Wandel in Österreich, Wien, Köln und Graz 1990, S. 294
29 Siehe dazu etwa den Kommentar von Luhmann in: ders., Politik der Gesellschaft, S. 267
30 K. Adam, Die Ohnmacht der Macht, Berlin 1994, S. 38
31 F. Walter, in: *Universitas*, Heft 8/2002
32 G. A. Almond/S. Verba, The Civic Culture, Boston 1965, Introduction S. 13
33 P. Sloterdijk, Im Weltinnenraum des Kapitals, Frankfurt/Main 2006, S. 132
34 Zit. nach A. Wolf, Lächeln ist der härteste Job der Welt, *Die Presse*, 7./8. 8. 1999
35 H. Kramer, Betrachtungen zum Jahr 2000, Vortrag vom 2. 12. 1999
36 So E. Fuhr, Deutsche Schizophrenie, in: Neue Gesellschaft/Frankfurter Hefte 1 + 2/2003, S. 8
37 H. Glaser, Ich und die Partei, Der lange Weg zum doch nicht vollzogenen Abschied, *FAZ* vom 27. 7. 2004
38 Lorenz, Das sogenannte Böse, S. 76
39 A. Janda, *Wiener Journal* 7–8/2002, S. 22
40 P. Selznick, An Approach to a Theory of Bureaucracy, zit. bei A. Etzioni, Soziologie der Organisation, München 1967, S. 27
41 P. Gerlich/H. Kramer, Abgeordnete in der Parteiendemokratie, Wien 1969
42 N. Luhmann, Grundrechte als Institution, Frankfurt 1965, S. 55
43 A. Hirschmann, in: *Leviathan*, Heft 2/1994
44 *FAZ* vom 13. 12. 2002
45 S. Boher, Parteienverdrossenheit, München 1998 (Dissertationsverlag), S. 92/93
46 Ch. Simmert, Die Lobby regiert das Land, Berlin 2002
47 K. Wowereit mit H. Schumacher, Und das ist auch gut so. Mein Leben für die Politik, München 2007

48 D. Schwanitz, Die Geschichte Europas, München 2003 (Taschenbuchausgabe), S. 73
49 Luhmann, Politik der Gesellschaft, S. 354
50 Th. Meyer/M. Kampmann, Politik als Theater. Die neue Macht der Darstellungskunst, Berlin 1998
51 S. Cassel, Politikberatung und Politikerberatung. Eine institutionenökonomische Analyse der wissenschaftlichen Beratung der Wirtschaftspolitik, Bern 2001
52 In einem Interview mit dem *Kurier* vom 5. 1. 2004
53 Postman, Wir amüsieren uns zu Tode, S. 14
54 Ebd., S. 190
55 O. Lafontaine, Das Herz schlägt links, München 1999, konkret S. 59 ff.
56 Hans-Dieter Bartels, in: *Berliner Republik*, Heft 1/2003
57 N. Luhmann, in: Luhmann/Habermas, Theorie der Gesellschaft, S. 339
58 Arendt, Macht und Gewalt, S. 78
59 FORSA-Umfrage im Auftrag des *Stern*, publiziert in diesem am 27. 12. 2007
60 Sloterdijk, Weltinnenraum des Kapitals, S. 106/107
61 So z. B. B. Guggenberger, in: Greven/Guggenberger/Strasser, Krise des Staates, S. 17
62 J. Fest, Dankesrede anlässlich der Verleihung des Ludwig-Börne-Preises 1996
63 Schelsky, Die Arbeit tun die anderen, S. 375
64 Schulze, Erlebnisgesellshaft, S. 518
65 Anlässlich des Gesprächs der Herbert-Quandt-Stiftung zum Thema: Löst sich die Industriegesellschaft auf, Bad Homburg, März 1997
66 L. Kolakowski, Rede zum »Preis des europäischen Essais«
67 Luhmann, Politik der Gesellschaft, S. 427
68 A. Häfner, Gemeinschaft als symbolischer Zusammenhang, in: *Sociologica Internationalis*, Heft 2/1995, S. 214
69 A. Giddens, Interview in der *Wirtschaftswoche* vom 5. 12. 2002, S. 28
70 F. Czeike, Wirtschafts- und Sozialpolitik der Gemeinde Wien 1919–1934, Teil 2, S. 78, Wien 1959
71 Ebd., S. 39
72 N. Luhmann, Politische Theorie im Wohlfahrtsstaat, München und Wien 1981, S. 152
73 Ebd.
74 Luhmann, Politik der Gesellschaft, S. 139
75 Luhmann, Politische Theorie im Wohlfahrtsstaat, S. 152
76 J. Habermas, Legitimationsprobleme im Spätkapitalismus, Frankfurt/Main 1973, S. 104
77 Rawls, Theorie der Gerechtigkeit, S. 509
78 J. Habermas, Die Einbeziehung des Anderen, Studien zur politischen Theorie, Frankfurt/Main 1996, S. 41,
79 M. Endreß (Hg.), Zur Grundlegung einer integrativen Ethik – Für Hans Krämer, Frankfurt/Main 1995, S. 10 u. 8
80 W. Stegmaier, Ethik als Hemmung und Befreiung, in: Endreß, Zur Grundlage einer inegrativen Ethik, S. 19
81 Dazu neben meiner eigenen ausführlichen Argumentation siehe etwa P. Berger/Th. Luckmann, Modernität, Pluralismus und Sinnkrise, Gütersloh 1995, insbes. S. 60
82 M. Olson, Die Logik des kollektiven Handelns, Tübingen 1968, S. 14
83 Keynes hat das 1934 gegenüber Virginia Woolf wie folgt ausgedrückt: »We had the best of both worlds. We destroyed Christianity and yet had its benefits.«
84 A. Quinton, From Wodehouse to Wittgenstein, Manchester 1998
85 U. di Fabio, Die Kultur der Freiheit, München 2005
86 N. Luhmann, Beobachtungen der Moderne, Opladen 1992, S. 180 und 196
87 O. Marquard, *Evangelische Kommentare*, Heft 2/1999
88 Michels, Zur Soziologie des Parteiwesens, S. 17 /18
89 P. Spiewak, Res Publica Nova, Warschau Nr. 6/2001
90 F. Furet, in einem Interview mit dem *Standard*, Wien 24. 3. 1997
91 Interview von André Glucksmann mit der Berliner *taz*, nach dem Abdruck im Wiener *Standard* vom 25. 8. 1989
92 Siehe dazu Ph. Foot, Die Natur des Guten, dt. Übers. Frankfurt am Main 2004

93 Schelsky, Die Arbeit tun die anderen, S. 9
94 Ebd., S. 14
95 Diese Begriffe verwendet selbst J. Busche in seiner eher freundlich-nostalgischen Darstellung: Die »68er«, Biographie einer Generation, Berlin 2003
96 E. Said, Götter, die keine sind, Berlin 1997 (engl. Originaltitel: »Representations of the Intellectual«)
97 M. Prisching, Krisen, Wien, Köln und Graz 1986, S. 613
98 F. Furet, Das Ende der Illusion. Der Kommunismus im 20. Jahrhundert, dt. Übers. München, Zürich 1996
99 P. Kohout, Sternstunde der Mörder, dt. Übers. Berlin 1995, S. 280
100 G. Nenning, in: *Focus* 6/1996, S. 82
101 S. Löffler, in: *Theater Heute*, Heft 6/1996
102 Die Zitate stammen – samt Namensnennung, auf die ich hier verzichte – aus einem Kommentar von H. Knabe, Die Intellektuellen und der 17. Juni, *FAZ* vom 4. 6. 2003. H. Knabe hat da als Wissenschaftlicher Direktor der Gedenkstätte Berlin-Hohenschönhausen ein klein wenig seinen Giftschrank aufgemacht.
103 B. Cywinski, in: *Rzeczpospolitka*, Warschau, 22. 4. 2000
104 Bernard Henri-Lévy (Hg.), Que peuvent les Intelectuels, in: La règle du jeu, Paris 1998
105 P. Sloterdijk, Die kritische Theorie ist tot, in: *Die Zeit*, 9. 9. 1999
106 R. Herzinger, Möllemann & Lafontaine, oder: Der Populismus erobert die Republik, in: *Frankfurter Hefte* 7/8 2002, S. 391
107 Luhmann, Politik der Gesellschaft, S. 357
108 In: C. M. Auer/M. Fleischhacker (Hg.), Diesmal, Analysen zur Nationalratswahl 2002, Wien 2003
109 M. Fleischhacker in: ebd., 79/80
110 J. Fest, in: *Der Spiegel*, Nr. 19/2001, S. 78
111 R. Baader, Totgedacht. Warum Intellektuelle unsere Welt zerstören, Gräfeling 2002
112 M. Heidegger, Texte zur »Geschichte des Seyns«, Unveröffentlichte Abhandlungen, Band 69 der Gesamtausgabe, Hg. P. Trawny, Frankfurt/Main 1998
113 H. U. Wehler, Historisches Denken am Ende des 20. Jahrhunderts, Göttingen 2001, S. 103
114 Arbeitsprogramm des Instituts für Sozialforschung, in: *Zeitschrift für kritische Theorie*, 3. Jg., Heft 5/1997
115 A. Gruschka, Krise, Kritik und Vision? Ein Forschungsprogramm aus dem Frankfurter Institut für Sozialforschung, *Zeitschrift für kritische Theorie* 4. Jg., Heft 6/1998
116 R. Schindel, 1968 oder: Es musste so sein, in: *Die Presse*, vom 14. 10. 2006
117 P. Flores d'Arcais, Die Linke und das Individuum. Ein politisches Pamphlet, dt. Übers. Berlin 1997
118 Ergebnisse der Befragung eines Samples von 5000 Personen (»Sozio-ökonomisches Panel«) durch das Deutsche Institut für Wirtschaftsforschung im Jänner/Februar 2002
119 In der *Neuen Zürcher Zeitung* vom 10. 10. 1998
120 M. Weber, Wirtschaft und Gesellschaft (1922), zit. nach der 5. Aufl., Tübingen 1985, S. 815
121 Ebd., S. 562
122 K. Marx, Kritik des Hegel'schen Staatsrechtes, in: K. Marx/F. Engels, Gesammelte Werke, Bd. 1, S. 248 f.
123 Siehe hiezu: H. Albach, Unternehmer und Organisation bei Franz Kafka, in: Der öffentliche Sektor, Wien 1983, Heft 3, S. 1 ff.
124 Luhmann, Politik der Gesellschaft, S. 416/417. Noch radikaler formuliert es W. Reinhard, Geschichte der Staatsgewalt. Eine vergleichende Verfassungsgeschichte von den Anfängen bis zur Gegenwart, München 1999: Faktisch hätten Soldaten und Steuereinnehmer gemeinsam den Staat gegründet.
125 Siehe z. B. H. Gersbach/M. Keil, Productivity Improvements in Public Organisations, in: *The Economic Journal* Nr. 6/115 (2005), S. 671 ff.
126 Michels, Zur Soziologie des Parteiwesens, S. 32
127 Ebd., S. 339
128 C. Offe u. a., Strukturprobleme des kapitalistischen Staates, Frankfurt/Main 1973

129 J. K. Galbraith, Der amerikanische Kapitalismus im Gleichgewicht der Wirtschaftskräfte, dt. Übers. Stuttgart 1956
130 W. A. Niskanen, Bureaucracy and Representative Government, Chicago – New York 1971
131 N. Luhmann, Der Staat des politischen Systems, in: U. Beck (Hg.), Perspektiven der Weltgesellschaft, Frankfurt/Main 1998, S. 369
132 E. Czerwick, Bürokratie und Demokratie: Grundlegung und theoretische Neustrukturierung der Vereinbarkeit von öffentlicher Verwaltung und demokratischer Systeme, Berlin 2001, S. 384
133 Ebd., S. 385/386
134 Ebd., S. 393
135 Ebd., S. 393
136 Luhmann, Die Politik der Gesellschaft, S. 259
137 Ebd., S. 260, 261/262
138 In einem Interview mit der Zeitschrift *Profil*, Wien, Nr. 2/2002
139 Niskanen nennt unter den direkt budgetabhängigen Vorteilen: »salary, perquisites of the office, public reputation, power, patronage«, in: Niskanen, Bureaucracy and Representative Government, S. 89
140 F. G. Kleinwächter, zit. nach S. Titscher, Struktur eines Ministeriums. Eine verwaltungssoziologische Studie zur Ministerialbürokratie, Wien 1975, S. 162
141 Bericht der EU-Sachverständigengruppe »Hürden für Wachstum – Einstellung des ersten Mitarbeiters«, Brüssel 2005
142 Ch. Roschmann, Bürokratie: Zwischen Produktionsauftrag und Machtlogik, Baden-Baden 1999, S. 82
143 Schon Max Weber hat das Verhältnis zwischen Parlament und Exekutive anhand dieser Problematik untersucht. Siehe hiezu M. Weber, Politische Schriften, Tübingen 1958, S. 294
144 L. Herbst, Entkoppelte Gewalt – zur chaostheoretischen Interpretation des NS-Herrschaftssystems, in: Tel Aviver Jahrbuch für deutsche Geschichte, Bd. 28/1999
145 Siehe hiezu die Debatte zum Thema »Strafrichter als Grundrechtsschützer« im Rahmen der Diskussionsreihe »Rechtspanorama am Juridicum« vom November 2007 in Wien
146 Anlässlich eines Symposiums zu Ehren der früheren Verfassungsrichterin Karin Graßhof im Sommer 2007 in Bonn
147 In einem Interview mit der *Wirtschaftswoche*, Nr. 15/2002
148 Luhmann, Politik der Gesellschaft, S. 273
149 Roschmann, Bürokratie, S. 74
150 S. Titscher, in: S. Höllinger/S. Titscher, Die österreichische Universitätsreform. Zur Implementierung des Universitätsgesetzes 2002, Wien 2004, S. 74
151 Ebd., S. 52
152 Florian Gerstner, Interview in der *FAZ* am 10. 7. 2003
153 A. Pelinka, Diskussionsbeitrag zum Europagespräch Wien 1974, zit. nach: Demokratie im Wandel (Hg. Kulturamt der Stadt Wien), *Wiener Schriften*, Heft 37/1974, S. 32
154 Luhmann, Politik der Gesellschaft, S. 405
155 R. Bahro, Gegen sich selbst und gegen das Volk. Über die kommunistische Bürokratie, in: R. Bahro, Eine Dokumentation, Köln und Frankfurt/Main 1977, S. 88
156 Ulram, Hegemonie und Erosion, S. 98
157 Luhmann, Politik der Gesellschaft, S. 261, 262
158 In *Die Presse* vom 15. 1. 2005
159 Albach, Unternehmer und Organisation, S. 15
160 Roschmann, Bürokratie, S. 80
161 K. Köpp, Strafbare »Haushaltsuntreue« bei Verstoß gegen die Grundsätze der Wirtschaftlichkeit und Sparsamkeit in der öffentlichen Verwaltung?, in: Festschrift Hans Dahs, Privatdruck der Rechtsanwaltskanzlei Redeker, Dahs u. a., Bonn 2000, S. 264/265
162 Roschmann, Bürokratie, S. 314
163 G. Hepp, in: P. L. Weinacht (Hg.), Bürokratie und Demokratie: Beiträge zur Bürgergesellschaft, Würzburg 1999, S. 36
164 Roschmann, Bürokratie, S. 312

165 Siehe *Moskauer Deutsche Zeitung*, Nr. 20 (219), Oktober 2007, S. 1
166 Interview in der *Wirtschaftswoche* Nr. 42/2003 vom 9. 10. 2003
167 Interview in der *Wirtschaftswoche* Nr. 49/2006 vom 14. 12. 2006
168 Hier von Transparency International, im Welt-Korruptionsbericht vom März 2005
169 Die jeweils aktuellen Details sind abfragbar unter www.controlriskgroup.com
170 Dr. Fessel + GfK-Umfrage 1985, zit. bei Ulram, Hegemonie und Erosion, S. 185
171 Zur Darstellung dieser Problematik bei Hegel und zum Problem im Grundsätzlichen siehe ausführlich C. Menke, Tragödie im Sittlichen. Gerechtigkeit und Freiheit nach Hegel, Frankfurt/Main 1996
172 Zur wechselnden Bedeutung dieser Faktoren in der Rechtsphilosophie der letzten Jahrhunderte siehe z. B. J. F. Kervegan/H. Mohnhaupt, Recht zwischen Natur und Geschichte (Deutsch-Französisches Symposion vom Nov. 1994), in: *Ius Commune,* Sonderheft 100, Frankfurt/Main
173 Wie sehr frühe Rechtsordnungen von Ägypten bis Rom Wert auf eine persönliche Unterwerfungserklärung der Prozessparteien gelegt haben, schildert R. Herzog, Staaten der Frühzeit, 2. Aufl., München 1998, S. 294
174 Habermas, Einbeziehung des Anderen, S. 387
175 Ebd., S. 390
176 Ebd., S. 390
177 Luhmann, Politik der Gesellschaft, S. 265
178 So W. Euchner, Zur Lage des Parlamentarismus, in: G. Schäfer/C. Nedelmann (Hg.), Der CDU-Staat, Frankfurt/Main 1972, Bd. 1, S. 127
179 H. Kelsen, Reine Rechtslehre, Leipzig und Wien 1934, S. 63
180 U. Wesel, in: Geschichte des Rechts. Von den Frühformen bis zum Vertrag von Maastricht, München 1997
181 H. Neisser, damals 2. Nationalratspräsident in Österreich, in einem Interview mit dem *Standard*, Wien 23. 5. 1997
182 Luhmann, Politik der Gesellschaft, S. 425
183 In: *Die Presse*, Wien 25. 9. 2000
184 Luhmann, Politik der Gesellschaft, S. 137
185 K. F. Röhl, Rechtssoziologische Befunde zum Versagen von Gesetzen, in: H. Hof/G. Lübbe, Wirkungsforschungen zum Recht, Bd. I, Wirkungen und Erfolgsbedingungen von Gesetzen, Baden-Baden 1999
186 Siehe hiezu näher G. Call, Rechtspolitische Aspekte des Miet- und Wohnrechts, in: *Österreichische Immobilienzeitung* Nr. 22/1997
187 Röhl, Rechtssoziologische Befunde
188 P. Kirchhof, Gesetzgebung braucht Form und Stil, *FAZ* v. 4. 9. 2002
189 Ch. Spendel, Der europäische Frächterskandal. Hintergründe und Ursachen, Wien und Graz 2004, S. 7, 8 u. 9
190 Ebd., S. 8
191 So R. Kert, Lebensmittelstrafrecht im Spannungsfeld des Gemeinschaftsrechtes, Berlin und Wien 2004, S. 179, unter Verweis auf zahlreiche Literatur
192 Ebd., S. 183
193 In einem Interview im *Profil* vom 12. 7. 2004
194 U. Jesionek, Untersuchungshaftvollzug und Strafprozessreformgesetz 2004, in: R. Soyer, Strafverteidigung, Konflikte und Lösungen, 2. Österr. StrafverteidigerInnentag Linz 2004, Wien und Graz 2004
195 K. Breymann, in: G. Albrecht/O. Backes/W. Kühnel (Hg.), Gewaltkriminalität zwischen Mythos und Realität, Frankfurt/Main 2004
196 K. v. Beyme, Theorie der Politik im 20. Jahrhundert: Von der Moderne zur Postmoderne, zit. nach Suhrkamp-Taschenbuch Frankfurt 1991, S. 224
197 H. Treichl, Fast ein Jahrhundert, Wien 2003, S. 243
198 Ebd., S. 267
199 So z. B. H. Hochegger, Insolvenzrecht, Quo vadis?, in: *Aufsichtsrat aktuell*, Wien, Dezember 2004, S. 24
200 Siehe hiezu *Die Presse* vom 17. 3. 2007

201 Th. Tomandl, Rechtsstaat Österreich, Wien 1997, S. 43
202 Siehe hiezu ausführlich J. Schlumbohm, Gesetze, die nicht durchgesetzt wurden – ein Strukturmerkmal des frühneuzeitlichen Staates?, in: *Geschichte und Gesellschaft*, Jg. 23, Heft 4, Göttingen 1997
203 Glaser, Ich und die Partei, *FAZ* (27. 7. 2004)
204 Interview mit Wolfgang Clement in der *Wirtschaftswoche* vom 21. 8. 2003
205 Siehe dazu beispielsweise C. Offe, Herausforderungen der Demokratie. Zur Integrations- und Leistungsfähigkeit politischer Institutionen, Frankfurt und New York 2003
206 P. Hanau, Das Individualarbeitsrecht, in: M. Lutter/J. Semler (Hg.), Rechtsgrundlagen freiheitlicher Unternehmenswirtschaft, 1991, S. 108
207 Siehe den Artikel über Korruptionsbekämpfung von M. Isenmann in: A. Karsten/H. v. Thiessen (Hg.), Nützliche Netzwerke und korrupte Seilschaften, Göttingen 2006
208 Habermas, Theorie des kommunikativen Handelns, Bd. 2, S. 180
209 Luhmann, Politische Theorie im Wohlfahrtsstaat, S. 8
210 Für die BRD wird dieser Prozess wohl am ausführlichsten geschildert in: Band 5 der Reihe Geschichte der Sozialpolitik in Deutschland seit 1945: Bundesrepublik Deutschland 1966 bis 1974. Eine Zeit vielfältigen Aufbruchs, Hg. H. G. Hockert im Auftrag des Bundesministeriums für Gesundheit und soziale Sicherheit, Baden-Baden 2007
211 Sloterdijk, Weltinnenraum des Kapitals, S. 132
212 J. Habermas, Der philosophische Diskurs der Moderne, Frankfurt 1985, S. 422
213 Hiezu siehe etwa Honneth, Desintegration, Bruchstücke, S. 51 f.
214 B. Bievert/M. Held (Hg.), Eigentum, Verträge, Institutionen, Frankfurt/Main 1990
215 Berechnung der Deutschen Bank laut Vortrag von Hilmar Kopper am 16. 4. 2002
216 So hat sich etwa Stiglitz, Chancen der Globalisierung, mit diesem Buch vom früheren Pessimisten zum nunmehrigen vorsichtigen Optimisten verwandelt.
217 Luhmann, Politik der Gesellschaft, S. 353
218 M. Blaug, in: St. Boehm/Ch. Gehrke/H. Kurz/R. Sturn (Hg.), Is there Progress in Economics? Knowledge, Truth and the History of Economic Thought, Cheltenham 2002
219 Dass so ziemlich alle Hyperinflationen der Vergangenheit mit Haushaltsdefiziten verbunden waren, zeigt P. Bernholz, Monetary Regimes and Inflation, History, Economic and Political Relationships, Cheltenham 2003
220 M. Heine/H. Herr, Die Europäische Zentralbank – eine kritische Einführung in die Strategie und Politik, Marburg 2004
221 In einer Stellungnahme gegenüber der *FAZ* vom 10. 2. 2003
222 A. Trube/N. Wohlfahrt, in: A. Gerntke/J. Klute/A. Troost/A. Trube (Hg.), Hart(z) am Rande der Seriosität? Die Hartz-Kommission als neues Modell der Politikberatung und -gestaltung, Münster 2002, S. 110
223 Ebd., S. 107
224 D. Kreutz, in: ebd., S. 134
225 F. Hengsbach, in: ebd., S. 156
226 J. Vogler, Globale Umweltpolitik, in: U. Beck (Hg.), Perspektiven der Weltgesellschaft, Frankfurt/Main 1998, S. 301
227 N. Luhmann, Vertrauen. Ein Mechanismus zur Reduktion sozialer Komplexität, Stuttgart 1968, S. 21
228 Die Vernachlässigung des ontologischen Aspektes in den Arbeiten von Parsons und Luhmann zum Thema des Vertrauens war übrigens eines der Themen, mit denen sich bereits das erste Symposion des »Zentrums für Vertrauensforschung« an der Ruhr-Universität Bochum beschäftigt hat.
229 Giddens, Konsequenzen der Moderne, S. 118
230 Ebd., S. 124, 121, 127
231 Luhmann, Vertrauen, S. 6
232 Ebd., S 96
233 M. Ridley, Die Biologie der Tugend. Warum es sich lohnt, gut zu sein, dt. Übers. Berlin 1997
234 Diese Konzeption hat übrigens eine gewisse Ähnlichkeit mit der gerechten Gesellschaft im Sinne Rawls'. Man akzeptiert die Regeln, obwohl man nicht weiß, welche Rolle man dann tatsächlich zu übernehmen haben wird.

235 T. Ripperger, Ökonomik des Vertrauens, Analyse eines Organisationsprinzips, Tübingen 1998, S. 268
236 R. Axelrod, The Evolution of Cooperation, New York 1984
237 Zimbardo/Gerrig, Psychologie, S. 459
238 Im Detail siehe hiezu die Darstellung ebd., S. 460 ff.
239 R. Putnam, Making Democracy Work, Civic Traditions in Modern Italy, Princeton 1993
240 H. Siegenthaler, Regelvertrauen, Prosperität und Krisen. Die Unregelmäßigkeit wirtschaftlicher und sozialer Entwicklung als Ergebnis individuellen Handelns und sozialen Lernens, Tübingen 1993
241 Über einige Kategorien der verstehenden Soziologie, in: M. Weber, Soziologie, Universalgeschichtliche Analysen, (Hg. J. Winckelmann), Stuttgart 1973, S. 116/117 (1. Aufl. 1913)
242 J. Sachs, Bemerkungen zu einer neuen Soziologie der wirtschaftlichen Entwicklung, in: L. E. Harrison/S. P. Huntington, Streit um Werte, dt. Übers. Hamburg 2002, konkret hiezu S. 64
243 Offe, Herausforderungen der Demokratie, S. 44 f.
244 Siehe hiezu etwa die grafische Darstellung dieses Modells bei Prisching, Krisen, S. 517
245 So der wörtliche Titel eines Beitrags von F. Hengsbach in: Was hält die Gesellschaft zusammen? Hg. W. Heitmeyer, Frankfurt/Main 1997, S. 207
246 E. Noelle-Neumann, Ein dramatischer Wahlkampf, *FAZ* 25. 9. 2002
247 Offe, Herausforderungen der Demokratie
248 P. Kirchhof, Der mündige Wähler, in der *FAZ* vom 8. 2. 2006
249 W. Steinmetz, Das Sagbare und das Machbare. Zum Wandel politischer Handlungsspielräume, England 1780 bis 1867, Sprache und Geschichte, Bd. 21, Stuttgart 1993
250 Luhmann, Politik der Gesellschaft, S. 406
251 Ebd., S. 405
252 S. Luft, Mechanismen, Manipulation, Missbrauch. Ausländerpolitik und Ausländerintegration in Deutschland, Köln 2002
253 M. Shaw, Die Repräsentation ferner Konflikte und die globale Zivilgesellschaft, in: U. Beck (Hg.), Perspektiven der Weltgesellschaft, Frankfurt/Main 1998, S. 249
254 A. Appadurai, Globale ethnische Räume, in: U. Beck (Hg.), Perspektiven der Weltgesellschaft, Frankfurt/Main 1998, S. 20/21
255 Luhmann, Vertrauen, S. 74, mit Literaturverweisen
256 U. Beck, Risikogesellschaft. Auf dem Weg in eine andere Moderne, Frankfurt/Main 1986, S. 216
257 H. Dubiel, Kapitalismus als Schicksal? Zur Politik der Entgrenzung, in: *Merkur* (Stuttgart), Heft 9–10/1997
258 R. B. Reich, The Work of Nations, dt. Übers.: Die neue Weltwirtschaft: Das Ende der nationalen Ökonomie, Frankfurt 1993
259 U. Hoffmann-Lange, Eliten, in: E. Jesse/R. Sturm, Demokratien des 21. Jahrhunderts im Vergleich, Opladen 2003, S. 208
260 Jesse/Sturm, Demokratien des 21. Jahrhunderts, S. 482/483
261 A. Sen, On Economic Inequality, Oxford 1973, S. 97 f.
262 Jesse/Sturm, Demokratien des 21. Jahrhunderts im Vergleich, S. 484
263 Habermas, Zur Rekonstruktion, S. 36
264 H. Dubiel, Unversöhnlichkeit und Demokratie, in: Was hält die Gesellschaft zusammen? Hg. W. Heitmeyer, Frankfurt/Main 1997, S. 433
265 M. S. Cullen (Hg.), Das Holocaust-Mahnmal. Dokumentation einer Debatte, Zürich und München 1999
266 H. M. Kepplinger, Die Kunst der Skandalisierung und die Illusion der Wahrheit, München 2001
267 Feind aus besten Absichten, Ein Gespräch mit Alain Finkielkraut, *FAZ* 12. 11. 2003

Kapitel 6

1 In der Zeitschrift *Ekspert*, Nr. 13, vom 19. 10. 2003, Moskau
2 S. Lang, Öffentlichkeit in der Systemtheorie und in Rational-Choice-Ansätzen, in: B. Kerchner/G. Wilde (Hg.), Staat und Privatheit. Aktuelle Studien zu einem schwierigen Verhältnis, Opladen 1997, S. 129
3 Schulze, Erlebnisgesellschaft, S. 208
4 N. Chomsky, Necessary Illusions: Thought control in Democratic Societies, London 1989
5 P. Felixberger, in: Change X, Erding 2003, S. 17
6 Offe, Herausforderungen der Demokratie, S. 44
7 Ebd., S. 43
8 Häfner, Gemeinschaft als symbolischer Zusammenhang, S. 202
9 E. K. Scheuch/U. Scheuch, An den Krippen der Macht, *FAZ* vom 24. 12. 1999
10 H. A. Kissinger, Amerikanische Außenpolitik, dt. Übers. Düsseldorf und Wien 1969, S. 76
11 Eine ausführliche Analyse genau dieses Punktes findet sich in dem anonym von einem Mitarbeiter des CIA herausgegebenen Buch Imperial Hybris, Why the West is Losing the War on Terrorism, Washington D. C. 2004
12 F. Fukuyama, Scheitert Amerika? Supermacht am Scheideweg, dt. Übers. Berlin 2006
13 Said, Kultur und Imperialismus
14 J. Rawls, The Law of Peoples. With: The Idea of Public Reason Revisited, Cambridge (Massachusetts) 1999
15 M. K. Albright, Madam Secretary, Die Autobiografie, dt. München, Bertelsmann 2003, S. 255
16 In einem Vortrag vor dem Welt-Energie-Kongress in Rom am 13.11. und in einem Interview mit der *Financial Times* (London) am 14. 11. 2007
17 In einem Essay in: *London Review of Books*, Sept. 2007
18 So die Überschrift ihres Artikels in der *FAZ* vom 23. 12. 1992
19 So z. B. J. Schwarte in der *Neuen Ordnung*, Heft 1, 2000
20 Aktuell vielleicht am ausführlichsten H. J. Markowitsch/U. Welzer, Das autobiographische Gedächtnis. Hirnorganische Grundlagen und biosoziale Entwicklung, Stuttgart 2005
21 Z. B. K. Spaht in: A. Dunes/R. Rowthorn (Hg.), The Law and Economics of Marriage and Divorce, Cambridge 2002
22 Eine eindringliche Beschreibung der Probleme von Scheidungskindern findet sich bei M. Friedrich, Die Opfer der Rosenkriege, Wien 2004
23 Frau Schmittke, Interview in der *Wirtschaftswoche* vom 21. 4. 2005
24 *FAZ* vom 15. 7. 2003
25 L. Trilling, Das Ende der Aufrichtigkeit, S. 140f.
26 Ebd., S. 129
27 A. Gehlen, Die Seele im technischen Zeitalter, Hamburg 1957, S. 115
28 Z. B. in der *Wirtschaftswoche* vom 31. 3. 2005
29 In einem Gespräch mit der *FAZ* in der Ausgabe vom 25. 5. 2005
30 K. Schlögel in: *Merkur*, Jänner 1998
31 U. Beck, Schöne neue Arbeitswelt, 2. Aufl., Frankfurt und New York 1999, S. 161
32 In dem Artikel »Missionarinnen im Kampf der Kulturen« in: *FAZ* vom 25. 9. 2003
33 S. Dannenberg, Damit hören wir jetzt auf, Interview in: *Die Presse* vom 16. 10. 2004
34 D. de Marneffe, Die Lust, Mutter zu sein. Liebe, Kinder, Glück, dt. Übers. München 2005
35 A. Kilb, Das Ende der Kindheit, in: *FAZ* vom 12. 8. 2005
36 Lévi-Strauss, Das wilde Denken, S. 302

Inhaltsübersicht